HEYNE SACHBUCH

WERNER MASER

DAS REGIME

Alltag in Deutschland 1933–1945

WILHELM HEYNE VERLAG
MÜNCHEN

HEYNE SACHBUCH
Nr. 01/7267

Genehmigte, ungekürzte Taschenbuchausgabe

Printed in Germany 1985
Umschlagfoto: Bildarchiv Preußischer Kulturbesitz, Berlin
Umschlaggestaltung: Atelier Ingrid Schütz, München
Gesamtherstellung: Presse-Druck Augsburg

ISBN 3-453-02174-6

Inhalt

Einleitung 7

I.
»Die Erneuerung eines tausendjährigen Zustandes« 11

Die Machtübernahme 11 – Das Ende der bürgerlichen Freiheiten 15 – Die Machtergreifung 19 – Das Ermächtigungsgesetz und die schwache Opposition 29 – Erstes beängstigendes Alarmsignal: Boykottmaßnahmen gegen die Juden im Reich 35 – Erster »Feiertag der nationalen Arbeit« 44 – Nicht überall Autoritätsgebundenheit 48 – Akademische und fürstliche Huldigungen 51 – Deutsche Arbeitsfront, »Kraft durch Freude« und Festtage der NSDAP 58 – »Großangriff auf die Arbeitslosigkeit« 63 – Ehestandsdarlehen und die Rolle der Frau 66 – Zuschuß-»Unternehmen« Konzentrationslager 73 – Faustrecht und Vetternwirtschaft 77 – Der Reichsarbeitsdienst: »Ehrendienst« und weltanschaulicher »Kampfplatz« 80 – Nicht pädagogisches Ethos, sondern weltanschauliche Hörigkeit 86 – Die Röhm-Affäre 93 – Die ländliche Bevölkerung 102

II.
»Ein Volk, ein Reich, ein Führer« 111

Die Volksabstimmung nach Hindenburgs Tod 111 – Die Evangelische Kirche und der Führer 117 – Die Presse und die Journalisten 128 – Das Reichskulturkammergesetz 137 – Gemeindeverordnung und die »untersten Zellen des Staates« 148 – Sicherheitsdienst, Sondergerichte und Gestapo 151 – Die Leibesertüchtigung 161 – Erfolge im Ausland und Reaktionen im Inland 164 – Der »Anschluß« Österreichs 172 – Die »letzte territoriale Forderung« 180 – Die Wehrmacht und der Führer 191 – Die »Reichskristallnacht« 193 – Prag und das Memelland 199

III.
Das eigentliche Ziel: Der Krieg 204

Das Regime im Krieg 204 – Erste Probleme der Kriegswirtschaft 219 – Antisemitismus in den ersten Kriegsjahren 222 – Euthanasie: »Beseitigung lebensunwerten Lebens« 224 – Trotz des raschen Sieges: Hoffnung auf einen baldigen Frieden 229 – Ein Attentat auf den Führer 232 – Trotz »Blitzsieg« keine allgemeine Begeisterung für den Krieg 236 – Der Feldzug im Westen 243 – Der Rußlandkrieg 249 – Der gelbe Stern 267 – Der Osten: Das Problem für Front und Heimat 272 – Die »Endlösung« und die Alliierten 278 – Gut klingende Berichte von den Fronten – Versorgungsschwierigkeiten in der Heimat 283

IV.
Dem Ende entgegen 290

Von Stalingrad bis Tunis 290 – Mussolinis Sturz und das Ende des Faschismus in Italien 303 – Die Invasion 313 – NS-Reichsregierung ohne den Führer 317 – Juli 1944 323 – Aufgebot der letzten Reserven 343 – Ein letzter Sieg und Verlust der letzten Hoffnungen 352 – Im Vorfeld des Endes 355 – Das Finale 357

Anhang

Zeittafel 362 – Quellen- und Literaturnachweise 368 – Register 440

Einleitung

Als Spätaufsteher sich am 1. September 1939 den Schlaf aus den Augen rieben, hörten sie Adolf Hitlers erregte Stimme im Rundfunk. »Seit 5.45 Uhr«, so vernahmen sie, »wird jetzt zurückgeschossen! Und von jetzt ab wird Bombe mit Bombe vergolten.«[1] Der Krieg war »trotz der Bemühungen des Führers«, der ihn unter allen Umständen hatte verhindern wollen, wie die nationalsozialistische Propaganda unentwegt behauptete, nun »also doch ausgebrochen«. Von deutscher Seite mußte »zurückgeschossen« werden.

Daß am 1. September 1939 nicht die Deutschen, sondern die Polen »zurückschossen«, erfuhren die meisten Deutschen erst mehr als ein halbes Jahrzehnt danach. Aus der Presse, aus dem Rundfunk und aus Reden von Parteifunktionären »wußten« sie 1939, daß der Führer sich stets um den Frieden bemüht hatte, in England, Frankreich und Polen jedoch auf eisige Abwehr und Kriegslüsternheit gestoßen sei. Es war also, so mußte die Bevölkerung zwangsläufig meinen, alles umsonst gewesen. Die »Friedensliebe« des Führers war von den Polen und Engländern, so stellte Hitler es dar, »mit Schwäche oder gar mit Feigheit« verwechselt, das deutsche Staatsoberhaupt von ihnen so behandelt worden, daß nur ein ehrloses, müdes und zum Untergang bereites Volk dies duldend hätte hinnehmen können.[2]

Daß Hitler beispielsweise rund 14 Monate zuvor, am 10. November 1938, vor Chefredakteuren deutscher Zeitungen und anderen Pressevertretern ungeschminkt erklärt hatte, »die Umstände haben mich gezwungen, jahrzehntelang fast nur vom Frieden zu reden«, wußte das Volk nicht. »Nur unter der fortgesetzten Betonung des deutschen Friedenswillens war es mir möglich«, hatte er den ausgewählten Presseleuten erklärt, »dem deutschen Volk Stück für Stück die Freiheit zu erringen und ihm die Rüstung zu geben, die immer wieder für den nächsten Schritt als Voraussetzung notwendig war. Es ist selbstverständlich, daß eine solche ... Friedenspropaganda auch ihre bedenklichen Seiten hat; denn es kann nur zu leicht dahin führen, daß sich in den Gehirnen vieler Menschen die Auffassung festsetzt, daß das heutige Regime ... identisch sei mit dem Entschluß und dem Willen, einen Frieden unter allen Umständen zu bewahren ... Der Zwang war die Ursache, warum ich jahrzehntelang nur vom Frieden redete.«[3] Über derartige Führer-Äußerungen hatten die politisch einheitlich ausgerichteten Zeitungen nicht berichtet. In den Tagen nach dem 1. September 1939 wiederholten sie, was Hitler in seiner morgendlichen Rede vor dem Reichstag noch einmal behauptete und als »Tatsachen« heraufbeschwor.

Im Volk konnte Hitler ganz allgemein verbuchen, sich als »Führer des deutschen Volkes« bis an die Grenzen des für einen Nationalsozialisten Zumutbaren bemüht zu haben, den Frieden zu wahren. Selbst an einigen der gefeierten Großen des deutschen Geisteslebens war die nationalsozialistische Propaganda nicht spurlos vorübergegangen. So meinte im Spätsommer 1939 beispielsweise Thomas Mann, der Deutschland nach der nationalsozialistischen Machtübernahme verlassen hatte und die Entwicklung der Verhältnisse im Dritten Reich von außen her sorgfältig beobachtete, daß Hitler nicht kämpfen wollte. Noch am 30. August, zwei Tage vor Kriegsbeginn, hatte er – nach Eintragungen in seinem der Öffentlichkeit erst vier Jahrzehnte später bekannt gewordenen Tagebuch – gemutmaßt, daß Hitler »den Krieg nicht führen« wolle und nicht führen könne.[4]

Ein Krieg, das stand für die weitaus meisten Gegner und Feinde Hitlers und seines Regimes bis September 1939 fest, war trotz der intensiv vorangetriebenen und für jedermann sichtbaren Kasernenbauten, der Rüstungsanstrengungen und der Einziehung der jungen Männer zur Wehrmacht, in nächster Zeit nicht ernsthaft zu erwarten. So hatten beispielsweise die Leser der berüchtigten pervertiert antisemitischen Wochenzeitung *Der Stürmer* des in Nürnberg residierenden fränkischen Gauleiters Julius Streicher[5] rund ein Jahr zuvor lesen können, daß ein in Nürnberg lebender Jude anonym an seinen New Yorker Freund Arnold Lee geschrieben habe: ». . . sei es, wie es sei, ich bin überzeugt, daß ein Krieg erst kommen wird, wenn alle Juden Deutschland verlassen haben . . . Ich kann nicht glauben, daß . . . wir nach so viel Leiden auch noch einen Krieg ertragen müssen. Aus diesem Grunde kann ich auch nicht an einen Krieg in der nächsten Zukunft glauben.«[6]

Waren sich doch selbst so eingeweihte Sachkenner wie Hjalmar Schacht, 1933 Präsident der Reichsbank, 1934 Wirtschaftsminister und 1935 Sonderkommissar für die Kriegswirtschaft, noch Anfang 1938 nicht sicher, ob Hitler tatsächlich einen Krieg anstrebte.[7]

Die offiziellen Erklärungen der Vertreter des Staates, der Funktionsträger der NSDAP und die Kommentare der Medien einerseits und die Vorstellungen, Hoffnungen, Wünsche und Erwartungen der Bevölkerung andererseits waren weithin identisch. Den Krieg sehnte niemand herbei. Im Gegenteil: Überall korrespondierte die Furcht vor ihm mit der Hoffnung, daß es dem einstigen Frontsoldaten Hitler gelingen werde, ein solches Unheil abzuwenden. Und als es am 1. September 1939 dann doch dazu kam, daß die kampfbereite Wehrmacht zu den Waffen greifen mußte, brauchten sie Skrupel und schlechtes Gewissen nicht zu plagen.

Doch das gute Gewissen der Landesverteidiger initiierte keine Jubelveranstaltungen, wie es im August 1914 der Fall gewesen war, als Kaiser Wilhelm II. »sein« Volk zu den Waffen gerufen und feierlich erklärt hatte: »So muß denn das Schwert entscheiden. Mitten im Frieden überfällt uns der Feind. Drum auf! Zu den Waffen! Jedes Schwanken, jedes Zögern wäre Verrat am Vaterlande.«[8]

Welche Überlegungen und Vergleiche die Deutschen am 1. September 1939 auch immer angestellt haben mögen: Der Krieg war »ausgebrochen«. Die deutsche Wehrmacht kämpfte in Polen. Wer von der Erregung des Augenblicks nicht so übermannt war, daß sein Gespür für Zwischentöne versagte, mag Hitlers Drohung erschrokken registriert haben, die er noch kurz vor Schluß seiner Rede wie einen Peitschenschlag in den Reichstag hineingeschleudert hatte. »Keiner melde mir«, hatte er düster formuliert, »daß in seinem Gau oder in seinem Kreis oder in seiner Gruppe oder in seiner Zelle die Stimmung einmal schlecht sein könnte.«[9] Mancher Hitler-Anhänger mag sich vielleicht auch gefragt haben, wieso der Führer denn meinte, seinen eigenen Funktionsträgern derart drohen zu müssen. Nur ganz wenigen war bekannt, was Hitler wußte: Trotz der massiven Propaganda war es mit der Disziplin und nationalsozialistischen Moral schlecht bestellt, auch wenn Rundfunk und Presse fortwährend das Gegenteil behaupteten. Verärgert hatte Hitler schon vor Beginn des Krieges nicht nur Geheimberichte der Gestapo, des SD und Meldungen von Parteidienststellen und Ministerialinstanzen zur Kenntnis nehmen müssen, die alles andere als Gefolgschaftstreue und Zuverlässigkeit der Bevölkerung bekundeten. So meldete beispielsweise der Regierungspräsident von Niederbayern und der Pfalz am 7. August 1939, daß die Gestapo der Regensburger Staatspolizeistelle im Ponholzer Braunkohlenwerk »mehrere Arbeiter wegen Arbeitsverweigerung und Unruhestiftung« habe festnehmen müssen,[10] und der Regierungspräsident von Oberbayern berichtete in den gleichen Tagen, daß zahlreiche Arbeiter der Großbaustelle Wolfratshausen nicht nur die Arbeit schwänzten, sondern sich auch weigerten, bestimmte Arbeiten auszuführen.[11]

Siebzehn Personen wurden allein in Ober- und Mittelfranken wegen »Vergehens gegen die Verordnung über die Sicherstellung des Kräftebedarfs für Aufgaben von besonderer staatspolitischer Bedeutung festgenommen«.[12] Daß dies keine Ausnahmen waren, belegen zahlreiche Dokumente. Die schon damals im Zusammenhang mit negativen Ereignissen und Zuständen zitierte Wendung, »wenn das der Führer wüßte«, gehörte nicht zufällig zur nationalsozialistischen Propaganda mit ihrer systematischen Führer-Stilisierung.

In den Zeitungen stand von all dem nichts.[13] Hitler allerdings war stets über alle Einzelheiten informiert. Und er erfuhr auch unmittelbar, daß der Krieg die Nation nicht so »zusammengeschweißt« hatte, wie es ihm lieb gewesen wäre. Schon am 9. Oktober 1939 meldete beispielsweise der Münchener Regierungspräsident, daß die Bevölkerung Klagen über Einschränkungen äußerte, die angesichts der Lage der Nation eigentlich nicht zu hören hätten sein dürfen. Die Bauern beschwerten sich über die Reglementierung der Milchwirtschaft, die städtische Bevölkerung darüber, daß Vollmilch nicht mehr an jedermann abgegeben werden durfte. Viele monierten den Mobilmachungs-Modus. Junge Männer, »die daheim oft wenig versäumen würden«, so berichtete der Regierungspräsident, drückten sich in der Heimat herum, während ältere und in der Wirtschaft nur schwer ersetzbare Männer zum Kriegsdienst hätten einrücken müssen. Unzufrieden reagierten Ehefrauen über die verschieden gestaffelten Unterhaltsleistungen des Staates. Katholische Geistliche deuteten den Krieg offen als ein »Gottesurteil für ›Sodom und Gomorrha‹«.[14] Hitler wußte, was er sagte, als er am 3. September 1939 in seinem »Aufruf an das deutsche Volk« erklärte: »Solange das deutsche Volk in seiner Geschichte einig war, ist es noch nie besiegt worden ... Wer sich daher jetzt an dieser Einigkeit versündigt, hat nichts anderes zu erwarten, als daß er als Feind der Nation vernichtet wird.«[15]

Die erste Halbzeit der nationalsozialistischen Herrschaft war damit abgeschlossen. Das »Dritte Reich« hatte im amtlichen Schriftwechsel auf Hitlers Wunsch ohnehin bereits zu bestehen aufgehört.

Die Machtübernahme Hitlers und der NSDAP am 30. Januar 1933 war von allen Deutschen wachen Auges erlebt worden. Sie hatte am Abend stattgefunden. Den ersten Schritt in den Untergang dagegen hatte Hitler in aller Frühe getan. Eine makabre Vertauschung der tageszeitlichen Vorzeichen. Umgekehrt hätten sie besser gepaßt.

I.
»Die Erneuerung eines tausendjährigen Zustandes«

»Das Jahr 1933 ist nichts anderes als die Erneuerung eines tausendjährigen Zustandes«
Adolf Hitler in der Nacht vom 17. zum 18. Dezember 1941

Die Machtübernahme

Während Hitler am Morgen des 1. September 1939 relativ »dünne« »Heil«-Rufe begrüßten, als er über die Straße Unter den Linden zur Krolloper fuhr, mag er vielleicht einen Augenblick lang an die Abend- und Nachtstunden des 30. Januar 1933 gedacht haben, in denen Berlin unter dem Marschtritt schier endloser SA-Kolonnen in einem Taumel zu erbeben schien. »Unübersehbare Menschenmassen wälzen sich«, so berichtete der Reichstagsabgeordnete Fabricius in der *NSZ-Rheinfront* vom 2. Februar 1933, »durch das Regierungsviertel, die Wilhelmstraße, die Linden . . . Auf dem Pariser Platz . . . sind wir auf das Verdeck einer Autodroschke geklettert, um über die Menschenmauern, die den Marschweg säumen, hinwegblicken zu können. Ein Jubelsturm ohnegleichen bricht los, als die Spitze der SA mit leuchtenden Fackeln . . . sichtbar wird. Und nun ziehen sie vorüber in schier endlosem Zuge. Dröhnende Kampflieder, Trommeln und Pfeifen, Militär-, Schalmaien-Musik zerreißen im Wechsel die Luft . . . dazu die unaufhörlich zum Himmel aufsteigenden Heilrufe der begeisterten Menge . . . Über 4 Stunden wird dieser Einmarsch währen. Aber noch steht uns der stärkste Eindruck bevor. Wenige Schritte noch, und wir werden unserem geliebten Führer ins Auge sehen dürfen . . .«

Damals, am 30. Januar 1933, war Hitler vom greisen Reichspräsidenten Paul von Hindenburg beauftragt worden, zusammen mit dem Deutschnationalen Franz von Papen eine Regierung zu bilden und als Reichskanzler die Regierungsgeschäfte zu übernehmen.

Nun, neunundsiebzig Monate danach, hatte er – unter Vortäuschung von Ereignissen und unausweichlichen Zwangslagen – das Tor zu einer Zukunft aufgestoßen, an deren Schwelle ihm der inzwischen an Überraschungen und außenpolitische Drahtseilakte seiner Regierung gewöhnte Mann auf der Straße schweigend zu verstehen gab, daß er diesen Weg nicht eigentlich habe gehen wollen.

Neunundsiebzig Monate lang war der Mann auf der Straße, dessen Stimme Hitler als »Gottes Stimme« hatte auffassen können, von der Propaganda der NSDAP, ihrer Organisationen und Institutionen ebenso beeinflußt worden wie von den Maßnahmen des Staates, den die Führung der NSDAP im Laufe der Zeit okkupierte.

»Tag des neuen Deutschland. Der erste große Sieg des deutschen Sozialismus«, so hatte die vom pfälzischen Gauleiter Josef Bürckel in Neustadt an der Haardt herausgegebene große Tageszeitung *NSZ-Rheinfront*[1] am 31. Januar 1933 die Titelseite ihrer ersten Ausgabe nach Hitlers Machtübernahme überschrieben und triumphiert: »Deutschlands Führer ist Kanzler – Adolf Hitler Kanzler!« Daß dies den politischen Wünschen bestenfalls der Hälfte der deutschen Bevölkerung im Wahlalter entsprochen hatte, mußte Ende Januar 1933 nicht nur infolge der 1932 vorausgegangenen Wahlen als sicher angesehen werden. Die nicht nationalsozialistisch orientierten Zeitungen hatten dies zunächst auch täglich betont und durch ihre Kommentare unterstrichen. Im sozialdemokratischen *Vorwärts* war unmittelbar nach Hitlers Berufung von einer »Tobsuchtsperiode der Reaktion« die Rede gewesen und dem Reichspräsidenten von Hindenburg vorgeworfen worden, mit der Ernennung Hitlers zum Reichskanzler die furchtbarste Verantwortung übernommen zu haben, die ein Staatsoberhaupt jemals habe übernehmen können. Ähnlich kommentierte *Der Deutsche,* das Blatt der christlichen Gewerkschaften, die Vorgänge nach der Machtübernahme Hitlers und mahnte seine Leser, kampfbereit zu sein.

Zurückhaltend, nicht aber unbedingt ablehnend, war der Tenor der Kommentare im Zentrumsorgan *Germania* gewesen, auch wenn für das Zentrum zu jener Zeit bereits feststand, daß es eine »einseitige Parteiherrschaft« unter gar keinen Umständen akzeptieren würde. Entgegenkommender war Hitlers Kanzlerschaft zwangsläufig vom deutschnationalen *Berliner Lokalanzeiger* beurteilt worden, der die Zusammenfassung der sogenannten »nationalen Kräfte«, der NSDAP und der Deutschnationalen Volkspartei, ebenso begrüßte wie die alldeutsch orientierte *Deutsche Zeitung.* Das *Acht-Uhr-Abend-*

blatt, von den Nationalsozialisten geringschätzig als »jüdische Zeitung« diffamiert, was niemand mißverstehen konnte, hatte sich gefragt, ob Hindenburg glaube, daß es Hugenberg, Franz Seldte, Freiherr von Neurath und Graf Schwerin von Krosigk auf die Dauer möglich sein würde, eine nationalsozialistische Parteidiktatur zu verhindern, was der *Berliner Börsenzeitung* vor allem dank des Engagements Hugenbergs anfänglich noch als sicher erschienen war. Die *Deutsche Allgemeine Zeitung*, die Hitler in seinem Kabinett 1933 eine faire Chance nicht verweigern zu dürfen meinte, hatte ihre Vorbehalte zwar relativ behutsam abgesteckt, jedoch erklärt, daß kein verantwortungsvoller Politiker ob der Entscheidung Hindenburgs jubeln könnte. Anders Ullsteins *Vossische Zeitung*, die in der Hitler-Papen-Regierung infolge der Gegensätze unter den Trägern des neuen Regimes eine Gefahr erblickte, die beunruhigen müßte. Die Zeichen, so hatte sie offen erklärt, seien »auf Sturm« gestellt.

Wer immer die neue politische Situation im Reich nach den weniger betroffenen Stimmen aus dem Ausland hatte beurteilen und sich »objektiv« orientieren wollen, war auf geringere Vorbehalte gestoßen. Kein Wunder also, daß die NS-Presse diese ausländischen Stellungnahmen zitierte und herausstellte. Die englische Presse, vor allem die konservative *Morning Post*, die die Hitler-Papen-Koalition als ein Verdienst des Deutschnationalen Hugenberg darstellte, war danach von den Freudenkundgebungen der Nationalsozialisten in Berlin, von den zahlreichen Hakenkreuzfahnen, »dem Glanz der Fackeln«, den »Instrumenten der Kapellen, den Sturmtrupps« und der begeisterten Menge beeindruckt gewesen.[2] Wer den *Daily Telegraph* als Sprachrohr der Engländer ansah und seine Meinung – auf dem Wege über die nationalsozialistischen Zeitungen – zu registrieren versuchte, mußte feststellen, daß viele Engländer in Neuraths Beteiligung an der Regierung eine Garantie dafür erblickten, daß es weder zur »halbfaschistischen Diktatur« noch zur Verwirklichung der nationalsozialistischen antisemitischen Zielsetzungen kommen würde. Die Leser der NS-Presse mußten in den ersten Februar-Tagen 1933 zu der Überzeugung gelangen, daß trotz aller Vorsicht und Kritik an der Entscheidung des Reichspräsidenten im In- und Ausland die Auffassung überwog, das Übergewicht der Regierungspartner Hitlers werde Unheil verhindern.

Heftigen und aktiven Widerstand hatten unmittelbar nur die Kommunisten der neuen deutschen Regierung entgegengebracht. In Berlin, Hamburg, Halle, Breslau, Harzburg, Leipzig, Essen und

Braunschweig, wo Hitler ein Jahr zuvor Regierungsrat gewesen war, hatten sie Protestversammlungen organisiert und zu Streiks aufgerufen. Es kam auch zu tätlichen Auseinandersetzungen. »Kurz nach Mitternacht«, so berichtete beispielsweise die *NSZ* vom 1. Februar 1933, »kam es auf dem Hall-Markt« in Halle »zu einer Schlägerei zwischen Nationalsozialisten und Kommunisten, an der sich etwa 200 Personen beteiligten. Die Beteiligten waren fast sämtlich mit Stuhlbeinen, Gartenspaten usw. bewaffnet ... Die Einrichtung eines kommunistischen Verkehrslokals wurde zerschlagen.« Doch einige Polizeipräsidenten traten den Hitler-Gegnern sofort konsequent entgegen. So ließ das Polizeipräsidium von Leipzig die kommunistische *Sächsische Arbeiterzeitung* vom 31. Januar beschlagnahmen, weil sie zum Generalstreik aufgerufen hatte.

Der »dritte Tag der Kanzlerschaft des nationalsozialistischen Führers war reich an entscheidenden Ereignissen«, so hieß es am 2. Februar in NS-Zeitungen, die ihre Leser darüber informierten, daß der Reichstag durch ein Dekret des Reichspräsidenten vom 1. Februar 1933[3] aufgelöst worden sei und am 5. März neu gewählt werde. Rund einen Monat lang gab es nun kein Parlament mehr, was vor allem die linken Gegner der Hitler-Regierung, die Sozialdemokraten und Kommunisten, voller Unbehagen registrieren mußten. So erklärten die Nationalsozialisten denn auch nicht zufällig am 3. Februar in der Presse, daß bereits der »zweite Abschnitt des Kampfes« begonnen habe.[4] Die Bekanntmachung, daß Kommunisten in Preußen nicht mehr demonstrieren dürften, und die Ankündigung, daß Splitterparteien fortan nicht mehr zu Wahlen zugelassen würden,[5] gehörten zu den ersten Schritten des »zweiten Abschnitts«, an dessen Schwelle das vorübergehende Verbot des *Vorwärts* und die Auflösung des preußischen Landtages standen, der öffentlich für »das Durcheinander, das augenblicklich in Preußen herrscht«,[6] verantwortlich gemacht wurde. »Deutsches Volk, Frauen und Männer«, so hatte der *Vorwärts* seine Leser angesprochen und sie aufgefordert: »Wehrt Euch. Schützt Euer Selbstbestimmungsrecht als Staatsbürger. Erhebt Euch gegen Eure Bedränger, gegen ... die hauchdünne Oberschicht des Großkapitals. Zerbrecht ihre politische und wirtschaftliche Macht.«[7] Einige Journalisten und Zeitungen, die Hitler und die NSDAP ebenfalls bekämpft hatten, begannen sich vorsichtig tastend anzupassen und ihre Leser zu verunsichern. »Die Wahlen sind aber auch«, so schrieb beispielsweise der auch nach 1945 recht bekannte Journalist Hans Zehrer in der *Täglichen Rundschau*, »auf

Adolf Hitler zurückzuführen, der als einziger dieser Regierung die Massen des Volkes eingebracht hat ... Die NSDAP kann diesmal ihre Wahlen (am 5. März 1933, der Verf.) zum erstenmal unter dem Einsatz der Mittel des Staates durchführen. Der Rundfunk und die Pressestelle, die ihr bisher versperrt waren, stehen ihr zur Verfügung. Und diesmal geht Adolf Hitler ... als Kanzler in die Wahlen.«[8]

Das Ende der bürgerlichen Freiheiten

Am 27. Februar 1933, eine Woche vor der Wahl vom 5. März, brannte plötzlich, was von der Bevölkerung ganz allgemein zuerst wie ein schlechter Fastnachtsscherz aufgenommen wurde, das Reichstagsgebäude in Berlin. »Ungläubig wird die Nachricht aufgenommen«, schrieb der *Vorwärts* am 28. Februar und kommentierte: »Möglich, daß im Reichstag etwas brennt. Aber der Reichstag, dieses ungeheure steinerne Gebäude?« Und doch war es so. Aus der vergoldeten Kuppel des mächtigen Bauwerks, das als eines der berühmten Wahrzeichen der Reichshauptstadt angesehen wurde, hatten die Berliner kurz nach 21 Uhr lodernde Flammen in den dunklen Himmel emporschießen sehen. Tausende Schaulustige verstopften bald die Zugangsstraßen. Wilde Gerüchte waren von allen Seiten sofort in Umlauf gesetzt worden. »Fest« stand für alle Gerüchteverbreiter: »Es war Brandstiftung.« Die »Nazis« verdächtigten die Linken, vor allem die Kommunisten, die Kommunisten und die »Sozis« die »Nazis«. »Wenn die Gerüchte recht haben«, erklärte der *Vorwärts* schon in seiner Ausgabe vom nächsten Tage, »wenn es wirklich Brandstiftung ist, so müssen die Täter in Kreisen zu suchen sein, die durch ihre Tat ihrem Haß gegen das parlamentarische System Ausdruck verleihen wollen.« Wer damit gemeint war, konnte keinem Leser des sozialdemokratischen Zentralorgans, das im Gegensatz zur NS-Presse bereits den Namen des später überführten Brandstifters van der Lubbe nannte,[1] fraglich erscheinen: die »Nazis«. Sie dagegen argumentierten am selben Tage: »Ohne Zweifel ist von verbrecherischen Elementen der Brand gelegt worden ... Es wird bekannt, daß das Feuer an ... fünf Brandstellen auskam, so daß man mit größter Wahrscheinlichkeit auf Brandstiftung schließen kann ... In einem Wandelgang nahm die Polizei nach bis jetzt noch unbestimmten Meldungen einen Mann fest, der im Verdacht steht, den Brand angesteckt zu haben. Er erklärte, er sei holländischer Kommunist und habe den Kapitalismus satt ... Bei dem Verhafteten soll es sich um einen holländischen Kommunisten namens van Derling handeln.«[2] War es Zufall oder Regie, daß man den Namen des später als Brandstifter hingerichteten Holländers zu der Zeit noch nicht nannte?

Während die Menschen noch engagiert darüber rätselten, wer der Brandstifter gewesen sein mochte, erließen der Reichspräsident und die Reichsregierung am 28. Februar, einen Tag nach dem Brand, die »Verordnung ... zum Schutz von Volk und Staat«.[3] Die verfassungsmäßig garantierten bürgerlichen Freiheiten wurden aufgehoben, zahlreiche Artikel der Verfassung des Deutschen Reiches außer Kraft gesetzt, Beschränkungen der »persönlichen Freiheit, des Rechts der freien Meinungsäußerung einschließlich der Pressefreiheit, des Vereins- und Versammlungsrechts, Eingriffe in das Brief-, Post-, Telegraphen- und Fernsprechgeheimnis, Anordnungen von Haussuchungen und von Beschlagnahmen sowie Beschränkungen des Eigentums auch außerhalb der sonst hierfür bestimmten gesetzlichen Grenzen (als) zulässig« erklärt.

Verhaftungen, vor allem von Kommunisten, waren die ersten Konsequenzen aus dem Brandanschlag, dessen Hintergründe für die Nationalsozialisten von vornherein feststanden, zumal ihnen das Ereignis sehr gelegen kam. Schon einen Monat nach der Machtübernahme sahen sie sich so in die Lage versetzt, unliebsame und oppositionelle Personen aus dem Verkehr zu ziehen und die Verhaftungslisten hervorzuholen, die von ihnen bereits »lange Zeit vorher«[4] vorbereitet worden waren, wie Hermann Göring am 13. Oktober 1945 während des Nürnberger Prozesses zugab.

Im Frühjahr 1933 waren Hitler und die NSDAP trotz drastischer – oft lokaler – Maßnahmen gegen oppositionelle Politiker und Beamte und gegen die hinter ihnen stehende Presse noch nicht soweit, daß sie die gesamten nichtnationalsozialistischen Blätter einfach ausschalten und als meinungsbildende Medien aus dem Verkehr ziehen konnten. So mußten sie sich gefallen lassen, daß beispielsweise die *Osnabrücker Volkszeitung*, ein dem Zentrum nahestehendes Blatt, ihre Leser am 5. März 1933 aufrief, nicht die Kommunisten oder die Nationalsozialisten, sondern das Zentrum zu wählen. »Katholiken! Augen auf! In der ›Osnabrücker Zeitung‹ vom 7. März«, einer zunächst der Deutschen Volkspartei (DVP), dann der NSDAP nahestehenden Zeitung, hieß es vier Tage später im selben Blatt, »veröffentlicht der Kreisleiter der NSDAP, Wagner, einen Aufruf, in dem

Reichsgesetzblatt

Teil I

1933	Ausgegeben zu Berlin, den 28. Februar 1933	Nr. 17

Inhalt: Verordnung des Reichspräsidenten zum Schutz von Volk und Staat. Vom 28. Februar 1933....... S. 83

Verordnung des Reichspräsidenten zum Schutz von Volk und Staat. Vom 28. Februar 1933.

Auf Grund des Artikels 48 Abs. 2 der Reichsverfassung wird zur Abwehr kommunistischer staatsgefährdender Gewaltakte folgendes verordnet:

§ 1

Die Artikel 114, 115, 117, 118, 123, 124 und 153 der Verfassung des Deutschen Reichs werden bis auf weiteres außer Kraft gesetzt. Es sind daher Beschränkungen der persönlichen Freiheit, des Rechts der freien Meinungsäußerung, einschließlich der Pressefreiheit, des Vereins- und Versammlungsrechts, Eingriffe in das Brief-, Post-, Telegraphen- und Fernsprechgeheimnis, Anordnungen von Haussuchungen und von Beschlagnahmen sowie Beschränkungen des Eigentums auch außerhalb der sonst hierfür bestimmten gesetzlichen Grenzen zulässig.

§ 2

Werden in einem Lande die zur Wiederherstellung der öffentlichen Sicherheit und Ordnung nötigen Maßnahmen nicht getroffen, so kann die Reichsregierung insoweit die Befugnisse der obersten Landesbehörde vorübergehend wahrnehmen.

§ 3

Die Behörden der Länder und Gemeinden (Gemeindeverbände) haben den auf Grund des § 2 erlassenen Anordnungen der Reichsregierung im Rahmen ihrer Zuständigkeit Folge zu leisten.

§ 4

Wer den von den obersten Landesbehörden oder den ihnen nachgeordneten Behörden zur Durchführung dieser Verordnung erlassenen Anordnungen oder den von der Reichsregierung gemäß § 2 erlassenen Anordnungen zuwiderhandelt oder wer zu solcher Zuwiderhandlung auffordert oder anreizt, wird, soweit nicht die Tat nach anderen Vorschriften mit einer schwereren Strafe bedroht ist, mit Gefängnis nicht unter einem Monat oder mit Geldstrafe von 150 bis zu 15 000 Reichsmark bestraft.

Wer durch Zuwiderhandlung nach Abs. 1 eine gemeine Gefahr für Menschenleben herbeiführt, wird mit Zuchthaus, bei mildernden Umständen mit Gefängnis nicht unter sechs Monaten und, wenn die Zuwiderhandlung den Tod eines Menschen verursacht, mit dem Tode, bei mildernden Umständen mit Zuchthaus nicht unter zwei Jahren bestraft. Daneben kann auf Vermögenseinziehung erkannt werden.

Wer zu einer gemeingefährlichen Zuwiderhandlung (Abs. 2) auffordert oder anreizt, wird mit Zuchthaus, bei mildernden Umständen mit Gefängnis nicht unter drei Monaten bestraft.

§ 5

Mit dem Tode sind die Verbrechen zu bestrafen, die das Strafgesetzbuch in den §§ 81 (Hochverrat), 229 (Giftbeibringung), 307 (Brandstiftung), 311 (Explosion), 312 (Überschwemmung), 315 Abs. 2 (Beschädigung von Eisenbahnanlagen), 324 (gemeingefährliche Vergiftung) mit lebenslangem Zuchthaus bedroht.

Mit dem Tode oder, soweit nicht bisher eine schwerere Strafe angedroht ist, mit lebenslangem Zuchthaus oder mit Zuchthaus bis zu 15 Jahren wird bestraft:

1. Wer es unternimmt, den Reichspräsidenten oder ein Mitglied oder einen Kommissar der Reichsregierung oder einer Landesregierung zu töten oder wer zu einer solchen Tötung auffordert, sich erbietet, ein solches Erbieten annimmt oder eine solche Tötung mit einem anderen verabredet;
2. wer in den Fällen des § 115 Abs. 2 des Strafgesetzbuchs (schwerer Aufruhr) oder des § 125 Abs. 2 des Strafgesetzbuchs (schwerer Landfriedensbruch) die Tat mit Waffen oder in bewußtem und gewolltem Zusammenwirken mit einem Bewaffneten begeht;
3. wer eine Freiheitsberaubung (§ 239) des Strafgesetzbuchs in der Absicht begeht, sich des der Freiheit Beraubten als Geisel im politischen Kampfe zu bedienen.

§ 6

Diese Verordnung tritt mit dem Tage der Verkündung in Kraft.

Berlin, den 28. Februar 1933.

Der Reichspräsident
von Hindenburg

Der Reichskanzler
Adolf Hitler

Der Reichsminister des Innern
Frick

Der Reichsminister der Justiz
Dr. Gürtner

Die sogenannte Reichstagsbrand-Verordnung vom 28. Februar 1933 es heißt: ›In Staat, Kommunen und Betrieben haben Vertreter machtpolitisch-internationaler, also ultramontaner, marxistischer und weltkapitalistischer Einstellung als verantwortliche Leiter nichts mehr zu suchen.‹ Ihr wißt, was mit dem Schimpfwort ›ultramontan‹ gemeint ist. Uns Katholiken soll unser Vaterland genommen werden. Der Einfluß des katholischen Volksteiles soll vernichtet werden. Wehrt Euch mit dem Stimmzettel! Seid einig! Wählt am 12. März Zentrum!«[5]

Zwar gingen die Stimmen für die KPD in den zum Landkreis Osnabrück gehörenden Orten Georgsmarienhütte, Harderberg, Holzhausen, Holsten-Mündrup, Malbergen, Ohrbeck, Oesede, Kloster Oesede und Dröper innerhalb einer Woche von 645 (8,40%) bei den Reichstagswahlen vom 5. März auf 318 (4,88%) bei den Kreistagswahlen vom 12. März zurück, doch die NSDAP, die am 5. März nur 14,96% der Stimmen erhalten hatte, konnte ihren Anteil am 12. März auf 16,45% der abgegebenen gültigen Stimmen steigern und profitierte damit in gleichem Maße wie das Zentrum.[6]

Der von den Nationalsozialisten erhoffte sichtbare und propagandistisch auswertbare Erfolg blieb, um bei diesem Beispiel zu bleiben, bei den März-Wahlen dennoch aus, soweit es sich um die Zunahme von Direktstimmen für die NSDAP handelte. Die NS-Funktionäre, die die politische Einstellung der Wähler ihrer Bezirke natürlich kannten, hatten unmittelbar vor den Wahlen zwar noch einmal alles getan, was ihnen nach ihrer Auffassung zur »Umorientierung« der nichtnationalsozialistischen Wähler in »letzter Stunde« angemessen und geboten erschienen war; aber mehr als eine Bestätigung der bis dahin erreichten Ergebnisse konnten die Stimmenzähler schließlich nicht registrieren.[7] Der Versuch der Nationalsozialisten, neue Stimmen dadurch zu gewinnen, daß sie – ganz gegen Hitlers Grundkonzept von der Beteiligung der NSDAP an Wahlen – vielerorts im Namen prominenter Bürger zur Konzentration auf die »Nationale Einheitsliste« aufriefen, war fruchtlos geblieben.

Überall im Reich reagierten enttäuschte NS-Funktionäre und Schlägerkolonnen der SA während und unmittelbar nach den März-Wahlen mit Terror ihren Verdruß darüber ab, daß viele »Volksgenossen« sich nachweislich nicht zu ihrem »Glück« hatten überreden lassen. Im Wahlbezirk Düsseldorf nahm die Polizei bereits am Tage der Reichstagswahlen zahlreiche Durchsuchungen vor und inhaftierte 40 Personen.[8] Zu Schießereien zwischen Kommunisten und der Polizei kam es – ebenfalls am 5. März 1933 – beispiels-

	Gesamtergebnis Deutsches Reich
SPD	7 176 226
Zentrum	5 495 647
NSDAP	17 264 323
KPD	4 746 034
DVP	431 880
DNVP	3 331 336
Staatspartei	335 259

weise in Brigittenthal in Breslau, wobei ein Polizist sein Leben verlor und ein weiterer schwer verletzt wurde.[9] Katholische Zeitungen wurden verboten, ihre Redaktionsräume – vor allem in München und in der Pfalz – von der SA besetzt,[10] Abgeordnete und Minister nicht nur der Bayerischen Volkspartei verhaftet,[11] jüdische Geschäfte beschädigt und ihre Inhaber mißhandelt,[12] Funktionäre anderer Parteien verprügelt, mit Schußwaffen bedroht und an ihrer Tätigkeit gehindert und Racheakte für Aufrufe verübt, in denen beispielsweise von Pfarrern gegen die Nationalsozialisten Stellung bezogen worden war.

Die Machtergreifung

Daß die Nationalsozialisten im März 1933 nicht nur einen besonders hohen Wahlsieg erringen, sondern nach den Wahlen in allen Ländern des Reiches zugleich auch die Macht ergreifen wollten, war kein Geheimnis. Schon am 6. Februar,[1] vier Tage nach dem im preußischen Landtag gescheiterten Antrag der seit einer Woche als Regierungspartei fungierenden NSDAP, das preußische Landesparlament aufzulösen, hatte die Kommissariatsregierung des Reiches eine neue Vertretung für Preußen in den Reichsrat entsandt,[2] der sich nur halbherzig gegen diesen verfassungswidrigen Eingriff wehrte. Zwar sollte die Entscheidung über die Frage der Legalität der willkürlich zusammengesetzten Kommissariatsregierung unter von Papen gemäß einem Mehrheitsbeschluß des Reichrates vom 16. Februar vom Staatsgerichtshof gefällt werden – was der Regierung einen Prestigeverlust eintrug –, doch die Öffentlichkeit konnte auch erkennen, daß der Reichsrat infolge seiner legalistischen Haltung dabei war, sich selbst auszuschalten. Auf usurpierende Aktionen brauchten die Nationalsozialisten, und dies sahen sie schon im Februar deutlich, nicht zu verzichten. Und sie hielten sich daran.

Die Organisationen der NSDAP, allen voran die SA, gingen auf die Straßen und setzten die noch amtierenden nichtnationalsozialistischen Regierungen unter anderem in Hessen, Sachsen, Hamburg, Bremen, Lübeck, Bayern, Baden und Württemberg systematisch unter Druck, was nicht nur in Deutschland, sondern auch im Ausland auf Vorbehalte und Kritik stieß. Hitler, um ein möglichst gutes Image bemüht, appellierte daher an amerikanische und englische Pressevertreter, die »neue Regierung nach ihren Taten zu richten und die Taten selbst in ihrer Gesamtheit zu nehmen und nicht etwa in isolierte Teilabschnitte zu zerpflücken«.[3] Er gestand, wenn auch verklausuliert, illegale Aktionen der NSDAP und ihrer Organisationen ein und »bat« um Verständnis und Unterstützung. Die NSDAP hatte – auch in kleinsten Orten – einen massiven Wahlkampf betrieben, sich besonders um die Bauern bemüht und vor allem das Zentrum und die SPD beschuldigt, die schlechten wirtschaftlichen Verhältnisse verursacht zu haben. Fahnenweihen, SA-Aufmärsche, Versammlungen und »Kundgebungen« aller Art warben für Hitler und die NSDAP, was noch nicht überall ohne die organisierte Gegenwehr politisch Andersdenkender geschehen konnte. Während die Sozialdemokraten bei den März-Wahlen noch »für den Sieg« ihrer Partei gekämpft hatten,[4] begannen sich die zwar sehr aktiven, aber immer mehr isolierten Kommunisten vielerorts, vor allem in Gegenden mit vorwiegend katholischer Bevölkerung, bereits im Februar auf die Illegalität vorzubereiten.[5] Überall hörte die Bevölkerung aus dem Munde von NS-Funktionären, daß die Stunde der völligen Machtergreifung nahe und die Tage des Widerstandes gegen Hitler und die NSDAP gezählt seien.[6]

Nicht nur in Preußen griffen die Nationalsozialisten im März 1933 zuerst nach der Polizei. So hißten Hamburger Polizisten, die der NSDAP angehörten, am 5. März, dem Tag der Reichstagswahl, kurzerhand Hakenkreuzfahnen auf Polizeikasernen und anderen Gebäuden der Polizei, was in der Öffentlichkeit den Eindruck erwecken mußte, daß die Polizei als sichtbarster Repräsentant der Exekutive bereits nationalsozialistisch sei, zumal am Tage zuvor der sozialdemokratische Kommandeur der Ordnungspolizei vom amtierenden Rumpf-Senat[7] beurlaubt worden war. Diesen »revolutionären« Akt seiner Parteigenossen nutzend, ordnete der in ständigem

Kontakt mit der Hamburger Gauleitung stehende Reichsinnenminister Wilhelm Frick am 5. März 1933 unter Berufung auf die (Reichstagsbrand-)Notverordnung vom 28. Februar telegraphisch an, daß der SA-Standartenführer und Polizeioberleutnant a. D. Alfred Richter ab sofort als Kommissarischer Polizeibeauftragter des Reiches zu fungieren habe.[8] In Bremen, wo die Gauleitung der NSDAP das gleiche Ziel anstrebte und die Exekutive mit Hilfe von Massenkundgebungen selbst in der für Demonstrationen gewöhnlich gesperrten Bannmeile in der Umgebung der Regierungsgebäude und des Domhofes massiv unter Druck setzte, erzwang »das Volk« den Szenenwechsel. Seit dem 6. März amtierte ein nationalsozialistischer Kommissarischer Polizeibeauftragter des Reiches unter der Hakenkreuzfahne.[9] In Lübeck, wo der Senat einer Entscheidung Wilhelm Fricks[10] zuvorzukommen und einen Reichskommissar dadurch zu verhindern versuchte, daß er den nationalsozialistischen Gauinspektor Walter Schröder mit der Übernahme der Polizeiführung beauftragte, vollzog sich trotz des Kniefalls der Senatoren eine Woche später derselbe Prozeß.

Diesen spektakulären Fällen folgend, pflanzten sich die Machtergreifung und die Methoden der Gleichschaltung – meist nach vorangehenden Weigerungen der Bürgermeister, Hakenkreuzfahnen[11] auf ihren Rathäusern zu hissen[12] – bis hinunter in die kleineren Gemeinden fort. So wurde beispielsweise der Bürgermeister Fritz Wenz aus dem badischen Eberbach nach seiner Rückkehr von einer Dienstreise nach Hamburg vom Eberbacher NS-Ortsgruppenleiter Engelhardt aufgefordert, die Hakenkreuzfahne auf dem Rathaus hissen zu lassen. Obwohl als Parteiloser den Nationalsozialisten nahestehend, weigerte er sich nach den persönlichen Erlebnissen in Hamburg, dies zu veranlassen. Die Folge war, daß er seinen Stuhl augenblicklich räumen mußte. Seinen Posten übernahm der in Eberbach ansässige Ortsgruppenleiter der NSDAP, obwohl er von der Tätigkeit, die er zu übernehmen sich anschickte, kaum mehr als nur eine diffuse Ahnung hatte, was allerdings den bald die Effektivität der Bürgermeister prüfenden Reichsstatthalter bewog, ihn durch einen anderen Parteigenossen zu ersetzen. In ungezählten Fällen zwangen nach den März-Wahlen die mit besonderen Vollmachten ausgerüsteten NS-Sonderkommissare bei den Bezirksämtern, SA-Führer und andere NS-Funktionäre im ganzen Reich amtierende Bürgermeister zu »freiwilligen« Rücktritten, wenn sie nicht der NSDAP angehörten.

Frick, der als sehr früher Mitkämpfer Hitlers über ein gerüttelt Maß an Erfahrungen mit der NSDAP, ihrer Strategie und ihren Funktionsträgern verfügte,[13] ging ebenso zielstrebig und energisch wie Göring vor. Überall folgte er den jeweiligen Vorarbeiten der Gauleiter, höheren SA-Führer und Organisationen der NSDAP. Politisch nicht genehme Staatsbeamte wurden abgelöst und durch Nationalsozialisten ersetzt. Die Einsetzung von Reichskommissaren ging allerdings nicht überall so reibungslos vor sich wie beispielsweise in Lübeck.

In Hessen, wo Werner Best schließlich Sonderkommissar der Polizei und Prinz Philipp von Hessen auf Betreiben Görings im Juni 1933 Oberpräsident[14] wurde, glich die Machtergreifung der Nationalsozialisten einem Mittelding zwischen Revolution und Theaterdemonstration. SA- und SS-Einheiten aus Darmstadt und Umgebung demonstrierten am 6. März in der Landeshauptstadt und stellten bewaffnete Hilfspolizei-Einheiten auf, die das Bild in den Straßen und auf den Plätzen beherrschten. Da die ratlose Schutzpolizei sie flankierte, gewann die Darmstädter Bevölkerung den Eindruck, daß die bewaffneten NS-Organisationen, deren Mitglieder seit Ende Februar in verschiedenen Ländern des Reiches nach dem in Preußen praktizierten Muster als Hilfspolizei Dienst taten, bereits insgesamt und grundsätzlich legale Bestandteile der Polizei und damit einer neuen Exekutive seien. Nachdem es der SA und SS schließlich gelungen war, an Regierungsgebäuden gewaltsam Hakenkreuzfahnen aufzuziehen, was den Eindruck einer inzwischen vollzogenen nationalsozialistischen Machtergreifung noch verstärken mußte, wagte die NSDAP den nächsten Schritt. Sie ließ das Innenministerium besetzen und forderte die Übergabe der Polizei. Daß die Polizei erst in diesem Augenblick Widerstand leistete (eine Bereitschaft der Schutzpolizei wurde von der SA und SS entwaffnet), zeigt exemplarisch, wie leicht es der NSDAP und ihren Organisationen eigentlich fiel, auf eigene Faust die ermattete alte Staatsmacht zu usurpieren und die Exekutive in die Hand zu bekommen. SA-Angehörige stellten sowohl den Ministerpräsidenten Bernhard Adelung als auch den Innenminister Wilhelm Leuschner unter Hausarrest und unterbanden deren Telefonleitungen, ohne daß die Polizei sie daran hinderte. Der Machtwechsel hatte sich vollzogen.

Durch die Stimmenthaltungen der Sozialdemokraten begünstigt, die kommunistischen Sitze waren ohnehin vakant, gelangten neue – durch die zuständigen Parlamente zwischen dem 8. und 13. März

1933 »legal« gewählte – nationalsozialistische Landesregierungen außer in Hessen noch in Hamburg und Württemberg an die Macht. Wo und wann immer in den übrigen Ländern des Reiches Absichten laut wurden, verfassungsmäßig legale Regierungen zu bilden, erstickten die nationalsozialistischen Polizeibeauftragten sie, während die in den einzelnen Ressorts der Regierungen installierten NS-Sonderkommissare von ihren »Vollmachten« Gebrauch machten und die noch amtierenden nichtnationalsozialistischen Regierungen ebenso zum Rücktritt zwangen, wie die Sonderkommissare in den Bezirksämtern dies mit den unliebsamen Bürgermeistern taten.

Wo die NSDAP am 5. März nicht die ausreichende Stimmenmehrheit bekommen hatte, wurden die Schwierigkeiten bei der von der Partei geforderten Umbildung der Stadt- und Gemeinderäte illegal und schließlich auch unter Berufung auf das Gleichschaltungsgesetz vom 31. März 1933[15] »bereinigt«: Orte, in denen die Gemeinderäte trotz der Umbildung erneut keine NS-Bürgermeister wählten, was beispielsweise verschiedentlich in bayerischen Gemeinden der Fall war, in denen sich die Bayerische Volkspartei gegen die NSDAP durchgesetzt hatte, erhielten diese sie dennoch nicht, weil die Bezirksämter ihre Zustimmung versagten.

Daß sich die Verhältnisse nach den Wahlen gravierend ändern würden, hatten die Nationalsozialisten der Bevölkerung unmißverständlich vor allem seit Ende Februar prophezeit. »Die Kreisleitung« der NSDAP bittet ihre Leser, schrieb eine Heilbronner NS-Zeitung, ihre »Aufräumungswünsche noch eine kurze Zeitlang zu zügeln. Außerdem scheint es für die Gründlichkeit der bevorstehenden Abrechnung recht wertvoll, daß gewisse Leute unter dem Alpdruck ihres Ahnungsvermögens von den kommenden Dingen ihre Selbstbeherrschung bis zu einem Grade verloren haben, daß sie voll Verzweiflung ganz aus sich herausgehen und ihre ureigenste Wesenshaftigkeit sozusagen im Geburtstagskleidchen zur Schau stellen ... Gemach also, ihr Ungeduldigen, die ... ersehnte Reinigung kommt in allernächster Zeit. Die wenigen Nächte bis zum 5. März mögt ihr ruhig schlafen. Es gibt genug Leute, die der Schlaf bis dahin noch fliehen wird ...«[16] Nicht einen Augenblick gaben sich die Nationalsozialisten die Mühe, auch nur den Anschein zu erwecken, als sei ihnen daran gelegen, auch politisch Andersdenkenden eine Heimat zu bieten. Ihr Kurs war seit Anbeginn auf offene und gnadenlose Konfrontation ohne Bereitschaft zu Zugeständnissen und Kompromissen gerichtet.[17] So war es denn schließlich auch kein Wunder, daß nicht wenige Deutsche, die dies erkannten, den Weg des geringsten Widerstandes gingen und zumindest nach außen hin so taten, als seien sie über Nacht überzeugte Nationalsozialisten geworden. Nicht nur die alten und späteren »Nazis« nannten sie bald pointensicher und herablassend »März-Gefallene«. Daß mancher von ihnen rasch politische Karriere machen und in Einzelfällen sogar bis in die obersten Etagen der Partei- und Staatsführung aufsteigen konnte, bewies primär nur, wie sehr die Nationalsozialisten anfänglich überall auf bestimmte Fachleute angewiesen waren.

Am 10. März 1933 erklärte Hitler in einem Aufruf an die SA und SS, daß »mit dem heutigen Tag ... in ganz Deutschland die nationale Regierung die vollziehende Gewalt in Händen« hielte. Die »braunen Bataillone« hatten ihre Pflicht getan. Von nun an, so ließ er die Öffentlichkeit wissen, werde der »weitere Vollzug der nationalen Erhebung ein von oben geleiteter, planmäßiger« sein.[18] Diejenigen, die von »unten« her »planmäßig« geholfen hatten, waren soeben sichtbar ausgezeichnet worden. In der Nacht vom 9. zum 10. März war Ernst Röhm Staatskommissar z. b. V. geworden, Heinrich Himmler[19] wurde Leiter der Polizeidirektion München, zu der auch Reinhard Heydrichs Zentrale der bayerischen Politischen Polizei gehörte.

Daß das herkömmliche Recht und Gesetz keinen großen Stellenwert mehr hatten und neue Normen an ihre Stelle getreten waren, konnte jedermann nun täglich erfahren. Als sich beispielsweise der einstige bayerische USPD-Abgeordnete und spätere »Nationalbolschewist« Ernst Niekisch im Frühjahr 1933 im preußischen Innenministerium beim Staatssekretär Herbert von Bismarck über Übergriffe der SA beschwerte, erfuhr er von ihm – dem von der Regierung Schleicher berufenen und von Göring im Amt belassenen Deutschnationalen, der sich bereits mit Rücktrittsabsichten trug –, daß es keine Möglichkeit mehr gebe, Unrechtmäßigkeiten nationalsozialistischer Organisationen zu verhindern oder gar zu bestrafen.[20] Die SA, die seit Jahr und Tag »die Straßen frei den braunen Bataillonen« sang, im März die nationalsozialistische Machtergreifung durchgesetzt hatte und sich nun auf dem Wege befand, auch die Büros der staatlichen Ämter und Behörden in »die Straße« einzubeziehen, konnte infolge ihrer Zusammensetzung, Herkunft, Organisation, Ausbildung, Erwartungen und Leistungen für die Partei nicht wie Militär diszipliniert werden.

Wilhelm Frick, der sich bei der nationalsozialistischen Machtergreifung in den Ländern der »braunen Bataillone« bedient hatte, sah bald, daß Schleusen geöffnet worden waren, die jede gesetzliche Ordnung zu gefährden drohten. Schon Ende März saßen Gauleiter der NSDAP und höhere SA-Führer – als ständige Vertreter der Staatsregierung in den Provinzen – auf den Stühlen der Oberpräsidenten. In Brandenburg war es der Gauleiter Wilhelm Kube, in Schlesien der Gauleiter Helmut Brückner, in Schleswig-Holstein der Gauleiter Hinrich Lohse und in Hannover der SA-Gruppenführer Viktor Lutze. Bald folgten ihnen in Ostpreußen der Gauleiter Erich Koch, in Sachsen der SA-Obergruppenführer Curt von Ulrich und in Pommern der Gauleiter Franz Schwede.

Rechtsstaatlich denkende Kritiker des neuen Regimes warnten Hitler, Frick und Göring, dieser Entwicklung ihren Lauf zu lassen. Einige taten es offen. So hatte beispielsweise Friedrich von Winterfeld, der stellvertretende Vorsitzende der Deutschnationalen Volkspartei, die zunächst noch in der Regierung Hitler vertreten war, unmittelbar nach der nationalsozialistischen Machtergreifung in den einzelnen Ländern besorgt und beschwörend an Hitler einen Brief geschrieben, den der *Schwäbische Merkur* veröffentlichte. Er, von Winterfeld, sei der Auffassung, so erklärte er diplomatisch, daß Hitler sicher den »unverletzlichen Charakter des Rechtsstaates, wie ihn das alte Preußen Friedrich des Großen bereits gehabt habe und wie ihn Reich und Staat vor der Novemberrevolution darstellten«, verewigen werde; aber er bitte ihn doch, auch »die unerläßlichen Maßnahmen« anzuordnen.[21]

Die um die Entwicklung besorgten Deutschen lasen dies – und hofften, daß der Reichskanzler entsprechend reagieren und den Ungesetzlichkeiten Einhalt gebieten werde, zumal die Urheber seine eigenen Leute waren. Doch Hitler, der die Dinge lieber laufen ließ, als seine alten Mitkämpfer zur Rede zu stellen oder sie gar »an die Zügel« zu nehmen, beschränkte sich lange Zeit hindurch auf mahnende Reden, die die Bevölkerung von dem Augenblick an nicht mehr ernst zu nehmen begann, als sich an den Verhältnissen nichts änderte. Aber am 29. März 1933 gab Hitler den Anstoß zur Durchsetzung einer Entscheidung, zu der er sich nach langen Überlegungen durchgerungen hatte. Während der Sitzung des Reichskabinetts schlug er vor, umgehend »Staatspräsidenten« mit besonderen Vollmachten in den Ländern des Reiches einzusetzen. Franz von Papen, Wilhelm Frick, der preußische Finanzminister Johannes Popitz und der Kölner Staats- und Völkerrechtslehrer Carl Schmitt bildeten unter von

Papens Leitung eine Regierungskommission, die Hitlers Vorschlag rasch in gesetzliche Form umwandelte.[22]

Seit dem 7. April 1933 gab es daraufhin eine (bis zum Ende des Hitler-Reiches nicht mehr rückgängig gemachte) neue Führungsinstanz: die Reichsstatthalter.[23] Die ihr von Hitler zugedachte Funktion war, die bis dahin von Parteistellen und Parteiorganisationen unter dem Zeichen des Hakenkreuzes betriebene »wilde Revolution« zu stoppen.

Während die »wilde Revolution« wenigstens formal und dem Scheine nach durch Weisungen, Verordnungen und Gesetze beendet werden konnte, erwies sich ein anderes Problem als auf eine solche Weise nicht lösbar. Hitler war es nämlich nicht möglich gewesen, in der ihm zur Verfügung stehenden Zeit genügend geeignete Persönlichkeiten für die Führung im Staat aus seinen eigenen Reihen heranzubilden. Und denen, die er übernommen hatte, meinte er nicht trauen zu können. Mehr als ein Jahrzehnt hatte er sich programmatisch mit theoretischen Sandkastenspielen über innen- und außenpolitische Probleme der Zukunft beschäftigt und mit seiner Partei und deren Organisationen »exerziert«; aber als er seine Prophezeiungen und »Verheißungen« in die Tat umsetzen wollte, fehlten ihm die Kader, die er zur Bewältigung der übernommenen Aufgaben gebraucht hätte. Zwar bemächtigten sich Tausende von Parteifunktionären der Schaltstellen im Staat,[24] doch infolge der Führungsweise Hitlers, der Führungsstruktur der NSDAP, der illegalen Aktionen der Parteistellen und NS-Organisationen und der Maßnahmen der Hitler-Papen-Regierung kam es zu Schwierigkeiten, die Hitler nicht vorausgesehen hatte. Es entwickelte sich ein Parteibonzentum, das den Staat total zu usurpieren und zum Eigentum der Partei zu machen versuchte und weltanschauliche Kriterien und ideologische Wunschvorstellungen an die Stelle von Gesetz und Recht setzte.

Bereits kurz nach Hindenburgs Tod hatten »alte Kämpfer« knapp die Hälfte aller Stadtverwaltungsposten besetzt. 30% von ihnen war es gelungen, Landratsposten zu ergattern. 31% der 827 Kreisleiter und 19% der rund 21 000 Ortsgruppenleiter hatten schnell staatliche und kommunale Führungsposten inne. Fast 60% dieser Kreisleiter mit Staatsposten fungierten als Bürgermeister in Städten und die jeweiligen Ortsgruppenleiter als Bürgermeister in kleineren Orten.[25]

Die »von der Straße« maßgeblich beeinflußte Entwicklung hatte die Vorstellungen der NS-Theoretiker buchstäblich »überrollt«. Sie brauchten Jahre, bis sie die Formeln fanden, die sie der Öffentlichkeit als nachträgliche Rechtfertigung präsentieren konnten. Erst 1941, rund vier Wochen vor dem Beginn des Rußland-Krieges, sahen sie sich soweit, dies zu tun. Gottfried Neeße, ein außerordentlich gut informierter Münchener Regierungsrat, wurde ausersehen, diesen Part zu übernehmen. Und er tat dies in einer Manier, die den Geist der Zeit drastisch offenbar werden ließ. »In den Jahren nach 1933, bei der Eroberung des Staates und der Besetzung seiner Behörden durch die NSDAP«, schrieb er, »war es von allergrößter Bedeutung, grundsätzlich alte Kämpfer der Partei an die entscheidenden Stellen zu bringen, um den nationalsozialistischen Sieg zu sichern und auszubauen.«[26] Die Etablierung der NS-Macht, so resümierte er kritisch, habe den »Alten-Kämpfer-Grundsatz« schließlich als »eine Übergangszeit« erscheinen lassen, aus der sich kein »für die Dauer gültiger Verfassungsgrundsatz« ableiten ließe. Die aus dem Völkerrecht stammenden und in das Verfassungsrecht eingemündeten Begriffe »Personal-Union« und »Real-Union« zur Klassifizierung der Verbindungen von Partei- und Staatsämtern ablehnend, weil sie die Praktiken des NS-Regimes diskriminiert hätten, plädierte er für den »neuen und klaren« Begriff »Ämterverbindung«, mit dem er die von der NSDAP praktizierten Verhältnisse als nicht nur für die breite Öffentlichkeit akzeptabel rechtfertigen zu können meinte. Diese Rechtfertigung sah so aus: Ämterverbindungen lägen nicht vor, wenn beispielsweise der Stabschef der SA zugleich auch Oberpräsident einer preußischen Provinz wäre, »da ...« die Verbindung verfassungsrechtlich »unerheblich und uninteressant« sei, weil »der Betreffende überhaupt nur ein Amt« hätte und die »Ämter beliebig vertauscht werden« könnten. Daß diese Interpretation infolge der tatsächlichen Verhältnisse schon zu jener Zeit nur noch betroffenes Kopfschütteln verursachen konnte, ignorierte Neeße. Die praktizierte Erfahrung, daß der erste Hoheitsträger der NSDAP in den Gauen des Reiches immer zugleich auch der »oberste Leiter der Staatsverwaltung« sei, hielt er für eine Selbstverständlichkeit, auch wenn »ausdrückliche Bestimmungen ... darüber nicht vorhanden« seien.[27] Die von Rudolf Heß als Stellvertreter des Führers zunächst untersagte »Ämterverbindung« von Landräten und Kreisleitern der NSDAP war schon nach dem »Anschluß« der »neuen Gebiete des Reiches« unterlaufen und als gelegentlich notwendig angesehen worden. Ortsgruppenleiter dagegen durften prinzipiell immer zugleich auch Bürgermeister sein, da die nicht einheitlichen örtlichen Verhältnisse die »Ämterverbindung« schon aus personellen Gründen oft als zwangsläufige Folge erscheinen lassen müßten. Der Weisheit letzter Schluß: »Einer besonderen sachlichen Begründung« für institutionelle Ämterverbindungen bedürfe es nicht, sobald »eine Verbindung von Partei- und Staatsamt durch Führererlaß oder Gesetz geschaffen« worden sei.[28]

Da mit »ranglicher« Gleichstellung von Reichsleitern und Reichsministern zugleich auch finanzielle Gleichstellung gemeint war, was Wilhelm Frick, der Reichsleiter und Reichsminister des Inneren, zu unterbinden versuchte, gab es beispielsweise 1936 vierzehn als Minister Besoldete mehr, als der Etat offiziell vorsah. Es waren dies:

Reichsleiter für die Presse: Max Amann	Präsident der Reichspressekammer
Stabsleiter des Stellvertreters des Führers: Martin Bormann	kein Staatsamt
Chef der Kanzlei des Führers der NSDAP und Vorsitzender der parteiamtlichen Prüfungskommission zum Schutze des NS-Schrifttums: Philipp Bouhler	kein Staatsamt
Vorsitzender des Obersten Parteigerichts und Oberster Parteirichter: Walter Buch	kein Staatsamt
Leiter des Amtes für Agrarpolitik: R. Walter Darré	Reichsminister für Ernährung und Landwirtschaft
Reichspressechef: Dr. Otto Dietrich	kein Staatsamt
Leiter des Kolonialpolitischen Amtes: General Franz Ritter von Epp	Reichsstatthalter in Bayern
Schriftführer der NSDAP und Leiter des Hauptamtes für Kommunalpolitik: Karl Fiehler	kein Staatsamt Oberbürgermeister von München
Leiter des Reichsrechtsamtes der NSDAP: Dr. Hans Frank	Reichsminister ohne Geschäftsbereich, Präsident der Akademie für Deutsches Recht
Führer der Reichstagsfraktion der NSDAP: Dr. Wilhelm Frick	Reichsminister des Inneren

Reichspropagandaleiter der NSDAP: Dr. Joseph Goebbels	Reichsminister für Volksaufklärung und Propaganda, Präsident der Reichskulturkammer
Vorsitzender der II. Kammer des Obersten Parteigerichts: Willy Grimm	kein Staatsamt
Reichsführer SS: Heinrich Himmler	Stellvertretender Chef und Inspekteur der Geheimen Staatspolizei in Preußen, Kommandeur der Politischen Polizeien der Länder
Reichsorganisationsleiter der NSDAP und Leiter der Deutschen Arbeiterfront: Dr. Robert Ley	kein Staatsamt
Chef des Stabes der SA: Viktor Lutze	kein Staatsamt
Leiter des Außenpolitischen Amts der NSDAP und Beauftragter des Führers für die gesamte geistige und weltanschauliche Erziehung der NSDAP: Alfred Rosenberg	kein Staatsamt
Reichsjugendführer: Baldur von Schirach	kein Staatsamt
Reichsschatzmeister, Generalbevollmächtigter des Führers in allen vermögensrechtlichen Angelegenheiten der NSDAP: Franz Xaver Schwarz	kein Staatsamt

Das Ermächtigungsgesetz und die schwache Opposition

Alfred Rosenberg schrieb im *Völkischen Beobachter* vom 24. März 1933: »Revolutionsstimmung herrschte im Reichstag, als der SPD-Führer Wels eine windelweiche Rede hielt, dabei aber noch die Dreistheit besaß, auch für die Sozialdemokratie Kampf um die deutsche Gleichberechtigung und Ehre in Anspruch zu nehmen.« 54 relativ sachlich und informativ formulierte klein gedruckte Zeilen, mehr als ein Viertel des zeilenmäßigen Platzes, den der Nachdruck des gesamten Textes der Wels-Rede beansprucht hätte, widmete der *Völkische Beobachter* den Ausführungen des Vorsitzenden der SPD, dem seitdem nachgerühmt wird, am 23. März 1933 im Reichstag besonderen Mut bewiesen zu haben. Manche Mythen und Legenden leben ewig. Hätten die Nationalsozialisten den vollen Wortlaut der Wels-Entgegnung auf Hitlers Regierungserklärung und Begründung des Ermächtigungsgesetzes publiziert, wären beide schwerlich entstanden. Wels' Ausführungen wurden nur deshalb zum Ereignis, weil alle anderen Hitler-Gegner im Reichstag schwiegen.[1] Was er in Anwesenheit seiner Fraktionskollegen sagte, von denen Severing und Leber beim Betreten des Reichstages verhaftet worden waren, war angesichts des gravierenden Verlustes an Demokratie, Freiheit und Recht, die das Ermächtigungsgesetz mit sich bringen mußte, eher zurückhaltend und dürftig als besonders mutig und bedeutend. Was er dem knapp acht Wochen im Amt befindlichen Reichskanzler Hitler namens der SPD entgegenhielt, verriet zwar bemerkenswerten politischen Instinkt; aber ein »Aufschrei« gegen die unmittelbar bevorstehende Sanktionierung des Unrechts war es nicht. Er begann seine Erwiderung auf die Erklärung des »Herrn Reichskanzlers« mit der Feststellung, daß die SPD den außenpolitischen Forderungen Hitlers nachdrücklich zustimmte, und erinnerte daran, daß er, Otto Wels, es gewesen sei, der sich »als erster Deutscher vor einem internationalen Forum, auf der Berner Konferenz vom 5. Februar 1919«, gegen die Behauptung gewandt habe, daß Deutschland allein schuld »am Ausbruch des Weltkrieges« gewesen sei. Dann bestätigte er die Übereinstimmung der Sozialdemokraten mit dem Inhalt des vom »Herrn Reichskanzler« am 21. März gesprochenen Satzes »Aus dem Aberwitz der Theorie von ewigen Siegern und Besiegten kam der Wahnwitz der Reparationen und in der Folge die Katastrophe der Weltwirtschaft« und gestand der (von der SPD bis dahin wegen der beispiellosen Ausschaltung des Reichstages kritisierten) Regierung Hitler das Recht zu, sich »gegen rohe Ausschreitungen der Politik« zu schützen und »Aufforderungen zu Gewalt und Gewalttaten ... mit Strenge zu verhindern«, solange dies »nach allen Seiten gleichmäßig und unparteiisch« geschehe. »Wollten die Herren von der Nationalsozialistischen Partei sozialistische Taten verrichten«, bot er den sich unentwegt sozialistisch gebärdenden Nationalsozialisten an, »sie brauchten kein Ermächtigungsgesetz. Eine erdrückende Mehrheit wäre ihnen in diesem Hause gewiß.« Daß die SPD nach »den Verfolgungen«, die sie »in der letzten Zeit« habe erfahren müssen, argumentierte er, für dieses Gesetz allerdings nicht stimmen könnte, müßte »billigerweise« jedermann verstehen; denn sie hätte in schwerster Zeit Mitverantwortung getragen und sei dafür von ihren politischen Gegnern »mit Steinen beworfen« worden. Wels' deklamatorischen Schlußsatz »Wir grüßen die Verfolgten und Bedrängten. Wir grüßen unsere Freunde im Reich. Ihre Standhaftigkeit und Treue verdienen Bewunderung. Ihr Bekennermut, ihre ungebrochene Zuversicht verbürgen eine hellere Zukunft«,[2] »überhörte« Hitler geflissentlich, sein unüberhörbares Angebot zur Zusammenarbeit tat er mit der seit 1933 viel zitierten bissigen Bemerkung ab: »Spät kommt ihr, aber ihr kommt.«

»Annahme des Ermächtigungsgesetzes mit der überwältigenden Mehrheit von 441 gegen 94 Stimmen der SPD / Einstimmige Annahme auch im Reichsrat / Hitlers historische Abrechnung mit den Novembermännern«, so hatte der *Völkische Beobachter* am 24. März 1933 das Ergebnis vom Vortage in Balkenüberschriften zusammengefaßt. Ein Blick in diese Ausgabe, die Hitlers Reden und den Text des Ermächtigungsgesetzes vollständig zitierte, die Abnahme der Arbeitslosenziffern kommentierte, über eine Sitzung der NSDAP-Fraktion des Reichstages berichtete und ausländische Pressemeldungen über Mißhandlungen von Juden als antideutsche »Hetz- und Wühlpropaganda« bezeichnete, mußte jedermann ahnen lassen, was nun, nach Hitlers Feststellung, geschehen würde, daß die Regierung den Reichstag nur noch »von Zeit zu Zeit über ihre Maßnahmen ... unterrichten«[3], ihm also seine gesetzgeberische Funktion und parlamentarische Kontrollposition nehmen werde.

»Der Reichstag hat«, so begann der allgemein zugängliche Text des Ermächtigungsgesetzes, »das folgende Gesetz beschlossen, das mit Zustimmung des Reichsrats ... verkündet wird.« Von nun an konnten Reichsgesetze durch die Reichsregierung beschlossen, vom Reichskanzler »ausgefertigt und ohne parlamentarische Zustimmung im Reichsgesetzblatt verkündet« werden. Reichsgesetze konnten nun auch von der Reichsverfassung abweichen, soweit sie nicht den Reichstag und den Reichsrat betrafen. Verträge des Reiches mit fremden Staaten, »die sich auf Gegenstände der Reichsgesetzgebung« bezogen, bedurften nicht mehr der Zustimmung der bis dahin an der Gesetzgebung beteiligten Körperschaften Reichstag und

Reichsrat. Die Geltungsdauer des Gesetzes, das ursprünglich am 1. April 1937 oder mit der Ablösung der »gegenwärtigen Reichsregierung« außer Kraft gesetzt werden sollte, endete nicht wie vorgesehen,[4] sondern wurde 1937, 1939 und 1943 jeweils noch einmal verlängert.[5] Das Regime bedurfte seiner bis zum bitteren Ende. Schon an seiner Schwelle standen Verhaftungen zahlreicher Mißliebiger und Andersdenkender, hinter denen sich die Gefängnistore schlossen, noch bevor das Gesetz verkündet worden war.

»In der letzten Nacht«, so berichtete der *Völkische Beobachter* vom 24. März beispielsweise, waren allein in Augsburg 22 Personen in »Schutzhaft« genommen und in das Gefängnis eingeliefert worden. Daß die Namen und die Tätigkeiten einiger Verhafteter genannt und beschrieben wurden, war nicht von ungefähr geschehen. Der Bericht sollte Signalcharakter und Vehikelfunktion haben und nicht nur Juden, Sozialdemokraten und Kommunisten als eine unübersehbare Warnung erscheinen. So waren in Augsburg unter anderen verhaftet worden: der Gewerkschaftssekretär und Vorsitzende der sozialdemokratischen Rathausfraktion, der leitende Direktor des Kaufhauses Gebrüder Landauer, drei Rechtsanwälte, ein Redakteur des SPD-Blattes *Schwäbische Volkszeitung* und der Chef des künstlerischen Büros des Stadttheaters. Zehn Verhaftungen, sämtlich als Maßnahmen gegen Kommunisten begründet, die ausgewiesen werden sollten, wurden aus Köln gemeldet, zehn aus Emden. In Braunschweig, wo Hitler 13 Monate zuvor Regierungsrat und damit deutscher Staatsbürger geworden war, war Professor Lüning von der Technischen Hochschule, an der Hitler Anfang 1932 beinahe Hochschullehrer geworden wäre,[6] wegen Verdachtes des Landesverrats verhaftet worden. Eine zu den Berichten über die Festnahme und Inhaftierungen passende Meldung kam aus Stuttgart, wo schon »in den letzten Tagen auf dem Truppenübungsplatz Heuberg ein geschlossenes Konzentrationslager« für etwa 1500 politische »Schutzhäftlinge« in »Betrieb genommen« worden war.[7] Zwar war im *Völkischen Beobachter* davon die Rede, daß die Gefangenen »zu geeigneter Arbeit herangezogen« würden; aber es hieß in der Nachricht auch: »Besuche sind bis auf weiteres nicht gestattet.«[8]

Vieles war neu, vieles stieß auf Ablehnung; aber eines zeigte sich schon an der Schwelle des Dritten Reiches: Nicht die seit 1920 existierende Hitler-Partei NSDAP, sondern ihr Führer Adolf Hitler wurde als Kristallisationspunkt angesehen, auf den sich alle positiven Hoffnungen konzentrierten. Was negativ war, wurde nicht ihm, sondern den Parteifunktionären oder den Exponenten des staatlichen Verwaltungsapparates angelastet, der erst im Laufe der Zeit nationalsozialistisch durchsetzt werden konnte. Hindenburg war noch Reichspräsident, Hitlers Regierung noch nicht ausschließlich mit Nationalsozialisten besetzt.

»Nicht unbeachtet kann bleiben«, hieß es im Bericht eines bayerischen Sozialdemokraten an die Prager Zentrale der in Deutschland inzwischen verbotenen SPD unmißverständlich,[9] »daß viele, die nörgeln und klagen, immer noch an die Kraft und den ehrlichen Willen Adolf Hitlers glauben, der eben allein sich auch nicht durchzusetzen vermag.«[10] Und einer seiner Berliner Genossen urteilte zur gleichen Zeit: »Im allgemeinen kann man feststellen, daß Adolf Hitler von der Kritik ausgenommen wird, man gesteht ihm ehrliches Wollen zu und meint, daß er für die Mißwirtschaft seiner Unterführer nichts könne. Das ist einerseits eine Folge der systematischen Führer-Propaganda, andererseits aber ohne Zweifel auch eine Wirkung seines persönlichen Wesens. Dieses Wesen wirkt auf den einfachen Menschen, und Hitler besitzt gerade unter den Arbeitern ... viel persönliches Vertrauen.«[11]

Hitler selbst allerdings wußte aus Berichten nicht nur der Partei-Organisationen und Partei-Dienststellen, daß »das Volk« trotz aller ihm persönlich immer spontan dargebotenen »Jubelstürme« keineswegs so ausnahmslos »Mann für Mann« hinter ihm stand, wie die nationalsozialistische Propaganda es seit Anbeginn gern gesehen hätte und nach außen hin meist auch wahrhaben wollte. Daß die organisierte Begeisterung, die am 30. Januar und Anfang März 1933, zur Zeit der Machtübernahme und bald danach auch der Machtergreifung der NSDAP, in einzelnen Ländern des Reiches[12] um sich griff und vor allem überzeugte Sozialdemokraten und Kommunisten bestürzte, nicht die tatsächliche Stimmung und Bewußtseinslage des ganzen Volkes widerspiegelte, wußte er auch. Der »Mann von der Straße«, den er seit 1919 unentwegt als »blinden« und für bestimmte Töne anfälligen Exponenten der – nach seiner Überzeugung – stets »weibisch« fühlenden und immer auf den starken Mann fixierten »Masse« im Visier gehabt hatte, erwies sich, soweit er außerhalb der Partei-Organisationen der NSDAP stand, keineswegs als so einfach manipulierbar, wie Hitler es in *Mein Kampf* behauptete. Die Diskrepanz zwischen den Versprechungen der NS-Propaganda und der Wirklichkeit des Nationalsozialismus und der von ihm initiierten politischen Verhältnisse, die die Funktionsträger des Regimes – im Gegensatz zu Hitler – von »heute auf morgen« radikal umgestalten zu können meinten, war nicht zu übersehen.

Bis dahin war Hitler nicht nur weiten Kreisen des Bürgertums, sondern auch einem Großteil der politisch interessierten Arbeiterschaft, die sich nicht dem Klassenkampf und dem *Kommunistischen Manifest* verschworen hatten, als ein Politiker erschienen, der ihrer »Ordnungs- und Autoritätsgebundenheit« endlich Hoffnung suggerierte.[13] Mit bestürzender Deutlichkeit, die selbst versierte Politiker verstummen ließ, zeigte sich dies im März 1933, als nicht nur zahlreiche Sozialdemokraten, Gewerkschaftler und andere Linke Unterschlupf in NS-Organisationen und in einigen der von der NSDAP zunächst noch offiziell tolerierten Institutionen suchten. »Am Vormittag des 21. März 1933 ging ich«, berichtete beispielsweise der sozialdemokratische Reichstagsabgeordnete Wilhelm Hoegner mehr als vier Jahrzehnte später in seinen Erinnerungen, »mit ... einigen ... bayerischen Freunden durch die Arbeiterviertel im Norden Berlins. Hier waren einst die kommunistischen Hochburgen gewesen. Jetzt sahen wir alle Häuser mit Hakenkreuzfahnen beflaggt. Wir hörten auf der Straße Arbeiterfrauen, die sich laut und anerkennend über den ›Führer‹ unterhielten. Da sahen wir uns verwundert an. So unaufhaltsam hatten wir uns den Abmarsch der Masse zu Hitler doch nicht vorgestellt.«[14] Die Nationalsozialisten, denen Anfang 1933 nicht selten »Zufälle« wie beispielsweise der Reichstagsbrand und Irrtümer aus Ungeduld in die Hände arbeiteten,[15] konnten einiges wagen, und nicht nur sie wußten es. Enttäuscht erkannte der profilierte bayerische Sozialdemokrat: »Die Jesuiten der Gegenreformation hatten ... (eine bestimmte) Seite der menschlichen Seele erkannt. Wir aufgeklärten Rationalisten des zwanzigsten Jahrhunderts besaßen zuwenig Phantasie, wir wollten überzeugen, mit Gründen belegen, wir hielten die Menschen am Boden, am Alltag, an die nie aufgehenden Haushaltsrechnungen fest, statt ihre Herzen zum Himmel, in blaue, unergründliche Fernen und sanft verhüllende Wolken zu führen. Damals hielten wir alles für einen bösen Traum.«[16]

Der 21. März 1933, das war der »Tag von Potsdam«, der Tag, an dem die Umstilisierung des Führer-Bildes einen ihrer ganz besonderen Höhepunkte feierte. Hitler, den alle Welt im Braunhemd mit Hakenkreuz-Armbinde, mit Koppel und martialisch wirkenden Stiefeln kannte, erschien in der historischen Garnisonskirche in der Attitüde des gesetzten Staatsmannes. Ein Frack ersetzte die Uniform, ein Zylinder verdeckte die jedermann bekannte Haartolle, als er dem Feldmarschall und Reichspräsidenten von Hindenburg entgegentrat und sich ehrfurchtsvoll vor ihm verbeugte. Alle Welt sollte den Nachfolger sehen, den jungen Staatsmann, in dessen Händen bald alle Geschicke des Reiches liegen würden.

Drei Tage später wurde das Ermächtigungsgesetz verkündet.

Erstes beängstigendes Alarmsignal: Boykottmaßnahmen gegen die Juden im Reich

Daß die Nationalsozialisten zielstrebig stufenweise vorgegangen seien, zuerst die Macht errangen, ausbauten und etablierten, dann Arbeit durch Rüstungssteigerung schufen und schließlich den Krieg vorbereiteten und begannen, ist ein Eindruck, den vor allem die nationalsozialistische Gesetzgebung vermittelt.[1] Tatsächlich aber hat die NS-Führung (bis auf den Krieg) alle Ziele auf einmal angestrebt und – eingebettet in ihre extrem dominierende Judenpolitik – versucht, sofort nach der Machtübernahme aggressiv zu realisieren.

Böses Erwachen gab es für sehr viele Deutsche, die den pervertierten biologischen Antisemitismus der Nationalsozialisten ablehnten und die ersten Anzeichen systematischer antisemitischer Maßnahmen als Entgleisungen einzelner »Nazis« ansahen, spätestens Ende März 1933, als die NSDAP einen Aufruf zum Boykott gegen die Juden erließ und plakativ veröffentlichte. Hitlers Regierung war zu jener Zeit noch keine reine NS-Regierung: Papen war Vizekanzler, Hugenberg Reichswirtschaftsminister und nicht zuletzt Paul von Hindenburg noch Reichspräsident. Die SPD existierte offiziell noch ebenso wie ihre Zeitungen und das *Reichsbanner*. Hitler, der 1932 zum designierten Reichspräsidenten für möglichst alle Deutschen stilisiert worden war, hatte sich damals zurückgehalten und darauf verzichtet, seine Reden antisemitisch zu artikulieren, wie es zuvor stets geschehen war. Er unterschlug vorübergehend das tragende Grundelement der Weltanschauung seiner Bewegung, den aggressiven Antisemitismus. Um des erhofften Erfolges willen hatte er »sterile« Reden gehalten und sorgsam darauf geachtet, bestimmte Wählerkreise nicht in Verlegenheit zu bringen. Wie die öffentlichen Reaktionen bewiesen, konnten er und seine Partei mit den Ergebnissen zufrieden sein.[2] Erst einmal an der Macht, wurde rasch wieder dort angeknüpft, wo aus taktischen Gründen der 1919 beschrittene Weg zumindest dem Scheine nach verlassen worden war. Diejenigen, die gehofft hatten, aus dem Saulus Hitler sei 1932 ein Paulus geworden, dem die Juden plötzlich gleichgültig und die Kirchen willkommene Partner geworden seien, mußten erkennen, daß sie bitter getäuscht worden waren.

Mit vehementem Nachdruck sah die Bevölkerung offiziell und öffentlich nachgeholt, was seit dem 30. Januar 1933 zwar da und dort bereits »im Namen« der NSDAP (oder doch mit ihrer Billigung) geschehen war. »Die große Mobilmachung. Juda macht einen Rückzieher«, hieß es auf den Titelseiten der NS-Zeitungen am 1. April 1933. »Heute, Samstag, 1. April«, erfuhr die Bevölkerung, »beginnt der von der Reichsleitung der NSDAP befohlene Abwehrkampf« gegen die Juden, der »von dem deutschen Volke nicht gewollt«, sondern »ihm aufgezwungen worden ist«. »Die Boykottierung jüdischer Geschäfte, Ärzte, Rechtsanwälte usw. stellt lediglich« – behauptete das von Julius Streicher repräsentierte »Zentralkomitee zur Abwehr der jüdischen Greuel- und Boykotthetze« – »eine Gegenmaßnahme dar, gegen die von den in- und ausländischen Juden betriebene Greuel- und Boykotthetze gegen das deutsche Volk.«[3] Nicht Angriff, sondern Notwehr, hieß die Parole.

Wer immer diese Maßnahmen der NSDAP als Barbarei betrachtete, sollte sich durch Zeitungsbeiträge von Schriftstellern umstimmen lassen, die jedermann kannte. So zitierte beispielsweise die *NSZ* vom 1. April 1933 den von den Nationalsozialisten gern als einen der Ihren strapazierten Geschichtsphilosophen und Kulturkritiker Arthur Moeller van den Bruck neben einem Bismarck-Porträt mit den Worten: Die »ganz große neugeschichtliche Entwicklung der Menschheit ... begann schon, als es ihm (Bismarck) gelang, im Kampfe gegen fremde Rassen, aufgedrängte Kultur und einen ungermanischen Staatsgedanken dem Germanentum im Deutschtum endlich einen staatlich festen Mittelpunkt zu schaffen«. Daß Moeller van den Bruck bereits 1925 verstorben war, wußten nur die informierten Intellektuellen. Die Zeitung erwähnte es mit keinem Wort. Unter der Schlagzeile »Unsere Abwehr« publizierten sie Julius Streichers Aufruf zum Boykott, wobei sie am Schluß auch die Namen Hindenburgs und Hitlers herausstellten und dadurch bei vielen Lesern zweifellos den irreführenden Eindruck erweckten, beide, der Reichspräsident und der Reichskanzler, hätten die Aufforderung zum Boykott ebenfalls unterschrieben.

Streichers Aufruf zum Boykott

»Am 30. Januar wurde Adolf Hitler, der Führer der deutschen Freiheitsbewegung, zum Kanzler des deutschen Reiches ernannt. Am 5. März 1933 bekannte sich das deutsche Volk in einer wunderbaren Erhebung zu ihm und zu seinem Befreiungswerk. Die nationale Revolution schlug das alte System in Trümmer, der Marxismus liegt zerschmettert am Boden, Deutschland geht einem neuen Aufstieg entgegen.

Dieser grandiose deutsche Freiheitskampf erfüllt den internationalen Juden mit Haß und Grimm. Er sieht, daß es mit seiner Macht in Deutschland zu Ende geht. Er sieht, aus diesem Deutschland kann er keine sowjetjüdische Verbrecherkolonie mehr machen. Jetzt handelt er nach dem Programm, das der jüdische Zionistenführer Theodor Herzl im Jahre 1897 in Basel bei einem großen Judenkongreß feierlich verkündete. (Auszug aus der 7. Sitzung): ›Sobald ein nichtjüdischer Staat es wagt, uns Juden Widerstand zu leisten, müssen wir in der Lage sein, seine Nachbarn zum Kriege gegen ihn zu veranlassen . . . Als Mittel dazu werden wir die öffentliche Meinung vorschützen. Diese werden wir vorher durch die sogenannte »achte Großmacht« – die Presse – in unserem Sinn bearbeiten. Mit ganz wenig Ausnahmen, die überhaupt nicht in Frage kommen, liegt die ganze Presse der Welt in unseren Händen.‹

Nach einem großangelegten Plane hat in diesen Tagen der Jude die öffentliche Weltmeinung gegen Deutschland aufgehetzt. Er bedient sich dazu der Presse, durch die er eine ungeheure Lügenflut über die Welt ergießt. Kein Verbrechen, keine Schandtat ist ihm zu niederträchtig: er beschuldigt die Deutschen damit.

Der Jude lügt, in Deutschland würden Angehörige des jüdischen Volkes grausam zu Tode gefoltert.

Der Jude lügt, es würden diesen Juden die Augen ausgebrannt, die Hände abgehackt, Ohren und Nasen abgeschnitten, ja selbst die Leichen würden noch zerstückelt.

Der Jude lügt, es würden in Deutschland selbst jüdische Frauen in grauenvoller Weise getötet und jüdische Mädchen vor den Augen ihrer Eltern vergewaltigt.

Der Jude verbreitet diese Lügen in derselben Weise und zu demselben Zwecke, wie er das auch während des Krieges getan hatte. Er will die Welt gegen Deutschland aufwiegeln. Darüber hinaus fordert er zum Boykott deutscher Erzeugnisse auf. Er will damit das Elend der Arbeitslosigkeit in Deutschland noch vergrößern, er will den deutschen Export ruinieren.

Deutsche Volksgenossen! Deutsche Volksgenossinnen! Die Schuldigen an diesem wahnwitzigen Verbrechen, an dieser niederträchtigen Greuel- und Boykotthetze sind die Juden in Deutschland. Sie haben ihre Rassegenossen im Ausland zum Kampf gegen das deutsche Volk aufgerufen. Sie haben die Lügen und Verleumdungen hinaus gemeldet. Darum hat die Reichsleitung der deutschen Freiheitsbewegung beschlossen, in Abwehr der verbrecherischen Hetze ab heute, den 1. April 1933, vormittags 10 Uhr, über alle jüdischen Geschäfte, Warenhäuser, Kanzleien usw. den Boykott zu verhängen. Dieser Boykottierung Folge zu leisten, dazu rufen wir Euch, deutsche Frauen und Männer, auf! Kauft nichts in jüdischen Geschäften und Warenhäusern! Geht nicht zu jüdischen Rechtsanwälten! Meidet jüdische Ärzte! Zeigt den Juden, daß sie nicht ungestraft Deutschland in seiner Ehre herabwürdigen und beschmutzen können! Wer gegen diese Aufforderung handelt, beweist damit, daß er auf der Seite der Feinde Deutschlands steht.

Es lebe der ehrwürdige General Feldmarschall aus dem großen Kriege, der Reichspräsident Paul von Hindenburg!

Es lebe der Führer und Reichskanzler Adolf Hitler!

Es lebe das deutsche Volk und das heilige deutsche Vaterland!

Zentralkomitee zur Abwehr der jüdischen Greuel- und Boykotthetze

Streicher.«[4]

»Der große Erfolg des Boykotts«, so lautete die Balkenüberschrift auf der Titelseite der *NSZ* am 3. April 1933, die darauf hinwies, daß »die Judenfrage« nun »vor aller Welt aufgerollt« worden und der – vorerst bis zum 5. April unterbrochene – Boykott »vom ganzen Volk getragen« worden sei. »Die ganze Welt horcht auf«, erfuhr die deutsche Bevölkerung, der mitgeteilt wurde, daß sich beispielsweise die französische Presse lebhaft über die NS-Maßnahme gegen die Juden geäußert und den ruhigen und disziplinierten Verlauf des Boykotts hervorgehoben habe. Deutsche Banken und Industriegesellschaften hätten, so hieß es, im französischen *Matin* durch Leserbriefe gegen falsche Berichterstattungen protestiert und die Zeitung aufgefordert, bei »der Verbreitung der Wahrheit mitzumachen«.[5]

Der Papst und der Kardinalstaatssekretär Pacelli, der spätere Papst Pius XII., empfingen am 12. April Hermann Göring, der »in der neuen Uniform des Luftfahrtkommissars« im Vatikan erschien und mit dem Papst über »ihre beiderseitige Vorliebe zur alpinen Welt« plauderte, während sich katholische Christen im Reich besorgt fragten, wohin denn wohl die Fahrt des »katholischen« Reichskanzlers Adolf Hitler gehen werde.[6] Verlobungs- und Hochzeitsanzeigen erschienen in der Presse inzwischen unter dem Zeichen des Hakenkreuzes.[7] Die deutsche Kolonie in Rom feierte am 18. April 1933 Hitlers Geburtstag vorzeitig im Rahmen einer Veranstaltung, die der Berliner Sender in Deutschland (mit Reden Görings und Papens) übertrug.[8] »Eine Reihe von Gesuchen«, ließ Bürckel, der pfälzische Gauleiter der NSDAP, am 19. April 1933 in der Presse erklären, »liegt hier vor, die sich mit der Freilassung von politischen

Schutzgefangenen befassen.« Es müsse festgestellt werden, betonte er, daß »die Gesuchssteller sich in der Hauptsache für verhaftete Juden und besser gestellte Schutzhäftlinge« einsetzten, was negative Folgen haben würde. »Juden«, so verfügte er, »können in Zukunft nur noch entlassen werden, wenn je zwei Bittsteller bezw. die Juden krankschreibenden Ärzte an Stelle der Juden die Haft antreten.« Die Gleichheit aller Bürger vor dem Gesetz war aufgehoben; aber die Presse feierte Hitlers 44. Geburtstag, veröffentlichte Hindenburgs Glückwunsch,[9] die guten Wünsche der Deutschen Christen und namhafter Politiker, Unternehmer und Industrieller.[10] Vizekanzler Franz von Papen, der von einem Papst-Besuch aus Rom nach Deutschland zurückkehrte, unterbrach in München seine Reise nach Berlin, um dem Kanzler zu gratulieren. Die Hitler-Jugend verkaufte auf den Straßen als Sammelaktion Nachbildungen von Hitlers Lieblingsblume Edelweiß. Berichte über Hitlers Geburtstagsfeierlichkeiten wechselten in der Presse mit Informationen über Verhaftungen von Juden und Bestrafungen von Vergehen und Verbrechen.[11] Unübersehbar waren die Tendenzen: Hitler und die NSDAP waren die Rettung Deutschlands, die Juden sein Untergang, wenn sie frei und unbehindert blieben.

Immer wieder war davon die Rede, daß Deutschland nun »die sozialistische Revolution« erlebe,[12] die dem deutschen Arbeiter endlich die Rolle verschaffen werde, die ihm als Ziel der NS-Politik gebühre. »Es soll kein ›Staat gebaut‹ werden« gegen den Arbeiter. Mit dem Satz »Deutschland wird dann am größten sein, wenn seine Ärmsten seine treuesten Bürger sind«,[13] wurde Hitler beispielsweise am 11. Mai 1933 zitiert. Bald danach wurde (mit allen Mitteln der Diffamierungskunst der NS-Propaganda) massiv Front gegen den deutschnationalen Reichswirtschaftsminister Hugenberg gemacht, gegen den »Hemmschuh der deutschen Revolution«.[14] Ende Juli erklärte er, der vielen Angriffe müde, seinen Rücktritt.

Streicher hatte nicht nur »zum Sturm« geblasen und seinen pervertierten Vorstellungen durch einen Handstreich den Charakter artikulierter Volkswünsche aufgepfropft, sondern unter der Verwendung der Namen des Reichspräsidenten und des Reichskanzlers auch nachträglich »legalisiert«, was mit jüdischen Bürgern vorher bereits geschehen war. In Straubing beispielsweise hatten sechs »dunkel uniformierte« Männer mit Hakenkreuz-Armbinde zwei Wochen zuvor einen jüdischen Kaufmann ermordet.[15] In Bad Brükkenau und Bad Kissingen waren Juden verhaftet und in Bad Brückenau die Synagoge und die Wohnung des Rabbiners durchsucht worden.

»Bei der Boykottierung der Judengeschäfte hat sich bisher«, so hieß es im Halbmonatsbericht des Bezirksamts Weißenburg in Mittelfranken vom 2. April 1933, »in Stadt und Bezirk alles ohne irgendwelche Störungen abgewickelt ... Ich habe dafür gesorgt, daß keine Mitteilungen (über einen ›Radau‹ vor dem Haus eines jüdischen Viehhändlers, der Verf.) ... in die Presse gekommen ist.«[16]

In München forderten gelbe und rote Plakate die Einwohner seit dem Boykottbeginn eindringlich auf, nicht in jüdischen Kaufhäusern und Geschäften einzukaufen und jüdische Ärzte und Anwälte zu meiden.[17] Lastwagen fuhren durch die Stadt und warben für den Boykott. »Durch die Straßen der Innenstadt«, schrieb der *Völkische Beobachter,* »wälzt sich ein breiter Menschenstrom. Aber die SA- und Stahlhelmposten vor jüdischen Geschäften haben wenig zu tun. Gut hat der Aufklärungsfeldzug, der von der Presse und allen verantwortlichen Stellen durchgeführt wurde, gewirkt. Überall herrscht freudige Zustimmung zu den energischen« Maßnahmen,[18] die zu »Gegenmaßnahmen« gegen angebliche jüdische Greuelpropaganda im Ausland umstilisiert wurden. Überall, so betonte jedenfalls die NS-Presse, hat die Bevölkerung den Boykott freudig und diszipliniert begrüßt und die eklatante und gewaltsame Beeinträchtigung der Freiheit der jüdischen Geschäftsleute und Händler wie einen Auftakt zu einem Volksfest aufgenommen.[19] Wo immer jemand eine Zeitung zur Hand nahm, fiel vor allem bis zum 3. April 1933[20] sein Blick auf Schlagzeilen wie diese: »Der große Erfolg des Boykotts«, »Schach den frechen Angriffen!«, »Juda führt Krieg« und »Ein schwerer Schlag für die überstaatliche Weltmacht«.[21] Die Parteistellen wetteiferten in ihren Berichten über ihre Maßnahmen wie Konkurrenz-Unternehmen. Jede von ihnen nahm in Anspruch, die Bevölkerung rechtzeitig »genügend unterrichtet«[22] und »aufgeklärt« zu haben, so daß alles wie am Schnürchen gelaufen sei. Schadenfreude über die Angst der massiv eingeschüchterten Juden trat überall so ungeniert zutage wie der Stolz, diesen »Schlag gegen das Weltjudentum« mit »bewährter Disziplin durchgeführt« zu haben.[23] Daß die Ausschaltung von Konkurrenten auf eine so billige Weise möglich war und die Art und Weise, in der dies geschah, schließlich auch noch als »deutsche Tat« und vaterländischer Gesinnungsbeweis« öffentlich sichtbar wurden, hat die Aktivität mit Sicherheit in nicht gerade wenigen Fällen motiviert. Die »arischen« Viehhändler beispielsweise störte an ihren jüdischen Kollegen nicht, daß sie Levi oder Rosenzweig hießen und am Sabbat die Synagogen besuchten; sie mißgönnten ihnen aber ihre sprichwörtlichen geschäftlichen Erfolge. Anders sahen es die Bauern. Im Lagebericht des Regierungspräsidenten von Oberbayern vom 9. Dezember 1935 hieß es »... seitens der Großzahl der Landwirte« werde »die ... Befürchtung ausgesprochen, daß durch einen Ausschluß der jüdischen Händler die Großviehmärkte ungünstig beeinflußt würden, weil dann viel Vieh nicht mehr verkauft werden könnte«.[24] Die Bauern wußten, worüber sie redeten, und die »deutschen« Viehhändler wußten dies - nicht erst 1935 - auch. Im Frühsommer 1934 klagten dann Landwirte und Bauern besonders im Rheinland, in Brandenburg, Sachsen[25] und Ostpreußen,[26] daß sie, obwohl teilweise deshalb sogar mit KZ-Haft bedroht, notgedrungen Vieh verkaufen müßten, weil die Trockenheit ihnen Fütterungsprobleme aufgäbe, die auf herkömmliche Weise - und ohne Hilfe seitens des Staates - nicht zu lösen seien.

Spontane Ausschreitungen gegen Juden gab es trotz aller gegenteiliger Behauptungen der NS-Propaganda, die erklärte, daß »spontaner Volkszorn« nicht verboten werden könne,[27] nachweislich nahezu niemals und nirgendwo. Wo und wann immer »spontan« gegen Juden vorgegangen wurde, handelte es sich schon 1933 und 1934 in fast allen Fällen um differenziert vorbereitete Pogrome mit deutlich erkennbaren Anlässen und Ursachen, die allerdings keineswegs immer im pervertiert biologisch interpretierten Antisemitismus der nationalsozialistischen Weltanschauung ihren tatsächlichen Ursprung hatten. Besitz- und Konkurrenzneid, lokale Ansehens- und Geltungsdefizite, unausgesprochene persönliche Antipathien, Eifersüchteleien verschiedenster Art, Fehlinformationen und Irrtümer wogen in der Praxis gewöhnlich weitaus mehr als die ideologischen Rechtfertigungen, mit denen viele Akteure ihr schlechtes Gewissen beruhigten. Ob dies allerdings bereits mit der erst nach dem Ende der Hitler-Zeit allgemein bekannt gewordenen, erst zur Zeit des Krieges systematisch praktizierten Tatsache korrespondiert, daß Juden von Tausenden bestimmter Deutscher in Konzentrationslagern, Gettos und auch anderswo bedenkenlos umgebracht wurden, sobald Vorgesetzte es befohlen hatten, ist eine Frage, die der Historiker nicht zwingend zu beantworten vermag.

Die NS-Presse jubilierte zwar über den Boykott und stellte ihn als Beweis der völkischen Schlagkraft gegen »das internationale Machtnetz« dar, verschwieg aber auch die Reaktionen aus dem Ausland nicht. »Die französische Zeitung *Matin* schreibt dazu«, hieß es zum Beispiel in Bürckels *NSZ* vom 3. April 1933, »diejenigen, die die Unterdrückungsbewegung ins Werk gesetzt hätten, zitterten schon bei den ersten Anzeichen einer Ablehnung dieser Maßnahmen durch das Ausland, weil sie fürchteten, daß sich dieser Protest in materiellen Verlusten auswirken könne.« Angesichts der schwierigen Finanz- und Arbeitsmarktlage im Reich mußten solche Stimmen Gehör finden. Nicht zufällig veröffentlichte die NS-Presse denn auch auf derselben Seite, die die Auszüge aus der Auslandspresse enthielt, halbfett gedruckt die Erklärung des Zentralkomitees zur Abwehr der jüdischen Greuel- und Boykotthetze, daß der Boykott sofort ausgesetzt und die plakatierten Aufrufe zum Boykott ebenso augenblicklich entfernt werden würden. Julius Streichers Behauptung, daß die Einstellung erfolge, weil das internationale Judentum rasch begriffen hätte, daß »das neue Deutschland nicht mit sich Schindluder treiben« ließe, war nicht sehr überzeugend.[28]

Auffällig übergangslos beherrschten ablenkende Schlagzeilen die NS-Presse, die sich nun – zumal in Süddeutschland – vehement dem Saargebiet zuwandte und aufwendig über eine Benachteiligung der außerhalb der deutschen Reichsgrenzen lebenden Deutschen an der Saar berichtete. Bereits am 3. April 1933, dem Tag der offiziellen Boykott-Beendigung, war von »Schrei der unterdrückten Saar«, einer »Wallfahrt nach Saarbrücken«, von der »Saar-Regierung und (dem) Völkerbund« und von großen Propaganda-Veranstaltungen der SA und SS im Saargebiet die Rede. Weniger spektakulär klang, was die Nationalsozialisten über den polnischen »Terror in Oberschlesien« und über die »Unterdrückung der Nationalsozialisten in Danzig« publizierten. Während im Zusammenhang mit dem Saargebiet offen die Wiedereingliederung in das Reich gefordert wurde, galt den Deutschen in und um Kattowitz, Königshütte und Teschen zunächst nur Mitgefühl. Aber wer die Zeichen der Zeit zu deuten verstand und begriffen hatte, daß Hitler und die NSDAP keineswegs so bald wieder »in der Versenkung verschwinden« würden, wie zahlreiche maßgebliche Hitler-Gegner selbst noch 1936 mutmaßten,[29] konnte aus Leitartikeln herauslesen, daß es auf die Dauer bei »Beileidskundgebungen« nicht bleiben würde. Die synchron ausgegebene Parole vom »Ende des Nachtwächterstaates« zielte zwar auf die neue Rolle des Staates im Rahmen der nationalen Wirtschaftspolitik und sollte unbotmäßige oder unbequeme Exponenten der Wirtschaft und Industrie mit politischem Einfluß vor NS-feindlichen

Handlungen warnen; aber sie war deutlich auch als Warnung an ausländische Regierungen zu verstehen, den neuen Staat nicht falsch einzuschätzen.

Vorübergehend wirkte der Schock, den der Boykott ausgelöst hatte, auf beiden Seiten nach. Die Nationalsozialisten verhielten sich eine Zeitlang vorsichtiger. Die jüdischen Bürger erwogen spätestens jetzt Ausweichmöglichkeiten; aber die meisten von ihnen sahen in den Repressalien keinen bleibenden Zustand, und nur verschwindend wenige von ihnen realisierten unverzüglich die Auswanderung, die an der Schwelle des Unrecht-Staates immerhin noch relativ leicht möglich war. Die weitaus meisten blieben in Deutschland, mußten im November 1938 die »Reichskristallnacht« erleben, waren schon bis dahin zahlreichen Einschränkungen der persönlichen Freiheit und dem Verlust vieler anderer Rechte unterworfen und erlitten schließlich Deportierung, KZ-Haft und Völkermord.

Der »Mann auf der Straße«, der den Boykott laut Streichers Erklärungen vom 3. April 1933 »freudig« mitgetragen hatte, orientierte sich an den Rundfunk- und Presse-Informationen – und natürlich auch am Verhalten der jüdischen Mitbürger, die trotz der eigentlich unmißverständlichen nationalsozialistischen Drohungen weiterhin in Deutschland blieben und zum größten Teil zunächst auch ihren alten Tätigkeiten nachgehen konnten. Solange Juden beispielsweise sogar noch Waffen produzieren, reparieren und verkaufen durften, und dies war bis Anfang 1938 noch der Fall, meinten nicht nur »arische« Nachbarn jüdischer Deutscher oder deutscher Juden, sondern diese selbst auch, daß noch Hoffnung auf eine Normalisierung der Verhältnisse und die Wiederherstellung menschenwürdiger Beziehungen bestünde.[30] Zudem kursierten unter den Gegnern des NS-Regimes seit Februar 1933 überall als Fakten aufgefaßte Wunschvorstellungen, die Hitler zwar sehr häufig aus der Kritik ausnahmen,[31] insgesamt aber den Eindruck suggerierten, daß die Tage seines Regimes nur knapp bemessen seien.

Erster »Feiertag der nationalen Arbeit«

Der 1. Mai 1933, »Feiertag der nationalen Arbeit«,[1] von den nationalsozialistischen Parteiorganisationen außerordentlich effektvoll inszeniert, erwies sich rasch als ein Vehikel, das Hitler und Goebbels zielstrebig zu nutzen wußten. Schon am 10. Februar hatte Hitler im Rahmen einer vom gesamten deutschen Rundfunk übertragenen programmatischen Grundsatzrede im Berliner Sportpalast auch die Stoßrichtung für die propagandistische Vorbereitung und Behandlung des 1. Mai signalisiert. »Weil wir in der Erhaltung unseres Volkes ... das höchste Ziel erblicken«, hatte er erklärt, »müssen wir die Ursachen unseres Verfalls beseitigen und damit die Versöhnung der deutschen Klassen herbeiführen ... Indem wir diese Versöhnung der Klassen herbeiführen ... wollen wir ... dieses geeinte deutsche Volk wieder zurückführen zu den ewigen Quellen seiner Kraft, wollen durch eine Erziehung von klein an den Glauben an einen Gott und den Glauben an unser Volk einpflanzen in die jungen Gehirne ... Indem ich für die deutsche Zukunft kämpfe, muß ich kämpfen für die deutsche Scholle und muß kämpfen für den deutschen Bauern. Er erneuert uns ... ist der ewige Quell seit Jahrtausenden gewesen, und er muß erhalten bleiben. Ich gehe dann weiter zum zweiten Pfeiler unseres Volkstums: Zum deutschen Arbeiter ... der in der Zukunft kein Fremdling mehr sein soll und sein darf im deutschen Reich, den wir zurückführen wollen wieder in die Gemeinschaft unseres Volkes.«[2]

Auszüge aus Hitlers Rede vom 10. Februar 1933:

»Die Gegner fragen nun nach unserem Programm. Meine Volksgenossen, ich könnte jetzt die Frage an diese Gegner richten: ›Wo war euer Programm?‹ Habt ihr das, was ihr in Deutschland angerichtet habt, gewollt? ... Wer hinderte euch, das Gegenteil zu tun? Sie werden sich heute plötzlich nicht mehr erinnern wollen, daß sie die Verantwortung für 14 Jahre tragen ... Ich habe es ... abgelehnt, jemals vor dieses Volk hinzutreten und billige Versprechungen zu geben ... Immer und immer wieder predige ich: Der Wiederaufstieg der deutschen Nation ist die Frage der Wiedergewinnung der inneren Kraft und Gesundheit des deutschen Volkes ... So komme ich zum zweiten Punkt unseres Programmes ... Wir wollen arbeiten, aber das Volk muß mithelfen. Es soll nie glauben, daß plötzlich Freiheit, Glück und Leben vom Himmel geschenkt wird. Alles wurzelt nur im eigenen Willen, in der eigenen Arbeit. Und drittens wollen wir unsere ganze Arbeit leiten lassen von einer Erkenntnis, von einer Überzeugung: Wir glauben niemals an fremde Hilfe ... die außerhalb unserer eigenen Nation, unseres eigenen Volkes liegt ... Nach dem vierten Programmpunkt wollen wir den Aufbau unseres Volkes ... vornehmen ... nach den ewigen Gesetzen, die immer Geltung besitzen. Nicht nach Klassentheorien, nicht nach Klassenvorstellungen. Diese Gesetze fassen wir als fünften Punkt in einer Erkenntnis zusammen: Diese Grundlagen unseres Lebens beruhen in Werten, die niemand uns rauben kann ... sie beruhen in unserem Fleisch und Blut und Willen und in unserem Boden. Volk und Erde, das sind die beiden Wurzeln, aus denen wir unsere Kraft ziehen wollen ... Und damit ergibt sich als sechster Punkt klar als Ziel unseres Kampfes: Die Erhaltung dieses Volkes und dieses Bodens ... Nicht für Ideen leben wir, nicht für Theorien, nicht für phantastische Parteiprogramme ... wir leben und kämpfen für das deutsche Volk, für die Erhaltung seiner Existenz ... und wir sind überzeugt, daß wir nur auf diese Weise allein mithelfen an dem, was die andern so gern in den Vordergrund stellen möchten: am Weltfrieden ... Indem wir ausgehen von unserem Volk, helfen wir mit am Wiederaufbau der gesamten Welt, indem wir einen Baustein in Ordnung bringen, der nicht herausgebrochen werden kann aus diesem Gefüge und Gebäude der übrigen Welt ... Wir wollen dann weiter dem deutschen Geist die Möglichkeit seiner Entfaltung sichern, wollen den Wert der Persönlichkeit, die schöpferische Kraft des einzelnen wieder einsetzen in ihre ewigen Vorrechte ... Wir werden kämpfen gegen die Erscheinungen unseres parlamentarisch-demokratischen Systems und gehen damit sofort über zu einem zwölften Punkt, der Wiederherstellung der Sauberkeit in unserem Volk. Neben dieser Sauberkeit auf allen Gebieten unseres Lebens ... wollen wir die Wiederherstellung der deutschen Ehre, wiederherstellen die Achtung vor ihr und das Bekenntnis zu ihr und wollen einbrennen in unsere Herzen das Bekenntnis zur Freiheit; wollen unser Volk damit aber auch wieder beglücken mit einer wirklichen deutschen Kultur, mit einer deutschen Kunst, mit einer deutschen Architektur, einer deutschen Musik, die uns unsere Seele wiedergeben soll, und wollen damit erwecken die Ehrfurcht vor den großen Traditionen unseres Volkes, erwecken die tiefe Ehrfurcht vor den Leistungen der Vergangenheit, die demutige Bewunderung der großen Männer der deutschen Geschichte. Wir wollen unsere Jugend wieder hineinführen in dieses herrliche Reich unserer Vergangenheit. Demütig sollen sie sich beugen vor denen, die vor uns lebten und schufen und arbeiteten und wirkten, auf daß sie heute leben können. Und wollen diese Jugend vor allem erziehen zur Ehrfurcht vor denen, die einst das schwerste Opfer gebracht haben für unseres Volkes Leben und unseres Volkes Zukunft ... Wir wollen unsere Jugend erziehen in Ehrfurcht vor unserem alten Heer, an das sie wieder denken soll, das sie wieder verehren soll ... Damit wird dieses Programm sein ein Programm der nationalen Wiedererhebung auf allen Gebieten des Lebens, unduldsam gegen jeden, der sich gegen die Nation versündigt. Bruder und Freund zu jedem, der mitkämpfen will an der Wiederauferstehung seines Volkes, unserer Nation.«[3]

Hitlers Worte verhallten, vor allem bei den Arbeitern und ihren Familien, nicht ungehört. In Ostpreußen beispielsweise erlebten Landarbeiterfrauen am 30. April und am 1. Mai 1933, daß ihre Gutsherrinnen sich zu ihnen setzten, mit ihnen bei Kaffee und Kuchen – was bis dahin schier undenkbar gewesen wäre – »von gleich zu gleich« sprachen und zusammen mit ihnen eifrig Hakenkreuz-Armbinden nähten, die ihre von einem neuen Selbstbewußtsein erfüllten Männer über ihre linken Ärmel streiften, um ihre »Identifizierung« mit dem politischen Regime demonstrieren zu können, das endlich »die Versöhnung der Klassen« auf seine Fahnen geschrieben hatte. Daß die schwarzen Hakenkreuze dabei nicht selten verkehrt herum auf dem weißen Kreis im roten Feld aufgenäht wurden, bewies mehr als verbale Argumente, daß die Leute gar nicht wußten, was sie so spontan engagiert taten. Drastische Erfahrungen belehrten sie und ihre Männer jedoch rasch, daß sie sich »zu früh gefreut« hatten. So marschierten beispielsweise die zu Marschkolonnen zusammengestellten Landarbeiter der Güter aus der Umgebung des Kirchdorfes Norkitten im Kreis Insterburg, mit den eben erst handgenähten Hakenkreuz-Armbinden versehen, am Morgen des 1. Mai nach Norkitten, wo sie auf einem Sportplatz »Aufstellung zu nehmen« hatten.[4]

Betroffen mußten sie feststellen, daß dort sorgfältig beschriftete Tafeln angebracht waren, die sie, denen von der nationalsozialistischen Propaganda suggeriert worden war, daß es fortan keine Unterschiede mehr geben würde, zumindest nachdenklich machen mußten. Da standen, als jeweilige Sammlungszentren markiert, Hinweisschilder für »Akademiker«, »Unternehmer«, »Landwirte«, »Geschäftsleute«, »Künstler«, »Kaufleute«, »Beamte«, »Handwerker«, »Bauern« und »Landarbeiter«. Einige der Landarbeiter, die zumindest 1932 den angeblichen einstigen Arbeiter Hitler und dessen NSDAP gewählt hatten, rollten ihre Hakenkreuz-Armbinden enttäuscht so zusammen, daß die Hakenkreuze nicht mehr voll zu erkennen waren, die Farben Schwarz-Weiß-Rot jedoch für jedermann sichtbar blieben. Manch einer von ihnen stahl sich irritiert davon und stellte sich zu den Zuschauern an den Straßen, die den »Mai-Umzug« betrachten wollten. Als der Zug dann durch den Ort marschierte, den jeweiligen Berufsgruppen und Ständen voran die uniformierte SA, kam es zu einem eklatanten Zwischenfall, den keineswegs alle als Zuschauer beteiligten »Volksgenossen« einfach zu akzeptieren bereit waren: Mit den rabiaten NS-Gepflogenheiten noch nicht vertraut, hatten viele der neugierigen Männer, Frauen und Kinder versäumt, den vorbeigetragenen Hakenkreuzfahnen die »Ehre des Deutschen Grußes« zu erweisen. Wie Berserker stürzten sich daraufhin die SA-Männer auf die männlichen Zaungäste links und rechts des Weges und prügelten so rücksichtslos auf sie ein, daß schwere Kopfverletzungen keine Ausnahmen waren. Ein ortsansässiger Krämer, als renommierter NSDAP-Anhänger bekannt, brach tot zusammen. Er sei, so erfuhren die Teilnehmer kurz darauf über Lautsprecher, »einem Herzschlag wahrscheinlich infolge von Herzverfettung erlegen«. Einer der irritierten Zaungäste, ein im Ersten Weltkrieg mehrfach ausgezeichneter einstiger Kavallerie-Wachtmeister und durch seine öffentlichen Aktivitäten ausgewiesener Hitler-Anhänger, verließ mit seinen Weltkriegsorden auf dem Jackett bestürzt und empört den Ort. 1937 nahm er ein jüdisches Mädchen aus Berlin in seine Familie auf[5] und engagierte sich 1940 so intensiv für einen jüdischen Metzger, daß sich die Gestapo bis 1944 mit ihm beschäftigte.[6]

Zwar kritisierten die nahezu ausnahmslos dem gehobenen Mittelstand und dem großdörflichen Establishment angehörenden NS-Funktionäre[7] in den ersten Maitagen, was geschehen war, doch ihre Kritik richtete sich primär nicht gegen den rabaukenhaften SA-Terror, sondern gegen diejenigen, die angeblich infolge eigenen Verschuldens verprügelt worden seien. Die makabre Konsequenz des schnöseligen SA-Sturmführers: Er ließ ausgewählte SA-Männer einen mehrwöchigen Erste-Hilfe-Kurs absolvieren. Den Männern seines SA-Sturmes, die er auf dem Platz des ebenfalls von ihm geführten Fußballvereins SVN antreten ließ, erklärte er, daß ihre Aktion die tatsächliche Klassenlosigkeit des neuen Regimes demonstriert habe; denn Prügel hätten ja nicht nur Arbeiter am Straßenrand und andere kleine Leute bekommen. Die am 5. Mai im *Völkischen Beobachter* veröffentlichte Entscheidung Hitlers, den ihm vom Senat der Stuttgarter Technischen Hochschule eilfertig angebotenen Ehrendoktortitel abzulehnen, weil er »grundsätzlich Ehrendoktortitel nicht anzunehmen gedenke«, erleichterte ihm dabei die Argumentation.[8]

Die örtlichen Parteiorganisationen der NSDAP, die aus Zwischenfällen solcher Art lernten, formierten sich überall jeweils nach den ihnen vorgegebenen Voraussetzungen und Möglichkeiten zum Angriff. Widerstand wurde ausgespäht, Maßnahmen zu seiner Beseitigung getroffen und überzogenes Selbstbewußtsein demonstriert. Betroffen aber mußten sie feststellen, daß »von oben« für vieles nicht vorgesorgt worden war. So hieß es beispielsweise im Oktoberbericht der bayerischen Ortsgruppe Theissenort: »Eine Zelle geheimen Widerstandes gegen NSDAP und Staatsregierung bildet der katholische Arbeiter-Verein in Johannisthal. Gleichschaltung infolge Konkordat und Mangel an geeignetem Pg. (Parteigenossen, der Verf.), der Mitglied dieses Vereins ist, nicht erfolgt. Notwendig wäre Ernennung eines Beauftragten, um diesbezügliche Anordnungen wird gebeten.«[9]

Nicht überall Autoritätsgebundenheit

Nicht überall waren die Gegner der NSDAP so mit fliegenden Fahnen zu Hitler übergelaufen, wie der bereits zitierte bayerische sozialdemokratische Reichstagsabgeordnete Wilhelm Hoegner es im März 1933 im traditionellen Berliner Kommunistenviertel um den Alexanderplatz herum erlebt hatte.[1] Obwohl Ende der zwanziger Jahre als wissenschaftlich erwiesen gegolten hatte, daß vor allem die Arbeiter und Angestellten nach Autoritäts- und Ordnungsgebundenheit strebten und unter den zahlreichen politischen Parteien nach Exponenten mit entsprechendem Image suchten, konnten die NSDAP und Hitler nicht in der Weise davon profitieren, wie einige Gegner Hitlers dies befürchtet hatten. 1929 und 1930 nämlich hatten Untersuchungen des Frankfurter Instituts für Sozialforschung über die Meinungen, Lebensformen und Einstellungen der Arbeiter und Angestellten zu so bestürzenden Einsichten geführt, daß Erich Fromm, der die Untersuchungen leitete, es nicht für opportun hielt, die Ergebnisse zu publizieren.[2]

Die Nationalsozialisten, seit Anbeginn auf einen totalitären Staat fixiert, drängten nach den Jahren des »Kampfes um die Macht« nun ungeduldig nicht nur nach allen Machtpositionen, sondern auch nach einer Anerkennung, die die totale Unterwerfung und Identifizierung mit dem Regime ausdrücken sollte. Wo und wann immer ein Wort gegen Hitler oder die NSDAP laut wurde, klagten sie ungehalten über »Widerstand« und »Abneigung«, die ihnen entgegengebracht würden. So meldete der Tätigkeits- und Stimmungsbericht des Stützpunktes Tschirn[3] im Oktober 1933 unter anderem: »Trotz der Unterbringung fast sämtlicher Arbeitsloser herrscht immer noch große Abneigung gegenüber der NSDAP. Das beweist, daß ein großer Teil unserer ehemaligen Gegner hier eine Stahlhelm-Ortsgruppe gebildet hat. Schwarz und Rot versuchen immer noch, uns zu unterwühlen. Unsere ehemalige schwarzrote Gemeinderegierung hat uns 4509 Mark einzukassierende Rückstände hinterlassen, deren Inkasso auf sehr große Schwierigkeiten stößt, und deren Beitreibung, die wir beginnen mußten, wird von den Herrschaften benützt, um Stimmung gegen uns zu machen. Trotz alledem werden wir uns von unserem Standpunkt, Gemeinnutz geht vor Eigennutz, nicht abbringen lassen.«[4]

Anders als die Berliner Arbeiterfrauen, die durch ihre Lobeshymnen auf Hitler den bayerischen Sozialdemokraten Hoegner im Frühjahr 1933 schockierten, verhielten sich die Arbeiter vielfach auf dem flachen Lande. »Auch unter den bei Notstandsarbeiten untergebrachten Volksgenossen«, hieß es im April 1934 beispielsweise im Tätigkeitsbericht der Ortsgruppe Erkersreuth, »herrscht nicht gerade gute Stimmung, da die Kinderreichen bei einem Stundenlohn von 54 Pf(ennigen) sich in der Woche kaum besserstellen als Arbeitslose, wobei sie aber, nach ihrer Aussage mehr für Ernährung und Arbeitskleidung brauchen. Die angesetzte Versammlungswelle ist tatsächlich notwendig, wenn nur gerade die Zweifler erfaßt werden. Wir brauchen für unseren Ortsgruppenbereich zugkräftige Redner sowohl für die Bauern als auch für die Arbeiterschaft«,[5] die 1933 immerhin 28 Prozent der gesamten eingetragenen Parteimitglieder[6] stellten. Viele von den 4,8 Millionen Arbeitslosen, die 1933 plötzlich »Arbeit und Brot« fanden, sahen sich rasch getäuscht. Mit ihren Löhnen kamen sie oft nicht soweit wie zuvor mit der Arbeitslosenunterstützung. Zudem gingen die Verdienste vielfach systematisch zurück. Industriefacharbeiter verdienten 1932 beispielsweise 81,6 Pfennige in der Stunde. 1938 waren es nur noch 78,8 Pfennige. Hilfsarbeiter hatten 1928 75,2 Pfennige Stundenlohn bekommen. 1938 waren es nur 62,2 Pfennige.[7] Maurer erhielten Ende 1932 durchschnittlich 82,31 Pfennige Stundenlohn. Im Mai 1936 bekamen sie 77,61 Pfennige, Bauhilfsarbeiter 1932 72,81 und im Mai 1936 69,63 Pfennige. Der Tariflohn der Steinmetzen ging in derselben Zeit von 105 auf 72,8 Pfennige zurück, der der Maler von 85 auf 74 Pfennige. Ein Pfund Kalbfleisch kostete 1932 160,4 Pfennige, 1937 waren es 209,4 Pfennige. Für ein Pfund Butter mußten 1932 278,3 Pfennige gezahlt werden, 1937 waren es 312,4 Pfennige. Ein Kilo Zucker kostete 1932 74,6 Pfennige, 1937 mußten dafür 76,7 Pfennige bezahlt werden.

Die Nationalsozialisten sprachen indes nur vom Rückgang der Arbeitslosigkeit und der »Besserung des Arbeitsmarktes«. »Nach Mitteilung des Präsidenten des Landesarbeitsamtes Bayern«, so hieß es beispielsweise am 25. September 1933 im *Völkischen Beobachter,* »ist im August infolge der anhaltenden Besserung des Arbeitsmarktes eine Verringerung« der Arbeitslosen »um 10741 erfolgt.«[8]

Anstatt angesichts dieser Lage tunlichst unpopuläre Maßnahmen zu vermeiden, vertraute das Regime auf die Autoritätsgebundenheit seiner Anhänger. Es baute augenblicklich traditionelle sozialpolitische Leistungen ab und ersetzte sie durch propagandistisch hochgespielte Einzelaktionen, entzog dem eingespielten Verwaltungsapparat des Staates bestimmte Funktionen und übertrug sie der NSDAP und ihren Organisationen. Durch kollektive Aktionen wurden individuelle Hilfeleistungen zu Ausnahmen degradiert und der Staat, die Partei und die Gesellschaft so ineinander verzahnt, daß der »Mann auf der Straße« oft gar nicht zu unterscheiden vermochte, wem er was zu verdanken hatte. Unentwegte und in ihrer Variationsbreite kaum zu überbietende Spenden- und Sammelaktionen, bis dahin Ausnahmen besonderen Charakters, erhielten nicht nur den Status staatspolitischer Maßnahmen, sondern wurden rasch zu einem Instrumentarium, mit dessen Hilfe die NSDAP und ihre Organisationen den Staat fugenlos zu usurpieren und die Gesellschaft zu einem kontrollierten Bestandteil der Bewegung zu machen versuchten.

Das Jungvolk, die HJ, der BDM, die SA, die SS, die NS-Frauenschaft und was es sonst noch an NS-Organisationen gab, schickten ihre Mitglieder von Haus zu Haus, um beispielsweise künstliche Edelweißblüten und Kornblumen, Bernsteinabzeichen und Saar- und Memellanderde gegen Spenden abzugeben. Anläßlich besonderer Gelegenheiten konnten »Volksgenossen« gegen Entgelt verschiedenfarbige Nägel so in Holzschilde schlagen, daß sie, sobald alle vorgezeichneten Nagellöcher ausgefüllt waren, bestimmte NS-Symbole ergaben. Wer sich an Spendentagen auf die Straße begab und keines der Spendenabzeichen am Revers trug, sah sich fortwährend mit Straßensammlern konfrontiert, die ihn häufig zum entsprechenden Engagement nötigten. Nicht nur noch unangenehmer als diese Belästigungen, sondern auch folgenreicher war es, wenn für das sogenannte »Winterhilfswerk« mit dem Slogan »keiner soll hungern, keiner soll frieren« gesammelt wurde. Da gab es als Spenden-»Quittungen« nicht nur Ansteck-Abzeichen, sondern auch Listen, in die sich die einzelnen Spender einzutragen hatten. Da die Funktionsträger die Einwohner ihrer Zellen und Blöcke gewöhnlich kannten, registrierten sie nachträglich, wer nichts gespendet und sich damit »aus der Volksgemeinschaft ausgeschlossen« hatte. Firmen erhielten routinemäßig Fragebögen für Angaben über die Spenden der Belegschaften. Nicht selten sahen Betriebsführungen sich gezwungen, von den Gehältern und Löhnen bestimmte Beträge einzubehalten und als Spenden abzuzweigen. Besitzer oder Inhaber kleiner und kleinerer Betriebe und Unternehmen, Handwerksmeister, Kaufleute und Gewerbetreibende, Beamte und Bauern mußten gegebenenfalls mit Folgerungen rechnen, wenn sie konstant auf den Sammellisten fehlten. Schon die lokalen Funktionäre, die über die Spendenaufkommen in ihren Bereichen Rechenschaft abzulegen hatten, sorgten dafür; denn auch sie wurden von »oben« danach bewertet und gemessen, was sie diesbezüglich »leisteten«. Nur Arbeiter, die nichts oder nur wenig zu verlieren hatten, konnten sich ungestraft leisten, der Obrigkeit diesen Tribut nicht zu zollen.

Akademische und fürstliche Huldigungen

Nicht nur in Deutschland erschraken ungezählte Menschen am 10. Mai 1933, als SA-Männer, Angehörige der Hitler-Jugend und Studentenschaft in Städten und Dörfern des Reiches Bücher von Schriftstellern, Dichtern und Wissenschaftlern von Weltrang auf Scheiterhaufen verbrannten. Abertausende Bücher, 20000 allein in Berlin, verglühten in den Flammen, die nicht nur von geistig anspruchslosen SA-Rabauken, sondern fast überall auch von Studenten geschürt wurden. Werke von Werner Bergengruen und Bert Brecht, Alfred Döblin und Hermann Hesse, Theodor Plievier und Erich Kästner, Else Lasker-Schüler und Kurt Tucholsky, Arthur Schnitzler und Erich Maria Remarque, Arnold und Stefan Zweig, Heinrich und Thomas Mann, um hier nur einige der Namen zu nennen, die keines Deutschen Mund mehr lobend nennen sollte, befanden sich darunter.

Mancher Zeitgenosse mag angstvoll an Heinrich Heines Menetekel gedacht haben: »Dort, wo man Bücher verbrennt, verbrennt man am Ende auch Menschen«; aber ein erheblicher Teil der deutschen Bevölkerung nahm diesen Rückfall in die Zeiten der Inquisition, Savonarolas[1] und Luthers[2] nicht nur schweigend hin, sondern billigte ihn auch noch als ein Fanal der nun anbrechenden »neuen Zeit«. Zu frisch waren die Worte und Resolutionen »deutscher« Schriftsteller, Wissenschaftler, Künstler und anderer »Eliten« der Gesellschaft, die

1932 wortgewaltig und aufdringlich für Hitler und die NSDAP »optiert« hatten.

Namhafte Exponenten aus dem Kulturleben, Nobelpreisträger wie Philipp Lenard und Johannes Stark, Schriftsteller wie Kurt Aram, Richard Euringer, Hans Grimm, Rudolf Herzog, Hanns Johst, Eberhard König, Rudolf Paulsen, Edgar Schmidt-Pauli, Bogislaw von Selchow, Will Vesper, Ernst und Hans von Wolzogen, Verleger, Theaterdirektoren und Komponisten, hatten Hitler als den Kandidaten »der deutschen Geisteswelt« gerühmt und öffentlich für ihn geworben, zahlreiche Wissenschaftler es ihnen gleichgetan. »Wir erwarten zuversichtlich von nationalsozialistischer Führung«, hatten Universitäts- und Hochschullehrer[3] am 29. Juli 1932 erklärt und erläutert, »im Staate die Gesundung unseres ganzen öffentlichen Lebens und die Rettung deutschen Volkstums und sind entschlossen, jeder an seinem Teil dafür zu wirken.«[4] Sie, die »berufenen Lehrer der akademischen Jugend«, waren der Auffassung gewesen, ihre »Überzeugung durch die Tat ... beweisen« und öffentlich die »geistig schaffenden Menschen« an die »Verpflichtung« erinnern zu müssen, »sich mutig und mit Vertrauen« für die nationalsozialistische Bewegung zu entscheiden.[5] Nur Hitler und seine »Volksbewegung« könnten, so hatten sie gemeint, noch die Befreiung »des ganzen deutschen Lebens« von den »Einflüssen des internationalen Finanzkapitales« erwirken und die »international gebundenen Kräfte« aus dem deutschen Kultur- und Wirtschaftsleben ausschalten.[6] Als akademische Lehrer seien sie, wie sie vielsagend und vage bekundeten, »durch alle Bedenken hindurchgegangen, die den intellektuellen Menschen bei einigen Zielgedanken der nationalsozialistischen Bewegung kommen«. Welcher Art ihre Bedenken gewesen seien, erfuhren die Leser 1932 allerdings nicht. Daß es sich nicht um etwaige Vorbehalte im Hinblick auf die »von vielen gefürchtete Einschränkung der geistigen Freiheit durch ein engstirniges nationalsozialistisches Schema« handelte, gaben sie offen zu. Und sie bekannten auch: »Die wesentlichen Gedanken aber, vor allem: die Bekämpfung des fremdrassigen Einflusses in unserem Volksleben, die Einschränkung des Eigennutzes auf allen Gebieten, soweit er dem allgemeinen Nutzen entgegen handelt, der Wille zur Befreiung des Staates und des sozialen Lebens von der materialistischen Fessel des Finanzkapitals, diese wesentlichen Zielgedanken sind durch alle einzelnen Bedenken hindurch von uns als grundsätzlich richtig erkannt.«[7]

Bedenken gegenüber »einzelnen Erscheinungen treten für uns zurück«, erklärten sie und begründeten diese Feststellung mit dem Bekenntnis, daß sie »dem Geist der oberen Führer und ihrer erprobten Fähigkeiten zur Reinhaltung der Bewegung« vertrauten.[8]

Diese Hochschullehrer blieben nicht allein. Vierzig Kollegen erklärten im November 1932, daß sie »nur in der Machtübernahme durch Adolf Hitler die Möglichkeit« sähen, der »wachsenden Not und Verleumdung des deutschen Volkes Einhalt zu gebieten«.[9]

Rund ein halbes Jahrzehnt sahen sich die Nationalsozialisten von da an von Hochschullehrern öffentlich unterstützt. Erste spürbare Distanzierungen lösten 1937/38 vor allem die Aktivitäten des parteihörigen NS-Dozentenbundes aus, der vom Stab Heß getragen wurde und sich bemühte, nationalsozialistisches Gedankengut verstärkt in den Lehrstoff der Hochschulen hineinzutragen und entscheidenden Einfluß auf die Berufung von Hochschullehrern zu nehmen. »Nichtarische« Hochschullehrer waren bis dahin schon Opfer des Berufsbeamtengesetzes geworden. Beanstandungen und Verbote reglementierten die freie wissenschaftliche Meinungsäußerung. Gestapo und Sicherheitsdienst beobachteten Vorlesungen, Übungen, Seminare, Vorträge und andere Lehrveranstaltungen. Verleger wagten bald nicht mehr, nationalsozialistische Publikationen zu unterbinden, die als »Konjunktur«-Schrifttum von nationalsozialistischen Hochschullehrern stammten und im Volk und im Ausland den Eindruck erweckten, daß sich auch die deutschen Hochschullehrer dem Nationalsozialismus verschrieben hätten.

Doch es gab neben den offenen Anhängern Hitlers und den Mitläufern unter den deutschen Hochschullehrern auch noch jene, die aus übertriebener Vorsicht und aus Mangel an Zivilcourage schwiegen, als noch ungestraft gemahnt und gewarnt werden konnte. Diese Tatsache nützte Hitler und der NSDAP nicht nur im Inland. Doch auch Industrielle und namhafte Persönlichkeiten aus dem Hochadel hatten es ihnen gleichgetan.

Der Großindustrielle Fritz Thyssen beispielsweise hatte im März 1932 vor der Reichspräsidentenwahl öffentlich erklärt: »Ich wähle Adolf Hitler, weil ich ihn genau kenne und fest überzeugt bin, daß er der einzige ist, der Deutschland vor dem Abgrund und Zerfall zurückreißen kann und wird.«[10] Wie kraß er sich von Hitler und dessen Hintermännern hatte täuschen lassen, bewies sein späteres Schicksal, über das die deutsche Bevölkerung allerdings offiziell nichts erfuhr. Im September 1939 floh Thyssen zunächst in die Schweiz und ging von dort nach Frankreich, wo er 1940, von der Gestapo verhaftet, in die Irrenabteilung des Sanatoriums Babelsberg und schließlich in die Konzentrationslager Oranienburg und Dachau eingewiesen wurde. 1945 befreiten ihn die Amerikaner. 1932 jedoch warb er öffentlich ebenso für Hitler wie der Hohenzollern-Kronprinz Wilhelm von Preußen. »Da ich eine geschlossene Haltung der nationalen Front für unbedingt notwendig halte«, erklärte Wilhelm nach dem gescheiterten ersten Wahlgang, »werde ich im zweiten Wahlgang Adolf Hitler wählen.«[11]

Hundert Gemeinden allein aus »der badischen Grenzmark«, wie es im *Völkischen Beobachter* vom 3. November 1932 hieß, hatten Hitler am 1. November 1932 in Karlsruhe Ehrenbürgerbriefe überreicht. Ehrenbürger vieler Städte war er bereits, als er seine erste Wahlreise mit dem Flugzeug antrat. Ständig wurden ihm neue Ehrungen solcher Art zuteil. Die bäuerlichen Gemeinden Hansen v. d. Höhe, Wisper, Watzelhain, Striutzrinitatis, Niederlibbach, Born, Panrod und Wingsbach in Nassau[12] verliehen ihm schon unmittelbar nach dem Sturz der sozialdemokratischen preußischen Regierung durch Franz von Papen im Juli 1932 die Ehrenbürgerschaft.

Vorausgegangen war den akademischen und fürstlichen Huldigungen die Studie eines Mannes, der keineswegs als Hitler-Anhänger hatte bezeichnet werden können. Ende 1931 war ein knapp 170 Seiten umfassendes Büchlein erschienen, das Hitler zwar nicht in der Weise rühmte, wie die hier genannten Persönlichkeiten es getan hatten, ihn jedoch auch als einen bemerkenswerten Politiker erscheinen ließ, der – nach dem im September 1930 geradezu sensationellen Anstieg der nationalsozialistischen Reichstags-Mandate von 12 auf 107 – fortan mindestens als diskutabel und seriös angesehen werden mußte. Sein Autor: Theodor Heuss, der Titel: *Hitlers Weg. Eine historisch-politische Studie über den Nationalsozialismus.*[13]

Innerhalb von drei Monaten hatte die gut lesbare, ernsthaft und sachlich formulierte und Hitler und die NS-Bewegung äußerst vornehm behandelnde Schrift des politisch erfahrenen und quer durch die politischen Parteien angesehenen Reichstagsabgeordneten[14] der Demokratischen Partei (Staatspartei), Berliner Staatsverordneten und Dozenten der Berliner Hochschule für Politik, acht Auflagen erreicht.[15]

Die Nationalsozialisten ignorierten die Heuss-Schrift, obwohl sie bis 1933 von politischen Gegnern nirgendwo sonst so sachlich und frei von Polemik dargestellt worden waren. Auf den Scheiterhaufen ließen sie sie indes am 10. Mai 1933 nicht werfen, achteten nach ihrer

Machtübernahme jedoch darauf, daß sie aus dem Verkehr gezogen blieb.[16]

Heuss, der mit der Ignoranz der Nationalsozialisten in dieser Hinsicht ganz offenbar nicht gerechnet hatte, meinte gegenüber Freunden, den Nazis fehlte »das Organ für die Kombination von Ironie und Sachlichkeit«,[17] was sicherlich nicht bei allen ihren Exponenten zutraf. Goebbels fand die Schrift »so dumm«, daß sie »kaum einer Beachtung wert« erschiene.[18] Andere Gegner Hitlers meinten, Heuss nicht folgen zu können. So schrieb beispielsweise die *Jüdische Rundschau*: »Diese Art Literatur trifft . . . den Nationalsozialismus offenbar gar nicht auf seiner Ebene. Er . . . fordert von seinen Anhängern nicht Denken, sondern Unterordnung, er ist nicht primär ideologisch, sondern gefühlsmäßig und militaristisch aufgebaut.« Kritischer und ablehnender reagierte der *Vorwärts*, der seine Leser fragte: »Kann man, darf man nur Verständnis aufbringen, wo sich Gewalt, Brutalität, Terror und bewußte Unvernunft in dieser Bewegung organisiert und gesammelt haben?«[19] Die Sozialdemokraten warfen dem späteren Bundespräsidenten der Bundesrepublik Deutschland vor, »in keiner Massenbewegung« zu stehen, ohne »festen Bezugspunkt« zu sein, ein unzureichendes Verhältnis zu den Lehren von Karl Marx zu haben und daher mit seiner »objektiven Analyse« zwangsläufig keine »vernichtende Anklage« zustande gebracht zu haben.[20]

Heuss' Schrift, und darüber waren sich viele Kritiker einig, hatte den Nationalsozialismus, anders als die ihr noch 1932 folgenden und sehr viel beachteten Publikationen von Konrad Heiden und Ernst Niekisch,[21] zwar nicht unmittelbar greifbar begünstigt, jedoch auf eine Ebene gehoben, die ihm bis dahin zweifellos gefehlt hatte. So hieß es 1931/32 beispielsweise bei Heuss: »Hitlers Kapitel über die Außenpolitik gehören zu den aufschlußreichsten seines Buches (*Mein Kampf*, der Verf.). Sie sind bezeichnet durch das Nebeneinander eines nüchtern-realistischen Erkennens und Anerkennens der Machtbestände und eines leidenschaftlichen Planes, wie diese Machtbestände beseitigt werden könnten . . . Hitler weiß, was Krieg ist. Er wehrt sich gegen den Vorwurf, daß er zu neuem Krieg treibe, aber er geht von der Erkenntnis aus, daß neuer Krieg sein muß, und darauf, daß dieser Krieg für Deutschland siegreich ausgehe, ist die deutsche Außenpolitik abzustellen. Außenpolitik ist Bündnispolitik – daß er (Hitler, der Verf.) das von Bismarck angelegte Vorkriegssystem für falsch hält, ist . . . gezeigt. Bündnispolitik setzt Bündnisfähigkeit voraus – diese wird Deutschland erst erreicht haben, wenn es im Innern einen Systemwechsel vollzogen hat.[22] ... Es ist unsicher, wer sich mehr beleidigt fühlt, der Sozialdemokrat oder der Nationalsozialist, wenn man Ferdinand Lassalle und Adolf Hitler nebeneinander nennt. Sie sind ... wohl verwandt in dem Ehrgeiz, der Sache und Person in eines setzt, und in einer empfindsamen Eitelkeit, die, Kränkung, Nichtachtung witternd, immerzu ein humorloses Pathos der Abwehr zur Verfügung hat ... beide (haben) für die Überwindung der sozialen Nöte einfach wirkende Arzneien aus fremden Apotheken zur Verfügung[23] ... In Hitlers Buch ... sind die Abschnitte, die vom Wesen der Propaganda handeln, unzweifelhaft die wichtigsten ... Hier redet ein Mann, der von der Sache etwas versteht ... Er redet von Macht, Recht, Ehre, Sieg, Rache – er weiß, daß Gewinn schon allein darin liegt, daß die Tausende, die sein Name in einen Raum zwingt, sich selber in ihrer Vertausendfachung als Macht erleben.«[24]

Was Konrad Heiden und Ernst Niekisch besonders vehement als negativ herausstellten, nämlich die Verachtung, die Hitler der Masse entgegenbrachte, hatte Heuss nicht nur bagatellisiert, sondern auch noch ins Gegenteil verkehrt. Hitlers »Verhältnis zur Masse«, so behauptete er, »ist nicht eindeutig: nicht als ob er sie ›verachte‹, wie gelegentlich gesagt wird, er hat sich nur, um hassen zu können, eine antidemokratische Lehre zurecht gemacht, in der das mitverantwortliche ›Volk‹ als eine lächerliche oder trügerische Fiktion beseitigt wird.«[25]

War es da ein Wunder, daß 1932 politisch meist unvergleichlich weniger als Heuss informierte Literaten, Wissenschaftler und Künstler für Hitler eingetreten waren? War es 1933 dann nicht verständlich, daß »unpolitische« Pädagogen und ältere Schüler, Hochschullehrer, Assistenten und Studenten, Schriftsteller und Dichter, Künstler, Hausfrauen, Handwerker, Arbeiter und Bauern auf Hitler, seine Argumente und jüngsten politischen und »gesellschaftlichen« Erfolge hereinfielen?

Am 12. März 1933, zwei Tage nach der Bücherverbrennung, publizierten die NS-Zeitungen »12 Thesen der deutschen Studentenschaft«, die das Geschehen nachträglich nicht nur begrüßten, sondern dazu aufforderten, »wieder den deutschen Geist« mobil zu machen. »Sprache und Schrifttum«, so hieß es da, »wurzeln im Volke. Das deutsche Volk trägt die Verantwortung dafür, daß seine Sprache und sein Schrifttum reiner und unverfälschter Ausdruck seines

Volkstums sind.«[26] Die Juden wurden für einen angeblich existierenden Widerspruch zwischen Schrifttum und deutschem Volkstum verantwortlich gemacht, als »Fremdlinge« und Lügner abgestempelt und als »gefährlichste Widersacher« des Deutschtums »angeprangert«, deren Schriften »aus öffentlichen Büchereien ausgemerzt« werden müßten.[27] Der deutsche Student sollte die »Fähigkeit zur Überwindung des jüdischen Intellektualismus und der damit verbundenen liberalen Verfallserscheinungen im deutschen Geistesleben«[28] erwerben und sich darüber klar sein, daß künftig die Auswahl sowohl der Studenten als auch der Professoren von der »Sicherheit des Denkens im deutschen Geiste«[29] abhängig gemacht werden würde.

Die Argumente waren zwar primitiv und wie mit einer Axt aus einem Baumstumpf herausgehauen, aber in ihrer Substanz erschienen sie peinlich dünn und trotz aller eingefahrenen antisemitischen Formeln auch noch aufgepfropft. Das schlechte Gewissen konnte eigentlich nur von denen übersehen werden, die bereits voll auf das System eingeschworen waren. Erst fünf Tage danach erschienen in der Presse kleine und meist unscheinbare Fotos, die uniformierte SA-Männer beim »Verbrennen von Schmutzschriften und Büchern«[30] vor Rathäusern und anderen öffentlichen Gebäuden zeigten.

Wie unsicher die Nationalsozialisten bei solchen Maßnahmen zu jener Zeit noch waren, bezeugt beispielsweise ein Bild, das Hitler als Zuschauer beim Verbrennen von Büchern vor dem Rathaus in Neustadt an der Weinstraße zeigt, ohne daß auch nur mit einem Wort auf ihn hingewiesen wurde, was auch politisch naive Leser infolge der sonst praktizierten Lobhudeleien als ganz ungewöhnlich ansehen mußten.

Kein jüdischer oder anderswie inkriminierter Autor wurde erwähnt, kein Buchtitel genannt. Der »Start« erschien – zumindest in kleineren Orten – nicht gerade wie ein zukunftsträchtiges Symbol. Selbst Hitler wirkte, den Hut vor dem Unterleib haltend und nur mühsam sein Unbehagen verbergend, in einer Weise betroffen, wie ihn später kaum jemals wieder jemand auf einem Bild zu Gesicht bekommen hat.

Deutsche Arbeitsfront, »Kraft durch Freude« und Festtage der NSDAP

Am 10. Mai entstand, hektisch vorbereitet, die NS-Staatsorganisation »Deutsche Arbeitsfront«. Otto Dietrich, der Reichspressechef der NSDAP, gestand einen Tag später in der von ihm reglementierten Presse: »Das politische Geschehen dieser Tage, das in der schnellen Folge der Ereignisse kaum Zeit läßt zu tieferer Betrachtung, ist an sich ein Problem, dessen entscheidende Bedeutung weiten Kreisen aller Schichten bewußt zu werden beginnt.«[1] Was 400 »Vertreter der Arbeiter- und Angestelltenverbände« unter der Regie Dr. Robert Leys, des Führers der neuen Organisation, am 10. Mai im Rahmen des ersten Kongresses der sogenannten »Deutschen Arbeitsfront« im Sitzungssaal des preußischen Staatsrates in Berlin erlebten, erwies sich als ein Musterbeispiel jahrelang geübter und wirkungsvoll praktizierter NS-Propaganda, die nicht nur NS-Funktionären »unter die Haut« ging. Der Staatssekretär Otto Meißner, der schon Friedrich Ebert gedient hatte, und Oskar von Hindenburg, der Sohn des Reichspräsidenten Paul von Hindenburg, waren als Vertreter des Reichspräsidenten ebenso erschienen und theatralisch »dargeboten« worden wie der Reichskanzler Adolf Hitler und die Mitglieder der noch nicht rein nationalsozialistischen Reichsregierung. Das Diplomatische Korps, die Ministerpräsidenten der Länder und sämtliche Gauleiter der NSDAP, Vertreter der Wehrmacht und maßgeblicher Wirtschaftsunternehmen, Abordnungen der SS, SA, des Stahlhelm und der Exponenten »des politischen und wirtschaftlichen Lebens Deutschlands«,[2] bildeten die außerordentlich dekorative Staffage.

Hitler erklärte in seiner Rede, deren Text bereits am nächsten Tag in allen NS-Zeitungen zu lesen war, daß große Umwälzungen immer nur dann stattfänden, wenn entsprechende Bedürfnisse vorlägen. Und eben dies sei jetzt der Fall. Er prophezeite den Arbeitgebern und Arbeitnehmern gleichermaßen »sehr große Konzessionen«, stellte sich als »ehrlicher Makler« hin, pries die Überwindung der »Klassen, Stände und Einzelinteressen« als eines der großen Ziele des Nationalsozialismus und schloß mit dem von der Umgebung fasziniert aufgenommenen Bekenntnis: »Ich werde keinen größeren Stolz in meinem Leben besitzen als den, am Ende meiner Tage sagen zu können: ich habe dem Deutschen Reich den deutschen Arbeiter erkämpft.«[3]

»Das Ende der ›großen‹ SPD ... Beschlagnahme des Parteivermögens«, »Großindustrielle verhaftet«, »Arbeitslosigkeit geht zurück«, »Vorschläge zum Arbeitsbeschaffungsprogramm« und »Gesetz gegen den nationalen Kitsch (und) Schutz der Symbole« waren Presse-Überschriften, die den aufwendigen Berichten über den Kongreß der Deutschen Arbeitsfront folgten.

Geradezu menetekelhaft wirkten in diesem Zusammenhang die Ursache und der Anlaß zu einem Urteil des Frankenthaler Sondergerichts vom 10. Mai 1936, über das am 11. Mai im Anschluß an Hitlers Rede vom 10. Mai berichtet wurde. Ein 46jähriger Hüttenarbeiter war, so hieß es in der *NSZ* vom 11. Mai 1936, »auf dem Zweibrücker Bahnhof mit einem Abzeichen der NSDAP« angetroffen worden. »Als er von einem Gendarmeriebeamten und zwei Hilfspolizisten festgenommen werden sollte, leistete er heftigen Widerstand« und »behauptete, er habe sich« in der Homburger Geschäftsstelle der NSDAP »als Mitglied angemeldet ... Wegen Widerstand und unbefugten Tragens eines Abzeichens erkannte das Gericht auf 2 Monate Gefängnis.« Wie eine Feststellung der Polizei ergab, hatte die NS-Geschäftsstelle mitgeteilt, daß dem Antrag des Arbeiters um Aufnahme in die NSDAP nicht stattgegeben worden sei.

Unter enger Anlehnung an ein fast wörtlich übereinstimmendes Propaganda-Schlagwort, das die Sowjets in Rußland werbewirksam als Bezeichnung für eine Bewegung zur Belohnung und Auszeichnung besonders guter Arbeiter verwandt hatten, war am 27. November 1933 unter der Regie von Robert Ley mit Mitteln vor allem der am 10. Mai 1933 als faktische Zwangsvereinigung für Unternehmer, Angestellte und Arbeiter gegründeten Deutschen Arbeitsfront[4] die NS-Gemeinschaft »Kraft durch Freude« (KdF) entstanden, die in sozialpolitischer Hinsicht tatsächlich ihresgleichen suchen konnte. Urlaubsfahrten, Konzert- und Theaterveranstaltungen, Ausflüge und Sportkurse, aber auch Sparaktionen für Volkswagen wurden den arbeitenden »Volksgenossen« angeboten, auch wenn sie nicht der Arbeitsfront angehörten. Dies alles bildete den organisatorischen Rahmen[5] für die selbstverständlich politische Motivierung derjenigen, denen es möglich war, sich dieser Einrichtung bedienen zu können. Bis zum Kriege waren es mehr als 40 Millionen.[6] Die NS-Gemeinschaft KdF sei kein »Wohltätigkeitsverein«, schrieb der Hauptabteilungsleiter der KdF-Reichsleitung 1942 und erklärte, daß die Volksgenossen nicht durch Vergnügungsmanöver von der Politik abgelenkt, sondern »zum Verstehen und Miterleben der großen politischen Aufgaben« hingeführt werden sollten. Heute »hat durch

›Kraft durch Freude‹ der deutsche Arbeiter Ferien und Erholung«, schrieb Robert Ley 1936 und fuhr fort: »heute fährt er in die Berge und an die See, heute durchwandert er . . . sein schönes Vaterland . . . fährt er auf eigenen Schiffen in den Zauber südlicher Meere und Länder, in die erhabene Schönheit des Nordens. Heute genießt er . . . die großartigen Leistungen der deutschen Schauspielkunst und der deutschen Musik, die besten deutschen Orchester, die besten deutschen Opern-, Theater und Filmaufführungen . . . jede Art von Sport kann er heute betreiben.«[7]

Für 0,50 Mark konnten die Teilnehmer von KdF-Veranstaltungen Theater und Konzertaufführungen besuchen und für 42 Mark mit dem Schiff beispielsweise von Bremen nach Norwegen reisen und an Bord alle Annehmlichkeiten genießen, die sie, soweit es sich um Arbeiter oder Handwerker handelte, bis dahin nur in Filmen gesehen hatten. Eine zehntägige KdF-Urlaubsreise von Bayern nach Spitzbergen kostete alles in allem 76 Mark. Für nur 7 Mark pro Person reisten 900 Münchener im Sommer 1934 für acht Tage an die Mosel. »In einem Ort an der Mosel«, so berichteten sozialdemokratische V-Männer, »wurde in einen öffentlichen Brunnen Wein gegossen, und die Teilnehmer der Fahrt durften nach Herzenslust trinken. Man kann sich vorstellen, wie begeistert alle Teilnehmer waren.«[8]

Daß Amtswalter, SA- und SS-Funktionäre die Urlauber begleiteten, daß »Kampflieder« und weltanschauliche Vorträge zum »Zeitvertreib« an Bord gehörten und auch die Unterkünfte nicht gerade immer »fürstlich« bemessen waren, störte dabei nur wenige. Den Versuchen oppositioneller Kreise, Reiselustige zum Boykott von KdF-Veranstaltungen zu bewegen, um deren positive Auswirkungen abzufangen, war nur wenig Erfolg beschieden. Da nützten Hinweise auf das Verbot der Gewerkschaften und den Verlust der Tarifhoheit der Sozialpartner nicht viel. Letztere war bereits am 19. Mai 1933 der staatlichen Institution »Treuhänder der Arbeit« zugefallen, sie überwachte den bezahlten Urlaub, den Kündigungsschutz und die Verpflichtung der Betriebe, die sozialen Leistungen für ihre Arbeitnehmer zu verbessern, teilweise wirkungsvoller, als die Gewerkschaften es zur Zeit der Weimarer Republik getan hatten. Standes- und Klassenunterschiede verschwammen, wenn Kaufleute, Akademiker, Angestellte, Arbeiter und Arbeitgeber einander beispielsweise auf Schiffen begegneten und »erhebende« Gemeinschaftserlebnisse erfuhren. Kaum etwas anderes egalisierte so schnell die sozialen Unterschiede wie die »Kraft durch Freude« – Veranstaltungen, die auch oppositionelle Arbeitnehmer sehr bald für das NS-Regime einnahmen.[9] »Eine große Wirkung«, notierten die Sozialdemokraten im Herbst 1934, »üben die Fahrten der Gemeinschaft ›Kraft durch Freude‹ aus. Hier hat man es nach den übereinstimmenden Berichten aller Genossen mit einer positiven Leistung des Regimes zu tun. Die Popularität dieser Reisen greift immer mehr um sich, ihre Billigkeit ist erstaunlich.«[10] Auch der Reise- und Fremdenverkehr, zumal in abgelegenen Gebirgsdörfern, erlebte stellenweise einen bemerkenswerten Aufschwung, so daß Kraft durch Freude sich auch auf diese Weise als ein positiver Faktor im Rahmen des nationalsozialistischen Bemühens um die Gunst der »Volksgenossen« erwies.

Die illegalen Sozialdemokraten, Kommunisten und Gewerkschafter mußten 1934 zugeben, daß die Nationalsozialisten nicht einfach als arbeiterfeindliche Faschisten abgetan werden konnten, denen es nicht gelänge, die Arbeiter auch gesinnungsmäßig für sich zu gewinnen. Die wiederholten Bemerkungen, daß die Arbeiter die Vorteile und Möglichkeiten der KdF-Organisation nur »mitnehmen« würden, ohne auch innerlich beteiligt zu sein, waren durchsichtig und verrieten das Wunschdenken im Hintergrund.

1934 reisten 2 Millionen, 1935 3 Millionen, 1936 6 Millionen und 1937 9 Millionen Deutsche mit KdF. Bis Frühjahr 1938 hatte die NS-Gemeinschaft Kraft durch Freude 384 Seefahrten mit 490000 Teilnehmern und 60000 Landfahrten mit mehr als 19 Millionen Volksgenossen registriert. 52000 Veranstaltungen mit knapp 4 Millionen wies das Deutsche Volksbildungswerk für 1937 und 1938 nach.[11] Noch 1939 nahmen 7287715 Personen an 76106 Fahrten und Wanderungen und 20895402 an 1017243 Sportveranstaltungen teil.[12]

Mochten Kritiker und Hitler-Gegner die Auffassung vertreten, daß die Reichsautobahn und der Volkswagen für die Wehrmacht und den Krieg gedacht waren, die NS-Gemeinschaft Kraft durch Freude war dies nicht. Es sei denn, die von ihr geförderte Leibeserziehung und ihre kulturelle Tätigkeit im Rahmen des Verbindungsamtes Wehrmacht und Reichsarbeitsdienst in Kasernen, Fliegerlagern, auf Truppenübungsplätzen und während des Krieges auf Bühnen hinter den Fronten wurden so interpretiert.

Die Nationalsozialisten wußten, wie sie ihren Anhängern und dem Volk »Brot und Spiele« als Mittel zur Identifikation darzubieten hatten. Da die traditionellen, meist konfessionellen oder staatlichen Feste und Feiern sich nur bedingt für ihre Zwecke und Zielsetzungen umfunktionieren ließen, schufen sie sich ihre eigenen festlichen Veranstaltungen. Sie fanden außer im Juli und August im ganzen Reich alljährlich an feststehenden Terminen statt und wurden von den Mitgliedern aller Parteiorganisationen einheitlich, feierlich und aufwendig gestaltet. Da gab es im Januar den Tag der Machtergreifung, im Februar den Tag der Parteigründung,[13] im März den Heldengedenktag[14] und die Verpflichtung der Jugend, im April Führers Geburtstag, im Mai den Tag der Nationalen Arbeit, im Juni die Sonnenwendfeier, im September den Reichsparteitag, im Oktober das Erntedankfest, im November den Gedenktag für die Gefallenen der Bewegung mit feierlichen Aufnahmen in die HJ, SA und Partei und den nächtlichen Vereidigungen des SS-Nachwuchses und im Dezember die Wintersonnenwende als »Volksweihnacht«.[15]

Wichtigste Veranstaltungen im Rahmen dieses »Kalenders« waren der Führer-Geburtstag, der 1. Mai und der jeweils in Nürnberg veranstaltete Reichsparteitag, der dort anfänglich 4, dann 7 und 8 Tage als »grandiose Heerschau« des Regimes gefeiert wurde.

Daß sich dem jeweiligen, auf emotionale Wirkung bedachten Schauspiel kaum jemand zu entziehen vermochte, ist leicht erklärlich. Hitler, immer Mittelpunkt dieser Veranstaltungen, genoß es, durch die Choreographie theophanisiert und zwangsläufig zu einer unerreichbaren und unantastbaren Größe stilisiert zu werden. Und er verhielt sich entsprechend. In diesem Rahmen hielt er Reden, die sich prinzipiell von den Reden unterschieden, die er anderswo und in anderer Umgebung hielt. Vor Tausenden von Politischen Leitern sagte er beispielsweise am 11. September 1936 auf dem Reichsparteitag in Nürnberg: »Wie fühlen wir nicht wieder in dieser Stunde das Wunder, das uns zusammenführte! Ihr habt erst die Stimme eines Mannes vernommen, und sie schlug an eure Herzen, sie hat euch geweckt, und ihr seid dieser Stimme gefolgt. Ihr seid ihr jahrelang nachgegangen, ohne den Träger der Stimme auch nur gesehen zu haben, ihr habt nur eine Stimme gehört und seid ihr gefolgt. Wenn wir uns hier treffen, dann erfüllt uns alle das Wundersame dieses Zusammenkommens. Nicht jeder von euch sieht mich, und nicht jeden von euch sehe ich. Aber ich fühle euch, und ihr fühlt mich! Es ist der Glaube an unser Volk, der uns kleine Menschen groß gemacht hat, der uns arme Menschen reich gemacht hat, der uns wankende, mutlose, ängstliche Menschen tapfer und mutig gemacht hat; der uns Irrende sehend machte und der uns zusammenfügte! So kommt ihr aus euren kleinen Dörfern, aus euren Marktflecken, aus euren Städten, aus Gruben und Fabriken, vom Pflug hinweg an einem Tag in diese Stadt. Ihr kommt, um aus der kleinen Umwelt eures täglichen Lebenskampfes und eures Kampfes um Deutschland und für unser Volk einmal das Gefühl zu bekommen: Nun sind wir beisammen, sind bei ihm und er bei uns, und wir sind jetzt Deutschland.«[16]

Keine in Deutschland veranstaltete religiöse Feier hätte sich mit den Reichsparteitagen der NSDAP vom Aufwand her auch nur entfernt messen können. So schilderte beispielsweise ein politisch unverdächtiger amerikanischer Korrespondent am 12. September 1936 in der *New York Times* die Choreographie für einen Auftritt Hitlers, der immer zunächst vor den angetretenen Einheiten der SA, SS und HJ, des BDM und des Reichsarbeitsdienstes, der Politischen Leiter und anderer Exponenten der NSDAP eine mystische Ehrung der »Gefallenen der Bewegung« vornahm und dann eine Rede hielt, die nicht nur in Deutschland aufmerksame Hörer fand. »Als er erschien«, schrieb der Amerikaner, »strahlten von einem verborgenen Kreis von Suchscheinwerfern hinter den Tribünen 150 Lichtspeere auf die Stelle im Mittelpunkt . . . In diesem hellen Licht schritt Hitler die Stufen durch die wartende Gruppe hinunter, und langsam marschierte eine Prozession mit ihm an der Spitze über das Feld zur Tribüne. Die donnernden Heilrufe übertönten die massierten Musikkapellen . . . Er bestieg die Tribüne und verharrte, bis völliges Schweigen eingetreten war. Dann erschien . . . in der Ferne eine näher kommende Masse von roter Farbe. Es waren die 25 000 Banner nationalsozialistischer Organisationen aus allen Teilen Deutschlands. Die Fahnenträger marschierten . . . hinter den braunen Kolonnen auf dem Feld. Dann kamen sie nach vorne, sechs nebeneinander in den engeren Gassen und zwanzig nebeneinander in der Mittelbahn, so daß es aussah, als flute eine gewaltige Woge von Rot durch die . . . Blöcke aus Braun. Gleichzeitig wurden die kleineren Scheinwerfer entlang der Säulenreihe über den Tribünen hinuntergerichtet auf das Feld, wo sie die goldenen Adler auf den Standarten aufleuchten ließen, so daß die rote Flut gesprenkelt war mit Gold. Die Wirkung war von unbeschreiblicher Schönheit.«[17]

»Großangriff auf die Arbeitslosigkeit«

Äußerst effektvoll leiteten die Nationalsozialisten am 1. Juni 1933 ihren »Großangriff« auf die Arbeitslosigkeit ein. Am 1. Juni wurde das vom Reichsfinanzministerium vorgeschlagene erste Reichsgesetz zur Verminderung der Arbeitslosigkeit verabschiedet und mit ihm zugleich auch der mit Görings Namen, propagandistischen Versprechungen und allgemeinen Erwartungen überaus befrachtete Vierjahresplan für jedermann sichtbar in Bewegung gesetzt. Der Reichsfinanzminister verfügte damit über eine Milliarde Mark, die er zur Förderung folgender Projekte ausgeben sollte: Arbeitsbeschaffung, Steuerfreiheit für »Ersatzbeschaffungen«, d.h. Steuerwegfall im Zusammenhang mit der Anschaffung und Herstellung von Maschinen, Geräten und ähnlichen Gegenständen des gewerblichen oder landwirtschaftlichen Anlagekapitals, freiwillige Spenden zur Förderung der »nationalen Arbeit«, Überführung weiblicher Arbeitskräfte in die Hauswirtschaft und Förderung von Eheschließungen durch Ehestandsdarlehen.

Instandsetzungsarbeiten an Verwaltungs- und Wohngebäuden, an Brücken und anderen Baulichkeiten der Länder, Gemeinden und sonstigen Körperschaften, sollten durch zinslose Darlehen und sogenannte »verlorene Zuschüsse« ebenso gefördert werden wie der Umbau von Kleinwohnungen und vorstädtische Kleinsiedlungen, wie die Regulierung von Flußläufen und Tiefbauarbeiten der Gemeindeverbände, wenn die Arbeiten spätestens am 1. August 1933 begonnen würden. In einem Land wie Deutschland, dessen Wirtschaft, Landwirtschaft, Handel und Industrie trotz der 1932 bereits eingeleiteten Verbesserungen darniederlagen und Millionen Arbeitslose dem Staat und der Gesellschaft zur Last fielen, mußten derartige Bestimmungen und Maßnahmen auf freudige Zustimmung treffen. Offen begrüßten daher auch die Zeitungen, die dem Nationalsozialismus nicht unbedingt nahestanden, was die Reichsregierung zur Beseitigung der Misere beschlossen hatte. Die Berliner *Kreuzzeitung*, das Organ des noch existierenden »Stahlhelm«, sprach aus, was viele Konservative dachten: »An der Wurzel gepackt.« Der deutschnationale *Tag* meinte, daß nunmehr auch wieder die Landwirtschaft gesunden und die Arbeitslosenzahl zurückgehen werde. Entsprechend positiv und hoffnungsfroh klang, was die Bevölkerung in der *Täglichen Rundschau* und im *Berliner Tageblatt* lesen konnte.[1]

Daß dieses Gesetz, das ganz eindeutig weit mehr auf eine propagandistisch effektvolle Mobilisierung der Wirtschaft als auf die Beseitigung der drückenden Wirtschaftskrise zielte, dennoch nicht von jedermann begrüßt werden konnte, hatte zwingende Gründe. Die spezifischen wirtschaftspolitischen Vorstellungen der Nationalsozialisten und der von ihnen unentwegt propagierte »Willenseinsatz«, der gegebenenfalls ungestraft bestimmte Gesetzmäßigkeiten der Wirtschaft und des Handels ignorieren durfte, waren zwei von ihnen. Die im Gesetz – und den ihm unmittelbar folgenden Presse-Kommentaren[2] – konkret formulierten Zielsetzungen der (zu der Zeit noch nicht ausschließlich nationalsozialistischen) Reichsregierung und die Einzelheiten, von deren konsequenter Einhaltung die staatlichen Hilfen abhängig gemacht wurden, taten ein übriges. Wer nicht unmittelbar erkannte, daß die Nationalsozialisten nicht primär den volkswirtschaftlichen Wert der Arbeitsleistung, sondern einen schnell sichtbaren und propagandistisch auswertbaren Erfolg im Auge hatten, verstand nicht, um was es der Regierung ging, an deren Spitze Adolf Hitler als Reichskanzler stand. Sie brachte Arbeitslose »unter«, ohne die allgemeine Wirtschaftslage zu verbessern. Die Frage, wie die zusätzlichen Arbeitsleistungen und die durch sie geschaffenen Werte finanziell umgesetzt werden konnten, spielte in ihrem »Programm« keine nennenswerte Rolle. Wer sich eingedenk der Erfahrungen und Lehren des in Deutschland uneingeschränkt herrschenden kapitalistischen Wirtschaftsprinzips fragte, was es denn nütze, beispielsweise Kohlen zu fördern, Fabriken auszubauen, Schiffe zu produzieren und Rohstoffe auf den Markt zu bringen, die nicht auch gewinnbringend verkauft werden konnten, mußte zwangsläufig enttäuscht werden. Diplomatisch drückte die *Vossische Zeitung* vom 8. September 1933 in einem Kommentar über die Erfolge der »Arbeitsschlacht in Westfalen« aus, was geschah. »Der Rückgang der Arbeitslosigkeit«, schrieb sie, »wird ... um so höher bewertet, als er zum überwiegenden Teil nicht auf Konjunkturverbesserung, sondern auf die planmäßigen Bemühungen zu einer rationellen Verteilung der Arbeit zurückzuführen ist.«

Wie sich dies in der Praxis auswirkte, erfuhren die unmittelbar Betroffenen rasch. So mußten beispielsweise sämtliche Arbeiten, zu deren Erledigung Maschinen nicht unbedingt nötig waren, prinzipiell und ausschließlich »mit menschlicher Hilfe durchgeführt werden«.[3] Firmen, Besitzer, Inhaber, Teilhaber, Verwalter und Geschäftsführer von Maschinenfabriken und Maschinenparks, die notgedrungen ebenfalls auf Aufträge warteten, konnten diese Entscheidung, die eindeutig auf eine systematische Personalvermehrung und Arbeitsverlängerung hinauslief, aus wirtschaftlicher Sicht nicht begrüßen. Nicht viel anders reagierten die mittellosen Arbeitslosen, die durch dieses Gesetz wieder in den Arbeitsprozeß eingegliedert wurden. Sie mußten bei ihrer Einstellung augenblicklich zur Kenntnis nehmen, daß dieser »Akt« kein »Arbeits- und Dienstrecht ... begründete«.[4] Sie bekamen weiterhin nur ihre bisherige Arbeitslosenunterstützung und als Folge des Gesetzes und ihrer neuen persönlichen Situation vom Arbeitgeber täglich zusätzlich lediglich eine warme Mahlzeit (oder ein entsprechendes Entgelt) und 25 Mark für eine Arbeitsleistung von vier Wochen. Daß diese Regelung die meisten Arbeitswilligen enttäuschte, lag auf der Hand, zumal ihnen die 25 Mark auch nur »in Form von Bedarfsdeckungsscheinen ... zum Erwerb von Kleidern, Wäsche und Hausgeräten« ausgehändigt wurden.[5]

Zwar verschwanden rasch zahllose Arbeitslose »von den Straßen«, rund 400 000 fanden innerhalb weniger Wochen allein im Bereich des besonders geförderten Tiefbauprogramms eine Beschäftigung, aber das subjektive Gefühl derjenigen, die gehofft hatten, endlich wieder nützlich sein zu können, wurde vielfach von Folgen begleitet, die statistisch nicht erfaßbar waren. Viele der Männer, die infolge der Arbeitslosigkeit jahrelang zwangsläufig auf der »faulen Haut« hatten liegen müssen, konnten die plötzlich von ihnen erwarteten Arbeitsleistungen selbst unter Aufbietung aller körperlichen und psychischen Reserven nicht mehr vollwertig leisten. Statt erhobenen Hauptes, wie die nationalsozialistische Propaganda es gern darstellte, zeigten sich viele Arbeiter und Handwerker, die zudem sehr oft auch nicht in ihren erlernten Berufen tätig sein konnten, deprimiert auf ihren Arbeitsstellen.

Ehestandsdarlehen und die Rolle der Frau

Die Nationalsozialisten, die meinten, das dem neuen Staat entgegengebrachte Vertrauen durch rasch zunehmende Eheschließungen und entsprechend ansteigende Geburtenziffern propagandistisch dokumentieren zu können, mußten zu Tricks greifen. So erklärten sie beispielsweise in einer ihrer Anfang 1939 erschienenen und vor allem in den Schulen und von den Propagandisten viel in Anspruch genommenen *Schriften zu Deutschlands Erneuerung*: »Der schönste Beweis für den Aufstieg des deutschen Volkes ist die steigende Geburtenziffer. Das deutsche Volk ist wieder von neuem Lebensmut erfüllt. Im Staate Adolf Hitlers ist es höchster Ehrendienst, dem Volke neue Jugend zu schenken. In den Jahren 1934–1937 sind im Deutschen Reich insgesamt 1 200 000 Kinder mehr geboren worden, als wenn die Geburtenzahl so niedrig wäre wie im Jahre 1933. Das ist der schönste Reichtum, den das deutsche Volk aus einem tiefgefühlten Erneuerungswillen im neuen Reich gewonnen hat. Die immer noch wachsende Geburtenziffer ist die eindrucksvollste Vertrauenskundgebung des deutschen Volkes für die Politik Adolf Hitlers.«[1]

Daß diese Angaben irreführend waren und propagandistischen Zielen dienten, beweist die hier folgende Statistik,[2] in der jeweils die Geburtenziffern mit der Anzahl der im Jahr zuvor geschlossenen Ehen konfrontiert werden. Entscheidend bleibt jedoch dies: Eheschließungen und Geburten nahmen keineswegs so zu, wie die NS-Propaganda dies gern gesehen hätte. 1933 hatten 58493 Geburten aus legitimen Ehen gefehlt, um statistisch die doppelte Anzahl der 1932 geschlossenen Ehen erreichen zu können. 1934 waren es im Vergleich zu den Eheschließungen von 1933 436934 und 1935 – nach 817629 Hochzeiten von 1934 – immer noch 192691.

Wie sich die Entwicklung fortsetzte, zeigt die hier folgende Statistik:

Jahr	Eheschließungen	Lebend geborene eheliche Kinder
1931	609 068	1932: 1 170 753
1932	597 941	1933: 1 137 389
1933	718 467	1934: 1 359 878
1934	817 629	1935: 1 419 892
1935	730 065	1936: 1 432 567
1936	690 070	1937: 1 427 820
1937	702 303	1938: 1 508 417

Das Ehestandsdarlehens-Verfahren wirkte auf den ersten Blick anders, als es sich in der Praxis erwies. So wurden laut Gesetz jungen Leuten, die heiraten wollten, vom Staat zinslose Darlehen bis zu 1000 Mark gewährt, was für Heiratswillige eine außerordentliche Hilfe darstellte. Mitte 1933 kostete beispielsweise ein Eichenschlafzimmer um 300 Mark,[3] ein Kleiderschrank aus Eiche um 30 Mark, eine Flurgarderobe um 18 bis 20 Mark[4] und ein 30 bis 40 Kilogramm schweres Schwein 45 bis 50 Pfennige je Pfund.[5] »Eigenhäuser« gab es schon ab 6800 Mark,[6] viertürige Citroën-Limousinen für 3550 Mark.[7]

Doch das Ehestandsdarlehen wirkte sich dennoch keineswegs wie ein Köder aus, den hungrige Fische gierig umschwärmen. Zwar nahmen die Eheschließungen im Vergleich zu 1932 schon 1933 rapide zu,[8] doch die Anzahl derjenigen, die Ehestandsdarlehen beantragten und erhielten, hielt sich in Grenzen. Ehestandsdarlehen bekamen Paare nämlich nur, wenn die Braut oder Ehefrau in den letzten beiden Jahren vor der Eheschließung höchstens sechs Monate in einem Arbeitsverhältnis gestanden hatte, mit der Heirat aus einem Arbeitsvertrag ausschied und sich verpflichtete, erst nach der Tilgung des Gesamtdarlehens wieder ein Arbeitsverhältnis einzugehen. Intern wurden diese Maßnahmen bald revidiert, weil zum Beispiel die Textilindustrie, die Bekleidungsindustrie, die papierverarbeitenden Unternehmen und auch die »traditionsgemäß« relativ viele Frauen beschäftigende optische Industrie nur schwer auf Frauenarbeit verzichten konnten. Anders verhielt es sich bei Beamtinnen, die seit dem 27. April 1934 – Juristinnen seit 1936 – entlassen wurden, wenn ihre Familien sie unterhalten konnten. Ausnahmen bildeten vor allem Volksschullehrerinnen. Im Oktober 1937 wurde die Koppelung des Ehestandsdarlehens mit einem Beschäftigungsverbot schließlich aufgehoben. Prinzipielle Änderungen brachte der Krieg mit sich.

Da die Darlehen nur mit einem Prozent getilgt wurden, konnte eine Ehefrau frühestens erst wieder Jahre nach dem Empfang des Ehestandsdarlehens ein Arbeitsverhältnis beginnen. Wie wenig verlockend die Ehestandsdarlehen vielen Frauen allein schon infolge der gesetzlichen Bestimmung erschienen, bei Annahme des Darlehens das Arbeitsverhältnis aufgeben zu müssen, beweisen folgende Zahlen aus dem Jahre 1937: von 33950 heiratenden Verkäuferinnen nahmen 15284 das Darlehen auf, von 121939 Arbeiterinnen 36270, von 30060 Stenotypistinnen und Kontoristinnen 11376, von 16510 Mägden 5702.[9] Von den 1937 insgesamt 702303 Brautpaaren, die im alten Reichsgebiet heirateten, nahmen lediglich 179653 ein Ehestandsdarlehen in Anspruch.[10]

Das schon von der Anlage her keineswegs als Unterstützung für arme Leute gedachte Ehestandsdarlehen erwies sich rasch als eine Hilfe für Leute, die es sich leisten konnten, die Bedingungen zu akzeptieren und auch zu erfüllen. Während 1937 beispielsweise 23 von 1287 heiratenden selbständigen Landwirtinnen das Darlehen in Anspruch nahmen, taten es 23 von 191 Hochschullehrern.[11] Im Februar 1938 sah sich das Regime veranlaßt, Ehepaare, die Ehestandsdarlehen bekommen hatten, mit »Strafsteuersätzen« zu belegen, wenn ihre Ehen länger als fünf Jahre kinderlos geblieben waren.

Die Bestimmung, daß Hausgehilfinnen keine Arbeitslosenunterstützung erhielten, ihre Arbeitgeber daher auch nicht die sonst üblichen Beiträge zu zahlen brauchten, und die darüber hinaus bestehende Möglichkeit, Hausgehilfinnen in einkommenssteuerlicher Hinsicht einem »minderjährigen Kinde«[12] gleichsetzen zu können, ermunterte zwangsläufig viele Haushaltsvorstände, junge Mädchen und Frauen in ihre Häuser zu nehmen – und sie damit aus dem Produktionsprozeß der Industrie und des Handels herauszuziehen – und männlichen Arbeitskräften Platz zu machen.

Am effektvollsten »funktionierte« die »Beseitigung der Arbeitslosigkeit« in Ostpreußen, der bis dahin wirtschaftlich äußerst schlecht gestellten »Kornkammer des Reiches«. Dort gab es nach offizieller Lesart schon Mitte August 1933, rund fünf Wochen vor der Verabschiedung des zweiten Gesetzes zur Verminderung der Arbeitslosigkeit, das den Reichsfinanzminister ermächtigte, weitere 500 Millionen Mark für den Wohnungsbau auszugeben, keine Arbeitslosen mehr. Die Bevölkerung im »Reich«, die seit dem Ende des Ersten Weltkrieges durch den sogenannten Polnischen Korridor von ihren Landsleuten in Ostpreußen getrennten Deutschen, konnte Hoffnung schöpfen. Für viele hatte Hitler ein Wunder vollbracht.

Die Ostpreußen indes wußten, daß es sich zumindest nicht ganz so verhielt. Arbeitslose gab es unter ihnen auch weiterhin, wenn auch nicht so viele wie im Reich, wo im Herbst 1937 offiziell noch rund eine halbe Million Arbeitslose registriert wurden. Von der Propaganda animiert, gingen aus dem Reich Arbeitslose nach Ostpreußen, um dort vor allem in der Landwirtschaft Arbeit und Lohn zu finden. Obwohl von der seltenen Schönheit und schwermütigen Weite dieses Landes beeindruckt und fasziniert, kapitulierte ein Großteil von ihnen bald vor den ungewohnten Arbeitsverhältnissen. Da gab es im Sommer keine festen Arbeitszeiten, weil die Ernte eingebracht werden mußte. Die wenigen und technisch noch unzureichenden Maschinen halfen nicht sehr viel. Kilometerlange Getreidefelder mußten mit der Sense gemäht und die Frucht, Roggen und Weizen, Hafer und Gerste, mit der bloßen Hand gebunden werden. Wer in dieser Zeit »aus dem Reich nach Ostpreußen auswanderte«, war gewöhnlich lange arbeitslos gewesen, hatte während der Zeit körperliche Fitness eingebüßt und zweifellos auch den Umgangston noch nicht gekannt, mit dem er auf den ostpreußischen Gütern augenblicklich konfrontiert wurde. Viele dieser Leute hatten »im Westen« ihre Möbel und einen Teil des Hausrats überstürzt verkauft und waren hoffnungsfroh gen Osten gereist, wo sie dann von Sonnenaufgang bis Sonnenuntergang wie Sklaven schuften mußten. Durchgehalten haben dies nur relativ wenige. Um ihren meist dürftigen persönlichen Besitz gebracht, kehrten sie, enttäuscht und um viele Hoffnungen ärmer, wieder dahin zurück, woher sie gekommen waren. Dort von regionalen NS-Funktionären nicht selten eifernd als »Versager« diffamiert, warfen sie dem stets auf seine großen organisatorischen Erfahrungen verweisenden NS-Regime eklatante Fehler und empfindliche Instinktlosigkeiten vor und machten gravierende Abstriche an den Erwartungen, die ihr Denken und Handeln kurz zuvor noch beherrscht hatten.

Anhaltendes Unbehagen resultierte auf dem flachen Land auch aus den unzureichenden und nur schwer zu behebenden sozialpolitischen Gegebenheiten, denen viele Arbeitnehmer durch Landflucht vergeblich auszuweichen versuchten.[13] Landwirtschaftlichen Arbeitern zum Beispiel war es infolge von fehlenden Wohnungen und finanziellen Mitteln nur schwer möglich, Ehen zu schließen. Die Folge war: Mägde bekamen uneheliche Kinder, für die vielfach die Gemeinden aufkommen mußten, weil die als Knechte tätigen Kindesväter durchschnittlich weniger als 15 Mark im Monat verdienten,[14] was vielerorts zu anhaltenden Klagen führte. Versuchen von Funktionären der Deutschen Arbeitsfront, größere Bauern zur Einstellung verheirateter Hilfskräfte zu bewegen, war nur selten Erfolg beschieden, zumal sich sehr häufig selbst die Ortsbauernführer weigerten, derartige Belastungen zu unterstützen oder gar vorbildhaft auf ihren eigenen Höfen zu praktizieren.[15] Als schier hoffnungslos erwiesen sich die Verhältnisse für heiratswillige Landarbeiter und Knechte, die nicht der Deutschen Arbeitsfront angehörten. Zwar verfielen deren Funktionsträger bei der Werbung für ihre Organisation bald auf besonders rüde und papiermäßig erfolgreiche Methoden; aber die Ergebnisse nützten nur den Mitgliedskassen und dem Umfang der Mitgliederkarteien. Die viel gepriesene »Volksgemeinschaft« förderten sie nicht. Im Gegenteil! So bemühten sie sich 1936 systematisch, zwischen Bauernknechten und Mägden einerseits und ihren Dienstherren andererseits Konfliktsituationen zu schaffen, um die Arbeitnehmer dann auf die möglichen Hilfen seitens der Rechtsstellen der Arbeitsfront aufmerksam zu machen. Erschienen diese schließlich, um ihre Rechte geltend zu machen, erfuhren sie, daß ihnen Hilfe nur dann zuteil werden könne, wenn sie Mitglieder der Deutschen Arbeitsfront wären – oder dies sofort würden.[16]

Die Frauen sahen sich vom Regime widersprüchlich behandelt und eingeordnet. Während beispielsweise die Mitglieder der NS-Jugendorganisationen angewiesen waren, Mütter mit Mutterkreuz[17] mit dem Hitler-Gruß zu grüßen und die Presse ihnen Kränze flocht, wurden Frauen an ihren Arbeitsplätzen gegenüber den männlichen Kollegen kraß benachteiligt. Sie erhielten wesentlich niedrigere Löhne und Gehälter als die Männer, auch wenn sie die gleichen Leistungen wie sie nachwiesen. Aus Hitlers öffentlicher Äußerung: »Ich gebe den Frauen das gleiche Recht wie den Männern, aber ich glaube nicht, daß sie ihnen ähnlich sind«, war die Rechtfertigung seiner diesbezüglichen Politik ebenso herauszulesen wie aus seiner Erklärung, daß den Frauen nicht Arbeiten aufgebürdet werden sollten, »für die der Mann geschaffen« sei. Seine Feststellung, daß »eine Frau, die nicht heiratet«, doch »das Recht« habe, »ihren Lebensunterhalt zu verdienen wie der Mann«,[18] paßte ins Propaganda-Bild. Anders dagegen äußerte er sich im privaten Kreis. Da sagte er beispielsweise: »Ein Frauenzimmer, das sich in politische Sachen einmischt, ist mir ein Greuel ... In keiner Ortsgruppe der Partei dürfte eine Frau auch nur die kleinste Stelle haben ... In der Jugendfürsorge und auf charitativem Gebiet habe ich ihr viel Raum gegeben ...«[19] Und: »Wenn eine Frau in den Fragen des Daseins zu denken beginnt, das ist schlimm ... da können sie einem auf die Nerven gehen.«[20]

Die Frauen sahen sich infolge der grundsätzlichen persönlichen Vorbehalte Hitlers nicht in der Lage, Aufstiegschancen so wahrzunehmen, wie sie den Männern offenstanden. Daß auch die Betätigungsmöglichkeiten in den Frauenverbänden nicht gerade als besonders vielseitig bezeichnet werden konnten, hing ebenfalls nicht zuletzt von Hitler ab.[21]

Wurden die Männer, zumal wenn sie sich um die Partei und das Regime verdient gemacht hatten, überall als eindeutig dominierend angesehen und männliche Jugendliche als Erbträger und Nachwuchs gehätschelt, sah dies bei den Frauen – und selbst bei Müttern – grundsätzlich anders aus. Zwar hieß es noch am 24. Dezember 1938 nach sechs Jahren NS-Herrschaft im *Völkischen Beobachter*: »Die deutsche kinderreiche Mutter soll den gleichen Ehrenplatz in der ... Volksgemeinschaft erhalten wie der Frontsoldat, denn ihr Einsatz von Leib und Leben für Volk und Vaterland war der gleiche wie der des Frontsoldaten im Donner der Schlachten.« Aber die Redakteure des Parteiorgans wußten offensichtlich ebensowenig wie ihre Kollegen in anderen Zeitungen, was Hitler in dieser Hinsicht tatsächlich vorschwebte. Registriert werden konnte von jedermann, daß in der Frauen-Politik das Interesse des Regimes trotz vieler anders lautenden Versprechungen und Proklamationen eigentlich immer nur dem Bund Deutscher Mädchen (BDM) galt, dem Mädchen zwischen 14 und 18 Jahren angehörten. Unter der Devise »straff, aber nicht stramm – herb, aber nicht derb« wurden sie vor allem in Gruppenabenden auf ihr späteres Leben als Mütter und »Brücke« zur »Familie von morgen« weltanschaulich und körperlich geschult und zu Frauen »herangezogen«, die das Regime und seine Ziele verstehen, begrüßen und auf die ihnen mögliche Weise verteidigen sollten.

Die Nationalsozialisten hatten rasch erkannt, daß die weitaus meisten Mädchen froh waren, wenigstens dann und wann dem alltäglichen Einerlei entrinnen und auf gemeinsamen Wanderungen und Liederabenden neue Eindrücke in sich aufnehmen zu können. Mehr als bei der Hitler-Jugend wirkte bei den Mitgliedern des BDM die von den Nationalsozialisten häufig strapazierte Wendung, daß »Jugend von Jugend erzogen« werden wolle. War die organisierte Jugendtätigkeit vor allem doch bis 1933 zu einem erheblichen Teil von Geistlichen und Pfarrfrauen geleitet und von den Jugendlichen nicht gerade immer als besonders jugendgemäß empfunden worden. Nur ganz wenige von ihnen empfanden das ihnen abverlangte »Pflichtjahr«, wegen des Einsatzes auf dem Lande gewöhnlich als »Landjahr« bezeichnet, als Belastung und unangenehme Unterbrechung ihres Lebens. Kaum jemand konnte die sozialpolitische Attraktivität des »klassenlosen« Zusammenseins und die Förderungen übersehen, die Mädchen aus armen Bevölkerungsschichten durch den BDM erfuhren. Reisen, Winter- und Sommerlager, bildeten nur einen Teil des jugendgemäßen Angebots, das die Jugendlichen dankbar begrüßten, auch wenn sie sich hin und wieder über organisatorische Mißstände oder weltanschaulich bedingte Probleme beklagen zu müssen meinten. Die im Rahmen der HJ häufig zu Ärgernissen Anlaß gebenden Machtmißbräuche seitens der jungen und unerfahrenen Führer gehörten im BDM naturgemäß zu den Ausnahmen.

Gemäß der Auffassung Hitlers, daß es nötig sei, die Menschen von der Wiege bis zur Bahre fest im Griff zu haben, fiel dem 1938 ins Leben gerufenen BDM-Werk »Glaube und Schönheit« die Aufgabe zu, die dem BDM entwachsenen Mädchen weiterhin im Sinne der nationalsozialistischen Weltanschauung zu beeinflussen. Über Informationen, die den Haushalt, die Schönheitspflege, die Körperertüchtigung und die allgemeinen Aufgabenbereiche von Müttern zum Gegenstand hatten, wurden sie sowohl mit »deutschem artgerechtem Leben« als auch mit weltanschaulichen Problemstellungen konfrontiert und nicht zuletzt mit dem Bild vertraut gemacht, das ihr künftiger Ehemann als »deutsches Familienoberhaupt« repräsentieren sollte. Auch wenn sie »straff und herb« sein sollten, breithüftige Trampel, die weder hochhackige Schuhe noch Ohrringe tragen durften, wie ein 52jähriger Arzt es in den *Münchner Neuesten Nachrichten* in einer nach 1945 vielzitierten Heiratsannonce von seiner künftigen Ehefrau forderte, brauchten sie keineswegs zu sein. Schon die täglich bevorzugt publizierten Fotos von anmutig wirkenden Mädchen sagten es ihnen.

Zuschuß-»Unternehmen« Konzentrationslager

Einen Monat bevor der Öffentlichkeit in der NS-Presse vorgerechnet wurde, welchen Nutzen das Volk durch Hermann Görings Bestimmungen über die Einstellung der Diätenzahlungen an sozialdemokratische und kommunistische Abgeordnete des Reichstages, der Landtage, Kreistage, Magistrate und Gemeindeverwaltungen haben würde,[1] erfuhr sie, was die nationalsozialistische Führung unter »Gleichschaltung« verstand. In beiden Fällen entsprachen die Argumente einander: je weniger Demokratie, je besser für das Volk. Dem Volk wurde im Zusammenhang mit der Gleichschaltung[2] erklärt, daß es dem NS-Regime unter gar keinen Umständen darum ginge, die seit dem 30. Januar grassierende »Gleichschaltungsepidemie« zu unterstützen, die »in Vergessenheit geratene Stammtische und Kegelklubs« benutzten, um »auf dem Wege ... einer breiteren Öffentlichkeit bekannt zu werden«.[3] Wer immer das Wort »Gleichschaltung«, im Sprachgebrauch der Nationalsozialisten eine der »Begleiterscheinungen der nationalsozialistischen Revolution«, zur Tarnung von Maßnahmen benutzte, die sich nicht mit den Vorstellungen des Nationalsozialismus deckten, gehöre »in das nächste Konzentrationslager«.[4]

Im Juni 1933, während die Weltwirtschaftskonferenz in London tagte und die Vertreter der USA, Englands, Frankreichs, Italiens, Südafrikas, Uruguays, Japans und des Reiches[5] am 13. Juni über das Anwachsen der Arbeitslosigkeit und den Rückgang der Produktion und des Handels klagten, während die NS-Presse immer wieder

Hoffnungen initiierend die Krise auf dem Arbeitsmarkt behandelte, vom »Großangriff« des Reichsfinanzministeriums gegen die Arbeitslosigkeit berichtete, zu Spenden aufrief, reuigen »Schädlingen«, die Vermögenswerte ins Ausland geschafft hatten, Straffreiheit zusicherte[6] und besorgt hervorhob, daß der Bestand der Reichsbank an eigenem Gold und deckungsfähigen Devisen von 3078 Millionen Mark im Juni 1930 auf 280 Millionen am 31. Mai 1933 zurückgegangen sei,[7] was eine rapide Verschlechterung bedeutete, bat der preußische Innenminister den Reichsminister des Inneren, ihm zunächst wenigstens 1500000 Mark für die Errichtung und Erhaltung von Konzentrationslagern zu überweisen, da er »nicht in der Lage« sei, die für »diesen Zweck erforderlichen außerplanmäßigen Mittel allein flüssig zu machen«.[8]

Genau sieben Jahre später, Ende Juni 1940, nach den Siegen über Polen, Dänemark, Holland, Belgien und Frankreich, errechnete Himmlers Chef des Hauptamtes »Haushalt und Bauten« für das Rechnungsjahr 1940 1,5 Millionen Mark als zu erwartende Einnahmen des Reiches aus dem Arbeitseinsatz von KZ-Insassen, deren Tagesvergütung mit durchschnittlich 0,30 Mark pro Häftling veranschlagt wurde.[9] Noch rund ein Jahr vor Kriegsbeginn hatte es anders ausgesehen. Am 26. November 1938, kurz nach der sogenannten »Kristallnacht«, nach der die Häftlingszahlen schlagartig von 24000 auf 60000[10] angestiegen waren, monierte ein Beauftragter des Reichsführers SS, daß der für den Haushalt der SS-Totenkopfverbände und Konzentrationslager Dachau (730000 Mark), Sachsenhausen (730000 Mark), Lichtenberg (870000 Mark), Buchenwald (2319000 Mark), Flossenbürg (1500000 Mark) und Mauthausen (1500000 Mark) vorweg veranschlagte Betrag von 7649000 Mark auf 3000000 Mark herabgesetzt worden sei, was für »nicht tragbar« gehalten wurde,[11] zumal die Häftlingszahlen sich buchstäblich über Nacht weit mehr als nur verdoppelt hätten.[12]

Was da unter dem Schirm der im Frühjahr 1933 beschlossenen Reichstagsbrand-Verordnungen und der Anerkennung des Ausnahmezustandes herangereift war, haben nicht einmal Hitlers deutschnationale Regierungs-Partner rechtzeitig erkannt. Offenbar der Auffassung, daß zunächst wohl nur wiederholt würde, was es am Beginn der Weimarer Republik auch gegeben hatte, nämlich das Instrument der Schutzhaft gegen Kommunisten und Spartakisten, auch wenn zu Eberts Zeit nicht die Polizei, sondern das Militär die vollziehende Gewalt ausübte, wurden die Konzentrationslager von vielen als ein nur vorübergehendes Instrumentarium des neuen Regimes zur Ausschaltung seiner linksextremen Gegner angesehen. Eine am 3. März 1933 im *Daily Express* veröffentlichte Hitler-Äußerung ließ alle Welt hoffen, daß es sich tatsächlich so verhielt. »Wenn die kommunistische Gefahr beseitigt ist«, sagte Hitler, »wird die normale Ordnung der Dinge zurückkehren.« Daß die Konzentrationslager trotz der seit Mitte 1933 beginnenden Auflösung der nach der Machtübernahme gegründeten SA- und SS-Hilfspolizei dennoch eine ausschließliche Domäne der SA und SS blieben, die nach der Röhm-Affäre die SA ganz aus diesem Bereich verdrängte und die Verhängung der »Schutzhaft« buchstäblich zu einem außerstaatlichen Privat-Akt der NSDAP machte, wurde von der Bevölkerung nicht bewußt registriert. Daß die staatlichen Organe, die Justiz und die Polizei, hier als Kontrollinstanzen ausgeschaltet waren, wußte sie sehr lange ebenfalls nicht. Nach den März-Wahlen von 1933 und den Gleichschaltungsmaßnahmen, der Ausschaltung der Kommunisten, der empfindlichen Beschneidung der Funktionsfähigkeit der SPD, ihrer Presse, ihres Reichsbanners und ihrer Anhänger in den Staats- und Kommunalverwaltungen und nach der opportunistischen Entscheidung zahlreicher Sozialdemokraten und Gewerkschaftler, sich dem konservativen »Stahlhelm« anzuschließen, gab es nicht sehr viele, die die im Sog der dynamischen Suggestivität der NS-Bewegung weithin als notwendige Einrichtungen akzeptierten ersten Konzentrationslager in Dachau, in Oranienburg bei Berlin, im Columbiahaus in Berlin, in Sachsenberg, auf dem Heuberg bei Stuttgart, in Dürrgoy bei Breslau, in Papenburg im Emsland und in der Stettiner Vulkanwerft als rechtswidrig ansahen.

Nicht zufällig meinten Exponenten der Wirtschaft und Industrie in ihnen Faktoren zur Sicherstellung und Stabilisierung einer Politik zu erblicken, die bestimmte Experimente nicht mehr einzukalkulieren brauchte. Streiks, individuelle oder gewerkschaftliche Forderungen nach Lohnerhöhungen und ähnliches schienen gebannt. Da sich unter der Regie der SS in den Konzentrationslagern rasch auch »Lebensformen« entwickelten, die bestimmte rechtliche Normen als Grundlagen widerspiegelten, war auch Mutmaßungen über individuellen Terror und dergleichen weithin der Boden entzogen. Als Reinhard Heydrich im Sommer 1934 die Ressorts der politischen Länder-Polizeien in seiner Hand vereinigte und rund 2000 Mann der SS als Wachtruppen ihren Dienst in Konzentrationslagern verrichteten, erschienen die bis einschließlich 1936 etatmäßig den Ländern unterstehenden und von ihnen finanziell unterstützten Lager in NS-Publikationen nicht zuletzt als Erziehungs- und Resozialisierungs-Institutionen, über die jedermann offen reden könnte, was auch geschah. Daß sie seit 1937, wie die Gestapo auch, vom Haushalt des Reiches getragen wurden, ließ sie als dessen Anstalten erscheinen, obwohl es sich bei ihnen um so etwas wie »Privatunternehmen« der SS handelte, die erst während des Krieges Profit abwarfen.

Daß Heinrich Himmlers Dienststelle »Reichsführer-SS und Chef der Deutschen Polizei« seit Ende 1937 im Briefkopf nicht mehr den Zusatz »im Reichsministerium des Innern« enthielt, wurde kritischen Beobachtern plausibel erklärt. Das Fehlen des Zusatzes, so hieß es, mache lediglich deutlich, daß die Hauptämter der SS, das SS-Führungshauptamt, das Reichssicherheitshauptamt und das unter anderem für die Konzentrationslager und zahlreiche Wirtschaftsunternehmen zuständige Wirtschafts- und Verwaltungshauptamt, nicht zum Reichsinnenministerium gehörten. Wie intensiv Himmler sich persönlich um die Lager und bestimmte Unternehmen kümmerte und wie ausschließlich er dafür verantwortlich war, was in ihnen geschah, zeigt ein »Vermerk«, den er einen Monat nach dem Beginn des Rußlandkrieges unterschrieb. »Der Reichsführer«, so hieß es da, »hat bei seiner Besichtigung am 20. Juli 1941 in Lublin und Zamosc folgendes befohlen: Der Beauftragte des RFSS errichtet ein KL von 25 000–50 000 Häftlingen zum Einsatz für Werkstätten und Bauten der SS und Polizei. Aus dem KL werden Nebenlager je nach Standort gebildet ... Das bisherige Lager soll ausschließlich für Autoreparaturen und Tischlereibetrieb ausgebaut werden. Ein neues Arbeitslager mit den erforderlichen Werkstätten für Bekleidung, Schlosserei, Gerberei, Schusterei, Stellmacherei (Schlittenherstellung) soll im Osten von Lublin neu errichtet werden ... Aus den Werkstätten Lublin für Bekleidungsgegenstände aller Art soll die Kleiderkasse der Waffen-SS ihren Bedarf decken. Die Kleiderkasse Berlin errichtet in Lublin eine Nebenstelle, die den gesamten Bezug zu regeln hat ... Für die zentrale Autoreparaturwerkstätte ... hat das SS-Führungshauptamt die erforderlichen Ersatzteile zu stellen und ein entsprechendes Ersatzlager in Lublin zu schaffen ... Die verantwortlichen Leiter der Werkstätten, der Bauleitungen usw. sind in die Dienstgrade zu befördern, die ihren Fachkenntnissen und ihrer Verantwortung entsprechen ... Das Hauptamt Haushalt und Bauten wird gebeten, in einer Spezialwerkstatt einen einfachen elektrischen Wärmeofen zu entwickeln ... Die Ausrüstungswerke haben die Ausbildung von Maurern, Zimmerern usw. (Baufacharbeiter) für den Einsatz im Osten durchzuführen. Ferner sind große Schneiderwerkstätten mit Jüdinnen zu schaffen ... Die Stallungen für Schweine, Rinder, Pferde usw. sind geschlossen in der Nähe Lublins einwandfrei unterzubringen.«[13]

Entsprechend autark entschied Himmler bei der Einrichtung der berüchtigten Lager Auschwitz, Chelmuo, Belzec, Treblinka, Majdanek und Sobibor. Hier konnte er 1940 im ehemals polnischen Bezirk Kattowitz selbstherrlich 40 Quadratkilometer Land okkupieren, sieben von Polen und Juden bewohnte Dörfer evakuieren und – 1941 von Hitler mit der Planung und Durchführung der »Endlösung der Judenfrage« betraut – Auschwitz 1942 zur Zentrale der Massenvernichtung von Juden machen. Im Frühjahr 1933 freilich war eine solche Entwicklung nicht vorauszusehen. Im sogenannten »Altreich«, wo Himmler bis 1937 im Zusammenhang mit den Konzentrationslagern maßgeblich von Entscheidungen, beispielsweise auch des Reichsfinanzministeriums, abhängig war,[14] gerieten die KZ-Lager bei der Bevölkerung erst eigentlich nach Kriegsbeginn in die gefürchtete Tabu-Zone, die seit 1941 unverhüllt das Gesicht Himmlers trug, der schon 1934 intensiv damit begonnen hatte, die politischen Polizeien der Länder aus der inneren Verwaltung herauszulösen und sie im Rahmen eines Staatssicherheitsministeriums in seiner Hand zusammenzufassen. Von 1933 bis 1937, als die kleinen Lager durch die drei großen Reichs-Konzentrationslager Dachau, Sachsenhausen und Buchenwald ersetzt wurden, die zu der Zeit knapp 10000 Häftlinge »beherbergten«, löste das Wort »Konzentrationslager« in der Bevölkerung ganz allgemein ebensowenig lähmende Angst aus wie in der Zeit von 1937 bis 1941, auch wenn es zu der Zeit bereits gravierende Ausnahmen gab.

Faustrecht und Vetternwirtschaft

Während die praktizierte nationalsozialistische »neue Ordnung« nach außen hin als Realisierung eines jahrhundertealten Traumes der »deutschen Seele« und des »gesunden Volksempfindens« gepriesen wurde, bereicherten SA-Führer und andere engagierte »alte Kämpfer« sich durch Unterschlagungen, Erpressungen und betrügerische Handlungen ganz anderer Art. Gesetze wurden offen gebrochen, traditionelle Moralgrundsätze zynisch mißachtet, ein Faustrecht eigener Art nicht nur zur erlaubten Verhaltensregel, sondern in Teilbereichen sogar zur angestrebten neuen Lebensart erhoben und praktiziert.

Schon unmittelbar nach der »Machtübernahme« verschwanden belastende Dokumente selbst aus Gerichten. So hatte beispielsweise der Detmolder SA-Brigadeführer Dettmer, von der Parteiführung wegen publik gewordener ehebrecherischer Beziehungen zur Frau eines Detmolder Arztes nach Bielefeld versetzt, seine eigene Frau mit 30000 Mark versichert, bevor in der Silvesternacht von 1931 auf 1932 ihr Elternhaus niederbrannte und sie – als einzige Bewohnerin des Hauses – in den Flammen ums Leben kam. Die Akten des in dem Zusammenhang eingeleiteten Gerichtsverfahrens, das Dettmer des Meineids verdächtigte, waren bereits im Februar 1933 nicht mehr auffindbar.[1] Sein Nachfolger als SA-Repräsentant in Detmold, ein Mann namens Vogel, der mit ihm die Position tauschen mußte und von Bielefeld nach Detmold versetzt wurde, war ebenfalls kein unbeschriebenes Blatt. Auf großem Fuße in der Villa eines angesehenen Bürgers lebend, war er als besonders trinkfreudiger Besitzer eines eigenen Reitstalles und eines Mercedes aufgefallen, den er von einem Fabrikanten geschenkt bekommen hatte.

Hitler und Rudolf Heß, Hitlers Vertreter als Parteiführer, mußten sich mit Problemen beschäftigen, die sie bis 1933 in ihre Zukunftspläne nicht einkalkuliert hatten. Der Versuch, bestimmte Trunkenbolde, Brandstifter, Mädchenschänder und Radaumacher gegeneinander auszutauschen, erwies sich bald als unbefriedigende Lösung.

Überall tauchten nun SA-Führer und eifernde Funktionäre auf und forderten die Rechte, die Hitler ihnen vor 1933 lautstark für die Zeit nach der Machtübernahme pauschal zugesichert hatte. Sie wollten ihren Lohn für ihre nicht selten entsagungsreichen Leistungen für die NSDAP. Wie Dettmer und Vogel, so war auch Hauptmann Steinecke, der einstige Polizeipräsident von Lippe, in Detmold wegen sogenannter »Weibergeschichten« und finanzieller Fehlspekulationen so negativ aufgefallen, daß er als NS-Gauinspektor nach Münster versetzt werden mußte. Die in Detmold zurückgelassenen Steuerschulden strich die Regierung wegen seiner »nationalen Verdienste für die Bewegung«.[2] In Stuttgart heiratete der HJ-Gebietsführer Wacher, obwohl bereits mit einer Österreicherin verehelicht, in Anwesenheit des Gauleiters, Staatspräsidenten, Innen- und Wirtschaftsministers Wilhelm Murr als Trauzeuge eine BDM-Führerin namens Kurzer. Als die Bigamie bekannt wurde, ließ der HJ-Führer seine ihm frisch angetraute Ehefrau sitzen und verschwand mit 20000 Mark aus der Landeshauptstadt.

Der Reifungsprozeß vieler NS-Führer hielt mit der von ihnen beeinflußten Entwicklung nicht Schritt. Daß Funktionsträger ungestraft Geld unterschlugen, gehörte seit 1933 geradezu zur Tagesordnung. In Woischwitz bei Breslau beispielsweise veruntreute 1934 Marschlinger, der nicht nur ortsbekannte NS-Funktionär und einflußreiche Schatzmeister der Reichsjugendführung, 26000 Mark. Er verschwand allerdings im KZ, nachdem weitere seiner schweren Verfehlungen im Amt bekannt geworden waren. Bestraft wurde auch der Gubener SA-Führer Wagner-Forst, weil seine Amtsanmaßungen weder vertuscht noch verharmlost werden konnten. Bezeichnend für die Macht, die »die braunen Bataillone« und ihre Führer sich anmaßten, war ihr Auftreten bei der Verhaftung ebendieses Wagner-Forsts: Eine SA-Kapelle unter Führung eines SA-Standartenführers brachte ihm ein Ständchen, während die Polizei im Begriff war, ihn abzuführen. Nachdem er im Gefängnis eingetroffen und von der Polizei in eine Zelle gesteckt worden war, versuchten seine SA-Kameraden ungestraft, ihn mit Waffengewalt aus der Hand der Justiz zu befreien.

Ausgesprochenes Landsknechts- und Ganoventum herrschte 1933 und 1934 in der Brandenburgischen SA-Standarte 37. Ein Obersturmführer verschob Waffen und verjubelte die Einnahmen in Berliner Vergnügungsetablissements. Sein »Führer-Kamerad« Samprecht, der vor Hitlers »Machtübernahme« wegen Unterschlagungen verurteilt worden war, sich in die Fremdenlegion abgesetzt hatte, 1933 zurückgekehrt und rasch zum SA-Sturmführer avanciert war, unterschlug SA-Gelder ebenso wie der Kapellmeister der Standarte Rhode, der die ihm vom Arbeitsamt zur Weiterleitung an arbeitslose Musiker anvertrauten Unterstützungsgelder in die eigenen Taschen steckte. Unterschlagungen waren unter den SA-Führern geradezu »Kavaliersdelikte«. Ihr oberster Führer Adolf Hitler war nun an der Macht, und wenn er nicht für sie sorgte, so argumentierten und dachten viele von ihnen, dann müßten sie sich selbst nehmen, was ihnen nach ihrer Auffassung als Lohn und Dank zustand.[3]

Amtsanmaßung, Korruption, Unterschlagung, Vetternwirtschaft, Begünstigungen und andere Auswüchse einer zum Teil jahrelangen ideologischen Kumpanei und des ungesetzlichen Landsknechtslebens bestimmten nicht nur unter der Oberfläche das Bild. Die Äußerung des späteren evangelischen Bischofs Otto Dibelius, daß »die Leute ja nicht nur plötzlich lernen mußten, daß man Zigarettenasche nun nicht mehr einfach auf den Teppich oder auf den Parkettboden ›schnippt‹ und in Gesellschaft nicht mehr einfach ungeniert wie ein Pferd furzen« dürfe, »wie sie es bis dahin wohl getan haben«,[4] bezeichnete den Sachverhalt einigermaßen treffend.

Auffällig ist, daß Hitler auch in diesem Zusammenhang von der Kritik ausgenommen war. Schon zu dieser Zeit wurde bei aller Kritik an Mißständen die ihn in Schutz nehmende Formel kolportiert, »wenn das der Führer wüßte«. Der seit Jahr und Tag von der NS-Propaganda massiv umworbene »Mann von der Straße« mochte die inzwischen radikal zu Futterkrippen, Ämtern und Würden drängenden »braunen Bonzen« nicht. Sie verabscheute er, aber Hitler hätte er jederzeit wiedergewählt.[5] Niemand hatte klare Vorstellungen von einer besseren Zukunft – ohne Hitler.[6] Ohne Hitler, und das ist bemerkenswert, erschien sie einem Großteil des Volkes einfach unvorstellbar. Das von der nationalsozialistischen Propaganda seit 1921 systematisch stilisierte Hitler-Bild war im Laufe der Zeit zu einer Realität geworden, an der Kritik nicht angebracht erschien. »Übereinstimmend«, heißt es beispielsweise in einem sozialdemokratischen Bericht aus Südbayern, werde gemeldet, »daß die Mißstimmung unter dem Volke anwächst. Ursache dieser Mißstimmung ist ganz allgemein die Enttäuschung. Die Mißstimmung äußert sich verschieden. Der eine Teil der einst Begeisterten verfällt in eine Art Wurstigkeit. Das Interesse an den Vorgängen schwindet. Ein anderer Teil äußert seine Mißstimmung in Kritik gegen örtliche Unzulänglichkeiten des Systems und gegen Amtswalter und Funktionäre.«[7]

Der Reichsarbeitsdienst: »Ehrendienst« und weltanschaulicher »Kampfplatz«

Bereits am 1. Februar 1933 hatte Hitler auf einer Großkundgebung erklärt, daß »der Gedanke der Arbeitsdienstpflicht zu den Grundpfeilern« des nationalsozialistischen Programms gehöre.[1] Doch das NS-Regime hatte eine Reihe von Hindernissen und Schwierigkeiten zu überwinden, ehe es diese Dienstpflicht ganz allgemein durchzusetzen vermochte. Es begann mit den Studenten, die um ihrer akademischen Karriere willen am wenigsten Widerstand leisteten. Fast zwei Jahre bevor das Gesetz der Arbeitsdienstpflicht vom 26. Juni 1935 mit der Feststellung verkündet wurde, daß der

»Reichsarbeitsdienst ... Ehrendienst am deutschen Volke« sei, dem alle »jungen Deutschen beiderlei Geschlechts« nachzukommen hätten,[2] begann für sie am 1. August 1933 die Arbeitsdienstpflicht. »Werdet Diener und Arbeiter als Einzelne, dann werdet Ihr Herren als Angehörige eines geschlossenen Volkes«,[3] rief Bernhard Rust ihnen am 17. Juni 1933 vor der Berliner Staatsoper feierlich zu und erklärte, daß von nun an nur studieren könne, wer zuvor auf einem »Kampfplatz« seine Pflicht getan habe, der nicht Stätte eines »getarnten Militarismus« sei, wie Kritiker behaupteten, sondern »Kampfplatz zur Schulung des deutschen Volkes gegen die Weltanschauung des Marxismus und Liberalismus«. Es ginge, so ließ er die Studenten wissen, dem Nationalsozialismus darum, »die Abgeschlossenheit der Akademikerschaft von der Umwelt« zu beseitigen und die Standesunterschiede in der »Volksgemeinschaft« zu überwinden.[4]

Der Arbeitsdienst, von vielen Deutschen, vor allem von Teilnehmern des Ersten Weltkrieges, als nötige Einrichtung zur Disziplinierung und Charakterschulung der jungen Männer geschätzt, hatte keineswegs den Stellenwert, den die nationalsozialistischen Propagandisten ihm 1934 und 1935 zuschrieben. Er bereitete nicht nur dem Reichsarbeitsführer Konstantin Hierl, dem Oberst a. D., dessen Herz nach wie vor für das Militär schlug, Sorgen und Kopfschmerzen, zumal Hitler, was niemand übersehen konnte, nicht der von Hierl geführten Organisation von Pseudosoldaten, sondern der Deutschen Reichswehr sein besonderes Augenmerk schenkte. Nicht ohne Grund war es 1934 recht still um den Arbeitsdienst geworden. Um jedoch endlich wieder in der Öffentlichkeit ins Gespräch zu kommen, benutzte Hierl die vom Arbeitsdienst mit großem Aufwand effektvoll in Angriff genommenen Kultivierungsarbeiten im Emsland. Er initiierte einen Telegrammwechsel mit dem Führer, der jedoch nur für diese Treuebekundung dankte und die Leistungen der Arbeitsdienst-Männer als vorbildlich »für die gesamte Jugend« charakterisierte.[5]

Am 26. Juni 1935 schließlich wurde die Arbeitsdienstpflicht für alle Jugendlichen – als Reichsarbeitsdienst – eingeführt.

Viele der jungen Führer des Arbeitsdienstes, die sich als Nachfolger der Studenten begriffen, die seit Mitte der zwanziger Jahre im Rahmen der von der bündischen Jugend aufgezogenen kurzfristigen Arbeitslager im Altwandervogel, im Bund der Wandervögel und Pfadfinder und in der Deutschen Freischar als »Führer« Jugendliche und junge Männer betreuten, waren von den ihnen seit Anfang 1933 zugestandenen Vollmachten überrascht und geblendet. Nicht wenige von ihnen erwiesen sich zwar früh schon als engagierte Nationalsozialisten, waren aber nicht in der Lage, ihre Überzeugungen auf angemessene Weise zu multiplizieren.[6] »Es hat den Anschein, als ob das Führermaterial des Arbeitsdienstes noch nicht so einheitlich diszipliniert ist«, hieß es beispielsweise im Monatsbericht des Bezirksamts Ebermannstadt in Bayern, daß Entgleisungen wie die Beschimpfung und Diffamierung politisch Andersdenkender »vermieden oder wenigstens unterdrückt werden, zumal sie oft auch die aufbauende Arbeit der Ortsgruppenleitungen stören«.[7]

Daß die politische Überzeugung und der gute Wille allein nicht ausreichten, gleichaltrige junge Männer, die in den Anfangsjahren des Dritten Reiches noch nicht auf die angestrebte Lebensart ausgerichtet waren, souverän und autoritär in den Griff zu bekommen, bekamen nicht wenige der Unterführer zu spüren, die den Arbeitsdienst vorschnell mit der Wehrmacht verwechselten. Enttäuscht mußten sie registrieren, daß in ihren Reihen politisch andersdenkende, Widerstand leistende und militärischen Drill ablehnende Männer nicht sofort als »Soldaten« angefaßt und gegebenenfalls bestraft werden konnten.

Rund drei Jahre später, am 11. September 1937, konnte Hitler während des Nürnberger Reichsparteitages dagegen bereits zuversichtlich erklären: »Ich habe heute ... einen Teil unserer Jugend in die Partei eintreten sehen. Und ich muß schon sagen: ... Das ist eine herrliche junge Generation, die wir jetzt bekommen. Und vor allem ... die kommen in die Partei aus allen Lebensstellungen ... Aber sie sehen alle aus, wie wenn sie aus einem einzigen Ei geschlüpft wären. Da sind Proletarierkinder, und da sind frühere Bürgersöhne dabei und von Unternehmern und von Arbeitnehmern und von Bauern usw. ... Und das ist das Wunderbare. Das wächst schon so heran. Und die anderen Organisationen von uns, die werden mithelfen, das so langsam zu erziehen. Da ist die Partei da und sind ihre Organisationen, SA und SS. Und dann kommt der Arbeitsdienst. Und dann kommt das Militär. Und so wird der einzelne Deutsche so lange geknetet, bis er allmählich lernt, Tuchfühlung mit seinem Nachbar zu nehmen.«[8] 1934 waren das noch Wunschträume, deren Realisierung keineswegs jedermann – auch Hitler selbst nicht – sicher erscheinen konnte.

Im Arbeitsdienstlager »Isolierspital« in Mannheim, wo bis zu seiner Flucht nach Moskau im Januar 1935 der Maschinenschlosser Heinz Hoffmann, der derzeitige Minister für die Streitkräfte in der DDR, heimlich als kommunistischer Bezirksleiter fungierte, existierte 1934 und 1935 eine relativ starke illegale Gruppe des kommunistischen Jugendverbandes KJVD, der dem Freiwilligen Arbeitsdienst vornehmlich »Lohndrückerei«, faschistische Indoktrination und systematische Militarisierung der Jugendlichen vorwarf und ihn überall bekämpfte. Eines Tages, als die Arbeitsdienstangehörigen mit erfrorenen Kartoffeln und jeweils einem Hering abgespeist werden sollten, kam es zu einer regelrechten Rebellion. Eine Protestkundgebung, in nationalsozialistisch geführten Organisationen später schier unvorstellbar, vom kommunistischen Jugendverband inszeniert, irritierte nicht nur die Lagerführung. Nachdem eine Gruppe der 200 Mann zählenden Abteilung des Arbeitsdienstlagers auf dem Rückmarsch vom Herschelbad mitten in Mannheim Lieder der kommunistischen Arbeiterbewegung angestimmt hatte, wurde das Lager aufgelöst. Zu der Zeit sah sich die Reichsarbeitsdienst-Führung offenbar noch außerstande, rebellierende junge Leute auf die in der NSDAP seit Anbeginn übliche Weise zur Räson zu bringen. Wie in Mannheim, so kam es auch im Arbeitsdienstlager Sandtorfer Bruch zu einer Rebellion, bei der die Arbeitsdienstler den Lagerführer verjagten. Offen demonstrierten die uniformierten jungen Männer während eines Besuches des Reichsarbeitsführers Konstantin Hierl beim Bau eines Dammes auf der Friesenheimer Insel gegen den Dienstbetrieb und ihre Behandlung. Das illegale Zentralorgan des kommunistischen Jugendverbandes *Junge Garde* berichtete Ende Juli 1934: »In Mannheim werden mehrere Arbeitslager aufgelöst, angeblich ›wegen finanzieller Schwierigkeiten‹. Die RADler berichteten uns jedoch: ›Das Essen ist immer schlechter geworden, die Rebellion immer stärker. Die Bonzen merkten bald, wie die Belegschaften waren, und wollten uns auseinanderreißen. Wir sollten in andere Lager zwangsverschickt werden. Dabei kam es zu Unruhen. Im Lager ›Isolierspital‹ wurden dabei Fensterscheiben eingeworfen. Dort ist zweimal das Überfallauto vorgefahren und hat auch einige Jungs verhaftet. Besonders wild sind die Jungs alle, weil ihnen zu Anfang versprochen wurde, daß sie nach dem Arbeitsdienst wieder Arbeit im Betrieb bekommen. Wenn sie dann entlassen werden, schickt man sie entweder von neuem in den AD oder aber auf Landhilfe.«[9]

Im Oktober 1934 kursierte in einigen Mannheimer Betrieben, in der Gewerbeschule und beim Arbeitsdienst, ein Flugblatt unter dem

Titel *Arbeitsdienst–Barras–Krieg.* Das »Wettrüsten«, so hieß es dort, »übertrifft an Ausmaß dasjenige vor dem (ersten) Weltkrieg. Die Jugend, die das in erster Linie angeht, muß sich im klaren sein, warum das so ist und warum sie den neuen Heldentod sterben soll. Vaterland! Lebensraum für die Nation! Siedlungsland im Osten! So trommelt es unaufhörlich auf die deutsche Jugend herab. Das ist der Inhalt der offenen und versteckten Propaganda für den ›Heldentod‹ der deutschen Jugend.«[10]

Hitler dagegen rief 52000 auf der Nürnberger Zeppelinwiese angetretenen Arbeitsmännern am 5. September 1934 während des 6. Reichsparteitages der NSDAP zu: »Es ist ein großes Unterfangen . . . ein ganzes Volk« zu einem »neuen Arbeitsbegriff« und zu einer »neuen Arbeitsauffassung zu erziehen«. Und dann erklärte er drohend: »Durch eure Schule wird die ganze Nation gehen! Die Zeit wird kommen, da kein Deutscher hineinwachsen kann in die Gemeinschaft dieses Volkes, der nicht zuerst durch eure Gemeinschaft gegangen ist.«[11] Nicht von ungefähr hatte er dies prophezeit. Wie meistens, so wußte er auch hier, worüber er redete.

Noch im Sommer 1934 weigerten sich rund die Hälfte der jungen Männer im Alter bis zu 25 Jahren, in den Arbeitsdienst einzutreten. Der militärische Drill, die schlechten wirtschaftlichen Verhältnisse,[12] die oft mangelnde Qualifikation der Arbeitsdienst-Führer und der miserable »Sold« schreckten sie ab. Während die »Arbeitsdienstler« Anfang 1933 noch 3 Mark wöchentlich bekommen hatten, waren es im Sommer 1934 nur noch 2,50 Mark in jeweils 10 Tagen. Zahlreiche Oberfeldmeister und Feldmeister, höhere Führerchargen, wurden infolge Geldmangels entlassen oder rangmäßig zurückgestuft. Die Verpflegung war allgemein so schlecht, daß sich selbst der *Völkische Beobachter,* der – wie alle anderen NS-Zeitungen auch – stets eifrig für den Arbeitsdienst eingetreten war, veranlaßt sah, am 4. Juli 1934 zu fragen, ob die Männer denn auch wirklich satt würden. Ihr Versprechen, den jungen Männern Arbeit, Ausbildung, fröhliche Kameradschaft und schließlich auch Arbeitsstellen nach der Ableistung ihrer freiwilligen Arbeitsdienstzeit garantieren zu können, vermochten die Nationalsozialisten anfänglich zwangsläufig nur teilweise einzulösen. So kam es in vielen Lagern zu Protesten, Unwillenskundgebungen und teilweise selbst auch zu offenen Meutereien.

Daß der Arbeitsdienst gerade bei den Landwirten und Bauern, denen er besonders nützen sollte, auf Abwehr stieß, war kein Zufall. Die jungen Männer faßten die Arbeit auf den Bauernhöfen oft als

Erholung auf, verhielten sich renitent und hatten in vielen Fällen zwangsläufig nicht die geringste Ahnung von der Landwirtschaft. Die Bauern mußten jedoch pro Tag und pro Mann 3 Mark bezahlen, die wiederum nicht die Arbeitsmänner, sondern die Lagerverwaltungen erhielten. So versuchte der Staat dreierlei auf einmal: Die jungen Männer »von der Straße« wegzubekommen, sie weltanschaulich und militärisch zu drillen und dafür auch noch Geld von den wirtschaftlich schlecht gestellten Bauern zu kassieren. Der Vorwurf der Landwirte dagegen, durch die Rodung und Kultivierung bis dahin landwirtschaftlich nicht nutzbaren Bodens zusätzliche Ackerflächen zu schaffen und dadurch den Kaufpreis beispielsweise für Getreide und Kartoffeln herabzusetzen, war eigennützig und brauchte den Arbeitsdienst nicht zu belasten.

Vier Jahre nachdem Adolf Hitler das deutsche Volk beschwörend gebeten hatte, »gebt mir vier Jahre Zeit . . .«, gab es viele dieser Probleme nicht mehr. »Ein Netz von Lagern«, schrieb der Berliner Schulrat Adolf Mertens 1937, »überzieht unser Land von der See bis zum Hochgebirge, von den Heiden und Wäldern des Ostens bis zu den Industriegebieten im Westen. Lager für Amtswalter, für SA, SS und HJ, für Juristen, Künstler, Ärzte, Beamte, Betriebsleiter, für Männer und für Frauen, für die Jugend und für das vorgerückte Alter.«[13] Die Lagerinsassen, die zu der Zeit in Zelten, Baracken und Kasernen kampierten, Wehrsport und Geländesport trieben, marschierten, schossen, turnten, fochten, boxten, rangen und exerzierten, meuterten nicht mehr. Hitlers programmatische Feststellung vom 11. September 1937, daß jeder Deutsche von Parteiorganisationen und staatlichen Institutionen so lange »geknetet« werden würde, bis er lernte, »Tuchfühlung« mit dem Nachbarn zu nehmen und jeden Individualismus aufzugeben, war vier Jahre nach der nationalsozialistischen Machtergreifung tatsächlich kein bloßes Programm mehr. Das erste methodische Ziel, zunächst das »private Ich, die Individualität« der Menschen zu brechen[14], konnte als erreicht angesehen werden. Wer immer noch überzeugt war, in diesen nationalsozialistischen Erziehungszielen und -methoden womöglich Übergriffe besonders enthusiastischer und militaristischer NS-Führer und Unterführer erblicken zu müssen, wußte nicht, was um ihn herum geschah, kannte weder Hitlers *Mein Kampf* noch die zahlreichen Publikationen nationalsozialistischer Autoren, die ihm folgten. Einer von ihnen, Max Momsen, SA-Sturmführer, Dozent für Leibesübungen und Direktor der Cottbuser Hochschule für Lehrerbildung, erklärte 1937 in absoluter Übereinstimmung mit seinen linientreuen Fachkollegen in einer Fachzeitschrift: »... die dem einzelnen unbedingt übergeordnete Macht, die soldatische Atmosphäre, bleibt nicht beim Körper des Menschen stehen, sie greift schließlich prägend, formend, richtung- und inhaltgebend ganz unmittelbar an das Innere, an die Seele, an die individuelle Person, und erst von diesem Augenblick an beginnt sich der tiefere Sinn dieser Erziehung zu erfüllen. Die Methode ist ... indirekt ... indem sie beim menschlichen Leibe anfängt, um schließlich bei Seele und Geist ... aufzuhören. Indem der Lagerdienst sich des Körpers bemächtigt ... nötigt er ihn auch zu einer ganz bestimmten geistig-seelischen, menschlichen Haltung, die zunächst einmal in der Preisgabe alles Individuellen, Ichhaften besteht ... das private Ich, die Individualität wird ... gebrochen.«[15]

Nicht pädagogisches Ethos, sondern weltanschauliche Hörigkeit

Gemäß der in *Mein Kampf* formulierten Lehre Adolf Hitlers, daß die »erste Aufgabe« des Staates darin zu bestehen habe, die Kinder und Heranwachsenden zu wertvollen Gliedern »für eine spätere Weitervermehrung« zu erziehen,[1] schenkten Partei und Staat der Jugend ihr ganz besonderes Augenmerk. Zwar rangierten sie in der von der NSDAP und vom NS-Regime eingehaltenen Rangordnung ganz allgemein hinter den »alten Kämpfern«, da diese die Geschicke bestimmten oder zu bestimmen versuchten; aber der graduelle Abstand zwischen ihnen und der Jugend resultierte nur aus den Leistungen der schon »verdienten« Parteigenossen und den Ansprüchen derjenigen, die verwirklichen und erhalten sollten, was ihre Väter und Mütter begonnen hatten.

Die deutsche Jugend, der nicht wenige Kritiker vorwurfsvoll nachsagten, daß sie lebte, nicht um glücklich zu sein, sondern um »vorm Feind« zu sterben, sah sich seit 1933 in einer Weise in Pflicht genommen, wie die Generation vor ihr dies trotz des vorausgegangenen Ersten Weltkrieges nicht erlebt hatte. Hatte die 1926 als Jugendorganisation der NSDAP gegründete Hitler-Jugend (ohne eigentliche Jugendarbeit beispielsweise im Sinne der Jugendbünde zu praktizieren) bis vor 1933 vornehmlich die Aufgabe gehabt, als jugendliche Hilfstruppe die Agitationstätigkeit vor allem der SA zu unterstützen, waren mit der Machtübernahme Hitlers andere Aufgaben auf sie zugekommen. Von nun an sollte sie als Organisation die gesamte Jugend souverän nationalsozialistisch prägen und den Bestand des Regimes sichern helfen. Partei und Staat boten ihr dafür sofort in verführerischer Manier und mit großem Aufwand, was sie größtenteils ohnehin suchte: ein angemessenes und öffentlich anerkanntes Engagement bei der seit der Endphase der Weimarer Republik sowohl von der bürgerlichen Jugend als auch von bemerkenswerten Teilen der Arbeiterjugend geforderten »nationalen Erneuerung«. Sie suchte nach Möglichkeiten, »Opfer darbringen« zu dürfen. Der Zwang, von einem großen Teil der Erwachsenen als Last empfunden, störte diese Jugend, die die Disziplinierung und Militarisierung im Rahmen der attraktiven Organisation anfänglich als Ereignis und positives Erlebnis empfand, erst im Laufe der Zeit. Zunächst nahm sie den Verzicht auf bestimmte Freiheiten und Annehmlichkeiten als selbstverständlichen Preis dafür hin, ernst genommen zu werden und im Rahmen der »großen historischen Stunde« eine wichtige Aufgabe zugewiesen bekommen zu haben.

Daß die Jugend sofort sichtlich »in den Dienst des Staates« integriert wurde, erfuhr sie unmittelbar nicht nur durch die ideologisch artikulierten Erklärungen ihrer Lehrer in den Schulen, sondern erlebte es konkret am eigenen Leibe durch die gravierend radikale Aufwertung des Turnens[2] und dessen Einordnung als »Leibesübungen« im Rahmen des gesamten Erziehungssystems.[3] An die Stelle des »Kavaliers« hatte jetzt der »Kerl« zu treten,[4] der den Sport vom »Gedanken der Volksgemeinschaft aus« betrachtete.[5] Die körperliche und besondere »charakterliche« Formung des Menschen, von Hitler als »körperliche Ertüchtigung« an den Beginn einer jeden Erziehung gestellt, rangierte in den Schulen und in den Jugendorganisationen der NSDAP bald an erster Stelle. Weltanschauliche Hörigkeit ersetzte das traditionelle pädagogische Ethos. Die nun von Lehrern »zweiter Klasse« plötzlich zu besonders beachteten Exponenten des neuen Regimes avancierten Sport-Pädagogen machten sich laut und rührig daran, die Kinder und Heranwachsenden mit Hilfe der weltanschaulich interpretierten Leibeserziehung auf den Führer, auf das Volk und die Rasse zu verpflichten[6] und den Sport auf das Vorbild der Kampfzeit zu fixieren.[7] Ein Nationalsozialist, so hieß es denn auch immer wieder richtungweisend, lebt nicht, sondern »leibt und lebt« für Deutschland. Märtyrer der »Bewegung«, so zum Beispiel die von Kommunisten ermordeten Hitler-Anhänger Herbert Norkus und Horst Wessel, wurden zu Zentralfiguren des Erziehungszieles.

Die »Kampfzeit hatte dem ganzen Volke in entscheidender Weise vor Augen geführt«, lehrte beispielsweise Heinz Wetzel, der Generalreferent der Reichsakademie für Leibesübungen und Referent des Reichssportführers, »daß leiblicher Einsatz und charakterliche Bestimmtheit die allgemeinen Bedingungen für den politischen Sieg des Nationalsozialismus im Innern gewesen sind. Nach dem Sieg war es daher selbstverständlich, daß die erzieherische Macht der Kampfzeit das Vorbild für eine allgemeine deutsche Volkserziehung abgab. An die Stelle des einseitig intellektuell orientierten deutschen Bildungsideals trat das Erziehungsvorbild des nationalsozialistischen Kämpfers; an die Stelle eines die völkischen und staatlichen Grenzen mißachtenden Bildungsdogmas trat das verpflichtende Vorbild derer, die in ihrem letzten Einsatz, im Opfer ihres Lebens, die höchsten Werte eines neuen deutschen Zeitalters vorgelebt hatten ... Der Sieg hat den Kampf und damit die Erziehung im Kampfe zum Kampfe nicht überflüssig gemacht, sondern als allgemeine Forderung über das ganze Volk gestellt. Die deutsche Erziehung der Gegenwart und der Zukunft kann auf gar keine anderen Werte gegründet werden als auf die, die in der Kampfzeit den Sieg errungen haben. Eines dieser Mittel, die neuen Werte unseres völkisch-geschichtlichen Lebens als Erziehungsmächte durchzusetzen, sind die deutschen Leibesübungen.«[8]

Wenn die Kinder und Jugendlichen alles dies auch nicht sofort – und auch später nicht immer so ganz – begriffen, so erfuhren sie jedoch im Laufe der Zeit, in welche Rolle sie sich einzuleben hatten. Und dies begann bereits in den ersten Klassen der Volksschule. »Die wechselnden Identifikationsmuster, in denen ich mich damals zu formen und zu verstehen versuchte«, schrieb beispielsweise der 1925 in Neuss am Rhein geborene Schriftsteller Dieter Wellershoff 1981, »waren natürlich eingelassen in das historische Geschehen. Doch waren sie zunächst so dicht und beherrschend, daß ich wenig davon mitbekam. Ich war noch kein Jahr in der Schule, da begann, für mich ganz nebenbei, die Nazizeit. Zwar war ich einer der ersten Jungen, der achtjährig schon in der sogenannten Spielschar die Uniform des Jungvolks trug, doch war, was wir da machten ... nur eine schwerfällige Variante meiner eigenen Spiele, und außer der Uniform, auf die ich stolz war, beeindruckte mich noch wenig daran.«[9]

Der 1929 geborene derzeitige Stuttgarter Oberbürgermeister Manfred Rommel, seit 1939 Mitglied des Jungvolks, seit 1944 Luftwaffenhelfer in einer Flak-Batterie, seit Anfang 1945 Rekrut im Arbeitsdienst und von April bis September 1945 französischer Kriegsgefangener, sagte im Sommer 1982, 38 Jahre nach dem seinem Vater Erwin Rommel von Hitler aufgezwungenen Selbstmord: »Wenn man mich als jungen Menschen gefragt hätte, ob ich Nationalsozialist sei, hätte ich diese Frage mit einem klaren ... Jawohl beantwortet. Ich wußte zwar nicht genau, was Nationalsozialismus ist, ich stellte mir da wunder etwas vor wie: der Einzelne ist nichts, die Gemeinschaft ist alles, der Einsatz für Deutschland, gleich dem Führer Adolf Hitler, ist Ehrensache, Bekämpfung des Bolschewismus, Errichtung eines germanischen Großreiches, neue Menschen, die sich nicht wegen des Geldes, sondern wegen der Ehre einsetzen ... Selbstverständlich war ich auch gegen die Juden, was mir leicht fiel, weil ich nur wenige kannte, die ich selbstverständlich als positive Ausnahme betrachtete. Ich fühlte mich ... im hohen Maße frei. Tat ich doch alles, was mir befohlen wurde, freiwillig ... Der Nationalsozialismus wurde eben von der Jugend getragen. Die Jugend war die Hoffnung, so wie man es uns beigebracht hatte. In der Schule neigte ich zu Unverschämtheiten gegenüber meinen Lehrern, die nach meiner Einschätzung ... nicht die neue Zeit richtig begriffen hätten ... daß Adolf Hitler der größte aller lebenden Menschen sei, daran hatte ich keinen Zweifel.«[10]

Diese Meinung, so ergänzte Rommel, »wurde von meinen Kameraden geteilt. Wir bestätigten uns immer gegenseitig, daß wir recht hätten.«[11] Erst ein bestürzendes und sein Leben radikal veränderndes Ereignis, der tragische Tod seines Vaters,[12] des von Hitler auch in der breiten Öffentlichkeit seit 1939 besonders favorisierten und im ganzen Volk außergewöhnlich populären Generalfeldmarschalls, den zu der Zeit selbst jedes Kind den »Wüstenfuchs« nannte, seit er die Engländer in Afrika durch taktische Eigenwilligkeiten, Bluff und persönliches Draufgängertum buchstäblich »zu Paaren« getrieben hatte, ließ den Fünfzehnjährigen eine Seite des Manipulationssystems des NS-Regimes durchschauen, das alle Register der Verführung zog, Auszeichnungen und Beförderungen für besondere Leistungen und Illusionen für jeden parat hielt, der nur »begriff«, daß es in der Gemeinschaft – zumal im Kriege – eben auf ihn ankäme, so daß reinen Gewissens niemand ausbrechen könne.

Vom Aktivismus der Lehrer, Parteifunktionäre und Führer der nationalsozialistischen Jugendorganisationen hing gewöhnlich ab, auf welche Weise sich der nationalsozialistische Geist in der Schule »niederschlug«. So verschwanden nach und nach beispielsweise Kruzifixe aus den Klassen katholischer Schulen. Marienstatuen, von den Nationalsozialisten vielerorts ironisch als »das Mädchen« bezeichnet, wurden auf Weisungen von Funktionären entfernt. Wandfriese mit kirchlichen Motiven und Inschriften wie »Kirche und Vaterland« fielen der Spitzhacke zum Opfer oder wurden übertüncht. Katholische Geistliche mußten sich im Laufe der Zeit daran gewöhnen, den Religionsunterricht und die Seelsorgestunden nicht mehr in den Schulen, sondern nur noch in Kreuzgängen kirchlicher Gebäude abhalten zu dürfen. Kirchliche Jugend- und Jungmännervereine wurden aufgelöst, ihr Vermögen beschlagnahmt, Protokollbücher, Mitgliederverzeichnisse und andere Unterlagen beispielsweise der Kolpingvereine eingezogen, Caritas-Sammlungen und Fronleichnamsprozessionen verboten, Bekenntnisschulen in Gemeinschaftsschulen umgewandelt und Pfarrer wegen »Vergehens gegen das Flaggengesetz« angeklagt, wenn sie an kirchlichen Feiertagen kirchliche Fahnen hißten.

Diese und andere entsprechende Kennzeichen und Wegmarken eines Wandels konnte niemand übersehen. Daß sie nicht alle Jugendlichen bewogen, sich mit »fliegenden Fahnen« vor und hinter das Regime zu stellen, war dennoch nicht zu leugnen. So hörte die Freiwilligkeit des besonderen Engagements auch auf, nachdem sich herausgestellt hatte, daß die sichtbaren Ergebnisse der Propaganda und weltanschaulichen Schulung nicht mit den Erwartungen Schritt hielten, die der Staat und die Partei in die Jugend setzten. »Der Dienst in der HJ ist Ehrendienst am deutschen Volke«, hieß es beispielsweise in der 2. Durchführungsverordnung vom 25. März 1939, die bestimmte: »Alle Jugendlichen vom 10. bis zum vollendeten 18. Lebensjahr sind verpflichtet, in der HJ Dienst zu tun.«[13] Die ersten vier Jahre davon »diente« man als Pimpf im Jungvolk. In der eigentlichen Hitler-Jugend wurde dann die körperliche, geistige und sittliche Erziehung der Jugend außerhalb von Elternhaus und Schule fortgesetzt. An der Spitze der NS-Jugendorganisation stand der sich auch als Parteilyriker betätigende Baldur von Schirach (später Arthur Axmann).

Wo und wann immer Eltern ihren Kindern untersagten, an den Sportschulungen und vormilitärischen Übungen im Rahmen der Jugendorganisationen teilzunehmen, brachten sie sich in Schwierigkeiten, kam es nicht selten zu schwerwiegenden Differenzen in den Familien. Kinder und Jugendliche beobachteten, registrierten und meldeten, wer beispielsweise Gottesdienste besuchte, »verbotene« Lektüre pflegte, Führer-Bilder mißachtete oder gar »schändete«, abfällige Redensarten führte, Gerüchte kolportierte, die Fähigkeiten und »besten Absichten« Hitlers anzweifelte oder gar geheime Zusammenkünfte von Partei- und Staatsfeinden nicht anzeigte. Nicht wenige schwärzten in ihrer jugendlichen Verblendung ihre Eltern verleumderisch beispielsweise in der Schule und in der Hitler-Jugend an, und immer wieder sahen sie sich ermuntert, dies nicht nur bedenkenlos tun, sondern es auch als patriotische Pflicht begreifen zu dürfen.

Seit dem Gesetz über die Hitler-Jugend vom 1. Dezember 1936, seit die Maschinerie der NSDAP voll darauf hinarbeitete, die gesamte Jugend organisatorisch und »erzieherisch« in die Hand zu bekommen, gehörten in den Schulen Eingriffe von HJ-Führern in den Schulunterricht, in die Leibeserziehung und in Erziehungsmaßnahmen der Eltern zu den Alltäglichkeiten. Viele Eltern, so meldeten beispielsweise SPD-Vertrauensmänner im Juni 1937 aus Nordwestdeutschland nach Prag, litten besonders darunter, daß sie, während sie in Anwesenheit ihrer Kinder sprachen, jedes Wort auf die Goldwaage legen mußten, weil die Kinder »wie bezahlte Spione für fremde Leute« reagierten.[14] Heuchelei und Mißtrauen innerhalb der Familien waren die Folge. In den Schulen war nicht eingetreten, was die NS-Pädagogen erhofft hatten. Vier Jahre nach der Machtübernahme zeigten sich zwar einige der angestrebten Früchte der sportlichen Schulung und leibeserzieherischen Charakterformung; aber die Lehrer klagten über den Verlust der für einen normalen Schulbetrieb unerläßlichen Kontinuität, Stetigkeit und Ruhe. Die Schüler, die teilweise nicht recht wußten, ob sie den Eltern, der Schule, den NS-Jugendorganisationen oder dem Staat primär verpflichtet seien, machten den Lehrern und den Eltern gleichermaßen das Leben schwer, auch wenn sie dies durchaus nicht immer wollten.

Selbst die Autorität, im Rangkatalog der nationalsozialistischen Wertmaßstäbe ganz oben angesiedelt, nahm in den Schulen in einer Weise Schaden, wie selbst die »Leibesertüchtiger«, denen es nur um die Kraft und den Charakter und nicht um den Geist ging, es sich nicht wünschen konnten. HJ-Führer, pädagogisch unerfahrene grüne Jungen, mischten sich in die Unterrichtsgestaltung ein und gingen gelegentlich sogar soweit, den Lehrern bei Differenzen beispielsweise über Jugenddienst-Probleme oder disziplinarische Fragen mit Meldungen an vorgesetzte Dienststellen zu drohen, was die nach der Machtübernahme automatisch gleichgeschalteten und um ihre Existenz besorgten Lehrer häufig bewog, sich zu beugen. Schwierigkeiten genug bereiteten ihnen seit 1937 schon die neuen Maßstäbe für die Beurteilung der Schüler, deren Betragen und »charakterliche Entwicklung« künftig nach ihrer Bereitschaft zum »Gehorsam« und zur Kameradschaft gemessen und deren Ordnungssinn, Arbeitswille und Führereigenschaften bevorzugt bewertet werden mußten. Daß die Qualifizierung des Mutes in diesem Rahmen eine ebenfalls ungewohnte Rolle spielte, resultierte aus der besonderen Betonung der Leibesertüchtigung, die vielen Lehrern in der nun geforderten Art und Weise nicht behagte, auch wenn ein Großteil von ihnen schon vor der Machtübernahme mit Hitler sympathisierte und sich seit 1933 der NSDAP und ihren Organisationen zur Verfügung stellte.[15] Probleme infolge von Differenzen zwischen Angehörigen des Jungvolkes und der Hitler-Jugend einerseits und jüdischen Kindern oder Angehörigen konfessioneller Organisationen andererseits,[16] deren Schlichtung den Lehrern automatisch oblag, kamen hinzu. Und hinzu kamen belastende Querelen und zermürbende Auseinandersetzungen mit evangelischen und katholischen Pfarrern über Lehrpläne und 1936 und 1937 besonders über die Bemühungen des Staates, Gemeinschaftsschulen an die Stelle der von Geistlichen beeinflußten Konfessionsschulen treten zu lassen.

Wie die Frauen über ihr tägliches Allerlei systematisch zum Antisemitismus hingeleitet wurden, so geschah dies bei den Kindern und Heranwachsenden in entscheidendem Maße über die Leibeserziehung, nachdem der Reichsbund für Leibesübungen 1933 den Antisemitismus als Aufgabe weltanschaulicher Schulung akzeptiert hatte. »Jüdische Lehre«, so lernten die Sportler seit 1934, »zersetzte die Volkskraft«; denn das Judentum sei stets bemüht, »den Mann pazifistisch international (zu) verweichlichen« und sich dabei des Sports zu bedienen, den es »jüdisch raffiniert« entpolitisiere und zu einem »friedlichen Kampf« mache.[17] Jüdische Schüler müßten den Turnunterricht zwangsläufig stören, weshalb sie prinzipiell als Gefahr anzusehen seien, zumal sie grundsätzlich weder willens noch fähig wären, im Sinne der nationalsozialistischen Weltanschauung Leibeserziehung zu betreiben. Es »steht fest«, lehrte der NS-Funktionär Wilhelm Schneemann, daß »der Jude ganz allgemein körperlich verhältnismäßig schwach gebaut ist. Öfter zu bemerkender überreichlicher Fettansatz ändert nichts an dieser Tatsache.« Der Professor für Sozialanthropologie Hans F. K. Günther[18] sprach von ziemlich »wadenlosen« Beinen, die bei den Juden vorkämen, und erwähnte ferner, daß »häufig krumme, nach unseren Begriffen recht mißgestaltete Beine zu sehen sind ... Auffallend ist zudem die betonte Schmächtigkeit des Schenkelbaus. Plattfußanlage ist etwas sehr Häufiges.« Der »jüdische« Gang hat etwas »Schleichendes und Schleppendes an sich ... (er) ist ... tappend, ziehend, schlürfend«. Wer zu beobachten versteht, kann zumeist schon einen vor ihm hergehenden Menschen am Gang als Juden erkennen. Eigenartig ist auch der »runde Rücken«, der so oft bei Juden zu finden ist. Geringer Umfang des sehr flach erscheinenden Brustkastens sind beim Juden ebenso zu finden wie gewöhnlich kurze Arme. Bei einer Minderheit dagegen sind die Arme unverhältnismäßig lang und dünn, sie »hängen über die Knie ... Betrachtet man den Juden in seinen Bewegungen, so hat man das Empfinden, als ob seine Glieder anders in den Gelenken aufgehängt seien als die des deutschen Menschen. Beine und Arme schlenkern, ihre Bewegung wirkt unbeherrscht, als wäre sie teilweise unabhängig vom Willen ihres Trägers.«[19] Daß Juden nach all dem als Konkurrenten im sportlichen Kampf um große Ziele prinzipiell nicht in Frage kommen konnten, lag auf der Hand.

Wie fadenscheinig und augenscheinlich absurd die Behauptungen und Lügen solcher Art auch immer sein mochten, sie wurden bedenkenlos verbreitet und wohl zum recht großen Teil auch geglaubt. Nichts erschien zu töricht, um nicht doch verbreitet werden zu können. So behauptete Otto Rauscher 1942 beispielsweise: »Noch nie ist ein Jude als Faustkämpfer oder Stabhochspringer aufgetreten; noch nie hat ein Jude den Sprungturm zum Wasserspringen betreten; noch nie hat ein Jude einen Schanzensprung gewagt. Und das alles ist selbstverständlich; denn der Jude ist seiner Natur nach feig. Wenn es auch Ausnahmen gibt, so hat sich ein Jude stets nur dann zum Kampf gestellt, wenn er des Sieges schon vor Beginn sicher war.«[20] Daß Max Schmeling beispielsweise rund zehn Jahre zuvor ausgerechnet von einem jüdischen Boxer, von Max Baer, besiegt worden war, hinderte die NS-Ideologen, »Wissenschaftler« und Partei-Propagandisten nicht, ihre perversen Vorstellungen weltanschaulich zu begründen und zu kolportieren.

Die Röhm-Affäre

Von Ende Juni bis Mitte 1934 beherrschten Unruhe, Unsicherheit, Neugier und Sorge die Stimmung der Bevölkerung. Gerüchte gingen von Mund zu Mund. Ernst Röhm, der Reichsminister, Stabschef der SA, alter Mitkämpfer und Duzfreund des Führers, war erschossen worden.[1] Hitlers Gegner frohlockten, seine »braunen Bataillone«, die Männer der SA, die ihm zur Macht verholfen und noch vor kurzer Zeit seinen Dank erfahren hatten,[2] schwankten zwischen Angst und Hoffnung. Am 13. Juli setzte Hitler den Spekulationen mit einer Rede vor dem Reichstag ein Ende. Zwar hatte die Reichspressestelle seit dem 30. Juni über Erschießungen von SA-Führern und speziell auch Ernst Röhms berichtet, der sich weigerte, Selbstmord zu begehen; aber differenzierte Mitteilungen gab es bis zum 13. Juli nicht.

Auszug aus Hitlers Rede vom 13. Juli 1934

»... wir haben nicht als Usurpatoren ... von der Macht Besitz ergriffen, sondern nach Recht und Gesetz die Macht erhalten. Wir haben nicht als wurzellose Anarchisten eine Revolution gemacht, sondern als Vollstrecker des Willens der Nation das Regime einer Revolte beseitigt ... Den Geist der Unbotmäßigkeit und des innerstaatlichen Aufruhrs haben wir in wenigen Monaten ausgerottet ...

Das erste vereinzelte Geschwätz von einer neuen Revolution, von einem neuen Aufstand wurde allmählich so intensiv, daß nur eine leichtsinnige Staatsführung darüber hätte hinwegsehen können. Man konnte nicht mehr alles das einfach als dummes Geschwätz abtun, was in ... tausenden von Berichten mündlich und schriftlich darüber einging ... Mitte März habe ich veranlaßt, Vorbereitungen zu treffen für eine neue Propagandawelle. Sie sollte das deutsche Volk gegen den Versuch einer neuen Vergiftung immunisieren ...

Es ergab sich, daß in den Reihen ... höherer SA-Führer Tendenzen auftraten, die zu ernstesten Bedenken Anlaß geben mußten ...

Das naturgegebene Verhältnis zwischen Partei und SA begann sich langsam zu lockern ... Die Beförderungen zu SA-Führern ließen bei Nachprüfung eine vollständig einseitige Bewertung eines rein äußeren Könnens oder oft auch nur einer vermeintlichen intellektuellen Begabung erkennen ... Das Auftreten dieser zum großen Teil mit der Bewegung überhaupt nicht verwachsenen einzelnen SA-Führer war ebenso unnationalsozialistisch wie manchmal geradezu abstoßend ...

Ich habe auf diese und eine Reihe weiterer Mißstände den Stabschef Röhm hingewiesen, ohne daß irgendeine fühlbare Abhilfe, ja auch nur ein erkennbares Eingehen auf meine Ausstellungen eingetreten wäre. Im Monat April und Mai nahmen ... Klagen ununterbrochen zu. Zum erstenmal erhielt ich in dieser Zeit aber auch aktenmäßig belegte Mitteilungen über Besprechungen, die von einzelnen höheren SA-Führern abgehalten worden waren und die nicht anders als mit ›grober Ungehörigkeit‹ bezeichnet werden mußten. Zum ersten Male wurde in einigen Akten unleugbar bewiesen, daß in solchen Besprechungen Hinweise auf die Notwendigkeit einer neuen Revolution gegeben wurden, daß Führer die Aufforderung erhielten, sich für eine solche Revolution innerlich und sachlich vorzubereiten . . .

Ende April war sich die Führung der Partei sowie eine Anzahl davon berührter staatlicher Einrichtungen im klaren darüber, daß eine bestimmte Gruppe höherer SA-Führer bewußt zur Entfremdung der SA von der Partei sowie den anderen staatlichen Institutionen beitrug oder diese zumindest nicht verhinderte. Der Versuch, auf dem normalen Dienstwege Abhilfe zu schaffen, blieb immer wieder erfolglos . . . Röhm sicherte mir persönlich immer wieder Untersuchung der Fälle und Entfernung der Schuldigen bzw. deren Maßregelung zu. Eine sichtbare Wandlung trat nicht ein.

Im Mai liefen bei einigen Partei- und Staatsstellen zahlreiche Anklagen über Verstöße höherer und mittlerer SA-Führer ein, die aktenmäßig belegt, nicht abgestritten werden konnten . . .

Ich habe früher stets betont, daß ein autoritäres Regiment besonders hohe Verpflichtungen besitzt. Wenn vom Volk gefordert wird, daß es einer Führung blind vertraut, muß diese Führung dieses Vertrauen aber auch durch Leistung und durch besonders gute Aufführung sich verdienen . . .

Die Entschlossenheit der nationalsozialistischen Staatsführung . . . Exzessen einzelner unwürdiger Elemente, die Partei und SA nur mit Schande beladen, ein Ende zu bereiten, führte zu sehr heftigen Gegenwirkungen von seiten des Stabschefs . . . Die Auseinandersetzungen führten zu sehr ernsten Aussprachen zwischen Stabschef Röhm und mir, in denen mir zum erstenmal Zweifel an der Loyalität dieses Mannes aufstiegen . . . Nachdem ich viele Monate lang jeden . . . Gedanken (an Röhms Illoyalität) von mir zurückgewiesen hatte, nachdem ich vorher jahrelang mit meiner Person diesen Mann in unerschütterlicher Treue und Kameradschaft gedeckt hatte, begannen mir nun allmählich Warnungen – vor allem auch meines Stellvertreters in der Parteiführung, Rudolf Heß – Bedenken einzuflößen, die ich selbst bei bestem Willen nicht mehr zu entkräften vermochte.

Es konnte vom Monat Mai ab keinem Zweifel mehr unterliegen, daß . . . Röhm sich mit ehrgeizigen Plänen beschäftigte, die im Falle ihrer Verwirklichung nur zu schwersten Erschütterungen führen konnten . . . Die im . . . Mai vorgenommene Durchprüfung der Beförderungen in einigen bestimmten SA-Gebieten führten zur schrecklichen Erkenntnis, daß Menschen ohne Rücksicht auf nationalsozialistische- und SA-Verdienste . . . befördert worden waren, nur weil sie zum Kreise dieser besonders Veranlagten (Homosexuelle, der Verf.) gehörten . . .

Es wäre mir weder sachlich noch menschlich jemals möglich gewesen, meine Einwilligung zu einem Wechsel im Reichswehrministerium zu geben und die Neubesetzung durch . . . Röhm vorzunehmen . . . Die oberste Spitze der Armee ist der Generalfeldmarschall und Reichspräsident (von Hindenburg). Ich habe als Kanzler in seine Hand meinen Eid abgelegt . . . Mein ihm gegebenes Versprechen, die Armee als unpolitisches Instrument des Reiches zu bewahren, ist für mich bindend . . . Es wäre mir aber weiter eine solche Handlung auch menschlich unmöglich gegenüber dem Wehrminister des Reiches (von Blomberg). Ich und wir alle sind glücklich, in ihm einen Ehrenmann sehen zu können vom Scheitel bis zur Sohle . . .

Es gibt Pflichten der Loyalität, die man nicht verletzen darf und nicht verletzen soll . . .

Planmäßig . . . wurde durch SA-Propagandastellen . . . die Behauptung . . . verbreitet, die Reichswehr beabsichtige eine Auflösung der SA . . . ich sei leider für diesen Plan auch gewonnen worden . . . Die SA müßte nunmehr diesem Angriff zuvorkommen und in einer zweiten Revolution die Elemente der Reaktion einerseits und der Parteiwiderstände andererseits beseitigen, die Staatsgewalt aber der Führung der SA selbst anvertrauen . . . 12 Millionen Mark sind zu diesem Zweck gesammelt worden . . .

Die Notwendigkeit des eigenen Vorgehens der SA wurde begründet mit dem Hinweis auf meine Entschlußunfähigkeit, die erst dann behoben sein würde, wenn Tatsachen geschaffen wären . . .

Anfang Juni ließ ich als letzten Versuch Stabschef Röhm noch einmal kommen zu einer nahezu fünfstündigen Aussprache . . . Ich teilte ihm mit, daß ich den Eindruck gewonnen hätte, daß von gewissenlosen Elementen eine nationalbolschewistische Aktion vorbereitet würde, die über Deutschland nur namenloses Unglück bringen könnte . . .

Was aus Deutschland im Falle eines Sieges dieser Sekte geworden wäre, ist schwerlich auszudenken. Die Größe der Gefahr wurde aber erst recht erwiesen durch die Feststellungen, die nun vom Ausland nach Deutschland kamen. Englische und französische Zeitungen begannen immer häufiger von einer bevorstehenden Umwälzung in Deutschland zu reden . . .

Ende Juni war ich daher entschlossen, dieser unmöglichen Entwicklung ein Ende zu setzen und zwar ehe noch das Blut von zehntausend Unschuldigen die Katastrophe besiegeln würde . . . Nur ein rücksichtsloses und blutiges Zugreifen war vielleicht noch in der Lage, die Ausbreitung der Revolte zu ersticken. Und es konnte dann keine Frage sein, daß besser hundert Meuterer, Verschwörer und Konspiratoren vernichtet wurden als zehntausend unschuldige SA-Männer auf der einen, zehntausend ebenso Unschuldige auf der anderen Seite verbluten zu lassen . . . Wenn ich noch wenige Tage vorher zur Nachsicht bereit gewesen war, dann konnte es in dieser Stunde eine solche Rücksicht nicht mehr geben. Meutereien bricht man nach ewig gleichen eisernen Gesetzen.

Wenn mir jemand den Vorwurf entgegenhält, weshalb wir nicht die ordentlichen Gerichte zur Aburteilung herangezogen hätten, dann kann ich ihm nur sagen: In dieser Stunde war ich verantwortlich für das Schicksal der deutschen Nation und damit des deutschen Volkes oberster Gerichtsherr . . .

Ich habe den Befehl gegeben, die Hauptschuldigen an diesem Verrat zu erschießen, und ich gab weiter den Befehl, die Geschwüre unserer inneren Brunnenvergiftung und der Vergiftung des Auslandes auszubrennen bis auf das rohe Fleisch. Und ich gab weiter den Befehl, bei jedem Versuch des Widerstandes der Meuterer gegen ihre Verhaftung diese sofort mit der Waffe niederzumachen.

Die Nation muß wissen, daß ihre Existenz – und diese wird garantiert durch ihre innere Ordnung und Sicherheit – von niemandem ungestraft bedroht wird! Und es soll jeder für alle Zukunft wissen, daß, wenn er die Hand zum Schlage gegen den Staat erhebt, der sichere Tod sein Los ist. Und jeder Nationalsozialist muß wissen, daß kein Rang und keine Stellung ihn seiner persönlichen Verantwortung und damit seiner Strafe entzieht ...

Als im März des vergangenen Jahres unsere junge Revolution durch Deutschland brauste, war es mein höchstes Bemühen, so wenig als möglich Blut zu vergießen ... So wie ich vor anderthalb Jahren unseren damaligen Gegnern die Versöhnung angeboten habe, so möchte ich auch all denen, die mitschuldig waren an dieser Wahnsinnshandlung, von jetzt ab ebenfalls das Vergessen ansagen ... Mögen Sie jetzt sicherer als früher die große Aufgabe erkennen, die uns das Schicksal stellt ... Mögen sie sich alle verantwortlich fühlen für das kostbarste Gut, das es für das deutsche Volk geben kann; die innere Ordnung und den inneren und äußeren Frieden! So wie ich bereit bin, vor der Geschichte die Verantwortung zu übernehmen für die 24 Stunden der bittersten Entschlüsse meines Lebens, in denen mich das Schicksal wieder gelehrt hat, in banger Sorge mit jedem Gedanken das Teuerste zu umkrallen, was uns auf dieser Welt gegeben ist; das deutsche Volk und Deutsche Reich!«[3]

Seit dem 10. März 1933 hatte Hitler dem »Ende der Revolution« das Wort geredet und die SA und SS aufgefordert, die Revolution nicht als »permanenten Zustand«, sondern als einen Strom zu sehen, der »in das sichere Bett der Evolution« hinübergeleitet werden müsse, wie er den Reichsstatthaltern am 6. Juli 1933, dem Tag nach der Selbstauflösung des Zentrums, eindringlich erklärte.[4] Seine Mahnung, künftig nicht mehr herumzusuchen, wo es »noch etwas zu revolutionieren« gebe,[5] war nicht nur an die Reichsstatthalter gerichtet.[6] Ernst Röhm und seine Bürgerkriegstruppe, in der die Hoffnung auf eine soziale Revolution seit 1930 schwelte, hatten Hitler verstanden. Sie sahen sich ausgenutzt und aus dem ersten Glied verdrängt. Daß die Parteiorganisation, die dreizehn Jahre zuvor geschaffen worden war, um Angriffe zu führen, Widerstände gewaltsam zu brechen und Gefahren abzuwehren, nun gezügelt und mit anderen Aufgaben vertraut gemacht werden sollte, wollte Röhm nicht akzeptieren. Hitlers Aufforderung an die SA, von nun an die »deutschen Menschen für diesen Staat« zu erziehen, was eine »Riesenarbeit« für die »kommenden Jahrzehnte des deutschen Volkes« sein werde,[7] zumal die NSDAP die einzige noch verbliebene politische Partei sei, nachdem »wir alles andere beseitigten«,[8] meinte Röhm auf eine besondere Weise interpretieren zu dürfen. Um seine stürmisch nach Futterkrippen und Machtpositionen drängenden Anhänger neu zu motivieren und sich selbst auch eine Position zu schaffen, die seinen

Ambitionen entsprach, griff er, zu selbstbewußt und zu sehr auf Hitlers zaudernde Entscheidungsgewohnheiten bauend, nach einem neuen Machthebel. Hitlers bemerkenswerte Äußerung, daß die Beseitigung aller anderen politischen Parteien und Organisationen der NSDAP eine »ungeheure Verantwortung« aufgebürdet habe, hatte den obersten SA-Führer auf die kühne Idee gebracht, die SA als Kontrollinstanz gleichrangig und souverän neben die Regierung zu stellen. »Der nationalsozialistische Staat«, so erklärte er am 15. Januar 1934 in einem sechsseitigen Rundschreiben mit diversen konkreten Anweisungen imVerfügungsstil (das der bayerische Ministerpräsident, das Innenministerium, das Justizministerium, der Kommandeur der Politischen Polizei, die Leiter der politischen Organisationen, die bayerischen Gauleiter und Heinrich Himmler zugeleitet bekamen), »hat durch Beseitigung der Parteien auch jede ›öffentliche‹ Opposition beseitigt. So wünschenswert dies nach dem Führerprinzip ist, so darf doch die Möglichkeit für Anregungen und notwendige Verbesserungen nicht ausgeschaltet werden. Diese Aufgabe haben als Wächter und Garanten der durch die nat.(ional-)soz.(ialistische) Revolution erkämpften Volksgemeinschaft SA-Führer zu erfüllen, die den staatlichen Verwaltungsbehörden zugeteilt werden.«[9]

Wie betroffen, wenn zunächst auch nur passiv, die staatlichen Instanzen reagierten, bezeugen beispielsweise die Bemerkungen, die der bayerische Reichsstatthalter Franz Ritter von Epp für seine Akten handschriftlich auf den Rand des Rundschreibens notierte. »Die SA-Führung hat ihre Macht konsequent neben die Staatsgewalt gestellt ... Was soll ein Reichsstatthalter noch? Was soll er halten an Reiches statt? ... Soll die SA die Staatsführung übernehmen? ... Warum wurde die Regelung ... mir nicht zur Äußerung vorgelegt? Sie setzt die Verfügung des Führers für mich außer Kraft.«[10]

Die Öffentlichkeit erfuhr, daß Röhm schwerster Verfehlungen beschuldigt wurde und daß die Differenzen zwischen ihm und Hitler bereits seit Monaten geschwelt hätten. »Seit vielen Monaten«, erklärte die Reichspressestelle der NSDAP am 30. Juni, »wurde von einzelnen Elementen versucht, zwischen SA und Partei sowohl wie zwischen SA und Staat Keile zu treiben und Gegensätze zu erzeugen. Der Verdacht, daß diese Versuche einer beschränkten, bestimmt eingestellten Clique zuzuschreiben sind, wurde mehr und mehr bestätigt. Stabschef Röhm, der vom Führer mit seltenem Vertrauen ausgestattet worden war ... förderte sie unzweifelhaft. Seine bekannte unglückliche Veranlagung führte allmählich zu so unerträglichen Belastungen, daß der Führer ... selbst in schwerste Gewissenskonflikte getrieben wurde.«[11] Daß Röhm homosexuell veranlagt war, galt als allgemein bekannt. Hitler wußte es seit Jahren und hielt und deckte seinen SA-Führer dennoch. Dies, so mußten sich kritische Beobachter fragen, konnte also nicht der Anlaß für die Aktion Hitlers gegen Röhm und die SA gewesen sein.

Hitler hatte die maßgeblichen SA-Führer am 13. Juli öffentlich in drei Kategorien eingeteilt: in eine »durch gleiche Veranlagung zusammengehaltene« Gruppe, in eine sich Röhm aus soldatischer Auffassung heraus zum Gehorsam verpflichtet fühlende und in einen diese beiden Gruppierungen aus Sauberkeit und Anständigkeit ablehnenden Teil. Daß er den Berliner SA-Chef Karl Ernst zur ersten Kategorie zählte und ihn in diesem Zusammenhang auch öffentlich mit Namen nannte, empfanden zumindest nicht wenige Eingeweihte als irritierend. Befand Ernst sich seit dem 29. Juni doch mit seiner ihm frisch angetrauten Ehefrau auf dem Wege in die Flitterwochen nach Teneriffa, wohin er von Bremen aus mit dem Schiff zu reisen gedachte. Daß er in Bremen vom Schiff geholt, mißhandelt und bald danach – wie viele seiner Kameraden auch – in der Berliner Kadettenanstalt Lichterfelde von einem aus acht SS-Leuten bestehenden Peloton nach dem Kommando »Der Führer will es! Alles für Deutschland! Feuer!« erschossen wurde, erfuhr die Öffentlichkeit nicht. Ihr wurde auch später nicht mitgeteilt, daß der SA-Gruppenführer bis zu seinem Tode flehentlich immer wieder seine unwandelbare Treue zum Führer bekundet habe. Da nahezu alle anderen Delinquenten ebenfalls mit einem »Heil«-Ruf auf Hitler starben, wäre der »Fall Ernst« nur einer von vielen gewesen, wenn ihn nicht doch eine wesentliche Tatsache aus der Reihe der zum Tode »verurteilten« SA-Kameraden herausgehoben hätte. Als die Vertrauten Hitlers und Görings ihn in Bremen vom Schiff holten, befanden sich in seinem Koffer 40000 Mark und ein Auftrag Ernst Röhms, alsbald in seinem Namen in Frankreich als Botschafter einer von Röhm kontrollierten Regierung tätig zu werden.[12] Hitler, der in Eile den Staatsnotstand erklärt und Göring beauftragt hatte, in Preußen die vollziehende Gewalt zu übernehmen, war seinem Stabschef und dessen Unterführern, und davon war er zu jener Zeit fest überzeugt, gerade noch rechtzeitig zuvorgekommen.[13]

Schon am 28. Juni hatten Beobachter in verschiedenen Orten des Reiches, so beispielsweise in Annaberg, Scheibenberg, Schwarzenberg und Aue im Erzgebirge festgestellt, daß Militäreinheiten zusammengezogen worden waren und anderswo tausende alarmierte und vielfach von ihren Arbeitsplätzen weggeholte SS-Leute in besonderen Lokalen auf ihre Einsatzbefehle warteten. In Chemnitz marschierte die SA in militärischer Manier, mit Feldküchen im Gefolge, am 30. Juni zum Adelsberg zu einem »Manöver«, das urplötzlich abgebrochen wurde, worauf die Teilnehmer in ihre Wohnungen zurückkehren mußten. Vier Lastwagen Gewehre, Pistolen, Karabiner, Maschinengewehre und Munition nahm die Schutzpolizei den SA-Einheiten allein im SA-Bezirk Hanau-Land ab.[14] Als am 30. Juni und 1. Juli die ersten Nachrichten über Festnahmen und Erschießungen von SA-Führern erschienen, horchte die Bevölkerung ganz allgemein erschreckt auf. Auf Straßen, Plätzen und in Betrieben wurde diskutiert. Polizei bewachte Postgebäude, Bahnhöfe, Brücken und Straßenknotenpunkte. Verhaftungen wurden vorgenommen, Wohnungen durchsucht, SA-Führer entwaffnet, SA-Männer von SS-Angehörigen verprügelt. Einheiten der Reichswehr, von Hitler jetzt öffentlich ostentativ gegenüber den Parteiorganisationen favorisiert, bewachten vorübergehend das sogenannte Braune Haus in München, den Sitz der NSDAP-Führung.

Der Röhm-Putsch, von vielen Zeitgenossen als reine Säuberungsaktion innerhalb der eigenen Reihen verstanden, bildete eine der entscheidenden Zäsuren in der Geschichte des Dritten Reiches. Hitler hatte die erste Schwelle zur zweiten Machtergreifung überschritten und diejenigen, die ihm und der NSDAP die erste Machtergreifung ermöglichten, ins zweite Glied gedrängt. Er hatte die Reichswehr als einzigen und unumstrittenen Waffenträger der Nation erscheinen lassen und erfahren, daß sie ihm dankte und seine Aktion protestlos hinnahm,[15] obwohl auch zwei ihrer Exponenten von der SS erschossen wurden: die Generale von Schleicher und von Bredow. Und er galt von nun an als mutiger und objektiver Schützer des Rechts auch gegen »die Großen«. Daß auch der Reichspräsident sein »entschlossenes Zugreifen und die tapfere Einsetzung« der »eigenen Person« am 2. Juli öffentlich lobte, ihm für die Erstickung aller »hochverräterischen Umtriebe« dankte und ihm attestierte, »das deutsche Volk aus einer schweren Gefahr gerettet« zu haben,[16] hat ihm in der Zeit danach zusätzlich manches erleichtert.

Die Bevölkerung stand nahezu ausnahmslos hinter Hitlers Maßnahmen. Sein Vorgehen gegen Röhm wurde in Anlehnung an Hindenburgs Urteil vom 2. Juli über die Entscheidungen und Aktionen des Kanzlers als Bereitschaft registriert, Gefahren von Volk und

Staat rücksichtslos abzuwenden und dabei niemanden ungeschoren zu lassen, wenn er »Gesetz und Recht« verletze.

Hitler, der sehr lange gezaudert hatte, bevor er sich Ende Juni zu einer Vorwärts-Entscheidung gegen Röhm durchrang,[17] verlor nicht nur nicht an Ansehen, sondern gewann auch noch spürbar an Autorität. In einem Bericht des bayerischen Bezirksamts Ebermannstadt vom 14. Juli 1934 hieß es beispielsweise: »Die Ereignisse des 30. Juni und 1. Juli haben ... keine weiteren Auswirkungen gezeitigt. Die Bevölkerung nahm ... allenthalben mit größtem Interesse an den Ereignissen Anteil ... Im übrigen kann festgestellt werden, daß die Säuberungsaktion und das persönliche Einschreiten des Führers gegen den früheren Stabschef Röhm und die meuternden SA-Führer allgemeinen Beifall gefunden hat. Insbesondere das Vertrauen in die Staatsführung und die persönliche Achtung des Reichskanzlers sind überall stark gestiegen ... Die Ansprache, die der Führer im Reichstag hielt, wurde überall durch Rundfunk in den Gastwirtschaften und auf öffentlichen Plätzen übertragen. Sie hat allgemein befreiend gewirkt, da sie die ganzen Zusammenhänge rücksichtslos aufdeckte. Die Rede wurde von allen Volksgenossen, auch von denen, die immer noch abseits stehen, mit größtem Beifall aufgenommen.«[18]

Im Juli 1934 sah Hitler sich noch genötigt, die Anzahl der im Rahmen dieser Aktion erschossenen Gegner öffentlich bekanntzugeben. 74 Tote wurden erwähnt, 1124 Schutzhaft-Erlasse allein auf Görings Veranlassung zugegeben.[19] Die Öffentlichkeit erfuhr Einzelheiten, wie sie ihr später grundsätzlich vorenthalten wurden. Hitler selbst hatte im Juli 1934 15 füsilierte »alte Kameraden« namentlich genannt und weitere summarisch abgetan; er gab konkrete Zahlen an, auch wenn sie nicht genau stimmten. Zweifel und Korrekturen waren noch erlaubt, obwohl Hermann Göring dem Reichskanzler am 13. Juli im Reichstag attestierte: »Sie haben ... es geschafft. Sie besitzen das Vertrauen und von diesem Vertrauen aus ist es Ihnen möglich, das zu tun, was zum Aufbau Deutschlands nötig ist ... Wer daran rüttelt ... begeht Hoch- und Landesverrat. Das ist das gewaltigste Verbrechen, und derjenige, der es begeht, muß vernichtet werden.«[20] Der Reichstag, als dessen Präsident Göring sprach, dankte »dem Reichskanzler durch Görings Mund für seine tatkräftige und entschlossene Rettung des Vaterlandes vor Bürgerkrieg und Chaos« und formulierte als »einzigen Aufschrei« des deutschen Volkes: »Wir alle billigen immer das, was unser Führer tut.«[21]

Die große Ära der SA war zu Ende, auch wenn Hitler es öffentlich anders darstellte.[22] Als neue Prätorianergarde des Führers trat von nun an die SS auf, die gleichsam die Rolle eines weltanschaulichen Ordens mit rassenpolitischen Zielsetzungen und Maximen zu spielen begann.

Hitler wußte genau, daß nicht nur die Mitglieder der NSDAP und ihrer Organisationen, sondern auch der größte Teil des parteipolitisch nicht organisierten Volkes nichts anderes wollten als Ruhe und Ordnung, einen Führer als souveräne und unanfechtbare Rechtsquelle, eine wenigstens minimale soziale Sicherheit, Ränge und Posten, Orden und Titel, Bedürfnisse und Anlässe, stolz auf die Nation, auf das Reich und seine Führung sein zu können. Und er vermochte wie kein anderer diese Bedürfnisse so zu befriedigen, daß viele von denen, die den Pferdefuß dieses Regimes schon im Sommer 1934 zu spüren und zu sehen glaubten, sich dennoch der Selbsttäuschung hingaben, daß sie mit diesem Mann als Führer schließlich mehr gewönnen als verlören.

Die linken Hitler-Gegner, allen voran die Kommunisten, die auf ihre Weise aus der Röhm-Affäre zu profitieren versuchten, nützten Hitler nach dem 30. Juni 1934 mehr als sie ihm schadeten. So hieß es beispielsweise Mitte Juli in der Nr. 12 des illegalen Zentralorgans des kommunistischen Jugendverbandes *Junge Garde*: »Röhm und seine Clique sah unter dem Druck der rebellierenden SA ihre eigene Machtstellung gefährdet. Er wollte mit noch gerissenerem Betrug und lügnerischen Versprechungen die weitere Radikalisierung und antikapitalistischen Aktionen der SA-Männer ausnützen, wollte für sich größere, uneingeschränkte Machtbefugnisse erzwingen.« Bessere Fürsprecher konnten Hitler und seine exponierten Funktionsträger sich aus diesem Bereich gar nicht wünschen. Da die Kommunisten im Untergrund agitierten, wo sie auch ihre meist primitiven, immer Siegeszuversicht suggerierenden Zeitungen heimlich druckten und verteilten,[23] mußten diese Argumente, die von den Arbeitern in den Betrieben diskutiert wurden, für Hitler doppelt positiv wiegen.

Die ländliche Bevölkerung

Hatte die nationalsozialistische Führung geradezu stereotyp über das geringe Interesse der bäuerlichen Bevölkerung an den politischen Ereignissen geklagt, so konnte sie unmittelbar nach der Röhm-Affäre das Gegenteil registrieren. Die Bauern verdrängten vorübergehend die wirtschaftlichen Probleme, mit denen sie infolge der schlechten Marktlage für Getreide und des allgemeinen Feldmangels ständig zu ringen hatten. Zwar hatten viele von ihnen im Frühjahr 1933 vom Reich kleinere Zuschüsse und Darlehen für Instandsetzungsarbeiten und zum Ausbau von Silos und Ställen bekommen, weil die Regierung die Agrarimporte reduzieren und die eigene Landwirtschaft fördern wollte. Doch viel war damit nicht gewonnen; denn zur Intensivierung und Beteiligung an der schon vor 1933 eingeleiteten Zentralisierungs- und Kapitalisierungstendenzen in der Landwirtschaft beispielsweise in Form der 1932 begonnenen überlokalen Milchverwertungsgenossenschaft sahen sich die kleineren Bauern nicht in der Lage. Nicht selten trat das Gegenteil von dem ein, was erwartet worden war: Der Milchviehbestand ging zurück. Das am 29. September 1933 verkündete »Reichserbhofgesetz« nützte auch nur denen, die bis dahin einigermaßen über die Runden gekommen waren. Wer weniger als 7,5 Hektar Nutzfläche besaß, profitierte nicht davon. Im Frühjahr 1934 war die Arbeitslosenzahl wieder angestiegen, so daß nicht alle Angehörigen der ländlichen Bevölkerung, die in den Städten im Wegebau oder im Wald arbeiten mußten, weil die Höfe durch Aufteilungen zu klein geworden waren und die bäuerliche Produktion nicht ausreichte, sämtliche Familienmitglieder zu ernähren, eine Teilbeschäftigung fanden. Zwangsläufig gerieten viele Bauern in Zahlungsschwierigkeiten mancher Art. Ein Teil der ländlichen Kommunen war nicht in der Lage, ihren Rechtsverbindlichkeiten nachzukommen. Klagen über schlechte »Steuermoral« gehörten zur Tagesordnung. Gerichtsvollzieher kehrten von ihren Amtshandlungen bei Bauern erfolglos zurück, weil bei den Steuerschuldnern entweder »nichts zu holen« war oder aber die Vollstreckungsschutzbedingungen Pfändungen unmöglich machten.[1] Auch der Handel und das Handwerk, die vorwiegend von der Landwirtschaft zu profitieren pflegten, gerieten in finanzielle Schwierigkeiten, obwohl es infolge der erwähnten staatlichen Hilfen für die Bauern vorübergehend so ausgesehen hatte, als befände sich die Landwirtschaft auf dem Wege zu den von der NS-Propaganda tausendfach heraufbeschworenen »neuen Ufern«. Die Handwerkerorganisationen, die den baldigen Verlust der Gewerbefreiheit befürchteten, entfalteten besondere Aktivitäten. Die Innungen, denen für die nächste Zukunft besondere Vollmachten erteilt wurden, erhielten Zuwachs durch neue Mitglieder und neue Organisationen für bestimmte Handwerkszweige.

Die Stimmung der ländlichen Bevölkerung war gedrückt. Fortwährende Sammlungen für die »Winterhilfe« provozierten ständig Ärgernisse, die sich selbst in Parteiversammlungen entluden und vielfach zu geharnischten Protesten auch derjenigen führten, die aus dem »Winterhilfswerk« Zuwendungen erhielten. Ungleichmäßige und ungerechte Gaben-Verteilungen wurden zum Anlaß für Beschwerden und störten den Frieden in den Ortsgruppen. Hellhörig, skeptisch und ablehnend kritisierte vor allem die ländliche Bevölkerung die nach ihrer Auffassung zu teuren, zu aufwendigen und nutzlosen Veranstaltungen, wie sie zum Beispiel der – wegen des arroganten und anmaßenden Auftretens vieler seiner Führer[2] besonders unbeliebte – Reichsarbeitsdienst in Form von Konzertreisen arrangierte. Klagen über zu geringe Löhne waren an der Tagesordnung. Nicht weltanschauliche Fragen und Probleme beherrschten das Denken und Handeln, sondern die Arbeit, der Verdienst, die Sozialleistungen und die dörflichen Alltagsgewohnheiten. In NSDAP-Versammlungen ging es vornehmlich um Argumente gegen die Nörgelei unter der Bevölkerung, die mit ihrer Unzufriedenheit nicht hinter dem Berg hielt, auch wenn der einzelne auf dem Lande im allgemeinen nicht auffallen wollte.

Die nationalsozialistische Führung, besonders geschickt und jederzeit und überall auf jahrelange Erfahrungen zurückgreifend, wußte den jeweils »lokalen Horizont« der ländlichen Bevölkerung, ihre Absonderung von der Stadt und ihre Zurückgezogenheit von den städtischen Lernprozessen und dem politisch-sozialen Fortschritt ebenso in ihre Politik einzuspannen wie die schlechte wirtschaftliche Lage auf dem Lande. »Viel geklagt und kritisiert wird in letzter Zeit über den Viehhandel, der hier fast durchwegs von Juden betätigt wird«, meldete beispielsweise die Gendarmerie-Station Aufseß bei Forchheim am 28. Mai 1935 und lieferte, wie andere Polizeistellen, Ortsgruppenleiter, Kreisleitungen und Bezirksämter auch, der NS-Führung die agitatorische Handhabe für Maßnahmen, die sie seit Jahr und Tag ideologisch propagierte, aber infolge der tatsächlichen Voraussetzungen nicht überall erfolgreich angewendet hatte. Raffiniert verstanden sie, nun an der Macht und in Verantwortung genommen, einen aggressiven Konkurrenzneid zu schüren und »die Juden« als diejenigen »anzuprangern«, die die schlechte Situation der deutschen Bauern und Landwirte verschuldet hätten. Bauern und Händler, die Vieh und Schweine verkauften, bis 1933 gegen jüdische Viehhändler jedoch nichts »vorzubringen« gehabt hatten,

»entdeckten« plötzlich den Antisemitismus. Bezeichnend erscheint dafür zum Beispiel der Monatsbericht des Regierungspräsidenten von Niederbayern und der Pfalz vom 8. Dezember 1936: »Am 12. November wurde die Staatspolizeistelle Regensburg davon verständigt, daß sich im Schlachtviehhof ... bei den arischen Händlern eine starke Erregung gegen die jüdischen Viehhändler bemerkbar mache und daß mit Ausschreitungen zu rechnen sei. Für ... den 11. und ... 12. November hatte der Viehwirtschaftsverband Bayern die Mitglieder der Schlachtvieh-Qualifizierungsausschüsse zu theoretischer und praktischer Schulung geladen. Die Mitglieder, etwa 150, trafen sich ... im Schlachtviehhof. Von der Erregung gegen die Juden hatte der Leiter der Regensburger Marktverwaltung, der ... Kreisbauernführer Wolfertseder ... den SD verständigt. Als die Beamten der Staatspolizeistelle ... eintrafen, hatten sich die Juden bereits in das Direktionsgebäude zurückgezogen ... man hörte Rufe: ›Schlagt sie tot! Hängt sie auf! Gebt sie uns, wir bringen sie nach Nürnberg.‹ Die jüdischen Händler mußten als gefährdet angesehen und ... in Schutzhaft genommen werden ... Für die Folge sind derartige Auftritte dadurch ausgeschaltet, daß der Oberbürgermeister ... jüdischen Händlern das Betreten des Schlachtviehhofes verboten hat.«[3]

Dennoch stieg die Zahl der NSDAP-Mitglieder sehr viel rascher auf dem flachen Lande als in den Städten. Während im Durchschnitt Mitte 1933 3,78 Prozent der Bevölkerung der NSDAP angehörten, wiesen die ländlichen Parteiorganisationen zur gleichen Zeit nicht selten bereits 10 Prozent und mehr auf.[4] Die ländliche Bevölkerung suchte, wie die Arbeiter und Angestellten Ende der zwanziger Jahre, weit mehr nach Bindungen an Autoritäten, als es andere Gesellschaftsschichten und Berufsgruppen taten. Die Vielzahl der politischen Parteien und die desolaten politischen Verhältnisse in der Weimarer Republik bis Ende 1932 hatten ihre Früchte getragen, die Hitler und der NSDAP schließlich ungepflückt in den Schoß fielen, obwohl einige der wesentlichsten Bedingungen, die sehr lange als Voraussetzungen für die Machtübernahme Hitlers und seines Regimes angesehen wurden, schon im Januar 1933 nicht mehr in der Weise herrschten, wie fälschlich immer noch behauptet wird. Der am 5. Juni 1931 durch eine Notverordnung der Regierung Brüning ins Leben gerufene Freiwillige Arbeitsdienst (FAD) zählte im November 1932 bereits 285000 Mitglieder. Im Februar 1932 waren es erst 18821 Mann gewesen.[5] Die obligatorische Zinsverringerung bei landwirtschaftlichen Darlehen, später von Hitler und Darré zu tragenden Aspekten der Wirtschaftspolitik erhoben, war im September 1932 eingeführt worden. Am 11. Dezember 1932 war Deutschland in Genf die militärische Gleichberechtigung zugestanden worden. Das Reich konnte in einem System allgemeiner Sicherheitsgarantien aufrüsten und die Regierung auch dadurch die Lage auf dem Arbeitsmarkt verbessern. Die Weltwirtschaftskrise ging ihrem Ende entgegen, was dem kommenden Regierungschef in Deutschland ebenso die Politik erleichtern mußte, wie es in den USA der Fall war, wo Ende des Jahres Hitlers späterer Gegenspieler Franklin D. Roosevelt zum Präsidenten gewählt wurde.

Als Menetekel hatten nicht nur Gregor Strasser und seine Anhänger schon das Wahlergebnis vom 6. November 1932 verstanden, bei dem ein Rückgang der NSDAP-Wähler von 37,3 auf 33,1 Prozent zu verzeichnen gewesen war, was Hitler drastisch vor Augen führte, daß ihm seit Juli mehr als zwei Millionen Wähler verlorengegangen waren.

Hitler kam trotz allem sehr entgegen, daß das seit 1918 arg gebeutelte deutsche Volk diese Einzelheiten nicht kausal mit den positiven Ergebnissen der Maßnahmen verknüpfte, die *vor* Hitlers Kanzlerschaft eingeleitet worden waren. So erschien Hitler vielen bis dahin benachteiligten Deutschen zwangsläufig als der einzige Politiker, der tatsächlich zu verwirklichen vermochte, was er versprochen hatte. Er, der nicht nur geniale, sondern auch sehr erfahrene Propagandist wußte dies zu nutzen.

Gemäß der Lehre Hitlers, daß das gesprochene Wort einen weitaus größeren Einfluß auf den Lauf der Geschichte ausübe als das geschriebene, wurde seit 1933 – besonders auf dem Lande – nach Propagandarednern »von oben« gerufen. Sprachen diese vor Bauern, mußten sie – und dies nicht nur 1933 und 1934 – häufig so aggressiv formulierte Mißfallenskundgebungen über sich ergehen lassen, wie es anderswo kaum der Fall war. Die Bauern, die wußten, welchen Stellenwert Hitler ihnen zuordnete, waren in den ersten Jahren nach der Machtübernahme sehr viel schwerer einzuschüchtern als beispielsweise Angestellte, Geschäftsleute und Angehörige freier Berufe. Die Bauern warteten mit detaillierten Fakten auf, die sie besser als diejenigen kannten, die sie für das Regime gewinnen sollten. »Von der Seite der Ortsgruppe«, so hieß es beispielsweise in einem an den Kreisleiter gerichteten Stimmungsbericht der Ortsgruppe Regnitzlosau[6] vom 31. Juli 1934, »muß schon erwähnt werden, daß die Kritik der Bauern« an den neuen Milchpreisregelungen »zum großen Teil berechtigt ist.«[7] Daß gelegentlich sogar Partei-Veranstaltungen vorzeitig abgebrochen werden mußten, weil Bauern gegen neue Verordnungen des NS-Regimes protestierten, verschwiegen die zu Berichterstattungen an ihre vorgesetzten Dienststellen verpflichteten Funktionsträger anfänglich ebenfalls nicht. Wo immer sie sich wichtig machen und »ins rechte Licht setzen« konnten, taten sie es. Immer aber schoben sie die Schuld an Mißständen auf Ebenen oder Personen ab, die nicht unmittelbar und nicht zwingend mit ihnen selbst in Verbindung gebracht werden konnten. Mit der von Hitler in *Mein Kampf* richtungweisend geforderten Verantwortungsbereitschaft war es zu jener Zeit noch nicht weit her. Noch konnten sie die Entscheidungen, Maßnahmen und Verhältnisse kritisieren, ohne Hitler, die NSDAP und schließlich auch sich selbst belasten zu müssen, zumal Protesthaltungen noch nicht immer als »Verbrechen« geahndet wurden. So blieben zu der Zeit in vielen Fällen selbst spektakuläre parteischädigende Handlungsweisen ungesühnt. Die Angehörigen des im Rahmen der Röhm-Affäre Ende Juni 1934 erschossenen HJ-Unterbannführers Karl Laemmermann beispielsweise konnten wagen, am 5. August 1934 im *Vogtländischen Anzeiger und Tagblatt* ungestraft folgende Annonce zu veröffentlichen: »Er starb schuldlos und aufrecht, gern gab er sein Leben für das Vaterland und die Bewegung, seinem Führer getreu bis zum Tod.«

Wenn Hoheitsträger außerhalb ihrer Amtsräume Streitfälle zu schlichten hatten, taten sie dies gewöhnlich propagandistisch effektvoll zugunsten der sozial schwächeren Kontrahenten, was freilich nicht hieß, daß diese »Urteile« tatsächlich auch verbindlich blieben.

Hohe und höchste Funktionäre exerzierten bestimmte Verhaltensmuster richtungweisend vor. Als beispielsweise der ostpreußische Gauleiter Erich Koch im Frühsommer 1934 auf dem Gut Klein Stobingen bei Insterburg erschien, um mit dem erheblich verschuldeten Besitzer über eine schriftliche Beschwerde zu reden, die ein Gutsarbeiter, ein frühes Mitglied der NSDAP, an ihn gerichtet hatte, geschah folgendes: Koch suchte nicht zuerst den Gutsbesitzer auf, sondern »schritt« zusammen mit zwei Begleitern, die wie er auch in »großer« Uniform auftraten, gravitätisch über einen Kartoffelacker, auf dem der Arbeiter tätig war. Dort erklärte er, der selbst einmal Arbeiter gewesen war, dem selbstbewußten Beschwerdeführer »landesväterlich« und überzeugend, daß für das NS-Regime nicht Klassen- und Standesunterschiede, sondern ausschließlich »Tatsachengehalte« und »nationalsozialistisches Nationalbewußtsein« ausschlaggebend seien. Für Nachwirkungen, die aus den Mängeln und Fehlern des »Weimarer Regimes« resultierten, so belehrte er den naiven und über den so »hohen Besuch« beglückten Landarbeiter, könnte »die Partei Adolf Hitlers« nicht verantwortlich gemacht werden. Danach besuchte er den Gutsbesitzer, mit dem er vor seiner »Propaganda-Aktion« telefonisch gesprochen hatte.[8] Das Ergebnis: Alles blieb, soweit es die von dem Landarbeiter beanstandeten konkreten Einzelheiten betraf, wie es bis dahin gewesen war. Augenscheinlich änderte sich jedoch dies: Der Arbeiter hatte erfahren, daß »seine« NSDAP, die seit 1920 mit dem Anspruch auftrat, die einzig legitime deutsche Arbeiterpartei zu sein, ihn anzuhören bereit war, wenn es darauf ankam, und der Großgrundbesitzer, der zumindest bis 1933 in der Deutschnationalen Volkspartei seine politische Heimat gesehen hatte, wußte nun, daß die Nationalsozialisten ihm kein Haar krümmen würden.

Als die Kreisleitungen der NSDAP Anfang 1934 ihre Ortsgruppen und Stützpunkte drängten, alle nicht nationalsozialistischen Vereine möglichst geräuschlos und rasch gleichzuschalten und in NSDAP-Organisationen aufgehen zu lassen, bemühten sich die Ortsgruppen, vor allem in ländlichen Gemeinden die Vereine und Verbände, die Freiwilligen Feuerwehren, Sparhilfevereine, Viehzüchtervereinigungen, Gesang- und Turnvereine, zu bewegen, ihre »Gleichschaltung« von sich aus anzubieten. Geschehen ist dies jedoch nur relativ selten. Schützen- und Militärvereine dagegen erkannten im NS-Regime mit seinen paramilitärischen Organisationen bald ihre neue Heimat. Nicht wenige von ihnen brauchten zur Integration in die NSDAP gar nicht erst aufgefordert zu werden. Obwohl Hitler am 5. September 1934 in Übereinstimmung mit der Mehrzahl der Bauern erklärte, daß die »exekutive Vernichtung des deutschen Bauerntums ... nicht nur nicht abgestoppt ... sondern beseitigt« worden und die deutsche Mark trotz aller Exportschwierigkeiten stabil geblieben sei,[9] ließ das Engagement der bäuerlichen Bevölkerung für die NSDAP nach Ansicht der Funktionsträger immer noch zu wünschen übrig. »Der Nationalsozialismus ist eben auf dem Lande doch noch nicht so recht durchgedrungen«, meldete der Ortsgruppenleiter des im Kreis Memmingen gelegenen Bauerndorfes Boos[10] seinem Kreisleiter noch im Januar 1935 und fuhr fort: »... der Eigennutz steht noch sehr häufig vor dem Gemeinnutz«, betreff »Kritisieren an den wirtschaftlichen Maßnahmen ist es jedoch etwas besser geworden«.[11] Der Tenor der

Weisungen von oben war auch in den Meldungen und Berichten nicht zu verkennen, seine Stoßrichtung nicht zu übersehen. Die von den Nationalsozialisten unentwegt propagierte Formel »Gemeinnutz geht vor Eigennutz« hatte 1935 ihre ersten sich deutlich multiplizierenden Spuren hinterlassen. Nur schwerlich konnte 1935 ein Berufstätiger, der 1933 noch arbeitslos gewesen war, geltend machen, daß es ihm nicht besser ginge als zuvor. Schon das Gefühl, sich nicht mehr überflüssig fühlen zu müssen, endlich wieder gebraucht zu werden und eine nützliche Rolle im Rahmen seiner Umwelt spielen zu können, mußte positive Früchte in einer Gesellschaft tragen, in der dauernd davon die Rede war, daß sich »einer für alle und alle für einen« einzusetzen hätten. Dennoch kamen die Stimmen nicht zur Ruhe, die den verhältnismäßig schlechten Verdienst der Arbeiter bemängelten. »Der Arbeiter soll doch auch leben können«, schrieb beispielsweise der Ortsgruppenleiter von Erkheim[12] im Mai 1936 in seinem Tätigkeitsbericht und bemängelte den im »Verhältnis zu den Lebensmitteln und der Kleidung« zu geringen Lohn.[13]

Selbstbewußter und aggressiver als die Parteifunktionäre der kleinen ländlichen Orte versuchten die überörtlichen Funktionsträger, den Meinungsbildungsprozeß in den Städten zu beeinflussen. Ein geradezu groteskes Beispiel bot die Eichstätter[14] Kreispropagandaleitung Anfang 1935. »Anläßlich der Saarfeier hatte ich«, berichtete ein Propagandist, »einen Propagandamarsch der Mittelschulen angeordnet. Im Gymnasium sind über 50% Seminaristen (Pfarrerlehrlinge), die natürlich auch mitmarschieren mußten. Diese sangen auf dem Marsch das Christus-Königs-Lied. Auf Vorhalt hat das Rektorat des Gymnasiums angeordnet, daß die Pfarrerlehrlinge jeden Mittwoch nachmittag Singstunden in unseren Kampfliedern nehmen müssen, um für den nächsten Propagandamarsch gewappnet zu sein.«[15] In kleinen ländlichen Orten weigerten sich die Einwohner, Versammlungen zu besuchen, weil sie fürchteten, als Mitglieder »eingefangen«[16] zu werden. NS-Abzeichen wurden nur spärlich gekauft und Sammlungen, wie beispielsweise für das Winterhilfswerk und den sogenannten »Eintopfsonntag«, nur gering mit Spenden bedacht, worüber die Ortsgruppenleiter Rechenschaft abzulegen hatten. Der Regnitzlosauer Ortsbauernführer trat Anfang 1935 aus der NSDAP aus, weil ihm der Beitrag angeblich zu hoch erschienen sei. »Für den Betrag kauf ich mir«, hatte er dem zuständigen NS-Blockleiter erklärt, »im Jahr zwei Paar Stiefel.«[17]

Auch die Frauen, denen Hitler nicht nur 1932 und 1933 einen großen Teil seiner Stimmen verdankt hatte, verhielten sich 1935 nicht so, wie die nationalsozialistischen Funktionsträger es erhofften. Partei-Austritte und Austritte aus der NS-Frauenschaft häuften sich im Frühjahr 1935 so, daß sich beispielsweise die Eichstätter Kreispropagandaleitung gezwungen sah, eindringlich darauf hinzuweisen, wie wichtig gerade Frauen auf dem Lande für die Partei seien. »Die NS-Frauen müssen unter allen Umständen unterstützt werden«, wies er die Ortsgruppenleiter an und erklärte: ». . . denn die Frauen auf dem Land sind in bezug auf ihre Männer hundertmal wirksamer wie der beste Versammlungsredner.«[18]

Als hauptsächlichster und gefährlichster Gegner wurde die katholische Kirche angesehen. Immer wieder berichteten die Ortsgruppenleiter von versteckten und offenen Angriffen katholischer Priester auf das NS-Regime. »Hier und da« war von konspirativen Einflüssen bestimmter Kreise die Rede, wobei Geistliche, in den parteiinternen Berichten gewöhnlich als »Pfaffen« tituliert, Offiziere der Reichswehr und einstige deutschnationale Parteigänger als Inspiratoren bezeichnet wurden. Propagandaredner mußten sich gelegentlich von oben sagen lassen, die Psyche der Arbeiter nicht hinreichend zu kennen, Bewußtseinsstärkung mit Lobhudelei zu verwechseln und die Arbeiter nicht selten »zu verhätscheln«.[19]

II.
»Ein Volk, ein Reich, ein Führer«

> »Der Führer . . . Dieser Titel vermeidet, daß irgendein Klimbim dazukommt, dabei ist wunderschön, daß die Deutschen sagen dürfen: Mein Führer, während die anderen nur sagen können: Führer«
> *Adolf Hitler in der Nacht vom 3. zum 4. Januar 1942.*

Die Volksabstimmung nach Hindenburgs Tod

Nach der Reichstagswahl[1] und der gleichzeitigen »Volksabstimmung«[2] vom 12. November 1933, in der das deutsche Volk aufgefordert worden war, den Austritt Deutschlands aus dem Völkerbund zu billigen, konnte Hitler registrieren, daß seine Politik in der Bevölkerung ganz offenbar den Anklang gefunden hatte, den er sich wünschte.

Das Ergebnis der Reichstagswahl:		
Abgegebene Stimmen =	42 969 562	
NSDAP =	39 621 437	= 92,21%
ungultig =	3 348 125	= 7,79%.
Ergebnis der Volksabstimmung:		
Abgegebene Stimmen =	43 425 529	
ja =	40 583 430	= 93,46%
nein =	2 052 100	= 4,73%
ungültig =	789 999	= 1,82%.

Deutlich sichtbare Ansehens-Einbußen erlitt Hitler bei der Volksabstimmung vom 19. August 1934 über das vom Kabinett am 2. August 1934 beschlossene Gesetz[3] zur Vereinigung des Amtes des Reichspräsidenten mit dem des Reichskanzlers. Von 43 438 378 abgegebenen Stimmen hatten sich mehr als doppelt so viele gegen ihn entschieden, als es bei der »Volksabstimmung« vom 12. November 1933 der Fall gewesen war.[4]

Nachdrücklich und eifrig suchten die Gestapo und Parteidienststellen nach den Ursachen für den Rückgang der Stimmen. Folgen der Röhm-Affäre, was Teile der Bevölkerung anfänglich vermuteten, waren dies offenbar nicht. Schon im Juli hatten sich V-Männer des SD und der NS-Institutionen beeilt, die Zustimmung der von ihnen bespitzelten Bevölkerung zu Hitlers Maßnahmen zu bestätigen. So hieß es beispielsweise im Stimmungsbericht der Ortsgruppe Regnitzlosau vom 31. Juli 1934: »Übertragung der Rede des Führers (13. Juli, der Verf.) aus dem Reichstag. Alle Anwesenden hörten gespannt den Ausführungen des Führers zu. Seine Offenheit, Schlichtheit und sein Mut wirken begeisternd auf die Zuhörer. Sogar frühere Gegner, die bis jetzt der Bewegung fremd geblieben sind, sprechen sich jetzt für ihn aus. Das gesamte Volk erkennt die Größe seines Führers an und bedauert nur, daß er das alles durchmachen mußte.«[5]

Die NS-Presse kaschierte die örtlichen Wahlergebnisse vielfach so, daß oft nur schwer herauszulesen war, wie groß der jeweilige Anteil der »Nein«-Wähler gewesen ist. Zudem waren die Redaktionen durch polizeiliche Verfügungen angewiesen worden, nur die Zahlen zu veröffentlichen, die sie von den nationalsozialistischen amtlichen Wahlleitern als Auswertungen erhielten. Vergleiche mit den Ergebnissen der Wahlen vom November 1933 durften nicht publiziert werden.[6] Dennoch blieben die eklatanten Mißerfolge der Nationalsozialisten in verschiedenen Orten nicht verborgen. So erklärte beispielsweise der Wahlausschuß des Wahlkreises Osthannover die in seinem Wahlbezirk in Handorf im Kreis Harburg durchgeführte Wahl nachträglich für ungültig, weil das Wahlgeheimnis, die Vorschriften über die Wahlzeit und andere gesetzliche Bestimmungen nicht gewahrt worden seien.[7] Tatsache war: die Handorfer Bevölkerung galt als überwiegend NSDAP-feindlich. Rund 60% der Wähler hatten am 12. November 1933 gegen Hitler und die NSDAP gestimmt. Der Bürgermeister mußte seinen Hut nehmen. Sein Nachfolger, ein eifernder Nationalsozialist, meinte daraufhin, mit einem Ergebnis von 100% »Ja«-Stimmen Eindruck und vielleicht auch Karriere machen zu können. Er ignorierte das tatsächliche Ergebnis und gab an, daß seine Gemeinde am 19. August 1934 ausnahmslos Hitler gewählt hätte, was eine Reihe von »Nein«-Wählern bewog, sich beim Landrat zu beschweren und zu erklären, daß sie mit »Nein« gestimmt hätten. Zu der Zeit um ein solides Image in der Öffentlichkeit bemüht, ließ die NSDAP ihn fallen. In Korschenbroich bei Mönchengladbach, wo sich 54% der Wähler gegen Hitler ausgesprochen hatten, durfte die örtliche Presse das Ergebnis nicht veröffentlichen. Wer in den Tagen unmittelbar nach der Wahl in Herdorf im Kreis Altenkirchen war, konnte auf einem Transparent über der Hauptstraße lesen: »900 Verräter hier am Ort. Verrat ist schlimmer noch als Mord, drum Wanderer halt ein und nimm Dir mit so 'n Schwein, 798 Lumpen und 110 Feiglinge sind 908 Verräter.«[8]

Konkrete Ursachen fand und nannte die Gestapo. »In Ergänzung meines Lageberichts für den Monat August 1934 hinsichtlich des schlechten Abstimmungsausganges in einzelnen Gemeinden«, hieß es beispielsweise im Bericht der Geheimen Staatspolizei Osnabrück vom September 1934, »teile ich im folgenden das Ergebnis einer objektiven Untersuchung über die Gründe dieses Mißerfolges in einer Gemeinde[9] des Landkreises Osnabrück[10] mit: Die Einwohner dieser Gemeinde sind sämtlich römisch-katholisch ... Die politische Einstellung war fast ausschließlich die des Zentrums.«[11]

An Einzelheiten, die zum Stimmungswandel der Bevölkerung geführt hätten, nannte der Bericht die Einschränkung und Verbote konfessioneller Vereine und Organisationen, antikirchliche Lieder in den Liederbüchern der Hitler-Jugend, deren Gruppe im Berichtsbereich von 40 auf 5 Mitglieder zurückgegangen sei, antichristliche Artikel in Zeitungen, »Gerüchte über die Erschießung katholischer Führer« im Zusammenhang mit der Röhm-Affäre und »latenten Zündstoff« aus dem »Verhältnis der Bewegung zu den Kirchen und den christlichen Lehren«.[12]

Sosehr die lokalen Funktionäre nach der Röhm-Affäre überall das »Bekenntnis« der Bevölkerung zum Führer hervorgehoben hatten, so negativ reagierten viele von ihnen innerhalb des ganzen Reiches nach der Volksentscheidung. »72 Nein-Stimmen beweisen«, stellte der zuständige Parteigenosse der nur insgesamt 735 Einwohner zählenden schwäbischen Ortsgruppe Benningen in seinem August-Bericht fest, »daß bei uns noch zahlreiche Gegner vorhanden sind. In erster Linie sind es«, so erläuterte er, »jene schwarzen Kreise, die immer den Traum von Brüning, Bayerische Volkspartei usw. noch im Kopfe haben. Als Hauptgegner können wir mit ruhigem Gewissen unseren Herrn Pfarrer angeben, der noch kurz nach Machtantritt Adolf Hitlers ein ausgesprochener öffentlicher Hetzer war, und wenn er sich heute auch vor der Öffentlichkeit zurückhält, so sind wir doch nach wie vor überzeugt, daß er immer noch einer unserer schärfsten Gegner ist. Am besten konnten wir es bei Hindenburgs Tod sehen, den ersten Tag hat er gar nicht läuten lassen, obwohl er bestimmt hören mußte, daß man überall ringsum in den nahe liegenden Ortschaften läutete.«[13]

Nach den *Sopade*-Berichten wählten beispielsweise in Monschau 1505 Wahlberechtigte mit »Ja«, 328 Stimmen mit »Nein«. 63 Stimmen waren ungültig. In Kalterherberg entschieden sich 744 für »Ja«, 391 für »Nein«. Ungültig waren 127 Stimmen. In Zweifall gaben 794 »Ja«-Stimmen, 115 »Nein«-Stimmen und 34 als »ungültig« registrierte Stimmzettel ab. Von 941 Wählern in Rötgen stimmten 451 mit »Ja«, 451 mit »Nein«. Ähnlich sah das Ergebnis in Vossenack aus, wo 451 Wähler mit »Ja«, 224 mit »Nein« stimmten und 52 ungültige Stimmzettel abgaben.[14]

Gelegentlich haben die »Wahlkommissionen die Stimmen gar nicht erst gezählt, sondern ihre Ergebnis-Meldungen einfach dem erwarteten Trend angepaßt. So fand sich rund vier Jahrzehnte später beispielsweise auf dem Speicher einer alten westfälischen Dorfschule, die 1934 als Wahllokal gedient hatte, eine immer noch versiegelte Wahlurne mit den 1934 abgegebenen Stimmen. Mehr als 60% der wahlberechtigten Ortseinwohner hatten, wie die Auswertung zeigte, mit »Nein« gestimmt.

Der Bevölkerung des Reiches allerdings wurde ein anderes Bild vom Wahlausgang vermittelt. Rund 90% aller Wähler (bei angeblich 99%iger Wahlbeteiligung) hätten sich, so hieß es offiziell, bei der Volksbefragung zum Gesetz »über das Oberhaupt des Deutschen Reiches« für Hitler als »Führer und Reichskanzler« entschieden.

Allgemein »beginnt jetzt die Jagd auf Opponenten«, registrierten die illegalen Sozialdemokraten unmittelbar danach und erklärten: »Dabei greift man sich in erster Linie die Nichtwähler heraus. Bereits erfolgen Entlassungen von Leuten, die an der Abstimmung nicht teilgenommen haben.«[15]

Überall reagierten die Funktionäre geradezu schuldbewußt, wenn sie über Vorbehalte der Bevölkerung gegenüber Hitler und der NSDAP berichteten, und immer hatten sie Ausreden und Erklärungen zur Hand, die sie persönlich entlasten sollten. »Von der Wahl« am 19. August 1934 »ist zu sagen«, bekannte der in der Ortsgruppe Guggenberg im Kreis Memmingen für Meldungen an den Kreisleiter zuständige Funktionär, »daß man sich schämen muß, wenn man in einer Gemeinde ist, in der es (bei 596 Ortseinwohnern) noch 40 Nein-Stimmen gibt«, was dem offiziellen Reichsdurchschnitt der

»Nein«-Wähler entsprach. Als »Nein«-Wähler bezeichnete er »lauter Bauern ... und zwar solche, die früher dem Gemeinderat angehört haben und nun die Führung in anderen Händen nicht vertragen können«.[16] Meist wurden Bauern, Geistliche, Klosterfrauen und Arbeiter als Gegner des Regimes genannt und Argumente angeführt, die oft nicht hätten bewiesen werden können. Besucher aus dem Ausland, negative Äußerungen Fremder über das neue Regime und der Einfluß von katholischen Priestern galten als hinreichend plausible Erklärungen.

Gegen Hitler und die NSDAP hatten in der Hauptsache ehemalige Sozialdemokraten, Deutschnationale und Anhänger der Bayerischen Volkspartei gestimmt. Das Verhalten der Kommunisten erschien undurchsichtig. Viele von ihnen wählten gar nicht oder machten die Stimmzettel ungültig. Wie der bayerische Sozialdemokrat Wilhelm Hoegner im Frühjahr 1933 im Berliner Norden mit Verblüffung die offensichtliche massive Abwanderung der linken Arbeiterschaft zu Hitler registriert hatte, so stellten die illegalen Sozialdemokraten im Herbst 1934 fest, daß die »vielen Meckerer aus dem Mittelstand, die früher Nationalsozialisten waren und nun sich betrogen glaubten«,[17] sich doch wiederum für Hitler entschieden hätten. Ihre Erklärung: »Es kann nur angenommen werden, daß diese Menschen dem Druck erlegen sind ... Es ist verfehlt, wenn man auf die sogenannte Mißstimmung im Volke allzuviel Wert legt. Das Murren der Geschäftsleute und vielen Nörgler hat weiter keinen Sinn.«[18]

Mit konfessionellen Bindungen der Wähler ließen sich viele Wahlergebnisse nicht erklären. So stimmten im August 1934 in einigen Gebieten mit überwiegend evangelischer Bevölkerung mehr Wähler gegen Hitler als in Bezirken mit dominierendem katholischem Bevölkerungsanteil. Daß die Wahlergebnisse nicht selten von lokalen Ereignissen und Verhältnissen abhingen, ließ sich vielfach feststellen. So stimmten beispielsweise in Sprendlingen bei Offenbach, wo die Bevölkerung zwei Tage vor der Abstimmung dazu aufgefordert worden war, die Steuerrückstände sofort nachzuzahlen, 80% der Wähler mit »Nein«. Bemerkenswert hoch war vielerorts sowohl der Anteil der ungültigen Stimmen als auch der Nicht-Wähler, die sich durch aufdringliche Funktionäre nicht zur Wahl nötigen ließen. Auffällig erschien kritischen Beobachtern, daß nach der Wahl viele Leute behaupteten, mit »Nein« gestimmt zu haben. Ob dies tatsächlich auch der Fall gewesen ist, ließ sich nicht ermitteln. Die Sozialdemokraten waren überzeugt, daß sie es mit »Ja«-Wählern zu tun hätten, die sich schämten, Hitler und seinem Regime ihre Zustimmung nicht versagt zu haben.[19]

Trotz der Zunahme der »Nein«-Stimmen empfanden die Emigranten und die im Reich lebenden Hitler- und NS-Gegner bittere Enttäuschung. Sie mußten den Nationalsozialisten attestieren, daß sie »realistische Politik« betrieben und trotz aller Schwierigkeiten mit den Problemen, vor die sie sich gestellt sahen, sehr viel besser fertig wurden, als ihnen zugetraut worden war. Daß Hitler die Reichswehr nach Hindenburgs Tod auf sich als Führer und Reichskanzler vereidigen ließ und die höchsten Ämter auf sich vereinigte, wirkte auf viele seiner Gegner wie ein Schock. Hatte doch die Hoffnung auf die Ablösung des NS-Regimes durch eine Militärdiktatur in bestimmten Kreisen, die überzeugt waren, daß Hitler nicht von links gestürzt werden würde, gerade 1934 tiefe Wurzeln geschlagen. Hitlers Entscheidung gegen Ernst Röhm und die SA im Juni, von vielen noch als Kapitulation vor der Reichswehr interpretiert, erschien jetzt in einem anderen Licht. »Man mag alle jene Ereignisse und die Abstimmung werten wie man will«, hieß es im Bericht des SPD-Bezirks Rheinland, »es ist unzweifelhaft: Hitlers Macht ist vorläufig stabilisiert.«[20] Wer bis dahin also gehofft hatte, daß Hitler sich unpopuläre Politik nicht leisten würde, weil er letztendlich mit der Reichswehr als Gegner rechnen müßte, sah sich getäuscht. Ungeschminkt gaben seine Gegner nun zu, daß sie Hitler von Anfang an unterschätzt hatten und die Hoffnung auf seinen Sturz illusorisch sei.

So galt 1934 – nach den rundum vollzogenen Machtergreifungen und Gleichschaltungen, nach dem Gesetz über das Staatsoberhaupt des Deutschen Reiches vom 1. August 1934 und zahlreichen anderen Gesetzen, Verfügungen und Anordnungen – nicht nur für die Nationalsozialisten als sicher, daß von nun an und in Zukunft Hitler alleiniger Herr über Deutschland sein werde.

Alfred Rosenberg, der sich gern als weitblickender Philosoph und Hüter der Weltanschauung der NSDAP sah, meinte im August 1934 denn auch, daß die NS-Bewegung nach Hindenburgs Tod endlich in der Lage sein werde, Sabotageakte zu unterbinden und mit dem Führer als alleinigem Herrn »über Deutschland« den nationalsozialistischen Staat »zu vollenden«.[21] Die illegalen Sozialdemokraten dagegen, die häufig einander widersprechende Analysen und Prophezeiungen formulierten, konstatierten einerseits eine Stabilisierung des Regimes und resümierten andererseits hoffnungsfroh: »Die Zeit arbeitet für uns ... Die nationalsozialistische Bewegung hat in ihren Anfängen am stärksten durch ihre kämpferische Haltung gewirkt. Jetzt fordert Hitler ... ›höchste Ordnung und unbedingte Ruhe‹. Die kämpferische Haltung geht über die Opposition, auf die erneuerte sozialistische Bewegung und verschafft ihr damit eine unermeßliche Anziehungskraft auf alle, die den Kampf um die Bewegung wollten.«[22]

Von links wurde 1934 zwar befürchtet, daß sich das NS-Regime etabliert habe, aber ebenso auch die Hoffnung genährt, daß es »bald kaputt sei«.[23] Die gelegentlich nicht bestraften Delikte und Verstöße gegen Verordnungen und Gesetze wurden selbstrügerisch als Folgen einer »Schwäche« des NS-Staates gedeutet, den ein täglich rapide zunehmender Vertrauensschwund auszehre, auch wenn »Hitler noch immer große Verehrung« genieße.[24]

Wer sah, wie Hitler die Fortsetzung der »Revolution« unterband und die Durchsetzung der anfänglich emphatisch begrüßten Reichsreform im Keime ersticken ließ, wer den 30. Juni 1934 als Kapitulation Hitlers vor der Reichswehr interpretierte und Protesthaltungen bestimmter Bevölkerungsteile nicht proportionsgerecht bewertete, der konnte 1934 zwar durchaus so urteilen, doch die Entwicklung verlief anders.

Dennoch: Wer die Gegenwart nicht schlafend oder träumend erlebte, wer Tatsachen nicht gewaltsam verdrängte und durch emphatisch klingende Parolen ersetzte, konnte aus vielfältigen Ereignissen herauslesen, daß das nationalsozialistische Regime dem Volk immer noch nur kunstvoll aufgepfropft war.

Die Evangelische Kirche und der Führer

In einem Staat, der autoritär regiert wird, zieht ein Herd der Unzufriedenheit alle anderen an, auch diejenigen, die nichts mit der in seinem Rahmen verfochtenen Sache unmittelbar zu tun haben. Unzufriedene gibt es immer, nicht nur, weil manche Menschen grundsätzlich unzufrieden sind. So argumentierte die Bekennende Kirche, nachdem der renommierte und als nationalbewußter ehemaliger U-Boot-Kommandant bekannte Berliner Pastor Martin Niemöller verhaftet, wegen Volksverhetzung, öffentlicher Verunglimpfung führender Persönlichkeiten des NS-Staates und der NSDAP zu Festungshaft und Geldstrafe verurteilt und schließlich in das Konzentrationslager Sachsenhausen bei Oranienburg eingeliefert worden war.

Als politisch denkender, die Entwicklung des Dritten Reiches kritisch beobachtender, persönliche Erinnerungsbilder aus seiner Frühzeit bevorzugender[1] Theologe und Vater von sieben Kindern hatte Niemöller am 23. August 1936 im Rahmen einer sogenannten Kanzelabkündigung erklärt: »Mit einer Wucht und Planmäßigkeit ohnegleichen wird das Evangelium ... heute bei uns bekämpft ... Machtmittel des Staates und der Partei werden weithin eingesetzt gegen das Evangelium Jesu Christi und gegen die, die sich zu ihm bekennen. Es wird schwer, das auszusprechen ... An jedem Sonntag wird in evangelischen Gottesdiensten Fürbitte getan für den Führer ... Es ist für evangelische Christen ein schier unfaßbarer Gedanke, daß sich im deutschen Vaterlande staatliche Organe gegen das Evangelium ... wenden. Und doch geschieht es. Wir haben lange dazu geschwiegen ... Wir haben gewartet. Wir haben Vorstellungen erhoben. Auch dem Führer ist schriftlich vorgetragen worden, was Herz und Gewissen der evangelischen Christen beschwert. Bereits am 10. April 1935 haben die ... Leitung der Deutschen Evangelischen Kirche, der Reichsbruderrat und die der Vorläufigen Leitung angeschlossenen Kirchenregierungen und Bruderräte namens der ganzen Bekennenden Kirche ... ein Schreiben an ihn gerichtet ... Es ist im deutschen Volk dahin gekommen«, hieß es nach Niemöllers Angaben, »daß die Ehre deutscher Staatsbürger in den Staub getreten wird, weil sie Christen sind. Die christliche Bevölkerung Deutschlands nimmt in starker Erregung und Empörung wahr, daß sie um ihres Glaubens willen auf jede Weise (Presse, Theater, Vortragssaal, Massenversammlungen) verspottet und verhöhnt und in ihrer deutschen Gesinnung und Zuverlässigkeit angezweifelt wird ... Alle Versuche, hier Wandel zu schaffen, sind vergeblich gewesen, zumal uns in steigendem Maße fast jede Möglichkeit öffentlicher Gegenwehr genommen wird.«[2]

Dann hatte er erklärt, daß die Evangelische Kirche dem Führer auch 1936 wieder eine Denkschrift zugeleitet habe, in der »Punkt für Punkt mit ausführlichem Beweismaterial belegt« dargestellt worden sei, was die evangelischen Christen dem NS-Staat vorwarfen. »Mit größter Gewissenhaftigkeit ist diese Denkschrift ... der Öffentlichkeit, ja selbst vor den Gliedern der Bekennenden Kirche geheimgehalten worden, um dem Führer ... Gelegenheit zu sachlicher Prüfung zu geben und ... einen Mißbrauch dieser Denkschrift in der

Öffentlichkeit zu verhindern. Gegen unseren Willen und ohne jede Verantwortung der Bekennenden Kirche wurde die Denkschrift in der ausländischen Presse veröffentlicht ... Wir sind nunmehr gezwungen, öffentlich zu diesem Worte zu stehen ... Es ist der christlichen Kirche geboten, Angriffen gegen das Evangelium frei und öffentlich entgegenzutreten ... Es ist ihr geboten, ihren Gliedern, vor allem dem heranwachsenden Geschlecht, die Augen, zu öffnen für die Gefahr, in der wir alle stehen.«[3] Er warf den Nationalsozialisten vor, in ihren Schulungslagern offen gegen die christliche Lehre und ihren Glauben zu agitieren, bekennende Christen zu bespitzeln und das Versprechen der Regierung vom 21. März 1933 vor dem Reichstag das Christentum als »Basis« der gesamten Moral in ihren festen Schutz[4] nehmen zu wollen, zynisch gebrochen zu haben.

Der streitbare Pastor verschwand im Konzentrationslager. Seine Amtsbrüder und viele Anhänger der Bekennenden Kirche protestierten gegen diesen Akt des Staates; aber sie beschränkten sich darauf, allein das Schicksal Niemöllers und seiner Familie zu beklagen.[5] Über die einschneidende Benachteiligung beispielsweise jüdischer Deutscher, die bereits am 18. März 1933 mit der Anordnung der Berliner Stadtverwaltung über das Verbot der Tätigkeit jüdischer Anwälte und Notare in Berlin[6] öffentlich und staatlich sanktioniert begonnen hatte und Zweifel kaum noch aufkommen lassen konnte,[7] beklagten sie sich nicht.

Als im November 1938 während der berüchtigten »Reichskristallnacht« im ganzen Reich straflos Wohnungen und Geschäfte jüdischer Bürger zerstört und Synagogen in Brand gesteckt wurden, erkannte jedermann, was versäumt worden war. Zu der Zeit aber konnte sich das Regime längst nicht nur leisten, die aus seiner Weltanschauung resultierenden Rechtsbrüche und Verbrechen einzugestehen, sondern sie auch öffentlich als Zielsetzungen zu deklarieren.

»Das Klirren der am 10. November 1938 in jüdischen Wohnungen und Geschäften in Trümmer gegangenen Scheiben«, so hieß es beispielsweise im Dezember 1938 in den von der NS-Gauleitung Hessen-Nassau in Frankfurt am Main herausgegebenen *Schulungsblättern der NSDAP im Rhein-Main-Gebiet,* den sogenannten NS-Briefen, »bestätigte in einer für den Nationalsozialisten geradezu musikalischen Weise« ein Urteil des Kölner Landgerichts vom 11. Mai 1938. Das Gericht hatte in einem Streit zwischen einem Wohnungsvermieter und einem vertragsbrüchigen NSDAP-Mitglied als Wohnungsmieter auf eine Weise entschieden,[8] die jeden rechtlich denkenden und auch nur einigermaßen moralisch orientierten Menschen buchstäblich hätte erschrecken müssen.

Zunächst der nüchterne Sachverhalt: Am 11. März 1937 war zwischen beiden Parteien ein rechtsverbindlicher Mietvertrag abgeschlossen worden. Einen Tag darauf hatte der Besitzer des neu errichteten Mehrfamilienhauses einen weiteren Mietvertrag mit einem jüdischen Ehepaar abgeschlossen, das ebenfalls in das Haus einziehen wollte. »Sobald der erste Mieter hiervon erfuhr«, berichteten die NS-Briefe unter der Überschrift »kurz und deutlich«, demonstrativ zustimmend und drohend zur Nachahmung auffordernd, »erklärte er den Mietvertrag für unwirksam. Die ihm vermietete Wohnung sei infolge der Vermietung des ersten Stockwerkes an Nichtarier mit einem erheblichen Mangel behaftet, welcher die Tauglichkeit der Wohnung zu dem vertragsmäßigen Gebrauch aufhebe. Man könne ihm in seiner Stellung als Direktor eines großen Unternehmens sowie als Parteigenossen nicht zumuten, mit Nichtariern unter einem Dach zu wohnen.«[9]

Die Leser dieses NS-Briefes erfuhren, präzise formuliert und durch Sperrdruck hervorgehoben: »Nicht nur Ausbrennen, Ausräuchern und Austreiben der Juden, sondern auch seines Geistes, Ausrotten jüdischer Manieren, Sitten und Gepflogenheiten ... und Ausscheiden auch all derer, die jüdischem Geist und Anschauungen verfallen sind«, sei die Lösung der Stunde. Wie dies im Detail realisiert werden sollte, erfuhren sie auch: keine Berührungen zwischen »Deutschen und Juden«, keine Wohnungsvermietungen an Juden und sofortige Kündigung sämtlicher mit Juden abgeschlossener Mietverträge. »Es ist die letzte Möglichkeit«, so ließ Willi Ruder, der Hauptschriftleiter des Blattes, seinen Lesern drohen, »sich vom Juden ein für allemal zu trennen. Tut es einer nicht ... darf er sich nicht wundern, wenn er eines Tages wie ein Jude selbst behandelt wird. Wir kennen kein Mitleid.«[10]

Am 30. Januar 1939, Jahre nach seiner Machtübernahme und acht Monate vor der Auslösung des Zweiten Weltkriegs, gestand Hitler vor dem Reichstag, als dessen Vizepräsident unmittelbar zuvor interessanterweise auch Hans Kerrl, der Reichsminister für kirchliche Angelegenheiten, durch Akklamation gewählt[11] worden war: Dieser Staat hat »nur einmal in die innere Ordnung der Kirchen eingegriffen, nämlich, als ich selbst es versuchte, 1933 die ohnmächtig zersplitterten protestantischen Landeskirchen in Deutschland zu einer großen und machtvollen evangelischen Reichskirche zusammenzufassen. Dies scheiterte am Widerstand einzelner Landesbischöfe.[12] Damit ist dieser Versuch auch aufgegeben worden.«[13] Es könne, so zitierte der *Völkische Beobachter* Hitler am 1. Februar 1939, »ja letzten Endes nicht« die Aufgabe der NS-Regierung sein, »die evangelische Kirche mit Gewalt gegen ihre eigenen Träger zu verteidigen oder gar zu stärken«. Am 6. September 1939 beklagte Kerrl in einem vertraulichen Brief an den prominenten NS-Schriftsteller Wilhelm Stapel,[14] daß ihm infolge der Ausführungen Hitlers vom 30. Januar[15] die Befugnisse »völlig entzogen« worden seien, Zwang »in Richtung auf die Herstellung einer Rechts- und Verwaltungseinheit der Evangelischen Kirche« auszuüben. Sein Kommentar: »Der Führer hält seine Bemühungen, die Evangelische Kirche zur Vernunft zu bringen, für mißlungen und die Evangelische Kirche mit Rücksicht auf ihren Zustand mit Recht für einen nutzlosen Sektenhaufen.«[16]

Alfred Rosenberg, 1934 von Hitler zur Rücksichtnahme auf besonders politische Aspekte verpflichtet, konnte 1939 frohlocken: »Weltanschauung heißt: eine bestimmte Art, die Welt anzuschauen«, notierte er im Juli in seinem Tagebuch und fuhr fort: »Wenn die Kirchen Sünde und Erbsünde lehren, so zeigen sie ihre orientalische, jüdisch-syrisch-vorderasiatische Seele. Diese biblische Lehre auszuscheiden ist der erste Schritt zur religiösen Gesundung.

Das deutsche Volk ist nicht erbsündig, sondern erbadlig. Der Untergang der Kirchen und das Ende des geschichtlichen Christentums ist nicht das Ende der Religion, sondern nur der Abschluß des Lebenslaufes einer einst von außen eingedrungenen Lehre.«[17]

Den Nationalsozialisten fiel die Multiplikation ihrer Vorstellungen im Rahmen der Gedankenwelt der Protestanten nicht so schwer, wie es im Zusammenhang mit den Katholiken der Fall war. Zu viele evangelische Christen haben das Jesus-Wort »gebt dem Kaiser, was des Kaisers – und Gott, was Gottes ist«, so ausgelegt, daß ein Arrangement mit dem Nationalsozialismus keinen unüberwindlichen Gegensatz zwischen Politik und Glauben darstellte. »Die Nazis«, sagte ein pfälzischer Oberkirchenrat, »reduzierten die Anzahl von rund sieben Millionen Arbeitslosen Anfang 1933 auf fast null im Jahre 1938. Schon im Jahre der Olympischen Spiele in Berlin waren es einmal vorübergehend nur noch eine Million gewesen.[18] Das wurde als eine Realität aufgefaßt, gegen die unser Wort machtlos war. Ob die Leute am Bau der Reichsautobahn oder an der Errichtung von Kasernen mitarbeiteten, war ihnen egal. Viele begrüßten diese Tätigkeiten sogar als Beweis für ein ›wiederhergestelltes, gesundes nationales

Selbstbewußtsein‹, das sie nach ihren Angaben bis dahin vermißt hatten. Was wir dagegen auch immer sagten, verflog nicht selten wie Schall und Rauch.« Die Wiedereingliederung in den besondere Kommunikationsmotivationen schaffenden Arbeitsprozeß wog ganz allgemein mehr als die pastorale Warnung vor Konsequenzen, die der Nationalsozialismus haben könnte.

Bei der Kommunikation innerhalb der evangelischen Bevölkerung standen weit weniger die Geistlichen und die Kirche im Mittelpunkt, als dies bei den Katholiken der Fall war, die sich durch nationalsozialistische Argumente und Schikanen nicht von der Praktizierung des Christentums und der demonstrativen Teilnahme an Gottesdiensten abhalten ließen.

»Die Kirche macht«, vertraute Alfred Rosenberg, einer der schärfsten und verbiestertsten nationalsozialistischen Gegner des Christentums, seinem Tagebuch am 28. Juni 1934 an, »ganz natürlich, alles gegen mich mobil.«[19] Er, der peinlich eitle, steif arrogante, blasiert ehrpusselige und sektiererische Balte, der 1918 in Moskau sein Architekturexamen abgelegt hatte und kurz danach über Berlin nach München – und dort zu Hitler und zur NSDAP – gegangen war,[20] sah sich zu der Zeit relativ unverblümt der scharfen Kritik der Kirchen ausgesetzt, die Hitler noch nicht offen bekämpft sehen wollte. Daß der demonstrativ kirchengebundene »greise Reichspräsident« noch lebte, spielte dabei ganz gewiß keine entscheidende Rolle. Rosenberg erfuhr von Hitler, daß die Kirchen jetzt »nicht unnütz« angegriffen werden dürften, weil dies seinen politischen Plänen schaden würde.[21] Rosenberg mußte sich mit der (lachend vorgetragenen) Erklärung Hitlers begnügen, daß er »von jeher Heide gewesen« sei, was nach Rosenbergs Feststellungen bis dahin »streng geheim geblieben« wäre.

Dem Volk sollte Hitler privat als gläubiger Christ (Katholik) erscheinen, der als Staatsmann zwar unerschütterlich an der nationalsozialistischen Weltanschauung festhielte,[22] den Kirchen und Christen jedoch die traditionellen Rechte und Möglichkeiten so garantierte, wie er es ihnen kurz nach seiner Machtübernahme öffentlich zugesichert hatte. Seine Bemerkung gegenüber Rosenberg, es sei »jetzt die Zeit gekommen, da die christliche Vergiftung ihrem Ende« entgegengehe, war nicht für die Öffentlichkeit bestimmt.

Wie die Organisationen, Institutionen und »Dienststellen« beispielsweise der NSDAP, des Sicherheitsdienstes und der Gestapo, so sammelte auch Rosenberg, der sich, Hitlers allgemeinen Rahmenrichtlinien folgend, zu der Zeit in offiziellen Reden zurückhielt, soweit es um Kirchenfragen ging,[23] Berichte und persönliche Mitteilungen über den zahlenmäßigen Rückgang von Kirchenbesuchern in einzelnen Gemeinden. Daß er, der verbissene Goebbels-Feind, sie in seiner überspannten Geltungssucht vor allem als Erfolge seines publizistischen Wirkens registrierte und darüber Bemerkungen sogar in sein Tagebuch eintrug,[24] offenbart besonders deutlich, wie undurchsichtig manches im Dritten Reich zumindest 1933 und 1934 für den »Mann auf der Straße« sein mußte.

Schon Anfang 1933 hatten sich zahlreiche deutsche Protestanten für Hitler, die NSDAP und eine Kirche der Deutschen Christen entschieden, die mit wesentlichen kirchlichen Traditionen und Vorstellungen brechen wollte. So erfuhr die Öffentlichkeit am 4. April 1933 aus der Presse: »Die auf dem Boden der nationalsozialistischen Weltanschauung stehende Glaubensbewegung ›Deutsche Christen‹ hält in diesen Tagen in Berlin ihre erste Reichstagung ab.«[25] Sechs Wochen später las sie, daß der in Königsberg in Ostpreußen im NS-Sinne wirkende Wehrkreispfarrer Ludwig Müller »im Auftrage Adolf Hitlers ... die Leitung der ›Deutschen Christen‹ übernommen«[26] habe und daß am 10. November, dem 450. Geburtstag Martin Luthers, unter der Organisation dieser Deutschen Christen, die sich schon 1932 unter NS-Regie als »Glaubensbewegung Deutsche Christen« zu formieren begonnen hatten, in »ganz Deutschland« ein »Luthertag« gefeiert werde, von dem »eine starke Werbewelle des Protestantismus über das Reich ausgehen« solle.[27] Der »Kampf um die Zukunft der evangelischen Kirche« werde, so hatte Müller kurz zuvor erklärt, auf Wunsch Hitlers, der »keine Religionskrise heraufbeschwören« wolle, »nicht so geführt wie der politische Kampf«. Was darunter zu verstehen war, ließ er, der spätere sogenannte Reichsbischof, nicht offen: Deutschland brauche, so erklärte er in einem Interview, »eine scharfe evangelische Kirche ... die mehr als bisher imstande sei, eine Durchdringung des gesamten Volkswesens ... zu gewährleisten und undeutsche vergiftete Einflüsse fernzuhalten«.[28] Was mit »undeutschen Einflüssen« gemeint war, brauchte zu der Zeit in Deutschland niemandem mehr erklärt zu werden. Daß die Deutschen Christen »eine neue Kirchenverfassung« forderten, die »den überall bereits erledigten Parlamentarismus und das demokratische Wahlsystem vermeide«,[29] hing ganz gewiß nicht allein damit zusammen, daß Müller als Militärpfarrer fungierte.

Am 26. Mai 1933 waren Vertreter aller 28 Landeskirchen in Eisenach zusammengekommen, um über eine einheitliche evangelische Reichskirche zu beraten, deren erster Reichsbischof nach Auffassung der meisten Teilnehmer Friedrich von Bodelschwingh, der Leiter des Bethel-Institutes, werden sollte. Doch schon da war – dank Hitlers Unterstützung – die Müller-»Fraktion« so einflußreich, daß schließlich Müller dieses Amt angetragen bekam und auch übernahm. Bald befanden sich die Schlüsselpositionen der Kirche in den Händen der Deutschen Christen, die erreichten, daß der sogenannte Arierparagraph seit dem 6. September 1933 auch für die Pfarrer und Kirchenbeamten der Preußischen Unionskirche zum verbindlichen »Gesetz« wurde, womit sich die Kirchenpolitik der Deutschen Christen vollends mit dem (von Hitler nach Müllers Angaben nicht gewünschten) politischen Kampf identifizierte.

»Wer nicht arischer Abstammung oder mit einer Person nichtarischer Abstammung verheiratet ist«, lautete der Beschluß der Altpreußischen Unionskirche, dem sich die Minderheit der Synode erfolglos zu widersetzen versuchte, »darf nicht als Geistlicher oder Beamter der allgemeinen kirchlichen Verwaltung berufen werden. Geistliche oder Beamte arischer Abstammung, die mit einer Person nichtarischer Abstammung die Ehe eingehen, sind zu entlassen. Wer als Person nichtarischer Abstammung zu gelten hat, bestimmt sich nach den Vorschriften der Reichsgesetze ... Geistliche oder Beamte, die nichtarischer Abstammung oder mit einer Person nichtarischer Abstammung verheiratet sind, sind in den Ruhestand zu versetzen.«[30] Einige andere Landeskirchen folgten dem in Preußen vorexerzierten Beispiel und führten, wenn auch in gemilderter Form, den Arierparagraphen ein.[31]

Die Öffentlichkeit erfuhr am 26. Juni 1933 aus der Presse: »Wie von der Kanzlei von Bodelschwingh mitgeteilt wurde, hat der nominierte Reichsbischof«, Bodelschwingh, am 24. Juni »in einer Sitzung des Deutschen Evangelischen Kirchenausschusses in Eisenach« erklärt: »Durch die Einsetzung eines Staatskommissars für den Bereich sämtlicher evangelischer Landeskirchen Preußens ist mir die Möglichkeit genommen, die mir übertragenen Aufgaben durchzuführen. Das nötigt mich, den mir vom Deutschen Evangelischen Kirchenbund erteilten Auftrag zurückzugeben.«[32] Einen Tag später wurde Otto Dibelius, der Generalsuperintendent der Kurmark, fristlos beurlaubt. »Für die Abwendung des bolschewistischen Chaos schulden wir«, erklärte der Staatskommissar für die evangelischen Landeskirchen Preußens am 26. Juni als Begründung, »Gott und seinem Werkzeug Adolf Hitler Dank ... Die ... gestern ernannten Bevollmächtigten der evangelischen Kirchenprovinzen und Landeskirchen in Preußen sind beauftragt, die Neubildung der aufgelösten gewählten kirchlichen Vertretungen im Hinblick auf das Ziel einer deutschen evangelischen Kirche durchzuführen ... Mit sofortiger Wirkung beurlaube ich den Generalsuperintendenten der Kurmark.«[33]

Schweigend nahm das Fußvolk der evangelischen Kirche nicht hin, was die NS-Führung zu praktizieren begonnen hatte. Offen gaben NS-Journalisten zu, daß das »Kirchenvolk« erheblich erregt sei und gegen die Mißachtung seines Willens protestiere.[34] Wie die leitenden Männer der Kirche die Entwicklung sahen, offenbart ein erst 1961 in Helsinki veröffentlichter Brief, den Dibelius dem (die deutschen Protestanten unterstützenden) schwedischen Erzbischof Erling Eidem am 2. Februar 1934 aus San Remo schrieb, wo er seit Dezember 1933 die Kurpredigerstelle verwaltete. »In Deutschland kann niemand ... mit Aussicht auf irgendeinen Erfolg« widersprechen, erklärte der spätere Bischof und Präsident des Weltkirchenrates und fuhr resignierend fort: »Darüber, daß meine kirchliche Wirksamkeit zu Ende ist, bin ich mir klar. Es kann sich für den Rest meines Lebens nur noch darum handeln, hier und da einmal einen kleinen Dienst tun zu dürfen.«[35] Wenn schon Dibelius so dachte, der populäre und gut informierte Kirchenmann, der nach seiner Beurlaubung nach San Remo gehen und dort weiterhin in seinem Beruf tätig sein konnte, war dem Mann auf der Straße schwerlich zu verübeln, wenn er – ohne Aussicht auf möglichen Landeswechsel und Existenzsicherung – resignierte, sich arrangierte und schwieg.

Im Visitationsbericht des Dekanats Schwabach in Mittelfranken vom 25. Juli 1934 wurde ausdrücklich hervorgehoben, daß »das kirchliche Leben unserer Gemeinden ... von der allgemeinen großen Bewegung nicht unberührt« geblieben sei. Gerade »die kirchlich gesinnten und ernstgerichteten Gemeindeglieder waren ja schon seit Jahren auch immer die Träger der nationalen Idee gewesen«, hieß es weiter, »während die marxistisch verseuchten Gruppen auch immer antikirchlich waren. Aus unserem gutgesinnten evangelischen Volk in Franken hat die NSDAP ihre besten Leute gewonnen. Unsere Gemeinden freuten sich in der ersten Hälfte des Jahres 1933 mit ganzem Herzen darüber, daß sowohl aus persönlichen Bekenntnissen unseres Führers Hitler als aus dem Programm der NSDAP immer wieder hervorging, daß die oberste Staatsführung durchaus ein christliches Volk heranzuziehen wünsche.«[36] Doch dann wurde der Berichterstatter kritischer. »Unvergeßlich«, schrieb er, »sind uns die Gottesdienste des 1. Mai u. a., wo die Scharen des Volkes in unsere Kirche kamen in einer solchen Menge, daß die Gotteshäuser zu klein erschienen. Dieser anfänglichen Freude folgte aber recht bald die Enttäuschung nach. Immer dringender wurden die Klagen aus allen Gemeinden darüber, daß durch sonntägliche Veranstaltungen der HJ, SA, SS und sonstiger Parteiunternehmungen mehr und mehr der Gottesdienstbesuch geschädigt wird und vor allem das jüngere Geschlecht dem Gottesdienstbesuch abwendig gemacht wird. Auch auf die Christenlehren erstrecken sich die fortgesetzten Störungen, obwohl diese ein Teil der normalen Schulpflicht sind. Beschwerden haben da und dort Erfolg gehabt, aber ein wirklich zuverlässiger Erfolg ist trotz aller von oben kommender Erlasse ausgeblieben.«[37]

Die Kirchen monierten eine zu starke Beanspruchung der Jugendlichen und beriefen sich dabei auch auf Proteste von Lehrern, die über »Zerstreutheit und Übermüdung« von Schülern infolge von Jungvolk- und HJ-Dienst geklagt hätten. Noch betrachteten sie das NS-Regime wie ein demokratisches Staatssystem, das kritisiert werden könnte. »Geradezu empört waren unsere Landgemeinden«, hieß es im Visitationsbericht des Dekanats Schwabach vom 25. Juli 1934, »als am Erntefest 1933 die erwachsene Jugend aus dem ganzen Kirchenbezirk nach Roth befohlen wurde, wo vormittags während des Hauptgottesdienstes Sportwettkämpfe der SA durchgeführt wurden. Solche Mißachtung der kirchlichen Erntefestfeier paßte sehr schlecht zu der vorhergehenden feierlichen Ankündigung des ›Ehrentages‹ des deutschen Bauern. Auch im Frühjahr[38] 1934 erregte es Empörung, als am Buß- und Bettag vormittags während des Gottesdienstes in der unmittelbaren Nähe des Dorfes Regelsbach eine Felddienstübung veranstaltet wurde! Man hört jetzt überall sehr bittere Äußerungen in dem Sinne: Im roten Parteistaate blieben wenigstens unsere kirchlichen Familien unberührt von widerkirchlichen Einflüssen, aber nun werden uns unsere gut und ernst erzogenen Jungen und Mädchen aus dem Zusammenhang mit dem kirchlichen Leben herausgerissen.«[39]

Die Kontinuität dieser Entwicklung wurde unterbrochen, als das Regime 1936 daran ging, in Berlin die Olympischen Spiele zu veranstalten. Nun wurden Christen – von einigen exponierten Kirchenführern wie beispielsweise Martin Niemöller abgesehen – toleriert und als gleichberechtigt angesehen. Gottesdienste blieben von demonstrativen Gegenveranstaltungen der NS-Organisationen verschont, Geistliche sahen sich nicht mehr als Außenstehende aggressiv karikiert. Himmler wies die Polizei an, Ausländer nicht ohne zwingende Anlässe zu belangen. Farbige Sportler, die an den Olympischen Spielen teilnahmen, wurden toleriert, und selbst die im Reich lebenden Juden konnten vorübergehend aufatmen. Während sie seit Sommer 1935 überall durch Hinweisschilder von der Benutzung öffentlicher Anlagen, Bäder, Parks, Cafés, Gaststätten und Geschäfte ausgeschlossen waren,[40] standen ihnen diese Rechte, die ihnen das Regime genommen hatte, 1936 zeitweilig wieder zu.

Doch alles dies war, wie sich bald zeigte, nur aus propagandistischen Gründen und vorübergehend der Fall gewesen. Am 23. August 1936, eine Woche nach dem Ende der Olympischen Spiele, hatte Niemöller seine schon erwähnte Kanzelabkündigung »An die evangelische Christenheit und an die Obrigkeit in Deutschland« verlesen. Am 1. Juli 1937 wurde er verhaftet, im März 1938 verurteilt und in ein KZ eingewiesen. Am 2. Juni 1939, rund einen Monat nach den peinlich emphatischen Lobhudeleien der Deutschen Evangelischen Kirche (DEK) auf Hitler, der am 20. April seinen 50. Geburtstag gefeiert hatte, überbrachte die Gestapo dem inhaftierten Pastor als erster Gruß seiner Kirchenbehörde nach seiner Verhaftung ein Schreiben des Evangelischen Konsistoriums der Mark Brandenburg, in dem es unter anderem hieß: »Da Sie bereits seit 2 Jahren sich in Haft befinden und noch nicht abzusehen ist, wann Sie daraus entlassen werden und Ihr Pfarramt wieder verwalten können, hält es der Evangelische Oberkirchenrat für erforderlich, daß wir Sie gemäß § 1 Abs. 2 der genannten VO in den Wartestand versetzen. Gemäß § 2, Ziff. 2 der VO geben wir Ihnen Gelegenheit, sich hierzu schriftlich binnen 2 Wochen zu äußern. Sollte uns innerhalb 2 Wochen eine Äußerung nicht zugehen, nehmen wir an, daß Sie auf eine solche verzichten. Nr. 4 des Gesetzblattes der DEK, welches die genannte Verordnung enthält, fügen wir bei.«[41]

Dies geschah zu der Zeit, in der Hitler die größte Verehrung seitens des durchschnittlichen deutschen Protestantismus genoß. Nicht einmal Parteiorganisationen haben Hitler 1939 in einer Weise gehuldigt, wie der kirchlich organisierte Protestantismus dies getan hat. »Mit dem gesamten Deutschen Volke feiert die Evangelische Kirche am 20. April in jubelnder Freude den fünfzigsten Geburtstag unseres Führers«, hieß es beispielsweise in einer Erklärung der Deutschen Evangelischen Kirche (DEK) vom 14. April 1939, die so weit ging,

Hitler als den dem deutschen Volk von Gott geschenkten »Wundermann« zu bezeichnen, der nach Gottes »freiem Rat und Willen« die »Weite und Tiefe der Geschichte« mächtig gestalten und dem »Volke und der Welt neue Ziele weisen ... und ein neues Zeitalter heraufführen« solle.[42] Kirchenglocken wurden am 20. April in den protestantischen Kirchen des Großdeutschen Reiches geläutet, peinlich klingende Fürbitten in Gottesdiensten gehalten und in so vielfältiger Weise Gott um seinen Segen für den Führer gebeten, daß kein auch nur lose mit seiner Kirche verbundener Protestant dies unbetroffen ignorieren konnte. »Allmächtiger Gott, wir danken Dir«, beteten Pastoren, »daß Du unseren Führer ... Adolf Hitler in Gesundheit und Kraft sein 50. Lebensjahr vollenden läßt. Wir preisen Dich, daß Du durch ihn unserem deutschen Volke eine Schicksalswende gesandt hast aus Knechtschaft und Schmach, Elend und Verfall zu Freiheit und Ehre, Aufschwung und neuem Leben. Wir bitten Dich von Herzen, nimm auch fernerhin unseren Führer in Deine treue Obhut ... Gib Gnade, daß sein ganzes Volk sich immerdar in Treue und Tapferkeit um ihn schare, daß unser Heer zu Lande, zu Wasser und in der Luft ihm allezeit freudig diene ... und daß wir alle ... sein Werk nach Deinem Willen fördern.«[43] Kein Funktionsträger der NSDAP, kein SS-, SA- oder HJ-Führer und kein NS-Propagandist hätte sich noch wirkungsvoller für Hitler engagieren können. Hitler, nicht die NSDAP oder eine ihrer »Gliederungen« und Organisationen, erfuhr (nicht erst 1939) diese beispiellose massiv multiplizierende Unterstützung, ohne die mit Sicherheit nicht alles das möglich gewesen wäre, was nach 1939 schließlich »automatisch« geschehen ist.

Die Presse und die Journalisten

Die Journalisten, die das NS-Regime sich wünschte und über die es – zumindest im Rahmen seiner wichtigsten Medien – auch bald verfügte, durften »keine eigene Meinung« haben, soweit es um die politische Ausrichtung der Berichterstattung ging. »Unser Presseapparat ist schon etwas Wunderbares«, erklärte Hitler im Februar 1942, »Das Pressegesetz hat dafür gesorgt, daß Meinungsverschiedenheiten zwischen Männern der Regierung nicht vor dem Volk mehr ausgekämpft werden. Dazu ist die Presse nicht da! Wir haben aufgeräumt mit der Vorstellung, als gehörte es zur staatspolitischen Freiheit, daß jeder aussprechen kann, was er Lust hat. Mehr als die Hälfte der deutschen Blätter hat Amann in der Hand. Wenn ich jetzt Lorenz zu mir rufe (Hauptschriftleiter und Vertreter des Deutschen Nachrichtenbüros im Führerhauptquartier) und ihm in einigen Sätzen meine Einstellung gebe, so findet man das morgen um ein Uhr in jedem deutschen Blatt.«[1] Die Journalisten freilich mußten dies anders sehen. Redakteure, die schreiben und individuellen geistigen Ansprüchen genügen konnten, fanden nur noch sehr selten die Möglichkeit, ihre tatsächlichen Auffassungen zu veröffentlichen. Den Nationalsozialisten blieb infolge ihrer Weltanschauung in dieser Situation nur die Alternative: entweder gute Journalisten oder stümpernde Ja-Sager zu wählen. Sie entschieden sich zwangsläufig für die uniformen Befehlsempfänger, was weitere Probleme nach sich zog. So fehlte es vor allem in Provinz-Zeitungen sehr bald an qualifizierten Presseleuten, die in der Lage waren, »ihre Berichterstattung ... den Aufforderungen des Nationalsozialismus anzupassen«.[2] Meist nahmen 50 Prozent des Umfanges der Blätter Rahmenerzählungen und andere Texte ein, die nur den Platz füllten, ohne die weltanschauliche Substanz aufzuweisen, die Hitler, Joseph Goebbels und der Reichspressechef Otto Dietrich grundsätzlich als Basis der Berichterstattung forderten. Nicht zufällig sahen sich deshalb auch Gau- und Kreisleitungen der NSDAP gezwungen, journalistisch tätige Parteigenossen mit besonderen Fähigkeiten zu verpflichten, künftig nicht mehr in Lokalblättern, sondern nur noch in Gauzeitungen zu schreiben.

Trotz der von Goebbels notgedrungen ins Leben gerufenen nationalsozialistischen Journalistenschule gab es in der eintönigen Presselandschaft vor allem in den ersten Jahren häufig »Schriftleiter«, die aus anderen Berufen kamen. Sie brachten anstelle journalistischer Qualitäten und Erfahrungen zuweilen nur die nationalsozialistische Überzeugung mit und die Bereitschaft, diese in den von ihnen nun geleiteten Blättern auch konsequent ausdrücken und zu Worte kommen zu lassen.

Zeitungen und Journalisten, die bis März 1933 gegen Hitler und die NSDAP geschrieben hatten, waren augenblicklich in ihrer Existenz gefährdet. So selbstverständlich es für Hitler war, notgedrungen zunächst den alten und eingefahrenen Beamtenapparat und seine Verwaltungsmaschinerie weiterarbeiten zu lassen, so wenig erschien ihm und seinen maßgeblichen Unterführern opportun, jene Voraussetzungen auch in diesem Bereich prinzipiell zu akzeptieren.

Ein Einschwenken auf ihre Linie akzeptierten sie keineswegs grundsätzlich und immer als ausreichenden Beweis für eine Gesinnungsänderung der Verlagsinhaber, »da die inzwischen eingetretene Änderung in der Auffassung des Staates über die Aufgaben der Presse solche Veröffentlichungen ohnehin nicht mehr zugelassen hätte«, wie 1936 beispielsweise der Ausschluß der Herausgeber des *Oberpfälzer Kuriers* aus der Reichspressekammer begründet wurde. Unmißverständlich erfuhren diese weiter: »Gegen die Wahrscheinlichkeit einer inneren Meinungsänderung und eines vorbehaltlosen Anschlusses an die nationalsozialistische Idee, wie ... (sie von) jedem Verleger ... (erwartet werden) muß, spricht aber auch, daß in einer Prüfung des Blattes keine freudige und innerlich anteilnehmende Mitarbeit festgestellt werden konnte, sondern daß es sich bei den positiv zu wertenden Beiträgen um recht vereinzelte Erscheinungen handelt.«[3] Daß manche der zur Kapitulation gezwungenen Privatzeitungen, die seit der nationalsozialistischen Machtübernahme nicht nur gegen die unüberwindbaren weltanschaulich artikulierten Ansprüche der Nationalsozialisten, sondern auch um Abonnenten und Amtsanzeigen kämpfen mußten, seit Anbeginn dazu ausersehen worden waren, bestimmte NS-Blätter zu sanieren, war trotz aller anders begründeten Erklärungen nicht zu übersehen.

Journalisten, die sich als Gegner Hitlers und der NSDAP hervorgetan hatten, war im wesentlichen schon im Februar 1933 die Möglichkeit genommen worden, weiterhin frei in ihrem Beruf (und ihren alten Zeitungsredaktionen) tätig zu sein.

Die Verordnung des Reichspräsidenten zum Schutze des Deutschen Volkes vom 4. Februar 1933, die der Polizei das Recht gab, »Druckschriften, deren Inhalt geeignet« erschien, »die öffentliche Sicherheit oder Ordnung zu gefährden«,[4] zu beschlagnahmen und einzuziehen, nahmen zwar nicht wenige Journalisten zum Anlaß, sich alsbald opportunistisch zu arrangieren, doch die Nationalsozialisten wußten, daß dahinter meist nur die Sorge um die Sicherung des Lebensunterhalts und die Angst vor dem sozialen Abstieg stand. Rabaukenhafte SA-Maßnahmen gegen Zeitungsredaktionen und -druckereien[5] und vorübergehende und bereits im Februar 1933 ausgesprochene Verbote hatten ihre Wirkung nicht verfehlt. Verboten wurde zum Beispiel die sozialdemokratische Tageszeitung *Vorwärts*,[6] die linkssozialistische Zeitung *Berlin am Morgen*,[7] das liberaldemokratische Blatt *Tempo*[8] in Berlin, die in Hannover erscheinende Zeitung *Volkswille*,[9] die national eingestellten *Münchner*

Neuesten Nachrichten[10] und das ebenso betont national agierende, 1848 als Nationalzeitung gegründete *8-Uhr-Abendblatt.*[11] Wenn Kniefälle akzeptiert werden sollten, waren öffentliche Bekenntnisse erforderlich. »Wir erklären hiermit ohne jeden Zwang«, konnten beispielsweise die Leser der der Bayerischen Volkspartei nahestehenden Zeitung *Fränkische Presse* am 27. März 1933 lesen, »daß die von uns seit Jahren über die NSDAP und insbesondere ihren Führer gebrachten Nachrichten, Meldungen und eigenen Aufsätze der Wahrheit nicht entsprachen, sondern nur deshalb erfolgt sind, um das Volk vom Erwachen abzuhalten und die NSDAP dadurch zu schädigen. Wir sehen heute ein, daß die NSDAP die einzige Bewegung war, die den Kampf unter Einsatz des Lebens gegen die Gottlosigkeit geführt hat. Der NSDAP, voran ihrem Führer Adolf Hitler ... ist es allein zu danken, daß heute die Gotteshäuser noch stehen und unsere Priester noch verkünden können. Wir bedauern, daß wir uns bis jetzt in unserer Berichterstattung von einseitigem Parteiegoismus haben leiten lassen.«[12] Der Schriftsteller Andreas Bauer und Julius Heim, der Verleger der *Fränkischen Presse,* hatten die Erklärung unterzeichnet. Nicht ganz so peinlich beschämend reagierte rund einen Monat später der liberal demokratische *Hamburger Anzeiger.* Er erklärte am 30. April 1933, daß er sich von nun an »rückhaltlos in den Dienst der Reichs- und Hamburgischen Regierung« stellen werde, um nach Weisungen des Gauleiters Karl Kaufmann, der personelle Veränderungen im Redaktionsstab forderte, »eine positive Mitarbeit an dem Wiederaufbauwerk im Sinne des Reichskanzlers Adolf Hitler zu gewährleisten«.

Doch es gab auch andere Bekenntnisse und Haltungen, und dies selbst viel später noch. So meldete beispielsweise der Regierungspräsident aus Merseburg am 7. Mai 1935 dem Preußischen Ministerpräsidenten, daß die Staatspolizeistelle Halle an der Saale das *Schweinitzer Kreisblatt,* das als Verordnungsblatt des Kreises Schweinitz erschien, für drei Tage verboten habe. Es war am 20. April 1935, an Hitlers 46. Geburtstag, nicht mit dem üblichen Kopf »Schweinitzer Kreisblatt« erschienen, sondern mit Hitlers Porträt anstelle der Buchstaben »Schwein«, so daß jeder Leser, der die Zeitung kannte, leicht assoziieren konnte, was trotz der zwangsläufig anders lautenden Beteuerungen der Journalisten offenbar gemeint war: Hitler = »Schwein«.[13]

Mit der Pressefreiheit war es schon im Februar 1933 weithin vorbei. Die deutsche Bevölkerung hatte bereits unmittelbar nach der nationalsozialistischen Machtübernahme kaum noch die Möglichkeit, sich aus den publizistischen Meldungen, Nachrichten und Kommentaren anders über politische Ereignisse zu informieren, als die Machthaber es wollten.

Wie die Exponenten des Regimes auf unterster Ebene zuweilen vorgingen, schildert der Amerikaner William Sheridan Allen Mitte der sechziger Jahre in einer Untersuchung über die nationalsozialistische Machtergreifung in einer Kleinstadt.[14] Er gab ihr einen fiktiven Namen und nannte sie »Thalburg«. Daß es eine Stadt dieses Namens nicht gab, ist unwichtig. Entscheidend ist: Die dargestellten Ereignisse haben nachweislich stattgefunden, die Zitate aus Zeitungen sind authentisch. In der 680 Jahre alten preußischen Kleinstadt beschlagnahmte die Polizei am 1. März 1933 bei der Durchsuchung von Privatwohnungen sozialdemokratische und kommunistische Zeitungen und Druckschriften. Am selben Tage waren, was die rund 10 000 Einwohner des idyllisch gelegenen Städtchens, in dem »jeder jeden kannte«, augenblicklich registrierten, dreißig SS- und SA-Männer als stellvertretende Polizeibeamte »in Dienst« genommen und mit weißer Armbinde und der Aufschrift »Hilfspolizei« als neue Ordnungsmacht und Vertreter des Regimes »losgelassen« worden, dessen Funktionsträger sich hektisch anschickten, einen NS-Staat zu etablieren. Da es die gleichen Männer waren, die in den vorhergehenden Jahren wiederholt gegen Reichsbanner-Leute »gekämpft« hatten, lag auf der Hand, welche Vorstellungen sie von ihren Aufgaben hatten. Sie konnten nun endlich ihren Traum verwirklichen und Gewalttaten ohne Störung durch die Polizei begehen. Schließlich waren sie nun »die Polizei«. Unverzüglich machten sie sich an die Arbeit und durchsuchten noch am 1. März das Haus des örtlichen KP-Führers, wo sie allerdings kein belastendes Material fanden, den Funktionär jedoch »wegen Verteilung verbotener Flugblätter« verhafteten. Wohnungen anderer Kommunisten und Sozialdemokraten wurden ebenfalls durchsucht.

Die Nationalsozialisten wendeten jedoch nicht nur massiven physischen Terror an, sondern bedienten sich auch übler Verleumdungs- und Rufmordmethoden. So veröffentlichten sie am 3. und 4. März 1933, einen Tag vor den Reichstagswahlen, in den »Thalburger Neuesten Nachrichten« einen Aufruf, in dem es unter anderem hieß: »Einwohner von Thalburg. Ihr wollt in Ruhe und Frieden Eurer Arbeit nachgehen! Ihr habt das freche Auftreten des SPD- und KPD-Gesindels satt! Die roten Senatoren, Bürgermeister und

Reichsbannergeneräle mit ihrem bewaffneten Klüngel wünscht Ihr zum Teufel! Denkt an das schandbare Auftreten dieser Horden vor einem Jahre! Die roten Herren ... machten in Bürgerkrieg ... In den Baracken warteten vertierte Kommunisten, mit Militärgewehren bewaffnet ... auf die Blutarbeit in den Straßen Thalburgs. Thalburg sollte in Blut und Grauen versinken. Hitler war Euer Retter! Die NSDAP, die SA, die SS kämpfen auch hier in Thalburg für Euch! Morgen ist der Tag der erwachenden Nation! Das deutsche Volk dankt an der Wahlurne dem großen Führer für seine Rettung in letzter Stunde! Es wird ein Brausen durch Deutschland gehen! Deutschland wählt Liste 1. Heil Hitler! Ortsgruppe Thalburg der NSDAP.«[15]

Die von den Nationalsozialisten namentlich angegriffenen und verleumdeten KPD-Funktionäre und Sozialdemokraten waren nicht bereit, kampflos das Feld zu räumen und schweigend hinzunehmen, was ihnen zugemutet worden war. Sie verfaßten eine »Richtigstellung« und boten sie den »Thalburger Neuesten Nachrichten« zur Veröffentlichung an. Doch die Zeitung, die den Aufruf der Nationalsozialisten publiziert hatte, verweigerte die Veröffentlichung. Die abgehalfterten und beschimpften Linken mußten auf eine Zeitung in der Nachbarschaft ausweichen, wo sie auf die Vorwürfe noch wie folgt reagieren konnten: »Dazu haben wir zu erklären, daß wir in dem Aufruf Genannten fast alle Frontsoldaten sind, deren Tapferkeit im Felde durch Verleihung von Eisernen Kreuzen I. und II. Klasse und anderer Kriegsauszeichnungen anerkannt wurde. Wir haben z. T. schwere Kriegsverletzungen für das Vaterland erlitten. Wir waren es, die in der Nachkriegszeit stets für Ruhe und Ordnung eingetreten sind und selbst in kritischen Zeiten unruhig gewordene Gesinnungsgenossen zur Besonnenheit zurückführten. Wir und unsere Freunde lehnen den Bürgerkrieg ab, das haben wir nicht nur 1918, sondern immer bewiesen. Wir fordern unsere Freunde auf, trotz des Aufrufs der NSDAP die Ruhe und Besonnenheit nicht zu verlieren. Das Urteil darüber, ob wir einer ›internationalen Verbrecherpartei‹ angehören, überlassen wir gern dem Urteil der Bevölkerung.«[16]

Die Sozialdemokraten hatten im Nachbarort, wo infolge der nicht überall gleichzeitig durchgeführten Maßnahmen der Nationalsozialisten noch linke Zeitungen erscheinen durften, zwar noch ein Presseorgan für ihre Rechtfertigung gefunden; aber was sie dort schrieben, wurde in »Thalburg« kaum wahrgenommen. Sehr viel schneller als in größeren und großen Ortschaften fand in kleinen Städten und Marktflecken nur noch Gehör, was von den Nationalsozialisten kam.

Sich selbst stellte die NS-Presse ihren Lesern als schnell gewachsenen Faktor dar,[17] der »dreizehn Jahre lang die bahnbrechende Waffe des nationalsozialistischen Kampfes«[18] um die Macht gewesen sei und damit seit 1933 ein verdientes und entscheidendes Amt zu verwalten habe. Der offen eingestandene Verzicht auf schöpferische Gedanken, kritische Stellungnahmen und originäre Ideen wurde öffentlich nicht als Mangel, sondern als Folge einheitlich ausgerichteter Vorstellung interpretiert. Daß sie 1936 noch nicht allen Parteimitgliedern als selbstverständliche Lektüre erschien, worüber die zuständigen Funktionäre offen klagten,[19] mag nicht zuletzt in dieser Tatsache begründet gewesen sein. Die Behauptung, daß die amtliche NS-Presse »auch dem politisch Uninteressierten eine Fülle von anderem reichhaltigen Material«[20] böte, klang wenig überzeugend, obwohl tatsächlich ungewöhnlich viel über unwichtige Dinge berichtet wurde.

Da Frauen grundsätzlich »viel konservativer« als die Männer seien, so wurden die Journalisten beispielsweise im Februar 1937 belehrt, als viele Zeitungen empfindliche Abonnenten-Verluste befürchteten, sollten sie nicht mit Politik, Wissenschafts- oder Wirtschaftsfragen »gelangweilt«, sondern auf eine Weise angesprochen werden, die ihren täglichen Interessen und Lesegewohnheiten entsprächen: Roman-Fortsetzungen, Heimatrubriken und Anzeigenteile. »Frauen lesen den Wirtschaftsteil verhältnismäßig selten«, wovon man sich, dozierte ein NS-Pressefachmann, bei Bahnfahrten und Gaststättenbesuchen überzeugen könnte. Sein Fazit: »Man kann sie (die Frauen) jedoch bis zu einem gewissen Grade dafür interessieren, wenn man im heimatlichen Teil ... bei ... Marktplaudereien und ähnlichen Gelegenheiten auf einen mit dem Thema in Verbindung stehenden Beitrag im Wirtschaftsteil hinweist.«[21]

Annoncen für Hitlers Buch *Mein Kampf*, von dem bis Januar 1933 erst wenig mehr als 200000 Exemplare[22] verkauft worden waren,[23] »graphologische Ecken«, Handarbeitsbeilagen und »Küchenseiten«, Unterhaltungsbeilagen, Romanserien, beispielsweise über das Leben unter Eskimos und Walfischfängern, Artikel über »den ersten Maikäfer«, ungezählte Hinweise auf »Inventur-Verkäufe« mit durchschnittlich zehnprozentigen Preisnachlässen, heroische Appelle an das Gewissen der »deutschen Frau«, Aufsätze über das »Lied der deutschen Seele«, und über die »deutsche Frau im 20. Jahrhundert«,[24] aber Anfang Februar 1933, unmittelbar nach der Machtübernahme, auch schon unmißverständlich formulierte Beiträge über »Mode und Judentum in der Gegenwart«,[25] »Frau und Rasse«[26] und bald auch über den »Vernichtungsfeldzug des Bolschewismus«, über die »Frau in der Sowjethölle«[27] und über »Strafgerichte und Verschleppungen« in »russische Kerker«[28] sollten das Interesse der Frauen fesseln.

Bereits am 2. Februar 1933, zwei Tage nach der »Machtergreifung«, lasen die Frauen in NS-Zeitungen, wie »der Jude« den deutschen Unternehmer übervorteile und die »deutsche Frau«, vor allem »die Frau des Arbeiters«, an der Nase herumführe und raffiniert und bedenkenlos schädige. Kein Wort erfuhren sie jedoch von dem, was ihren Männern tagaus, tagein stereotyp eingehämmert wurde: »Nicht der religiöse Glaube, sondern die rassenbiologische Abstammung macht den Menschen zum Juden.«[29] Ihnen, den Frauen, wurde »erzählt«, daß »der Jude« die gesamte Damenbekleidungsbranche »völlig zum Spielball der Modelaune« gemacht habe, daß er durch betrügerische Manipulationen und Spekulationen aus angemessenen Preisen prinzipiell Wucherpreise mache und daß eindeutig feststünde: »In allen Fällen verdient nur der jüdische Händler. ›Modisch‹ neuartige Artikel müssen mit Wucherpreisen bezahlt werden, und durch modische Machenschaften ausgeschaltete Artikel müssen vom Unternehmer bzw. herstellenden Arbeiter mit Verlust abgegeben werden, während das Publikum wiederum, wenn es in den Saisonverkäufen diese Sache kauft, sie immer noch reichlich überzahlt.«[30] Nicht zufällig zitierte die NS-Presse Adolf Hitler, der in einer Rede gesagt hatte: »Nicht umsonst sehen Sie bei unserer Bewegung so viele Frauen, bei einer Bewegung, die doch am männlichsten gekämpft hat. Sie sehen sie hier, weil beim Weibe das Gefühl vorherrschend ist und richtig sagt: Es geht hier um die Zukunft unserer Kinder und damit um die Zukunft unseres Deutschtums.«

Eindeutig nationalsozialistisch und frei von Umschweifen waren die Artikel in der NS-Presse bereits unmittelbar vor dem 1. Mai 1933. Da war schon in großen Überschriften offen von »Bekenntnissen zur deutschen Volksgemeinschaft« und von »Frau und deutscher Sozialismus« die Rede, da wurden stilisierte Interviews veröffentlicht, in denen Hausfrauen und Mütter, kaufmännische Angestellte, Kindergärtnerinnen, Textilarbeiterinnen und Künstlerinnen bekundeten, nur im Nationalsozialismus und seinem Regime eine gesicherte Zukunft zu erblicken und sich daher voll für ihn zu engagieren.[31] Wir »stehen in einer Zeit der größten Umwälzungen«, hieß es in einem Artikel der NS-Journalistin Hannie Auracher, die erklärte: »Wer die Zeichen der geistigen Strömung, die nun deutlich zu erkennen sind, richtig erfaßt, der weiß, daß der Prozeß der Umwertung aller Begriffe begonnen hat, der wird vor allem die große Aufgabe sehen, die in diesem Prozeß dem deutschen Volk zufällt. Dabei ... dürfen wir Frauen nicht abseits stehen.«[32]

Nicht selten wurde die Belanglosigkeit sehr vieler NS-Blätter, die vor allem in den ersten Jahren des Dritten Reiches gern in Superlativen schwelgten, noch durch eine Art Proporzdenken der Kreispressewarte verstärkt. Das mit der Zeit zunehmend immer dichter werdende Netz von Außenredaktionen der Gau-Zeitungen mit sogenannten Ortspressewarten als lokalen Berichterstattern war angewiesen, die Hauptredaktionen regelmäßig mit Berichten zu beliefern, die alle Gebiete proportionsgerecht repräsentieren sollten. So kam es zwangsläufig dazu, daß die stets um ihr Ansehen bemühten lokalen Hoheitsträger der NSDAP ihr besonderes Augenmerk mehr auf die anteilmäßigen Berichte über ihre Amtsbezirke als auf den Inhalt der jeweiligen Darstellungen richteten. Nicht *was*, sondern *daß* etwas über die Aktivitäten in ihren Bezirken publiziert wurde, war für sie entscheidend. Da die Hauptredaktionen die jeweiligen Lokalseiten gewöhnlich erst nach der Veröffentlichung zu Gesicht bekamen, waren »individuelle« Charakteristika in diesen Teilen der Zeitungen durchaus möglich wie auch gelegentliche ideologische »Irrtümer«.

Am 20. Dezember 1933 erklärte der *Westdeutsche Beobachter*, der sich zuvor mit Vorwürfen über redaktionelle »Einförmigkeit« und spürbarem Leser-Rückgang hatte auseinandersetzen müssen, was einen nationalsozialistischen Zeitungsmann auszeichnen sollte: guter Wille, die Fähigkeit, »im Sinne der nationalsozialistischen Idee erzieherisch« zu wirken, und »blutvolles leidenschaftliches Eintreten für die großen Ideale der neuen Volksgemeinschaft«. Daß der NS-Staat nicht beabsichtige, Einrichtungen zu unterstützen und zu erhalten, nur weil sie gerade existierten, womit unmißverständlich auflagenmäßig erfolglose Zeitungen gemeint waren, hatten die Leser in diesem Zusammenhang auch erfahren.[33] Jahraus, jahrein klagten die NS-Zeitungen dann auch über Leserbeschwerden und rückläufige Auflagenziffern.

Daß fortan nur noch absolut gesinnungstreue Journalisten leitende Funktionen wahrnehmen durften, bestimmte das für NS-Gepflogenheiten ungewöhnlich ausführliche Schriftleitergesetz vom 4. Oktober 1933, in dem es unter anderem hieß: »Die im Hauptberuf oder auf Grund der Bestellung zum Hauptschriftleiter ausgeübte Mitwirkung an der Gestaltung des geistigen Inhalts der im Reichsgebiet herausgegebenen Zeitungen und politischen Zeitschriften durch Wort, Nachricht oder Bild ist eine in ihren beruflichen Pflichten und Rechten vom Staat durch dieses Gesetz geregelte öffentliche Aufgabe ... Niemand darf sich Schriftleiter nennen, der nicht nach diesem Gesetz dazu befugt ist.«[34] Schriftleiter konnte nur sein, wer eine fachmännische Ausbildung »in einer deutschen Zeitung« nachweisen konnte, »die deutsche Reichsangehörigkeit besaß, die bürgerlichen Ehrenrechte und die Fähigkeit zur Bekleidung öffentlicher Ämter nicht verloren hatte, arischer Abstammung« war, nicht »mit einer Person von nichtarischer Abstammung verheiratet« war und über die »Eigenschaften« verfügte, »die die Aufgabe der geistigen Einwirkung auf die Öffentlichkeit« erforderte. Was darunter primär zu verstehen war, wurde klar fixiert: »Schriftleiter sind in Sonderheit verpflichtet, aus den Zeitungen alles fernzuhalten, was ... geeignet ist, die Kraft des Deutschen Reiches nach außen oder im Innern ... zu schwächen« und »was gegen die Ehre und Würde eines Deutschen verstößt«.[35]

Das Reichskulturkammergesetz

Besondere Erwartungen weckte das bald nach der Machtübernahme formulierte Reichskulturkammergesetz vom 22. September 1933,[1] das den Reichsminister für Volksaufklärung und Propaganda ermächtigte, eine Schrifttumskammer, eine Pressekammer, eine Rundfunkkammer, eine Musikkammer und eine Kammer der bildenden Künste ins Leben zu rufen und diese Kammern als Körperschaften des öffentlichen Rechts zur Reglementierung des Kunstschaffens zusammenzufassen. Nicht nur die freischaffenden Bildhauer, Graphiker, Architekten und Maler, die infolge der schlechten Wirtschaftsverhältnisse seit Jahren am Rande des Existenzminimums lebten, hofften darauf, daß Hitler, der sich 25 Jahre zuvor vergeblich bemüht hatte, an der Allgemeinen Wiener Akademie der Bildenden Künste und an der Architekturschule der Akademie zu studieren,[2] die Künste nun in einer bisher als unvorstellbar angesehenen Weise fördern würde. Daß dies mit besonderen Auflagen verbunden sein würde, stand nicht nur in *Mein Kampf* und war von Hitler nicht nur so dahergeredet worden. Die Propagandisten und NS-Journalisten richteten sich danach. So schrieb Werner Beumelburg in der *Berliner Morgenpost* vom 18. November 1933 beispielsweise: »Es hat auch in den vergangenen Jahren eine deutsche Kunst gegeben, eine Bekenntniskunst, eine Kunst aus heiligster Ergriffenheit, eine Kunst aus der Tiefe des Volkes, aus Mystik und aus Ahnung des Kommenden ... Sie fand eine Heimstatt in den verborgenen Winkeln des Volkes und wurde gehegt von wenigen, die stark genug waren, auf Ehren und Einkünfte zu verzichten. Diese stillen und ehrlichen Hüter der deutschen Kunst heute zu ehren und sie vor einer tragischen Verwechslung zu wahren ist Aufgabe des Staates und des Volkes, Aufgabe also auch der neuen Reichskulturkammer, die nichts anderes ist als Mittler des kulturellen Empfindens zwischen Volk, Staat, Kunst und Wirtschaft.« Instinkte, Gefühle und weltanschauliche Überzeugung sollten vor künstlerischen Fähigkeiten rangieren und die Richtung weisen. Vorbei sollte es sein mit den »krankhaften Auswüchsen irrsinniger und verkommener Menschen«,[3] wie Hitler beispielsweise den Kubismus und den Dadaismus in *Mein Kampf* genannt hatte.

So unmißverständlich diese programmatischen Bekundungen auch klingen mochten, viele Künstler, nicht wenige von ihnen mit Rang und Namen, kannten oder begriffen sie nicht. Und als die Nationalsozialisten, die zuerst nach ihrer »arischen Abstammung« fragten, sie 1937 ausschlossen, waren nicht wenige verbittert. »Für mich ist eine Streichung meiner Mitgliederschaft aus der Gesamtheit der ›Preußischen Akademie der Künste‹«, schrieb der Expressionist Max Pechstein[4] im Februar 1937 beispielsweise, »kein Herausschmiß!, sondern eine Erledigung meiner Person ... Denn ich habe unter anderen Namen der neuernannten Mitglieder ... auch den Namen: Thorak gelesen, welcher, abgesehen davon, daß er mit einer Volljüdin verheiratet, ein Kind mit ihr zeugte, sich sofort nach dem Umsturz von ihr scheiden ließ und Weib und Kind verleugnete! Warum? So weiß ich also nicht, welche reinen Gesichtspunkte es veranlassen könnten, mich herauszuschmeißen! Daß ich, oder vielmehr, daß man von mir in München eine Arbeit in der Ausstellung ›Entartete Kunst‹ zeigt, berührt mich darum wenig, weil es eine Arbeit aus ... einer ehemaligen deutschen Kolonie aus der Südsee ist ... Wenn erst einmal die deutsche Forderung nach deutschen Kolonien erfüllt sein wird, so wird es auch wieder erlaubt, ja, wenn nicht sogar erwünscht sein, daß man Künstler findet, welche so wie ich aus reiner ideeller Einstellung ... diese Gebilde aufsuchen und dieselben zu gestalten versuchen.«[5] Und Emil Nolde, von dem zahlreiche Arbeiten, obwohl von den Nationalsozialisten zunächst mit dem Etikett »nordisch-mystisch« versehen, als »entartete« Kunst beschlagnahmt wurden, wies den Präsidenten der Preußischen Akademie der Künste am 12. Juli 1937 darauf hin, daß er bereits unmittelbar nach der Gründung der NSDAP in Nordschleswig »deren Mitglied geworden« sei.[6]

2 009 899 Besucher sahen die vom 19. Juli bis zum 30. November 1937 im Münchener Hofgarten gezeigte und von den Medien als beispielhaftes Mittel zur Abschreckung von Verirrungen und Verhöhnungen des »deutschen Menschen« und dessen Kultur nachdrücklich empfohlene[7] Ausstellung »Entartete Kunst«, über die der Journalist Karl Korn am 21. Juli 1937 im *Berliner Tageblatt* vergleichsweise zurückhaltend schrieb: »Nirgends in diesen Bildern ist Ruhe und in sich ausgeglichenes Lebensgefühl anzutreffen. Zerwühltheit, Zerrissenheit, die Nachtseiten des Lebens sind hier um ihrer selbst willen und aus offenbarer Freude am Schrecklichen, dunkel Rauschhaften, Chaotischen gemalt worden. Es ließe sich viel sagen über das wahre und echte Dämonische im Gegensatz zu den falschen Fratzengebilden, die wir hier zu sehen bekommen.« Zwei Jahre später, am 1. Juli 1939, als der Krieg unmittelbar bevorstand, hieß es im *Frankfurter Volksblatt*: »Man braucht lange, bis man an den Bildern der Kulturschande vorbei ist, die die Ausstellung ›Entartete Kunst‹ zeigt. Jeden Besucher packen zwiespältige Empfindungen, das Lachen über den hirnverbrannten Mist, das Staunen über die Möglichkeiten ›künstlerischer‹ Perversität, das Schmunzeln über den dadaistischen Geschäftssinn, aber auch das sozusagen posthume Erschrecken über das unvorstellbare Maß der Gemeinheit, mit der diese Kunstbomben gegen die harmlose Volksseele geschleudert wurden. Die Ausstellung zeigt in ihrem dokumentarischen Material ... die Periode der verhängnisvollsten Kunstverseuchung, aber erst wenn man die einzelnen Werke sieht, begreift man den Grad der Verkommenheit: die Kunst wird zur Dirne und die Dirne wird das Ideal dieser Kunst.«[8]

Die »deutsche« Kunstlandschaft, die das Regime mit Argusaugen überwachte, wurde spätestens seit 1937 nicht mehr von Oskar Kokoschka, Ernst Ludwig Kirchner, Christian Rohlfs, Ernst Barlach, Ludwig Mies van der Rohe, Otto Dix, Oskar Schlemmer, Max Liebermann, Käthe Kollwitz, Max Beckmann, Karl Hofer, Paul Klee und Emil Nolde geprägt, um nur einige Namen zu nennen, sondern von Malern und Bildhauern, die sich in ihrem Schaffen von »artfremden Verführern«[9] freigemacht hatten. Sie, die scheinbaren »Lieblingskinder der Nation«, wie der französische Bildhauer Henry Bouchard sie 1942 nach einem Besuch in Deutschland nannte[10], wurden von Staat und Partei mit großem Aufwand unterstützt. Ernst Barlach, der weltweit angesehene Träger des Ordens Pour le Mérite, hatte am 23. Februar 1933 den Präsidenten der Akademie gefragt, ob mit dem Verbleib in der Akademie der Künste »ein irgendwie politisch gefärbtes Gesinnungsbekenntnis verbunden oder nur vorausgesetzt« werde, und er hatte gleichzeitig vorweg geantwortet, daß er, obwohl er »keiner der momentan mißliebigen Parteien als Mitglied« angehöre, nicht in der Lage sei, zwei verschiedene Rechte, das Recht der freien Meinungsäußerung als Künstler und das Recht als Staatsbürger, zu akzeptieren.[11] Wer blieb, stellte solche Fragen entweder nicht, oder sie stellten sich ihm nicht. Wer schöpferisch tätig sein wollte, mußte sich an Voraussetzungen orientieren, die das *Schwarze Korps* 1935 wie folgt beschrieb: »Der Führer ist der Nation höchstes und letztes Gut. Er ist die deutsche Vollendung schlechtweg. Ein Künstler, der den Führer zu gestalten versucht, muß mehr als nur Künstler sein, denn ein ganzes Volk und die deutsche Ewigkeit wollen vor diesem Werk stehen in stummer Ergriffenheit und Kraft schöpfen für heute und immer. Darum ist es Sünde, so einer ein Werk schafft, so einer den Führer zu gestalten versucht, ihm aber nur ein Stümperwerk gelingt, und er dieses nicht bescheiden und schweigend in die dunkelste Ecke seiner Stube stellt und wartet auf die Stunde der inneren Reife. Den Führer zu zeichnen, sei keinem versagt. Das nichtssagende schlechte Bild aber zu veröffentlichen, ist wider die Ehre der Kunst und wider den Geist unseres Volkes. Es ist eine Beleidigung des Führers und ein Verbrechen an der Zukunft unseres Volkes.«[12]

Ungezählte bildende Künstler richteten sich danach.

Auch den guten Roman als Milieuzeichnung und Spiegel der gegenwärtigen Wirklichkeit und Umwelt suchte die Bevölkerung vergeblich. Was sie als neue Roman-Literatur zu lesen bekam, waren die Schilderungen begrenzter Gebiete. Da gab es Bücher, die sich mit dem Leben der Bauern, mit dem Krieg, der Arbeitswelt und der Erotik auseinandersetzten und eine imaginäre Volksgemeinschaft, Pflicht zur Treue, Kameradschaft, Heroismus und Rassebewußtsein priesen. Wer historisch interessiert war und neue Bücher lesen wollte, mußte die nationalsozialistisch artikulierten Darstellungen über Karl den Großen, Widukind, Friedrich den Großen, Freiherr vom Stein und über die preußischen Reformer Yorck und Schill zur Hand nehmen.

Ernst von Salomon und Erwin Guido Kolbenheyer, zwei Schriftsteller, die das NS-Regime gern mehr für sich engagiert gesehen hätte, hielten sich weitgehend zurück. Ernst Wiechert, der vielbewunderte ostpreußische Autor der *Magd des Jürgen Doskocil* und der *Majorin,* war nicht zu Zugeständnissen bereit, die seine Vorstellung vom Sinn und Inhalt des Lebens hätten korrumpieren können. Nachdem er am 18. November 1937 einem beklommen gespannten Publikum in Köln Auszüge aus seiner symbolischen Legende *Der weiße Büffel oder von der großen Gerechtigkeit* vorgetragen hatte,[13] veröffentlichte die *Kölnische Zeitung* drei Tage später einen Bericht, der für sich sprach. Ernst Wiechert, so hieß es in der Zeitung, habe sich »zeit seines Lebens . . . unter ein Gesetz« gebeugt, »das ihm gebiete, Gott mehr zu gehorchen, denn den Menschen«. Daß dies den nationalsozialistischen Kultur-Funktionären keineswegs genehm sein konnte, lag auf der Hand, zumal es sich bei dem Helden der Wiechert-Legende, dem Inder Vasudewa, um einen Mann handelte, der sich weigerte, dem Staat und dem Herrscher die Zugeständnisse zu machen, die von den Zuhörern des Dichters täglich gefordert wurden.

Wiecherts Held, so etwas wie ein indischer Michael Kohlhaas, setzte sich für das Recht eines Bauern ein, dessen Büffel von königlichen Soldaten getötet worden war, und geriet dadurch in Konflikte, wie sie jedermann seit 1933 in Deutschland täglich in abgewandelter Form erleben konnte. Daß Wiecherts legendärer Vasudewa sich konsequent weigerte, ein Standbild seines Königs zu grüßen, konnte 1937 angesichts des penetranten Kultes um Adolf Hitler nicht mißverstanden werden. Aber Wiechert war noch weitergegangen. Er hatte ein ebenso unmißverständliches nächtliches Gespräch zwischen Vasudewa und dessen König im Gefängnis konstruiert,[14] wohin der aufrechte Inder wegen seiner Mißachtung der anmaßenden Staatsmacht gebracht worden war. Dort belehrte er seinen König über die Grenzen der Macht und über den Sinn von Recht und Gerechtigkeit. 1937 hoffte Ernst Wiechert ganz offensichtlich noch, seinen als sehr belesen gerühmten »König« zur Einkehr, zum Maßhalten und zur Anerkennung traditioneller Überlieferungen und

Normen bewegen zu können. Diesen Irrtum teilten mit ihm in den ersten Jahren der NS-Herrschaft nicht nur Ernst und Friedrich Georg Jünger, Gottfried Benn, Hans Fallada, Rudolf Binding und Hans Friedrich Blunck.

Gemäß der weltanschaulich begründeten Parole Hitlers, daß nur der Bauer die Gegenwart und Zukunft eines Volkes gewährleisten könne, siedelten die neuen Roman-Autoren ihre Erzählungen gern auf dem Land an, obwohl sie es gar nicht kannten. Sie »leben in der Stadt, ihr Verhältnis zum Landleben ist ein platonisches, und sie alle nähren sich von dem Wunschgebilde, das sie in ihren Romanen zum Ausdruck bringen«, schrieb der Lektor eines Berliner Verlages im Frühjahr 1937 und fuhr kritisch fort: »Ihren eigenen, doch so hoch gespannten Lebensformen, der dramatischen Problematik des Großstädters, der Industriemenschen, vermögen sie alle kein Interesse, kein Erlebnis, das der Dichtung würdig wäre, abzugewinnen ... Es erscheint manchmal, als sei die Fähigkeit zu unmittelbarem Erlebnis den jungen Dichtern verlorengegangen. Ein Beweis für die Konstruiertheit vieler ländlicher Geschichten liegt in der mangelnden Sachlichkeit, in der Romantik dieser Darstellungen ... die Worte werden wahllos ... verwendet, wenn sie nur eine oberflächlich-dekorative Wirkung erzeugen. Schon für die nebensächlichsten Vorgänge bedienen sich manche Autoren hochtönender Phrasen.«[15]

Militärische Begriffe fanden Eingang in die Literatur, deren Schöpfern selbst von nationalsozialistischen Fachleuten ganz allgemein Erlebnisschwäche, innere Verarmung, fehlende Formkraft, mangelnde Sprachzucht, »Uniformität der Erfindung«, Monotonie, hochtönende und beziehungslose Phrasiologie und der Hang zum oberflächlichen Dekor vorgehalten wurden. Offen beklagte die *Deutsche Allgemeine Zeitung* am 21. Oktober 1936, daß »an guter Literatur bis jetzt herzlich wenig geschaffen worden ist und daß man mit Freude zu den großen Prosaisten des vorigen Jahrhunderts zurückkehre«, weil sie »aufrichtig und wirklich dichterisch« gewesen seien.

Leichter hatten es die Lyriker und Novellisten, die sich in unpolitischen Gefilden bewegen und mühelos ohne Weltanschauung auskommen konnten. Dennoch meinten viele von ihnen, dem Regime ihren Tribut zollen zu müssen. So dichtete beispielsweise der mehrfach ausgezeichnete Herbert Böhme:

Ihm jubeln wir das Leben zu,
Soldaten, Kameraden,
erhalt uns, ewger Herrgott Du,
den Führer und die Fahnen.

Und die in jenen Jahren sehr bekannte Ostpreußin Annemarie Koeppen reimte:

Wo immer Deutsche schaffen,
da klingt auch Dein Name dazu.
Gott rief eines Volkes Seele,
und diese Seele bist Du.

Was Wunder, daß seit 1936 in der *Frankfurter Zeitung,* in Paul Fechters Wochenschrift *Deutsche Kunst* und in der Monatszeitschrift *Deutsche Zukunft* nach dem Charakter der neuen deutschen Lyrik gefragt und schließlich verallgemeinernd festgestellt wurde, daß sie »gesungen und marschiert sein« wolle, um ins »Blut und ins Gedächtnis« zu gehen.

Was in Agnes Miegels Lyrik bedeutend war, stammte vornehmlich ebenso aus der Zeit vor 1933 wie die nennenswerte Lyrik von Heinrich Lersch, Hans Carossa und Ina Seidel.

Jede Zeit hat sehr viel mehr schlechte und mittelmäßige als gute Schriftsteller, Romanciers, Essayisten, Lyriker und Novellisten. Was die im Reich lebenden Deutschen irritierte, waren daher nicht die zahlreichen Publikationen primitiver Belletristik, sondern die öffentlichen Lobpreisungen und staatlichen Auszeichnungen, die gerade den Stümpern zuteil wurden. Rund 70 öffentlich und offiziell gefeierte Ehrungen, auf die so namhafte Literaten wie beispielsweise Ernst Wiechert infolge »fehlenden Bekennermutes« verzichten mußten, wurden bereits innerhalb der ersten drei Jahre des Dritten Reiches gezählt. Daß viele der NS-Funktionäre dies gern als große kulturelle Tat des Nationalsozialismus registriert sehen wollten, entsprach dem Geist der Zeit.

Vieles von dem, was Hitler seine Propagandisten und Funktionsträger jahrelang angedroht hatten, war von denen, die es am meisten betraf, nur als laute, übertriebene Propaganda angesehen worden. Selbst nach dem Ermächtigungsgesetz vom 24. März 1933, nach dem Juden-Boykott vom 1. April 1933 und nach der Bücherverbrennung im Mai 1933 begriffen längst nicht alle besonders Betroffenen, was sich anbahnte. Immerhin emigrierten – neben Künstlern von Rang –

zahlreiche namhafte Wissenschaftler und Schriftsteller, noch bevor sich das Regime ihrer bemächtigen konnte. Albert Einstein, dessen Forschungsergebnisse und Hypothesen zu einem neuen Weltbild führten, mußte vor seinem eifersüchtigen arischen Kollegen, dem (wie Einstein auch, im Berliner Kaiser-Wilhelm-Institut tätigen) Nobelpreisträger Lenard, kapitulieren, der schon 1932 besonders aktiv für Hitlers Machtübernahme eingetreten war[16] und Einstein und dessen »jüdischen Ungeist« aggressiv befehdet hatte. Einstein, der sich während der Machtübernahme Hitlers im Ausland aufhielt, blieb dort. Der Romancier und Essayist Thomas Mann tat es auch. Heinrich und Klaus Mann, Franz Werfel, Robert Musil, Karl Wolfskehl, Joseph Roth, Carl Zuckmayer, Kurt Tucholsky, Arnold und Stefan Zweig, Bert Brecht und der Hitler-Biograph Konrad Heiden, um hier nur sie zu nennen, verließen Deutschland, dessen Literatur und Dichtung einen empfindlichen Aderlaß verzeichnen mußte. Ernst Jünger, der vor 1933 von vielen als Wegbereiter Hitlers und der NSDAP angesehen worden war, zog sich – wie sein Bruder Friedrich Georg auch – in die innere Emigration zurück.[17]

Betroffenheit griff im konservativen Bildungsbürgertum um sich, nachdem sich herumgesprochen hatte, daß die Romanciers, Essayisten, Dichter und Dramatiker Thomas und Heinrich Mann, Franz Werfel, Alfred Döblin, René Schickele, Ludwig Fulda, Georg Kaiser, Fritz von Unruh, Alfred Mombert, Bernhard Kellermann, Rudolf Pannwitz und Leonhard Frank am 10. Mai 1933 infolge einer Verfügung des Kultusministers Rust aus der Preußischen Akademie für Dichtung ausgeschlossen worden waren und ein Gesetz vom 14. Juli 1933 sogar die Aberkennung der deutschen Staatsangehörigkeit für »Reichsangehörige« ermöglichte, die (nach Auffassung der Nationalsozialisten) durch ihr »Verhalten« den deutschen Belangen schadeten. Gemeint waren damit Personen, die gegen die »Pflicht zur Treue gegen Reich und Volk« verstießen, die »deutschen Belange« mißachteten und, falls sie sich im Ausland aufhielten, der Aufforderung zur Rückkehr ins Reich nicht folgten.

Die Schriftsteller, die nichts mehr veröffentlichen, und Kunstmaler, die ihre Bilder nicht mehr ausstellen durften, sahen sich augenblicklich um ihre Existenz gebracht. Daß es sich bei den als »undeutsch« eingestuften Autoren und Künstlern nicht ausschließlich um Juden handelte, mußten spätestens seitdem auch diejenigen feststellen, die gehofft hatten, daß die »Arier« grundsätzlich mit einem blauen Auge davonkommen würden.[18]

Kaiser, Brecht und Zuckmayer fehlten den deutschen Theatern denn auch bald, die sich in die Vergangenheit flüchten mußten, wenn sie ihr Dasein als Institutionen rechtfertigen wollten. Nicht nur historische Stoffe, sondern auch Dramatisierungen, die bereits historisch waren, beherrschten das Bild. Der klassische »Dramendrang des teutonischen Studienrats feierte Orgien«, kritisierte die *Deutsche Allgemeine Zeitung*.[19] Häufig priesen die Theater-Kritiker den Eifer und das Engagement der um gute neue Vorlagen und Stoffe verlegenen Intendanten und Dramaturgen, die vielfach nur in Neudramatisierungen klassischer Vorlagen einen Ausweg sahen. Doch noch häufiger bemängelten sie, was die Häuser boten. Schon die Tatsache, daß beispielsweise die Gestalt des 1401 in Hamburg geköpften Seeräubers Klaus Störtebeker allein 1936 in neun verschiedenen Dramatisierungen auf den Bühnen erschien, macht deutlich, in welchen Nöten sich die anspruchsvolleren Theater befanden. Die Säle blieben leer, wenn Stücke nationalsozialistischer Dramatiker, wie beispielsweise Hanns Johst, gespielt wurden. Lediglich Dramen und Stücke von Kurt Langenbeck, Eberhard Möller, Ernst Bachmeister und Siegmund Graff fanden ihr Publikum und verständlicherweise die gewöhnlich unpolitischen, harmlosen »Spiele« der Schwank-Autoren August Hinrichs *(Krach um Jolanthe)*, Max Böttcher *(Krach im Hinterhaus)* und Jochen Huth *(Die vier Gesellen)*. Nach gesellschaftlichen Stücken hielt das Theaterpublikum, sofern es die gelegentlich als Ausweg gezeigten Werke von Bernard Shaw und Oscar Wilde nicht immer erneut sehen wollte, ebenso erfolglos Ausschau wie die Leser von Romanen nach großen deutschen Gesellschaftsromanen, wie Thomas und Heinrich Mann, Joseph Roth und der am Tage der Publizierung des Ermächtigungsgesetzes im *Völkischen Beobachter*[20] als »ewiger Hetzapostel« und »Literatur-Jude« bezeichnete Lion Feuchtwanger sie geschrieben hatten.

Rund sechs Monate vor Beginn des Krieges erklärte Joseph Goebbels »Filmschaffenden« in der Berliner Krolloper noch einmal, welche Funktion der Nationalsozialismus dem Film zugeordnet habe. Der Film als »Erziehungsinstrument des Volkes«, mit der »Reichweite wie etwa die Volksschule«, so sagte er, durfte 1933 keiner »anonymen Menschengruppe« überlassen bleiben; denn »die Willensbildung eines Volkes« sei ebenso »wichtig wie die äußere Bewaffnung«.[21] Die »Gleichschaltung« auch »des deutschen Filmwesens«,[22] vom Reichsminister Bernhard Rust als eine selbstverständliche Konsequenz der nationalsozialistischen Machtübernahme bezeichnet und seit Anfang 1933 konsequent betrieben, hatte die Meinungsbildung und »Willensbildung« 1939 bereits auf eine Basis reduziert, die für jedermann leicht überschaubar war.

Als richtungweisend galt, was von Bernhard Rust am 12. Mai 1933 im *Film-Kurier* im Sinne von Hitler und Goebbels formuliert worden war: »Unsere Gleichschaltung bedeutet, daß die neue deutsche Weltanschauung als schlechthin gültig die beherrschende Stellung über allen anderen einnehmen soll.« Zwar betonte Wilhelm Müller-Scheldt, der Präsident der im November 1938 ins Leben gerufenen Deutschen Filmakademie,[23] unmittelbar nach der Übernahme seines Postens, daß sich an dieser Akademie »kein akademisches Wesen im Sinne der reinen Theorie und Reflexion ausbreiten« würde;[24] aber die Lehrpläne, die sich an den seit Anfang 1933 im Rahmen der gesamten NS-Kulturpolitik gesetzten Zielen und praktizierten Maßnahmen und Erfahrungen orientierten, ließen keine Zweifel offen.

Schon im ersten Semester hatten die künftigen Gestalter und Multiplikatoren der nationalsozialistischen Filmkunst an folgenden Lehrveranstaltungen teilzunehmen: »Grundzüge der nationalsozialistischen Weltanschauung. Das Ringen des nordischen Menschen um sein Weltbild. Der Rassengedanke des Nationalsozialismus (Rassen und Völker; Der Mensch und die Umwelt; Die Gesetze der Vererbung; Die Ewigkeit des Erbgutes). Der Weg des nordischen Menschen in der Geschichte. Unser germanisches Erbe (Artbild und Weltanschauung der Germanen in ihrer Bedeutung für unsere Zeit). Die Spätantike als Ausgangspunkt artfremden Geistes (Weltanschauung, Reich und Kirche der spätrömischen Zeit). Der Einbruch des römischen Universalismus in den germanischen Lebensraum. Könige und Priester im Kampf um die Weltherrschaft (Heinrich I., Otto I., Heinrich IV. und Gregor VII., Friedrich I. und Alexander III., Friedrich II. und Innozenz II). Der Kampf der germanischen Kraft im späten Mittelalter (die Ostsiedlung; die Hanse und die Ritterorden; Reformation und Gegenreformation). Das preußische Vorbild und die Entstehung des Bismarck-Reiches. Die Kräfte des Verfalls im 19. Jahrhundert (Liberalismus, Kapitalismus, Marxismus, Konfessionalismus). Der Schatten Judas über der Welt (Wesen und Wirken des Weltjudentums). Der Kampf der nationalsozialistischen Bewegung um die Macht. Der Aufbau des nationalsozialistischen Reiches. Die Notwendigkeit einer nationalsozialistischen Bevölkerungspolitik. Die Rassengesetzgebung des nationalsozialistischen Staates. Der Aufstieg Deutschlands zur Weltmacht.«[25]

Bereits 1931 hatte die NSDAP eine eigene Filmorganisation ins Leben gerufen, die bald als »Hauptabteilung Film« der Reichspropagandaleitung unter der Regie von Landes-, Gau-, Kreis- und Ortsfilmstellen besonders ausgewählte Filmvorführungen in Städten und Dörfern organisierte. Seit Ende 1932 propagierte sie vor allem den Film, den Hitler von seinen Wahlreisen im April und Oktober 1932 hatte drehen lassen. 1934, vor den Wahlen im August, wurde er wiederum hervorgeholt und auszugsweise im Rahmen von Filmmontagen über den Ausbau des Dritten Reiches in Berlin und in 66 Städten der Kurmark gezeigt.[26] 1934 sahen 20 Millionen Besucher 110000 Filmvorführungen und Schulfilmveranstaltungen; 1935 waren es 21767784 Besucher und 121345 Veranstaltungen, wobei laut Parteifilmstelle rund 10 Millionen Kinder gezählt worden waren.[27]

Nicht zufällig wurden 1940 auch die ungewöhnlich aufwendigen antisemitischen Filme *Die Rothschilds* mit Carl Kuhlmann als Nathan und *Jud Süß* mit Ferdinand Marian als Joseph Süß-Oppenheimer und Werner Krauss vielgestaltig vor allem als Rabbi Löw und als Sekretär Lewi[28] gedreht und uraufgeführt. Als Mittel zur demagogischen Beeinflussung der Bevölkerung übertrafen sie alle bis dahin gezeigten Filme mit propagandistisch-weltanschaulichen Zielsetzungen. So meldeten SD-Vertrauensleute beispielsweise aus Berlin, daß Kinobesucher nach der Aufführung demonstrativ gefordert hätten, die »letzten Juden aus Deutschland« zu vertreiben.[29] Sieben Monate später, mit dem Beginn des Rußlandkrieges, wurde systematisch nicht nur damit, sondern auch mit ihrer physischen Vernichtung begonnen. Am 27. April 1940 jedoch hielt das Reichspropaganda-Amt Berlin es noch für geboten, als geheime Weisung ein Presse-Rundschreiben herauszugeben, in dem es unter anderem hieß: »Sollten in nächster Zeit einige Filme über Juden herauskommen, z. B. ein Film ›Jud Süß‹, so sollen sie nicht als antisemitische Filme bezeichnet oder besprochen werden. Eine derartige Charakterisierung dieser Filme ist deshalb nicht richtig, weil sie durch die Wirkung auf das Publikum ihren Zweck von selbst erfüllen werden.«[30]

Die NS-Propagandisten wußten zwar, worüber sie redeten, ihr Kalkül ging jedoch nicht immer auf. Im November 1940 hielten Erzieher und Lehrer unter anderem in Leipzig, Breslau, Oppeln, Salzburg, Potsdam, Reichenberg, Karlsruhe, Troppau und Dortmund es nicht für angebracht, Jugendlichen den Film *Jud Süß* wegen seiner »außerordentlich starken psychologischen Nachwirkungen« zu zeigen.[31]

Gemeindeverordnung und die »untersten Zellen des Staates«

Am 30. Januar 1935 erfuhr die Bevölkerung, daß die nationalsozialistische Regierung von nun an die »untersten Zellen des Staates« durch die Gemeindeverordnung nationalsozialistisch ordnen, organisieren und führen werde. Der Führergrundsatz, der Ratsgrundsatz und besondere Vollmachten der NSDAP sollten die Säulen bilden, auf denen die Gemeindeverfassung ruhe. Im »neuen deutschen Führerstaat« durfte die Gemeinde nur von einem Mann verantwortlich geleitet werden, der sich in seiner Funktion als Bürgermeister oder Oberbürgermeister (bei Gemeinden mit mehr als 10000 Einwohnern) lediglich der Unterstützung und Mitwirkung der Beigeordneten und der im Gemeinderat zusammengefaßten Bürger mit Reichsbürgerrechten[1] bediente, die nur von der NSDAP in dieses Amt berufen werden konnten. Nicht überall waren die Bürgermeister und Oberbürgermeister zugleich in Personalunion auch Ortsgruppenleiter der NSDAP. In Gemeinden bis zu 10000 Einwohnern mußten die auf sechs Jahre berufenen[2] Bürgermeister und Beigeordneten ehrenamtlich tätig sein. Fehlende fachliche Kenntnisse ihrer Funktionäre und »alten Kämpfer« machten es der NSDAP in sehr vielen Fällen unmöglich, die Personalunion herzustellen. So waren personalpolitische Veränderungen in den ersten Jahren nach der Machtübernahme der Nationalsozialisten im Rahmen der Verwaltung auf den unteren Ebenen keineswegs selbstverständlich. Zwar fanden sich in den meisten Gemeinden relativ schnell Funktionäre, die in die begehrten Führungspositionen einsteigen konnten; aber sehr oft stellte sich bald heraus, daß ihnen die Fähigkeiten und die Integrität fehlten, die bei diesen Ämtern und Posten vorausgesetzt werden mußten. Nicht von ungefähr hieß es denn auch im Paragraphen 43 der Gemeindeordnung vom 30. Januar 1935: »Bürgermeister und Beigeordnete dürfen miteinander nicht bis zum dritten Grade verwandt oder bis zum zweiten Grade verschwägert sein.« Korruption, Vetternwirtschaft und Skandale führten nicht selten zu Umbesetzungen und selbst zu gelegentlichen Bestrafungen.

Gewaltsame Auseinandersetzungen zwischen Exponenten der nationalsozialistischen Parteileitungen und Kommunalverwaltungen gehörten 1935 vor allem in kleineren Gemeinden keineswegs zu den Ausnahmen. So berichteten beispielsweise sozialdemokratische Vertrauensleute Anfang 1935 nach Prag: »Das ganze Elend der jetzigen

Atmosphäre in einer deutschen Kleinstadt (gemeint war Aurich, der Verf.) enthüllt sich an folgendem Vorfall: Auf einem Maskenball, der die Prominenz der Volksgemeinschaft vereinigte, ›maskierte‹ sich ein SS-Mann mit Mantel und Koppel eines Polizeibeamten, worauf dieser den Mann zur Rede stellte. Der SS-Mann in seiner Machtfülle schimpft und bietet dem Beamten Prügel an. Es setzt von beiden Seiten Ohrfeigen. Zwei Polizisten helfen ihrem bedrohten Kameraden. Auch die SA- und SS-Leute lassen ihren besoffenen Freund . . . nicht im Stich. Eine . . . Keilerei entwickelt sich. Die Polizei siegt und verhaftet den SS-Mann, der den Anlaß zur Schlägerei gab. Die SS gibt sich mit diesem Abschluß nicht zufrieden. Am nächsten Tag holt sie den Kameraden aus dem Gefängnis. (Der) SS-Führer . . . benutzt die Gelegenheit zur Entfernung des Bürgermeisters und ›beurlaubt‹ die gesamte Polizei. Die SS macht Polizeidienst. (Der) Bürgermeister . . . protestiert vergeblich. Schließlich legt er sein Amt nieder.«[3]

Doch die Nationalsozialisten hatten die Macht noch nicht so in ihren Händen, wie es ihnen vorschwebte. Auf Anweisung des nicht nationalsozialistischen Regierungspräsidenten mußte der Bürgermeister sein Amt fortführen. Organisierte Proteste der SA und SS, Aufmärsche und Drohungen seitens der NS-Funktionäre sollten dies verhindern. Doch die eingearbeitete Verwaltungsbürokratie hielt so unerschrocken zu ihrem alten Stadtoberhaupt, daß SA und SS das Feld räumen und die SS sogar ihre Polizisten »vorläufig beurlauben« mußte.[4]

Im ganzen Reich erlebten die Bürger zwei Jahre nach Hitlers Machtübernahme, daß überall Bürgermeister ihre Ämter »niederlegten«. Die am meisten gebrauchten öffentlichen Begründungen, daß dies aus »gesundheitlichen Gründen« und »wegen Arbeitsüberlastung« geschehen sei, sprachen infolge der stetigen Wiederholungen so für sich, daß ihnen kaum jemand glaubte.

Und die Bevölkerung sah und hörte nicht nur dies. Sie spürte rasch auch die Folgen dieser Experimente, die selbst die von Hermann Göring repräsentierte preußische Regierung nicht länger akzeptieren wollte. Sie untersagte den Gemeinden, der NSDAP und ihren »Gliederungen« besondere finanzielle Hilfen angedeihen zu lassen, die Dispositionsfonds aufzublähen und sogenannte schwarze Fonds anzulegen. Öffentliche Arbeiten durften von nun an nicht mehr in Angriff genommen werden, bevor ihre Finanzierung gesichert war. In einem Runderlaß an die Innenministerien der Länder hatte der Reichsfinanzminister, der die finanzielle Mißwirtschaft nicht länger decken zu können meinte, schon im Januar erklärt: »Aus einer Reihe von Einzelanträgen, durch die in letzter Zeit um Erteilung meines Einvernehmens ... zur Aufnahme neuer Darlehen nachgesucht wurde, habe ich feststellen müssen, daß einzelne Gemeindevorstände vor Erteilung der Genehmigung zu Lasten ihrer Gemeinde rechtsverbindliche Verpflichtungen eingegangen sind und Arbeitsaufträge vergeben haben, deren Kosten aus Mitteln der aufzunehmenden Darlehen gedeckt werden sollten. Bei näherer Nachprüfung ergab sich ... in der Mehrzahl der Fälle, daß dem betreffenden Vorhaben wegen der ungünstigen Finanzlage der Gemeinde oder wegen untragbarer Darlehensbedingungen die schwersten Bedenken entgegenstanden. Trotzdem haben die Aufsichtsbehörden in der Mehrzahl der Fälle die nachträgliche Genehmigung befürwortet. Da ich es keinesfalls dulden kann, daß durch ein derartiges eigenmächtiges Vorgehen der betreffenden Gemeindevorstände der Entscheidung der hierzu allein berufenen Aufsichtsbehörde vorgegriffen wird, konnte ich die Berufung auf die unerfreulichen Folgen, die durch Ablehnung der Anträge entstehen können, nicht gelten lassen und mußte grundsätzlich meine Zustimmung verweigern. Ich bitte, alle in Betracht kommenden nachgeordneten Behörden nochmals unter Hinweis auf die sich ... für die Beteiligten ergebenden Folgen darauf hinzuweisen, daß ich an diesem Standpunkt auch künftig ausnahmslos festhalten werde und den in Frage kommenden Stellen die volle Verantwortung für ihr Verhalten überlassen muß.«[5]

Block- und Zellenleiter als unterste »Hoheitsträger« der NSDAP hielten Kontakt zu den Partei-Ortsgruppen, an deren Spitze die Ortsgruppenleiter als Führer standen. 15 bis 20 Parteigenossen bildeten gewöhnlich jeweils den Block, 3 bis 5 Blocks die Zelle der NSDAP, die sich nach der von Hitler in *Mein Kampf* formulierten Vorstellungen im Idealfall aus 500 bis 1000 Anhängern der NSDAP und des Hitler-Regimes zusammensetzen sollte.[6] Während die Blockleiter als »Sachwalter und Ratgeber« fungierten, Mitgliedsbeiträge kassierten, Rundschreiben, Einladungen und Parteischriften und im Kriege teilweise auch die Lebensmittelmarken an die Bevölkerung verteilten, galten die Zellenleiter als eine Art Geschäftsführer, die – im Gegensatz zu den Blockleitern – Mitgliederkarteien führen mußten, um die Entrichtung der jeweiligen Mitgliedsbeiträge überwachen zu können, wie es offiziell hieß. Während des Krieges, der zwangsläufig zusätzliche Aufgaben für alle Funktionäre mit sich brachte, hatten die Zellenleiter »Zellenabende« zu veranstalten und in deren Rahmen beispielsweise über Fragen des Luftschutzes und über die im Laufe der Zeit immer mehr zunehmenden Probleme zu sprechen, die sich aus der gesetzlichen Rationierung der Lebensmittel ergaben. Die Zellenleiter hatten aber auch an der Basis dafür zu sorgen, daß die Parteigenossen ideologisch gefestigt blieben und der Fahne ohne zu murren folgten.

Zwar durften offiziell weder die Blockleiter noch die Zellenleiter politische Führungszeugnisse ausstellen, doch notierten die Zellenleiter gewöhnlich auf den von ihnen geführten Karteikarten, wie sie die Parteigenossen ihres Zellenbereiches beurteilten und wie sie sie während des Krieges gegebenenfalls als »Löschtruppführer«, »Versorgungsleiter« und Führer von Bergungskommandos usw. einsetzen zu können meinten. Da von der Parteikanzlei als zentraler Partei-Führungsinstanz keine einheitlichen und detaillierten Richtlinien für die Gauleitungen, Landesgruppen-, Landkreis- und Ortsgruppenleiter ausgegeben wurden, unterschieden sich die einzelnen Methoden und Maßnahmen, so daß auch auf den untersten Ebenen der Parteihierarchie in entscheidendem Maße vom Einsatz der Funktionsträger abhängig war, was im vorgegebenen Rahmen geschah – und wie es geschah.

Sicherheitsdienst, Sondergerichte und Gestapo

Am 10. Februar 1936, vier Tage vor der Eröffnung der vierten Olympischen Winterspiele in Garmisch-Partenkirchen, beschloß die preußische Regierung das »Gesetz über die Geheime Staatspolizei«.[1] Von nun an wurden, auch offiziell und gesetzlich sanktioniert, »alle staatsgefährlichen Bestrebungen im gesamten Staatsgebiet« nicht mehr nur vom längst in der Berliner Wilhelmstraße 102 etablierten und durch eine Anordnung von Rudolf Heß vom 9. Juli 1934 als einziger politischer Nachrichten- und Abwehrdienst der NSDAP, ihrer Gliederungen und angeschlossenen Verbände eingesetzten »Sicherheitsdienst«[2] erforscht und bekämpft. Diese Aufgabe übernahm nun auch systematisch die staatlich besoldete Geheime Staatspolizei, welche die Ergebnisse der Erhebungen sammelte und auswertete, die Staatsregierung jeweils unterrichtete und die »übrigen Behörden ... auf dem laufenden« hielt und »mit Anregungen« versah, wie es im § 1 des Gesetzes hieß. Die im Gesetz angedeuteten Befugnisse signalisierten der »Gestapo« Möglichkeiten und Vollmachten, um die sie anfänglich von den Polizeibehörden beneidet wurde. Daß die Gestapo laut »Verordnung zur Ausführung des Gesetzes über die Geheime Staatspolizei« die »Zentralsammelstelle für politisch-polizeiliche Nachrichten« wurde und die staatlichen Konzentrationslager zu verwalten hatte, erschien drei Jahre nach Hitlers Machtübernahme noch nicht als besorgniserregend, auch wenn der § 7 der »Verordnung zur Ausführung« des Gestapo-Gesetzes lautete: »Verfügungen und Angelegenheiten der Geheimen Staatspolizei unterliegen nicht der Nachprüfung durch die Verwaltungsgerichte.«[3]

Obwohl die Nationalsozialisten es nach der Ermordung Wilhelm Gustloffs,[4] des Landesgruppenleiters der Schweiz, relativ leicht gehabt hätten, das »Gesetz über die Geheime Staatspolizei« öffentlich zu begründen, zu diskutieren und die innere Zustimmung eines großen Teils der Bevölkerung zu gewinnen, taten sie es nicht. Die Presse schwieg.

Als selbständiger Zweig der inneren Verwaltung (§ 5 der Verordnung) begann die Gestapo sofort und mit Nachdruck einen Staat im Staat zu errichten, wobei letzterer sich in mancher Hinsicht bald in eine ohnmächtige Zuschauerrolle gedrängt sah. Schon in der Ausführungsverordnung vom 10. Februar 1936 hatte es unmißverständlich geheißen: »Die Ober- und Regierungspräsidenten haben den Weisungen des Geheimen Staatspolizeiamts in Angelegenheiten der Geheimen Staatspolizei Folge zu leisten.«[5]

Die Bevölkerung erfuhr von alldem, was bereits seit Jahr und Tag systematisch betrieben worden war, offiziell gar nichts. Selbst maßgebliche Funktionsträger und Spitzenfunktionäre der NSDAP und ihrer Gliederungen hatten gewöhnlich keine Ahnung von der Arbeit des Sicherheitsdienstes (SD) und der Gestapo. So berichtete beispielsweise Adolf Eichmann: 1934 »kamen sehr viele Besucher« zum SD ins »Prinz-Albrecht-Palais«, die teils von Heinrich Himmler selbst, teils von Reinhard Heydrich »und teils von meinem unmittelbaren Vorgesetzten, Sturmbannführer Brandt, geführt wurden; auch Streicher«, der 1946 in Nürnberg gehenkte Herausgeber der pervertiert antisemitisch und übel pornographisch gestalteten Zeitung *Der Stürmer*, besichtigte »unseren Karteikartensaal einmal, und da es zu den beliebten Scherzen gehörte, daß Besucher einen beliebigen Namen nennen durften, der sofort herausgesucht wurde, forderte man auch Streicher dazu auf. Er nannte den Namen seines Adjutanten; als wir die Karteikarte herausgezogen hatten, stellte es sich heraus, daß dieser ein ehemaliger Logenangehöriger war – da brach Streicher die Besichtigung ab.«[6]

Wenn selbst so prominente und »verdiente« Führer-Paladine wie Julius Streicher, der Hitler seit 1922 eng verbundene fränkische Gauleiter, dem Hitler wegen seiner Verdienste um die NSDAP sein Ohr lieh und jahrelang schlimme Eskapaden aller Art und selbst kriminelle Vergehen verzieh,[7] von der Spitzeltätigkeit des SD so überrascht war, daß er, der allen Grund hatte, hellhörig zu sein,[8] nach einer für ihn unangenehmen Mitteilung sich plötzlich »nicht mehr interessiert« an weiteren Informationen zeigte, kann sich jedermann leicht vorstellen, wie detailliert die vom SD gespeicherten Informationen waren.

Abertausende[9] von Beschuldigten wurden von Sondergerichten[10] bestraft, die seit dem 21. März 1933 überall im Reich als neue Form politischer Schnelljustiz ohne Revisionsmöglichkeiten existierten.[11] Zwar sollten die Gesetze und Verordnungen dem Tenor nach lediglich primär Gewalttaten, Sprengstoffanschläge, Attentate und organisierte konspirative Propagandatätigkeiten bestrafen; aber in der Praxis gingen sie grundsätzlich darüber hinaus und erwiesen sich als zuverlässiges Instrument zur Unterdrückung der freien Meinungsbildung. Männer, Frauen und Jugendliche wurden bestraft, wenn sie »abfällige Äußerungen über den Führer und die NSDAP« getan, den Führer »verhöhnt«, »beleidigt«, »beschimpft«, gegen ihn »gehetzt«, ihn »abfällig« kritisiert, »bösartig« oder »verächtlich« geschildert, »verdächtigt«, »verleumdet«, »gehässig geschmäht« und »Witze über ihn« gemacht hatten.[12] Angst begann um sich zu greifen, weil diese Gerichte sich aufwendig mit Lappalien befaßten, die nach dem bis 1933 verbreiteten Politikverständnis oft keines besonderen Wortes würdig waren. Seitenblicke gehörten bei Unterhaltungen bald zum Zeremoniell, an das sich die meisten Deutschen ganz offensichtlich rasch gewöhnten. Die gegen Hitler und das NS-Regime eifrig Material sammelnden illegalen Sozialdemokraten registrierten allein im August 1936 Urteile von Sondergerichten und anderen Gerichten, unter anderem in Kaiserslautern, Pirmasens, Frankenthal, Ludwigshafen, Dortmund, Nürnberg, Weiden, Altona, Neumünster, Darmstadt, Essen, Königsberg in Ostpreußen, Zwickau, Bergedorf,[13] Lüneburg, Köln, Gera,[14] Stettin, Glochau,[15] Goslar,[16] Plauen, Bremerhaven,[17] Braunschweig und Kiel.[18]

Wie harmlos die »Delikte« waren, mit denen sich die Sondergerichte beschäftigten, zeigen zwei Beispiele exemplarisch. Ein Mann aus Frankfurt am Main mußte für sechs Wochen ins Gefängnis, weil er »in einer Apfelweinwirtschaft ein knallrotes Halstuch getragen hatte«.[19] Einem Nürnberger Juden erging es ähnlich. Er »hatte eine dunkelbraune Hose getragen, die der SA-Hose«[20] glich.

Wer Juden beschäftigte und wer als »Arier« sexuellen Verkehr mit Jüdinnen oder mit Frauen jüdischer Abstammung unterhielt, mußte zumindest mit Gefängnisstrafen rechnen. Juden, die mit »Arierinnen« liiert waren, sahen sich, sobald Denunzianten sie anzeigten, wegen »Rassenschande« vor Gerichte gestellt, die sie bestraften.[21]

»Menschen ohne Gewissen«, so bezeichnete die Frankenthaler *NSZ-Rheinfront* vom 2. Juli 1936 die vom Sondergericht verurteilten Mitbürger, die ostentativ verdammt wurden, weil sie den Führer »verunglimpft« oder in anderer Weise die Normen des Regimes verletzt hatten. Fünf Fälle hatte das Frankenthaler Sondergericht allein innerhalb eines Tages verhandelt und abgeschlossen. Zwei Frankenthaler Bürger wurden zu drei Monaten Gefängnis verurteilt,[22] weil sie »einen anstößigen politischen Witz« erzählt hatten. Eine 49jährige Witwe erhielt fünf Monate Gefängnis mit Bewährung, weil sie »verächtliche Äußerungen über den Führer« gemacht und »Greuelnachrichten« verbreitet habe. Acht Monate mußte ein 34jähriger ins Gefängnis, nachdem er das Parteiabzeichen der NSDAP »unberechtigt« getragen und sich durch diese »Hochstapelei« Vorteile verschafft habe. Er »gab (um) seines Vorteiles wegen . . . in einem Anstellungsgesuch an einer Dienststelle an«, so kommentierte die Zeitung das Urteil des Sondergerichts, »er sei Parteimitglied . . . obwohl er der NSDAP nicht angehörte. Als er angestellt wurde, trug er . . . das Parteiabzeichen. Er . . . begründete sein Vorgehen damit, daß er in Not gehandelt habe. Sein Verhalten wurde jedoch durch die Beweisaufnahme als politische Hochstapelei gebrandmarkt.«[23] Überall demonstrierten »Hochstapler« solcher Art, wie nützlich und hilfreich es sein konnte, sich so zu verhalten. »Am 22. Januar 1936 gab sich der 29 Jahre alte . . . Eugen Rillmann . . . im Verlauf einer Unterhaltung als alter Kämpfer aus und fühlte sich auf Grund dieser schwindelhaften Angaben berechtigt, ›Kritik‹ (an den Reichsautobahn-Arbeiten und an Hermann Göring) zu üben.«[24] Sieben Monate Gefängnis waren die Folge.[25]

Sehr viele Deutsche hatten schon 1934, noch zu Lebzeiten des Reichspräsidenten Paul von Hindenburg, die sogenannte »Schutzhaft« und das KZ kennengelernt. Und noch zu Hindenburgs Zeit, am 24. April 1934, beschloß die Reichsregierung auch das Gesetz über den Volksgerichtshof,[26] der zur »Aburteilung von Hochverrats- und Landesverratssachen« gebildet wurde. Wie gegen die Entscheidungen der Sondergerichte keine Rechtsmittel zulässig waren, so war dies auch bei Urteilen des Volksgerichtshofes der Fall.

Was von den Nationalsozialisten bis zu Hindenburgs Tod zuweilen nur »zähneknirschend« hingenommen wurde, die »Beleidigung« des Führers der NSDAP, sollte rasch der Vergangenheit angehören. Allerdings hatten die »Verordnung der Reichsregierung über die Bildung von Sondergerichten« vom 21. März 1933,[27] die »Verordnung des Reichspräsidenten zur Abwehr heimtückischer Angriffe gegen die Regierung der nationalen Erhebung« vom 31. März 1933[28] und das »Gesetz zur Gewährleistung des Rechtsfriedens« vom 13. Oktober 1933, das die Angehörigen der SA, der SS und die Amtswalter der NSDAP rechtlich den Staatsbeamten gleichstellte,[29] schon die Möglichkeit zur Bestrafung von Personen gegeben, die Hitler oder andere NS-Funktionsträger beleidigten oder verächtlich machten. Und das nach Hindenburgs Tod verkündete »Gesetz über die Gewährung von Straffreiheit« vom 7. August 1934, das Straffreiheit »für Beleidigung des Führers und Reichskanzlers«[30] zusicherte, erwies sich nur als propagandistische »Gnadenakt«-Erklärung, die Hitler anläßlich der »Vereinigung des Amtes des Reichspräsidenten mit dem des Reichskanzlers«[31] für besonders wirkungsvoll gehalten hatte.

Schon am 28. Juni 1935 hieß es zur Abwendung »ungerechter Freisprechungen« im »Gesetz zur Änderung des Strafgesetzbuches« wieder: »Wer öffentlich die NSDAP, ihre Gliederungen, ihre Hoheitszeichen, ihre Standarten oder Fahnen, ihre Abzeichen oder Auszeichnungen beschimpft oder böswillig und mit Überlegung verächtlich macht, wird mit Gefängnis bestraft.« Das rund zehn Monate später verkündete »Gesetz über die Gewährung von Straffreiheit« vom 23. April 1936, das »die Beleidigung des Führers und Reichskanzlers und anderer leitender Persönlichkeiten des Staates oder der NSDAP«[32] ausdrücklich als strafbare Handlung hervorhob, bekräftigte nicht nur die vorausgegangenen Strafandrohungen und die Legalität der Strafen, sondern bezeugte zugleich auch, daß die »Beleidigung« Hitlers und seiner Unterführer keine Ausnahmen waren.

Ausdrücklich hoben Pressekommentare zwei Tage nach der Verkündung der Amnestie hervor, daß bestimmte Fälle »nicht ohne weiteres amnestiert«[33] würden. Was darunter zu verstehen war, lag auf der Hand. Und Kommentare wie dieser sprachen für sich: »Die großmütige Behandlung der innenpolitischen Gegner durch den Nationalsozialismus ist ein schönes Zeichen für die Bemühungen des nationalsozialistischen Staates, alle Zwistigkeiten im Inneren endgültig auszuschalten.«[34]

Wer immer Gefahr lief, das Gesetz und seine Kommentare falsch zu verstehen, konnte aus Zeitungsartikeln deutlich herauslesen, was gemeint war. Nicht zufällig stellte beispielsweise die *NSZ* am 25. April 1936 einen Artikel unter der Überschrift »Der anonyme Briefschreiber« neben den Bericht über eine »Amnestie des Führers«. »Gewiß«, hieß es da, »hebt auch er die Hand zum Deutschen Gruß, ohne daß sie verdorrt. Gewiß kommt sogar ›Heil Hitler‹ über seine Lippen, ohne daß ihm die Stimme versagt ... Aber – man muß heucheln. Offen darf man nicht gegen den Strom schwimmen. Das wäre gefährlich und könnte persönlichen oder geschäftlichen Schaden bringen.« Der Autor wußte, worüber er redete: von Opposition, die sich nicht offen zu erkennen gab. »Äußerlich ist man«, schrieb er, so »vollständig gleichgeschaltet. Äußerlich marschiert man im gleichen Schritt und Tritt. Innerlich aber ist der Anschluß nicht gefunden. Der Geist der Verneinung, des blassen Neides, des Stänkerns und kleinlichen Nörgelns, der Mißgunst, der Unzufriedenheit und des Übelwollens herrscht heimlich und versteckt.« Die Zeit, »da jeder ungestraft an allem öffentlich unfruchtbare Kritik üben durfte, sei nun ja ... vorbei«.[35] Nun bliebe den »Nörglern«, die »nicht offen und männlich« für ihre Kritik einzutreten wagten, wohl eben nur noch die verwerfliche Methode des anonymen Protestes. Nicht der Staat, das Regime und seine Gesetze und Maßnahmen wurden angeklagt, sondern es wurde die »Feigheit« derjenigen »angeprangert«, die sich fürchteten, wegen bestimmter Äußerungen ins Gefängnis oder KZ gesteckt zu werden.

Die Pressestelle der Geheimen Staatspolizei stellte die Gestapo im März 1936 als organisierte Politische Polizei und Teil einer »Volkspolizei«[36] dar, deren Aufgabe darin bestünde, Volks- und Parteifeinde ausfindig zu machen und sie daran zu hindern, dem nationalsozialistischen Staat zu schaden. »Wer guten Willens ist, hat nichts zu befürchten«,[37] beruhigte die Gestapo die nicht ohne Grund verängstigte Bevölkerung. »So wird«, erklärte sie beispielsweise, »nach mehreren der Geheimen Staatspolizei zugegangenen Nachrichten geflissentlich die Vorstellung verbreitet, als bediene sie sich der Methoden der mißtrauischen und ängstlichen Bespitzelung aller nur denkbaren Lebensvorgänge, u. a. auch durch wahllose und allgemeine Aufhebung des Post- und Fernsprechgeheimnisses«[38] – was zutraf und nicht nur hinter der vorgehaltenen Hand diskutiert wurde. Schon am 22. Januar 1936 hatte der *Völkische Beobachter* sich veranlaßt gesehen, den »Gerüchten« entgegenzutreten, die über die Geheime Staatspolizei in Umlauf waren. »Im Inland hört das Geraune um die im Hintergrund wirkende ›Macht‹ der Geheimen Staatspolizei nicht auf«,[39] hieß es da, weshalb es sich als nötig erweise, die Aufgaben der Gestapo einmal mehr darzustellen. Sie sei »in erster Linie ein regulärer kriminalpolizeilicher Behördenapparat«, hieß es, »dem die besondere Aufgabe der Verfolgung von Verbrechen gegen den Staat, vor allem die Verfolgung des Hoch- und Landesverrats«, obläge. Die Aufgabe der politischen Polizei bestünde vor allem darin, solche Vergehen und Verbrechen aufzuklären, die staatsfeindlichen Täter zu ermitteln, sie der Bestrafung zuzuführen und derartige Straftaten überhaupt zu verhindern. Beruhigend konnten diese Erklärungen nicht wirken, zumal betont von der »vorbeugenden Bekämpfung« und der »Schutzhaft« als »vorbeugendem Freiheitsentzug« die Rede war. Zwar wiesen die Kommentatoren auf den gesetzlichen Rahmen hin, der Kompetenzüberschreitungen verhindern, zumindest jedoch auf ein Mindestmaß einengen sollte; aber der drohende Unterton war nicht zu überhören, die Auffassung nicht zu leugnen, daß es besser sei, ungesetzliche Maßnahmen seitens der Gestapo in Kauf zu nehmen, als den Staat infolge von Gesetzestreue nicht rechtzeitig geschützt zu haben.

Zwar hatten schon zahlreiche Anordnungen, Verfügungen und Gesetze die spektakuläre Machtübernahme in einigen Ländern des Reiches Anfang März 1933 und das Ermächtigungsgesetz vom 24. März 1933 die traditionelle Rechtssicherheit eklatant in Frage gestellt; aber der in vieler Hinsicht totale Verlust der Sicherheit des Bürgers wurde legal erst mit dem Gesetz über die Geheime Staatspolizei vom 10. Februar 1936 vorbereitet.

Obwohl die Nationalsozialisten ständig behaupteten, daß die Kriminalität seit dem Beginn ihrer Herrschaft erheblich zurückgegangen sei, reichten die Gefängnisse und Zuchthäuser plötzlich nicht mehr aus. Fast täglich berichteten die regionalen Zeitungen über Diebstähle, Unterschlagungen, Sittlichkeitsverbrechen, Morde und Mordversuche. So informierte die *NSZ* beispielsweise ihre Leser am 26. Januar über eine Gerichtsverhandlung im Zusammenhang mit mehreren Knabenmorden, über zwei Diebstähle im Zuchthaus, über die KZ-Einweisung eines arbeitslosen Mannes, der seiner Familie die

Arbeitslosenunterstützung vorenthalten und die Unterstützung eines anderen Arbeitslosen veruntreut hatte. Am 27. Januar waren es ein Landfriedensbruch in einer Irrenanstalt, ein kapitaler Schmuckdiebstahl, am 28. Januar die Ermordung eines Polizisten, ein Lokaltermin in einem lange dauernden Mordprozeß, im Amt begangene Unterschlagungen eines Polizeihauptwachtmeisters, ein jugendlicher Messerstecher, der Mord an einem zehnjährigen Jungen, einige Diebstähle und Jagdvergehen, die die Polizei und die Gerichte beschäftigten.

Ende 1932 hatte die Anzahl der Strafgefangenen in Preußen rund 37000 betragen. Ende 1935 waren es 109000. Im ganzen Reichsgebiet befanden sich zur gleichen Zeit 170000 Personen in Haft, von denen rund 50000 als politische Gefangene anzusprechen waren. Infolge der rapiden Zunahme der Häftlingszahlen mußten neue Gefängnisse und Zuchthäuser errichtet und teilweise sogar Fabriken zu Strafanstalten umgebaut werden. »Eine große Anzahl der in den Wochen in Schutzhaft genommenen Personen«, hieß es am 30. April 1933 offen in der *Berliner Illustrirten Zeitung*, die uniformierte SA-Männer mit gut genährten und ebenso gut gekleideten Oranienburger KZ-Häftlingen beim Appell und bei gemeinsamen »Leibesübungen« zeigte, »sind jetzt in Lagern gesammelt worden.[40] Solche Lager wurden zuerst in Süddeutschland und dann auch in Preußen und Sachsen gebildet. Das württembergische Lager auf dem Heuberg ist ... für 1500 Schutzhäftlinge eingerichtet, das bayerische Lager bei Dachau soll 5000 Häftlinge fassen können. Das Lager von Oranienburg bei Berlin und das sächsische und Hohenstein sind für kleinere Belegschaften bestimmt.« Da das ausgebildete Gefängnispersonal zwangsläufig nicht ausreichte, wurden in den Konzentrationslagern SA-Leute und Angehörige der SS zur Bewachung und Lagerführung eingesetzt. Von ihren Vollmachten überfordert, ließen sie sich nicht selten zu Verhaltensweisen hinreißen, die den Häftlingen das Leben schwer machten. Willkürliche Prügelstrafen und andere Drangsalierungen gehörten so wenig zu den Ausnahmen, daß das Regime sich veranlaßt sah, schönfärberische Berichte über das Leben in den Lagern publizieren zu lassen. Nach ihnen ging es dort zwar straff und diszipliniert, aber immer auch menschenwürdig zu. Politische Gespräche und tägliche Zeitungslektüre, so hieß es, gehörten in den Arbeitspausen zu der Beschäftigung der vor allem von der SA bewachten Häftlinge,[41] die sich nach den – teilweise mit Lobeshymnen bekannter Persönlichkeiten über die Ordnung in den von ihnen besuchten Lagern garnierten – Darstellungen folgender »Dienstordnung« unterworfen sahen: Um 5.30 Uhr wurden sie geweckt. Bis 6 Uhr »bauten« sie ihre Betten nach militärischem Muster. Danach traten sie zum Appell an, reinigten ihre Unterkünfte und begaben sich um 7.30 Uhr zur Arbeit, die um 12.30 Uhr zu der bis 13.30 Uhr währenden Mittagspause unterbrochen wurde. Von 13.30 Uhr bis 16 Uhr wurde exerziert. Dem militärischen »Dienst« folgte der bis 17.30 Uhr andauernde Sport. Um 19 Uhr wurde gegessen. Zapfenstreich war um 21 Uhr. Kein Wunder, daß später, als keinerlei Berichte über die Verhältnisse in den Konzentrationslagern mehr erscheinen durften, viele aber wußten, was in ihnen geschah, meist nur noch ironisch von einstigen »Konzertlagern« gesprochen wurde, wenn die Konzentrationslager aus der Anfangszeit des NS-Regimes gemeint waren. Doch das waren sie niemals.

Nach der Übernahme beispielsweise des Konzentrationslagers Sachsenburg durch die SS berichteten illegale SPD-Genossen im August 1936 heimlich nach Prag: »In das Krankenhaus Chemnitz ... werden Häftlinge aus dem Konzentrationslager ... eingeliefert, die an Händen, Füßen, am Gesäß usw. ganz unglaubliche Verletzungen erlitten haben. An manchen Körperteilen ist das Fleisch wie Schwamm ... Manchen Häftlingen sind innere Organe zerschlagen worden ... Die Verletzten ... werden abgeliefert, als wenn es sich um ... Vieh handelte.«[42]

Von 1933 bis 1939 erließ die Reichsregierung im Zusammenhang mit der Todesstrafe 12 Gesetze und Verordnungen, nach Kriegsbeginn noch einmal 15. Dem »Gesetz zur Gewährleistung des Rechtsfriedens« vom 13. Oktober 1933 folgten – auch dem Titel nach – rund zwei Dutzend andere. Daß sie nicht rein theoretisch gemeint waren, sprach sich schnell herum. Tausende mußten nach Gerichtsurteilen den Weg zum Galgen, zum Schießstand, zum Richtklotz und zur Guillotine gehen.

Nach Angaben der Nachrichtenagentur *Exchange* vom 30. Juli 1945 sind zwischen dem 1. September 1939 und dem 30. November 1944 allein im Rahmen der deutschen Militärgerichtsbarkeit 9413 Offiziere, Unteroffiziere und Soldaten zum Tode verurteilt und hingerichtet worden.[43] Wie viele Zivilisten, Männer, Frauen und Jugendliche von 1933 bis 1945 nach Todesurteilen sterben mußten, ist nicht genau feststellbar. Rund 16000 Todesurteile wurden allein von 1940 bis Kriegsende auf dem »ordentlichen« Rechtswege gefällt und meist auch vollstreckt. 1785 Menschen starben zwischen 1940 und

1945 von der Hand des Henkers in Berlin-Plötzensee. 5212 Todesurteile verhängte bis Ende 1944 der durch Gesetz vom 24. April 1934 ins Leben gerufene Volksgerichtshof. Davon starben 6927 aus politischen Gründen. 3790 waren Widerstandskämpfer ausländischer Herkunft. Die Anzahl der umgebrachten Juden, die seit 1943 nicht mehr auf dem Gerichtswege, sondern durch die Gestapo (ohne Justizurteil) zum Tode verurteilt und ums Leben gebracht wurden, kann überhaupt nicht ermittelt werden. Zwar fand sich am Ende des Krieges in den Trümmern eines Berliner Hauses das sogenannte »Mordregister«, in dem alle seit 1871 in den verschiedenen Strafanstalten vollstreckten Todesurteile in Jahresbänden verzeichnet waren; aber es reichte nur bis März 1945 und war auch sonst nicht vollständig. Nach den Angaben in diesem »Mordregister« wurden bis 1945 mindestens 12212 Menschen durch Justizentscheid zum Tode verurteilt und hingerichtet. Für die Jahre 1935 bis 1939 fehlen im »Mordregister« von insgesamt 926 Namen von Hingerichteten jedoch die Angaben über die ersten 249, für 1941 von insgesamt 858 Personalien der laufenden »Nummern« die Nummern 251 bis 500. Die Jahre 1942 bis 1944 sind vollständig. Für das Jahr 1945 ist die Registrierung wahrscheinlich infolge des Durcheinanders, das in den letzten Kriegsmonaten herrschte, so unvollständig, daß die Angaben keine auch nur einigermaßen verläßlichen Schlüsse zulassen.

Lückenlos vorhanden dagegen sind die Angaben über die in den Jahren 1933 und 1934 vorgenommenen Hinrichtungen. 1934 wurden infolge von Justizurteilen 53 Menschen hingerichtet, 1935 waren es 97, 1936 81, 1937 85, 1938 99, 1939 215. Während des Krieges stieg die Zahl in die Tausende und erreichte 1944 rund 6000 Hinrichtungen.[44] Andere Zahlen enthält die (wie durch ein Wunder erhalten gebliebene) »vertrauliche« Veröffentlichung des Statistischen Reichsamtes über die »Entwicklung der Kriminalität im Deutschen Reich vom Kriegsbeginn bis Mitte 1943«. Dort werden für 1939 173, für 1940 306 und für 1941 533 Todesstrafen registriert. Im »Mordregister« sind es für 1940 675, für 1941 831 und für 1942 2904. Die Zahlen für 1940 und 1941 müssen um je rund 250 erhöht werden, jeweils um die Anzahl der Personen, deren Namen verlorengegangen sind.[45]

Wenn Angehörige von Häftlingen Post aus den Haftanstalten bekamen, hielten sie den Atem an, wenn es sich um offizielle Briefe handelte, die den Stempel der Anstalt als Absender trugen. Angst, Schrecken und Trauer waren meist die Folge; denn gewöhnlich handelte es sich um Kostenrechnungen von Gerichtskassen, die die

Adressaten aufforderten, Beträge zu begleichen, die der Staat »ausgelegt« hatte: Gebühr für Todesstrafe = 300 Mark, Postgebühren = 2,70 Mark, Gebühr für den »Rechtswahrer« = um 80 Mark, Kosten für die Strafvollstreckung = 158,18 Mark, Porto für die Übersendung der Kostenrechnung = 0,12 Mark. Zu diesen 541 Mark kamen die Kosten für die Untersuchungshaft und Straftat, die meist um 200 Mark betrugen. Rund 750 Mark verdiente ein verheirateter Gefängnispfarrer in zwei Monaten.[46]

Die Henker, die nebenbei bürgerlichen Berufen nachgingen, wurden vermögende Leute. Einer von ihnen, Reichart, richtete beispielsweise im April 1943 126, im Mai 1943 91, im Juni 1943 116, im Juli 1943 106, im August 1943 46 und im September 1943 58 Menschen hin, wofür er insgesamt 162 900 Mark erhielt: 300 Mark je Delinquent.

Die Leibesertüchtigung

Anfang Juni 1936, einige Wochen vor den Olympischen Spielen, spielte die Presse die Bevölkerung auf die zu erwartenden Ereignisse ein. Wie in Berlin die Schilder verschwanden, die Juden verboten, bestimmte Orte, Plätze, Lokale, Anstalten und dergleichen zu betreten, so erschienen nun auch die in Berlin erwarteten Neger-Sportler keineswegs mehr als minderwertig. Im Gegenteil. Als »Phänomen aller Phänomene, das eigentlich in einer Sonderklasse starten müßte«, bezeichnete die Presse den amerikanischen Sprinter und Weitspringer Jesse Owens, über den sie schrieb. »Das ist unerreicht.«[1] Die nicht beantwortete Frage, ob »das Berliner Wetter den Negern bekommen« werde,[2] war nüchtern gestellt und erhöhte nur die Spannung auf das Duell der 100-Meter-Läufer, das früh schon unter so reißeri schen Überschriften wie »Schwarz, gelb oder weiß?« oder »Wer gewinnt ... Japaner und Neger stürmen gegen die Weißen an«[3] angekündigt wurde.

Der Sport im internationalen Rahmen erschien in der Presse nicht eigentlich als Wettkampf zwischen Sportlern verschiedener Staatsangehörigkeit, sondern als Kampf zwischen Ländern und Rassen. Der weltbekannte und 1936 tödlich verunglückte deutsche Rennfahrer Bernd Rosemeyer fuhr beispielsweise nicht gegen seinen großen Widersacher, den Italiener Nuvolari, sondern er kämpfte »gegen Italien«.[4] Max Schmeling, von 1930 bis 1932 Box-Weltmeister im

Schwergewicht und »für die nächsten Jahre die Hoffnung der weißen Rasse«, versuchte im Juni 1936 in einem bald legendär gewordenen Kampf gegen den »unschlagbaren« US-Neger Joe Louis »noch einmal ... Europas letzte Chance«[5] wahrzunehmen und sich für einen neuerlichen Titelkampf zu qualifizieren. Nachdem ihm dies mit Bravour gelungen war (die Wetten hatten 11:1 gegen ihn gestanden), drückte Goebbels aus, was der Sport für die Nationalsozialisten zu bedeuten hatte und wes Vehikel er war. »Ich weiß«, telegraphierte er dem deutschen Ex-Weltmeister nach New York, »daß Sie für Deutschland gekämpft haben. Ihr Sieg ist ein deutscher Sieg.«[6] Negative Berichte über Schmeling wurden der Presse untersagt.[7] Frau Schmeling, die populäre Filmschauspielerin Anny Ondra, so erfuhr die Bevölkerung wie aus einem Staatsbulletin, habe den Boxkampf ihres Mannes am Rundfunk inmitten der Familie Goebbels erlebt. Und als Schmeling Ende Juni 1936 mit dem Luftschiff »Hindenburg« als strahlender Sieger aus den USA zurückkehrte, erwarteten ihn an der Grenze des Reiches fünf Jäger der deutschen Luftwaffe, die das Luftschiff als Schmeling-Eskorte bis Frankfurt am Main begleiteten, wo ihn hohe regionale Funktionäre empfingen und zu seinem »Sieg fürs Vaterland« beglückwünschten. In Berlin, wohin er anschließend mit einem Sonderflugzeug geflogen war, das Goebbels ihm zur Verfügung gestellt hatte,[8] wurde er auf dem Flugplatz Tempelhof vom SA-Obergruppenführer Brückner als »Stellvertreter des Führers« empfangen, vom Staatssekretär Funk als Vertreter der Reichsregierung und des Reichspropagandaministers, von einem Vertreter des Reichssportführers und von weiteren hohen und höchsten Funktionsträgern von Partei und Staat.[9]

Daß die körperlichen Voraussetzungen prinzipiell vor den charakterlichen Eigenschaften, geistigen Fähigkeiten und sittlich-politischen Auffassungen rangierten, erfuhren die Kinder spätestens, sobald sie höhere Schulen besuchten. »Jugendliche, die eine dauernde Scheu vor Körperpflege zeigen und dieses Verhalten trotz aller Erziehungsversuche nicht ablegen, werden von der höheren Schule verwiesen«, hieß es im Erlaß des Reichserziehungsministers Rust vom 27. März 1935, der fortfuhr: »Ebenso führt ein dauerndes Versagen bei den Leibesübungen, das sich vor allem im Mangel an Willen zu körperlicher Härte und Einsatzbereitschaft äußert, zur Verweisung, wenn nicht Amtsarzt und Sportlehrer ein Verbleiben befürworten.« Die nationalsozialistische Leibeserziehung dürfe nicht da anfangen, wo die Griechen aufhörten, nicht beim Geist, sondern bei der »eingeborenen Art Physis«, weshalb der erste Grundsatz des neuen Gemeinlebens »die Reinerhaltung der Art«[10] sei, lehrte 1936 Alfred Bäumler, der Hochschullehrer für politische Pädagogik an der Berliner Universität. Angestrebt wurde nicht eine Philosophie des Geistes, sondern eine Philosophie der Kraft, die zum Grundbegriff des »neuen Zeitalters« werden müsse, das erst »da« wäre, »wenn einmal die Turnplätze Mittelpunkte des Staates« seien.[11]

Als Leitmotiv der Leibesübungen galt die »Kraft«, so daß die Leibeserziehung schließlich sowohl zur Darstellung als auch als Stimulans einer gezielten rassisch-nationalen Kraftentfaltung gesehen werden mußte. Wie der Führer »in einer Weltstunde von seltener Härte« stünde,[12] so müßte jedermann, wie schon 1934 argumentiert wurde, auf alle persönlichen Freiheiten verzichten und sich bedingungslos in den Dienst des Ganzen stellen. So wurden denn auch sportliche Leistungsprüfungen nicht erst seit dem 24. Februar 1936, seit Hitler öffentlich erklärt hatte, daß sie »entscheidende Zielpunkte auf Dauer« seien und »im Volk . . . ihre Erfüllung zu finden« hätten,[13] als besonders erstrebenswert angesehen.

»Du bist nichts, Dein Volk ist alles«, galt auch hier als oberste Maxime. Leibesertüchtigung zur Befriedigung individueller Bedürfnisse mußte als ein unverantwortlicher Luxus erscheinen, der nach der Auffassung der nationalsozialistischen Sport-Pädagogen und -Theoretiker mit dem 19. Jahrhundert als überwunden galt. So wurde auch konsequent darauf hingewiesen, daß es der körperliche Einsatz der Nationalsozialisten gewesen sei, der die allgemeinen »Bedingungen für den politischen Sieg des Nationalsozialismus im Innern«[14] geschaffen habe. Richtungweisender Lehrsatz blieb: Die »deutsche« Erziehung »kann auf gar keine anderen Werte gegründet werden als auf die, die in der Kampfzeit den Sieg errungen haben«.[15] Als Ludwig Mester von der Weilburger Hochschule für Lehrerbildung ein Jahr nach Kriegsbeginn davon sprach, daß das »innere Gesetz«, nach dem die Leibeserziehung seit 1933 in der Schule gestaltet worden sei, genau dem entspräche, was »der deutschen Volksordnung im großen ein neues Gepräge gegeben« habe,[16] wußten nicht nur seine Studenten, was gemeint war.

Spätestens seit 1934 stand für die Nationalsozialisten fest, daß die Leibeserziehung »als eines der wichtigsten Lebensgebiete des deutschen Volkes von der nationalsozialistischen Revolution scharf angefaßt und vor der . . . Versumpfung gerettet worden« sei,[17] so daß es künftig nur noch heißen könnte: »Weder ›Turnen‹ noch ›Sport‹, noch ›Gymnastik‹ ... Sie haben ihre Waffen einem kampfgewandteren, einem mit weiterem Blick und klaren Befehlen fechtenden politischen Nachfolger übergeben: der nationalsozialistischen Leibeserziehung.«[18] Die unbestrittene Kontinuität dieser Auffassungen läßt an dieser Stelle weitere Äußerungen als überflüssig erscheinen.

Erfolge im Ausland und Reaktionen im Inland

Hitler und seine Funktionsträger vermochten ihre »Friedensliebe« und ihre Bereitschaft zum internationalen politischen Engagement ohne Waffeneinsatz so glaubwürdig zu heucheln, daß nicht nur ein Großteil der Deutschen ihnen glaubte. Geschickt wurden in der Presse Stimmen ausländischer Prominenz zitiert und kommentiert, die dem NS-Regime nützten. So berichtete beispielsweise die englische Presse im Februar 1936 über den Deutschland-Besuch des britischen Ex-Luftfahrtministers Lord Londonderry, der Hitlers Volkstümlichkeit, Kühnheit und Vaterlandsliebe rühmte, seine Aufbau-Leistungen lobte und hervorhob, daß »Deutschland keine feindlichen Gefühle gegenüber Frankreich« hege und England nicht bedrohe, auch wenn es unter »Verletzung des Versailler Vertrages eine Luftstreitkraft« aufgebaut habe.[1] Die deutsche Presse ließ es ihre Leser wissen. Eine Woche später lasen sie, daß der französische Schriftsteller Bertrand de Jouvenel, der Hitler in Frankreich sehr nützlich war, in *Paris-Midi* ein Interview mit Hitler veröffentlicht hatte, in dem der Führer und Reichskanzler seinen Friedenswillen besonders prononciert betonte. »Ich weiß, was Sie denken«, hatte Hitler provozierend gesagt und erklärt: »Sie meinen: Hitler macht uns Friedenserklärungen, ist er aber wirklich aufrichtig?« Dann hatte er dem Franzosen empfohlen, die »berühmte französische Logik« anzuwenden und sich doch einmal zu fragen, was wohl das »Vorteilhafteste« für Deutschland wäre. Seine eigene Antwort: »... dieses Vorteilhafteste (ist) der Friede ... Ich will ... meinem Volk beweisen, daß der Begriff der Erbfeindschaft zwischen Frankreich und Deutschland ein Unsinn ist.«[2]

Auf seine Darstellungen in seinem Buch *Mein Kampf* angesprochen, das ab 1. Mai 1936 allen Brautpaaren von den Standesbeamten als Geschenk überreicht wurde, soweit die Gemeinden sich diese Ausgaben leisten konnten, entgegnete Hitler diplomatisch geschickt: »Als ich dieses Buch schrieb, war ich im Gefängnis. Es war die Zeit, als die französischen Truppen das Ruhrgebiet besetzten. Es war im Augenblick der größten Spannung zwischen unseren beiden Ländern ... Ja, wir waren Feinde, und ich stand zu meinem Land.«[3] Daß dies nicht stimmte, ist offenbar niemandem aufgefallen. Nicht im Januar 1923, als belgische und französische Truppen das Ruhrgebiet besetzten, hatte er damit begonnen, das Buch zu diktieren, sondern erst Anfang 1924. Gelogen war auch, daß er während der Ruhrbesetzung zu seinem Land gestanden hatte. Tatsache war, daß er die Ruhrbesetzung 1923 geradezu frohlockend begrüßt hatte. Er war zu der Zeit davon überzeugt gewesen, daß es eine günstigere Situation zum Sturze der nach seiner Auffassung »Landesverrat«[4] treibenden Reichsregierung, der »Novemberverbrecher«, bis dahin kaum gegeben habe. Niemals vorher hat er so ostentativ demonstriert wie gerade während der Ruhrkampagne, daß er andere Wege gehen wollte als andere Politiker in Deutschland. Während der bayerische Ministerpräsident von Knilling, der Landtagspräsident Königbauer, Professor Bauer, Pater Mayer und Sanitätsrat Dr. Pittinger in Bayern dazu aufriefen, den »französischen Imperialismus« zu bekämpfen, die national gesinnte deutsche Bevölkerung am offiziell angesetzten »Trauertage« nachdrücklich demonstrierte, daß sie die französisch-belgische Aktion mißbilligte – und bereit war, sich hinter die Regierung zu stellen, schwieg der wortgewaltige Führer der Nationalsozialisten.

Hitler scheute sich 1923 nicht, offen auszusprechen, welches Ziel er verfolgte und welche Chance er für sich und seine Partei in dieser Situation erblickte. So sagte er zum Beispiel am 11. Januar 1923 während einer Versammlung im Münchner Zirkus Krone: »Nicht nieder mit Frankreich, sondern nieder mit den Novemberverbrechern.«[5] Und auch in *Mein Kampf*, wo er die Ruhrbesetzung als eine »für Deutschland ... große, entscheidende Schicksalsstunde«[6] und als »die unendlich verheißende Möglichkeit zur Beendigung des deutschen Leidens überhaupt«[7] darstellte, schrieb er noch: »Allein nicht nur außenpolitisch, sondern auch innenpolitisch war für Deutschland der Ruhreinfall der Franzosen von größter Zukunftsmöglichkeit.«[8]

Hitlers Anhänger und Verbündete waren 1923 von der Haltung des Führers der NSDAP verblüfft gewesen. Zu ihrer Konsternierung hatte er bekanntgegeben, daß er jeden Parteigenossen aus der NSDAP ausschließen würde, der sich am aktiven Widerstand beteilige.[9] Einige Mitglieder »meuterten«. Hitler ließ ein als »Schwarze

Liste« gekennzeichnetes Heft anlegen,[10] in dem die Mitglieder handschriftlich aufgezeichnet wurden, die protestierten und aus der Partei ausscheiden mußten. Von den insgesamt 126 Partei-Mitgliedern, die schließlich auf der Schwarzen Liste standen, hatten sich 50 der »Meuterei«, der »Quertreiberei«, der Spitzelei und des Verrats schuldig gemacht.

Während der Ruhrbesetzung kam Hitler offen in Verruf, für die von ihm verfochtene reichsfeindliche Haltung, die ihren Ausdruck nicht nur in seinen Haßtiraden gegen die Berliner Reichsregierung fand, von französischer Seite bezahlt worden zu sein.[11]

»Von politischer Bedeutung ist«, schrieb die *Münchner Post* am 9. Februar 1923, »daß Frankreich die nationalsozialistische Partei in München mit großen Geldmitteln gefördert hat, die moralische Einheitsfront aller Deutschen in der Frage der Ruhrbesetzung von hinten zu erdolchen.« Allerdings konnte nicht zweifelsfrei und detailliert belegt werden, daß Hitler und der NSDAP tatsächlich französisches Geld zugeflossen sei. Hitler selbst protestierte gegen Vorwürfe und Anschuldigungen, Geld von Frankreich angenommen zu haben.[12] Als von der *Münchner Post* am 29. Januar 1923 gegen Hitler und die NSDAP der Vorwurf erhoben worden war, während der Ruhrbesetzung von Frankreich mit Geld unterstützt worden zu sein, hatte er erklärt, daß er »jede dahin zielende Behauptung als eine niedrige Verleumdung« bezeichne. Doch später in Landsberg behauptete er in *Mein Kampf* durchsichtig, daß es »aus nationalen Interessen nicht zweckmäßig« sei, in der »Öffentlichkeit darüber zu reden oder zu schreiben«.[13] Man dürfe vorerst nicht mehr darüber verlauten lassen, als die Öffentlichkeit ohnehin bereits durch die »öffentlichen Verhandlungen« erfahren habe. Sicher ist: Hitler und der NSDAP sind beträchtliche Summen aus der Ruhrspende zugeflossen.[14] Sie förderten den Ausbau und die Ausrüstung der SA[15], die während der Ruhrereignisse einen erheblichen Aufschwung erlebte, obwohl sie sich auf Hitlers Weisung nicht am aktiven Widerstand beteiligen durfte. Die 1932 von Berliner Universitäts-Professoren formulierte Behauptung, daß Hitler für jede Tonne Ruhrkohle, die 1923 nach Frankreich transportiert wurde, nachweislich 0,20 Mark erhalten hätte,[16] ist in Deutschland nach 1945 durch Unterlagen nicht zu belegen. Und zu beweisen ist auch nicht, daß Hitler in jedem Falle über die Herkunft der finanziellen Zuwendungen differenziert informiert gewesen ist. So erklärte beispielsweise der Kapitänleutnant a.D. Richard Wenig im Pittinger-Prozeß im Oktober 1923, als

Dolmetscher bei Gesprächen zwischen Gustav von Kahr[17] und Edmund Dene Morel, dem britischen Labour-Abgeordneten und Herausgeber der *Foreign Affairs*, fungiert zu haben, wobei Morel unter Berufung auf ein französisches Kabinettsmitglied darauf hingewiesen hätte, daß Hitler französisches Geld bekäme.

Wie es sich auch immer im Zusammenhang mit »dem Geld aus Frankreich« für die NSDAP im Detail verhalten haben mag: Hitler stand 1923 während des Ruhrkampfes abseits. Er demonstrierte offen, daß es ihm nicht um den Zusammenschluß aller nationalen Kräfte zur Unterstützung der Reichsregierung ging. Ohne Umschweife gab er zwei Jahre später auch zu, daß er in dieser Krise den »marxistischen Landesverrätern und Volksmördern endgültig das Handwerk«[18] habe legen wollen. Er, der den Marxismus als ein jüdisches Instrument zur Vorbereitung der jüdischen Weltherrschaft im Sinne der in den angeblichen *Protokollen der Weisen von Zion* enthaltenen Erklärungen darstellte, formulierte im Zusammenhang mit der Ruhrbesetzung in *Mein Kampf*: »Hätte man zu Kriegsbeginn und während des Krieges einmal zwölf- oder fünfzehntausend dieser hebräischen Volksverderber . . . unter Giftgas gehalten . . . dann wäre das Millionenopfer der Front nicht vergeblich gewesen.«[19]

Ob es 1936 allerdings etwas genützt hätte, Hitlers Darstellung zu korrigieren, ist fraglich. Seine Äußerungen über seinen Friedenswillen wurden von der deutschen Presse so aufwendig als »Appell an die Vernunft«[20] der Franzosen bezeichnet, daß ihm zu seiner Zeit sicherlich auch kritische Beobachter einen grundlegenden Meinungswandel attestiert haben.

»Die Worte, die Adolf Hitler in seiner Unterredung mit Bertrand de Jouvenel an die französische Nation gerichtet hat«, hieß es beispielsweise am 9. März 1936 auf der Titelseite der *NSZ-Rheinfront*, »haben im französischen Volk ein Echo gefunden, wie es dieser ehrliche und leidenschaftliche Appell verdient.« Den Lesern wurde erklärt, daß französische Politiker und Journalisten festgestellt hätten, wie richtungweisend Hitlers Friedensbekundungen gewesen seien, die »endlich« eine »Herstellung besserer Beziehungen« als geboten erscheinen ließen. Weder Hitlers Behauptung über sein Verhalten während des Ruhrkonflikts noch seine außenpolitischen Zielsetzungen wurden einer Kritik unterzogen.

Außenpolitische Erfolge des NS-Regimes hatten die Bevölkerung 1936 wechselhaft beeindruckt. Da waren am 7. März die deutschen Truppen nach der »Aufkündigung« des Locarno-Vertrages vom Oktober 1925 in das Rheinland einmarschiert, das infolge von Bestimmungen des Versailler Vertrages entmilitarisiert worden war. Am 11. Juli waren der deutsch-österreichische Vertrag[21] zustande gekommen und 14 Tage später deutsche Soldaten zur Unterstützung Francos in dessen Bürgerkrieg gegen die »Roten« entsandt worden.[22] Der deutsch-italienische Vertrag (»Achse Berlin-Rom«) vom 25. Oktober und der Antikominternpakt[23] zwischen Japan und Deutschland vom selben Tage gehörten zu den weiteren bemerkenswerten Stationen von Hitlers Außenpolitik. Und schließlich hatten im August die Olympischen Spiele stattgefunden, deren politische Bedeutung für sich sprach.

Das Regime hatte einiges investiert. Die Bevölkerung bekam es bald zu spüren. Daß sie ihren Unwillen ausgerechnet während der Olympischen Spiele zeigen könnte, wie es vereinzelt geschah, war von den Nationalsozialisten offenbar nicht eingeplant worden. Die oppositionellen Kräfte dagegen rechneten mit den zahlreichen Ausländern, die sie als Schutz für ihre ungewöhnlichen Maßnahmen »vor den Augen der Welt« zu nutzen trachteten. So kam es, daß die Polizei, die Gestapo und der SD Geschehnisse registrieren mußten, die der grandios zur Schau gestellten Zufriedenheit, Begeisterung, Regimetreue und Zuversicht hohnsprachen. In München gingen beispielsweise acht Tage nach der Eröffnung der Spiele primitiv vervielfältigte Flugblätter pazifistischen Inhalts mit der Unterschrift »Das sozialistische Weltgewissen« von Hand zu Hand, auf denen die Beseitigung des »Hitlerismus« und der »Kriegshetzer« gefordert wurde. Durch die im August im Reich herrschende Situation ermuntert, streikten Arbeiter, die sich über Mißstände beklagten und Abhilfe forderten. Die Folge waren scharenweise Festnahmen, die der Öffentlichkeit allerdings verheimlicht wurden. Selbst Reichsminister Hjalmar Schacht, der sonst über einen bemerkenswerten Beliebtheitsgrad in der Bevölkerung verfügte, mußte sich Mißfallenskundgebungen gefallen lassen, als er vor MAN-Angehörigen in Augsburg sprach und sie angesichts der als unbefriedigt angesehenen Versorgungssituation zu größeren Kraftanstrengungen aufforderte.

Zwar verhinderte die Preisstop-Verordnung vom 26. November 1936 und deren Überwachung durch Preiskommissare ein allgemeines offenes Ansteigen der Preise für Lebensmittel im Kleinhandel; aber es kam zu Engpässen in der Versorgung, zu bäuerlichem Boykott gegen Lieferverpflichtungen von Milch,[24] zu unerlaubten Schwarzgeschäften mit Butter, zu Qualitätsverschlechterungen und zu einer Reihe von Gerichtsverfahren, die sich mit Verstößen gegen die Preisbindung befaßten. Die Preise für Fleisch- und Wurstwaren, für tierische Fette, Gemüse, Hülsenfrüchte, Brotgetreide, Weizenprodukte, Reis, Kokosfett und Eier stiegen trotz aller Kontrollen ständig. Zahlreiche Produzenten, vor allem Metzger und Bäcker, die ihre Preise konstant hielten, manipulierten ihre Waren, so daß Beschwerden an der Tagesordnung waren. Verschiedentlich, so etwa in Berlin, blieben die genehmigten Preise jeweils 10 bis 14 Tage auf dem gleichen Stand. Dann zogen sie an, und neue »Preisfestsetzungen« legalisierten sie bis zur nächsten Erhöhung.

Daß das Regime sich übernommen hatte, wußten nur sehr wenige. Im ganzen Volk dagegen grassierte (in grenznahen Gebieten bereits seit Frühjahr 1936) die Angst vor einem nahe bevorstehenden Krieg, die durch die Musterungen junger Männer für den Militärdienst,[25] Gestellungsorder für Kraftfahrzeuge und die noch frische Erinnerung an Mobilmachungsfälle während der Rheinlandbesetzung, an die Entsendung deutscher Soldaten nach Spanien und an die Verträge mit Italien und Japan noch verstärkt wurde. »Insbesondere wird die Entwicklung der Außenpolitik von der Bevölkerung mit wachsender Unruhe verfolgt«, hieß es beispielsweise im März 1936 im Monatsbericht des in der Fränkischen Schweiz gelegenen Bezirksamts Ebermannstadt, dessen Berichterstatter fortfuhr: »Man hört allenthalben von einer ›Einkreisung Deutschlands‹ sprechen und kann verschiedenfach feststellen, daß eine gewisse Angst vor einem ... nahegerückten Krieg in der Bevölkerung auftaucht.«[26]

Daß die Psychose unter der ländlichen Bevölkerung an der tschechoslowakischen Grenze besondere Formen annahm, hing nicht zuletzt mit der Tatsache zusammen, daß dort auf Veranlassung militärischer Dienststellen die Grundstücke neu geschätzt und registriert wurden.

Seit sich noch Ende 1936 überall herumgesprochen hatte, daß deutsche »Freiwillige« in Spanien »gestorben« seien, gesellte sich zu der Angst vor einem Krieg, an dem Deutschland maßgeblich beteiligt sein würde, ein Mißtrauen gegenüber den Veröffentlichungen des Propagandaministeriums, der Deutschen Nachrichten-Büros und der Presse, das die Beruhigungsreden der Funktionäre zwangsläufig in einem negativen Licht erscheinen lassen mußte. Für die ständig um die Hebung ihres Ansehens bemühten Funktionsträger der NSDAP waren dies keine guten Zeiten, zumal vielen von ihnen immer noch Unterschlagungen und Veruntreuungen anderer Art nachgesagt und teilweise auch nachgewiesen wurden.[27] Viele von ihnen, hauptsächlich Kreisleiter, zogen sich zurück und warteten beobachtend ab, wie sich die Dinge entwickeln würden. Bemerkenswert negativ für das Regime war zu der Zeit auch die Haltung vieler Betriebsvertrauensleute, auf deren Hilfe die NSDAP setzte. Sie schwiegen vielfach, wenn unter den Arbeitern heimliche Agitatoren um Sympathie für den Kampf der spanischen Volksfront-Regierung gegen Franco und dessen Helfer Hitler und Mussolini warben, und sie verzichteten ebenso erwiesenermaßen häufig darauf, die Gegner des Regimes zu denunzieren.

Zwar bemühte sich die Propaganda, durch die im November 1936 im Deutschen Museum in München angelaufene »Antibolschewistische Schau«[28] und durch zahllose »Lehr«-Veranstaltungen über den Bolschewismus als »Weltfeind Nr. 1« den Blick der Bevölkerung von den aktuellen Problemen abzulenken; aber dies gelang nur in geringem Maße, zumal der Mangel an Rohstoffen wie Holz, Papier, Gummi, Mineralölen und Farben im eigenen Land nicht wegdiskutiert und auch durch die Ende November 1936 im ganzen Reich angelaufenen Altmaterialsammlungen nicht beseitigt werden konnte.[29] Trotz kostenloser Eintrittskarten für die Schau lehnten Arbeiter es ab, die Veranstaltung zu besuchen. Mit dem Argument »Das Sowjetparadies haben wir hier«,[30] berichtete die Gauverwaltung der Deutschen Arbeitsfront für die Bayerische Ostmark im April 1937, hätten Arbeiter die Eintrittskarten zerrissen und weggeworfen und »selbst« den Reichsleiter Robert Ley beleidigt.

Das Hitler-Regime taumelte noch so hektisch und unsicher zwischen emphatischen Zukunftserklärungen und verzweifelten Versuchen einher, die prophezeite neue Ordnung und das neue Bewußtsein zu realisieren, daß politisch Andersdenkende der Meinung waren, der »braune Spuk« werde sich selbst die Existenzgrundlage entziehen und von der Bildfläche verschwinden. »Man weiß«, schrieb 1936 beispielsweise Thomas Manns Bruder, der links orientierte Dichter Heinrich Mann, »daß der Nationalsozialismus eine leere Ausrede ist, vorgebracht, nur damit noch fünf Minuten lang die fällige Neuordnung der Gesellschaft nicht vorgenommen werden muß. Der Nationalsozialismus und sein Reich füllen mit üblen Nebensachen eine Pause aus. Nichts Wesentliches oder auch nur Richtiges geschieht, solange sie da sind. Einmal beseitigt, werden der Nationalsozialismus und sein Reich überhaupt nicht dagewesen sein.«[31] Daß diese auch nicht eben realistische Behauptung von einem so bedeutenden Schriftsteller formuliert werden konnte, lag sicherlich nicht allein daran, daß er in Paris lebte, wo auch die nach dort emigrierten Sozialdemokraten die Auffassung verfochten, daß Hitler und sein Regime bald in der Versenkung verschwinden würden.

Die Anfang 1937 eingeführten Bezugskarten für Fett schürten noch einmal den Mißmut der Bevölkerung, die in dieser notwendig gewordenen Rationalisierungsmaßnahme den Beginn einer Zwangsbewirtschaftung aller wichtigen Lebensmittel erblickte. Die sich augenblicklich ausbreitende Befürchtung, daß »die Zeiten« nun doch nicht besser, sondern eher schlechter werden würden, initiierte neue Klagen. Die in der Textilindustrie tätigen Arbeiter beschwerten sich über zu niedrige Löhne,[32] zu hohe Abzüge und zu lange Arbeitszeiten, während viele Unternehmer nach einem Verbot riefen, das ihren Beschäftigten die Abwanderung in die bessere Löhne zahlende Rüstungsindustrie untersagen sollte.

Was die deutschen »Freiwilligen« in Spanien als aufsehenerregende Siege an ihre Fahnen hefteten, gab in ihrer Heimat vielfachen Anlaß zu Debatten und nicht zuletzt auch zu Strafmaßnahmen. Wer beispielsweise überführt werden konnte, den Moskauer Sender mit seinen Berichten über den spanischen Bürgerkrieg »abgehört« zu haben, hatte sich der Vorbereitung des Hochverrats schuldig gemacht. Allein im März 1937 meldete die Münchener Staatspolizei-Leitstelle, daß im Vormonat gegen 47 Kommunisten und 11 Sozialdemokraten wegen Vorbereitung zum Hochverrat Strafverfahren eingeleitet worden seien. Und dies war keine Ausnahme. Von März 1933 bis zum 30. Juni 1937 wurden in Bayern insgesamt 26926 Personen in Schutzhaft genommen und 25439 aus der Haft entlassen. 1487 bayerische Schutzhäftlinge, davon 1146 im Konzentrationslager in Dachau, 304 in Gerichts- und Polizeigefängnissen und 37 im Frauenschutzhaftlager in Mohringen, sahen sich im Juni 1937 (neben 349 außerbayerischen Schutzhaftgefangenen, 92 Schutzhäftlingen aus dem Regierungsbezirk Pfalz, 230 zur Zwangsarbeit verurteilten Gefangenen und 93 als Bettler und Landstreicher klassifizierten Häftlingen im KZ Dachau) ihrer Freiheit beraubt.[33]

Einstige Mitglieder von Arbeiter-Turn- und Sportvereinen der SPD und KPD improvisierten vereinzelt und heimlich neue konspirative Zirkel und verbreiteten gelegentlich Flugblätter, die nationalsozialistisch eingestellte »Volksgenossen« allerdings häufig bei der Polizei oder bei Parteidienststellen ablieferten. »Die Bevölkerung gab« in einem solchen Falle, berichtete der Regierungspräsident von

Ober- und Mittelfranken Anfang März, »einen schönen Beweis ihrer politischen Zuverlässigkeit: innerhalb weniger Stunden nach Empfang durch die Post gaben etwa 20 Personen« die Flugblätter »bei der Polizei oder der Kreisleitung ab«.[34]

Vielfach klagten ungeduldige NS-Funktionäre, auch Mitte 1937 noch, daß es »noch immer Marxisten« gebe, die »das nationalsozialistische Deutschland« bekämpften. Auffallend ist indes, daß es sich bei den »staatsfeindlichen Aktionen« zu dieser Zeit in der Regel lediglich um »Maßnahmen« oder Äußerungen Einzelner handelte, die vorsichtig nach Kontakten mit Gleichgesinnten suchten und Nebensächlichkeiten hochspielten. Ganz allgemein konnten die Nationalsozialisten mit der Stimmung der Bevölkerung im Sommer 1937 durchaus zufrieden sein. Wie Berichte der Polizei, des SD und der Gestapo bezeugen, verrieten oder offenbarten beispielsweise Kommunisten hie und da ihre Gesinnung nur noch, wenn sie betrunken oder angetrunken waren.

Besorgt dagegen mußten die Funktionsträger der NSDAP und des Regimes seit dem Spätjahr 1936 nicht nur die Rohstofflage beobachten. Hatten sich die Sorgen der Industrie und des Handwerks anfänglich vor allem um die Auftragsbeschaffung gedreht, so waren ihre Probleme jetzt ganz anderer Natur: Es fehlten Rohstoffe und Arbeitskräfte. Daß infolge des Rohstoffmangels gelegentlich Kurzarbeitszeiten eingeführt und zwangsweise Arbeitsplatzwechsel mit Aufenthalts- und Wohnungswechsel vorgenommen werden mußten, trug zwar nicht dazu bei, das NS-Regime als bestes aller politischen Systeme anzusehen; aber die Grundhaltung der Arbeiter- und Handwerkerschaft war bereits soweit positiv auf Hitler fixiert, daß derartige Unannehmlichkeiten bei allem verbotenem Murren keine gravierenden Einbrüche mehr auslösen konnten.

Der »Anschluß« Österreichs

Österreich, das sich durch das Lausanner Protokoll vom 15. Juli 1932 – trotz heftiger nationaler Proteste – verpflichtet hatte, bis zum Jahre 1952 auf eine wirtschaftliche oder politische Union mit dem Reich zu verzichten, nachdem ihm 300 Millionen Schillinge Völkerbundanleihe zugestanden worden waren, erschien vielen deutschen und österreichischen Nationalsozialisten »verwaist« und in jeder Hinsicht eigentlich zum Reich gehörend. Nach der Gründung der

Vaterländischen Front,[1] dem Verbot der Nationalsozialistischen Partei in Österreich,[2] der Entscheidung des österreichischen Bundeskanzlers Engelbert Dollfuß für Italien als außenpolitischem Partner, dem nationalsozialistischen Putsch in Österreich und der Ermordung des Bundeskanzlers im Juli 1934,[3] schien es jedoch ausgeschlossen, auch nur freundschaftliche deutsch-österreichische Beziehungen zu schaffen, zumal Italien während des Putsches Truppen an der Brenner-Grenze zusammengezogen hatte, was Hitler hinderte, seine österreichischen Parteigänger militärisch zu unterstützen. Goebbels interpretierte deshalb Mitte 1936 das am 11. Juli dieses Jahres auf Betreiben des deutschen Botschafters Franz von Papen in Wien nach beharrlichen Vorbereitungen abgeschlossene deutsch-österreichische Gentleman-Agreement auch nicht zufällig als »Voraussetzung für einen 30. 1. 1933«[4] in Österreich. Papens Rat folgend, daß diese Stunde psychologisch so lange vorbereitet werden müsse, bis sie – je nach Lage der europäischen Machtkonstellationen – machtpolitisch herbeigeführt werden könne, erließen Hitler und Goebbels entsprechende Richtlinien, was die ungeduldigen österreichischen Nationalsozialisten nur widerwillig akzeptierten.[5] Da Papens Erfolg von 1936 durchaus ein Markstein auf dem Wege zum diskutierten Endziel war, weil Österreich dadurch aus der zunehmenden Isolation befreit, von Italien, Frankreich und England entfernt und dem Reich näher gebracht wurde, ließ Goebbels das Agreement von der deutschen Presse freundlich begrüßen und als Faktor zur Stabilisierung der Politik in Europa darstellen. Österreich wurde fortan als »Brudervolk« bezeichnet und von Deutschland und Österreich künftig als vom »deutschen Volke in zwei Staaten« gesprochen.

Nachdem als sicher galt, daß Mussolini stillhalten und auch die Westmächte die Waffen ruhen lassen würden, wagte Hitler im Frühjahr den spektakulären Schritt, von dem er jahrelang geträumt hatte.

Am 12. Februar 1938 war der österreichische Bundeskanzler Kurt von Schuschnigg mit Hitler, von Ribbentrop und Keitel auf dem Obersalzberg bei Berchtesgaden zusammengetroffen, um den deutschen Führer und Kanzler zur Mäßigung zu bewegen. Doch Hitler war nicht bereit gewesen, seinem Landsmann entgegenzukommen. Überheblich und in äußerst rüdem Ton hatte er ihm, gegebenenfalls militärische Aktionen gegen Österreich andeutend, eine Vereinbarung aufoktroyiert, die nicht nur Schuschniggs Parteigänger in

Österreich als Kapitulation bezeichneten. Schuschnigg hatte zugestimmt, die österreichischen Nationalsozialisten in ihrer Tätigkeit nicht zu hindern, sie an der Regierung zu beteiligen und ihnen, mit Arthur Seyß-Inquart als Ressortchef, das Innenministerium und damit die Polizeigewalt zu übertragen. Doch Hitler, nicht erst seit Juli 1934 daran interessiert, auch in Österreich Politik zu machen und Wien für das Reich zu gewinnen,[6] war nicht zufrieden gewesen. Wie fast immer bei Entscheidungen und Festlegungen, so hatte er jedoch auch jetzt einige Zeit verstreichen lassen und war am 20. Februar mit seinem wirkungsvollsten Führungsmittel an die Öffentlichkeit getreten: mit einer Rede. Daß der österreichische Rundfunk diese vereinbarungsgemäß übertrug, hatte er zu nutzen gewußt. Wer erwartet hatte, daß er die Unabhängigkeit Österreichs garantieren würde, wurde enttäuscht. Hitler sah sich als Schutzherr auch der in Österreich und in der Tschechoslowakei lebenden Deutschen und erklärte unter anderem: »Die staatsrechtliche Trennung« vom Reich »kann nicht zu einer volkspolitischen Rechtlosmachung führen, d.h., die allgemeinen Rechte einer völkischen Selbstbestimmung ... können nicht einfach mißachtet werden deshalb, weil es sich hier um Deutsche handelt. Es ist auf die Dauer für eine Weltmacht ... unerträglich, an ihrer Seite Volksgenossen zu wissen, denen ... schwerstes Leid zugefügt wird!«[7]

Seit dem Ende der ersten März-Woche wurden auf Güterbahnhöfen leere Eisenbahnzüge zusammengestellt, Eisenbahner zu zusätzlichem Bereitschaftsdienst verpflichtet, eine Anzahl von Reservisten der Wehrmacht einberufen, Autos und Motorräder von Zivilpersonen eingezogen, Zollbeamte an Grenzübergängen während ihres Dienstes von Soldaten »begleitet«, massierte Luftwaffen-»Übungsflüge« beobachtet und Soldaten aus ihren Urlaubsorten zurückgerufen. Gerüchte aller Art machten die Runde. Besorgt wurde, vermutlich von den Nationalsozialisten zur Tarnung und Ablenkung ausgestreut, im ganzen Reich kolportiert, daß »die Russen und die Tschechen« in Deutschland einzumarschieren drohten. Partei und Reichsregierung schwiegen. Wilhelm Keitel, am 28. Januar zum Chef des Stabes im Oberkommando der Wehrmacht avanciert, notierte in Nürnberg, daß Hitler mit den maßgeblichen Militärs nicht einmal darüber geredet hatte, was er anstrebte. Alfred Jodl, der Chef des Wehrmachtführungsstabes, erfuhr erst am 11. März um 20.30 Uhr, daß die Wehrmacht in Österreich einmarschieren werde.[8] Am 12. März, ein paar Stunden danach, tat sie es. Schon am 14. März, gegen 17 Uhr, fuhr Hitler in Wien ein, nachdem er seinen Heimatorten Braunau am Inn, Linz und Leonding, wo sich die gemeinsame Grabstätte seiner Eltern befindet, Kurzvisiten abgestattet hatte. Wien, die Stadt, die er zeitlebens mehr haßte als liebte, lag ihm zu Füßen. Frenetischer Jubel umbrauste ihn.

Generaloberst Walther von Brauchitsch, General Erhard Milch, General Krauß in Zivil und Heinrich Himmler an der Seite, ließ er sich am 15. März von dem im Kraftwagen stehenden General von Bock die vorbeidefilierenden Truppenteile der 8. Armee melden.[9] Panzerregimenter, andere motorisierte Truppen, Artillerie und Infanterie aus dem Reich, Infanterie- und Kavallerieverbände aus Österreich – und schließlich die feldgrau uniformierte SS-Verfügungstruppe paradierten an ihm vorbei, nachdem er vom Balkon der neuen Wiener Hofburg in theatralischer Haltung und beschwörender Gestik angesichts der wartenden Volksmenge ausgerufen hatte: »Als der Führer und Kanzler der deutschen Nation und des Reiches melde ich vor der Geschichte nunmehr den Eintritt meiner Heimat in das Reich.«[10]

Was kümmerten die Deutschen und die Österreicher da noch die Augen der Weltöffentlichkeit, so sie überhaupt kritisch auf die Vorgänge gerichtet waren. War doch selbst der hochgeschätzte und nicht nur in Österreich besonders renommierte katholische Erzbischof und Kardinal Innitzer dem von Hitler ausgelösten ekstatischen nationalen Taumel erlegen, obwohl er zuvor noch der gegen Hitler gerichteten Politik Schuschniggs öffentlich das Wort geredet hatte. Jetzt stand er voll auf der Seite des Führers, dem er am 15. März im Hotel »Imperial« einen Huldigungsbesuch abstattete und ihn, was das Deutsche Nachrichten-Büro noch am 15. März publizierte, ergebungsvoll wissen ließ, daß die katholische Bevölkerung tatkräftig an seinem Werk mitarbeiten werde.

Das offizielle Schreiben, das er dem aktivistischen Gauleiter Bürckel am 18. März als politisch engagierte aufdringlich-feierliche Sympathieerklärung der österreichischen Kirchenprovinzen Wien und Salzburg sandte, schloß der Kardinal mit der eigenhändig geschriebenen Grußformel »Heil Hitler« ab, was die Wiener *Neue Freie Presse* 14 Tage später zum Anlaß nahm, dieses Bekenntnis, das es so glaubwürdig wie nur irgend möglich zu publizieren galt, faksimiliert zu veröffentlichen.[11]

Nachdem Hitler, nicht nur für die weitaus meisten Deutschen und Österreicher nun mindestens wieder einmal so etwas wie »der interessanteste Politiker der Welt«, am 15. März gegen 17 Uhr mit dem Flugzeug Wien verlassen hatte und um 19 Uhr in München gelandet war, wurde er in Deutschland einen Tag später als der »siegreiche Feldherr« gefeiert,[12] der nicht »mit Gewalt«, sondern mit seinem Herzen Österreich für das Reich gewonnen habe, wie Generalfeldmarschall Hermann Göring[13] sich trotz der in aller Welt als »Blumenkrieg« akzeptierten militärischen Aktion »im Namen des ganzen Volkes ... seiner Reichsregierung (und) im Namen der Wehrmacht«[14] in Berlin ausdrückte.

Alles war, jedenfalls für die Öffentlichkeit, harmonisch, problemlos und effektvoll im Sinne der NS-Propaganda abgelaufen. Arthur Seyß-Inquart, der österreichische Bundeskanzler von Hitlers Gnaden, Innitzer, der Kardinal, und das österreichische Volk – sie alle hatten Hitler, wie jedermann lesen und hören konnte, enthusiastisch als die außergewöhnliche historische Gestalt der Stunde gefeiert.

Die frenetischen Jubelstürme und orgiastischen Ovationen der Österreicher hatten den einstigen Österreicher Hitler überzeugt, daß er mit dem Anschluß Österreichs an das Reich den Willen beider Völker erfüllt habe. Daß die Begeisterung hüben und drüben keineswegs künstlich organisierte Wogen schlug, sah und erlebte jedermann. Zu Tausenden pilgerten Deutsche und Ausländer nun nach Leonding bei Linz, um das Grab der Hitler-Eltern Alois und Clara Hitler zu besuchen, sich in das im Elternhaus des Führers und Reichskanzlers ausgelegte Gästebuch[15] einzutragen und in vielen Fällen dem Führer für seine »historische Tat« mit gefühlsbetonten Lobpreisungen zu danken. Hitler war, wie er einmal im engsten Kreis ironisch gedroht hatte, »wie der Frühlingswind« in Wien erschienen. Augenblicklich, in Windeseile, wurde in Österreich nun nachvollzogen, was im Altreich seit Jahr und Tag experimentiert und in sehr vielen Fällen nur unter Berufung auf Äußerungen des Führers praktiziert worden war. Wer in seinem Buch *Mein Kampf* gelesen hatte, wie er den jüdischen Einfluß auf die Kultur beurteilte, mußte wissen, was nun mit absoluter Sicherheit sofort kommen würde: die Ausschaltung der Juden.

Am 12. März war die Wehrmacht einmarschiert. Bereits zwei Tage danach mußten die Redaktionen der österreichischen Zeitungen ihre jüdischen Mitarbeiter entlassen. Jüdische Zeitungen hatten ihr Erscheinen augenblicklich einzustellen. Jüdische Schauspieler, leitende Theaterangestellte, Richter, Staatsanwälte, Lehrer und in öffentlichen Diensten tätige Ärzte wurden über Nacht beurlaubt. Rund

800 Juristen mußten bis Ende Juni allein in Wien ihre Kanzleien liquidieren. Die jüdischen Beamten, anders als ihre nichtjüdischen Landsleute, im März 1938 auf Hitlers persönliche Weisung vom 15. März[16] nicht auf ihn als Staatsoberhaupt vereidigt, schieden automatisch aus ihren Diensten aus. Jüdische Professoren, Dozenten, Assistenten und Studenten[17] mußten die Universitäten verlassen. In Markthallen und auf öffentlichen Plätzen durfte es keine Stände jüdischer Besitzer und Firmen mehr geben. Österreichische (»arische«) Rechtsanwälte durften jüdische Mandanten nicht mehr beraten und vor Gerichten vertreten, jüdische Kinder nicht mehr gemeinsam mit arischen Kindern die Schulen besuchen. Autos jüdischer Besitzer wurden beschlagnahmt, soweit sie sich in öffentlichen Garagen befanden. Haussuchungen, Verhaftungen und Vermögensbeschlagnahmungen waren an der Tagesordnung. Buchstäblich über Nacht erhielt der Ortsname Dachau für die österreichischen Juden einen Klang, der Angst erzeugte. Renommierte Schriftsteller, Gelehrte, Künstler, Wissenschaftler und Geschäftsleute jüdischen Glaubens wurden von Polizisten und SA-Männern – meist nachts – aus ihren Wohnungen geholt und nach Dachau »verfrachtet«, wo innerhalb ganz kurzer Zeit der Schriftsteller Raoul Auernheimer und der ebenso bekannte Zionist Jacob Ehrlich starben. Über Nacht verschwanden Leute, mit deren Namen nicht nur die unmittelbaren Nachbarn konkrete Vorstellungen verbanden. Das waren in Wien beispielsweise der Bankier Siegfried Bosel, die medizinischen Hochschullehrer Carl Lohberger und Julius Schnitzler, der Nobelpreisträger Otto Löwey, der Baron Rothschild, der Schriftsteller Felix Salten, die Warenhaus-Besitzer Gebrüder Schiffmann, die Schauspieler Ludwig Stössl und Fritz Grünbaum, der Physiker Siegmund Strauß und Desider Friedmann, der Präsident der israelitischen Kultusgemeinde. Zahlreiche österreichische Juden, die pauschal und ohne jede differenzierte Erläuterungen aufgefordert wurden, bis Herbst 1938 ihre Heimat zu verlassen, sahen sich plötzlich zwangsweise (sehr oft ohne Geld und ohne Pässe) in die Tschechoslowakei, nach Ungarn, Jugoslawien oder Bulgarien abgeschoben. Rückkehrern drohte das KZ. Nicht wenige »landeten« bald auch dort; denn die Tschechen, Ungarn, Jugoslawen und Bulgaren waren an den mittellosen Juden nicht interessiert. Sie »schoben« sie wieder über die Grenzen ab, über die sie aus Österreich gekommen waren.

So erfuhren die Österreicher augenblicklich und konzentriert, daß Adolf Hitlers pervertierter Judenhaß nicht nur »literarischer« Natur war. Was sich im Altreich über Jahre hinaus systematisch entwickelt und zu Erfahrungen besonderer Art verdichtet hatte, gelangte nun als bereits »gesicherte Methode« nach Österreich. Die österreichischen Juden waren überzeugt, daß es ihren Glaubensgenossen im Altreich nicht so schlecht wie ihnen erginge. Nicht wenige meinten gar, ausgerechnet in Berlin ihr Heil vor Verfolgungen und Schmähungen suchen zu können. Ein verhängnisvoller Irrtum! Joseph Goebbels machte es nicht nur ihnen klar, als er am 21. Juni 1938 im Rahmen einer Großkundgebung feststellte, daß die angeblich 3000 Juden, die »in den letzten Monaten« nach Berlin gekommen seien, wieder »dahin gehen« sollten, woher sie gekommen wären. »Sie sollen«, sagte er, »nicht so tun, als wenn es eine nationalsozialistische Revolution überhaupt nicht gegeben hätte.«[18]

Die Reaktionen in der Öffentlichkeit des In- und Auslandes lehrten Hitler und seine Hoheitsträger ebenso rasch, daß ihr Antisemitismus weder von innen noch von außen jemals gestoppt werden würde. Je spektakulärer die außenpolitischen Ereignisse abliefen, so durften sie folgern, desto mehr konnte im Zusammenhang mit der nationalsozialistischen Judenpolitik – ohne gravierende negative Folgen für das Regime – veranlaßt und gewagt werden.

Im sogenannten »Altreich« wurden in dieser Zeit – nicht nur zur Warnung für die dem Reich soeben angegliederten Österreicher – weit mehr als in den Jahren zuvor Berichte über gerichtliche »Rassenschande«-Urteile publiziert, die nicht nur die Presse verbreitete. Zuchthausstrafen bis zu zehn Jahren wurden verhängt, wenn Denunzianten »bezeugten«, daß Arier sexuelle Beziehungen mit Juden unterhielten und damit gegen das »Gesetz zum Schutze des deutschen Blutes und der deutschen Ehre« vom 15. September 1935 verstießen.[19] Während des Krieges endeten »Rassenschänder« nicht selten sogar am Galgen oder unter der Guillotine. Wenn Gerichtsurteile in besonderen Fällen nachträglich von höheren Instanzen nicht »korrigiert« werden konnten, weil das »Blutschutzgesetz« *nur* Gefängnis- oder Zuchthausstrafen für begangene »Rassenschande« vorsah, wurden die nach der Verbüßung ihrer Strafe aus der Haft entlassenen Juden gewöhnlich kurzerhand der Gestapo zur »Schutzhaft« übergeben, was fast immer einem Todesurteil gleichkam. Darüber hinaus gab es deutsche Gerichte, die sich ganz offensichtlich sehr darum bemühten, bei »Rassenschande«-Verfahren unter allen Umständen Todesurteile fällen zu können. So verurteilte beispielsweise das Sondergericht für den Bezirk des Oberlandesgerichts

Nürnberg beim Landesgericht Nürnberg-Fürth am 13. März 1942 den Kaufmann Israel Katzenberger wegen begangener »Rassenschande« zum Tode. Um Katzenberger verurteilen zu können, wurden »Verbrechen« als begangen und »nachgewiesen« aufgeführt, die nach den Normen der NS-Justiz ein Todesurteil erlaubten. Festgestellt wurde, daß der 69jährige Jude seiner 23jährigen deutschen Freundin lediglich über dem Kleid die Schenkel gestreichelt hatte, während sie in ihrer Wohnung auf seinem Schoß saß. In der Begründung des Todesurteils hieß es unter anderem: »Hätte der Jude an der (folgt der Name der Frau) . . . nur diese sogenannten ›Ersatzhandlungen‹ (für den Geschlechtsverkehr) vorgenommen, so hätte er schon dadurch den vollen gesetzlichen Tatbestand der Rassenschande erfüllt.«[20] Für eine Verurteilung zu einer Haftstrafe reichte der Tatbestand nach dem geltenden Gesetz, wie diese Formulierung bereits andeutet, nur schwerlich aus, für die Verhängung eines Todesurteils schon gar nicht. Um Katzenberger dennoch dem Henker ausliefern zu können, wurde konstruiert, daß er sich im Sinne der Volksschädlingsverordnung schuldig gemacht habe, was ein Todesurteil ermöglichte. Katzenberger, »der zugegebenermaßen noch heute in der Lage ist, den Beischlaf auszuüben«, wie es in der Urteilsbegründung hieß, wurde beschuldigt, unter Ausnutzung der kriegsmäßig bedingten Verdunkelungsmaßnahmen zu seiner »arischen« Freundin »geschlichen« zu sein und mit ihr »Rassenschande« betrieben zu haben. »Arische« Ehefrauen, die irgendwann einmal ein Verhältnis mit einem Juden gehabt hatten, konnten darauf gefaßt sein, schuldig geschieden zu werden, wenn ihr arischer Ehemann es jetzt wünschte. Absolut unwichtig war dabei, wie lange die »rassenschänderischen« Beziehungen zurücklagen.

Wer die nationalsozialistische Judenpolitik nicht nur chronologisch und faktenmäßig, sondern auch wertend registrierte, mußte 1938 damit rechnen, daß über kurz oder lang systematisch gesteuerte Pogrome und Exzesse folgen würden. Die Nationalsozialisten brauchten die Juden zu der Zeit nicht als »schwarze Schafe« und Sündenböcke für bestimmte Mängel. Die außenpolitischen Erfolge waren so unübersehbar und sprachen so für sich, daß das Regime keiner Ablenkungsmanöver bedurfte. Befürchtet werden mußte, daß es, während es spektakuläre Erfolge erzielte, auf die alle Welt blickte, nach einem Anlaß suchen würde, das »Judenproblem« brachial zu »lösen«. Im November 1938 fand es die erste »Gelegenheit«.

Hitlers außen- und weltpolitisches Konzept war klar, auch wenn er es dem Volk 1938 nicht offenbarte. Innenpolitisch waren die Weichen inzwischen so gestellt, daß aggressive außenpolitische Maßnahmen erfolgversprechend durchgesetzt werden konnten. Am 27. Januar war Werner von Blomberg, der Reichskriegsminister und Oberbefehlshaber der Wehrmacht, nach einer »unstandesgemäßen« Heirat zum Rücktritt gezwungen und Hitler am 28. Januar 1938 nun auch de facto sein Nachfolger geworden.[1] Am 4. Februar hatte Generaloberst Freiherr von Fritsch, der Oberbefehlshaber des Heeres, seinen Posten aufgeben müssen, nachdem er, vor allem von Göring, homosexueller Vergehen beschuldigt worden war. Walther von Brauchitsch, der von Hitler leichter als Fritsch zu beeinflussende Generaloberst, stand seitdem an seiner Stelle. Am 4. Februar hatte der Nationalsozialist Joachim von Ribbentrop, bis dahin Botschafter in London, die Nachfolge des konservativen Reichsaußenministers Konstantin von Neurath angetreten, was dem als besonders konservativ geltenden Ministerium zur Genugtuung Hitlers nicht nur äußerlich einen nationalsozialistischen Anstrich gab. Diese Veränderungen, von der Bevölkerung zwar registriert, aber in ihrer Qualität nicht sofort erkannt, gewährleisteten den Beginn der Durchsetzung des aggressiven außenpolitischen Aspekts in der Politik Hitlers.

Die Öffentlichkeit erfuhr am 20. Februar aus dem Munde Hitlers, daß er der Bitte des Generalfeldmarschalls von Blomberg entsprochen habe, ihn »nach der Vollendung der ersten großen Aufbauarbeit« aus gesundheitlichen Gründen, zu denen nun auch noch »Aufregungen in seinem privaten Leben« gekommen seien,[2] von seinem Amt zu entbinden. Sie hörte, daß Hitler nach langen Ausführungen über die blinde Treue und den blinden Gehorsam der deutschen Wehrmacht und deren Rolle als militärische Verteidigerin des Reiches die »unendliche« Treue und Loyalität Blombergs rühmte, und sie konnte ebenso zur Kenntnis nehmen, daß der Führer dies zugleich auch im Namen des deutschen Volkes tat, das seinen Dank auf diesem Wege, das heißt über den Führer als Mittler und Sachwalter, auch dem aus seinen Diensten ausgeschiedenen Generalobersten Freiherr von Fritsch bekundete.

Daß Blombergs »angegriffene Gesundheit« den Führer und das Volk zum Verzicht auf die weiteren Dienste des Reichskriegsministers und Oberbefehlshabers der Wehrmacht zwang, war nichts weiter als eine für die Öffentlichkeit des In- und Auslandes bestimmte Propagandaversion. Der tatsächliche Anlaß lag anderswo. Werner von Blomberg hatte am 12. Januar 1938 seine Stenotypistin Erna Gruhn geheiratet, wobei Hitler und Göring Trauzeugen gewesen waren. Zufällig war die Berliner Polizei danach dahintergekommen, daß es sich bei der nunmehrigen Frau von Blomberg um eine einstige Dirne und Pornodarstellerin handelte, deren Mutter in Berlin einen Massagesalon besaß. Hitler, der sich getäuscht und möglicherweise sogar vorsätzlich bloßgestellt sah, mußte auf sein sorgsam gehütetes Prestige achten. Ein deutscher Feldmarschall mit einer ehemaligen Hure als Ehefrau, das war auch für ihn nicht faßbar;[3] aber er blieb unschlüssig, bis das Offizierskorps protestierte. Generaloberst Freiherr von Fritsch, dessen Tage als Oberbefehlshaber des Heeres infolge einer üblen Intrige ebenfalls bereits gezählt waren, trug ihm vor, daß das Offizierskorps einen mit einer einstigen Dirne verheirateten Reichskriegsminister nicht dulden könne. Von Hitler vor die Alternative Annullierung der Ehe oder Quittierung des Ministeramtes gestellt, entschied Blomberg sich für seine Frau. Damit mußte ein neuer Minister und Oberbefehlshaber der Wehrmacht mit Kommandogewalt gefunden werden. Blombergs Nachfolger hätte logischerweise Werner von Fritsch werden müssen. Doch Göring, mit einem von Reinhard Heydrich manipulierten Dossier vertraut gemacht, das Fritsch der Homosexualität bezichtigte, unterband diese Nachfolge-Regelung, was Hitler vermutlich nicht ganz ungelegen kam; denn die negative Haltung des Generaloberst gegenüber der NS-Politik erschien ihm, der nicht nur insgeheim eine vom Nationalsozialismus durchdrungene Wehrmacht anstrebte, keineswegs als eine besonders gute Basis zur Realisierung seiner Ziele.[4] Görings Bemühungen jedoch, nun vom Generaloberst zum Feldmarschall befördert und zugleich auch zum Reichskriegsminister ernannt zu werden, beschied Hitler mit der Bemerkung: »Kommt gar nicht in Frage . . . Da verstehe ich ja mehr davon.«[5]

Blomberg hatte sich für seine Frau entschieden, Fritsch war das Opfer einer Intrige geworden. Göring erschien Hitler als Nachfolger Blombergs als zu faul und zu unfähig. Doch Hitler brauchte für Blomberg einen Nachfolger, und so fragte er diesen schließlich am 27. Januar selbst, wen er denn vorschlüge. Blomberg, nun in der Lage, sich an seinen »illoyalen« Kameraden zu rächen, nutzte die Gelegenheit. Er empfahl Hitler, doch persönlich auch dieses Amt noch zu übernehmen. Am nächsten Tage hatte Hitler sich entschieden, dies zu tun. Wilhelm Keitel, von ihm zum Chef des Stabes in dem soeben zum Oberkommando der Wehrmacht umgewandelten Kriegsministerium gemacht, konnte am 28. Januar erklären, daß der Führer von nun an auch Oberbefehlshaber der Wehrmacht mit Kommandogewalt sein werde. Erna Gruhn war auf ungewollte und auf Umwegen zum Drehpunkt gravierender politischer Entscheidungen geworden. Alfred Jodl, der Chef der Abteilung »Landesverteidigung« im Reichskriegsministerium, schrieb treffend in sein Tagebuch: »Welch einen Einfluß kann eine Frau, ohne daß sie es ahnt, auf die Geschichte eines Volkes und damit der Welt ausüben.«[6] Nicht anders äußerte sich Hjalmar Schacht nach der Angliederung Österreichs, die nicht nur Hitlers Adjutant Fritz Wiedemann als Folge von Hitlers Bestrebungen sah, der Welt zeigen zu wollen, daß er nach den Blomberg-Fritsch-Affären, die im Ausland voreilig zur gravierenden Krise im Rahmen der Wehrmacht hochstilisiert wurden, »noch der alte« sei.[7] »Dieses Mädchen«, so äußerte sich Schacht gegenüber Wiedemann, »hat Weltgeschichte gemacht.«[8]

Nach dem problemlosen Anschluß Österreichs war Hitlers Augenmerk darauf gerichtet, die Tschechoslowakei strategisch zu umklammern. Zusammen mit Italien und Japan, so schien es, konnte das in Kontinentaleuropa dominierende Reich die Geschicke der Erde souverän dirigieren. Großbritannien, von Hitler mehr als ein Jahrzehnt hindurch als Partner umworben, hatte die Einverleibung Österreichs zwar zunächst verurteilt, war innerhalb von zwei Wochen jedoch bereit gewesen, die neu geschaffene Lage zu akzeptieren. Neville Chamberlain, mit Engagement bemüht, den Status quo nicht nur in Mittel- und Osteuropa, sondern auch global zu verteidigen, hatte Hitler zu deutlich gezeigt, daß Großbritannien gegenüber Deutschland schon aus Sorge um die Erhaltung des Empires zu bemerkenswerten Zugeständnissen bereit sei. Dieses Ziel erschien ihm wert, dem Reich die Sudetendeutschen und die von ihnen bewohnten Territorien zuzugestehen, solange Hitler auf die ganze ČSR verzichtete und nicht womöglich einen Krieg vom Zaune brach. Doch Hitler, der aller Welt laut erklärte, daß die Angliederung des Sudetenlandes an das Reich die letzte territoriale Forderung sei, die das nationalsozialistische Deutschland stelle, war nicht mehr zu bremsen, zumal er bereits im Mai 1938 entschieden hatte, die Tschechoslowakei »in nicht allzu langer Zeit« durch eine militärische Aktion zu zerschlagen.[9]

Am 12. September 1938 endete in Nürnberg der erste und zugleich auch letzte »Reichsparteitag Großdeutschlands«. Der für September 1939 angekündigte »Reichsparteitag des Friedens« fand nicht mehr statt, weil die deutsche Wehrmacht zu der Zeit bereits in Polen kämpfte. Wie schon die »Reichsparteitage der NSDAP« vor dem Anschluß Österreichs an das Reich, so galt auch das weihevoll zelebrierte gigantische Spektakel von 1938 als ein Propagandaereignis mit ungeheurem Multiplikationseffekt und wurde von der Öffentlichkeit schon wegen der dort erwarteten programmatischen Hitler-Rede mit aufmerksamem Interesse verfolgt. Millionen Deutsche lauschten am 12. September gespannt, was der Führer zu der seit dem tschechoslowakischen Aufmarsch vom 21. Mai 1938 schwelenden und propagandistisch hochgespielten sogenannten »Tschechenkrise« sagen würde, die weite Kreise der Bevölkerung angstvoll als mögliche unmittelbare Vorstufe zum Beginn eines Krieges begriffen. Es »besteht in weiten Volkskreisen die ernste Sorge«, hieß es beispielsweise im Monatsbericht der Wehrwirtschafts-Inspektion VII/München vom 9. September 1938, »über kurz oder lang würde ein Krieg der wirtschaftlichen Blüte den Garaus machen und einen für Deutschland schrecklichen Ausgang nehmen. Dabei drängt sich bei den Leuten der älteren Generation, auch in Arbeiterkreisen, der naheliegende Vergleich mit der Zeit vor dem Kriege auf. Auch da ging wirtschaftlich alles glänzend, Produktion, Außenhandel, Verbrauch, Sparkasseneinlagen, überall ging es aufwärts und vorwärts ... bis schließlich im August 1914 die furchtbare Katastrophe über Deutschland hereinbrach.«[10]

Unübersehbare Unzufriedenheit und Verdrossenheit hatten sich vor allem auf dem Lande breit gemacht, wo die Funktionäre über mangelndes Engagement und Interesse für die NSDAP und ihre Organisationen klagten und mit Sorge beobachteten, daß vor allem die Bauern, Landarbeiter und bäuerlichen Bediensteten offen ihre Mißstimmung und Verbitterung über bestimmte Zustände in der Landwirtschaft zeigten. Während die Dienstboten 1933 wöchentlich durchschnittlich 6 Mark bekommen hatten, mußten ihre Arbeitgeber – bei allgemein gleich gebliebenen Preisen für landwirtschaftliche Erzeugnisse – im Herbst bis zu 18 Mark als Wochenlöhne bezahlen.[11] Die »Landflucht«, von der NSDAP seit Beginn ihrer Herrschaft intensiv bekämpft, galt zur Erntezeit des Jahres 1938 als ein besonders empfindlich spürbares Problem. Enttäuscht mußten NS-Funktionäre darüber hinaus registrieren, daß die ländliche Bevölkerung an Fragen der Außenpolitik wenig interessiert war und auch kaum Radio hörte, wenn politische Ereignisse behandelt wurden.

Die Bauern interessierte die »Tschechenkrise« nur insofern, als sie (und dies ausgerechnet zur Erntezeit) Pferde für die Wehrmacht zur Verfügung stellen sollten – und dies teilweise auch mußten. Was die Bevölkerung ganz allgemein nicht als besonders auffällig registrierte, war dies: Ausrangierte Lokomotiven und Eisenbahnwagen wurden in Eile repariert und wieder in Dienst gestellt, Reparaturwerkstätten mit zusätzlichem Personal versehen, eiserne Eisenbahnschwellen gegen Holzschwellen ausgetauscht, auf Flugplätzen zusätzliche Hangars gebaut, aus einigen Konzentrationslagern Metallarbeiter und Elektrotechniker herausgeholt und zu Spezialarbeiten in anderen Lagern herangezogen und politische Gefangene in Gefängnissen und Zuchthäusern militärisch gemustert.

Daß pensionierte Eisenbahner zum erneuten Dienstantritt im Mobilmachungsfalle aufgefordert und bestimmte Personen als »verstärkter Polizeischutz« eingeteilt wurden, daß Polizeibeamte erfuhren, sie seien im Kriegsfalle den Militärbehörden unterstellt, SS- und SA-Angehörige die Anweisung erhielten, ehemalige KPD- und SPD-Mitglieder wieder genauer zu beobachten, einstige Funktionäre der Arbeiterbewegung sich täglich bei der Polizei melden mußten (und in einer Anzahl von Fällen verhaftet wurden) und die Bevölkerung im ganzen Reich registrierte, daß die mehrfach angekündigten »Volksgasmasken« für den Fall eines plötzlichen Gaskrieges noch fehlten, hatte sich dagegen nicht nur rasch herumgesprochen, sondern zugleich auch ernsthafte Zweifel an der Einsatzfähigkeit der angeblich »Gewehr bei Fuß« stehenden und durch eventuelle militärische Gegner nicht wirklich ernsthaft zu gefährdenden deutschen Wehrmacht laut werden lassen. Der heimliche Widerstand, der von der Hoffnung lebte, daß die erpresserische nationalsozialistische Außenpolitik infolge adäquater englischer und französischer Gegenmaßnahmen zum Scheitern gebracht und Hitler und sein System überwunden werden würden, war im Herbst 1938 überzeugt, die Entwicklung zu seinen Gunsten auslegen zu können.

Alles dies wußte Hitler, der auch über den peinlich hohen Ausfall deutscher Kraftfahrzeuge und Panzer beim Einmarsch (dem »Blumenkorso«) in Österreich informiert war,[12] und so erklärte er am 12. September 1938 in Nürnberg unter anderem: »An der deutschen Westbefestigung, die seit zwei Jahren an sich bereits im Bau begriffen war, arbeiten nunmehr: in der Organisation Todt zusammengerechnet 278 000 Arbeiter, darüber hinaus 84 000 (andere) Arbeiter, darüber hinaus 100 000 Mann Reichsarbeitsdienst und zahlreiche Pionierbataillone und Infanteriedivisionen. Unbesehen des Materials, was durch andere Transportmittel angeliefert wird, schafft allein die Deutsche Reichsbahn täglich rund 8000 Eisenbahnwaggons. Der Gesamtverbrauch an Kies beträgt täglich über 100 000 Tonnen. Die deutsche Westbefestigung wird noch vor Einbruch des Winters vollkommen fertig sein. Ihre Abwehrkraft ist schon jetzt im vollen Ausmaß gesichert. Nach ihrer Vollendung umfaßt sie insgesamt über 17 000 Panzer- und Betonwerke. Hinter dieser Front aus Stahl und Beton, die zum Teil in drei Linien und an einzelnen Stellen in vier Linien eine Gesamttiefe bis zu 50 Kilometer erreicht, steht das deutsche Volk in Waffen.«[13]

Angesichts der tatsächlichen Rüstungssituation waren die Feststellungen Hitlers, der die »Tschechenkrise« im Herbst 1938 »so oder so« zu lösen androhte,[14] reine Hochstapelei und purer Bluff. So verfügte die deutsche Wehrmacht beispielsweise ein Jahr später, nach knapp drei Wochen Krieg gegen Polen, nur noch über Munition für rund 14 Tage.[15] Doch die Saat der Propaganda war hüben und drüben aufgegangen. Die Tschechen wurden beschuldigt, »vollkommen im Fahrwasser Moskaus« zu segeln,[16] die in ihrem Machtbereich lebenden Deutschen gänzlich entrechtet zu haben, sie sadistisch zu quälen und wie Vieh zu behandeln, die Deutschen der Kriegstreiberei und konkreten Bedrohung der Tschechoslowakei bezichtigt.[17]

Hitler brachte die nationalsozialistischen Argumente am 12. September 1938, millionenfach multipliziert, auf die effektvolle Formel: »Wenn 3½ Millionen Angehörige eines Volkes von fast 80 Millionen kein Lied singen dürfen, das ihnen paßt, nur weil es den Tschechen nicht gefällt, oder wenn sie blutig geschlagen werden, bloß weil sie Strümpfe tragen, die die Tschechen einfach nicht sehen wollen, oder wenn man sie terrorisiert und mißhandelt, weil sie einen Gruß grüßen, der den Tschechen unangenehm ist, obwohl sie damit nicht die Tschechen, sondern nur sich selbst untereinander grüßen, wenn man sie wegen jeder nationaler Lebensäußerung wie das hilflose Wild jagt und hetzt – dann mag dies den würdigen Vertretern unserer Demokratien vielleicht gleichgültig, möglicherweise sogar sympathisch sein, weil es sich hier ja nur um 3½ Millionen Deutsche handelt. Ich kann aber den Vertretern dieser Demokratien nur sagen, daß uns dies nicht gleichgültig ist und daß – wenn diese gequälten Kreaturen kein Recht und keine Hilfe selbst finden können – sie beides von uns bekommen werden. Die Rechtlosmachung dieser Menschen muß ein Ende nehmen!«[18]

Was Wunder, daß Emotionen frei wurden und schlimme Exzesse die Folgen waren. Rund 200000 Sudetendeutsche hatten sich dem Militärdienst in der Tschechoslowakei entzogen und waren nach Deutschland geflüchtet,[19] wo sie augenblicklich kolportierten, was die nationalsozialistische Propaganda wünschte. Die Propaganda lief auf Hochtouren und bewirkte, was sie sollte. Noch am Tage des Beginns des deutschen Einmarsches in die Tschechoslowakei hieß es im *Völkischen Beobachter:* »Noch immer Plünderungen«, »Verfolgung deutscher Frauen und Mädchen«, »Wieder zwei Sudetendeutsche ermordet«, »Witwe wegen der Flucht ihres Sohnes erschossen« und »Flüchtlingszahl auf 244850 gestiegen«.[20]

Aufgeschreckt durch Hitlers öffentliche Drohungen während des Reichsparteitages, gegebenenfalls in die Tschechoslowakei einzumarschieren, war Chamberlain bereits am 15. September nach Berchtesgaden zu Hitler geflogen, der diesen Aufwand sofort zu seinen Gunsten auslegte, da Chamberlain noch nie zuvor geflogen war. Der britische Premierminister bot Hitler in dessen Berghof die sudetendeutschen Gebiete an, um zu verhindern, daß dieser sofort den ganzen tschechoslowakischen Staat dem Reich einverleibte. Während die Welt den Atem anhielt, pokerte Hitler. Am 22. September war Chamberlain erneut bei ihm, nun mit der Vollmacht seines Kabinetts ausgestattet, seine am 15. September bekundete Bereitschaft zur Anerkennung des Selbstbestimmungsrechts der Sudetendeutschen als offizielle Zusicherung der britischen Regierung vortragen zu können. In Bad Godesberg forderte Hitler in der Zeit vom 22. bis 24. September von England und Frankreich die Billigung eines Einmarsches der deutschen Wehrmacht und einer Abstimmung in einem nicht genau festgelegten Territorium. Darüber hinaus ermunterte er Polen und Ungarn, ihre territorialen Forderungen gegenüber der Tschechoslowakei geltend zu machen.

Der Krieg schien unvermeidbar. Hitler versicherte am 26. September im Berliner Sportpalast öffentlich, daß die Forderung nach Abtretung des Sudetenlandes die letzte territoriale Forderung sei, und stellte ein Ultimatum, das am 28. September 1938 ablief. Die unmittelbaren hektischen Kriegsvorbereitungen, auch in England und Frankreich, forderten eine augenblickliche diplomatische Lösung, wenn nicht geschossen werden sollte. Die britische Regierung, auf Chamberlains Betreiben darum bemüht, die USA und die Sowjetunion aus dem Konflikt – und damit zugleich aus Europa – herauszuhalten, bat in dieser Situation Hitlers Freund Mussolini, sich als Vermittler zur Verfügung zu stellen. Der »Duce« unterbreitete Deutschen, Engländern und Franzosen einen Vorschlag, der nicht von Hitler, sondern von Hermann Göring und von Freiherr von Weizsäcker aus dem Reichsaußenministerium stammte, die keinen Waffengang wollten. Das Ergebnis, von der deutschen Propaganda dem realistischen Blick und der »Friedensliebe« des Führers zugeschrieben,[21] kam Hitler entgegen. »Das Abkommen von München« vom 29. September 1938, so hieß es im *Völkischen Beobachter* vom 1. Oktober 1938, »bildet nach dem Anschluß Österreichs an das Reich das bedeutungsvollste Ereignis des Jahres 1938. Und zwar nicht nur für Deutschland, sondern offenbar für die ganze Welt ... mehr noch als die Wiedervereinigung der deutschen Ostmark mit dem Reich stellt das politische Ergebnis der Münchener Besprechung einen Erfolg jener Politik des Führers dar, die sich eine radikale Liquidierung ... des Versailler Vertrages ... zum Ziel gesetzt hat.« Die deutsche Wehrmacht durfte das Sudetengebiet mit Einverständnis der Engländer und Franzosen (ab 1. Oktober 1938) besetzen. Chamberlain frohlockte, den Frieden gewahrt und die Wege zu »größeren Dingen«[22] geebnet zu haben.

Die nationalsozialistische Presse feierte das Ergebnis der Konferenz, pries das Engagement des Führers und stellte die Rettung des Friedens als dessen persönliche Leistung dar, die auch die anderen Völker beeindruckte. »Paris atmet auf«, »Stolze Freude in Italien«, »London: Endlich ehrlicher Frieden«, »Größte Freude in Belgrad« und »Jubel in Ungarn«, so lauteten beispielsweise die Schlagzeilen auf einer Seite des *Völkischen Beobachters* vom 1. Oktober 1938, der auf seiner Titelseite Ausschnitte aus einem Interview mit Chamberlain veröffentlichte und stolz verkündete: »Heute Einmarsch der deutschen Truppen ... Adolf Hitler – Chamberlain: Niemals mehr Krieg zwischen Deutschland und England.« Daß der Führer die Ergebnisse von München nicht gerade als die Lösung empfand, die ihm vorgeschwebt hatte, erfuhr das Volk nicht. Und kaum jemand konnte wissen, daß sich die Führung der deutschen Marine mit einem eventuellen Seekrieg gegen England zu beschäftigen und ihren Blick auf eine überseeische deutsche Weltpolitik zu richten begann.[23]

Die Bevölkerung wurde aufwendig propagandistisch mit der »Tatsache« vertraut gemacht, daß die Außenpolitik Hitlers seit 1933 primär darauf ausgerichtet sei, den vom weitaus größten Teil des deutschen Volkes als »Diktat« der Sieger des Ersten Weltkrieges empfundenen Versailler Vertrag zu liquidieren. Daß diese Propagandaversion zu der Zeit eigentlich nur die tatsächliche Stoßrichtung des NS-Regimes, die rassenideologisch fundierte »Volk ohne Raum«-Politik tarnen sollte, begriff im Endeffekt erst die Generation danach. Als wichtigste Stationen galten bis 1938: die »Wiederangliederung« des Saarlandes nach der Volksabstimmung vom 13. Januar 1935, die Einführung der Allgemeinen Wehrpflicht vom 16. März 1935, die Besetzung der entmilitarisierten Zone des Rheinlandes am 7. März 1936, die Zurückziehung der deutschen Unterschrift unter den Kriegsschuldartikel vom 30. Januar 1937, der Anschluß Österreichs und die Besetzung des Sudetenlandes im Jahre 1938 als »Endpunkt der territorialen Revision«.

Seit dem späten Frühjahr 1938 hatte im Sudetenland der Brand mit weithin sichtbarem Rauch geschwelt. Von hüben und drüben wurde er hektisch angeheizt und die Blicke der Menschen auf Probleme gelenkt, die teilweise künstlich auf dem Territorium des am 28. Oktober 1918 geschaffenen Vielvölkerstaates Tschechoslowakei mit schier unlösbaren Minderheiten-Problemen (u.a. 43% Tschechen, 23% Sudetendeutschen, 22% Slowaken, Ungarn, Polen und Ukrainern) geschaffen worden waren. »Blut, Tod und Leid«, so überschrieb der *Völkische Beobachter,* im Ton immer rüder und aggressiver werdend, am 13. August 1938 einen differenzierten Bericht, in dem zahlreiche zwischen dem 1. Mai und dem 9. August 1938 von tschechischen Polizisten, Soldaten und Zivilisten verletzte Deutsche ebenso namentlich genannt wurden wie diejenigen, die sie anschossen, schlugen, niederstachen, oder auf andere Weise in Prag, Troppau, Trebnitz, Komotau, Brünn, Eger und in mehr als weiteren 45 Orten gefährdeten. Vier Tage zuvor hatte die Zeitung, ebenfalls auf der Titelseite, über die Ermordung eines sudetendeutschen Arbeiters berichtet und gefragt: »Wie lange noch Sudetendeutsche vogelfrei?«[24] Tschechische »Mordbestien« und »Meuchelmörder«, widerrechtliche und vorsätzliche Grenzverletzungen durch tschechoslowakische Flugzeuge[25] und bewaffnete Wegelagereien durch verhetzte Soldateska, lauteten die Schlagzeilen, die zweifellos Emotionen frei machen sollten. Daß die Mitglieder der zum Teil im Reich ausgebildeten und von da aus auch finanzierten Sudetendeutschen Freikorps[26] in den sudetendeutschen Gebieten systematisch Zwischenfälle provozierten und so den Boden für Hitlers spätere Forderungen vorbereiteten, war zu der Zeit in Deutschland nicht allgemein bekannt. Daß es sich bei den Vorfällen allerdings keineswegs ausschließlich um Folgen solcher Provokationen handelte, wie aus Prag wahrheitswidrig behauptet wurde, stellte sich erst heraus, als es zu spät war.[27]

Als die deutschen Truppen am 1. Oktober 1938 in das Sudetenland einmarschierten, hatte Hitler in seiner erpresserischen Manier bereits diplomatische Erfolge an seine Fahnen geheftet, die sich sehen lassen konnten. Neville Chamberlain, der britische Premier, der gemeint hatte, Hitler zähmen und an die Leine legen zu können,[28] der französische Ministerpräsident Édouard Daladier, der im September 1938 noch an eine lange Friedensperiode geglaubt hatte, und Eduard Benesch, der Prager Regierungschef, der Hitler bis dahin mit kleineren Zugeständnissen befriedigen zu können hoffte – sie alle hatte Hitler innerhalb von 14 Tagen bedenkenlos an die Wand gespielt. Jetzt, im Oktober, konnte er sich aller Welt gar als Vollstrecker und Wahrer des Völkerrechts aufspielen. In ihrem Bestreben, die demokratische Staatsform aufrechtzuerhalten und trotz aller Minderheiten als Staat zu existieren, hatte die Prager Regierung mit ihrer Tschechisierungspolitik nämlich Probleme geschaffen, die die Minderheiten auf die Dauer nicht einfach hinzunehmen bereit waren. Hitler also »half« ihnen. Rund 33% der Bevölkerung und die wichtigsten Industriegebiete verlor die Tschechoslowakei infolge der internationalen Abkommen zwischen dem 29. September und dem 2. Oktober 1938 an Deutschland (Sudetenland), Ungarn (südliche Slowakei) und Polen (Gebiete um Teschen), bevor Hitler am 16. März 1939 Böhmen und Mähren dem Reich als Protektorat angliederte und die Karpaten-Ukraine am 23. März 1939 an Ungarn fiel.

»Wir neigen uns in dieser geschichtlichen Stunde«, konnte alle Welt im *Völkischen Beobachter* vom 1. Oktober lesen, »demütig vor dem Walten des Schicksals und sind zugleich stolz auf den Mann, der dieses Schicksal genial zu meistern wußte ... Ein Achtzigmillionenreich grüßt dankerfüllten Herzens seinen Führer, und jubelnd dürfen die Sudetendeutschen als Bürger des Dritten Reiches in den Dank der Millionen einstimmen.« Im Münchener Abkommen vom 29. September 1938 war zwischen Deutschland, Großbritannien, Frankreich und Italien unter anderem festgelegt worden, daß die Räumung des sudetendeutschen Gebietes zwischen 1. und 10. Oktober zu geschehen habe, ohne daß zuvor von tschechoslowakischer

Seite »irgendwelche bestehende Einrichtungen« zerstört werden dürften. Sudetendeutsche mußten innerhalb von vier Wochen aus tschechoslowakischen militärischen und polizeilichen Diensten entlassen werden, wenn sie dies wünschten. Sudetendeutsche politische Häftlinge waren im Lauf der Zeit ebenfalls zu entlassen.

Die nationalsozialistische Propaganda hatte ganze Arbeit geleistet. »Hört man ... von Leuten, die man seit vielen Jahren kennt und deren Auffassungen noch in den Jahren 1935/1936 gerade das Gegenteil von dem waren, was sie heute vertreten«, so berichteten illegale Sozialdemokraten bereits im Juni 1938 deprimiert nach Prag, »so muß man zu der Auffassung kommen, daß die Menschen schließlich doch das glauben, was ihnen tagtäglich vorgesetzt wird.«[29] Haupttenor der Kolportagen, Gerüchte und Diskussionen bildete die freudig artikulierte Hoffnung, daß der Krieg noch einmal, und dies vor allem dank der Politik Hitlers, verhindert worden sei. So wurde denn auch der deutsche Einmarsch in die Tschechoslowakei von der deutschen Bevölkerung nicht mit dem euphorischen Enthusiasmus begrüßt, der die entsprechenden Maßnahmen beim Anschluß Österreichs an das Reich begleitet hatte. Die »hundertprozentigen Nazis an den Stammtischen prahlen jetzt«, registrierten sozialdemokratische Beobachter, »natürlich mit den Erfolgen ... Sie halten sich jetzt alle für die großen Kerle, denen einfach niemand widerstehen kann ... Sonst aber findet man nirgends Begeisterung. Im Gegenteil, es hat jeder etwas zu beklagen und alle meckern, daß es Gott erbarm.«[30] Der Alltag gewann rasch wieder überall die Oberhand. Dennoch mußten die linken Gegner des Hitler-Regimes eingestehen, daß der Nationalsozialismus nun auch in ihren Reihen im Ausland Einzug zu halten und an Boden zu gewinnen begann. Man muß sagen, hieß es beispielsweise im November 1938 in den *Sopade*-Berichten, »daß der Nationalsozialismus sich überall durchgesetzt hat. Bald nach der Besetzung kamen Briefe von Angehörigen von Flüchtlingen, meist Genossen, die deutlich zeigten, daß der Nationalsozialismus auch bei ihnen überzeugend gewirkt hat. Es sind das Briefe, die ... unmöglich von der Gestapo diktiert sein können.«[31] Am meisten waren die in die Tschechoslowakei geflüchteten Hitler-Gegner zunächst von den umfassenden organisatorischen Maßnahmen der Wehrmacht und deren Korrektheit gegenüber jedermann beeindruckt.[32]

Die Wehrmacht und der Führer

Die Wehrmacht, inzwischen zu einer soliden und zuverlässigen Paradeinstitution des Dritten Reiches geworden,[1] hatte nicht wenig zu der unbestreitbar hohen und immer noch zunehmenden Popularität des Führers beigetragen. Die Vorbehalte, die anfänglich dem einstigen Gefreiten Hitler vom preußisch konservativen und vorwiegend unpolitischen Offizierskorps mit seinem ausgesprochenen Kastendenken entgegengebracht worden waren, hatten einer spezifischen Bewunderung und Dankbarkeit Platz gemacht. »Als Nur-Soldat der besten alten Schule der königlich-preußischen Armee«, schrieb Wilhelm Keitel, seit Hitlers Übernahme des Oberbefehls über die Wehrmacht im Februar 1938 Chef des Oberkommandos der Wehrmacht, »sah ich noch 1933 meine Lebensaufgabe nicht im Streit um die neue politische Ordnung im Innern und nicht in Plänen für eine neue Weltordnung in Europa. Ich war ein Soldat, der sein höchstes Ziel darin sah, wieder eine von allen Fesseln des Versailler Vertrages befreite Wehrmacht zu organisieren und begründen zu helfen, ohne allerdings mir lange den Kopf zu zerbrechen, welches der Weg sei, die politischen Hemmnisse abzuschütteln. Aber das wollte ich noch erleben. An mehr habe ich damals nicht gedacht.«[2] Das Offizierskorps, für das der exponierte Generalfeldmarschall hier stellvertretend sprach, hatte rasch erkannt, daß »die von Hitler geführte Reichsregierung den Nöten der alten Kameraden und vielen Tausenden von Versorgungsanwärtern (ehemalige Unteroffiziere), aber auch dem Ansehen und den materiellen Bedürfnissen der Armee ihre ganze Fürsorge zuwendete«.[3]

Die Militärs registrierten befriedigt die »vielfachen soldatischen Analogien« und die »Ableitung zahlreicher, besonders immer politischer Zielsetzungen aus dem Fronterleben und dem Geiste der Weltkriegskämpfer«. Sie fühlten sich vom »Soldatischen in der Ideologie«[4] der NSDAP besonders angezogen. Schon unmittelbar nach der Röhm-Affäre, die die NS-Führung propagandistisch geschickt als einen Putsch vor allem gegen die Wehrmacht darzustellen verstanden hatte,[5] waren viele »der noch abwartenden« Soldaten zu »Anhängern der Regierung« geworden.[6]

An die Stelle der traditionellen Vorstellung der bis 1938 hinter ihren jeweiligen Oberbefehlshabern Blomberg, Fritsch und Raeder stehenden Militärs, die stets nur von einem Exponenten aus ihren eigenen Reihen militärisch geführt zu werden wünschten und zur Zeit der Weimarer Republik selbst dem Reichswehrminister Wilhelm Groener keine militärische Kommandogewalt hatten zubilligen wollen, obwohl er als General aus ihren Reihen kam, war ein anderes Bild getreten. Seine Genesis hat Keitel im Angesicht des Galgens in Nürnberg eindrucksvoll geschildert. »Ich habe«, schrieb er am 15. November 1945, »keine politische Rede Hitlers gehört, bevor er 1933 Reichskanzler war. Ich bewunderte den Staatsakt in der Garnisonskirche in Potsdam, mich beglückte das Verhältnis Hindenburgs zu seinem Kanzler. Ich bekannte mich positiv zur anbrechenden neuen Zeit; ich sah, daß meine stille, entsagungsvolle, vielmals vergeblich bemitleidete unermüdliche Organisationsarbeit an der Aufrichtung einer neuen Wehrmacht in Erfüllung gehen werde. Ich sah auch manche mich stark abschreckende Schattenseiten in der Zeit von 1933 bis 1938; sie vermochten meinen Glauben aber nicht zu erschüttern; (denn) ›wo viel Licht, ist auch Schatten‹, keine Geburt ohne schmerzhafte Wehen! Der ›Nur-Soldat‹ in mir neigte auch dazu, mir nicht all zu viele Gedanken zu machen, wie man das Abstoßende, das Kompromißlose, das Unduldsame beseitigen oder überwinden werde.[7] Ich kam in meiner inneren Ablehnung schließlich zu dem Ergebnis: kümmere Dich um Deine Aufgabe als Soldat und nicht um die Politik; dafür sind ja andere die berufenen Wächter der Menschenrechte! Das ist nicht Dein Tisch!«[8]

Wie Wilhelm Keitel, der vom weitaus größten Teil der Bevölkerung als typisch preußischer General geschätzt wurde, so hielten die meisten Militärs die Politik nicht für ihren »Tisch«. Am Programm der NSDAP interessierte sie lediglich, daß es einer starken deutschen Wehrmacht das Wort redete. Hitlers anfänglich offiziell propagiertes Konzept, politische Einflüsse aus der Wehrmacht herauszuhalten, brachte ihm die persönlichen Sympathien der Militärs ein, die im feierlichen Staatsakt vom 21. März 1933 in der Potsdamer Garnisonskirche mit dem danach millionenfach verbreiteten Hindenburg-Hitler-Foto die erste Stunde der von ihnen seit Jahr und Tag herbeigesehnten neuen Zukunft erblickt hatten. Daß Hitler seine Funktion als Oberster Befehlshaber der Wehrmacht[9] nach Hindenburgs Tod im August 1934 bis Februar 1938 offiziell nur über Werner von Blomberg, den Reichskriegsminister und Oberbefehlshaber der Wehrmacht, wahrnahm und sich selbst betont im Hintergrund hielt, meinte das Offizierskorps ebenfalls besonders honorieren zu müssen, zumal er sich als Führer und Reichskanzler stets mit Nachdruck für die personellen, materiellen und rüstungsbedingten Belange der Wehrmacht einsetzte. Daß er in personeller Hinsicht nicht nur ganz besondere Vorstellungen hatte, sondern sie auch durchzusetzen versuchte, konnte ihm nur schwerlich als negativ angelastet werden.

Dankbar begrüßten die an ihrer persönlichen Karriere besonders interessierten Offiziere, daß Hitler sie auszeichnete und ungewohnt rasch beförderte, was nicht zuletzt auch zur Folge hatte, daß sie schnell »des Lied« zu singen begannen, »des Brot« sie aßen, wie Keitel sich am 25. November 1945 ausdrückte.[10] Skeptiker, die mit Ludwig Beck der Auffassung gewesen waren, daß Hitlers aggressive außenpolitische Maßnahmen scheitern würden, sahen sich im Oktober 1938 getäuscht. Die Ereignisse gaben Hitler recht und nahmen der Opposition den Wind aus den Segeln.

Daß die Verbreitung dieser Überzeugungen nicht auf die Kasernenhöfe und Kasinos beschränkt blieb, sondern im ganzen Volk auf offene Ohren stieß, war selbstverständlich.

Die »Reichskristallnacht«

Die Militärs sahen am NS-Regime zwar »manche ... stark abschrekkende Schattenseiten«, wie Keitel sich in Nürnberg ausdrückte; aber sie hielten dies vornehmlich nicht für ihre Angelegenheit. Ende 1938, als die ersten »Siege« in »Blumenkriegen« auf ihren Konten standen und die Hochstimmung über die »Heimkehr« der Sudetendeutschen wieder einigermaßen verebbt war, schockten die Nationalsozialisten, deren Einfallsreichtum in mancher Hinsicht geradezu spektakulär war, die Welt auf ganz besondere Weise. Obwohl die bis dahin von ihnen praktizierten antisemitischen Maßnahmen und Terrormethoden, die durch Verordnungen und Gesetze gewöhnlich nachträglich »legalisiert« wurden, jedermann bekannt waren und rund 170000 von insgesamt 375000 Juden zur Auswanderung aus Deutschland bewogen hatten, erschraken in der Nacht vom 9. zum 10. November 1938 nicht nur die Juden, die sich – abgesehen von der Einengung ihrer Lebensbedingungen – in einer grotesken Situation befanden. Hermann Göring, der Goebbels' angeblich zu lasche Judenpolitik in Berlin kritisierte,[1] war systematisch bestrebt, die Juden aus der Wirtschaft zu eliminieren und ihnen die finanzielle Basis zu nehmen. Der Sicherheitsdienst betrieb eine Auswanderungspolitik, die bestenfalls vermögenden Juden die Chance einräumte, das Regime zu überleben, auch wenn die von Adolf Eichmann in Wien praktizierte Auswanderungspolitik einer Austreibung glich. Die Ministerialbürokratie engte den Bewegungsspielraum der Juden durch Verordnungen und Gesetze immer mehr ein, so daß sowohl die Nationalsozialisten als auch die Juden im Herbst 1938 vor einem Dilemma standen, vor einer Sackgasse, aus der beide Teile einen Ausweg suchten. Am 9. November wurde ein Tor aufgestoßen, das aller Welt einen Blick in eine Zukunft gewährte, die ein bestimmter Jude, nämlich Herschel Grünspan, nur dem Scheine nach zu verantworten hatte.

Zuvor jedoch, am 8. November, hatte Hitler im Münchner Bürgerbräukeller vor alten Kämpfern zum Jahrestag seines gescheiterten Putsches von 1923 gesprochen und dabei unter anderem erklärt: »Ich habe mir sagen lassen, daß vor kurzem ... ein Mann erklärte: ›Ja, wissen Sie, auch der Führer kann sich irren. Er hat sich ja auch 1923 getäuscht und damals Schiffbruch erlitten.‹«[2] Dies stritt er ab und belehrte »diese Biedermänner«, 1923 weder Schiffbruch erlitten noch sich getäuscht zu haben. Daß er »immer recht behalten« hatte, konnte er zu der Zeit nach seinen vorausgegangenen Erfolgen mit einiger Überzeugung behaupten. Die allerdings darüber hinausgehende Behauptung, daß es mit ihm an der Spitze des Reiches 1918 »nie« zum Zusammenbruch gekommen wäre, mußte ebenso bedenklich stimmen wie die Feststellung, daß ausschließlich er »für das deutsche Volk zuständig«[3] sei, und die geschickt vorgebrachte Drohung, Geschichte schließlich »nicht auf dem Rechtswege ... sondern auf dem Wege der Gewalt«[4] machen zu müssen. Daß er sich im gleichen Atemzug als »Erzdemokrat« bezeichnete, der 1938 »nicht zwei Demokratien ... sondern zwei Diktaturen beseitigt«[5] habe, nämlich »die Diktatur des Herrn Schuschnigg und die Diktatur des Herrn Benesch«[6], hat 1938 niemanden mehr zu verwundern brauchen. Integriert in sein aggressives Weltbild, erschien diese »historische Tat« als ein Ereignis, das den »Betroffenen das Selbstbestimmungsrecht«, die Demokratie und »die Freiheit« gebracht habe.[7] Was dem deutschen Volk, das er »zur Wachsamkeit« aufrief, unter seiner Führung noch bevorstehen würde, ließ er offen, erklärte nach zahlreichen pointiert ironischen Seitenhieben gegen die »Herren englischen Parlamentarier«, gegen Churchill und Eden, jedoch vielsagend, daß er am Ende seiner Tage nicht erleben möchte, »mit ähnlichen trüben Prophezeiungen das Auge ... schließen (zu) müssen, wie das einst bei Bismarck der Fall«[8] gewesen sei.

Sonst in Reden mit Prophezeiungen gern bei der Hand, schwieg er sich über ein »Ereignis« aus, das er an diesem Tage mit Sicherheit selbst in Einzelheiten relativ genau hätte voraussagen können: den unmittelbar bevorstehenden Pogrom gegen die Juden im inzwischen Großdeutschen Reich.[9]

Am 7. November hatte der emigrierte siebzehnjährige deutsche Jude Herschel Grünspan in Paris Ernst Eduard vom Rath, einen Sekretär der deutschen Botschaft in Paris, mit fünf Schüssen niedergeschossen. Goebbels nahm dies zum Anlaß, den *Völkischen Beobachter* am nächsten Tage sofort drohen zu lassen: »Es ist klar, daß das deutsche Volk aus dieser neuen Tat seine Folgerungen ziehen wird.«[10] Örtliche Parteiorganisationen in Kurhessen und Magdeburg hatten den Wink am raschesten verstanden. Sie reagierten augenblicklich. Infolge der Tatsache, daß Hitler seit 1919 ständig von der notwendigen »Entfernung« der Juden redete, verwüsteten sie jüdische Geschäfte, schlugen Fenster ein und bedrohten und belästigten die jüdischen Besitzer. Hitler schwieg vor der Öffentlichkeit.

Als er am 9. November im Münchener Alten Rathaus anläßlich der Feierstunde zur Erinnerung an seinen Putsch von 1923 darauf wartete, vor seinen alten Mitkämpfern sprechen zu können, platzte der hessische Gauleiter Jakob Sprenger mit der Nachricht herein, vom Rath sei in einer französischen Klinik seinen Verletzungen erlegen, was vorauszusehen gewesen war und Goebbels längst auf den Plan gerufen hatte.[11] Während das Auditorium gespannt auf Hitler blickte oder erregt diskutierte, redete Goebbels auf Hitler ein, der sich schließlich verabschiedete und Goebbels die Festansprache halten ließ. Hitlers alte Kämpfer hörten von ihrem Führer nur noch dessen Antwort auf die an ihn gerichtete Goebbels-Frage, ob gegen antijüdische Pogrome vorgegangen werden solle, die in verschiedenen Ortschaften bereits ausgebrochen seien. »Gegen spontane Aktionen der Bevölkerung«, so sagte er, »sehe ich keinen Grund einzuschreiten; im Gegenteil, vielleicht gibt uns das den Anlaß, die Judenfrage ein für allemal zu erledigen.«[12] Was darunter zu verstehen war, konnte sich jeder der anwesenden Funktionäre selbst aussuchen; es war, schrieb Fritz Wiedemann, »echt Hitler. Er drückte sich ... gern ungenau aus, deckte aber hinterher alle Übergriffe seiner Parteigenossen, aber hatte auf alle Fälle die Möglichkeit zu sagen, so sei das nicht gemeint gewesen!«[13]

Wenn immer einer der alten Exponenten der NSDAP begriffsstutzig gewesen sein sollte, von Goebbels hörte er sofort, was geschehen werde. Goebbels' Rede ist zwar nicht erhalten geblieben, da er sie –

zumindest dem Scheine nach – aus dem »Stegreif« hielt; aber einstige Versammlungsteilnehmer haben weitgehend übereinstimmend überliefert, was und worüber er redete. Selbst diejenigen, die ihn später in Schutz nehmen zu müssen meinten, waren überzeugt, daß er unmißverständlich Pogrome angeheizt habe. Sich an Hitlers Äußerung über »spontane Aktionen der Bevölkerung« anlehnend, präzisierte er, was ihm vorschwebte: Die Partei habe Aktionen weder vorzubereiten noch zu organisieren, brauche gegen spontane Ausschreitungen jedoch auch nicht einzuschreiten. Während er Fernschreiben an die Propagandadienststellen diktierte, informierten die Funktionäre ihre Organisationen im Lande und schürten den Aktivismus auf ihre Weise. Der Oberbürgermeister von Ingolstadt, um wenigstens einige Chronisten der ersten Stunden über die Ergebnisse des »spontanen« Volkszorns berichten zu lassen, meldete am 1. Dezember: »Die Aktion gegen die Juden wurde rasch und ohne besondere Reibungen zum Abschluß gebracht. Im Verfolg dieser Maßnahme hat sich ein jüdisches Ehepaar in der Donau ertränkt.«[14] Die Schutzpolizei von Freising hatte bereits am 11. November berichtet: »Am 10. 11. 1938 fand in vier Sälen eine Protest-Kundgebung ... statt. Veranstalter waren die vier Ortsgruppen der NSDAP ... Es wurde auf die Rundfunkdurchsage von ... Dr. Goebbels hingewiesen ... Nach Beendigung ... gingen ... etwa 3000 Personen ... durch die Straßen ... und forderten durch Sprechchöre, daß die Juden aus Freising verschwinden sollten ... Ein Trupp dieser Leute, vielleicht 200 Personen, zog vor das Haus des Juden Holzer, der bereits am Nachmittag festgenommen und nach München gebracht wurde. Sie forderten, daß die Tochter ... herauskomme ... Nun wurde sie auf der Straße, etwa 100 m weit, zum ›Anschauen‹ herumgeführt.«[15]

So und ähnlich wurden Goebbels »Anregungen« im ganzen Reich umgesetzt. Und der Terror beschränkte sich nicht nur auf Juden. »Fast zur gleichen Zeit«, am Vormittag des 10. November 1938, hieß es beispielsweise im Bericht der Freisinger Schutzpolizei vom 11. November, »wurde der arische Rechtsanwalt Max Lehner, der judenhörig ist und bei Geldeintreibungen Juden vor Gericht vertritt, mit Gewalt aus seiner Wohnung geholt ... die Wohnungstür (wurde) eingedrückt ... Es wurde ihm ... (ein) Transparent ›Juda verrecke‹ in die Hand gedrückt, das er eine längere Wegstrecke tragen mußte. In seiner Wohnung erhielt er ein paar Ohrfeigen.«[16] Die Gestapo registrierte nach einem Schnellbrief Heydrichs vom 11. November an Göring, daß bis zu dem Zeitpunkt 815 Geschäfte zerstört,

29 Warenhäuser in Brand gesteckt und 171 Wohnhäuser durch Feuer oder auf andere Weise vernichtet worden seien. »Die ... Ziffern ... soweit es sich nicht um Brandlegungen handelt«, hob er hervor, gäben jedoch »nur einen Teil der wirklich vorliegenden Zerstörungen wieder«. Zudem seien »191 Synagogen in Brand gesteckt, weitere 76 vollständig demoliert ... 11 Gemeindehäuser, Friedhofskapellen und dergleichen in Brand gesetzt und weitere 3 völlig zerstört« worden. Festgenommen wurden innerhalb von zwei Tagen, so erfuhr Göring vom Gestapo-Chef, »20000 Juden ... 7 Arier und 2 Ausländer. 36 Juden wurden umgebracht, 36 schwer verletzt.«[17]

Göring, Himmler und Heydrich, denen Hitler die »Endlösung der Judenfrage« zugedacht hatte, fanden sich in der Öffentlichkeit von ihrem ungeliebten Konkurrenten Joseph Goebbels überrollt. Er, der Propagandaminister, hatte ihnen nicht nur vorgemacht, wie einfach es war, die programmatischen Äußerungen Hitlers an die Stelle von Gesetzen zu setzen. Daß keiner von ihnen am Schaltzentrum der Macht gewesen war, als Goebbels vom Raths Tod zum Anlaß genommen hatte, die Macht des Wortes und den persönlichen Einfluß auf Hitler erstmals mit solchen Konsequenzen auszuprobieren, mag ein reiner Zufall gewesen sein. Göring befand sich im Nachtzug nach Berlin. Himmler bereitete sich auf die Vereidigung von SS-Rekruten vor, die am späten Abend an der Feldherrnhalle vor Hitler und ihm ihren Eid auf Hitler schwören sollten, und Heydrich saß mit Werner Best und anderen alten Kameraden im Münchener Hotel Vier Jahreszeiten.

Goebbels' Funktionäre hatten schon unter »das Volk« gebracht, was die zuständigen Hoheitsträger von Staat und Partei noch gar nicht wußten. Reinhard Heydrich beispielsweise erkundigte sich telefonisch bei der Münchener Gestapo-Leitstelle, was geschehen sei, nachdem er im Hotel Vier Jahreszeiten darauf aufmerksam gemacht worden war, daß eine Synagoge in der Nähe des Hotels brenne. Auf die Antwort des Führers der Leitstelle, daß von der Gaupropagandaleitung München-Oberbayern soeben gemeldet worden sei, Pogrome wären befohlen worden, in die die Gestapo jedoch nicht eingreifen dürfe, schickte Heydrich Karl Wolff, den Chef des Persönlichen Stabes des Reichsführers SS, zu Himmler, der sich in Hitlers Privatwohnung aufhielt. Hitler, der zunächst so tat, als wüßte er gar nicht, um was es eigentlich ging, wies Wolff schließlich an, Heydrich darüber zu informieren, daß die Gestapo sich aus der Sache herauszuhalten habe. Ihre Aufgabe, so erfuhr Wolff, bestünde darin, jüdisches Eigentum sicherzustellen.[18] Wieder bei Heydrich im Hotel, warteten Heydrich, Wolff, Best und die übrigen SS-Führer auf Himmlers Eintreffen und Entscheidungen. Erst nach Mitternacht trat Heydrich in Aktion. Um 1.20 Uhr gingen an alle Staatspolizeileit- und Staatspolizeistellen von ihm unterzeichnete Fernschreiben hinaus, in denen es – nach Absprache mit Heinrich Himmler – hieß, daß »aufgrund des Attentats gegen ... vom Rath ... im ganzen Reich« mit »Demonstrationen gegen die Juden« zu rechnen sei. »Aufgrund des Attentats gegen den Leg.(ations-)Sekretär vom Rath in Paris«, so begann das Fernschreiben, »sind im Laufe der heutigen Nacht – 9. auf 10. 11. 1938 – im ganzen Reich Demonstrationen gegen die Juden zu erwarten.«[19]

Nachdem Goebbels in Erwartung des Todes von vom Rath seine Vorbereitungen getroffen, schnell geschaltet, Hitlers Wort als Tat genommen[20] und weithin sichtbare ungesetzliche Aktionen mit Hilfe von Parteiorganisationen in die Wege geleitet hatte, sah Heydrich sich in die Lage versetzt, ihnen durch polizeiliche Anordnungen wenigstens den Anschein der Legalität zu verleihen.[21] Er wies die Empfänger der Fernschreiben an, sofort die für die einzelnen Bezirke zuständigen politischen Leitungen, die Gau- und Kreisleiter, telefonisch zu verständigen und sowohl mit ihnen als auch mit den jeweiligen Inspekteuren und Kommandeuren der Ordnungspolizei alle nötigen Einzelheiten über die Demonstrationen zu vereinbaren. Bei diesen Besprechungen seien, so befahl er, die politischen Leitungen darüber zu belehren, daß sie ihre Maßnahmen »zweckmäßig« den Anordnungen »anzupassen« hätten, die »die Deutsche Polizei vom Reichsführer SS und Chef der Deutschen Polizei« soeben bekommen habe. In ihnen hieß es unter anderem: »Es dürfen nur solche Maßnahmen getroffen werden, die keine Gefährdung deutschen Lebens oder Eigentums mit sich bringen (z. B. Synagogenbrände nur, wenn keine Brandgefahr für die Umgebung vorhanden ist), Geschäfte und Wohnungen von Juden dürfen nur zerstört, nicht geplündert werden ... In Geschäftsstraßen ist besonders darauf zu achten, daß nichtjüdische Geschäfte unbedingt gegen Schäden gesichert werden. Ausländische Staatsangehörige dürfen – auch wenn sie Juden sind – nicht belästigt werden ... Sofort nach Eingang dieses Fernschreibens ist in allen Synagogen und Geschäftsräumen der israelitischen Kultusgemeinden das vorhandene Archivmaterial polizeilich zu beschlagnahmen ... (und) an die zuständigen SD-Dienststellen abzugeben ... Sobald der Ablauf der Ereignisse dieser Nacht die Verwendung der eingesetzten Beamten hierfür zuläßt, sind in allen Bezirken so viele Juden – insbesondere wohlhabende – festzunehmen, als in den vorhandenen Hafträumen untergebracht werden können. Es sind zunächst nur gesunde männliche Juden nicht zu hohen Alters festzunehmen. Nach Durchführung der Festnahme ist unverzüglich mit den zuständigen Konzentrationslagern wegen schnellster Unterbringung der Juden in den Lagern Verbindung aufzunehmen.«[22] Von Hitler seit 1919 immer wieder öffentlich angedroht, von Goebbels ebenso in aller Öffentlichkeit in Gang gesetzt und von Himmler und Heydrich nachträglich in amtliche Bahnen gelenkt, war für Hitler, der sich als Staatsoberhaupt offiziell aus den antisemitischen Pogromen herausgehalten hatte,[23] der nächste Schritt vorbereitet. Am 12. November 1938, drei Tage nach der »Kristallnacht«, wie die pointensichere Berliner Schlagfertigkeit diesen Pogrom getauft hatte, erklärte Göring im Rahmen einer Sitzung, an der nicht nur Heydrich, Frick, Schwerin von Krosigk, Gürtner, Funk und Goebbels, sondern weit mehr als 100 Vertreter sämtlicher Ministerien[24] teilnahmen. »Meine Herren, die heutige Sitzung ist von entscheidender Bedeutung. Ich habe einen Brief bekommen, den mir der Stabsleiter des Stellvertreters des Führers (Martin) Bormann im Auftrag des Führers geschrieben hat, wonach die Judenfrage jetzt einheitlich zusammengefaßt werden soll und so zur Erledigung zu bringen ist. Durch telefonischen Anruf bin ich gestern vom Führer noch einmal darauf hingewiesen worden, jetzt die entscheidenden Schritte zentral zusammenzufassen.«[25]

Prag und das Memelland

Die »Annexion der Tschechoslowakischen Republik durch das Dritte Reich«, registrierten die illegalen Sozialdemokraten im März 1939 betroffen, »hat in der ganzen Welt Überraschung und Entsetzen hervorgerufen.«[1] Sie warfen der »Welt« mit bemerkenswerter Urteilsfähigkeit und Weitsichtigkeit vor, sich trotz der Erfahrungen »der letzten sechs Jahre« immer noch von Versprechungen des NS-Regimes täuschen zu lassen und stillschweigend hinzunehmen, was es ihr an eklatanten Rechtsbrüchen fortwährend zumutete. Von eigenen Schicksalsschlägen gebeutelt, konzidierten sie jedoch, und auch das ist bezeichnend: »Als Reaktion auf die betäubende Schnelligkeit der Ereignisse sind solche Gefühle verständlich.«[2] Die »ganze

Welt« hatte 1938 im Zusammenhang mit der Sudetenfrage Hitlers öffentliche Zusicherung vernommen und hoffend auch als Tatsache hingenommen, daß die territorialen Forderungen des Dritten Reiches mit der Okkupation des Sudetenlandes abgeschlossen seien. Spätestens seit der Besetzung Prags hätte der Widerstand nicht nur in Großdeutschland besondere Formen annehmen müssen. Doch dies war Anfang 1939 nicht der Fall. Es wurde in Deutschland eigentlich nur »gemäkelt«, unwirsch auf Verhältnisse reagiert und doch getan, was Hitler, die NSDAP und die Regierung erwarteten. Die körperlich arbeitende Bevölkerung bzw. die Presse klagte über »mörderische Arbeitszeiten« bis zu zwölf und mehr Stunden, vor allem in der Industrie und auf Festungsbaustellen, über »Lohnsklaverei«, schlechte Arbeitsmoral und Stimmung, über teilweise zu niedrige Löhne, obligatorische Sonntagsarbeit, viel zu knappe Freizeiten, unverhältnismäßig stark ansteigende Arbeitsausfälle infolge von Krankmeldungen,[3] Einschüchterungen, schlechte und zu teure Verpflegung und Unterbringung auf Baustellen, hohe Besteuerung vor allem von unverheirateten Arbeitern und Handwerkern, unangemessene militärische Disziplin an den Arbeitsstellen, ungenügende Sicherheitsvorkehrungen, ausgeklügelte Antreibersysteme und propagandistisch verbrämte Appelle und Aufforderungen, den Leistungswillen immer noch mehr zu steigern, über den Sinn der jeweiligen Tätigkeit nachzudenken und die geforderten Strapazen auf sich zu nehmen, auch wenn sie individuell außergewöhnlich erschienen. Unentschuldigte »Bummelschichten«[4] waren die Folge.

An einzelnen Arbeitsstellen wurde stundenweise gestreikt, die Arbeit systematisch schleppend ausgeführt, der Betriebsfrieden durch provokatorische Äußerungen über politische Organisationen und deren Tätigkeit unterminiert und gelegentlich deutlich gezeigt, daß die außenpolitischen Erfolge des Regimes allein nicht ausreichten, eine unanfechtbare individuelle Zustimmung und Identifizierung zu erzeugen. Dennoch war der Nationalsozialismus nicht spurlos an der Arbeiterschaft vorbeigegangen. »Welcher Wandel . . . in der Psyche des Arbeiters eingetreten ist«, stellten sozialdemokratische Vertrauensleute im Frühjahr 1939 betroffen fest, »beweist die an sich verständliche Tatsache, daß die Arbeiter es als Kränkung empfinden, wenn sie etwa vor Ablauf von 10 Stunden von der Arbeit nach Hause geschickt werden.«[5] Das System funktionierte nicht nur angesichts der drastischen Strafandrohungen.

Hitler, der über die Meinung »des Volkes« stets sehr gut informiert war, konnte immer noch mehr wagen und riskieren. Am 23. März tat er es. Die deutsche Wehrmacht rückte, von der deutschen Bevölkerung begeistert empfangen, in das Memelgebiet ein, das damit an das Deutsche Reich zurückfiel,[6] das Hitler jetzt in seiner Memeler Rede vom 23. März 1939 als »unser Großdeutsches Reich« bezeichnete.

Am Tage zuvor, am 22. März, hatte das Deutsche Nachrichten-Büro einen Text verbreitet, aus dem hervorging, daß Joachim von Ribbentrop der litauischen Regierung vorgeschlagen habe, das Memelgebiet, »dem klar ausgedrückten Wunsche der memeldeutschen Bevölkerung« entsprechend, »auf dem Wege einer freien Vereinbarung«, wieder an das Deutsche Reich zurückzugeben. In Swinemünde sah die Bevölkerung noch am selben Abend den Führer und Generaladmiral Erich Raeder, den Oberbefehlshaber der Kriegsmarine, die sich an Bord des Panzerschiffes *Deutschland* begaben, um zusammen mit den Panzerschiffen *Admiral Graf Spee* und *Admiral Scheer,* den leichten Kreuzern *Leipzig, Nürnberg* und *Köln,* zwei Zerstörer-Divisionen, drei Torpedoboot-Flottillen und einer Geleitboot-Flottille in See zu stechen und am nächsten Tage schließlich den Memeler Hafen anzulaufen.

Auf dem Panzerschiff *Deutschland,* das mit großer Begleitung in Richtung Memel dampfte, erreichte Hitler um Mitternacht ein Telegramm des Reichsaußenministers, der die Unterzeichnung »des Vertrages mit Litauen über die Wiedervereinigung des Memellandes mit dem Reich« meldete. Von Hans-Heinrich Lammers assistiert, erließ Hitler von »Bord« aus das längst vorbereitete und angeblich auch von Wilhelm Frick als Reichsminister des Innern, Hermann Göring als Beauftragtem des Vierjahresplanes und Joachim von Ribbentrop als Reichsaußenminister gegengezeichnete »Gesetz über die Wiedervereinigung des Memellandes mit dem Deutschen Reich«[7] und entschied sich, am 23. März in Memel von Bord zu gehen und dort, wo Heinrich Himmler als Reichsführer SS und Chef der deutschen Polizei als erster »Reichsdeutscher« bereits am Tage zuvor mit Polizei und SS-Kommandos eingetroffen war, eine offiziell an die von ihm ständig mit »Ihr« und »Euch« angeredeten »memeldeutschen Volksgenossen und Volksgenossinnen« gerichtete Rede zu halten, in der er unter anderem außerordentlich wirkungsvoll erklärte: »Ihr seid einst von einem Deutschland im Stich gelassen worden, das sich der Schmach und Schande ergeben hatte. Jetzt seid ihr zurückgekehrt in ein gewaltiges neues Deutschland ... das entschlossen ist, sein

Schicksal selbst ... zu gestalten, auch wenn dies einer anderen Welt nicht gefällt ... Die 20 Jahre Elend und Leid sollen uns für alle Zukunft eine Warnung und eine Lehre sein.«[8] Seine Schlußapotheose – »Unser Volk und unser Deutsches Reich – Sieg Heil«[9] – kam in Deutschland und im Memelland zwangsläufig ganz anders als in England an, wo der eine Woche zuvor vollzogene deutsche Einmarsch in die Tschechoslowakei noch keineswegs allgemein als unwiderrufliches und völkerrechtlich legales Ereignis angesehen wurde. Die »Welt« nahm jedoch auch diesen Coup Hitlers hin, der damit, 2183 Tage nach seiner Machtübernahme, noch einmal einen »Blumenkrieg« gewonnen hatte.

Zwischen dem letzten »Blumenkrieg« und dem richtigen Krieg lag noch ein großes Volksfest: Hitlers 50. Geburtstag. Seit Mitte April wurde die Bevölkerung von Amtswaltern und Blockwarten der NSDAP und im Osten des Reiches auch zusätzlich noch von Vertrauensleuten des Bundes Deutscher Osten nachdrücklich auf den 20. April als Führer-Geburtstag aufmerksam gemacht, der seit 1933 »nationaler Feiertag« war. Verschiedentlich mußten die Familienvorstände von Arbeiterfamilien sogar unterschreiben, darauf hingewiesen worden zu sein, daß vom 19. bis zum 21. April zu Ehren des Führers in allen Fenstern Stoff-Fahnen gezeigt werden sollten. Wer sie nicht kaufen konnte, bekam sie von den Blockwarten geliehen. Die Presse überschlug sich mit Lobeshymnen über den »größten Staatsmann aller Zeiten« und pries den »deutschesten Deutschen«, den es je gegeben habe.[10] Gedichte wurden veröffentlicht, schier unglaubliche Verse gereimt. »Wie kann nur ein Mensch so groß sein!«[11] fragte ein begeisterter Nationalsozialist in einer NS-Zeitung, und ein anderer gestand in der *Berliner Morgenpost* vom selben Tage: »Dann sehe ich zum ersten Male den Führer. Verstohlen schaue ich mich nach rechts und links zu meinen Kameraden um. Schnell wische (ich) mit dem Handrücken unter den Augen« die Tränen ab. Des Rühmens war kein Ende. »Kein Geist«, schrieb die Grazer *Tagespost* vom 20. April, »wird jemals ›Mein Kampf‹ nachschreiben können, aber alle Berufenen der Feder können auf Generationen hinaus von ihm lernen ... Mit ›Mein Kampf‹ beginnt eine neue Ära des deutschen Schriftstellers.«[12]

Die illegalen Sozialdemokraten resümierten nach all dem Rummel betroffen: »So gering ... früher die Achtung vor« Hitler »als Politiker war, so sehr ist sie durch seine Erfolge gestiegen. Man kann ruhig sagen, daß das ganze Volk der Überzeugung ist, daß Hitler ein großer Politiker sei. Das ist einzig und allein auf seine außenpolitischen Erfolge zurückzuführen, die niemand – selbst die eingeschworensten Nazis nicht – früher für möglich gehalten hätte.«[13] Hitler war am 20. April 1939 2290 Tage Regierungschef. 2188 Tage blieb er es noch.

III.
Das eigentliche Ziel: Der Krieg

»Die Umstände haben mich gezwungen, jahrzehntelang fast nur vom Frieden zu reden . . . Es ist selbstverständlich, daß eine solche . . . Friedenspropaganda . . . ihre bedenklichen Seiten hat; denn es kann nur zu leicht dahin führen, daß sich in den Gehirnen vieler Menschen die Auffassung festsetzt, daß das heutige Regime . . . identisch sei mit dem Entschluß und dem Willen, einen Frieden unter allen Umständen zu bewahren . . . Der Zwang war die Ursache, warum ich jahrelang nur vom Frieden redete.«
Adolf Hitler in einer Geheimrede vom 10. November 1938 vor Chefredakteuren und Schriftleitern.

Das Regime im Krieg

»Seit Monaten«, sagte Hitler am 1. September 1939 vor den Abgeordneten des Deutschen Reichstages, »leiden wir alle unter der Qual eines Problems, das uns einst das Versailler Diktat beschert hat[1] und das nunmehr . . . unerträglich geworden war . . . Wie immer, so habe ich auch hier versucht, auf dem Wege friedlicher Revisionsvorschläge eine Änderung des unerträglichen Zustandes herbeizuführen . . . Alle diese Vorschläge sind . . . abgelehnt worden . . .[2] Sie kennen die Vorschläge, die ich . . . machte, die endlosen Versuche, die ich . . . unternahm . . . Eines aber ist unmöglich: zu verlangen, daß ein unmöglicher Zustand auf dem Wege friedlicher Revision bereinigt wird – und dann die friedliche Revision konsequent zu verweigern . . . Meine Friedensliebe und meine endlose Langmut soll man nicht mit Schwäche oder gar Feigheit verwechseln. Ich habe daher gestern abend der britischen Regierung mitgeteilt, daß ich unter diesen Umständen auf seiten der polnischen Regierung keine Geneigtheit mehr finden kann, mit uns in ein wirklich ernstes Gespräch einzutreten. Damit sind diese Vermittlungsvorschläge gescheitert ... erstens die polnische Generalmobilmachung gekommen und zweitens neue schwere Greueltaten.[3] Diese Vorgänge haben sich nun heute nacht wiederholt ...«[4]

Hitler setzte voraus, daß die Öffentlichkeit ihm glaubte, was er sagte. Und er tat dies – aus seiner Sicht – mit einigem Recht; denn die große Mehrzahl der Deutschen war überzeugt, daß der Führer den Krieg nicht wollte. Sie wußte nicht, daß er ihn seit Jahr und Tag geplant und vorbereitet hatte und 1939 nur auf den günstigsten Augenblick zum Losschlagen wartete. So hatte er beispielsweise den Oberbefehlshaber des Heeres Ende März 1939 wissen lassen, daß er »noch nicht die polnische Frage ... lösen«[5] wolle, sie jedoch »bearbeitet« zu sehen wünsche, damit dies »in naher Zukunft« unter Ausnutzung besonders günstiger politischer Voraussetzungen[6] geschehen könne. Am 23. März hatte er den führenden Militärs, Göring, Raeder, von Brauchitsch, Keitel, Milch, Halder, Bodenschatz und anderen, in seinem Arbeitszimmer in der Neuen Reichskanzlei erklärt, daß Polen »immer auf der Seite unserer Gegner sein«[7] werde und auch als eventuelle »Barriere gegen Rußland«[8] nur eine zweifelhafte Rolle spielen könne. Daher entfalle »also die Frage, Polen zu schonen«.[9] Aufgabe des Reiches könne nur sein, »bei erster passender Gelegenheit Polen anzugreifen.«[10] Auch wenn »in manchen Köpfen« die Vorstellung spuke, Deutschland werde nicht in der Lage sein, einen Krieg zu finanzieren, könne dieses Ziel nicht aufgegeben werden, selbst wenn der Krieg zehn oder gar fünfzehn Jahre dauern sollte.[11] Prinzipiell und als Grundsatz habe zu gelten: »Niemand ist zu beteiligen, der es nicht wissen muß. Wann muß der Betreffende es spätestens wissen? Niemand darf früher etwas wissen, als er es wissen muß.«[12]

Dieses – in allen Armeeführungen streng praktizierte – Prinzip wäre nicht erwähnenswert, wenn es im Dritten Reich nicht einer Zielsetzung gedient hätte, die zu der Zeit als singulär charakterisiert werden mußte. Während die Staatsführungen außerhalb des Deutschen Reiches ihre Armeen unterhielten, um sich vor militärischen Aggressionen schützen zu können, sah Hitler im zielbewußt vorbereiteten Expansionskrieg seine zentrale Weltanschauung und Politik. Daß seine in der Öffentlichkeit laut und wortreich zur Schau gestellte »Friedensliebe«, die auch namhafte französische und englische Beobachter teilweise selbst nach Kriegsbeginn noch nicht anzweifelten,[13] nur Tarnmanöver waren, wurde erst offenbar, als es nichts mehr nützte. Bereits am 3. Februar 1933, vier Tage nach der Machtübernahme, hatte er den Befehlshabern der Reichswehr, die ihm noch außerordentlich reserviert gegenüberstanden, in einer geheimgehaltenen Rede in Übereinstimmung mit seinen Lehren in *Mein Kampf* erklärt, daß der deutsche Lebensraum im Osten läge. Am 24. Oktober 1933, knapp neun Monate nach seiner Versicherung im Kabinett,[14] dem zu der Zeit nur einige Nationalsozialisten angehörten, in den nächsten vier bis fünf Jahren alles für die Reichswehr und für die Aufrüstung zu tun, rief er im Berliner Sportpalast Tausenden zu: »Wir kennen nur ein Ziel auf der Welt: Nicht Haß anderen Völkern, sondern Liebe zu der deutschen Nation«[15] – und: »Ich bitte das ganze deutsche Volk, wenn ich mich jemals ... irren würde, oder wenn das Volk einmal glauben sollte, meine Handlungen nicht decken zu können, dann kann es mich hinrichten lassen. Ich werde ruhig standhalten!«[16] So kontinuierlich, wie er die öffentlichen Friedensbekundungen zelebrierte, so konsequent und durchgehend betrieb er insgeheim die Vorbereitung des Gegenteils. Am 5. November 1937, um eine weitere wesentliche Station auf diesem Wege zu erwähnen, erfuhren Generalfeldmarschall von Blomberg, Generaloberst Freiherr von Fritsch, Großadmiral Raeder, Generaloberst Göring, Oberst Hoßbach und Reichsaußenminister von Neurath von ihm, daß er trotz seiner öffentlichen Beteuerungen, den Frieden erhalten zu wollen, an seinen *Mein Kampf*-Lehren über die Notwendigkeit eines deutschen Expansionskrieges zur Okkupation landwirtschaftlich nutzbaren Landes in Europa festhalte.[17] Zwar erklärte er den Militärs und dem Minister, daß ein solcher Krieg nicht unmittelbar bevorstehe; aber er sagte ihnen auch, daß dies spätestens zwischen 1943 und 1945 der Fall sein werde.[18]

Wer von ihnen bis dahin der Ansicht gewesen war, daß dem deutschen Dilemma mit einer expansiven Beteiligung an der Weltwirtschaft begegnet werden könne, sah sich getäuscht. Hitler bezeichnete die englische Herrschaft über die Seegebiete, über die der deutsche Außenhandel abgewickelt werden müßte, als ein Hindernis, das Deutschland zum unausweichlichen Landgewinn in Europa zwänge, und postulierte den »Lehrsatz«, daß nur militärisch ausgesprochen schwache Staaten auf den Außenhandel bauten.[19]

Auch wenn Hitler den Beginn des Eroberungskrieges in die Zeit spätestens zwischen 1943 und 1945 hatte legen wollen, war dem kleinen Kreis der eben eingeweihten Exponenten klar geworden, daß es bis zum ersten Schuß nicht so lange dauern würde. Generaloberst

Werner von Fritsch, zu der Zeit noch Oberbefehlshaber des Heeres, erwog sogar, auf seinen Auslandsurlaub zu verzichten,[20] dessen Beginn für den 10. November 1937 festgesetzt worden war. Während die Öffentlichkeit noch an den eben erst verklungenen Dank dachte, den Mussolini am 28. Oktober für die Unterstützung bei der Erhaltung des »europäischen Friedens«[21] von Hitler empfangen hatte, drehten sich dessen Gedanken nicht mehr um den Frieden, sondern um den Krieg, den er in absehbarer Zeit zu führen gedachte.[22]

Hatte Hitler seine wahren Ansichten 1937 noch hinter verschlossenen Türen und nur ganz wenigen Vertrauten offenbart, so sah es nach den »Blumenkrieg«-Erfolgen von 1938 anders aus. Am 18. Januar 1939 hörten Wilhelm Keitel, die Oberbefehlshaber der drei Wehrmachtsteile Heer, Marine und Luftwaffe und 3600 Leutnants der Wehrmacht in der Musikhalle der Neuen Reichskanzlei, am 25. Januar sämtliche Kommandierenden Generale und Admirale und 217 weitere Offiziere in der Reichskanzlei und am 10. Februar 1939 die Oberbefehlshaber und sämtliche Oberste und Kapitäne im Kommandorang in der Berliner Krolloper von Hitler, daß er das »deutsche Raumproblem« mit Waffengewalt (auch gegen jeden Widerstand von innen) lösen werde. Und er hatte vor dem ausgewählten Kreis von Soldaten nicht nur vom Okkupationskrieg gesprochen, den er führen wolle, sondern ausdrücklich und unmißverständlich auch prophezeit: »Der nächste Kampf wird ein reiner Weltanschauungskrieg sein, d. h. bewußt ein Volks- und Rassekrieg.«[23]

Dem Volk und der Welt dagegen versuchte er den Eindruck zu suggerieren, als sei ihm der Krieg aufgezwungen worden. »Ich habe mich daher ... entschlossen, mit Polen in der gleichen Sprache zu reden, die Polen seit Monaten uns gegenüber anwendet«, erklärte er am 1. September 1939 und fuhr fort: »Wenn nun Staatsmänner im Westen erklären, daß diese ihre Interessen berühren, so kann ich eine solche Erklärung nur bedauern. Sie kann mich aber nicht eine Sekunde in der Erfüllung meiner Pflicht wankend machen ... Deutschland hat keine Interessen im Westen ... Wir haben auch keinerlei Ziel für die Zukunft, und diese Einstellung des Reiches wird sich nicht mehr ändern.«[24]

Was der nationalsozialistischen Weltanschauung total widersprach und als politisches Ereignis unglaubwürdig erscheinen mußte, nämlich der überraschende Abschluß des deutsch-sowjetischen Nichtangriffsvertrages vom 23. August 1939 in Moskau, rechtfertigte Hitler am 1. September auf folgende Weise: »Sie wissen, daß

Rußland und Deutschland von zwei verschiedenen Doktrinen regiert werden. Es war nur eine Frage, die geklärt werden mußte: Deutschland hat nicht die Absicht, seine Doktrin zu exportieren, und in dem Augenblick, in dem Sowjetrußland seine Doktrin nicht nach Deutschland zu exportieren gedenkt, sehe ich keine Veranlassung mehr, daß wir auch nur noch einmal gegeneinander Stellung nehmen sollen! Wir sind uns beide darüber klar: Jeder Kampf unserer Völker gegeneinander würde nur anderen einen Nutzen abwerfen. Daher haben wir uns entschlossen, einen Pakt abzuschließen ... der uns in gewissen europäischen Fragen zur Konsultierung verpflichtet, der das wirtschaftliche Zusammenarbeiten ermöglicht und vor allem, daß sich die Kräfte dieser beiden großen Staaten nicht gegeneinander verbrauchen ... Und ich möchte das eine hier versichern: diese politische Entscheidung bedeutet eine ungeheure Wende für die Zukunft und ist eine endgültige.«[25] Den Militärs von Brauchitsch, Raeder, Göring und Keitel erklärte er dagegen am 9. Oktober 1939 in einer geheimen Denkschrift, daß die Neutralität der Sowjetunion »durch keinen Vertrag und durch keine Abmachung«[26] gewährleistet werden könne.

Die Öffentlichkeit sollte sich in Sicherheit wiegen können. »Rußland und Deutschland haben im Weltkrieg gegeneinander gekämpft und waren beide letzten Endes die Leidtragenden«, sagte er und fuhr fort: »Ein zweites Mal soll und wird das nicht mehr geschehen.«[27] Was nach seinem Willen geschehen sollte, war dies: »Ich bin entschlossen, 1. die Frage Danzig, 2. die Frage des Korridors zu lösen, und 3. dafür zu sorgen, daß im Verhältnis Deutschlands zu Polen eine Wendung eintritt, die ein friedliches Zusammenleben sicherstellt.«[28] Der Anfang war gemacht: »Seit 5.45 Uhr wird jetzt zurückgeschossen«, erklärte er am Morgen des 1. September als Rechtfertigung des Kriegsbeginns und ließ alle Welt wissen: »Und von jetzt ab wird Bombe mit Bombe vergolten ... Ich werde diesen Kampf, ganz gleich gegen wen, so lange führen, bis die Sicherheit des Reiches und seine Rechte gewährleistet sind! Über sechs Jahre habe ich nun am Aufbau der deutschen Wehrmacht gearbeitet. In dieser Zeit sind über 90 Milliarden für den Aufbau unserer Wehrmacht aufgewendet worden. Sie ist heute die am besten ausgerüstete der Welt ... Es soll keine Entbehrungen für Deutsche geben, die ich nicht selber sofort übernehme ... Ich will jetzt nichts anderes sein als der erste Soldat des Deutschen Reiches ... Ein November 1918 wird sich niemals mehr in der deutschen Geschichte wiederholen ...«[29]

Ausländische Beobachter, die hofften, daß Hitler sich durch den Nichtangriffsvertrag mit der Sowjetunion in absehbarer Zeit selbst ins »Abseits« hineinmanövrieren würde, sahen sich getäuscht, nachdem sie sich durch Gespräche mit Deutschen über die Stimmung im Volk informiert hatten.

»Das Abkommen mit Rußland hat nicht so gewirkt, wie viele Amerikaner glauben«, notierte Ende 1939 beispielsweise ein durch Deutschland reisender Amerikaner, der Süd-, Mittel- und Westdeutschland seit der Vorkriegszeit kannte. »Ich fand«, schrieb er, »folgende Ansichten:

1. Der Führer weiß, was er tut, auch gegenüber Rußland.

2. Der Führer hat auch mit inneren Feinden koaliert und sich rechtzeitig von ihnen gelöst.

3. Wir nehmen nur die alte deutsch-russische Linie wieder auf, die unter den Hohenzollern über ein Jahrhundert hielt.

4. Das ist eine vorübergehende Kriegsmaßnahme.

5. Der Durchbruch durch die Einkreisung ist jedes Opfer wert.

6. Lieber mit den Russen, die keine wirtschaftlichen Gegensätze mit uns haben, als mit den Briten, die uns vernichten wollen.

7. Halb bolschewisiert sind wir ohnehin, warum also Furcht vor dem Rest?

8. Rußland ist auf dem Wege zum Faschismus, und wir werden uns auf halbem Wege finden.

9. Nur mit Hilfe Rußlands können wir die Blockade brechen.

10. Das Abkommen wird die Revolution in Deutschland beschleunigen (Linke Oppositionelle, Intellektuelle usw.).

Man sollte nicht vergessen, daß gewisse nationale Wirtschaftspolitiker schon sehr lange das Zusammengehen mit Rußland wissenschaftlich begründet haben. Alles in allem fand ich ... da eine vollendete Konfusion, weil ja keine Diskussion in Zeitschriften und Parlament möglich ist. Der Pessimismus ist aber nicht so groß, wie durchgängig geglaubt wird, wenn auch jede Begeisterung fehlt und das allgemeine Gerede über Kriegsgewinnler, Schieber, ›Hamsterer‹ usw. rasch wächst.«[30]

Die »Deutschen wollen Frieden«, das jedenfalls meinte der US-Bürger in seinen Diskussionen mit deutschen Gesprächspartnern aus den Antworten und Argumenten herausgehört zu haben; aber er war auch überzeugt: sie wollten den Frieden nicht um jeden Preis. »Nein, sie wollen siegen«, schrieb er und fuhr fort: »... ich behaupte, die Mehrheit des Volkes will es einstweilen.«[31]

Hitlers Rede zum Kriegsbeginn, die über den sogenannten Großdeutschen Rundfunk verbreitet wurde und auch am darauffolgenden Tag in den Zeitungen groß aufgemacht erschien, initiierte nicht die Begeisterung, die seine Reden und Kundgebungen zuvor gewöhnlich bei der deutschen Bevölkerung ausgelöst hatten. Heinz Linge, der »Chef des persönlichen Dienstes« bei Hitler, der sich ständig in der unmittelbaren Nähe des Führers befand und auch während dieser Fahrt hinter seinem »Chef« saß, wie Hitler von seiner Umgebung bezeichnet wurde, schilderte vierzig Jahre danach allerdings schon Hitlers Fahrt zur Berliner Krolloper, dem Tagungsort des Deutschen Reichstages, als »so gar nicht in das gewohnte Bild passend«. Die nüchtern-skeptisch, erschrocken-ängstlich wirkende Haltung der Berliner habe da, so empfand Linge, eine Atmosphäre verbreitet, die auf Hitler, der auf Emotionsäußerungen wie ein Seismograph reagierte, nicht ohne Wirkung geblieben sei. »Kurz vor 10 Uhr – am 1. September – fuhr Hitler«, erinnerte sich Linge, »nun bereits in Feldgrau gekleidet, zur Reichskanzlei. Formationen der SA und SS hatten, um 8 Uhr früh beginnend, auf dem Wege von der Wilhelmstraße bis zur Berliner Krolloper Spalier gebildet, was an diesem Tage kaum nötig gewesen wäre; denn sehr viele Leute säumten die Straßen nicht ... Die Ovationen waren ›dünn‹ und hielten sich im Vergleich zu vorausgegangenen ›Huldigungen‹ sehr in Grenzen. Im Reichstag angekommen, fand Hitler volle Reihen vor, obwohl rund 100 Reichstagsabgeordnete fehlten. Hermann Göring, der Präsident des Deutschen Reichstages, hatte vorgesorgt und ›kraft der Vollmacht‹, über die er als Präsident des Parlaments verfügte, ›Ersatz-Abgeordnete‹ auf den leeren Sitzen Platz nehmen lassen. Leere Plätze (ausgerechnet am Tage des Kriegsbeginns) hätten zweifellos nicht nur Hitler und die Vertreter der ausländischen Presse irritiert.«[32]

Während die *Neue Zürcher Zeitung* in ihrer Abendausgabe vom 1. September darüber rätselte, wieso in der Nähe des Brandenburger Tores »nur eine dünne Reihe von Zuschauern« gestanden habe, als Hitler zum Reichstag gefahren sei, zerbrachen sich die Deutschen besorgt ihre Köpfe über die Frage, was nun auf sie zukommen werde. Die deutsche Presse, die weder den einen noch den anderen Punkt behandelte, hatte weisungsgemäß erst in der unmittelbaren Zeit vor dem deutschen Angriff auf Polen das Feindbild unmißverständlich gezeichnet, das Polen als den kriegslüsternen Feind darstellte, dem das nationalsozialistisch geführte Reich nicht ausweichen könnte, da Polen mit allen Mitteln den Krieg provoziere. »So treiben die Polen zum Kriege«, »Polen ist bestrebt, die Lage um jeden Preis zu verschärfen«, »Von Polen erschossen: Deutsche starben als Opfer polnischen Terrors«, lauteten die Schlagzeilen des *Völkischen Beobachters* allein vom 1. September 1939,[33] der die Bevölkerung über die Situation informieren sollte. Da die Deutschen im wesentlichen auf Informationen aus der seit Jahren gleichgeschalteten deutschen Presse und dem ebenso auf eine einheitliche Linie »getrimmten« Rundfunk angewiesen waren, sahen sie sich gezwungen, entweder gutgläubig mitzumachen – oder aber vorsichtig tastend zu schweigen und hinhaltend abzuwarten.

Wie gering die Chancen waren, sich über die Lage und Ereignisse außerhalb der Grenzen des Reiches zu informieren, zeigen Vernehmungsprotokolle von Zeugen und Angeklagten im Rahmen des Nürnberger Prozesses. So erklärte beispielsweise Prinz Philipp von Hessen, ein Neffe des letzten deutschen Kaisers, Enkel der Königin Viktoria von England, Schwiegersohn des italienischen Königs Viktor Emanuel II. und von Hermann Göring zum Oberpräsidenten der Provinz Hessen-Nassau ernannter Vetter des Kronprinzen Wilhelm, am 4. März 1948, daß selbst er, obwohl von Hitler gelegentlich mit der Wahrnehmung diplomatischer Aufgaben in Italien betraut, in mancher Hinsicht kaum mehr als die Bürger auf der Straße wußte. Bevor die Wehrmacht in die Tschechoslowakei einmarschierte, was Hitler dem Duce durch den Prinzen hatte ankündigen lassen, hatte er keine Ahnung, was es mit der deutschen Intervention tatsächlich auf sich hatte. Auf die Frage des amerikanischen Anklägers Robert M. W. Kempner, was er sich denn damals für ein Bild gemacht habe, antwortete er als Zeuge: »Ich konnte mir kein Bild machen, da ich sonst nicht informiert wurde ... Ich habe in gutem Glauben hingenommen, daß Übergriffe gegen Deutsche geschahen und das der Grund zum Einmarsch war.«[34]

Philipps Vetter, der mit Hermann Göring seit dem Ersten Weltkrieg persönlich gut bekannte, 1882 in Potsdam geborene letzte deutsche Kronprinz, erklärte am 17. Juni 1947 in Nürnberg als Zeuge auf die Frage, wann er Hitlers »Kriegspolitik realisiert« habe: »Die habe ich erst realisiert in dem Moment, als wir in die Tschechoslowakei einmarschiert sind. Da war mir die Politik klar. Von militärischen Kriegsvorbereitungen sah ich ja nichts. Ich sah mehr Flugzeuge in der Luft – aber sonst fiel einem nichts Wesentliches auf ... Ich bin nie auf die Idee gekommen, daß die Volkswagengeschichte eine Vorbereitung für die Aufrüstung war. Ich dachte, das war so das Auto für den kleinen Mann. Mir sind mehr die politischen Dinge aufgefallen.«[35]

Sehr viele Deutsche wurden 1939 trotz aller Vorzeichen vom Kriegsausbruch überrascht.[36] Dies beweist nicht nur, wie gut die Geheimhaltung des nationalsozialistischen Regimes bei aller Vielschichtigkeit und Doppelgleisigkeit in den einzelnen Instanzen und Institutionen funktionierte, sondern läßt auch deutlich werden, wie durchdacht und zuverlässig die Propaganda eingesetzt wurde. Die Propaganda, die das Volk zu einer einseitigen und falschen Einschätzung sowohl der gegnerischen Absichten als auch der beiderseitigen Kräfteverhältnisse verführte, erzeugte nicht zuletzt auch die Angst, die eine besondere Solidarität schuf und Hitler die Gewähr bot, diesen Krieg führen zu können. Die innen- und außenpolitischen Erfolge, die das Regime bis Sommer 1939 zu erringen vermochte, hatten die Maßlosigkeit der alles beherrschenden Propaganda allerdings auf Inhalte reduziert, die auch kritische Beobachter als durchaus realistisch begreifen durften, zumal die geistige Isolierung vom Ausland der Allgemeinheit keinen Einblick in die Verhältnisse außerhalb der Reichsgrenzen ermöglichte.

Eine auf unabhängigen, offenen demoskopischen Befragungen basierende zuverlässige Antwort auf die Frage, wie die deutsche Bevölkerung 1939 den Kriegsbeginn aufgenommen hat, lag 1939 ebensowenig vor wie heute. Daß die Bevölkerung den Krieg nicht herbeigesehnt, ihm nicht entgegengefiebert und darauf gewartet hatte, endlich »die Waffen sprechen« zu sehen, wußten die Partei- und Staatsführung 1939 jedoch nicht nur aus den systematisch ausgewerteten »Berichten zur innenpolitischen Lage«, die auf Anweisung des Reichssicherheitshauptamtes der SS ab 9. Oktober 1939 täglich von den seit 1937 als Zweigzentralen für das SD-Hauptamt tätigen SD-Abschnitten vorgelegt wurden.[37] Ärzte, Lehrer, Künstler, Wissenschaftler, Hochschullehrer, Beamte und andere ausgewählte Personen, die als spitzelnde Vertrauensleute des SD fungierten, nahmen in ihren Berichten an den SD kein Blatt vor den Mund.

Von damaligen Zeitgenossen vier Jahrzehnte später formulierte persönliche Erinnerungen, die infolge der für jedermann gravierenden Ereignisse allgemein als relativ zuverlässig akzeptiert werden können, decken sich durchaus mit den SD-Berichten, wobei in den »Erinnerungen« primär nicht von Widerstand gegen das Regime, sondern von Betroffenheit die Rede ist.

Eine der nächsten Verwandten der Reichsfrauenführerin Gertrud Scholtz-Klink, die mit Heinrich Himmler befreundet war und oft auch zu Hitlers persönlichen Gästen zählte, wurde am 1. September 1939 »vom ›Schreck‹ überrascht. Ich war dermaßen traurig«, sagte sie 1980, »daß ich am liebsten geheult hätte. Am 1. September war alles voller Unruhe, denn die meisten Leute hatten Angst ... auch ich hatte Angst ... Es war nicht so wie 1914, als die Soldaten siegesfreudig fortzogen.« Die Frau, eine intelligente und für politische Fragen besonders aufgeschlossene Bäuerin, beim Ausbruch des Zweiten Weltkrieges 38 Jahre alt und damit Zeitgenossin des Ersten Weltkrieges, an den sie »mit Beklemmung« zurückdachte, erlebte den 1. September 1939 in einem Dorf in der Pfalz. Infolge der familiären Zusammenkünfte mit der Reichsfrauenführerin meinte sie, stets politisch gut informiert zu sein und auch zu wissen, was in den obersten Etagen der Reichsführung »gedacht und vorbereitet werden würde«. »Um so überraschter war ich dann«, sagte sie, »als es am 1. September 1939 plötzlich hieß: ›Es ist Krieg‹.«[38]

»Als politisch interessiertes Kind«, erinnerte sich ein 1930 geborener bekannter Journalist, »empfand ich es zunächst einmal als ungeheuer interessant, spannend und aufregend, was am 1. September geschah, aber zugleich doch auch als beängstigend. Der Tag des Kriegsausbruchs machte mich eher bange als froh. Für ein ›waches‹ Kind, das die ganze – ja irgendwie stets unruhige und bewegte – Zeit des Dritten Reiches intensiv miterlebt hat, mußte dieser Tag ganz einfach besonders aufregend sein. Das bedrückende Gefühl resultierte mit einiger Sicherheit aus dem Verhalten meiner Eltern, die als überzeugte Katholiken Gegner des Hitler-Regimes waren und sich an diesem Tag sehr bestürzt zeigten.«[39]

Ein späterer Oberstudiendirektor, Historiker und Leiter eines namhaften staatlichen Bildungsinstituts, der zu der Zeit seine Semesterferien bei Verwandten in Hameln verbrachte, berichtete, er sei »sehr bedrückt« gewesen, da er das Gefühl gehabt habe, daß an diesem Tage etwas ausgelöst worden sei, was »schicksalhafte Bedeutung« – nicht nur für ihn persönlich – haben müßte. Ihn habe, wie er sich 41 Jahre später erinnert, wohl auch die gedrückte Stimmung seiner Umgebung beeinflußt. Niemand in seiner Umgebung habe sich, so sagte er, über den Kriegsausbruch »gefreut und den Krieg als positive Lösung begrüßt«, zumal nach seiner Meinung infolge der internationalen Vereinbarungen, die der Geschichtsstudent einigermaßen registriert hatte, damit gerechnet werden mußte, daß sich der

Krieg unweigerlich auch auf England und Frankreich ausdehnen würde.[40]

Daß auch verantwortlich tätige Kommunalpolitiker auf den unteren Ebenen, soweit es sich bei ihnen nicht um Funktionäre der NSDAP handelte, am 1. September nicht mehr als ihre Gemeindemitglieder wußten, beweisen zahlreiche Beispiele. So erfuhr der Bürgermeister der Gemeinde Ahlbach bei Hadamar (in der NS-Zeit Stadtteil von Hadamar), ein 1890 geborener Deutschnationaler, der sich der NSDAP auch als Bürgermeister nicht anschloß, zu seiner Überraschung kurz vor Mitternacht vom 31. August zum 1. September 1939, daß der Krieg »ausgebrochen« sei. »Es erschienen bei mir«, erzählte er, »der Ortsgruppenleiter von Ahlbach, der als Volksschullehrer tätig war. Er übergab mir die Einberufungsbefehle für die Reservisten unseres Dorfes. Mein unerfreulicher Auftrag lautete, diesen Einwohnern meiner Gemeinde die sogenannten ›Stellungsbefehle‹ unmittelbar auszuhändigen. Das Dorf schlief in tiefem Frieden. Niemand hatte irgendwelche Vorkehrungen getroffen. In einem Fall mußte ich sogar, um meine Mission erfüllen zu können, über ein sehr hohes Tor klettern, das verschlossen war. Alles verlief wie gewohnt. Begeisterung für den Krieg zeigte niemand, nachdem bekannt geworden war, daß er ausgebrochen sei. Wieviel anders war es dagegen 1914 gewesen.«[41]

Nicht alle Emigranten meinten wie Thomas Mann, daß Hitler den Krieg zumindest 1939 weder wollte noch führen könnte.[42] Einer von ihnen war Robert M. W. Kempner, einer der späteren amerikanischen Ankläger in den Nürnberger Prozessen gegen die als Hauptkriegsverbrecher angeklagten deutschen Funktionsträger, Militärs und Politiker. »Ich erlebte den Tag des Kriegsausbruches im Hafen von New York auf dem Schiff ›New Amsterdam‹«, erinnerte er sich 1980 und fuhr fort: »Der Überfall Hitlers auf Polen überraschte mich nach Hitlers Stalin-Pakt vom 23. August 1939 nicht mehr.«[43]

Die plötzliche Ausgabe von Lebensmittelkarten,[44] die Fleisch, Brot, Mehl, Fett, Butter, Zucker, Milch usw. rationierten, hatte die deutsche Bevölkerung im August 1939 keineswegs zwangsläufig zu der Erkenntnis geführt, daß fortan nicht nur der »Gürtel« enger geschnallt werden müßte, sondern daß auch der Krieg unmittelbar »vor der Tür« stünde. Da die zugeteilten Rationen relativ reichlich bemessen waren,[45] wurden die Lebensmittelkarten vornehmlich wohl nur als Vorsorgemaßnahmen angesehen, zumal die letzten großen Kriege, in denen Deutsche starben, im Spätsommer ausgelöst worden waren. Der Erste Weltkrieg begann Anfang August 1914. Der preußisch-französische Krieg war im August (1870) ausgelöst worden. Und im August (1806) hatten auch die Heere Napoleons I. die Truppen Preußens und Österreichs angegriffen. Immer haben die Angreifer einkalkuliert, durch die Wahl dieser Termine den Feind daran hindern zu können, die auf den Feldern liegende Ernte einzubringen.

Als Folge einer vorausgegangenen Mißernte konnte die Ausgabe der Lebensmittelkarten nicht verstanden werden; denn 1938 hatte es sie nicht gegeben. Und auch Teile der Ernte des Jahres 1939, bei deren Einbringung in Ostpreußen, der sogenannten »Kornkammer des Reiches«, Militäreinheiten behilflich waren, die nach Hitlers Willen eigentlich schon am 26. August zum Angriff auf Polen hatten antreten sollen, galten als gut. Was sich noch auf den Feldern befand, ließ entsprechende Erwartungen zu. Doch selbst die plötzliche Einberufung der Reservisten und die Ende August im ganzen Reich weisungsgemäß veranstalteten Luftschutzübungen waren ganz offenbar nicht dazu angetan gewesen, jedermann klar zu machen, was die Glocke schon geschlagen hatte. Nur in Ostpreußen, wo die inzwischen massiert stationierte Wehrmacht vor allem auf den Höfen der Gutsbesitzer Pferde für die Artillerie und Kavallerie gemustert und im August relativ offen Waffen, Kriegsgeräte, Munition und Truppen auf zum Teil nachlässig getarnten Eisenbahnzügen quer durch das Land zur Ostgrenze transportiert hatte, sah es infolge dieser offen wahrnehmbaren Vorgänge anders aus. Was die Bevölkerung der Ostprovinz des Reiches kurz vor Beginn des Krieges beobachtete, wurde jedoch weder von der Presse noch vom Rundfunk verbreitet.

Daß ein Krieg allerdings relativ rasch ausbrechen könnte, erschien den meisten Deutschen jedoch sicher, wie die Berichte der Polizei, der Regierungsbeamten, des SD und der Funktionsträger der NSDAP es bezeugen. So hatte es beispielsweise im Monatsbericht des Gendarmerie-Kreisführers des Bezirks Ebermannstadt vom 29. August 1939 geheißen: »Im gesamten Landkreis gibt es augenblicklich nur einen Gesprächsstoff: die drohende Kriegsgefahr. Die Stimmung ist dementsprechend erheblich gedrückt. Die vorbereitenden Maßnahmen (Einberufung der Reservisten, Sicherstellung, Ausgabe der Lebensmittelkarten usw.) steigerten allenthalben die an sich vorhandene Erregung ... Obwohl Anzeichen einer Kriegsfurcht nirgends festzustellen sind, im Gegenteil, der Glaube an die starke deutsche Wehrmacht unbegrenzt ist, kann doch auch von einer Kriegsbegeisterung keine Rede sein. Die Erinnerung an den Weltkrieg und seine Folgen ist noch viel zu frisch, um einer Hurrastimmung Raum zu gewähren. Gerade die bäuerliche Bevölkerung empfindet den Leute- und Pferdemangel, den Entzug der Treibstoffe besonders einschneidend und klagt lebhaft über diese Maßnahmen. Es zeigte sich übrigens in den letzten Tagen, daß die propagandistischen Bemühungen des Reiches und der Partei bisher zur gründlichen Aufklärung des Bauerntums nicht ausreichen bzw. nicht immer als populär empfunden wurden. Die Landbevölkerung hört vielfach lieber die Auslandssender als die Nachrichten vom Drahtlosen Dienst. Dies geschieht aber durchaus nicht aus staatsfeindlicher Gesinnung, sondern meist in dem Bestreben, mehr zu erfahren als die amtlichen Quellen verlauten lassen.«[46]

»Nach meinen Erfahrungen hat der Kriegsausbruch«, schrieb ein amerikanischer Deutschlandkenner Ende 1939, »mehr zur Schwächung der Hitlerlegende beigetragen als alles, was je gegen Hitler gesagt worden ist. Wenn ich von ›Schwächung‹ spreche«, erklärte er, »meine ich den Beginn einer Entwicklung, nicht etwa schon die Zerstörung des Glaubens an Hitler ... Irgend etwas im deutschen Charakter, wenigstens in großen Teilen des Volkes, neigt zur Heroisierung und zur fanatischen Verteidigung des angehimmelten Kaisers oder Hitlers oder sonst wessen. So hatten sich die meisten Deutschen einschließlich der Hitlergegner, tatsächlich eingeredet, Hitler werde alles ›friedlich‹ gelingen, er werde einen Krieg verhüten und wer weiß was noch vollbringen. Diese Leute haben einen tüchtigen Schock bekommen ... Es kommt da ein anderer Charakterzug dieser lärmenden und scheinbar sehr selbstbewußten Leute zum Durchbruch, daß sie nämlich plötzlich nicht mehr recht an sich glauben und Hilfe von anderer Seite erwarten ... Manche Leute erzählten mir, 70 bis 90 Prozent der Bevölkerung seien gegen Hitler. Dahinter setze ich mein Fragezeichen, und zwar nicht nur aus deutschen Erfahrungen. In jedem Lande ist eine Mehrheit der Leute im Grunde politisch indifferent und passiv. Sie verteidigen die Regierung nicht, aber sie stürzen sie auch nicht ... Ich glaube, daß vielleicht 60 Prozent dem System gleichgültig gegenüberstehen mit viel Kritik im Einzelnen, aber ohne jeden wirklichen Wunsch oder gar eine Aktivität, die Sache zu ändern ... 20 Prozent sind aus irgendwelchen wirtschaftlichen und geistigen Gründen scharfe Gegner, ja Hasser des Systems und 20 Prozent würden es mit Gut und Blut verteidigen, meistens um ihrer eigenen Existenz willen. Das ist nicht eine sehr starke Basis in Zeiten wie jetzt, aber diese 20 Prozent haben alle Waffen und alle Macht, und das ist ihre Kraft. In anderen Reihen muß der Teufel umgehen, ehe eine innere Katastrophe kommt.«[47]

Ein anderer Ausländer, Angehöriger eines neutralen europäischen Staates, schrieb einige Zeit später: »Meine zweite Reise ins Dritte Reich während der Kriegszeit führte mich erneut in die größeren Städte Westdeutschlands ... Wenn ich versuche, die widerspruchsvolle Vielfalt meiner Eindrücke aus Beobachtungen und Gesprächen zu Papier zu bringen, so leitet mich dabei der Wunsch, mehr zu geben als eine bloße Zusammenstellung von Einzelheiten. Um das entscheidende kurz zu sagen: im deutschen Volke vollzieht sich unter den Einwirkungen des Krieges, wenn auch nur sehr langsam, unter harten Geburtswehen und nicht ohne Rückfälle, ein seelischer Bewußtseinswandel. Diesmal habe ich meine Unterhaltungen mit Menschen im Dritten Reich, soweit sie sich auf politische Dinge bezogen, nicht dem Zufall überlassen. Ich suchte vielmehr ... Gespräche mit Angehörigen aller sozialen Schichten und aller Bildungsgrade ... Ich bin dabei bei aller Vorsicht und Zurückhaltung, bei vielen auf großes Mißtrauen und viele Vorbehalte gestoßen. Andererseits begegnete ich aber auch Gesprächspartnern, die mir gegenüber eine viel größere Freimütigkeit an den Tag zu legen schienen als bei ihren eigenen Landsleuten ... Ich bin ... nur wenigen Menschen begegnet, die sich unverhohlen und unbedingt gegen das Regime aussprachen ... Jedes Gespräch über den Krieg ging bei meinem deutschen Partner fast stets von der These aus, daß sich Deutschland in einem ›Verteidigungskrieg‹ befinde und daß man in Kriegszeiten zu seinem Land stehen müsse ... Unaufhörlich vernahm ich den eingängigen Satz: ›England hat diesen Krieg angezettelt.‹ Dieser simple Slogan verdeckt die Unzufriedenheit in den inneren Details und bringt die Klagen über Lebensmittelknappheit und Bezugsscheine zum Verstummen. Der Wunderglaube an den deutschen Sieg steht zur Stunde noch in voller Blüte.«[48]

Zentrum dieses »Wunderglaubens«, das hatte dieser Ausländer bald festgestellt, war Adolf Hitler. »Der Krieg«, so resümierte er nach ausführlichen und nachträglich »protokollierten« Diskussionen mit einem Direktor einer westdeutschen Großbank, einem Portier eines großen Wohnblocks, mit Metallarbeitern und einem Ladeninhaber, »hat zu nichts weniger als zu einer überzeugenden Sammlung des Volkes hinter seinem Führer geführt.«[49] Was er darüber hinaus als gesicherte Erkenntnisse ansehen zu können meinte, war teilweise nicht nur äußerst dürftig, sondern zuweilen geradezu grotesk und total falsch. Kolportierte Mutmaßungen, Parolen, krasse Tatsachenverdrehungen und eigene Wunschvorstellungen[50] verstellten seinen Blick.

Die großen außenpolitischen Erfolge des Dritten Reiches im Jahre 1938 waren nicht spurlos an der deutschen Bevölkerung vorübergegangen: Die Propagandisten der NSDAP hatten dies genutzt und am Ende des Jahres weitere »historische Ereignisse« solcher Art prophezeit. Zweiflern, die befürchteten, daß die reale Basis für die Fortsetzung einer solchen Politik fehlen könnte, war aus »berufener Feder« vor Augen gestellt worden: »Deutschlands Heer ist ausgerüstet«, so hatte ein Hauptmann von Zeska vom Oberkommando der Wehrmacht im Dezember 1938 in den *Schulungsblättern der NSDAP* geschrieben und in Erinnerung an die eben gewonnenen »Blumenkriege« erklärt: »Das Jahr 1938 wird für alle Zeiten zu den denkwürdigsten der Geschichte des ... Dritten Reiches gehören«, das dank der Wehrmacht und der vom Regime betriebenen »nationalsozialistischen Wehrpolitik« jederzeit in der Lage sein werde, seine Ehre und sein »Recht« zu »vertreten«.[51]

Daß nun, vor allem seit 1938, »klare Fronten« herrschten, auch soweit es um die für jedermann erkennbaren Feinde des Reiches ginge, hatte der Gauhauptstellenleiter Heinz Kraus von der Gauleitung Hessen-Nassau zum Jahresende proklamiert und in dem Zusammenhang festgestellt, daß diejenigen, die von »1918 bis 1933 innerhalb der deutschen Reichsgrenzen gegen die nationalsozialistische Bewegung« gekämpft hätten, dies »heute von außen her«[52] täten. Obwohl zu der Zeit keinem Propagandisten, keinem Funktionsträger, keinem einfachen Partei-Mitglied oder auch nur Volksgenossen mehr erklärt zu werden brauchte, um wen es sich dabei handelte, wurde dies noch einmal ausdrücklich gesagt: der »Weltkatholizismus«, der »Weltprotestantismus«, die »Weltdemokratie«, die »Weltfreimaurerei« und das »Weltjudentum« mit seinem »jüdischen Gleichheitsgedanken« und dem Bestreben, »den Führer daran zu hindern«, über die vom Versailler »Diktat« von 1919 gesetzten »Grenzen hinauszugreifen und gleiches Blut wieder in ein gemeinsames Reich« zu führen.«[53] Die tatsächlichen Probleme, mit denen das Regime seit Herbst 1939 zu kämpfen hatte, waren anderer Natur.

Erste Probleme der Kriegswirtschaft

Mit dem Beginn des Krieges kam es zu Schwierigkeiten vor allem in der Wirtschaft und in der Industrie. Die Umstellung auf die Kriegswirtschaft verschärfte den schon vor dem Krieg stark spürbaren Arbeitskräftemangel, da ein beträchtlicher Teil der Arbeitskräfte »zu den Fahnen« gerufen worden war. Zwar waren bereits vor der Mobilmachung Vorbereitungen getroffen worden und besonders ausgebildete oder an »unabkömmlichen Stellen« tätige Arbeiter und Angestellte der für die drei Wehrmachtsteile Heer, Marine und Luftwaffe arbeitenden Werke vom Waffendienst befreit worden; aber dies hatte bestimmte Probleme zur Folge. Zwangsverpflichtungen von Arbeitern durch die Arbeitsämter und ihr Einsatz in kriegswirtschaftlich wichtigen Betrieben brachten für viele die Trennung von ihren Familien, die Unterbringung in provisorischen Unterkünften und vielfach auch Lohnverschlechterung mit sich. Zwangsstillegungen »kriegsunwichtiger Betriebe« und die von Sonderkommissionen der Arbeitsämter vorgenommenen »Auskämmaktionen« entbehrlicher Facharbeiter aus kriegswirtschaftlich weniger wichtigen Unternehmen sorgten für Unzufriedenheit. Als besonders schwierig erwies sich bald, daß die dienstverpflichteten Arbeitskräfte das Klima in den Betrieben und Werken störten, in denen sie (nach Vermittlungen durch Arbeitsämter, die ihnen gewöhnlich mehr versprachen, als die Arbeitgeber schließlich halten konnten) arbeiten mußten. Besondere Beunruhigung lösten unter der Arbeiterschaft die durch die Kriegswirtschafts-Verordnungen vom 4. September 1939[1] angekündigten lohn- und sozialpolitischen Maßnahmen aus, die unter anderem den Wegfall von Mehrbezahlung für Überstunden und krasse Urlaubseinschränkungen vorsahen und im Zusammenhang mit den im Krieg erhöhten Lohn- und Verbrauchssteuern eine erhebliche Verschlechterung der materiellen und sozialen Lage der Arbeiterschaft bedeutet hätten, da die Werktätigen zur gleichen Zeit auch noch aufgefordert wurden, ihre Leistungen zu steigern und in zwei Schichten zu arbeiten.

Unter dem Eindruck der Unruhe, die die vorgesehene Neuordnung innerhalb der Arbeiterschaft ausgelöst hatte, wurde die Kriegswirtschafts-Verordnung im Laufe des Herbstes 1939 und des ersten Halbjahres 1940 durch Änderungsbestimmungen wieder weitgehend aufgehoben. Das Regime fühlte sich nicht so stark, daß es auf den einmal verkündeten Verordnungen beharrte.

Seit Kriegsbeginn mußten, durch Regierungserlasse und Verordnungen geregelt, in allen Betrieben Betriebsappelle durchgeführt werden, in denen die jeweiligen Erlasse und Verordnungen als notwendige Maßnahmen begreiflich gemacht werden sollten. Träger dieser Propagandakampagne waren die Kreisverwaltungen der Deutschen Arbeitsfront, die dabei keinen leichten Stand hatten. Wie die SD-Berichte bezeugen, kam es immer wieder zu Klagen, weil Arbeiter nicht bereit waren, beispielsweise Überstunden zu leisten.

Zur Ausdehnung der Arbeitszeit auf täglich bis zu zehn und zum Teil sogar bis auf zwölf Stunden an wöchentlich sechs Arbeitstagen kam die Einschränkung der Lebensmittelversorgung durch das Bezugsscheinsystem. Um die fehlenden männlichen Arbeitskräfte ersetzen zu können, wurde zunehmend die (nach 1933 zunächst verfemte) Frauenarbeit propagiert, was rasch auf starken Widerstand der weiblichen Arbeitskräfte stieß, weil die Frauen nicht die Arbeitsplätze der an der Front und im Ersatzheer weilenden Männer übernehmen und deren Arbeit verrichten wollten, ohne auch (von in einzelnen Fällen individuell geregelten Ausnahmen abgesehen) deren Löhne und Gehälter zu bekommen. Dienstverpflichtete, Frauen und der in der zweiten Hälfte des Jahres 1939 auch in der Industrie beginnende Einsatz von Kriegsgefangenen, die bald neben ausländischen »Fremdarbeitern«[2] tätig sein mußten, verwandelten die Arbeitslandschaft, die seit dem Beginn des Krieges unter besonders strenger Überwachung der zunehmend nicht nur mit der Bekämpfung politischer Gegner, sondern mit der Feststellung und Ahndung von Verstößen gegen die Arbeitsdisziplin befaßten Gestapo stand. Vor allem in Rüstungsfirmen sollten drakonische Strafen Sabotage und Arbeitsverweigerungen unterbinden und ebenso jede erkennbare politische Opposition unter der Arbeiterschaft ausschalten.

Daß die anfängliche Aufsässigkeit innerhalb der in der Heimat verbliebenen Arbeiterschaft nicht auch zu nennenswerten Konsequenzen im Rahmen der illegalen politischen Opposition führte, hing zweifellos mit den großen Kriegserfolgen der deutschen Wehrmacht bis zum Beginn des Winters 1941 zusammen, auch wenn die Bevölkerung ganz allgemein schon im Juli dieses Jahres skeptisch auf die Darstellung der Ereignisse zu reagieren begann.

Im Herbst 1939 mußte das Regime allerdings noch mit unerwünschten Konsequenzen rechnen. Niemals erfuhr die Bevölkerung aus dem Munde von Exponenten des Staates oder von Funktionsträgern der NSDAP, was unter der so sicher scheinenden Oberfläche rundum geschah. So meldete beispielsweise der Regierungspräsident von Ober- und Mittelfranken am 7. November 1939 (für den Monat Oktober): »Im Berichtsmonat wurden 20 Personen wegen Vergehens gegen die Verordnung über die Sicherstellung des Kräftebedarfs für Aufgaben von besonderer staatspolitischer Bedeutung vom 13. 12. 1939 festgenommen. Nach Erstattung von Strafanzeige wurden sie dem Ermittlungsrichter zur Haftfragelösung überstellt: gegen alle 20 Festgenommenen wurde richterlicher Haftbefehl erlassen. Das Amtsgericht Nürnberg hat nun neuerdings gegen solche Beschuldigte empfindliche Freiheitsstrafen ausgesprochen und ist in einem Falle sogar zu einer Verurteilung von acht Monaten gekommen. Außer diesen Personen wurden im Berichtsmonat noch insgesamt 31 Personen zur Prüfung ihrer Arbeitswilligkeit jeweils für einige Tage in Polizeihaft genommen. Bei ihnen handelt es sich um Arbeitskräfte, die nicht im Sinne der Dienstpflichtverordnung vom 13. 12. 1939 zur Arbeitsleistung verpflichtet sind, die jedoch mehrmals entweder grundlos oder aus nichtigen Gründen an ihrem Arbeitsplatz fehlten ... Die ... staatspolizeilichen Ermittlungen erbrachten in keinem Fall Anhaltspunkte, daß die Beschuldigten bei ihrem Verhalten aus rein politischen Beweggründen oder aufgrund einer an sie ergangenen Aufforderung gehandelt hätten ... Wegen staatsabträglichen Verhaltens wurden 77 Personen festgenommen und zwar: wegen Vergehens gegen das Heimtückegesetz: 70, wegen Abhörens von Auslandssendern: 7; ihrer politischen Einstellung nach waren von den Festgenommenen: SPD: 9; KPD: 10; Demokraten: 1; BVP: 4; Deutsche Volkspartei: 1.«[3]

Vergehen gegen das Heimtückegesetz vom 20. Dezember 1934 und wegen »sonstigen staatsfeindlichen Verhaltens, insbesondere wegen Verbreitung von Greuelnachrichten und Abhörens ausländischer Sender«[4] waren an der Tagesordnung. In Berlin verhaftete die Staatspolizei 13, in Dortmund 12, in Graz 9, in Kiel 5, in Düsseldorf, Karlsruhe, Magdeburg, Stuttgart und Wien je 4 und in Chemnitz, Köln und Schwerin je 3 Personen.[5] In Niederbayern und in der Oberpfalz kam es im September zu 235 und im Oktober zu 157 Anzeigen. 85 Personen, vornehmlich aus Arbeiterkreisen, wurden im September, 21 im Oktober festgenommen.[6] In 110 Fällen mußte die Staatspolizei im Oktober Arbeiter, die ihre Arbeitsplätze ohne Erlaubnis verlassen hatten, wieder zurückbringen, 38 der Arbeitsverweigerer verhaften und 2 der Schutzhaft zuführen.[7] Karlsbader und Berliner Fabrikarbeiter meldeten sich als Empfänger von »Hetzschreiben« aus Prag, in denen gegen das Horst-Wessel-Lied polemisiert wurde. In Köln und Heidelberg fanden Bürger in ihren Briefkästen Zettel, auf denen Hitler und Goebbels geschmäht wurden. Der katholische Pfarrer von Heidenau bei Dresden verkündete, daß »der Geist des Teufels in Gestalt der Führer dieser Erde vorhanden« sei, und ein Kaplan von Oberdufhausen bei Hünefeld predigte: »Die Gefahr des Bolschewismus ist immer noch groß, sie ist durch die Verbrüderung Stalins und Hitlers vergrößert worden. Ich fordere Euch auf, nicht mit Bajonetten und anderen Waffen, sondern mit dem Rosenkranz zu kämpfen.«[8]

Hitler war überzeugt, den so artikulierten Volkswillen durchaus ertragen zu können. Zwar erklärte er insgeheim, daß die Zeit mit fortschreitender Dauer des Krieges »mit großer Wahrscheinlichkeit als Verbündeter der Westmächte gelten« könne, »denn als Verbündeter von uns«;[9] aber die Öffentlichkeit erfuhr dies nicht. Sie hörte von ihm und anderen Hoheitsträgern der Partei und des Staates, daß der rasche Sieg über Polen und das Arrangement mit Moskau einen deutschen Zweifrontenkrieg ausschlössen, so daß das Reich den Ereignissen im Westen gelassen entgegensehen könne.

Antisemitismus in den ersten Kriegsjahren

Mit dem Beginn des Polenfeldzuges hatte die – während der Olympischen Spiele in Berlin und danach vorübergehend gedämpfte – systematische Hetze gegen die Juden, die trotz aller Benachteiligungen bis zum Anschluß Österreichs im März 1938 erstaunlicherweise offiziell und auch nach dem Gesetz Waffen herstellen, reparieren und verkaufen durften,[1] eine aktuell artikulierte Stoßrichtung bekommen. Nun wurde ihnen, seit Ende 1938 intensiv propagandistisch vorbereitet,[2] in allen nur möglichen Formen vorgeworfen, diesen Krieg verschuldet zu haben. Bekannte Intellektuelle, die als besonders profilierte Kenner des Judentums galten, publizierten in Schulungsmaterialien angebliche jüdische Verschwörerpläne gegen Deutschland und »belegten« mit Zitaten beispielsweise aus der französischen Zeitung *Action Française* vom 12. April 1937 und aus dem holländischen Blatt *De Brijzinnid-Demokrat* vom 29. Februar 1936, daß die Juden seit Jahren »einen neuen Weltkrieg«[3] anstrebten, daß sie 1936 bereits zur Ermordung Hitlers aufgerufen hätten[4] und jetzt meinten, endlich in ihren Bestrebungen weitergekommen zu sein.

Das Attentat auf den deutschen Diplomaten vom Rath im November 1938 und die ihm auf dem Fuße folgende »Reichskristallnacht« hatten den Nationalsozialisten die erste große Möglichkeit geboten, die Juden ungestraft wie gehetztes Wild jagen zu können. Zwar ignorierte ein Teil der älteren Generation die am vehementesten und niederträchtigsten im *Stürmer* kolportierten Behauptungen; aber bei bestürzend vielen Ärzten,[5] Juristen, Beamten, Kaufleuten, Händlern[6] und sehr vielen Jugendlichen, denen die kritische Distanz zwangsläufig fehlte, war der von den Nationalsozialisten zu einem der wichtigsten programmatischen Elemente erhobene biologische Antisemitismus auf aufnahmebereiten Boden gefallen. Viele von ihnen hatten – auch insgeheim – nicht erst seit der »Kristallnacht« nichts dagegen einzuwenden, daß die Juden, gleichwohl um wen es sich dabei handelte, wie Aussätzige behandelt wurden, daß sie seit dem 23. September 1939 keine Kleiderkarten mehr bekamen, keine Radios besitzen durften, nur noch zu vorgeschriebenen Zeiten einkaufen konnten und dann meist nur bekamen, was gerade noch übrig geblieben war, daß sie Kinos, Konzerte, Theater, öffentliche Bäder und andere entsprechende Anlagen und Einrichtungen überhaupt nicht mehr aufsuchen durften, mit Lebensmittelzuteilungen konsequent am Rande des Existenzminimums gehalten wurden, ihre Häuser, Wohnungen, Geschäfte[7] und Arbeitsstellen verloren und – meist zuerst von örtlichen Parteiinstanzen »individuell« organisiert – der öffentlichen und offiziellen Mißachtung ausgesetzt waren.

In dem seit September 1939 besetzten Polen hatten die systematischen Vernichtungsmaßnahmen mit Nachdruck begonnen. So konnte Reinhard Heydrich bereits am 27. September 1939 melden, daß die »Intelligenz« in Polen, wo 5 Einsatzgruppen des SD mit der Liquidierung der Führungsschicht und der staatspolitisch als unerwünscht deklarierten Gruppen beschäftigt waren, bis auf einen Restbestand von 3% vernichtet worden sei.[8] Daß ein Großteil der Juden dabei sein Leben hatte lassen müssen, war schon 1939 kein Geheimnis mehr.[9] Nachdem Soldaten der Wehrmacht in Feldpostbriefen ihren Angehörigen und Freunden betroffen von Vernichtungsaktionen berichtet und die Militärverwaltungen als oberste vollziehende Gewalt sich geweigert hatte, diese Maßnahmen weiterhin zu dulden oder gar zu unterstützen, ordnete Himmler Ende September 1939 zwar die Einstellung der Vernichtungsaktionen an; aber Hitler bestimmte auf Betreiben des Danziger Gauleiters Forster,[10] daß die Befugnis des Oberbefehlshabers des Heeres hinsichtlich der vollziehenden Gewalt mit dem 25. Oktober 1939 zu enden habe.[11] Das Militär zog sich augenblicklich aus der Verwaltung zurück und hinterließ bis Frühjahr 1940 eine katastrophale Lücke, in der staatliche und polizeiliche Maßnahmen mit den Aktivitäten der NS-Organisationen und -Instanzen konkurrierten und verschiedentlich chaosähnliche Zustände aufkommen ließen. Als Wilhelm Keitel Hitler fragte, ob die ihm zu Ohren gekommenen Berichte über systematische Judenvernichtungen den Tatsachen entsprächen, brachte Hitler ihn mit der verärgert klingenden Bemerkung zum Schweigen, daß dies die räsonierende Wehrmacht nichts anginge, da er sie damit ja gar nicht belastet habe.[12] Mit dem Abzug der Wehrmachtseinheiten, die an die – noch ruhende – Westfront verlegt wurden, ging der Rest des teilweise wenigstens noch dem Scheine nach vorhandenen Wehrmachts-Ordnungssystems für die bedrohten Polen und Juden verloren. Während die teilweise auch in ihre Garnisonen zurückkehrenden Truppen in der Heimat von der Bevölkerung begeistert begrüßt, mit Geschenken überhäuft und (wie beispielsweise in Wien, Allenstein und Elbing in Ostpreußen) überschwenglich gefeiert wurden, begannen Formationen des Reichsführers SS, die nach Heydrichs Angaben »reichsfeindliche Elemente aus dem Lager der Emigration, Freimaurerei, Judentum etc.« zu beseitigen hatten, in Polen nun erneut, mit der für kurze Zeit unterbrochenen Ermordung polnischer Juden fortzufahren, ihr Vermögen zu konfiszieren[13] und ein Schrekkensregiment zu errichten, dessen Aktivitäten trotz aller Geheimhaltungsversuche relativ rasch überall bekannt wurden.

Euthanasie: »Beseitigung lebensunwerten Lebens«

Über eine systematische Vernichtung bestimmter Menschen wurde auch in einigen Orten des Reiches hinter der vorgehaltenen Hand geflüstert. In Hadamar und Grafeneck beispielsweise galt seit September 1939 als offenes Geheimnis, daß unheilbar Kranke, Schwachsinnige, Juden, Halbjuden, »jüdisch Versippte« und Ausländer, vor allem Polen, »massenweise umgebracht« würden. Die Bevölkerung der Orte und ihrer unmittelbaren Umgebung sah, daß regelmäßig Transporte mit »Kranken« eintrafen, die in Krankenanstalten verschwanden. Daß sie diese Anstalten wieder verließen, sah niemand, daß sie von Verwandten und Familienangehörigen besucht wurden, konnte ebenfalls nicht festgestellt werden. Die in den Anstalten arbeitenden Ärzte, Pfleger und Schwestern schwiegen über ihre Tätigkeit. Wo und wann immer sie von Angehörigen oder Freunden gefragt wurden, was denn hinter den streng bewachten Mauern mit den Patienten geschehe, wichen sie aus. In Hadamar, wo Dutzende V-Männer des SD tätig waren,[1] durfte die ansässige Bevölkerung nicht einmal beim Gottesdienst mit denjenigen zusammensitzen, die in der Anstalt beschäftigt waren. Ketten teilten den Kirchenraum und sperrten die Hadamarer von den »Fremden« ab, mit denen sie auch nach den Gottesdiensten nicht sprechen durften. Selbst die ortsansässigen Krankenschwestern und Pfleger hatten diese Regelung konsequent zu akzeptieren. Ein aus Hadamar stammender Angehöriger der Wachmannschaften der Euthanasie-Anstalt, ein sensibler junger Kunstmaler namens Langendorff, der infolge seiner Beobachtungen meinte, nicht länger dort Dienst tun zu können, meldete sich an die Front, was jedoch grundsätzlich untersagt war.[2] Daß er an der Front im Rahmen des Einsatzes einer Strafkompanie »gefallen« sei, erfuhr seine Familie bereits zu einem Zeitpunkt, als er noch gar nicht an der Front sein konnte. Bald danach berichteten Insider ihr hinter vorgehaltener Hand, daß der junge Mann in Hadamar »die Spritze bekommen« habe.[3]

Angehörige eingelieferter und zur Ermordung bestimmter Kranker erhielten bald Urnen mit Asche und Mitteilungen, daß der oder die »Verstorbene« einer (näher bezeichneten) Krankheit erlegen und eingeäschert worden sei. Daß es die Asche ihrer Angehörigen war, haben viele bis Ende 1940 geglaubt, bis sich herumgesprochen hatte, daß manchen Familien irrtümlich zwei Urnen und ganz verschiedene Todesbenachrichtigungen zugeleitet worden waren.[4] Frauen, deren Männer seit ihrer Kindheit ohne Blinddarm lebten, erfuhren zuweilen plötzlich, daß ihr Mann »infolge einer Blinddarmvereiterung« verstorben sei. Familien, die einander kannten und in Hadamar »verstorbene« Angehörige beklagten, stellten bereits 1939 fest, daß Totenscheine nicht nur hinsichtlich der Todesursachen übereinstimmten, sondern zuweilen auch die gleichen standesamtlichen Registernummern trugen. Die von unmittelbar Betroffenen bedrängten Parteifunktionäre, Ortsgruppenleiter, Kreisleiter, Staatsanwälte[5] und Ärzte[6] sahen sich außerstande, die Ungereimtheiten zu erklären.

Vollends irritiert wurde die Bevölkerung von Hadamar, als es eines Tages im »Café Leppisch« zu einer Schießerei zwischen Angehörigen der SS und der Wehrmachts-Wachmannschaften kam, die ein Lager für französische Kriegsgefangene bewachten. Die Soldaten der Wehrmacht hatten den SS-Leuten beim Umtrunk vorgeworfen, »Kameraden« umzubringen, nur weil sie schwer verwundet und nicht mehr einsatzfähig seien.[7] Nun besonders hellhörig geworden, begannen einige Bürger von Hadamar auf eigene Gefahr »Nachforschungen« zu betreiben. So öffnete die Eisenbahnschaffnerin Maria Krämer verbotenerweise einen der an ihren Zug bis Weilburg angehängten verschlossenen Viehwagen und stellte fest, daß in ihm uniformierte deutsche Soldaten lagen, deren Zielort Hadamar war.[8] »Aus irrlichternen Augen starrte mich«, sagte sie 40 Jahre später, »zuerst ein junger Soldat in Luftwaffenuniform an. Er hatte, und das war ein Kontrast zu seinem eigentlich hübschen, wenn auch leblosen Jungengesicht, schlohweißes Greisenhaar und war ganz offenbar geistesgestört.«[9] Dem geharnischten Vorwurf des SS-Begleitkommandos, zur Öffnung dieser Wagen nicht befugt zu sein, begegnete sie zwar mit dem plausiblen Einwand, als Schaffnerin wissen zu müssen, was und wen sie transportiere, aber sie unterließ fortan solche »Eigenmächtigkeiten«.[10] In Windeseile sprach sich nun in Limburg, Weilburg, Hadamar, Dehrn und Ahlbach herum, daß auch schwerverwundete deutsche Soldaten, die nicht mehr einsatzfähig seien, in Hadamar vergast würden.[11] Dieses Geheimnis, auf Himmlers Weisung zwar streng bewahrt, in einigen Partei- und Staatsinstanzen dennoch ebenso diskutiert wie von Männern der Kirchen, Bischöfen, Priestern, Patres und von der Bevölkerung »vor Ort«, schockierte auch alle die Hadamarer, die im Prinzip mit der »Gnadentötung« einverstanden waren, soweit es sich bei den Betroffenen beispielsweise um von Ärzten als physisch oder geistig unheilbar Kranke eingestufte Patienten oder auch um gefangene Polen und Russen handelte. Himmlers kategorische Feststellung vom 19. Dezember 1940, daß »Fehler in der Durchführung« lägen, wenn etwas »publik« würde,[12] war eindeutig und sprach für sich. Die Kenntnis über die systematische Tötung anderer Personengruppen gehörte in Hadamar und Grafeneck zum »wohlgehüteten Geheimnis« der Bevölkerung. In Nürnberg erklärte beispielsweise der Hadamarer Pfleger Heinrich Ruff am 29. August 1945, daß er allein etwa 200 oder 300 zum Tode bestimmten Personen »die Einspritzung« gegeben habe, daß es allerdings »auch 400 oder 500 gewesen sein« könnten.[13] Zahlen – und Menschen – spielten bei ihm und seinesgleichen keine Rolle. Jeder im Ort wußte, daß auf dem Hadamarer »Mönchsberg«, der Euthanasie-Anstalt, »Schlimmes passierte«, jeder redete darüber; aber Details kannten nur diejenigen, die selbst Hand anlegen mußten. Und sie wagten nicht zu sprechen. In Hadamar spielten die Kinder auf Plätzen und Straßen »Vergasen«. Wer bestimmte Partien des von ihnen selbst entwickelten makabren Spieles verlor, kam »ins Gas«, kam »ins Aus«.[14]

Daß bestimmtes »unwertes« Leben vernichtet wurde, teils durch Spritzen (Phenol, Benzin u. a.), teils durch Gas, wobei anfänglich experimentell auch Auto-Auspuffgase in Sonderwagen verwendet wurden, wußte die Bevölkerung trotz aller Geheimhaltungsmaßnahmen. Sie nahm es, von den ortsansässigen evangelischen und katholischen Geistlichen und Franziskaner-Patres seelsorgerisch betreut, angstvoll verbittert hin. Helles Entsetzen jedoch packte sie, als bekannt wurde, daß auch Soldaten ermordet wurden. Bald fand man heraus, daß die Euthanasie-Anstalt über ein eigenes Standesamt verfügte, das die Sterbedaten der Getöteten nicht durchgehend numerierte, sondern immer nur von 1 bis 500 registrierte.[15] Die Anzahl der in den Euthanasie-Anstalten Hadamar, Grafeneck, Brandenburg, Hartheim, Sonnenstein und Bornburg von September 1939 bis Sommer 1941 getöteten Menschen ist – schon infolge der Tätigkeiten der jeweils eigenen »Standesämter« – nicht feststellbar.[16]

Hitler hatte seinen Begleitarzt Karl Brandt und den Reichsleiter Philipp Bouhler nach Kriegsbeginn handschriftlich angewiesen, »die Befugnis namentlich zu bestimmender Ärzte so zu erweitern, daß nach menschlichem Ermessen unheilbar Kranken bei kritischster Beurteilung ihres Krankheitszustandes der Gnadentod gewährt werden kann«.[17] Daß diese raffiniert formulierte Aufforderung zum systematisch organisierten Mord keinem spontanen Entschluß entsprang, ist erwiesen. Schon in *Mein Kampf* hatte Hitler 1925 geschrieben: »Es ist eine Halbheit, unheilbar kranken Menschen die dauernde Möglichkeit einer Versuchung der übrigen Gesunden zu gewähren.« Hier »wird man«, formulierte er in der Diktion des Euthanasie-Befehls, »zu den schwersten und einschneidendsten Entschlüssen kommen müssen . . . (es) ist eine Forderung klarer Vernunft und bedeutet in ihrer planmäßigen Durchführung die humanste Tat der Menschen.«[18] Gemeint war hier zunächst nur die Sterilisierung. Die Ehegesundheitsgesetze von 1933 und 1935, die Sterilisierungen und Schwangerschaftsunterbrechungen bei Erbkranken legalisierten, basierten auf diesen Vorstellungen. 1935 erklärte Hitler dem Reichsärzteführer Wagner konkret, daß er im Falle eines Krieges die »Euthanasiefragen aufgreifen und durchführen« würde.[19] Für seine nächste Umgebung erkennbar, beschäftigte er sich seit Anfang August 1939 denn auch besonders auffällig mit der »Gnadentötung«. Am 8. August 1939 ließ er sich von Martin Bormann und Philipp Bouhler den vermutlich im Auftrage des Reichsärzteführers Leonardo Conti über unheilbar Kranke in Anstalten gedrehten Film *Unwertes Leben* vorführen.[20]

Hitlers Hoffnung, daß das Kriegsgeschehen die Bevölkerung ablenken und von Protesten abhalten würde, erfüllte sich nicht. Der Stabsleiter des Stellvertreters des Führers mußte sich mit Protesten beschäftigen, die auf »Weisung aus Berlin« als »Geheime Reichssache« behandelt und nicht beantwortet werden durften.[21] Der Rat, den Walter Buch, der Oberste Richter der NSDAP, Heinrich Himmler am 7. Dezember 1940 gab, wurde überall befolgt. Es sei unbedingt nötig, hatte er dem Reichsführer SS geschrieben, daß die »Dinge«, die »heute ... von uns angepackt werden ... wirklich verborgen bleiben«.[22] Doch in Grafeneck und Hadamar blieben sie, wie schon gesagt, nicht verborgen. Hoheitsträger der Partei, staatliche Stellen und Behörden, der Reichsjustizminister, der Chef der Reichskanzlei und andere Instanzen, wurden bedrängt, zumindest doch die Tötung verwundeter und kranker deutscher Soldaten zu unterbinden.[23] Massive Proteste aus allen Bevölkerungsschichten bewogen Hitler im Sommer 1941 schließlich, das »Euthanasie-Programm« nach zweijähriger »Laufzeit« einstellen zu lassen.[24]

Die Vergasungs-Fachleute verschwanden bei Beginn des Krieges gegen die Sowjetunion aus Hadamar. Im Osten stellten sie den mit der Juden-»Liquidierung« beauftragten Sonderkommandos ihre Erfahrungen zur Verfügung.

Allgemeines Interesse an der Euthanasie zeigte die Bevölkerung im ganzen Reich erst, als sie längst gestoppt war und Hitler und seine diesbezüglichen Helfershelfer nur noch mit einigen wenigen bevorstehenden »Fällen« hätten konfrontiert werden können. Seit Anfang 1942, seit der unter der Regie von Wolfgang Liebeneiner gedrehte Spielfilm *Ich klage an* in den Kinos lief,[25] registrierte der SD sowohl besonders lebhaftes Interesse als auch drastisch deutliche Vorbehalte der Bevölkerung gegenüber der Sterbehilfe und gegenüber der geforderten »Beseitigung lebensunwerten Lebens«.[26] Ein Teil der Bevölkerung spricht »nach wie vor von einem ›Mord‹«,[27] hieß es beispielsweise in einem SD-Bericht vom 15. Januar 1942, der den Münsteraner katholischen Bischof Clemens August Graf von Galen als die prominente Zentralfigur des Widerstandes gegen die Euthanasie bezeichnete, den die Euthanasie propagierenden Film *Ich klage an* lobte und den »einfachen Arbeiter«[28] als den »Volksgenossen« schilderte, der diesen Film »durchweg« positiver beurteile, als die »intellektuellen Kreise« es täten.

Nach dem überraschend schnellen deutschen Sieg über Polen, der Hitler bewog, seinen Euthanasie-Befehl auf den 1. September 1939 zurückzudatieren, sah das NS-Regime sich zunächst jedoch mit anderen Problemen konfrontiert.

Trotz des raschen Sieges: Hoffnung auf einen baldigen Frieden

Irritierende Flüsterpropaganda mit äußerst effektvollen Konsequenzen hatte Neigungen in der Volksmeinung offenbar werden lassen, die alles andere als kriegslüstern waren. Von Gegnern des Regimes geschickt inszeniert, wurde beispielsweise am 10. Oktober 1939, ausgerechnet an dem Tag, an dem Hitler im Berliner Sportpalast zur Eröffnung des Kriegswinterhilfswerks sprechen sollte, in allen Teilen des Reiches in Windeseile das (von Postdienststellen untereinander weitergegebene) Gerücht verbreitet, daß der englische König und dessen Regierung »abgedankt« hätten und ein Waffenstillstand bereits abgeschlossen worden sei. In Betrieben ließen die Arbeiter und Angestellten die Arbeit ruhen, um dieses vermeintliche Ereignis gebührend zu feiern. In Berlin kam es zu Freudenkundgebungen auf den Straßen und in der Universität. Auf einem Wochenmarkt im Berliner Bezirk Prenzlauer Berg weigerten sich Hausfrauen und andere Marktbesucher, sich weiterhin in die sogenannten Kundenlisten einzutragen, weil der »Krieg vorbei« sei und wieder geordnete Verhältnisse herrschten. Truppentransporte wurden auf dem Bahnhof des Berliner Vorortes Heinersdorf überschwenglich mit der »Nachricht« überrascht: »Ihr könnt nach Hause fahren, der Krieg ist aus.«[1]

Tiefe »Niedergeschlagenheit« registrierten die Vertrauensmänner des Sicherheitsdienstes unter der Bevölkerung, nachdem ein offizielles Dementi diese Wunschvorstellungen als das bezeichnet hatte, was sie waren. Zwar redete niemand öffentlich von »Kriegsmüdigkeit«, sondern bestenfalls nur von einem im deutschen Volke ganz allgemein verbreiteten starken Wunsch nach Frieden, wie es in den SD-Berichten dann auch geschah; aber wer zwischen den Zeilen zu lesen verstand, wußte doch, was insgeheim gemeint war. Erst in der letzten Oktoberwoche konnten die Schnüffler des SD melden, daß die (am

13., 16. und 23. Oktober unter der Bevölkerung erneut aufgeflammten) Gerüchte über Friedensverhandlungen zwischen London und Berlin verstummt seien.

Der Polenfeldzug hatte 18 Tage gedauert, die Friedens-Gerüchte knapp ebenso lange.

»Nun hat uns das Schicksal gezwungen, zum Schutze des Reiches zur Waffe zu greifen«, behauptete Hitler am 10. Oktober im Berliner Sportpalast und fuhr fort: »In wenigen Wochen ist der Staat, der am frechsten glaubte, die deutschen Interessen bedrohen zu können, niedergeworfen worden. Dank einer geschichtlich einmaligen militärischen Leistung! Dank dem tapferen Heldentum unserer Soldaten! Dank unserer glänzenden Führung ... Was die Zukunft bringt, das wissen wir nicht. Nur über eines sind wir uns im Klaren: Keine Macht der Welt wird dieses Deutschland noch einmal niederzwingen können! Sie werden uns weder militärisch besiegen, noch wirtschaftlich vernichten oder gar seelisch zermürben! Unter keinen Umständen mehr werden sie irgend eine deutsche Kapitulation erleben.«[2] Das klang anders als die Friedensgerüchte und mußte vom Volk als »unumstößliche« Tatsachenschilderung hingenommen werden. Sich und seine Politik rechtfertigend, wiederholte Hitler noch einmal, was er sinngemäß schon am frühen Morgen des 1. September erklärt hatte: »Ich habe unserer Bereitwilligkeit zum Frieden Ausdruck gegeben. Deutschland hat gegen die westlichen Gegner überhaupt keinen Kriegsgrund. Sie haben den Krieg mit fadenscheinigen Gründen vom Zaun gebrochen. Für den Fall der Ablehnung dieser Bereitwilligkeit aber ist Deutschland entschlossen, den Kampf dann aufzunehmen und ihn durchzufechten – so oder so ... Was wir als Gemeinschaft erdulden müssen, dessen kann die Welt überzeugt sein, das werden wir ertragen.«[3]

Dieser »Friedensappell« an England, so wollte Hitler einen Teil seiner Rede verstanden wissen, blieb fruchtlos. Zwar setzten sich in England bestimmte Kreise, zu denen nicht zuletzt auch der international renommierte Schriftsteller und Dichter Bernard Shaw gehörte, für einen »Frieden mit Hitler« ein, doch Chamberlain reagierte am 12. Oktober – in Übereinstimmung mit Winston Churchill im Unterhaus – anders. Er wies Hitlers »Friedensangebot« energisch zurück und verlangte von deutscher Seite »nicht Worte«, sondern Taten.

Was die deutsche Bevölkerung am 13. Oktober – als amtliche deutsche Regierungserklärung – erfuhr, las sich so: »Obwohl der

Führer in seiner Friedensrede außerordentlich konkrete Vorschläge unterbreitete und gangbare Wege zur Garantie der Sicherheit der europäischen Völker wies, so daß bei gutem Willen Englands und Frankreichs die Taten sogleich hätten folgen können, erklärt derselbe Mann, der durch seine Haltung diese Taten verhindert, pharisäerhaft: ›Taten – nicht Worte allein sind notwendig, ehe wir, das britische Volk, und Frankreich, unser tapferer und vertrauter Verbündeter, berechtigt wären, aufzuhören, einen Kampf bis zur äußersten Grenze unserer Stärke zu führen.‹«[4]

Die deutsche Bevölkerung fragte plötzlich, wie zahlreiche SD- und Gestapo-Dokumente besonders hervorhoben, nach informativer (politischer) Literatur über England, Frankreich, Rußland – und den Ersten Weltkrieg. Bauern und andere Dorfbewohner wollten auf einmal politische und kulturpolitische Filme sehen, gut informierte Redner hören und von Landeswanderbühnen und Veranstaltungen des Deutschen KdF-Volksbildungswerks über die außenpolitischen Ereignisse informiert werden. Klagen gegen die Verwaltungsbehörden wurden laut, die infolge ihrer Aufsplitterung in diverse Sonderzweige eine unzureichende Koordinierung aufwiesen und mit den bislang noch fremden Problemen, die der Krieg mit sich brachte, zum Teil nur schleppend und schlecht fertig wurden. Als Richter des Sondergerichts Berlin am 13. Oktober 1939 die Bankräuber Latacz und Jacobs zu zehn Jahren Zuchthaus verurteilten, kritisierte ein großer Teil der Bevölkerung das Urteil als weitaus zu milde. Während des Krieges, so lautete der Tenor ihrer Äußerungen, sollte »so etwas« unmöglich – und unwiederholbar sein. Nachdem die beiden Gangster auf Hitlers Befehl jedoch am nächsten Tage erschossen worden waren,[5] was klugerweise von den über die Stimmung der Bevölkerung gut informierten Stellen sofort bekanntgegeben wurde, sah die »gesunde Volksmeinung« die »Gerechtigkeit« am Werke, die »Volksschädlinge«[6] von nun an stets sofort zu treffen hätte. Dennoch stieg die Anzahl der im Schutze der Dunkelheit begangenen Raubüberfälle, Einbrüche in Textil- und Lebensmittelgeschäfte und ähnlicher Straftaten bis 1940 merklich an.

Daß Schuhe und Textilien seit Kriegsbeginn nur noch mit »Bezugsscheinen« erworben werden konnten, die die Wirtschaftsämter ausgaben, sah die Bevölkerung nach dem Sieg über Polen ganz allgemein als falsch an. Ihre deutlich artikulierte Vermutung, daß jeder »Volksgenosse« beispielsweise seine »Kleiderkarte« mit dem Punktsystem restlos ausnutzen und alles kaufen werde, was er bekommen könne, auch wenn er »das eine oder das andere« gar nicht brauche, war ebensowenig von der Hand zu weisen wie die als logische Konsequenz befürchtete Folge, daß die jetzt primär mit der Produktion für die Bedürfnisse der Wehrmacht ohnehin voll ausgelastete Industrie infolge dieser Reaktionen mit absolut überflüssigen Forderungen konfrontiert werden würde. Die von allen Bevölkerungsschichten seit November 1939 murrend – und von der Landbevölkerung teilweise sogar ostentativ angemeldeten Ansprüche auf Schuhwerk und der vor allem von Städtern beklagte Mangel an Butter, Margarine, Speiseöle und Schmalz beeinträchtigten das Hochgefühl vieler Deutscher, Glied einer wehrhaften und mächtigen Nation zu sein, die eben erst souverän einen Krieg gewonnen habe und wirtschaftlich autark sei. Was die NS-Machthaber seit dem Beginn des Winters jedoch besonders beunruhigte, waren die Aktivitäten der österreichischen Kommunisten und die Haltung vieler Österreicher ganz allgemein, die dem NS-Regime plötzlich eine unerwartet negative Einstellung entgegenbrachten.[7]

Ein Attentat auf den Führer

Während weite Kreise der Bevölkerung verärgert bemängelten, daß die ihnen staatlicherseits zugeteilten Schuhe und Textilwaren nicht ausreichten und die Bedürfnisse nicht deckten, lenkte eine sensationelle Nachricht aller Augen auf Hitler. Auf ihn war am 8. November 1939 in München, wo er am Abend »anläßlich der Erinnerungsfeier der alten Kämpfer« im Bürgerbräukeller gesprochen hatte, gegen 21.20 Uhr ein Attentatsversuch verübt worden. 63 Anwesende waren verletzt, 7 getötet worden. Hitler selbst hatte die Veranstaltung jedoch vorzeitig verlassen, um sich mit der Eisenbahn nach Berlin zu begeben. Der Tenor der ersten Nachrichten: »Das Attentat . . . löste in München sofort eine fanatische Empörung aus . . . Man kann es nur als ein Wunder bezeichnen, daß der Führer diesem Attentat auf sein Leben entging.«[1] Prompt meldete beispielsweise auch die Gendarmerie-Station Waischenfeld am 26. November: »Immer wieder hörte man, Gott ist doch mit dem Führer, und es ist gut, daß ihm nichts zugestoßen ist.«[2] Der noch am 9. November ausgesetzte Betrag von 500 000 Mark Belohnung für die Ergreifung des Attentäters, dessen Hintermänner und Anstifter die Bevölkerung nach SD-Berichten vom 10. November in England und in jüdischen Kreisen vermutete, war sofort »von privater Seite«, wie am 9. November öffentlich mitgeteilt wurde, um weitere 100000 Mark erhöht worden.[3] An einen Einzelgänger glaubten auch Hitler und Himmler nicht.[4]

Am 21. November beendete eine Bekanntmachung Himmlers das Rätselraten, die Spekulationen und teilweise abenteuerlichen Verdächtigungen. Aus Rundfunk und Presse erfuhr die Öffentlichkeit den Namen des an der Schweizer Grenze verhafteten und geständigen Attentäters: Johann Georg Elser. Es war also weder ein Engländer noch ein Jude, sondern ganz simpel ein deutscher Handwerker gewesen.

War dieser Mann »ein zweiter van der Lubbe«, der 1933 den Reichstagsbrand gelegt hatte? Würde ihm so rasch wie jenem der Prozeß gemacht werden? Würde er seine Hintermänner preisgeben? Das waren die Fragen, die zur Zeit jedermann bewegten. Doch ein Elser-Prozeß fand erstaunlicherweise überhaupt nicht statt. Das NS-Regime, das ganze Heere von Juristen, Polizisten, SS-Leuten und Justizbeamten durch seine Prozeß- und Urteilsinflation beschäftigte und bei der Verhängung von Todesstrafen alles andere als zimperlich war, ließ ausgerechnet den Mann am Leben, der den Führer hatte umbringen wollen. Elser kam auf Hitlers Anweisung in ein Konzentrationslager, wo ihm die Möglichkeit gegeben wurde, jahrelang an seinen Erfindungen herumzubasteln.

Die sofort aufgekommenen Gerüchte, daß »da etwas nicht gestimmt« haben könne, sind niemals verstummt. Heinz Linge, Hitlers Chef des persönlichen Dienstes, erinnerte sich: »Ich war gerade bei Hitler, als Himmler seinen ersten Bericht erstattete. Überzeugt, einen ›Herostratos der Gegenwart‹ gefangen zu haben, der mit seinem Anschlag auf Hitler eigentlich nur darauf aus gewesen sei, sein Bild in den Zeitungen zu sehen, tat der sehr um des Führers besondere Gunst bemühte und schnelle und überzeugende Erfolge anstrebende Reichsführer SS den Attentäter, der nach den in großer Eile zusammengetragenen Informationen ein 1904 außerehelich geborener Sohn eines mit Holz handelnden Hermaringer Alkoholikers namens L. Elser war, als einen simplen Einzelgänger mit fixen Ideen ohne weltanschauliche Basis ab.«[5] Während die Öffentlichkeit auf offizielle Erklärungen wartete, saß Hitler hinter seinem Schreibtisch, betrachtete Fotos von Elsers Gesicht und monierte Himmlers »voreiliges und falsches« Urteil. »Himmler«, so sinnierte er, »sehen Sie sich einmal die Physiognomie an, die Augen, die intelligenten Gesichtszüge. Das ist kein Blender, kein Schwätzer. Der weiß, was er will.

Stellen Sie fest, welche politischen Kreise hinter ihm stehen. Er ist vielleicht ein Einzelgänger; aber ohne ›Weltanschauung‹ ist der nicht.«[6]

Was Himmlers Spezialisten über Elser dann herausfanden, war dies: Johann Georg Elser hatte als (uneheliches) ältestes von fünf Elser-Kindern ein Jahr vor dem Ende des Ersten Weltkrieges die Volksschule verlassen, unmittelbar danach in einer Königsbronner Eisenfabrik mit der Dreher-Lehre begonnen und war 1919 Tischler geworden. Als Klassenbester des Prüfungsjahrganges 1922, was Hitler außerordentlich interessierte, war er überall selbstbewußt als »Kunsttischler« aufgetreten und hatte erfinderisch Uhren, Motore und Schlösser gebastelt, die nach übereinstimmenden Urteilen von Fachleuten ein keineswegs nur alltägliches Talent verrieten. Seine mehrere Jahre währenden kontinuierlichen Leistungen in der Propellerabteilung der Flugzeugwerke Dornier in Friedrichshafen und später in einer Uhrenfabrik hatten den Erwartungen entsprochen, die von seinen Lehrmeistern zuvor in ihn gesetzt worden waren. Er war nicht nur Mitglied der Holzarbeitergewerkschaft und des Rotfrontkämpferbundes, sondern auch eifriger evangelischer Kirchgänger gewesen, hatte in Betriebs-Orchestern auffallend gut Zither und Kontrabaß gespielt – und nicht zuletzt auch eine Reihe wechselnder Liebschaften mit Frauen verschiedener Art unterhalten. Keines der gängigen Klischees paßte auf den Attentäter. Er war weder ein notorischer Querulant noch ein sektiererischer Einzelgänger, Versager oder Frauenfeind gewesen. Das Urteil Hitlers, der gewöhnlich genau spürte, wer jeweils die besten Voraussetzungen für bestimmte Aufgaben mitbrachte, wurde im Prinzip bestätigt. Himmler mußte es akzeptieren. Die Öffentlichkeit indes erfuhr es niemals. Niemals wurde publiziert, daß Elser im KZ Sachsenhausen neben Kurt von Schuschnigg, Pastor Niemöller, Léon Blum und einer Reihe anderer »Sonderhäftlinge« saß und im Auftrage Hitlers seinen Neigungen auf eine besondere Weise so lange nachging, bis der amtliche Polizeibericht am 16. April 1945 bekanntgab, daß Elser am Tage zuvor einem alliierten Bombenangriff auf Dachau zum Opfer gefallen sei.

Wie in Hitlers unmittelbarer Umgebung hinter vorgehaltener Hand getuschelt wurde, soll Elser im KZ geäußert haben, 1939 von der Gestapo für 40000 Schweizer Franken gedungen worden zu sein, das zeitlich präzise festgelegte Attentat auf den Führer zu begehen, der informiert gewesen sei und daher absprachegemäß vorzeitig den Bürgerbräukeller verlassen habe.[7] Wurden am 8. November

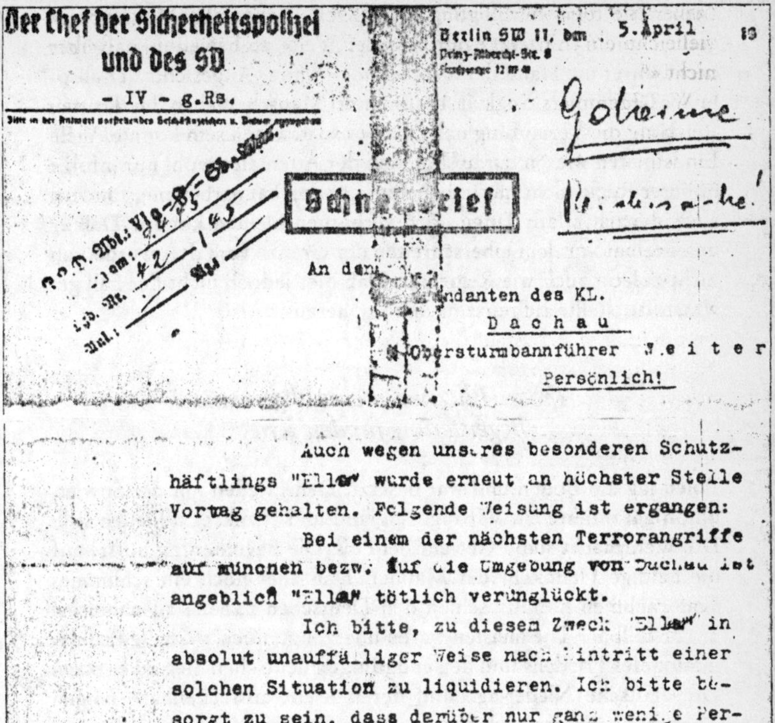
Der Chef der Sicherheitspolizei
und des SD

- IV - g.Rs.

Bitte in der Antwort vorstehendes Geschäftszeichen u. Datum anzugeben

Berlin SW 11, den 5. April 45
Prinz-Albrecht-Str. 8

Geheime Reichssache!

R.d.D. Abt. VIa-Eing.: 9.4.45
Tgb.-Nr. 42/45

Schnellbrief

An den
Kommandanten des KL.
Dachau
SS-Obersturmbannführer Weiter
Persönlich!

Auch wegen unseres besonderen Schutzhäftlings "Eller" wurde erneut an höchster Stelle Vortrag gehalten. Folgende Weisung ist ergangen:

Bei einem der nächsten Terrorangriffe auf München bezw. auf die Umgebung von Dachau ist angeblich "Eller" tötlich verunglückt.

Ich bitte, zu diesem Zweck "Eller" in absolut unauffälliger Weise nach Eintritt einer solchen Situation zu liquidieren. Ich bitte besorgt zu sein, dass darüber nur ganz wenige Personen, die ganz besonders zu verpflichten sind, Kenntnis erhalten. Die Vollzugsanzeige hierüber würde dann etwa an mich lauten:

"Am .... anlässlich des Terrorangriffs auf ..... wurde u.a. der Schutzhäftling "Eller" tötlich verletzt."

Nach Kenntnisnahme dieses Schreibens und nach Vollzug bitte ich es zu vernichten.

Das am 4. April 1945 formulierte Todesurteil über Johann Georg Elser, der im KZ und Schriftverkehr »Eller« genannt wurde.

1939 mit Hitlers Bewilligung vorsätzlich »sieben alte Mitkämpfer« getötet und 63 verletzt,[8] nur um »der Welt« zu beweisen, daß über dem Führer die Hand der »Vorsehung« walte? Angesichts der absoluten Bedeutungslosigkeit bestimmter Menschenleben im Dritten Reich lag die Vermutung nahe, daß es so gewesen sein könnte. Viele Einzelheiten wiesen darauf hin, daß der Attentäter wohl nur infolge höherer Regie nicht nur unbehelligt vor der Tat »arbeiten«, sondern auch danach relativ lange noch verborgen bleiben konnte. Daß er unmittelbar vor dem Überschreiten der Grenze verhaftet wurde, sah nicht zuletzt auch wie Regie aus. Daß dies jedoch nicht der Fall gewesen ist, stellte sich erst nach 1945 heraus.[9]

Trotz »Blitzsieg« keine allgemeine Begeisterung für den Krieg

Polen lag am Boden und war besetzt. Den Frieden mit der Sowjetunion garantierte ein Vertrag. England und Frankreich hielten still. Die Wehrmacht stand Gewehr bei Fuß. Die Bevölkerung hoffte auf die baldige Heimkehr der Männer. Daß alles noch ein schlimmes Ende nehmen könnte, schien den Deutschen nahezu ausnahmslos unvorstellbar.[1] Die meisten waren überzeugt, noch 1940 die Proklamation des Friedens und den endgültigen deutschen Sieg zu erleben. Die deutsche Niederlage und deren leicht ausrechenbare Folgen wünschte kaum jemand. Die Furcht vor Rache, Mord, Raub, Chaos, Wiedergutmachungsansprüchen jeder Art und wirtschaftlichen Konsequenzen verdrängte Vorstellungen, die der NS-Propaganda widersprachen. Die besonderen Einschränkungen, die der Krieg mit sich brachte, wurden weithin als selbstverständliche Folgen der Situation verstanden, zumal die deutschen Medien von besonders schlechten Lebensumständen in England und Frankreich berichteten und Zweifel an der Qualität der deutschen Soldaten und Waffen deplaziert erschienen. Hitlers Gegner waren ratlos. »Aber natürlich weiß die Propagandaleitung sehr gut«, berichteten illegale Sozialdemokraten nach Paris, »daß trotz dieser Siegessicherheit im Volke auch ein Gefühl vorhanden ist, das man Gedrücktheit nennen kann, innere Gedrücktheit. Ja es gibt Leute, bei denen man den Eindruck gewinnt, sie hätten Angst vor diesem Siege. Es ist schwer, die wahre Meinung der Menschen zu erkennen, weil die Angst vor dem Zuchthaus und dem Konzentrationslager den meisten den Mund verschließt. Und deshalb ist es auch schwer, diesen Zustand des Hoffens und Bangens in die richtigen Worte zu kleiden.«[2]

Kriegsbegeisterung konnten weder die V-Männer des SD noch die Berichterstatter der anderen Staats- und Parteiorganisationen und der illegalen SPD feststellen. In dieser Frage waren die Meldungen einhellig, wenn auch die Formulierung verschieden klang. Während die Leute des Sicherheitsdienstes der SS beispielsweise bedauerten, daß leider »noch immer keine Kriegsbegeisterung« registriert werden könnte, trösteten sich die Sozialdemokraten bei aller Betroffenheit, von einer allgemein bekundeten Friedenssehnsucht berichten zu können. Hatte im September 1939 noch Angst das Bild bestimmt, so sah es jetzt nach der überraschend schnellen Niederwerfung Polens anders aus. Jedes auch nur irgendwie mögliche Anzeichen für ein baldiges Ende des Krieges wurde als sicheres Indiz dafür gewertet, jede Hitler-Äußerung entsprechend ausgelegt. Alle Quellen über die Haltung der Bevölkerung stimmen darin überein, daß das NS-Regime während dieser Zeit in den Bauern und Landwirten seine konsequentesten Gegner sehen mußte. Anders als Arbeiter und Handwerker ohne nennenswerten Besitz, sträubten sie sich vor dem Kriegsdienst, den sie auf alle nur mögliche Weisen zu vermeiden suchten. Noch nicht eingestreute Saaten oder noch nicht eingebrachte Ernten, Unzuverlässigkeit von Fremdarbeitern (oft Polen) oder bereits zum Militär eingezogene Hauptarbeitskräfte waren Argumente, die ihre Zurückstellung bewirken sollten. Heu und Stroh für die Pferde der Wehrmacht, in den bäuerlichen Betrieben selbst nur knapp vorhanden, mußten nicht selten zwangsweise eingezogen werden. Der Stand, dem die Berichterstatter des SD verärgert attestierten, seine Scholle – trotz aller Propaganda für ihn – am wenigsten selbst verteidigen zu wollen, wünschte mehr als alle anderen Deutschen, daß eine Inflation kommen und seine Schulden tilgen möge. Einen weiteren, wenn auch nicht so empfindlich spürbaren Unruheherd, bildeten jene Familien, deren Männer zum Kriegsdienst einberufen worden waren, während der eine oder der andere Nachbar hatte daheim bleiben dürfen.

Problematisch erschien Anfang 1940 auch die Haltung der Industriearbeiter, obwohl deren Stimmung seit dem Ende des Polenfeldzuges (trotz unüberhörbarer Klagen über die schlechte Unterbringung und Entlohnung Dienstverpflichteter und über angebliche willkürliche Manipulationen bei der Ausgabe von Lebensmittel-Sonderzuteilungen) von den geheimen »Demoskopen« als »im allgemeinen gut«[3] bezeichnet worden war. Mängel bei der Kartoffel- und Kohleversorgung erzeugten Mißmut und Verärgerung, die der katholische Klerus (nach Ansicht der SD-Spitzel) unter dem Einfluß der päpstlichen Enzyklika vom 27. Oktober 1939, in der die Sieger daran erinnert wurden, daß auch Staaten nicht außerhalb christlicher Moralauffassungen stünden,[4] durch teilweise offen vorgetragene Kritik am NS-Regime und durch dessen Gleichsetzung mit dem Bolschewismus gegen die Intentionen des Nationalsozialismus zu nutzen verstand.[5]

Mehr als zuvor gerieten Hoheitsträger der Partei bei der Bevölkerung ins Zwielicht. Nicht wenige von ihnen hatten - auch im Juli 1940 - »ihre Visitenkarten noch nicht an der Front abgegeben«, wie der Volksmund sich ausdrückte, wenn er die »Drückeberger« meinte, die wegen »Unabkömmlichkeit« vom Wehrdienst freigestellt worden waren. Mit den in der Heimat gebliebenen Funktionären, denen vielfach arrogantes Verhalten vorgeworfen wurde, verlor nun auch die NSDAP einiges von dem Glanz, der sie in mancher Hinsicht verklärt hatte.

Trotz allem fanden geheime oppositionelle Kräfte keine nennenswerte Basis. Zwar wurden vereinzelte Verstöße gegen das Heimtükkegesetz registriert und bestraft; aber das waren meist nur Lappalien. Gastwirte, die beispielsweise bei Führer-Reden oder Nachrichtensendungen gelegentlich die Radios ausschalteten, und Leute, die beim »Abhören ausländischer Rundfunksender« ertappt worden waren, konnten schwerlich als gefährliche Opposition gegen das NS-Regime angesehen werden. Die allgemeine Hoffnung auf ein baldiges siegreiches Ende des Krieges wog zu viel.

Die NS-Propaganda, deren ziel- und richtungweisende Initiatoren Hitler und Goebbels über die Stimmung und Haltung der Bevölkerung stets differenziert informiert waren, wurde nun ganz besonders prononciert darauf abgestellt, die Blicke des Volkes von den innenpolitischen Problemen abzulenken und sie auf die Feinde zu konzentrieren, die Deutschland vernichten wollten. England, von Hitler jahrelang offen umworben, erschien nun in der Presse plötzlich als der Hauptfeind des Reiches, der durch den Seekrieg allerdings schon merklich geschwächt worden sei und mit empfindlichen wirtschaftlichen Schwierigkeiten zu kämpfen habe.[6] »Die hilflosen Inselkrämer; Steigende wirtschaftliche Unordnung«, so hatte es schon am 29. Dezember 1939 in der *National-Zeitung* geheißen, deren Überschriften am 30. Dezember 1939, 4., 13., 18. und 27. Januar

1940 (der Reihe nach) lauteten: »Wachsende Ölzufuhr-Sorgen Englands; Im Löwenkäfig«, »Gewerkschaften gegen Sir John Simon; Die Ausbeutung der englischen Massen«, »Soziale Machtkämpfe in England; Vertrauensmänner gegen Gewerkschaftsbonzen; Massensterben des Mittelstandes«, »Sabotageakte in England nehmen weiter zu«, »Gesunken, gestrandet, verbrannt ... Schläge auf die englische Handelsflotte«, »Wachsende Ernährungsschwierigkeiten in England – Schweine und Geflügel auf Diät gesetzt«. Andere Zeitungen leitartikelten ähnlich: »Gentlemen in Einheitskleidung – Drastische Beschränkungen auf allen Gebieten« (*Schwarzwälder Bote* vom 10. Januar 1940), »Wolle wird knapp in England« (*Hamburger Fremdenblatt* vom 10. Januar 1940), »Parkwild für die englische Küche« (*Hamburger Fremdenblatt* vom 17. Januar 1940), »Englands Arbeitslosenheer – Die Frage: Als Kuli oder als Soldat nach Frankreich« (*Deutsche Allgemeine Zeitung* vom 11. Januar 1940), »Englische Hungerlöhne« (*Hamburger Fremdenblatt* vom 20. Januar 1940), »Das Kinderelend« (in England) (*Hamburger Fremdenblatt* vom 24. Januar 1940), »Sterbende Industrien in England – Der strukturelle Niedergang eines Industrielandes« (*Kölnische Zeitung* vom 4. Februar 1940), »Rechenkunststücke – Die Verhüllung der britischen Arbeitslosenziffern« (*Frankfurter Zeitung* vom 15. Februar 1940), »Ein schlechtes Geschäft – Englands Wirtschaft nach fünf Monaten Krieg« (*Frankfurter Zeitung* vom 2. Februar 1940) und »Die Verwahrlosung der englischen Jugend« (*Hamburger Fremdenblatt* vom 8. Februar 1940).

Doch auch Frankreich blieb nicht länger von verbalen Angriffen verschont, wie die hier zitierten Presse-Schlagzeilen es bezeugen: »Frankreichs Verrat an München – Bonnet hatte den östlichen Raum als deutsche Interessensphäre bindend anerkannt« (*Königsberger Allgemeine Zeitung* vom 17. Januar 1940), »Frankreichs Verrat am Frieden« (*Hamburger Fremdenblatt* vom 17. Januar 1940), »Frankreichs Friedensverrat« (*Hamburger Fremdenblatt* vom 19. Januar 1940), »Frankreichs tragische Schwäche« (*Frankfurter Zeitung* vom 18. Januar 1940), »Frankreich war gewarnt – Bonnets Ausflüchte im Sommer 1939« (*Frankfurter Zeitung* vom 19. Januar 1940), »Georges Bonnets schwankender Weg« (*Frankfurter Zeitung* vom 20. Januar 1940), »Die Enthüllung über Frankreichs Wortbruch«, »Warum Frankreich in den Krieg ging – Schon im April 1939 entschlossen / Die Kriegstreiber: Campinchi und die Generale« (*Hamburger Anzeiger* vom 22. Januar 1940), »Frankreichs Wortbruch« (*Breslauer Neueste Nach-*

richten vom 24. Januar 1940), »1000 Jahre französischer Angriff gegen das Reich« (*Königsberger Allgemeine Zeitung* vom 16. Januar 1940), »Im Geiste Richelieus« (*Chemnitzer Tagesblatt* vom 20. Januar 1940), »Das Testament Richelieus« (*Berliner Lokalanzeiger* vom 26. Januar 1940), »Verjudetes Frankreich« (*Westfälische Landeszeitung* vom 27. Januar 1940), »Juden machen Frankreichs öffentliche Meinung« (*Deutsche Bodensee-Zeitung* vom 2. Februar 1940), »Frankreichs Englandhörigkeit und Kriegsschuld« (*Bremer Nachrichten* vom 19. Januar 1940) und »Paris als Londoner Filiale – England den Profit, Frankreich die Lasten« (*Hamburger Fremdenblatt* vom 20. Januar 1940).

Im NS-Regime, das infolge seiner Propaganda stets unter Erfolgszwang stand, zählten zwangsläufig immer nur die größten oder die jeweils jüngsten Erfolge. Anfang 1940 gab es sie nicht. Schwierigkeiten hatte die Propaganda zu der Zeit nicht nur mit der Situation innerhalb des Landes infolge der Blockade, des Mangels an Kohle, Rohstoffen und Feinmetallen, an Lebensmitteln und bestimmten Industrieerzeugnissen, sondern auch mit der offenen Steuerung der Volksmeinung hinsichtlich des von den Sowjets im Dezember 1939 begonnenen finnisch-russischen Krieges. Wem sollte die Bevölkerung ihre Sympathien schenken, den verbündeten Russen oder den Finnen, denen sie sich seit jeher verbunden fühlte? Den Sowjets blieb nicht verborgen, daß die Deutschen ihnen den Sieg nicht wünschten. Selbst von den illegalen Kommunisten, die sich seit August 1939 von Stalin verraten fühlten, standen nicht alle auf ihrer Seite.

Stimmungsmache, Ermahnung zur Disziplin, zum Verständnis für die Versorgungsprobleme und Hinweise auf Schwierigkeiten, die es in England, Frankreich und Belgien gebe, waren die Probleme, mit denen sich die Propagandisten primär auseinanderzusetzen hatten. »Katastrophale Kohlennot in Paris und Brüssel«,[7] »Europa unter der Knute des grimmigen Winters«[8] und ähnlich lauteten die Schlagzeilen der Presse, die diesen Meldungen die Empfehlung gegenüberstellte, auch während des Krieges auf Erholung, Entspannung und Erbauung in Form von Theater-, Varieté-, Kino- und Konzertbesuchen nicht zu verzichten. Unwillig registrierten die illegalen Sozialdemokraten, daß die Arbeiterschaft den Nationalsozialismus begrüßte, weil er die »antikapitalistische Sehnsucht« befriedigte und die sogenannten »besseren Leute« während des Krieges auch zu »Nummern« machte, wie die Proletarier es immer seien. Den Leuten »fehlt ... der Glaube«, so berichtete im März ein Berichterstatter aus Berlin, »daß es ... etwas besseres« als den Nationalsozialismus geben könne,[9] der auch von den Großindustriellen wie Krupp, Klöckner und Donnersmark Opfer auf »dem Felde der Ehre« verlange, die jedermann sonst bringen müsse.[10] Die Propaganda wußte dies – nicht nur im Ruhrgebiet – zu nutzen. Bestimmte Aufwendungen und Zugeständnisse waren nicht zu übersehen. Obwohl alle Fenster bei Einbruch der Dunkelheit verhängt und die Autos, Motorräder und Fahrräder mit abgeblendetem Licht fahren mußten, unterstützte das Regime das Amüsement in Vergnügungsstätten aller Art. Ein von der NS-Gemeinschaft Kraft durch Freude initiiertes Zelttheater, das 900 Besuchern Platz bot, leistete ein übriges zur Zerstreuung und Ablenkung der Bevölkerung, die Anfang 1940 zwar über zahlreiche Mängel klagte, angesichts der stereotypen Propaganda, die die Zukunft Deutschlands im Falle einer Niederlage in düstersten Farben malte, jedoch überzeugt war, daß das Reich den Krieg gewinnen werde.[11]

Anfang 1940 waren es vor allem Firmenschließungen und Engpässe in der Lebensmittelversorgung, die die Bevölkerung trotz der ruhigen Lage an der Westfront beunruhigten. Ziegeleien, Tabakfabriken, Kaliwerke, Brauereien, Sprengstoff-Fabriken und eine Eisenhütte stellten allein in Mitteldeutschland ihre Produktion ein. In Thüringen hatten 107 von 239 Unternehmern mit je über 100 Mitarbeitern ihre Tore infolge des empfindlichen Kohlenmangels schließen müssen. Rund 90% aller in Aschaffenburg ansässigen Betriebe der Bekleidungsindustrie wurden stillgelegt. Rohstoffmangel bewirkte die Einstellung der Produktion ärztlicher Geräte, eine empfindliche Drosselung der Büromaschinen-Herstellung, die Unterbrechung von Bauarbeiten an geplanten Fabriken zur Herstellung von Rüstungsartikeln, erzwangen Kurzarbeit in Spinnereibetrieben, Gerbereien und Kleiderfabriken und Entlassungen von Arbeitern und Angestellten in der Lederindustrie und in Unternehmen, die Asbest- und Gummiwaren produzierten. Die Reichsbahn klagte über zu wenige Lokomotiven. Kohle, Kraftstoffe, Heizöl, Seife, Kautschuk, Autoreifen, Schuh- und Spinnstoffwaren unterlagen infolge ihrer Knappheit der Bewirtschaftung durch Wirtschaftsämter, die Abgabe von Papier, Pappe, Holz- und Zellstoffen der Überwachung durch besondere Verteilerstellen. Zur Kohlenknappheit hatten sich Mißstände in der Ernährungslage gesellt. Die Lebensmittel, die ohne Bezugsscheine verkauft werden konnten, waren zu knapp bemessen. Berufstätige Hausfrauen, die sich nicht stundenlang anstellen konnten und die Besorgungen für ihre Haushalte nach Feierabend erledigen mußten, fanden Südfrüchte, Obst und Gemüse gewöhnlich nicht mehr in den Läden vor. Schiebereien, Schmiergelder-Affären und Preisüberschreitungen waren nicht selten die Folge. Lebensmittel- und Bekleidungsdiebstähle beschäftigten die Gerichte in einem Maße, wie es bis dahin nicht der Fall gewesen war. Wachen unterbanden Kartoffeldiebstähle, für die sogar die Todesstrafe angedroht wurde. Nur von kurzer Dauer dagegen war die im Februar durch die Einziehung der Ein-Mark-Stücke und ihre Ersetzung durch Geldscheine ausgelöste Inflationsangst. Die Stimmung des größten Teiles der Bevölkerung erschien der Gestapo, dem SD, der Polizei und den Parteifunktionären jedoch nicht als beunruhigend. »Allgemein und sehnsüchtig« jedoch erwartet, so registrierte ein Landrat in seiner Monatsmeldung, »wird der in Rundfunk, Presse und Reden schon seit längerer Zeit angedeutete vernichtende Schlag gegen England und Frankreich, damit der Krieg mit seinen Einschränkungen und Entbehrungen ein baldiges Ende findet.«[12]

Der »vernichtende Schlag gegen England« war von großen Teilen der Bevölkerung bereits Mitte Februar erwartet worden, nachdem die Briten das deutsche Versorgungsschiff *Altmark* in Jössingfjord gekapert und dabei einige deutsche Seeleute getötet hatten. Die groß aufgemachten und zentral gesteuerten Presseberichte und Hitlers Rede vom 24. Februar, in der er einerseits die Westmächte angriff und andererseits sein gutes Verhältnis zur Sowjetunion herausstellte, waren von der Bevölkerung als vorbereitende Führungsmethoden Hitlers verstanden worden. Als am 9. April dann die Kampfhandlungen gegen Dänemark und Norwegen begannen, das Hitler buchstäblich in letzter Stunde vor einer von Winston Churchill entsprechend geplanten Aktion der Briten besetzen ließ,[13] war niemand überrascht. Der SD registrierte in Narvik, Drontheim, Stavanger, Bergen, Kristiansand und Oslo »ungeheuren Eindruck ... und ausnahmslos begeisterte Zustimmung«.[14] Daß diese die Stimmung beeinflussen mußten, lag auf der Hand. Ein SD-Bericht vom 10. April drückt aus, worauf die Führung in dem Augenblick bauen konnte. »Durch diese Ereignisse«, so hieß es da, »sind alle anderen Fragen in den Hintergrund getreten und die sonst üblichen Debatten über wirtschaftliche Sorgen und Beschränkungen verstummt.«[15]

Mit der verblüffend erfolgreichen deutsche Aktion gegen Dänemark und Norwegen, die nicht nur britischen Maßnahmen in Norwegen schlagartig zuvorkamen, sondern auch die deutsche Luft-

und Seekriegsbasis gegen England erweitern und eine (aus der Deutschen Bucht heraustretende) maritime Machtstellung des Reiches schaffen sollten, »verstummten« am 9.April die alltäglichen Klagen und Nörgeleien und machten einer hellen Begeisterung Platz. Daß sie schon Mitte Mai wieder einem »tiefen Ernst«[16] gewichen war, zeigt nicht nur deutlich, wie abhängig die Stimmung der Bevölkerung im Laufe der Zeit von Propaganda und Augenblickserfolgen des Regimes geworden war, sondern auch, wie sich die NS-Führung in dieser Hinsicht ständig orientieren mußte. Nachdem sich das britische Kriegskabinett am 24. Mai 1940 infolge der am 10. Mai – über Belgien, Luxemburg und die Niederlande – gegen Frankreich vorgetragenen deutschen Offensive gezwungen sah, die eigenen Truppen auch aus dem von ihnen noch gehaltenen Raum von Narvik zurückzurufen,[17] war angesichts der in aller Welt sorgfältig registrierten und bewunderten deutschen Erfolge an der Westfront nur noch von einem »freudigen Widerhall« die Rede.[18]

Der Feldzug im Westen

Öffentlich begründet hatte Hitler den Angriff durch die neutralen Staaten Belgien und Holland in einem von ihm am 5. Mai unterschriebenen und am 10. Mai 1940 veröffentlichten Memorandum, in dem es unter anderem hieß: »Die Reichsregierung ist nicht gewillt, in diesem dem deutschen Volke von England und Frankreich aufgezwungenen Existenzkampf den Angriff Englands und Frankreichs tatenlos abzuwarten und den Krieg über Belgien und die Niederlande in deutsches Gebiet hineintragen zu lassen. Sie hat deshalb den deutschen Truppen nunmehr den Befehl erteilt, die Neutralität dieser Länder mit allen militärischen Machtmitteln des Reiches sicherzustellen.«[1] Die Beschuldigungen, die Hitler gegen Belgien und die Niederlande erhob, klangen vertraut. Er warf ihnen vor, sich trotz ihrer Neutralität öffentlich, eindeutig und aktiv auf die Seite Englands und Frankreichs gestellt und mit – gegen das Reich gerichteten – Truppenaufmärschen Deutschland bedroht zu haben.

Als »Hinzufügung« der Reichsregierung wurde festgestellt: »Die deutschen Truppen kommen nicht als Feinde des belgischen und niederländischen Volkes, denn die Reichsregierung hat diese Entwicklung weder gewollt noch herbeigeführt. Die Verantwortung dafür fällt auf England und Frankreich, die den Angriff gegen Deutschland auf belgischem und niederländischem Territorium in allen Einzelheiten vorbereitet haben, und auf die belgischen und niederländischen Regierungsstellen, die dieses geduldet und begünstigt haben.« Tatsächlich aber hatte Hitler schon am 23. Mai 1939 vor Generalfeldmarschall Göring und Großadmiral Raeder, vor den Generalobersten Brauchitsch, Keitel und Milch, vor den Generalen Halder, Bodenschatz, dem Konteradmiral Schniewindt, den Obersten Jeschonnek und Warlimont, dem Oberstleutnant Schmundt, den Hauptleuten Engel und Below und dem Korvetten-Kapitän Albrecht im Rahmen einer Besprechung erklärt, daß auf die Neutralität Belgiens und der Niederlande keine Rücksicht genommen werden könne. »Wir müssen«, sagte er beispielsweise, »wenn bei polnischem Krieg England angreifen will, blitzartig Holland angreifen. Erstrebenswert ist es, eine neue Verteidigungslinie mit holländischem Gebiet bis Zuider See zu gewinnen ... Es handelt sich nicht mehr um Recht oder Unrecht, sondern um Sein oder Nichtsein von 80 Millionen Deutschen.«[2]

Die Deutschen, die Mitte Mai 1940 zwar mit Genugtuung die Kapitulation Rotterdams und der niederländischen Streitkräfte registrierten und die Flucht des seit 1937 in den Niederlanden lebenden deutschen Prinzen Bernhard von Lippe-Biesterfeld als »Landesverrat« bezeichneten, hofften mehrheitlich nicht auf weitere militärische Siege und Eroberungskriege, sondern auf einen baldigen Frieden. Im März hatten die V-Männer des SD ihren Auftraggebern zum Mißfallen Hitlers[3] noch gemeldet, daß die Bevölkerung hoffe, der Führer werde den Krieg durch politische Verhandlungen mit den Westmächten beenden.[4] Da dies nicht geschehen war, murrte sie; aber sie richtete ihr Unwillensbekunden nicht direkt gegen Hitler, sondern klagte über unzureichende Gemüselieferungen und über zu hohe Preise für Frischgemüse.

Nach der Kapitulation der niederländischen Streitkräfte, die durch dramatisierende Sondermeldungen bekanntgegeben wurde, hörten viele Deutsche erstmals Rundfunk-Berichte auch in holländischer Sprache. Überrascht stellten sie fest, daß sie, die fast sieben Jahre isoliert gewesen waren, die Sprache weitgehend verstanden. »Man sieht dies«, hieß es in einem SD-Bericht vom 16. Mai 1940, »als ein weiteres Argument dafür an, daß es sich hier eigentlich um einen dem deutschen Volk verwandten Stamm handelt.«

Während maßgebliche Funktionsträger des Regimes besorgt auf die unerfreulichen Stimmungsberichte aus ungeschützten westdeutschen Städten lauschten, die inzwischen feindlichen Bombenangriffen ausgesetzt waren,[5] während sie mit der gesamten Bevölkerung hofften, daß Görings Luftwaffe endlich zu einer wirkungsvollen Verteidigung des deutschen Luftraumes in der Lage sein und mit angemessenen Gegenmaßnahmen antworten werde, lehnte Hitler, auf den das Volk erwartungsvoll blickte, die Vorschläge Görings ab, sofort jede feindliche Bombe »zehnfach« zu vergelten. Göring mußte sich anhören, daß er dies nicht dürfe. Hitler, der das vernichtend geschlagene englische Expeditionsheer bei Dünkirchen entkommen ließ,[6] weil er überzeugt war, daß er »drüben« alsbald Tausende »Propagandisten« haben würde, nur weil er sie hatte entkommen lassen,[7] verdrängte die Realität. Die Zielgeräte der englischen Flugzeuge seien sicherlich nicht sonderlich gut, die Besatzungen der Maschinen wahrscheinlich noch zu unerfahren und zu schlecht ausgebildet, so daß es besser sei, zu warten, bis sich einwandfrei erweise, ob die Bombenabwürfe auf offene Städte beabsichtigt seien – oder nicht.[8] Göring und »das Volk« mußten warten.

Waren die Hoffnungen und Wünsche der Bevölkerung bislang darauf ausgerichtet gewesen, so bald wie möglich den Frieden feiern zu können, änderte sich dies nach dem glorreichen Sieg über Frankreich augenblicklich. Der rauschhaft rasche deutsche Sieg war dem zögernd entscheidenden Hitler zu schnell gekommen. Die Offiziere des Wehrmachts-Führungsstabes, die jetzt generalstabsmäßig den Krieg gegen England realisieren zu können gedachten, sahen sich ebenso getäuscht wie das Volk, das nun die Fortsetzung des Krieges und die Niederwerfung der Briten forderte.[9] Es blieb bei der hinhaltenden »Belagerung« der Insel.

Da von deutscher Seite aus »nichts Aufregendes« geschah, beschäftigte sich die Bevölkerung mit den Opfern der deutschen Luftwaffe und den Verlusten, die der britischen Luftflotte – nach Presseberichten – zugefügt wurden, mit ständig akuten Versorgungsfragen und mit Spekulationen über den weiteren Kriegsverlauf. Der – für die meisten Deutschen überraschende – Abschluß des Dreimächtepaktes zwischen Deutschland, Italien und Japan,[10] durch den sich große Teile der Bevölkerung einen Schutz vor den USA versprachen, weil sich Amerika nun »ja in erster Linie« vor Japan sichern müsse,[11] der Besuch des US-Unterstaatssekretärs Ramon Suner in Berlin und die Ankündigung, daß der sowjetische Außenminister und Ministerpräsident zum Führer nach Berlin kommen werde, bildeten die Angelpunkte der Gespräche.

Am 12. und 13. November 1940 kam der sowjetische Außenminister Molotow nach Berlin, um mit seinem deutschen Kollegen Joachim von Ribbentrop und Hitler zu verhandeln, der schon zuvor angewiesen hatte, die große Abrechnung mit den Russen vorzubereiten. »Politische Besprechungen mit dem Ziel«, erklärte er in seiner als Geheime Kommandosache behandelten Weisung vom 12. November, noch bevor er mit Molotow zusammengetroffen war, »die Haltung Rußlands für die nächste Zeit zu klären, sind eingeleitet. Gleichgültig welches Ergebnis diese Besprechungen haben werden, sind alle schon mündlich befohlenen Vorbereitungen für den Osten fortzuführen.«[12] Das Ergebnis der Besprechungen, in denen Molotow sowjetische Ansprüche auf Territorien in Ostmitteleuropa und in Finnland, in der Türkei und auf dem Balkan anmeldete, was die deutschen Interessen empfindlich beeinträchtigen mußte, war Hitlers Vorstellungen entgegengekommen. Noch länger wollte er sich mit den Russen nicht arrangieren, auch wenn er dies nicht öffentlich zugab. Die Entwicklung der Ereignisse außerhalb des deutschen Machtbereichs ungeduldig beobachtend, sah er sich gedrängt, auf dem Balkan Einfluß zu gewinnen und eine Bedrohung der deutschen Südostflanke – auch im Hinblick auf den geplanten Rußlandkrieg – zu verhindern. Der Abschluß des anglo-amerikanischen Leih- und Pachtvertrages, der am 11. März 1941 in Kraft trat und den Engländern erneute und verstärkte Unterstützung seitens der noch nicht im Krieg befindlichen USA garantierte, und sowohl russische als auch britische Aktivitäten auf dem Balkan,[13] vor allem in Jugoslawien, wo die am 25. März 1941 dem Dreimächtepakt »beigetretene« Regierung am 27. März durch einen Militärputsch gestürzt und König Peter II. an die Regierung gebracht wurde,[14] erschienen ihm als Unheil avisierende Menetekel. So positiv Jugoslawiens Beitritt zum Dreimächtepakt von der deutschen Bevölkerung begrüßt worden war,[15] so sehr empfand sie den Militärputsch und dessen Folgen als einen Rückschlag,[16] der eine Verlängerung des Krieges zur Folge haben müßte.

Überzeugt, über kurz oder lang von Stalin durch einen Angriff auf das Reich[17] vor vollendete Tatsachen gestellt zu werden, hatte Hitler schon am 18. Dezember 1940, 36 Tage nach Molotows Besuch, die Weisung Nr. 21 formuliert, deren erster Passus lautete: »Die deutsche Wehrmacht muß darauf vorbereitet sein, auch vor Beendigung des Krieges gegen England Sowjetrußland in einem schnellen Feldzug niederzuwerfen (Fall Barbarossa).«[18]

Das Jahr 1941 hatte Hitler mit der Prophezeiung eingeleitet, daß dieses Jahr »die Vollendung des größten Sieges unserer Geschichte bringen« würde.[19] Den Feind, den er 1941 zu schlagen gedachte, nannte er nicht. Und so fragte sich die Bevölkerung, die sowohl die Pressemeldungen über russisch-amerikanische Handelsbesprechungen als auch die bis dahin ungewohnt »umfassenden Einberufungen«[20] besonders kritisch zu registrieren begann, wieso der Führer denn die Sowjetunion in seiner Rede vom 30. Januar 1941 zum achten Jahrestage der Machtübernahme, in der er »alle Staaten von Bedeutung« streifte,[21] nicht einmal erwähnt habe. Die illegalen Kommunisten und ein Teil der anderen Moskau-Sympathisanten, die inzwischen den Schock vom 23. August 1939 überwunden oder verdrängt hatten, erhielten langsam wieder Auftrieb. Ihre geheimen Aktivitäten, gezielte Flüsterpropaganda, anonyme Handzettel-Aktionen, konspirative »Treffs« und andere entsprechende Maßnahmen, lebten wieder auf. Daß die Gestapo dies nicht sofort proportionsgerecht registrierte, sprach für die Qualität dieser Opposition. Sie hatte ihre Erfahrungen inzwischen ausgewertet. Die erdrükkende Mehrheit der Bevölkerung jedoch verschloß ihre Augen und Ohren, sobald irgendwo politisch artikulierte Kritik am Regime zu vernehmen war. Nicht nur die Furcht vor »Unannehmlichkeiten« stand dahinter, die auch schon durch Anzeigen und Denunziationen entstehen konnten.

In dieser nach außen hin ruhigen Situation wurde die Aufmerksamkeit der Öffentlichkeit plötzlich auf ein sensationelles Ereignis gelenkt, das Hitler auch persönlich betraf. »Einheitlich«, so hieß es in einem SD-Bericht vom 15. Mai 1941, »beweisen alle Meldungen die außerordentlich und tief empfundene Anteilnahme des deutschen Volkes in allen seinen Gruppen und Berufen an dem Schicksalsschlag, der vor allem den Führer getroffen« hat, »dem auch keine Härte des Schicksals erspart bleibt.«[22]

Am 12. Mai 1941 hatte die Parteileitung mitgeteilt, daß Rudolf Heß, der Stellvertreter Hitlers als Führer der NSDAP, sich in geistiger Verwirrung eines Flugzeuges bemächtigt habe und wahrscheinlich abgestürzt sei.[23] Einen Tag später hieß es dann, Heß sei, offenbar dem Wahn verfallen, »durch einen persönlichen Schritt bei ihm von früher her bekannten Engländern doch noch eine Verständigung zwischen Deutschland und England herbeiführen zu können«,[24] in Schottland mit dem Fallschirm abgesprungen. Gleichzeitig wurde die Öffentlichkeit darüber informiert, daß die bis dahin existierende und von Rudolf Heß geleitete Dienststelle »Stellvertreter des Führers« in »Partei-Kanzlei« umbenannt und von nun an Hitler persönlich unterstellt worden sei. Ihr Chef: Reichsleiter Martin Bormann.

Betroffenheit, Bestürzung und lähmendes Entsetzen machten sich damals schlagartig unter der Bevölkerung breit. Sie fragte, wie denn der allgemein als »Stellvertreter des Führers« apostrophierte[25] Rudolf Heß sein Amt habe wahrnehmen können, wenn er, wie es nun hieße, geistesgestört gewesen sei, »seit Jahren ... körperlich schwer« gelitten und »steigend seine Zuflucht zu den verschiedensten Hilfen, Magnetiseuren, Astrologen usw.«[26] gesucht habe. So raffiniert und geschickt die NS-Propaganda normalerweise auch war, so ungeschickt und plump agierte sie in diesem Fall, den eine gute Propaganda des Auslandes zu einem empfindlichen Nachteil für das NS-Regime hätte hochstilisieren können. »Ein fahnenflüchtiger Verrückter als Stellvertreter Hitlers, der die ganze Welt unterwerfen will«, wäre beispielsweise eine Schlagzeile gewesen, die dem Regime ernsthafte Sorgen bereitet hätte. Die deutschen »Volksgenossen« erwiesen sich als hellhörig genug, aus den öffentlichen Erklärungen herauszuhören, daß die offiziellen Informationen zumindest äußerst fragwürdig seien. »Fast alle Meldungen«, so hieß es beispielsweise in einem SD-Bericht vom 15. Mai, »brachten zum Ausdruck, daß die Mitteilung zunächst von Parteigenossen wie von anderen Volksgenossen wegen des großen Vertrauens zu Heß nicht geglaubt worden ist.«[27] Wie die Dinge tatsächlich lagen, erfuhr die Öffentlichkeit niemals. Nur Hitler, Heß und eine Handvoll Vertrauter wußten, was wirklich vorausgegangen und geschehen war.

Was die Öffentlichkeit nicht erfuhr, war dies: Das zweimotorige Langstrecken-Zerstörer-Flugzeug des Typs Me 110, mit dem Heß nach Schottland geflogen war, hatte sein alter Bekannter Willy Messerschmidt, bei dem er gelegentlich Testflüge absolvierte, mit zwei Zusatztanks von je 900 Litern (zum serienmäßig eingebauten 1200-Liter-Tank) ausgerüstet und für den langen Flug, den Heß im Januar schon einmal zu unternehmen versucht hatte, besonders vorbereitet. Ein paar Tage vor seinem Abflug hatte Hitler Heß zu einem rund vierstündigen Gespräch empfangen, was Hitlers unmittelbarer Umgebung aufgefallen war; denn derartig lange Zusammenkünfte hatte es zwischen den beiden seit dem Beginn des Krieges nicht mehr gegeben. Die auf Enthüllungen hoffenden, ungefähr 60 bis 70 Minister, Gauleiter und Spitzenfunktionäre, die Hitler am 13. Juni 1941 zu sich auf den Berghof bestellt hatte, hörten von ihm auch nur, was alle Welt seit einem Monat wußte. Heß, so erklärte Hitler erneut, sei geisteskrank und habe ihn und das Reich durch seine »verrückte Idee« in eine peinliche Situation gebracht. Nur gegenüber Bormann, dessen Stunde nach Heß' Verschwinden schlug, äußerte Hitler, daß Lord Hamilton, den Heß hatte aufsuchen wollen, nach Lage der Dinge »natürlich nicht öffentlich« zugeben könnte, mit Heß »bekannt gewesen« zu sein. Und auch Hitlers Feststellung, daß die britische Regierung in arge Verlegenheit gebracht werden würde, wenn die englische Öffentlichkeit erführe, was Heß vorzutragen und auszuhandeln beabsichtigte, hörten nur Bormann und Heinz Linge, der aus zahlreichen Details folgerte, daß Heß tatsächlich im Auftrage Hitlers nach England geflogen war.[28] Doch ehe dieses Ereignis den Spekulationen im In- und Ausland Tür und Tor öffnen konnte, begann der Krieg gegen Rußland, der die Blicke der Bevölkerung auf andere Probleme lenkte.

Der Rußlandkrieg

Allgemeine Verblüffung hatte am Morgen des 22. Juni 1941, es war Sonntag, die Nachricht ausgelöst, daß die Wehrmacht um 4 Uhr früh trotz des seit 1939 existierenden Nichtangriffspaktes mit Moskau zum Angriff auf die Sowjetunion angetreten sei. Noch kurz zuvor waren – vermutlich gezielt gesteuerte – Gerüchte über einen Besuch Stalins in Deutschland in Umlauf gewesen,[1] die einen Zweifrontenkrieg, zumindest im Moment, nicht unmittelbar befürchten lassen mußten. Doch schon am Nachmittag des 22. Juni schien die Stimmung und Haltung des Volkes, wie die Zuträger des Sicherheitsdienstes festgestellt zu haben meinten, bei aller erkennbar werdenden Sorge bereits wieder gefestigt. »Im Laufe des Sonntagnachmittags und noch mehr in den Abendstunden«, meldeten die V-Männer des SD schon am 23. Juni, »hat sich ... übereinstimmend die Überzeugung durchgesetzt, daß die Reichsregierung nicht anders handeln konnte.«[2] Stalin und Molotow wurden von der Bevölkerung beschuldigt, den Führer verräterisch hintergangen, insgeheim einen Angriff auf das Reich vorbereitet, deutsche militärische Kräfte an der Ostgrenze Deutschlands gebunden und damit den Führer gehindert zu haben, dem »Krieg im Westen radikal ein Ende« zu bereiten.

»Jetzt geht alles in einem Abwaschen«,[3] meinten – nach SD-Recherchen – die weitaus meisten Deutschen außergewöhnlich zuversichtlich, nachdem die Überraschung von der Propaganda in die von ihr vorgezeichneten Bahnen gelenkt worden war. Als negative Folgen wurden zunächst lediglich registriert: Befürchtungen über eine Verlängerung des Krieges, über eine Verschlechterung der ohnehin schon angespannten Ernährungslage durch zusätzliche Kriegsgefangene, die Erwägung, daß die USA nun ebenfalls in den Krieg gegen das Reich und seine Verbündeten eintreten würden,[4] und Verluste neuerlicher Menschenleben im weiten russischen Raum, in dem »asiatische Methoden«[5] deutschen Kriegsgefangenen das Leben zur Hölle machen müßten.

Das Feind-Bild, das die nationalsozialistische Propaganda von den Russen und Bolschewisten ohne Unterbrechung von 1920 bis 1939 skizziert und stets emotionsgeladen als Tatsachenschilderung dargeboten hatte, war längst zum gesicherten Bestandteil der Volksmeinung geworden, zumal die überwältigende Mehrheit der (auch keineswegs nationalsozialistisch denkenden) Deutschen dem Bolschewismus ohnehin stets entschieden ablehnend gegenübergestanden und einer entsprechend artikulierten Argumentation immer willig und gutgläubig ihr Ohr geliehen hat. Da die Sowjetunion die Haager Konvention von 1907 gekündigt hatte und auch dem Genfer Kriegsgefangenen-Abkommen von 1929 nicht beigetreten war, befürchtete die deutsche Bevölkerung nun angesichts der eben geschaffenen Tatsachen, daß sich die Angehörigen der Roten Armee an keinerlei internationale Bestimmungen und völkerrechtliche Regelungen halten würde, was ihr, zum Nutzen der NS-Propaganda, unverzüglich bestätigt wurde. Kurz nach dem Beginn des Rußlandkrieges gelangten Meldungen an die Öffentlichkeit, in denen von der bestialischen Ermordung deutscher Kriegsgefangener durch Genickschüsse die Rede war. So waren beispielsweise am 1. Juli 1941 rund 180 meist nicht verwundete deutsche Soldaten auf der Straße von Klewan nach Broniki in der Ukraine in Gefangenschaft geraten und, soweit sie nicht fliehen konnten, kurzerhand erschossen worden.[6] »Auf dem Schlachtfeld ließ der Gegner«, hieß es in einem erbeuteten Operationsbericht der 26. sowjetischen Division vom 13. Juli 1941 lapidar, »ungefähr 400 Tote zurück. Etwa 80 Mann hatten sich ergeben, die erschossen wurden.«[7] 90 bis 95 Prozent der 1941 und 1942 in russische Gefangenschaft geratenen deutschen Soldaten, nach sowjetischen Frontberichten immerhin 175 000 Mann, kamen in Rußland ums Leben.[8]

Hitlers geheimen, nach langen Überlegungen in rund 100 Tagen vorbereiteten[9] und am 6. Juni 1941, 16 Tage vor Beginn des Rußlandkriegs erlassenen Kommissar-Befehl,[10] der die augenblickliche Liquidierung der russischen politischen Kommissare nach ihrer Gefangennahme anordnete, »kannte« die Bevölkerung zu der Zeit noch nicht.[11] Die »Kommissare werden nicht als Soldaten anerkannt; der für Kriegsgefangene völkerrechtlich geltende Schutz findet auf sie keine Anwendung. Sie sind nach durchgeführter Absonderung zu erledigen«,[12] hieß es in den als »Geheime Kommandosache« unter den Kommandeuren kursierenden Richtlinien für die Behandlung politischer Kommissare. Und als sich dieser Befehl, der von der Truppe übrigens nachweislich nahezu überall ignoriert worden ist, in der Heimat herumsprach, wurde er als ausschließliche deutsche Vergeltungsmaßnahme für russische Verbrechen dieser Art verstanden. Im Sommer und Herbst 1941 existierte er als Diskussionsthema noch nicht. Da beschäftigten die Bevölkerung die den Kinofilmen[13] vorangestellten Wochenschauen und deren Bildberichte, die ungeheure Mengen russische Kriegsgefangene und erbeutete Waffen und anderes Kriegsmaterial zeigten, wobei die männlichen Gefangenen als »Verbrechertypen« und die weiblichen Angehörigen der Roten Armee als »Flintenweiber« bezeichnet wurden, die nach »Ansicht vieler Volksgenossen unmöglich als Kriegsgefangene« angesehen werden sollten und (so der Tenor der SD-Berichte aus der zweiten Juli-Hälfte) »nicht am Leben« bleiben dürften.[14]

Hitlers Proklamation vom 22. Juni 1941 zum Beginn des Rußlandkrieges hatte mit den Worten begonnen: »Von schweren Sorgen bedrückt, zu monatelangem Schweigen verurteilt, ist nun die Stunde gekommen, in der ich endlich offen sprechen kann.«[15] Offen war nun von ihm eingestanden worden, daß ihm der »Schritt« zum Nichtangriffsvertrag von 1939 sehr schwer gefallen und für ihn außerordentlich bitter gewesen sei.[16] Drei Monate später sagte er in kleinem Kreis dagegen: »Die größte Kraft gehörte dazu, im vergangenen Jahr den Entschluß zum Angriff auf den Bolschewismus zu fassen.«[17] Weitere vier Wochen danach bekannte er, ebenfalls nicht für die Öffentlichkeit bestimmt: »Am 22. Juni hat sich uns ein Tor geöffnet, von dem wir nicht wußten, was dahinter liegt. Wir mußten mit einem Gas- und Bakterienkrieg rechnen, und die Ungewißheit lastete wie ein Grauen auf mir.«[18]

Auf der Bevölkerung lastete diese Ungewißheit nach wie vor. V-Männer des SD, Landräte, Funktionäre, Bürgermeister und Polizeidienststellen berichteten von »sorgenvollen Gesichtern«,[19] von »momentan« tief beeindruckten, »ziemlich gedrückten« Gemütern[20] und von »schlechter« werdender Stimmung in der Heimat.[21] Die Sorge, daß das Ende des Krieges nunmehr »nicht mehr sobald in Sicht« kommen könne, hatte augenblicklich um sich gegriffen.

Erstaunlich reagierten Katholiken in Bayern, wo der Staatsminister Adolf Wagner eben erst einen Erlaß zur Entfernung der Kruzifixe aus den Schulen herausgegeben hatte. »Über den Einmarsch deutscher Truppen in Rußland war die Bevölkerung momentan erstaunt. Jedoch hat sie mit Ruhe und Zuversicht diese Nachricht aufgenommen«, berichtete exemplarisch die Gendarmerie-Station Waischenfeld am 26. Juni und fuhr fort: »große Aufregung« entstand dagegen, »als bekannt wurde, daß aus den Schulräumen die Kruzifixe entfernt werden« sollten.[22] Der Gendarmerie-Kreisführer betonte in seinem vier Tage später abgegebenen Stimmungsbericht, daß die Bevölkerung des Landkreises Ebermannstadt den deutschen Einmarsch in Rußland zwar mit sichtlicher Überraschung aufgenommen, den »Kruzifixerlaß« Wagners jedoch für ein sehr viel schlimmeres Unheil hielte. »Ein Bauer ... der drei Söhne im Felde stehen hat«, schrieb er, »soll nach zuverlässiger Bekundung eines Gewährsmannes gesagt haben, es wäre ihm lieber, die drei Buben würden an der Front fallen, dann bräuchten sie wenigstens nach dem Krieg in der Heimat die noch schlimmeren Religionsfehden nicht mitzumachen.«[23] Doch Ende Juli flaute diese Erregung wieder ab. Die deutschen Erfolge auf dem neuen Kriegsschauplatz hatten ihre Wirkung nicht verfehlt.

Um die Volksmeinung vollends wieder hinter sich zu bringen, hatte Hitler eine Woche nach dem Beginn des Rußlandkrieges noch einmal Tatsachen propagandistisch grob manipuliert. So sendete der deutsche Rundfunk am 29. Juni 1941, einem Sonntag, zwölf Erfolgs-»Sondermeldungen« in Abständen von etwa je einer Stunde hintereinander. Was dabei nicht gesagt wurde, war dies: Die Meldungen betrafen militärische Erfolge, die keineswegs mehr neu waren. Hitler hatte sie für diesen Tag jeweils zurückhalten lassen, um die Stimmung im Volk anzuheizen. Seine Rechnung ging jedoch nicht auf. Die Fronttruppen waren über die verspäteten Erfolgsmeldungen verärgert, die Heimat fühlte sich genarrt, nachdem sich herumgesprochen hatte, was geschehen war.

Kaum war über diesen mißlungenen Propagandacoup etwas Gras gewachsen, riß Hitler selbst es wieder aus. Am 9. Oktober 1941, nach den Erfolgen der großen Doppelschlacht bei Wjasma und Brjansk, ließ er im Wehrmachtsbericht erklären: »Zusammen mit den bei Wjasma eingeschlossenen Verbänden hat hier um Brjansk der Marschall Timoschenko die letzten voll kampfkräftigen Armeen der sowjetischen Gesamtfront geopfert. Das Trugbild fortgesetzter Angriffserfolge, die von der lügenhaften Propaganda des Gegners gerade diesen Armeen seit Wochen zugeschrieben waren, ist damit endgültig zerrissen.«[24] Und schließlich ging er sogar soweit, den Krieg im Osten praktisch bereits als gewonnen zu bezeichnen. Dem Reichspressechef Dr. Dietrich diktierte er für die Presse: »Der Feldzug im Osten ist mit der Zertrümmerung der Heeresgruppe Timoschenko entschieden ... Die Sowjetunion ist mit diesen letzten gewaltigen Schlägen, die wir ihr versetzten, militärisch erledigt. Der englische Traum vom Zweifrontenkrieg ist endgültig ausgeträumt.«[25]

Der deutsch-sowjetische Nichtangriffsvertrag vom 23. August 1939 und der deutsche Überfall auf die Sowjetunion vom 22. Juni 1941 bereiteten der deutschen Propaganda und der allgemeinen Medienpolitik zwar erhebliche Schwierigkeiten;[26] aber sie machten auch offenbar, wie tragfähig diese Propaganda inzwischen geworden war. Zwei Jahrzehnte hindurch war die Sowjetunion von Hitler und den Funktionsträgern der NSDAP und des NS-Regimes als Zentrale des Weltbolschewismus beschimpft worden, mit dem es für Nationalsozialisten ebenso kein Paktieren geben könnte wie mit dem Judentum, das sich der »neuen Herren« im Kreml bediente, um »sich die Weltherrschaft anzueignen«.[27] In *Mein Kampf* hatte Hitler 1925 richtungweisend postuliert: »... schon in der Tatsache des Abschlusses eines Bündnisses mit Rußland (liegt) die Anweisung für den nächsten Krieg. Sein Ausgang wäre das Ende Deutschlands.«[28] Buchstäblich über Nacht war dann im August 1939 die Nachricht hereingebrochen: »Die Deutsche Reichsregierung und die Regierung der Union der SSR, geleitet von dem Wunsche, die Sache des Friedens zwischen Deutschland und der UdSSR zu festigen«, sind zu »der Vereinbarung gelangt«,[29] einen zunächst auf zehn Jahre befristeten Nichtangriffsvertrag abzuschließen. Vom deutschen Volk war dies widerspruchslos hingenommen worden, auch wenn nicht wenige Zeitgenossen sich an der augenblicklichen Orientierungslosigkeit und Verlegenheit weideten, die viele der Propagandisten und Funktionsträger nicht – oder nur sehr schwer – zu überspielen vermochten. Selbst Hitler, der ganz nebenbei einen Substanzverlust in der heimlichen Linksopposition als Gewinn buchen konnte,[30] war zunächst einigermaßen verlegen gewesen. Seinem Freund Mussolini erklärte er am 25. August 1939 in einem Brief, daß das Arrangement mit dem Kreml notwendig geworden sei, weil das japanische Kabinett eine zu undurchsichtige Politik betrieben und das »Verhältnis Deutschlands zu Polen ... unbefriedigend ... und ... in den letzten Wochen einfach unerträglich« geworden sei.[31] Den Zweifeln innerhalb der Bevölkerung folgte alsbald die Vorstellung, daß der Führer zu allem fähig und bereit sei, wenn es um das Schicksal des deutschen Volkes und Reiches gehe. Er blieb aus der Kritik nicht nur ausgeklammert, sondern wurde, so zum Beispiel unmittelbar nach dem deutschen Angriff auf die Sowjetunion, nur noch mehr bewundert.

Sehr häufig war nach dem Beginn des Rußlandkrieges in Geheimberichten über die Stimmung der Bevölkerung davon die Rede, daß der Führer »einem leid tun« müßte, weil ihm »auch wirklich nichts erspart« bliebe.

»In diesem Augenblick«, so war der Beginn des Rußlandkrieges am Vortage von Hitler »proklamiert« worden, »vollzieht sich ein Aufmarsch, der in Ausdehnung und Umfang der größte ist, den die Welt bisher gesehen hat.« Von ihm, dem Führer, hatte das aufgeschreckte Volk am 22. Juni zu seiner »Beruhigung« weiter erfahren: »Im Verein mit finnischen Kameraden stehen die Kämpfer des Siegers von Narvik[32] am Nördlichen Eismeer. Deutsche Divisionen unter dem Befehl des Eroberers von Norwegen schützen gemeinsam mit den finnischen Freiheitshelden unter ihrem Marschall (von Mannerheim, der Verf.) den finnischen Boden. Von Ostpreußen bis zu den Karpaten reichen die Formationen der deutschen Ostfront. An den Ufern des Pruth, am Unterlauf der Donau bis zu den Gestaden des Schwarzen Meeres vereinen sich unter dem Staatschef Antonescu deutsche und rumänische Soldaten. Die Aufgabe dieser Front ist daher nicht mehr der Schutz einzelner Länder, sondern die Sicherung Europas und damit die Rettung aller. Ich habe mich deshalb heute entschlossen, das Schicksal und die Zukunft des Deutschen Reiches und unseres Volkes wieder in die Hand unserer Soldaten zu legen.«[33]

»Unsere Soldaten«, das waren 102 Infanterie-Divisionen, 14 motorisierte Infanterie-Divisionen, eine Kavallerie-Division, 19 Panzer-Divisionen und 9 Nachschub-Divisionen.[34]

Der Feind, den Hitler zu überrollen gedachte, war zwar zahlenmäßig nicht so stark, wie vermutet worden war, aber ihm standen unvergleichlich viel mehr Panzer-Divisionen und motorisierte Truppen zur Verfügung als der deutschen Wehrmacht. Und den Panzer-Truppen kam hier eine ganz besondere Bedeutung zu. Keitels Bemühungen, eine eigene Überlegenheit infolge besserer Qualität zu prophezeien, erwiesen sich als Trugschluß. Die Panzer der Roten Armee waren erheblich besser als die deutschen Panzer. Und auch die motorisierten Fahrzeuge und Maschinenwaffen fielen sehr viel seltener als die deutschen Gegenstücke aus. Die russischen Infanteristen, Artilleristen, Kavalleristen und Soldaten der Panzerwaffe bewiesen in den Gefechten nicht nur Standhaftigkeit und Härte, sondern überraschten auch durch individuellen Einfallsreichtum und durch Einzelkämpfer-Leistungen, was auf deutscher Seite besonders verblüffte, da die NS-Propaganda sie als primitive und nur unter Zwang handelnde »Muschkoten« ohne Ideale und ohne Individualität dargestellt hatte.

Drei Heeresgruppen standen im Juni für die Offensive im Süden, in der Mitte und im Norden bereit, wobei der aus dem Gebiet um Warschau eindringenden Heeresgruppe Mitte, die entlang der Auto-Rollbahn nach Moskau auf Minsk und Smolensk vorstoßen sollte, das Hauptgewicht zufiel. Infolge des eigenwilligen italienischen Angriffs auf Griechenland, den Hitler später als »idiotisch« bezeichnete, hatte die deutsche Invasion nicht schon (wie geplant) Mitte Mai beginnen können, da die Wehrmacht erst noch den Italienern zu Hilfe kommen mußte und so wichtige Zeit verlor. Die Verschiebung um rund fünf Wochen, die frühen und präzisen englischen Warnungen an Rußland,[35] daß Hitler es am 22. Juni 1941 angreifen werde, die Qualität der Roten Armee und ihrer Kommissare paßten nicht in Hitlers Plan, der allerdings nicht einmal den Angriffstermin 22. Juni änderte, obwohl ihm schon im April bekannt war, daß die Engländer ihn den Russen mitgeteilt hatten. Unterschätzte er die Russen trotz seines Kommissar-Befehls so eklatant, daß er meinte, sich dies leisten zu können? Diese Frage ist nicht verbindlich zu beantworten. Alles dies wußte das Volk, das sich auf den Führer und die sieggewohnte Wehrmacht verließ, im Sommer 1941 jedoch nicht.

Trotz der anfänglichen Betroffenheit hatten sich infolge der imponierenden Siege der Wehrmacht unter der Bevölkerung rasch Zuversicht und Siegeshoffnungen breit gemacht. Nachdem das Oberkommando der Wehrmacht am 29. Juni die ersten namhaften Erfolgsmeldungen bekannt gab,[36] verirrte sich die breite Volksmeinung augenblicklich soweit, daß sie Termine für den endgültigen Siegestag im Osten vielerorts zu Wettobjekten machte.[37] Die Rote Armee, von der NS-Propaganda als ungewöhnlich »minderwertig« und schlecht ausgerüstet dargestellt, ihre militärische Ausrüstung und ihre Befestigungsanlagen als unzureichend und primitiv bezeichnet und ihr Kampfeswille nur als eine Reaktion auf Furcht und Angst vor ihren Kommissaren interpretiert, wurde in sträflicher Weise unterschätzt. Die Folge war: Die Niederlage der Sowjetunion wurde von der »durch militärische Erfolge verwöhnten Bevölkerung einfach erwartet.«[38] Daß viele Deutsche sich bereits ihre Köpfe über die Frage zu zerbrechen begannen, wie der russische Raum künftig aufgeteilt werden solle, war daher kein Wunder, zumal selbst der Chef des Generalstabes des Heeres, Generaloberst Franz Halder, schon am 3. Juli 1941 überzeugt gewesen war, daß der Krieg inRußland in den nächsten vierzehn Tagen siegreich beendet sein würde.[39]

Die Tatsachen an der Front relativierten die in der Heimat kursierenden Phantasien sehr bald. Sechs Wochen nach dem Beginn des Rußlandkrieges begann die Bevölkerung zu monieren, von neuen größeren Erfolgen an der Ostfront nichts mehr gehört zu haben und zu mutmaßen, daß sehr hohe eigene Verluste und russische Abwehrmaßnahmen den deutschen Angriff weitgehend zum Stillstand gebracht hätten.[40] Zwei Monate nach dem Angriffsbeginn auf Rußland konnten Zweifel am Erfolg nicht mehr als Einzelstimmen oder als Meinungen böswilliger Quertreiber und notorischer Pessimisten abgetan werden. Jetzt waren die Hoffnungen auf einen deutschen Sieg noch im Jahre 1941 verflogen, zumal das Oberkommando der Wehrmacht in seinen Berichten zugeben mußte, daß einzelne russische Flugzeuge im Osten und Norden in den Luftraum des Reichsgebietes einflogen. Da russische Bomben nicht abgeworfen wurden, hatte das Volk schnell eine eigene Version zur Hand: Fallschirmspringer landeten heimlich, vergifteten das Vieh, steckten Scheunen und andere Gehöfte an und verübten Sabotageakte aller Art. Daß in diesen Tagen überall im Reich auch die Befürchtung vor bevorstehenden englischen Gasangriffen umging, war kein Zufall.

Hatte die bis in die zweite Juli-Woche hineinreichende erste Phase des Rußlandkrieges mit den großen deutschen Erfolgen in den Grenzlandschlachten und dem bestürzend schnellen Gewinn Ostgaliziens, der Ukraine, Weißrußlands, Litauens und des größten Teiles von Lettland und der Vernichtung starker russischer Kräfte in gigantischen Kesselschlachten nicht nur deutsche Kritiker und Zweifler, sondern selbst auch Winston Churchill mehr als nur nachdenklich gestimmt,[41] änderte sich dies, soweit es die Stimmung der Bevölkerung betraf, verhältnismäßig rasch. Solange alles problemlos verlief, stand die Heimat-»Front« wie ein Mann hinter der Führung. Nach dem ersten »Halt« im Rahmen dieses Krieges kam es jedoch augenblicklich zu einem Einbruch, den die in dieser Hinsicht noch ebenso unerfahrene Führung ganz offensichtlich nicht für möglich gehalten hatte.[42]

Hitlers Plan, England auf dem Umweg über ein schnell und überzeugend niedergeworfenes Rußland zum Frieden mit dem Reich zu zwingen und damit zugleich auch die USA aus dem Krieg herauszuhalten, erwies sich schon früh als Illusion, was auch die Volksmeinung erstaunlich schnell widerspiegelte. Nachdem die deutschen Panzerverbände und die anderen motorisierten Truppen ermattet waren und nach Auffrischung verlangten, die Rote Armee an der ganzen Front verbissen Widerstand leistete und die anfänglich schwungvollen Operationen der Wehrmacht versandeten, verging auch den Propagandisten der große Atem. Hitler, nun plötzlich überzeugt, die Russen mit operativen Maßnahmen nicht schlagen zu können, wollte sie jetzt stückweise in kleinen, taktisch zu wertenden Umfassungen niederwerfen. Ein Stellungskrieg, der zwangsläufig nur wenig Anlaß für laute Sondermeldungen mit Siegesfanfaren liefern konnte, erschien zumindest einigen Militärs in Hitlers Umgebung schon Ende Juli in greifbare Nähe gerückt. Bereits zu der Zeit waren sie überzeugt, daß Hitlers Rechnung nicht aufgehen und er – wie Napoleon 129 Jahre zuvor – scheitern würde. Der SD registrierte »ein Absinken der erwartungsvollen Stimmung der Bevölkerung,[43] die hohe Verluste an der Ostfront befürchtete und in der Gerüchte über (in Postanstalten) systematisch zurückgehaltene Gefallenenmeldungen und Todesnachrichten verbreitet wurden. Die Anfang August überall kolportierte Version, daß die Rote Armee den deutschen Vormarsch weitgehend aufgefangen hätte,[44] demonstrierte deutlich, wie hellhörig das Volk am Anfang des Rußlandkrieges war und wie schnell negative und noch keineswegs offiziell bestätigte Nachrichten (offensichtlich von ausländischen Sendern) es zu Schlußfolgerungen verleiteten, die den von der Propaganda gerühmten vermeintlich unerschütterlichen Glauben an den Sieg als ein Phänomen entlarvten, das im Juli und August eigentlich nur in den Rede-Manuskripten der Propagandisten und Funktionsträger existierte. Die vom Oberkommando der Wehrmacht am 6. August publizierte Niederlage der Russen in der Schlacht von Smolensk, die Versenkung, Beschädigung und Eroberung zahlreicher Einheiten der russischen Schwarzmeer-Flotte in der zweiten August-Hälfte und die Besetzung fast der ganzen Ukraine bis zum Dnjepr führten zwar augenblicklich wieder einen »Umschwung« der öffentlichen Meinung herbei; aber die »Grundhaltung der Bevölkerung«, so notierte der SD am 21. August, beeinflußte dies nicht wesentlich.[45]

Die »Grundhaltung« der Bevölkerung bestimmten zu der Zeit andere Probleme: 25 Mark Netto-Wochenverdienst beispielsweise in Baumwollspinnereien, in denen die Frauen 51 Wochenstunden leisten mußten, Klagen über Partei-»Bonzen«, die nur redeten und nicht an die Front gingen, und »stille« Proteste kirchlich gebundener Kreise gegen die unverantwortlich schlechte Behandlung der ersten russischen Kriegsgefangenen, die besonders in katholischen Gegenden entgegen der NS-Propaganda nicht als Untermenschen und Atheisten, sondern als fromme »katholische Brüder« bezeichnet wurden. Seit Anfang August sah das Regime sich ausgerechnet in seinem »Mutterland« Bayern mit Widerstands-Parolen konfrontiert, wie es bis dahin in so krasser und massierter Form noch nirgendwo der Fall gewesen war. In München beispielsweise wurden Handzettel verteilt, auf denen in Blockschrift zu lesen war: »V – unser Zeichen ruft: Bluthund Hitler verrecke! Kapitalsknechte! Nazi! Noch 150 Tage, und jeder Nazischlag wird 1000fach vergolten. Noch 150 Tage und für jeden, der von uns fiel für Freiheit und Recht, werden Tausende von Nazis hingeschlachtet.«[46] 150 Tage: Das war Anfang Januar 1942. Drohungen solcher Art registrierte das Sicherheitshauptamt der SS auch in den unmittelbar folgenden Wochen. Ihre Herkunft war nicht zu übersehen: Es waren illegale kommunistische Zellen.

Seit Ende August 1941, seit dem mit der Schlacht um Kiew einsetzenden Beginn der 3. Phase des Rußlandkrieges, in dem vor Einbruch des Winters im Gegensatz zu den vorherigen Plänen Hitlers und Jodls nun (den prinzipiellen Vorstellungen des Heeres entsprechend) Moskau doch noch erreicht werden sollte, was Hitler mit der gänzlichen Niederlage und Ausschaltung der Sowjetunion verband und als weitere Basis für die »Niederzwingung« und Friedensbereitschaft Englands im Auge hatte,[47] fragte die Bevölkerung immer nachdrücklicher, wieso »der Russe« entgegen der vorausgegangenen Meldungen denn immer noch in der Lage sei, so überraschend starke Panzerverbände und andere schwere Waffen an die Front zu werfen.

Seine »Materialreserven« und seine ungebrochene Bereitschaft zum Kampf, so registrierten »Meinungsforscher« betroffen, ließen die Bevölkerung fragen, wie die Russen von der deutschen Führung denn so gravierend unterschätzt werden konnten. Kriegsmüdigkeit registrierten Beamte staatlicher Behörden, die Anfang Herbst trotz aller seit dem Frühjahr angelaufenen Maßnahmen seitens der deutschen Industrie schon wieder auf den Kohlenmangel[48] und auf Ernährungsprobleme verwiesen und eine bedenkliche Furcht der Bevölkerung vor Städtebombardierungen und eventuellen Gasangriffen durch britische Flugzeuge hervorhoben.

Im besetzten Polen und in der Ukraine exerzierte Himmler indes vor, wie die Ernährungsfrage gesichert – zumindest aber doch verbessert – werden sollte. Den in Krakau residierenden, vom Generalgouverneur Hans Frank mit der Einbringung der Ernte 1941, mit dem Arbeitseinsatz »nichtdeutscher Arbeitskräfte im Generalgouvernement und ... mit der Gewinnung nichtdeutscher Arbeitskräfte aus dem Generalgouvernement für das Reich«[49] beauftragten Höheren SS- und Polizeiführer Ost, den SS-Obergruppenführer Krüger, hatte er in einem als »Geheime Reichssache« behandelten Schreiben vom 19. Juli 1941 angewiesen, in diesem Rahmen »auch nicht ... eine Person«, gleichgültig ob deutsch oder »fremdvölkisch« im »Staat oder (in der) Partei oder sonstigem Apparat einzustellen« und damit zu beweisen, »daß nicht nur England mit einer hauchdünnen Oberschicht große Volksmassen regieren« könne.[50] Die »kirchliche Hörigkeit der Polen und Ukrainer« sollte besonders genutzt und ihre »Pfaffen« und »andere Honoratioren« der Gesellschaft auf besondere Weise in Dienst genommen werden. Seine, Himmlers, »Richtlinien« verlören an Deutlichkeit, würden sie an dieser Stelle nicht wörtlich zitiert. »In den Dienst dieser Sache«, so schrieb er, »sind die kirchliche Hörigkeit der Polen und Ukrainer und die Gewinnsucht ihrer Pfaffen zu stellen. Zugleich ist die Liebe dieser Pfaffen sowie sonstiger besser situierter Polen und Ukrainer, die für die Aufbringung der Ernte und der Arbeitskräfte mit ihrem Leben haftbar gemacht werden, die andere ebenso gute Garantie. Insbesondere die Pfaffen sind an jeder Arbeitsmeldung eines Polen oder einer Polin ins Reich, sowie an jedem im Arbeitsbuch bescheinigten, tadellos und fleißig verbrachten halben Jahr oder Jahr eines Angeworbenen geldlich zu interessieren. Der volle Anteil für einen solchen Angeworbenen darf aber immer erst am Ende eines Jahres ... an den Pfarrer, in manchen Fällen auch an den Lehrer ausbezahlt werden.

Im gegenteiligen Fall, wenn die Arbeitskräfte desertieren oder faul sind, wird der Pfarrer oder der sonstige Vermittler dieser Arbeitskraft durch hohen Geldabzug bestraft. Genau so ist mit der Ablieferung der Ernte an Getreide, Kartoffeln, Rüben, Gemüse, Vieh, Geflügel, Fett, Eiern, Obst und sonstigem zu verfahren. Der Pfarrer ist unsere Sammelstelle. Er wird am Aufkommen beteiligt. Von allem, was über 100% aufkommt, erhält er 20% in Naturalien. Wir selbst sind bereit, ihm diese Naturalien wieder abzukaufen. Ich verbitte mir hierbei jede Kleinlichkeit dummer deutscher Bürokratie, die mit den normalen Mitteln nicht einmal die Hälfte des verlangten Aufkommens zusammenbringen würde. Die Hauptsache ist, daß wir in ungeheurem Maße die Ernährung einbringen und keinen eigenen Apparat dafür aufbauen müssen.

Zur gleichen Zeit ist der Pfarrer und sonstige Honoratioren des Dorfes als in Freiheit lebende Geisel dafür haftbar, daß von den aufgebrachten Lebensmitteln nichts abhanden kommt. Die Belohnung und die Präsente gibt es nur nach Ablieferung auf der nächsten, an der Bahn befindlichen Sammelstelle. Unsere geistlichen Steuereinnehmer haben also auch den Transport zu organisieren. Als Lagerräume sind die Schulen zu benützen, nicht die Kirchen, denn ich lege Wert darauf, daß unsere Aufkäufer in ihrem Versammlungslokal zu ihren Schäflein im Namen Gottes sprechen und diesen bei Androhung der Höllenstrafen Ernteaufbringung und Arbeit in Deutschland als Gebet des Himmels nahelegen. Mir kommt es sehr darauf an, daß insgesamt in diesem Jahr die Geistlichkeit, der eine oder andere Großbauer oder einflußreiche Gutsbesitzer in jedem Dorf, Kaufmann oder Lehrer oder sonstige Würdenperson für diese Aufgabe gewonnen wird. Ich untersage es in der schärfsten Form, daß mir irgend eine Stelle die Gewinnung eines solchen Sammlers in einem Dorfe durch finanzielle oder sonstige Schikane oder kleinliche Behandlung verdirbt. Wer in dem ersten Jahr gewonnen ist, den habe ich für immer, da er die Rache seiner Nachbarn und Miteinwohner zu fürchten hat und außerdem den schönen Gewinn nicht aus den Fingern lassen wird. Ich fasse also zusammen: Ich erwarte in diesem Jahr ein 100%iges Aufkommen der vom Reich verlangten Arbeitskräfte, die 100%ige Deckung des Bedarfs an Arbeitskräften im Generalgouvernement – damit die Einweisung aller Strolche und Nichtstuer, die sich bisher als Widerstandsbewegung betätigten, in den Arbeitsprozeß. Auf dem Gebiet der Ernte- und Lebensmittelaufbringung 120 bis 125% des geforderten Solls. Eine Unterschreitung oder ein Nichterreichen des genannten ist ausgeschlossen, als Organisation dienen uns die Kräfte des Gegners selbst.«

Bevor Himmler seinen mit »Heil Hitler« unterschriebenen Brief abschloß, verfügte er: »Dieser Brief darf nicht abgeschrieben werden und aus ihm dürfen keine Notizen gemacht werden. Er ist den in Frage kommenden deutschen Persönlichkeiten mündlich bekannt zu geben. Die gesamten Polizei- und Verwaltungsstellen des Staates unterstützen diese Tätigkeit mit allen Kräften in verständnisvoller Weise.«[51]

Dies wurde zwar nicht »im Reich« praktiziert, aber viele der Fremdarbeiter, der Polen und Ukrainer, die in Deutschland arbeiteten, wurden so »angeworben«, wie Himmler es befohlen hatte.

Zwei Tage nach der Formulierung der Richtlinien wies Himmler den SS-Brigadeführer Glücks an, in Lublin und Zamose ein Konzentrationslager für 25 000 bis 50 000 Häftlinge einzurichten, deren Insassen in »Werkstätten und Bauten der SS und Polizei« zu arbeiten hätten. Autoreparaturen und Tischlereiarbeiten, Werkstätten für die Herstellung von Bekleidungsstücken, eine Schlosserei, eine Gerberei, Schuhmacherei und Stellmacherei, eine Schneiderwerkstätte für jüdische Mädchen und Frauen und eine Arbeitsstätte, die vorausschauend Schlitten für den Winterkrieg in Rußland herstellen sollte, bildeten den Mittelpunkt des Programms, das der Diplomlandwirt Himmler, der ausdrücklich hervorhob, daß die in diesem »Unternehmen« vorhandenen Pferde, Rinder und Schweine »einwandfrei unterzubringen« seien, in seinen Bemühungen um den Ausgleich von »Soll und Haben« festlegte.

Der Stimmungspegel sank mit der Dauer des Rußlandkrieges rasch. Die Propagandisten sahen sich vor Aufgaben gestellt, die ihnen bis dahin fremd gewesen waren. So hatte beispielsweise die nach der siegreichen Doppelschlacht von Wjasma und Brjansk verbreitete Meldung des Reichspressechefs vom 9. Oktober 1941, daß Rußland nach Auffassung des Führers bereits niedergeworfen sei,[52] fast unmittelbar zu negativen Folgen geführt; denn die Rote Armee kämpfte verbissen weiter, so daß ein baldiges Ende im Osten, wo schon im Oktober Schnee zu fallen und die deutschen Operationen zu behindern begann, nur noch von Optimisten erwartet wurde. Während die Niederlage der Sowjetunion anfänglich sowohl von Hitler als auch vom Volk als Vorstufe des Endkampfes, das heißt der Ausschaltung Großbritanniens, verstanden wurde, zeigte sich bald, daß der Krieg gegen Rußland ein unerwartetes Eigengewicht mit spezifisch bestimmendem Charakter erhielt. Erstaunlich ist, mit welch sicherem Instinkt die Menschen dies vorausahnten.

Die inzwischen immer hellhöriger werdende Bevölkerung bemängelte vor allem stereotyp wiederkehrende Formulierungen im Rahmen von Berichten über die Kriegsereignisse an der Ostfront. Klischees, wie »in harten Kämpfen«, »stark ausgerüstete Panzerverbände des Feindes«, »Nach starkem Widerstand« und »Unter Einsatz starker Panzerkräfte und zahlreicher schwerer Waffen neue feindliche Angriffe« und so weiter, ließen zunehmend Vorbehalte wach werden. Offizielle Meldungen über Geschehnisse an der Front wurden nun kritischer als je zuvor registriert und hinsichtlich ihrer Sachinformationen jeweils individuell auf ein Maß reduziert, das den zu der Zeit noch keineswegs negativen militärischen Tatsachen zuweilen im gegenteiligen Sinne Gewalt antat. Unsicherheit und hinhaltend abwartende Reserven waren die Folge gegenüber einer Propaganda, die sich nach dem deutsch-sowjetischen Vertrag vom August 1939 und seit dem 22. Juni 1941[53] wieder erstmals gezwungen sah, sich auf eine überraschend eingetretene Schock-Situation einzustellen. Die offensichtliche Unterschätzung der Sowjetunion, ihrer Armee und deren Führung mußte wenigstens einigermaßen glaubwürdig gerechtfertigt, das »Staunen« der Bevölkerung über immer erneut sich wiederholende Angriffe der Roten Armee als verständlich dargestellt, der bis dahin fehlende zuverlässige Überblick über die »Gesamtfront« als zwingende Konsequenz der Führung und die Überzeugung, daß der Krieg 1941 nicht mehr beendet werden könnte, als unumstößliche Tatsachen dargestellt werden, an denen das NS-Regime und seine Führung keine Schuld hätten. In Frankfurt an der Oder, Kattowitz, Hamburg, Breslau, Dresden, Wien, Frankfurt am Main, Innsbruck, Karlsruhe, Kiel, Braunschweig, Leipzig, Bayreuth, Halle, Schwerin, Klagenfurt, Tilsit, Stuttgart, Nürnberg, Thorn und Liegnitz meldeten SD-Vertrauensleute Meinungsäußerungen dieser Art,[54] mit denen sich die NS-Propaganda auseinandersetzen mußte.

Unmittelbar nach der von der Bevölkerung (außer von bäuerlichen Kreisen) allgemein positiv begrüßten deutschen Kriegserklärung an die USA,[55] deren Präsident Roosevelt schon am 12. September 1941 entschieden hatte, daß US-Kriegsschiffe deutsche und italienische U-Boote und Überwasserstreitkräfte beschießen sollten, legte Hitler vor dem Reichstag einen »Rechenschaftsbericht« vor, in dem er die deutschen Erfolge im Rahmen des Rußlandkrieges aufzählte. »Schon am 22. Juni«, sagte er am 11. Dezember 1941, »war Grodno gefallen. Am 23. Juni waren nach der Einnahme von Brest-Litowsk die Zitadelle niedergekämpft und ebenso Wilna und Kowno genommen. Am 26. Juni fiel Dünaburg.

Am 10. Juli wurden die ersten beiden großen Umfassungsschlachten bei Bialystok und Minsk abgeschlossen. 324000 Gefangene, 3332 Panzer und 1809 Geschütze fielen in unsere Hand. Schon am 13. Juli erfolgte an fast allen entscheidenden Stellen der Durchbruch durch die Stalin-Linie. Am 16. Juli fiel nach schweren Kämpfen Smolensk, während am 19. Juli deutsche und rumänische Verbände den Übergang über den Dnjestr erzwangen.

Am 6. August wurde in vielen Kesseln die Schlacht von Smolensk beendet. Wieder marschierten in deutsche Gefangenschaft 310000 Russen, während 3205 Panzer und 3120 Geschütze teils vernichtet, teils als Beute gezählt werden konnten. Schon drei Tage später vollendete sich das Schicksal einer weiteren russischen Heeresgruppe. Am 9. August wurden in der Schlacht von Uman wieder 103000 Sowjetrussen gefangen, 317 Panzer, 1100 Geschütze zerstört oder erbeutet.

Am 15. August fiel Nikolajew, am 21. wurde Cherson genommen. Am selben Tage fand die Schlacht bei Gomel ihren Abschluß mit 84000 Gefangenen und 144 Panzern und 848 Geschützen, die abermals teils erbeutet, teils vernichtet worden waren.

Am 21. August wurden die russischen Stellungen zwischen Ilmen- und Peipussee durchbrochen, während am 26. August der Brückenkopf am Dnjepr um Dnjepropetrowsk in unsere Hand kam.

Schon am 28. des gleichen Monats zogen deutsche Truppen nach schweren Kämpfen in Reval und Baltisch-Port ein, während am 30. Viipuri durch die Finnen genommen wurde. Mit der am 8. September erfolgten Eroberung von Schlüsselburg wurde Petersburg endgültig auch nach dem Süden hin abgeschlossen.

Am 16. September gelang es, die Brückenköpfe über den Dnjepr zu bilden, und schon am 18. September fiel Poltawa in die Hand unserer Soldaten. Am 19. September erstürmten deutsche Verbände die Zitadelle von Kiew, und am 22. September wurde die Eroberung von Oesel durch die Einnahme der Hauptstadt gekrönt.

Nunmehr aber erst reiften die größten Operationen zu den erwarteten Erfolgen heran. Am 27. September war die Schlacht bei Kiew abgeschlossen. 665000 Gefangene setzten sich in endlosen Kolonnen nach Westen hin in Bewegung. 884 Panzer, 3178 Geschütze aber blieben in den Kesseln als Beute liegen. Schon am 2. Oktober begann die Durchbruchsschlacht nunmehr in der Mitte der Ostfront, während am 11. Oktober die Schlacht am Asowschen Meer ihren erfolgreichen Abschluß fand. Wieder wurden 107 000 Gefangene, 212 Panzer und 672 Geschütze gezählt. Am 16. Oktober erfolgte nach hartem Kampf der Einzug der deutschen und rumänischen Verbände in Odessa. Am 18. Oktober war die am 2. Oktober begonnene Durchbruchsschlacht in der Mitte der Ostfront beendet. 663 000 Gefangene waren das Ergebnis, 1242 Panzer, 5452 Geschütze teils vernichtet, teils erbeutet das andere. Am 21. Oktober wurde die Eroberung von Dagoe abgeschlossen. Am 24. Oktober das Industrie-Zentrum Charkow genommen. Am 28. Oktober in schwersten Kämpfen der Zugang zur Krim endgültig erzwungen und schon am 2. November die Hauptstadt Simferopol erstürmt. Am 16. November war die Krim durchstoßen bei Kertsch. Am 1. Dezember betrug die Gesamtzahl der gefangenen Sowjetrussen 3 806 865. Die Zahl der vernichteten oder erbeuteten Panzer betrug 21 391, die der Geschütze 32 541 und die der Flugzeuge 17 322. Im gleichen Zeitraum wurden 2191 britische Flugzeuge abgeschossen. Durch die Kriegsmarine 4 170 611 BRT., durch die Luftwaffe 2 346 180 BRT. versenkt. Also zusammen: 6 515 791 BRT. vernichtet.«[56]

Hitler befand sich, als er diesen gigantischen Erfolgskatalog vortrug, auf dem Zenit seiner Karriere, die mit dem Höhepunkt der Macht des Reiches zusammenfiel. Was Wunder, daß nicht nur in Deutschland nach einer Macht »von außen« Ausschau gehalten wurde, die helfen konnte, diesen Krieg zu einem raschen Ende zu führen. Und es hat solche Versuche gegeben. So erschienen beispielsweise zwischen September 1941 und Januar 1942 in Berliner Zeitungen Notizen, in denen davon die Rede war, daß die seit September 1940 mit Deutschland[57] und seit dem 13. April 1941 durch einen japanisch-sowjetischen Nichtangriffspakt auch mit der Sowjetunion verbündeten Japaner, die durch den deutsch-russischen Krieg von der Einfuhr dringend benötigter europäischen Maschinen (über Sibirien) abgeschnitten worden waren, sich auf diplomatischer Ebene um die Beilegung des deutsch-sowjetischen Krieges bemühten und insgesamt eine recht undurchsichtige Politik trieben. Erinnerungen an Ende 1917, an die Bemühungen der Bolschewisten, einen Frieden mit dem Reich zu schließen, wurden nach den katastrophalen Niederlagen der Roten Armee sowohl in Deutschland als auch bei den Westalliierten wach und ließen einerseits Hoffnungen und andererseits Befürchtungen auf einen Separatfrieden zwischen Berlin und Moskau keimen, wobei die Befürchtungen bei den Westmächten lagen, die es für möglich hielten, daß Stalin um der Existenz seines empfindlich angeschlagenen Regimes willen aus der jungen Allianz ausscheren könnte. Drei Tage haben die Westalliierten nach Angaben des amerikanischen Sonderbotschafters Averell Harriman im Herbst 1941 gebraucht, um seine Zusage für die unbegrenzte Teilnahme am Zweiten Weltkrieg zu bekommen.[58]

Daß Stalin durch sein hinhaltendes Zögern nicht nur materielle Zugeständnisse der Westalliierten initiieren wollte, ist sicher. Ihm stand das Wasser buchstäblich bis zum Hals,[59] und ein eventuelles neuerliches Arrangement mit Hitler, der ihn nach mehrfachen Bekundungen für einen »tollen Kerl« hielt und große Achtung vor ihm hatte, konnte sowohl ihm als auch der bis an den Abgrund gedrängten Sowjetmacht durchaus als eine bessere Lösung als die Fortsetzung des Krieges gegen Deutschland erscheinen.[60] Mitte Mai 1941 war klar, daß die im April 1941 begonnenen japanisch-amerikanischen Verhandlungen die japanischen Hoffnungen nicht erfüllen würden. Die von den Japanern als Einmischung in japanische Angelegenheiten bezeichneten Forderungen der Amerikaner vom 21. Juni mußten Tokio und Washington entzweien. Japan sollte – nach diesen amerikanischen Vorschlägen – den Dreimächte-Pakt mit Berlin und Rom kündigen, Friedensregelungen mit China treffen und »freundschaftliche« Verhandlungen über die Mandschurei und über die Lösung aller Probleme des Chinahandels einleiten,[61] was zur Folge hatte, daß die Japaner am 10. Juli weitere Verhandlungen mit den USA ablehnten. Ihre Vorstellung, ein erneutes deutsch-russisches Arrangement nach einem Sturz der Stalin-Diktatur in die Wege leiten zu können, konnte Stalin ohnehin trotz aller Niederlagen an den Fronten selbstverständlich keineswegs dazu ermuntern, in einem Sonderfrieden mit dem Reich ein erstrebenswertes Ziel zu sehen. Die USA und ihre Alliierten erschienen ihm in dieser Situation, »Kapitalismus hin, Imperialismus her«, schließlich zwangsläufig näher als der einstige Partner Adolf Hitler, der über Nacht den Vertrag gebrochen hatte. So war es für die Achsenmächte und für die mit ihnen verbündeten Staaten denn auch nur eine Frage der Zeit, ab wann die Sowjetunion als offizieller Verbündeter neben den Westmächten fechten würde. Am 12. Juli hatte sie mit Großbritannien ein Abkommen geschlossen und am 25. August Truppen der Roten Armee neben britischen Einheiten in den Iran einmarschieren lassen,[62] um die Achsenmächte daran zu hindern, dort Einfluß nehmen zu können.

Aufschlußreich ist, wie die deutsche Bevölkerung die Ereignisse sah und was sie besonders interessierte. Der Führer-Kult und die jahrelange Abhängigkeit von der reglementierten Information und Stilisierung ausschnittweiser Geschehnisse hatte gravierende Spuren hinterlassen. Zwar nahm sie vorübergehende lokale Mißerfolge wie die Rück-Eroberung von Rogatschew, Slobin (13. Juli) und Welikijluki (21. Juli) durch die Russen zur Kenntnis; aber die Verkündung der »Atlantik-Charta« durch Roosevelt und Churchill (12. 8. 1941) und die amerikanische Zusage an Großbritannien, ab sofort mit der US-Flotte die Dänemark-Straße und die Marine-Unternehmen im Nordatlantik sichern zu wollen, obwohl die USA sich noch nicht im Krieg befanden, irritierte sie in ihrer Siegeszuversicht nicht. Die Stimmungsberichte des SD und all der anderen »Buchhalter« der Volksmeinung lieferten Mosaiksteine für ein Bild, das über den Ereignissen stehende Beobachter nachdenklich hätte stimmen müssen, dem Regime aber bescheinigte, daß es ganze Arbeit geleistet hatte. Da äußerte die Bevölkerung »einheitlich« beispielsweise den Wunsch, »den Führer, der dieses gigantische Ringen zum Schutze Europas überlegen leite, möglichst bald in seinem Hauptquartier zu sehen«,[63] was in den Kino-Wochenschauen denn auch rasch geschah. Vom 9. bis 16. August sahen die Kinobesucher den von namhaften Militärs umgebenen Führer in seinem Hauptquartier bei Lage-Besprechungen. Daß sie teilweise theatralisch gestellt waren,[64] erfuhren sie nicht. Da bekundete die Bevölkerung demonstrativ »lebhafte Zustimmung« und »große Freude«, als in Wochenschauen gezeigt wurde, wie inhaftierte russische Juden in besetzten Gebieten Zwangsarbeit leisten mußten. Daß zu der Zeit beispielsweise allein in Riga schon 500 Juden durch Sonderkommandos »liquidiert«[65] worden waren, wurde nicht gesagt. Ob dies allerdings abgeschreckt hätte, ist fraglich; denn ausdrücklich hoben die Berichterstatter des SD hervor, daß die Bevölkerung, wie schon erwähnt, vielfach forderte, beispielsweise die als »Flintenweiber« bezeichneten russischen Frauen im Militärdienst »nicht am Leben zu lassen«.[66]

Doch die Soldaten der Wehrmacht und SS, die durch ihren Einsatz dem Dunstkreis der Propaganda und weltanschaulichen Beeinflussung persönlich entzogen wurden, sahen manches anders. Nachdem sie »entdeckt« hatten, daß es in Polen und beispielsweise in der Ukraine auch hübsche und liebenswerte Frauen und Mädchen gab, begannen Himmler und einige der Funktionsträger der SS sich Sorgen um die Moral der SS und Polizei zu machen, die sich hier mit »andersrassigen« Frauen einließen. »Ich verkenne«, schrieb Himmler am 10. Juni 1942, »die Schwierigkeiten nicht, die in geschlechtlicher Hinsicht für die Männer der SS und Polizei im Generalgouvernement bestehen. Deshalb will ich auch gegen einen Verkehr in Bordellen oder mit . . . Sittendirnen nichts einwenden«;[67] aber sexuelle Beziehungen zwischen seinen Männern und Polinnen ganz allgemein hatten »grundsätzlich als militärischer Ungehorsam« zu gelten und waren entsprechend zu bestrafen, wobei ihm in allen Fällen die letzte Entscheidung überlassen blieb. Daß dieser Befehl nicht in der für die SS und Polizei sonst üblichen Konsequenz befolgt würde, lag auf der Hand. So sah Himmler, der »Verbindungen von Deutschen mit Landeseinwohnerinnen zunächst . . . nicht gesetzlich geregelt« zu sehen wünschte,[68] sich denn auch rund neun Monate später veranlaßt, die SS-Gerichte, Polizeigerichte, Divisions- und Brigadegerichte und so weiter anzuweisen, die aus sexuellen Beziehungen von SS- und Polizeiangehörigen resultierenden Schwangerschaften »fremdvölkischer Frauen« von SS- oder Polizeiärzten unterbrechen und die Aborte gegenüber den russischen Ärzten und der »russischen Ärztekammer« als soziale Indikation ausgeben zu lassen.[69]

Daß es »gutrassige« Menschen auch im Osten gäbe, hatte Himmler bald gemerkt, und so befahl er denn auch am 21. Juli 1941 unter dem Signum »streng geheim«, daß die Aktion »Fahndung nach deutschem Blut« auf das gesamte Generalgouvernement auszudehnen sei. Wer als Jude zu gelten habe, so forderte er, brauchte nicht durch Verordnungen »über den Begriff ›Jude‹« festgelegt zu werden, da »wir uns« mit »all diesen törichten Feststellungen . . . ja nur selbst die Hände«[70] binden würden. Da er vom Führer persönlich »den schweren Befehl« bekommen habe, »die besetzten Ostgebiete judenfrei«[71] zu machen, müsse seinen Wünschen und Forderungen entsprochen werden.

Der gelbe Stern

Nachdem Nowgorod und Narwa, der Ilmensee und der Peipussee erreicht waren, Leningrad seine Sicherheit gefährdet sah und Hitler am 21. August 1941 im Gegensatz zu seinen maßgeblichen Militärs erklärt hatte, daß das »wichtigste, noch vor Einbruch des Winters zu erreichende Ziel ... nicht die Einnahme von Moskau, sondern die Wegnahme der Krim, des Industrie- und Kohlengebietes am Donez und die Abschnürung der russischen Ölzufuhr aus dem Kaukasusraum« sei, wozu im Norden »die Abschließung Leningrads und die Vereinigung mit den Finnen« kämen,[1] betrieben Sonderkommandos des SD im eroberten Raum systematische Vernichtungsaktionen. In welchem Ausmaß dies geschah, belegt eine von Himmler unterschriebene Meldung vom 29. Dezember 1942 an Hitler. Der Reichsführer SS teilte dem Führer mit, daß im August 31 246, im September 165 282, im Oktober 95 735 und im November 70 948 Juden allein in »Rußland-Süd, Ukraine, Bialystok« von Sonderkommandos »exekutiert« worden seien.[2] Die Juden, zum Ungeziefer degradiert, hatten von nun an im ganzen deutschen Herrschaftsgebiet auch noch einen gelben, mit »Jude« beschrifteten Stern auf der Brust zu tragen[3] und ihren Vornamen die traditionellen jüdischen Vornamen »Sarah« oder »Israel« voranzustellen. Die »arische« Bevölkerung nahm dies ganz allgemein nicht nur schweigend hin, sondern begrüßte es nach Berichten des Sicherheitsdienstes der SS sogar als eine längst fällige Maßnahme. »Nach nunmehr aus allen Teilen des Reiches«, so zum Beispiel aus Berlin, Weimar, Darmstadt, Würzburg, Nürnberg, Frankfurt/Main, Breslau, Oppeln, Bielefeld, Wiesbaden, Fürth, Bremen, Braunschweig, Augsburg, Schwerin, Halle, Königsberg, Dessau, Hamburg, Köln, Koblenz, Stettin, Kattowitz, Leipzig, Neustettin, Dresden, Karlsruhe, Linz und München »vorliegenden Meldungen«, hieß es in einem SD-Bericht vom November 1941, »hat sich der Erlaß der Verordnung über die Kennzeichnung der Juden ausgewirkt. Es wird überall betont, daß diese Verordnung einem lange gehegten Wunsch weiter Bevölkerungskreise, besonders an Plätzen mit noch verhältnismäßig zahlreichen Juden, entsprochen habe ... Insbesondere hätte man überall die Feststellung machen können, daß in der Allgemeinheit eine radikale Lösung des Judenproblems mehr als jeder Kompromiß Verständnis findet und daß in weitesten Kreisen der Wunsch nach einer klaren äußeren Scheidung zwischen dem Judentum und den deutschen Volksgenossen besteht. Bezeichnend sei es, daß vielfach in der Kennzeichnungsverordnung nicht etwa eine abschließende Maßnahme, sondern erst ein Auftakt zu weiteren einschneidenden Verordnungen mit dem Ziel einer endgültigen Bereinigung der Judenfrage erblickt wird.«[4]

Ähnlich hieß es in der Meldung des Regierungspräsidenten von Schwaben, der am 8. Oktober 1941 erklärte: »Nach dem Bericht des

Oberbürgermeisters von Augsburg hat die Kennzeichnung der Juden bei allen Volksgenossen große Befriedigung ausgelöst.«[5] Einer seiner Kollegen, der Regierungspräsident von Ober- und Mittelfranken, hatte zwei Tage zuvor registriert, daß sich »anonyme und offene Anzeigen der deutschblütigen Bevölkerung« gegen vermeintliche Juden häuften, die von der Kennzeichnungspflicht ausgenommen worden seien.

Die von der Bevölkerung in vielen Orten schwerlich anders als »zentral angeordnet« zu bezeichnende Evakuierung deutscher jüdischer Bürger aus dem Reichsgebiet bildete den nächsten Schritt. Am 29. November, um hier lediglich die entsprechenden Maßnahmen in der Stadt anzuführen, die in diesem Zusammenhang durch Julius Streicher zu traurigem Ruhm gelangte, ging ein Eisenbahnzug mit 1001 jüdischen Erwachsenen und 9 Kindern von Nürnberg nach Riga.[6] Weitere 990 jüdische Deutsche wurden am 24. März 1942 von Nürnberg nach Lublin transportiert. Ihnen folgten am selben Tage noch einmal 781 und am 25. April 105,[7] am 10. September 1000 und am 23. September 563 jüdische Männer, Frauen und Jugendliche,[8] und am 7. Juli 1943 konnte der Regierungspräsident von Ober- und Mittelfranken melden, daß 86 der »letzten Rassejuden« nach »dem Osten« und 36 nach Theresienstadt abgeschoben worden seien.[9] Wie wenig diese Maßnahmen zu der Zeit noch die Gemüter zu erregen vermochten, bezeugt eine Meldung des Regierungspräsidenten von Ober- und Mittelfranken vom 5. Mai 1942 exemplarisch, in der es lakonisch hieß: »Außer ein paar Selbstmorden und Selbstmordversuchen (von Juden, der Verf.) sind keinerlei Störungen eingetreten.«[10]

Alle beriefen sich auf Befehle »von oben«, und oberste Instanz war der Führer, der einmal auf die Frage, ob die Juden denn tatsächlich systematisch umgebracht würden, im eng vertrauten Kreis die ausweichende Antwort gab: »Das sind die abgehackten Hände der belgischen Kinder während des Ersten Weltkrieges, nichts als Greuelpropaganda.«[11] Der einstige SS-Geheimdienst-Offizier Wilhelm Höttl,[12] der mit Himmler, Heydrich, Schellenberg, Kaltenbrunner und Eichmann zu tun hatte und sich selbst als Urheber der nach 1945 immer wieder zitierten Angaben bezeichnete, daß rund sechs Millionen Juden umgebracht worden seien,[13] »kam nicht auf die Idee«, nach einem Führerbefehl zu fragen. Für ihn stand fest: ». . . so wie das im Dritten Reich war«, konnte »so ein gigantisches Vernichtungswerk ohne Befehl (nicht) vor sich gehen . . . diese . . . Aktion hat kein Heydrich, kein Himmler, kein Kaltenbrunner gemacht, sondern nur Hitler ... bei der obersten Garnitur, von der ich immerhin einige gut kannte und mit ihnen befreundet war, gab es keinen Zweifel, daß es ›einen Führer-Befehl‹ gegeben hat. Aber man sprach nicht darüber.«[14] Als er Kaltenbrunner 1945 fragte, was er seinen angloamerikanischen Gesprächspartnern in der Schweiz sagen sollte, wenn sie von ihm zu wissen begehrten, wieweit sein Auftraggeber Kaltenbrunner mit der Judenvernichtung belastet sei, hörte er von diesem: »Du weißt, ich habe damit nichts zu tun, das war schon längst angelaufen ... Laß Dich auf nichts ein. Das ist ein Führer-Befehl, darüber haben wir nichts zu reden.«[15] Diese Sprachregelung und Mentalität haben sich seit dem Beginn der systematischen Judenvernichtung nicht nur unter den Verantwortlichen in den obersten Etagen der Führung, sondern auch unter den Vollzugsorganen und -instanzen bis unten hin fortgepflanzt und multipliziert. Jeder tat, was ihm geheißen wurde. Die Überzeugung, daß ein Führer-Befehl die Verbrechen legalisiere und decke, reichte aus, die Gewissen zu beruhigen.

Doch es gab auch Ausnahmen selbst in der Spitze der NS-Hierarchie. Daß dies ebensowenig allgemein publik wurde wie Einzelheiten des Gegenteils, lag sowohl in der Sache als auch im Prinzip begründet. Niemals erfuhr die Bevölkerung beispielsweise, daß der 1943 in Minsk »residierende« Gauleiter Wilhelm Kube als Generalkommissar für Weißruthenien sich mit Himmlers gnadenloser Exekutions- und Machtapparatur anlegte und als Beschützer zumindest eines Teiles der aus dem Reich nach Rußland »evakuierten« Juden mehr als nur seine Karriere und seine Freiheit aufs Spiel setzte. Im Sommer 1943 wäre es um Kube beinahe geschehen gewesen, nachdem der SS-Obersturmführer Dr. Brandt aus Himmlers persönlichem Stab mit Hilfe des SD und der Sicherheitspolizei das Material zu seinem Sturz zusammengetragen hatte. Zwar gehörte es zu den – der Öffentlichkeit ebenfalls nicht bekannten – Spielregeln der Hoheitsträger der Partei und der Exponenten des Staates und Regimes, einander zu bestechen, zu bespitzeln, anzufeinden, anzuschwärzen, zu verleumden und auf jede nur mögliche Weise in Mißkredit zu bringen; aber was um Kube herum geschah, unterschied sich davon generell und prinzipiell. Wenn Alfred Rosenberg seinen Konkurrenten Erich Koch befehdete, Goebbels den Reichsmarschall Göring wo immer nur möglich herabsetzte, wenn Albert Speer, Heinrich Himmler und Martin Bormann sich wie Schakale aus dem Hinterhalt bekämpften, ging es primär um die Gunst des Führers, persönliche Animositäten und politische Taktik. Wenn Himmler und seine Vertrauten die Militärs der Wehrmacht, die Gauleiter und Reichskommissare kritisierten, dominierten Kompetenzprobleme und besondere Elite-Ansprüche.

Kube, der Generalkommissar für Weißruthenien, sah sich mit grundsätzlich anderen Vorwürfen konfrontiert. Zwar warf die SS ihm Schluderwirtschaft und Unüberschaubarkeit seiner Politik vor, doch dies war ein ganz allgemeines Kennzeichen der nationalsozialistischen Verwaltung und konnte nahezu überall angeprangert werden. Daß er sich mit Mitarbeitern umgab, die allen Grund gehabt hätten, Tätigkeiten in so exponierten Stellungen zu meiden,[16] wich ebenfalls nicht vom Grundmuster der Regimestruktur ab. Auch daß er, der recht lebenslustige Gauleiter und Generalkommissar, der nach eigenen »Stammtisch«-Prahlereien »durchreisenden Künstlerinnen persönlich Unterwäsche« anpaßte, nach Beobachtungen des SD und der Sicherheitspolizei bis zum »Eintreffen seiner Frau in Minsk ... ziemlich sicher hin und wieder Verkehr mit seinen weiblichen Angestellten gehabt« hatte und möglicherweise sogar mit einer Russin, einer zwar außerordentlich schönen Ärztin, aber eben doch einer Russin, geschlafen habe, was (vor allem nach Himmlers Auffassung) zu den schlimmsten Sakrilegien gehörte, sprengte nicht den Rahmen. Außereheliche Liebschaften galten in diesem »Milieu« keineswegs als etwas Besonderes oder gar Verwerfliches. Hatten doch selbst Bormann und Himmler nicht nur »Nebenfrauen«, sondern auch außereheliche Kinder.

Was Kube ins »Abseits« stellte, war sein Verhältnis zu den Juden. »Die Einstellung des Generalkommissars ... zur Judenfrage ist derartig«, monierte Brandt betont entrüstet, daß »man schon von Judenhörigkeit sprechen kann«.[17] Und eben dies war es, was Kube auszeichnete. Er hatte, was den Exponenten Himmlers unfaßbar erschien, Juden in Anwesenheit von SS-Führern ostentativ in Schutz genommen, ihnen für persönliche Leistungen besonderer Art[18] »enthusiastisch« gedankt, den SD beschuldigt, für das »Verschwinden« einiger ihm persönlich bekannter Juden verantwortlich zu sein, SS-Führer bezichtigt, sich gegenüber Juden eklatant rechtswidrig verhalten zu haben, und bis Juli 1943 rund 5000 Juden vor der »Evakuierung« durch die Sicherheitspolizei bewahrt. »Fest steht«, stellte der SS-Obersturmbannführer fest, »daß der Gauleiter sein Wissen über die geplante Aktion dazu benutzt hat, seine Juden zu retten.«[19]

Der Schluß dieses »Sündenregisters« spricht so für sich, daß sich jeder Kommentar erübrigt. »Aus allen diesen Erfahrungen«, so schloß Brandt, »habe ich die Überzeugung gewonnen«, daß Kube »im Grunde seines Herzens Gegner unserer Judenaktionen ist. Wenn er dies nach außen nicht zugibt, so tut er es nur aus Angst vor den Folgen ... Ein Verbleiben des Generalkommissars in seinem Amte scheint nur unter diesen Umständen untunlich zu sein.«[20]

Am 18. August teilte der SS-Obergruppenführer Berger, der Chef des SS-Hauptamtes, seinem Kameraden Brandt mit, daß der Gauleiter Meyer vom Reichsleiter Rosenberg den Auftrag bekommen habe, »in den nächsten Tagen nach Minsk« zu fahren und »Kube ernstlich zu verwarnen.«[21] Kube stürzte darüber jedoch nicht. Er mußte nur vorsichtiger sein.

Der Osten: Das Problem für Front und Heimat

Am 15. März 1942, dem dritten Heldengedenktag während des Krieges, sprach Hitler im Lichthof des Berliner Zeughauses und erklärte: »In knapp vier Monaten Sommer hat die deutsche Wehrmacht nach der glücklichen Durchführung des Balkanfeldzuges im Jahre 1941 ihren Marsch in die Weite des russischen Raumes angetreten. Schlachten wurden geschlagen und Siege erfochten, die noch in fernsten Zeiten als einmalige Ruhmestaten gelten werden.«[1] Zwar gab er zu, daß die Soldaten »in übermenschlichem Ringen unter Einsatz der letzten Kraft der Seele und des Körpers« schier unglaubliche Belastungen an der Ostfront hatten aushalten müssen; aber er prophezeite zugleich auch wie zum Ausgleich: »Die bolschewistischen Horden ... werden von uns in dem kommenden Sommer bis zur Vernichtung geschlagen sein.«[2] Was bis dahin geschehen war, meinten fast alle Deutschen nicht nur aus Feldpostbriefen und von Berichten der Urlauber und Verwundeten in Heimatlazaretten zu wissen. Ihnen war bekannt, daß die Soldaten völlig unzureichend bekleidet gewesen waren und bei einer Kälte von 30 bis 40 Grad Celsius mit Waffen hatten kämpfen müssen, die bei der Witterung nur noch unregelmäßig funktionierten. Erfrierungen zweiten und dritten Grades waren bei ungezählt vielen Soldaten hinzugekommen und hatten die Truppenstärken gravierend dezimiert.

Was weder in den Zeitungen stand noch im Rundfunk gesagt wurde, was weder Hitler noch seine Funktionsträger zugaben, war dies: Die Heeresgruppen Mitte und Nord waren schon im Dezember

1941, als Walther von Brauchitsch nicht mehr weiter gewußt, seinen Abschied genommen und Hitler selbst am 19. Dezember auch noch Oberbefehlshaber des Heeres geworden war,[3] mit ihrer Kraft am Ende. Die Heeresgruppe Mitte, die kurz zuvor noch Moskau als Angriffsziel im Visier gehabt und mit ihren Spitzen auch bereits erreicht hatte, sah sich außerstande, eventuelle geschlossene russische Angriffe aufzufangen. Spannungen unter den Armeeführern, Krisenerscheinungen selbst in Elite-Einheiten wie Guderians Panzer-Armee, beunruhigten die Wehrmachtführung. Daß der Führer ihre Bedenken und Sorgen nicht teilte, daß er auf negative Berichte nicht hörte und nicht angemessen auf sie reagierte, wußten nur diejenigen, die unmittelbar mit ihm zu tun hatten. Dem Volk wurden eitle Harmonie und Zuversicht vorgegaukelt. Es ahnte nicht, daß Hitler strategisch bereits gescheitert war. Die Anfang Dezember 1941 ergangene Weisung, im Osten sofort alle größeren Angriffsoperationen zu unterlassen und die ganze Kraft für die Verteidigung aufzuwenden, ließ zwar sowohl die sieggewohnte Wehrmacht als auch die Bevölkerung in der Heimat hoffen, daß »es« zur gegebenen Zeit wieder weitergehen würde; aber die Sorgen und Klagen über die enormen Verluste konnten nicht einfach ignoriert werden. 743 112 deutsche Soldaten standen bereits am 30. Oktober 1941 auf den Verlustlisten: 23,12% des Ostheeres.[4] In der Heimat wurden im März 1942 – unter Berufungen auf Feldpostbriefe, in denen von »schwersten Verlusten« die Rede gewesen sei – Zahlen zwischen 400 000 und 600 000 Mann kolportiert,[5] was nicht nur zeigt, daß die Bevölkerung die Lage eigentlich noch optimistischer beurteilte, als sie es tatsächlich war, sondern auch, daß die obere Zahl sich ungefähr mit den Angaben in der Statistik deckte, die die Wehrmachtführung bis Juni 1942 im Rahmen einer Untersuchung über die »Wehrkraft 1942« zusammenstellte. Aus dem Dokument, in dem ausdrücklich festgestellt wurde, daß die Wehrkraft 1942 geringer als im Frühjahr 1941 wäre, daß an der Ostfront 625 000 Mann bis zum 1. Mai ausgefallen seien und die Winterverluste nicht mehr voll ersetzt werden könnten, war alles andere als herauszulesen, daß Hitlers Versicherung, 1942 die Rote Armee endgültig zu vernichten, auf realistischen Voraussetzungen basierte. Wie hätten die Panzerdivisionen der Heeresgruppen Mitte und Nord, die danach nur noch über jeweils eine Panzerabteilung (mit durchschnittlich 40 bis 50 Fahrzeugen) würden verfügen können, die stark reduzierten und angeschlagenen Infanterie-Einheiten angemessen unterstützen sollen, zumal in der Untersuchung auch noch die Rede davon war, daß im August »mit Spannungen auf dem Munitionsgebiet gerechnet« werden müßte. Der dokumentierte große Pferde-Verlust, die Einbuße an Kraftfahrzeugen, der Rückgang der einsatzbereiten Flugzeuge bis um 60% (im Vergleich zum 1. Mai 1941), die als »eine der schwächsten Stellen der Wehrkraft« bezeichnete Mineralölversorgung und spezifische Engpässe bei der Produktion von U-Booten, Kraftfahrzeugen und Nachrichtengeräten[6] redeten eine deutliche Sprache.

Die deutsche Bevölkerung, der dies selbstverständlich nicht bekannt war, sah sich ihrerseits mit Problemen konfrontiert, die für sie ebenso maßgeblich sein mußten. Die feindlichen Luftangriffe, die Ende Mai und Anfang Juni 1942 mit der Bombardierung Kölns schließlich signalisierten, daß die anfängliche deutsche Luftüberlegenheit der Vergangenheit angehörte, machten verhältnismäßig große Teile der Bevölkerung für Kritik anfällig, mit der sie sich – zum Ärger der NS-Propagandisten und Funktionsträger – rasch auch überall identifizierten. In Berlin, Halle, Dortmund, Weimar, Frankfurt am Main, Braunschweig, Dresden, Köln, Bayreuth und Wien klagten die Hausfrauen über nicht ausreichende Kartoffel- und Gemüselieferungen,[7] im Rheinland und in Süddeutschland über minderwertiges Mehl und über entsprechende Backwaren, über schlechte und zu wenige Kartoffeln, über fehlende Hülsenfrüchte, Eier und Kindernahrungsmittel.[8] Mißstimmung erzeugten, vor allem in den naturgemäß kälteren deutschen Ostgebieten, Engpässe in der Heizmittellieferung. Kohlenknappheit monierte die Bevölkerung offen unter anderem in Berlin, Königsberg, Posen, Kiel und Braunschweig.[9] Hinzu kamen Klagen über mangelnde männliche Arbeitskräfte infolge des Kriegsdienstes der Männer und über negative Einflüsse »auf die Volksgemeinschaft« durch Frauen, die aus stark luftgefährdeten Orten in die Dörfer evakuiert worden waren, wo sie es – zum Ärger der Bauern – oft ablehnten, ungewohnte Arbeiten zu verrichten und der Landbevölkerung behilflich zu sein.

Als Problem für sich registrierten die Nationalsozialisten in dieser Zeit den überall spürbaren Widerstand, den ihnen die Kirchen entgegensetzten. Die Anordnung der Reichsstelle für Metalle vom November 1941, innerhalb eines halben Jahres überall die künstlerisch und historisch nicht besonders wertvollen Kirchenglocken (bis auf eine in jeder Gemeinde) aus den Kirchtürmen zu entfernen, da sie für militärische Zwecke eingeschmolzen werden sollten, lieferte den Geistlichen überzeugende Argumente gegen die NS-Propaganda, der nun – häufiger von den Kanzeln aus – vorgeworfen wurde, nur dem Scheine nach davon zu reden, daß das Material von der Wehrmacht gebraucht würde; denn noch kurz zuvor habe man verbreitet, daß das Reich dank seiner militärischen Erfolge über ausreichende Rohstoffe aus nahezu ganz Europa verfüge. Das Regime benutze die Situation an der Ostfront, so wurde argumentiert, um die Kirchen erneut zu treffen.

Hitlers Rede vom 15. März gab vielen Deutschen, die zum großen Teil immer noch davon überzeugt waren, daß er die Wahrheit spräche, zwar wieder einigen Auftrieb; aber die Angst vor den feindlichen Bombenangriffen, das allgemeine Rätselraten um das russische Kräftepotential und die noch bevorstehende Kriegsdauer, die unzureichende Versorgung mit Lebensmitteln und Bekleidungsstücken und die Klagen über zu hohe Leistungsanforderungen an den Arbeitsstätten beherrschten die Stimmung der Bevölkerung. Und nicht nur hie und da erinnerten sich die »Volksgenossen« auch daran, daß der Führer die Niederlage der Russen bereits im Oktober 1941 als besiegelt bezeichnet hatte.

Während sich die führenden Militärs im Osten die Köpfe zerbrachen, wie es nach dem furchtbaren Winter und dem empfindlichen Aderlaß denn nun weitergehen solle, während sie überlegten, ob es besser sei, endgültig zur Defensive überzugehen oder aber wieder zum Angriff anzutreten, sobald dies möglich wäre, griff Hitler trotz der vorausgegangenen Mißerfolge erneut seine im Dezember 1940 und im Sommer 1941 entwickelten Pläne auf, nach denen die Entscheidung auf den äußeren Flügeln der weit ausgedehnten Front erzwungen werden sollte. Daß er mit seiner Absicht, wieder offensiv zu werden, den »Willen des Volkes« erfüllen würde, wie er gemeint haben soll,[10] war eine Fiktion; denn im Frühjahr 1942 galt das Interesse der Bevölkerung weit mehr der eigenen Versorgungslage und dem »Los ... der im Osten eingesetzten« Soldaten als dem unmittelbaren Kampfgeschehen.[11] Die Stimmen waren deutlich. »Die Gespräche über militärische Ereignisse«, hieß es beispielsweise in einem SD-Bericht vom 2. März 1942, »haben ... in den Städten fast überall solchen über die eigenen täglichen Sorgen und Nöte weichen müssen ... In den Großstädten (wird) von der Bevölkerung nach einem ›Schuldigen‹ gesucht.«[12]

An der Ostfront gab es Schwierigkeiten. In der Heimat gab es sie auch. Schon im November 1941 kursierte die Formel »Wir brauchen keinen Führer von Gottes Gnaden und keinen Massenmörder von

Berchtesgaden.« Arbeitsverweigerungen, Vertragsbrüche von Arbeitnehmern, oppositionelle Gruppenbildungen und Verhaftungen am laufenden Band beschäftigten die Gestapo Anfang 1942. In München beispielsweise wurden im Februar zunächst 21 und danach noch einmal 25 Personen festgenommen, die sich schon 1939 mit Beppo Römer,[13] dem einstigen Führer des Freikorps »Oberland«, das Rudolf Heß unmittelbar nach dem Ende des Ersten Weltkrieges behilflich gewesen war, in Verbindung gesetzt und mit ihm gegen das Regime konspiriert hatten.[14] Die Geheime Staatspolizei, bis dahin vorwiegend zur Bekämpfung von politischen Gegnern des Regimes herangezogen, sah sich nun verstärkt vor die Aufgabe gestellt, Verletzungen der »Arbeitsdisziplin« in der Kriegswirtschaft zu ahnden. Während Delikte dieser Art, soweit sie von ausländischen Zivilarbeitern begangen worden waren, keineswegs geheim blieben, wurden Arbeitsverweigerungen Deutscher sorgfältig verschwiegen. Daß es sich bei diesen keineswegs primär um Kommunisten handelte, fand die Gestapo überall rasch heraus. In Hamburg beispielsweise waren nach Angaben der dortigen Gestapo-Leitstelle schon im Oktober 1941 243 Personen festgenommen worden. 15 von ihnen wurden beschuldigt, illegale Kommunisten zu sein. 48 mußten sich wegen anders artikulierter Opposition gegen das Regime und 180 wegen »Arbeitsverweigerung« verantworten.

Wie die Angehörigen der im Osten eingesetzten Wehrmacht, so registrierte auch die »Heimatfront« bestürzend schnell die Folgen eines besonders krassen Fehlers der NS-Politik. Anstatt die Realitäten sachlich zu interpretieren und alle Vorteile angemessen zu nutzen, taten ihre Exponenten, als wäre die Welt so, wie sie von ihnen stereotyp dargestellt wurde. So sahen sich die betont deutschfreundlichen Ukrainer, die beim Einmarsch der Wehrmacht mit Blumen und Kruzifixen und mit der symbolischen Gabe von »Brot und Salz« vielerorts spontan ihre Dankbarkeit dafür bekundet hatten, endlich vom Stalin-Joch befreit zu sein, um ihre Hoffnungen und Erwartungen betrogen. Eindringlich beklagten sie sich, bitter enttäuscht worden und Versprechungen aufgesessen zu sein, die »die Deutschen« ihnen gegenüber nicht eingehalten hätten. Zu niedrige Löhne, Unterbringung hinter Stacheldraht, unzureichende Ernährung und ostentative Geringschätzung seitens der Deutschen, so lauteten ihre wichtigsten Vorwürfe, die keineswegs einfach ignoriert werden konnten. In verschiedenen Fabriken, in denen sie arbeiteten, revoltierten sie im März und April 1942 in teilweise beängstigender Weise, zumal die vorgelegt 31/12.42 H.

Der Reichsführer-SS

Feld-Kommandostelle
den 29. Dezember 1942

Betr.: Meldungen an den Führer über Bandenbekämpfung.

M e l d u n g Nr. 51

Russland-Süd, Ukraine, Bialystok.

Bandenbekämpfungserfolge vom 1.9. bis 1.12.1942

1.) Banditen:

a) festgestellte Tote nach Gefechten (x)

	August:	September:	Oktober:	November:	Insgesamt:
1.) a) festgestellte Tote nach Gefechten (x)	227	381	427	302	1337
b) Gefangene sofort exekutiert	125	202	87	243	737
c) Gefangene nach längerer eingehender Vernehmung exekutiert	2100	1400	1596	2731	7828
2.) Bandenhelfer und Bandenverdächtige: a) festgenommen	1343	3078	8337	3795	16553
b) exekutiert	1198	3020	6333	3706	14257
c) Juden exekutiert	31246	165282	95735	70948	363211
3.) Überläufer a.G. deutscher Propaganda:	21	14	42	63	140

(x) Da der Russe seine Gefallenen verschleppt bzw. sofort verscharrt, sind die Verlustzahlen auch nach Gefangenenaussagen erheblich höher zu bewerten.

-2-

Meldung Heinrich Himmlers an den Führer über die Liquidierung von Juden und Partisanen in Rußland Süd, Ukraine und Bialystok vom 29. Dezember 1942

Zahl der männlichen deutschen Belegschaftsmitglieder durch neuerliche Einberufungen vielfach merklich dezimiert worden war. Die Feststellungen der Gestapo, daß die Ukrainer nirgendwo von illegalen deutschen Kommunisten zu ihren Protesten bewogen worden seien, sprachen für sich.

An der Ostfront, auf die sich ein Teil der Sorgen der Bevölkerung konzentrierten, war Hitlers Bestreben zu der Zeit darauf gerichtet, nicht primär rein militärische Entscheidungen, sondern wehrwirtschaftliche Gesichtspunkte zum Maßstab zu machen. Er wollte die russische Volkswirtschaft durch eine Eroberung der kaukasischen Ölgebiete empfindlich treffen und durch eine Abschnürung der Wolga die amerikanischen Hilfeleistungen einschränken. Und er hatte Erfolge. Bis Mitte Mai wurde die im Dezember 1941 verlorengegangene Halbinsel Kertsch zurückerobert. 150000 Gefangene waren ein Teil der Beute und des Erfolges, dem sich bis zum 28. Mai, dem Ende der siegreichen Schlacht um Charkow, 240000 weitere russische Gefangene hinzugesellten. Bis zum 3. Juli kamen nach der Einnahme der Festung Sewastopol noch einmal 100000 Gefangene hinzu. Anfang Juli befand sich die ganze Krim in deutscher Hand. Im Atlantik versenkten deutsche U-Boote von Januar bis Juli 1942 2967179 Bruttoregistertonnen feindlichen Schiffsraumes. Allein vom 11. Januar bis zum 7. Februar 1942 verlor der Feind vor der Küste der USA 142373 Bruttoregistertonnen. 175 Konvois mit 1398000 Bruttoregistertonnen wurden von Dezember 1941 bis Juni 1942 im Mittelmeer auf dem Weg von Italien nach Libyen versenkt. Generalfeldmarschall Keitel hatte damit gerechnet, daß die angreifende Wehrmacht auf rund 100 russische Infanterie-Divisionen, 25 Kavallerie-Divisionen und 30 mechanisierte Divisionen treffen würde. Tatsächlich waren es 88 Infanterie-Divisionen, 7 Kavallerie-Divisionen und 54 Panzer- und motorisierte Divisionen.[15] Erwin Rommels Truppen hatten am 29. Januar Benghasi und am 7. Februar el-Gazala erreicht.

Die »Endlösung« und die Alliierten

Im Schatten dieser großen militärischen Erfolge, die das Interesse der Bevölkerung latent in Anspruch nahmen, wurden überall im Reich die letzten »Rassejuden«, die nicht in sogenannten »deutsch-jüdischen Mischehen« lebten oder gelebt hatten, nach dem Osten

»evakuiert« und der noch vorhandene jüdische Grundbesitz »arisiert«. Beides geschah unter den Augen der Öffentlichkeit. Wie zahlreiche Dokumente bezeugen, erregte die sogenannte »Arisierung«, die Überführung jüdischen Eigentums in »arischen« Besitz, vielerorts die Gemüter. Allerdings geschah dies vielfach nicht etwa aus Empörung oder Mitgefühl, sondern aus enttäuschter Habgier. NS-Funktionäre, die sich die Grundstücke, Häuser, Geschäfte oder Betriebe in Konkurrenz persönlich anzueignen gedachten, gerieten sich zum Teil so »in die Haare«, daß stellenweise vorgesetzte Dienststellen oder Behörden eingreifen und die neuen Besitzer bestimmen mußten. Die Bevölkerung wußte natürlich, daß die Juden nicht in Sanatorien geschafft wurden. Fragen blieben allerdings unbeantwortet. Daß niemand zurückkam, wurde als logisch empfunden; denn es war ja Krieg, und die Propaganda machte die Juden seit Sommer 1939 allein dafür verantwortlich. So konnte denn – neben der Verdrängung dieser Frage – vermutet werden, daß die jüdischen Mitbürger nach dem Sieg, auf den gerade nach den Erfolgen an den Fronten erneut gehofft wurde, wieder zurückkehren würden. Kritische Zeitgenossen, die heimlich »Feindsender« hörten, erfuhren auch von ihnen nichts über das, was Jahre später aller Welt bekannt wurde: die seit der sogenannten »Wannsee-Konferenz« vom 20. Januar 1942 über die »Endlösung« der Judenfrage besonders intensiv betriebene systematische Judenvernichtung.[1]

Nur ein verschwindend geringer Teil der Bevölkerung wußte, wenn er den mit Auschwitz verdeutschen Namen der in der Nähe von Warschau an der Eisenbahn-Hauptverbindung Wien–Krakau liegenden polnischen Stadt hörte, daß sich da ein ganz besonders gefürchtetes Konzentrationslager befand. 27 Monate lang wurden dort – seit April 1942 – Juden wie Ungeziefer umgebracht, ehe überhaupt etwas nach außen drang. Obwohl die SS in Auschwitz selbst kein Hehl aus dem machte, was sie »betrieb«, war bis zur Flucht und der Berichte der Juden Vrba und Wetzler und des polnischen nichtjüdischen Majors Jerzy Tabeau außerhalb des Stacheldrahtes nicht bekannt, was innerhalb geschah. Selbst jüdische männliche Häftlinge, die bei ihrer Einlieferung von ihren Frauen und Kindern getrennt worden waren, die kurz danach als nutzlos vergast wurden, erkundigten sich immer wieder, wo die Familienlager und »Sanatorien« seien, in denen sich ihre Familien befänden. Ein teuflisch ausgeklügeltes Sicherheitssystem garantierte ein schier undurchdringbares Geheimhaltungsgeflecht, so daß Einzelheiten, die verängstigte und mißtrauische Auschwitz-Flüchtlinge preisgaben, schließlich sehr viel eher ausländischen Institutionen als der deutschen Öffentlichkeit bekannt werden konnten.

Da das KZ Auschwitz drei Hauptteile umfaßte, wurden selbst die Häftlinge irritiert. Im Lager I befanden sich vor allem Polen und Russen, politische Gefangene, Schriftsteller, Priester, Zeugen Jehovas, Zigeuner, Kriminelle und Homosexuelle. Das Lager III »beherbergte« Ausländer, die in den Rüstungsbetrieben des IG-Farbenkonzerns wie Sklaven arbeiten mußten. Für Juden, die schnell und gewaltsam sterben sollten, existierte seit April das Lager II: Auschwitz-Birkenau mit seinen (Mitte 1943) vier Gaskammern und Krematorien und einem Fassungsvermögen von 12000 Menschen pro Tag.

Wer das Verhalten der deutschen Bevölkerung, die zu jener Zeit im Gegensatz zu bestimmten ausländischen Stellen, Persönlichkeiten und Institutionen nahezu gar nichts wußte, beurteilen will, muß die inzwischen dokumentarisch abgesicherten Einzelheiten kennen, die nur als bestürzend bezeichnet werden können. Papst Pius XII. weigerte sich konsequent, die Vernichtung der Juden zu verdammen. Er hielt die internen Berichte für phantasievoll übertrieben und sah nicht ein, daß den Juden nicht ein Sonderstatus im Rahmen der Zivilbevölkerung eingeräumt werden sollte, die sich der Bedrohung durch Kriegsereignisse ausgesetzt sah. Britische Ministerialbeamte, die sich mit diesem Problem befassen mußten, weigerten sich schließlich ebenso, die nach ihrer Auffassung übertriebene jüdische »Gefühlsduselei der Jewish Agency« für bare Münze zu nehmen, wie der Engländer Portland, der als Vorsitzender des Verbindungsstabes der Geheimdienste fungierte und rund 40 Jahre später öffentlich erklärte, daß ihm sowohl die polnischen als auch die jüdischen Berichte über deutsche Greueltaten an Juden als so übertrieben erschienen seien, daß er sie zu der Zeit einfach nicht habe glauben können. »Die Juden haben eben«, sagte er, »eine lebhafte Phantasie, die zur Übertreibung neigt ... Im Krieg mußte ich oft skeptisch sein.« Im zuständigen Fachreferat der englischen Regierungs- und Machtapparatur wurde gefragt, wieso den Juden denn »Leid und Demütigung erspart« bleiben sollten, wenn sie es doch »verdient« hätten. Sie, die Juden, besaßen nach Meinung der für diese Problematik zuständigen englischen Ministerialbeamten keine eigene Identität. Nicht nur all dies, sondern auch die Tatsache, daß selbst das Internationale Rote Kreuz nicht bereit war, seine international allgemein anerkannten »Schutz«-Ansprüche auch auf die Juden auszudehnen, die sich in Konzentrationslagern befanden, und seine strikte Ablehnung, jüdische Organisationen wie beispielsweise den Londoner World Jewish Congress und die Jewish Agency, die international anerkannte Vertretung der palästinensischen Juden, als offizielle Verhandlungspartner anzuerkennen, lassen das Verhalten der deutschen Bevölkerung, die auf versteckte Andeutungen angewiesen war, was geschah, in einem anderen Licht erscheinen, als es bislang geschehen ist.

Während Hitler bis Oktober 1941 noch meinte, mit den Juden als »Ware« Geschäfte machen zu können, besaßen sie weder für Roosevelt und Churchill noch für Stalin oder den Papst einen besonderen Stellenwert. Nur Hitler und seine Handlanger waren zunächst der Auffassung gewesen, daß die »internationale Macht« der Juden eine Basis auch für bestimmte »Geschäfte« darstellen würde. Enttäuscht mußten sie schließlich registrieren, daß die Alliierten die Juden praktisch wertlos machten. Ihrer eigenen Identität beraubt, existierten sie für die Gegner des Regimes gar nicht. Entweder galten sie als Staatsbürger der alliierten Nationen oder aber als feindliche Ausländer, so daß sich auch aus den Haager und Genfer internationalen Abkommen keinerlei Schutzrechte für sie ableiten ließen. Die Behauptung, daß Transportmittel und Unterbringungsmöglichkeiten nicht ausreichten, war durchsichtig. Wurden doch ungezählte Kriegsgefangene täglich transportiert, untergebracht und verpflegt.

Die erste öffentliche Verurteilung deutscher Massaker an Juden, am 17. Dezember 1942 in den USA inszeniert, hatte sich als leere Geste erwiesen, zumal Präsident Roosevelt auf der Konferenz von Casablanca, an der vom 14. bis 26. Januar 1943 neben ihm und Winston Churchill[2] auch die Chefs der anglo-amerikanischen Generalstäbe, ihre Befehlshaber der Marine-Flotten, der Luft-Flotten und eine Reihe anderer Militärs teilnahmen, (politisch außerordentlich ungeschickt) die bedingungslose Kapitulation des Reiches gefordert und Verhandlungen mit Zielsetzungen anderer Art als absolut indiskutabel abgelehnt hatte. Ein Statement, das Graf Raczynski, der in England lebende polnische Exilminister des Äußeren, der englischen Wochenschau gab, wurde niemals im Kino gezeigt, weil Raczynski unter anderem festgestellt hatte, daß die systematische Judenausrottung ein Teil der planmäßigen NS-Politik sei und daß bereits mehr als ein Drittel der polnischen Juden und Hunderttausende jüdische Menschen aus anderen Ländern vernichtet worden seien. Die rund 5 Millionen US-amerikanischen Juden, die sich keineswegs völlig integriert fühlten,[3] haben sich in einer Weise zurückgehalten, die nicht nur der Nachwelt schwer verständlich erscheint. So verstummten in den USA beispielsweise die vor dem Krieg vorgetragenen Proteste des 1936 zum Präsidenten des World Jewish Congress gewählten und als besonders charismatisch geschätzten Rabbis Stephen Wise, den Roosevelt sogar zum US-Botschafter in Berlin hatte ernennen wollen, ausgerechnet in dem Augenblick, in dem sich die in Europa lebenden Juden unmittelbar der Evakuierung und Vernichtung ausgeliefert sahen.[4] Nachdem die USA im Dezember 1941 infolge der dem japanischen Angriff auf Pearl Harbor zwangsläufig folgenden deutschen Kriegserklärung an die Vereinigten Staaten in den Krieg einbezogen wurden, gab es nur einmal eine bemerkenswerte Kundgebung zur Rettung der in Europa lebenden Juden.[5] Eine Gruppe zwar eifriger, aber umstrittener junger jüdischer Aktivisten, die sich aus palästinensischen Juden zusammensetzte und eine Reihe orthodoxer Rabbis zu ihren Sprechern zählte, hatte vergeblich versucht, den europäischen Juden durch eine Demonstration gegen das Schweigen der amerikanischen Juden zu helfen. Die Bemühungen dieser Aktivisten, das Repräsentantenhaus für eine staatliche Rettungsaktion zu bewegen, scheiterten an der Ablehnung zahlreicher Kongreßabgeordneter, die europäischen Emigranten die Einreiseerlaubnis verweigern wollten. Die 1929 auf 150000 Personen jährlich festgesetzte Einreisequote blieb – nicht zuletzt infolge der in den USA auf »Verrat« zurückgeführten alliierten Niederlagen von 1940 in Norwegen, Belgien und den Niederlanden – konstant. Die Amerikaner fürchteten sich vor Agenten Hitlers. Doch auch England winkte ab, nachdem das von Henry Morgenthau[6] geführte Finanzministerium im Sommer 1943 gegen den Willen des State Departements (zunächst vergeblich) versucht hatte, Geld zur Unterstützung der Juden nach Europa zu transferieren.[7] Großbritannien sah sich außerstande, eine größere Zahl von Juden unterzubringen. Und die Sowjetunion, die bis Juni 1941 möglicherweise in der Lage gewesen wäre, die Ausrottung der Juden in Polen zu verhindern, tat dies zu der Zeit ebensowenig wie später. Ein während des deutschen Vormarsches 1941 auf Stalins Veranlassung ins Leben gerufenes und von russischen Juden geführtes Antifaschistisches Komitee wurde bereits 1942 – wiederum auf Stalins Weisung – aufgelöst, seine Mitglieder erschossen.[8]

Gut klingende Berichte von den Fronten – Versorgungsschwierigkeiten in der Heimat

Ein Problem, das den Funktionsträgern des stets auf Propaganda-Effekte angewiesenen Regimes bei Beginn des Krieges Kopfzerbrechen bereitet hatte, gab es zu dieser Zeit nicht mehr: die »angemessene« Berichterstattung über Frontereignisse. 1939 hatten weder die Schriftleitungen der Zeitungen noch der Zeitschriften und Illustrierten über genügend militärisch ausgebildete Schriftleiter und Redakteure verfügt, die in der Lage gewesen wären, diese Geschehnisse so darzustellen, daß sie ins Bild paßten. Zwar war 1938 in einem von Goebbels für das Reichspropaganda-Ministerium und von Wilhelm Keitel für das Oberkommando der Wehrmacht unterschriebenen »Abkommen über die Durchführung der Propaganda im Kriege« festgestellt worden, daß der Propagandakrieg als ein dem Waffenkrieg gleichrangiges Kriegsmittel anerkannt sei und vom Propagandaministerium im Kriegsfalle im Heimatgebiet völlig selbständig geführt werden solle;[1] aber schon im September 1939 hatte sich gezeigt, daß die Wehrmacht mit der zivilen Dienststelle kollidierte,[2] die sensationell aufgemachten Berichterstattungen das Wort redete. Großsprecherei, theatralischer Ton und unsoldatische Sprache, so erfuhren die Schriftleiter und Kommentatoren durch eine Anweisung des Oberkommandos der Wehrmacht vom 10. Januar 1940, hätten in der Berichterstattung nichts zu suchen. Zurückhaltung, Genauigkeit, der Verzicht auf Superlative und eine frivole zynische Sprache, bis 1939 keineswegs selbstverständliche Gepflogenheiten der gleichgeschalteten deutschen Presse, sollten primär den Charakter der Informationen bestimmen, die der Bevölkerung über die Presse, über den Rundfunk und durch Wochenschauen in Kinos über die Ereignisse an den Fronten zugingen. Goebbels' Versuche, in diesen Bereich maßgeblich einzubrechen, waren gescheitert.

Wie die Bevölkerung die Wehrmachtsberichte und die Berichte der Presse und des Rundfunks über Frontereignisse ganz allgemein aufnahm, zeigen die täglichen SD-Berichte plastisch. »Nach den hier vorliegenden Meldungen«, hieß es beispielsweise im SD-Bericht vom 2. März 1942, »halten sich in den Gebieten mit überwiegend ländlicher Struktur sowie in den kleinen und mittleren Städten das Interesse an den militärischen Ereignissen und die Beschäftigung mit Versorgungsschwierigkeiten ungefähr die Waage, während in den größeren Städten und vor allem in den Großstädten die Versorgungsschwierigkeiten alles andere überlagern. Die Beurteilung der militärischen Lage ist überall fest und zuversichtlich, die großen Erwartungen über gewaltige und entscheidende Aktionen der deutschen Wehrmacht im Frühjahr sind allgemein. Die Gespräche über militärische Ereignisse haben jedoch in den Städten fast überall solchen über die eigenen täglichen Sorgen und Nöte weichen müssen. Beim Kampfgeschehen im Osten steht immer noch die Anteilnahme der Volksgenossen am Los ihrer im Osten eingesetzten Angehörigen im Vordergrund. Das Interesse am eigentlichen Kampfgeschehen ist dieser Sorge gegenüber gering.«[3]

In Großstädten und größeren Städten diskutierte die Bevölkerung seit dem ungewöhnlich harten Winter 1941/42, anders als auf dem Lande und in kleinen und kleineren Orten, mehr über die unzureichenden Kartoffellieferungen und fehlenden Lederreserven für Schuhreparaturen, mehr über ungenügende Arzneimittel, Körperpflegemittel, Kohlen, Hülsenfrüchte, Kindernahrungsmittel und Tabakwaren als über Einzelheiten des Frontgeschehens. Es war nicht leicht, den »Durchhaltewillen« der Bevölkerung zu stützen. »Das Gefühl, sich nicht mehr satt essen zu können, weil einfach nicht genügend Nahrungsmittel beigeschafft werden können«, registrierten V-Männer des Sicherheitsdienstes im März 1942, »bedrückt vor allem die arbeitenden Volksgenossen, von denen in den Betrieben hohe Leistungen verlangt werden; es bedrückt aber auch die Hausfrauen, auf denen die Last der Versorgung ihrer Familie ruht und die sich täglich aufs neue stundenlang – noch dazu sehr oft vergeblich – auf Märkten und in Läden bemühen müssen, einige wenige, teilweise schlechte Kartoffeln oder einige Kohlrüben oder angefrorenen Weißkohl zu beschaffen.«[4] Was es zu essen, zu trinken und anzuziehen gab, womit geheizt werden konnte und wie ansonsten »gelebt« werden mußte, wußte die Bevölkerung genau. Das Kampfgeschehen an den Fronten dagegen interessierte sie nur umrißhaft – und erst in zweiter Linie.[5] Überall steckten zwar Nadeln mit farbigen Köpfen in Landkarten und markierten den Frontverlauf; aber überall wichen die so gekennzeichneten Hauptkampflinien – zum Teil so stark – voneinander ab, daß die V-Männer des SD Anfang 1942 nach der Auswertung ihrer Recherchen meinten, dies melden zu müssen.

Gewitzte Zeitgenossen des Ersten Weltkrieges begannen Anfang 1942 in Dörfern und an Stadträndern Rasenflächen und Blumenbeete in Gemüseanpflanzungen zu verwandeln, Kartoffeln, Kohl und Salat zu pflanzen und Ziersträucher durch Beerensträucher zu ersetzen, auf Veranden und Terrassen Kaninchenställe einzurichten und, wenn möglich, sich auch noch Hühner, Enten und Gänse anzuschaffen. Neue Kochrezepte machten die Runde.[6] Da gab es unter anderem Gemüsegoulasch (ohne Fleisch), Möhrenmarmelade, Mohrrüben-Napfkuchen, Möhrenpuffer, Kartoffelpudding, Kartoffelwaffeln, Kartoffeltorten, Kartoffelnapfkuchen, Kartoffelaufstrich, gebackene Schweineschwänze, Falsche Schnitzel, gebackene Kuheuter, Sirupbonbons, Hagebuttenbonbons, Herings- und Gemüseaufstrich, Falschen Harzer Käse (ohne Käse), Falsches Gänsefett und Falschen Honig (ohne Honig), Kohlrabi-Schnitzel und Sauerampfer-Koteletts (ohne jederlei Fleischzutaten) und Kartoffelmilchbrötchen.[7]

Zwar gab es zu der Zeit bereits deutlich sichtbare Spuren britischer Bombenabwürfe,[8] aber sie hatten das Leben der Bevölkerung (vor allem in Süd-, Mittel- und Ostdeutschland) noch nicht entfernt so gravierend verändert,[9] wie dies durch die Engpässe im zivilen Versorgungswesen bereits geschehen war. Selbst »Sondermeldungen« von Erfolgen an den Fronten konnten die Frauen nicht von ihren Problemen ablenken. So hieß es beispielsweise nach dem Übergang der deutschen Truppen über den Don und der Einnahme von Woronesch Anfang Juli 1942 in einem SD-Bericht: »Sondermeldungen ... haben überall größte Freude ausgelöst und das Interesse weiter Kreise auf das militärische Geschehen gelenkt. Vor allem bei dem männlichen Teil der Bevölkerung haben die neuen stolzen Erfolge der deutschen Kriegsführung zu einer weiteren Vertiefung der bereits durch den Siegeszug Rommels in Nordafrika und den Fall von Sewastopol angebahnten aufgelockerteren und zuversichtlichen Stimmung geführt, während bei den Frauen noch immer die Sorgen und Nöte des Alltags – insbesondere die anhaltenden Ernährungsschwierigkeiten – vorherrschen.«[10] Daß Luftangriffe und Engpässe im Versorgungswesen im Spätsommer und im Herbst die Stimmung der Bevölkerung sehr viel mehr als in anderen Zeiten beeinflußten, wußten aus der Erfahrung sowohl die Parteifunktionäre als auch die Exponenten der Regierung. Auch die Lebensmittel produzierenden Bauern befürchteten den Verlust der neuen Ernten durch feindliche Luftangriffe. »Zahlreiche Volksgenossen geben in diesem Zusammenhang erneut ihrer Verwunderung über das Ausbleiben von entsprechenden Vergeltungsangriffen und der Befürchtung Ausdruck, daß die Beherrschung des Luftraumes im Westen nicht mehr in deutscher Hand sei.«[11]

Eine andere Konsequenz der schlechten Versorgungslage war, daß führende Funktionäre damit begannen, ihre Positionen zu nutzen und bei der Versorgung der eigenen Familien nicht nur die Schwierigkeiten umgingen, mit denen sich die Bevölkerung konfrontiert sah, sondern auch Bestimmungen ignorierten, die die Versorgung ihrer »Volksgenossen« regelten. Aus Berlin, Stettin, Danzig, Leipzig, Wien, München, Würzburg, Bayreuth und Düsseldorf, so registrierte der Sicherheitsdienst, kamen empörte Klagen.[12] Tiefe »Verbitterung«[13] begann sich breit zu machen. Installateure, Elektriker und Anstreicher hatten bei Reparaturarbeiten in Häusern und Wohnungen von Funktionären größere Mengen »bewirtschafteter« Lebensmittel gesehen – und darüber nicht geschwiegen.[14] Die Berichte über diese Beobachtungen machten rasch die Runde in der Bevölkerung, die auf derartige Informationen zunehmend hellhöriger und aggressiver zu reagieren begann. Hatten die Deutschen 1941 noch humorvoll darüber gewitzelt, daß sie durch den Krieg endlich »überflüssiges Fett« verlören, so wurden im Sommer 1942 bereits Töne und Tendenzen ganz anderer Art laut. Jetzt wurde der »Verteilerapparat« mißtrauisch beobachtet. Die Bevölkerung beklagte nun bereits, durch den Verlust an Körpergewicht zu besonderen Leistungen nicht mehr fähig zu sein. Ohnmachtsanfälle von Männern und Frauen während der Arbeit in Fabrikbetrieben und beim »Schlangestehen« auf offener Straße hatten besondere Signalwirkung.

Die ersten größeren Schwierigkeiten bei der Versorgung der Bevölkerung mit Lebensmitteln hatte es bereits im November 1940 gegeben. Im Oktober waren an sogenannte »Normalverbraucher« statt 175,63 Gramm Butter und Butterschmalz wie bislang, plötzlich nur noch 137,5 Gramm ausgegeben worden.[15] Und nicht nur dies. Auch Brot gab es weniger als im Sommer und im Herbst. Geflügel, Fische, Wild, Obst und Gemüse wurden auf allen Märkten des Reiches nahezu ganz vermißt. Fleisch und Schlachtfette standen überall zwar auf den Lebensmittelkarten, konnten an vielen Orten jedoch erst nach wochenlangen Verzögerungen geliefert werden. Die offenen Vorwürfe, immer schlechtere Wurst zu produzieren, konnten die Metzger nur mit dem Hinweis auf die unzulänglichen Fleischlieferungen parieren. Die Hausfrauen klagten, kaum noch Möglichkeiten zu kennen, diese Engpässe zu überwinden, zumal auch die Apfelernte des Jahres 1940 beschlagnahmt worden war und Frischobst kaum zur Verfügung stand. Gerüchte über bevorstehende Preiserhöhungen für Lebensmittel und weitere Rationalisierungsmaßnahmen gingen von Mund zu Mund. In Zeitungsannoncen wurden Gänse, Enten und Hühner zu unverhältnismäßig hohen Preisen angeboten, worin die Bevölkerung eine inzwischen erlaubte Umgehung der Kriegswirtschafts- und Preisstopp-Verordnungen erblickte, was die allgemeine Stimmung nur noch verschärfte.

Doch auch die Jugend, auf die das Regime offiziell so fest setzte und setzen zu können meinte, lief plötzlich aus dem Ruder. Sahen sich die Jugendlichen bis Sommer 1939 fest in der Hand von Staat und Partei, solange diese keine größeren Probleme hatten, änderte sich die Situation nach dem Beginn des Krieges rasch. Nicht übersehen werden konnte, daß die bis dahin sichtbare Geschlossenheit vielfach nur Staffage gewesen war. Nachdem während des ersten Kriegsmonats rund 30 Prozent der Lehrer zur Wehrmacht eingezogen worden waren[16] und der Schulbetrieb zunächst nur noch »mit gewissen Beschränkungen gewährleistet«[17] werden konnte, wie es in einem Bericht des Sicherheitsdienstes der SS vom 9. Oktober 1939 hieß, machten sich augenblicklich Disziplinlosigkeit und Verwahrlosung breit. Allein in Karlsruhe mußten am 18. Oktober 1939 159 verwahrloste und teilweise des Diebstahls bezichtigte Jugendliche in eine sogenannte »Betreuungsstätte« eingewiesen werden.[18] Zwar trugen die zahlreichen, vorsichtshalber aus dem Osten in westliche Gebiete des Reiches evakuierten Kinder und Jugendlichen, die sich vorübergehend »heimatlos« und bar der eingefahrenen Bindungen fühlten, sichtlich zu diesen Zuständen bei; aber zu übersehen war nicht, daß die Jugend ganz allgemein trotz aller weltanschaulichen Schulungen für vermeintlich längst überwundene Gewohnheiten und Denkweisen immer noch anfällig war.

In der Bevölkerung griffen Läuseplagen (zum Beispiel in den Baracken der Hermann-Göring-Werke in Gebhardshagen) und Krankheiten um sich und konnten infolge der überforderten Ärzte, Apotheker, Krankenhäuser, Heime und Sanatorien nicht sogleich angemessen bekämpft werden. »Die spinale Kinderlähmung hat sich«, meldete der Sicherheitsdienst am 9. Oktober beispielsweise, »in der Provinz Schleswig-Holstein ... fast über das gesamte Gaugebiet ausgebreitet.«[19]

Alfred Rosenberg, der »Beauftragte des Führers für die Überwachung der gesamten geistigen und weltanschaulichen Schulung und Erziehung der NSDAP«, hatte am 11. März 1940 im Rahmen einer Rundfunk-Rede über »Volkskameradschaft« ein Problem angesprochen, das dem NS-Regime auf den Fingern brannte: die »Verwilderung der Jugend«. Zwei Tage zuvor war die Polizeiverordnung zum Schutz der Jugend verkündet worden, die Jugendlichen verbot, sich nach Einbruch der Dunkelheit im Freien aufzuhalten und Gaststätten und Vergnügungsveranstaltungen zu besuchen.[20] Die Polizei, die Justiz, der Sicherheitsdienst der SS und die Gestapo beschäftigten sich mit den Aktivitäten von Jugendlichen außerhalb der HJ und des BDM. Schon Anfang 1940 war in SD-Berichten davon die Rede, daß die Bevölkerung es ablehne, jugendliche »Schwerverbrecher« anders zu behandeln als erwachsene Schwerverbrecher. Eine vertrauliche Denkschrift der Reichsjugendführung vom September 1942 über bedrohliche Cliquen-Bildungen Jugendlicher in zahlreichen Großstädten des Reiches bezeugt,[21] mit welchen Problemen sich das NS-Regime von seiten der Jugend konfrontiert sah, die es längst gänzlich auf seiner Seite zu wissen gemeint hatte. Kriminalität, ausschweifendes Leben, Zügellosigkeit und weltanschaulich-politische Feindschaft gegenüber den Erziehungsprinzipien des NS-Staates und der NS-Bewegung bestimmten – im Prisma des Regimes – das Feindbild der Jugendlichen, die sich in sogenannten »Cliquen« und »Banden« trafen.

Die vom NS-Regime akzeptierten Ursachen und Anlässe für solche »Entgleisungen« machten nur einen Teil der tatsächlichen Voraussetzungen aus: Führer-Mangel durch den Ausfall der versierten Führungskräfte, die seit Herbst 1939 beim Militär und bei der SS waren, der Einsatz unerfahrener Ersatzleute, die trotz allen Engagements ihren Aufgaben nicht gewachsen waren und bei den von ihnen geführten Jugendlichen vielfach renitente Oppositionshaltungen auslösten. Spürbar war diese Oppositionshaltung teilweise schon im Frühjahr 1939 im Gefolge der zu der Zeit eingeführten Jugenddienstpflicht gewesen. Der Ausbruch des Krieges, der nicht nur zusätzliche Einschränkungen, sondern auch Chancen zum Ausscheren aus der eingefahrenen Kontrolle mit sich brachte, trug zwangsläufig ein übriges dazu bei. Da gab es beispielsweise in Hamburg die »Totenkopf-Bande« und die »Bismarck-Bande«, in Sachsen und Thüringen »Mobs« und »Meuten«, in Erfurt die »Trenker-Bande« und den »Texas-Club«, in Bayern und in der Pfalz allerlei »Blasen« und »Anker-Banden« und in den Städten des Rhein-Ruhr-Gebietes die »Edelweißpiraten«.[22] Durch betont lässige Kleidung und Haltung auffallend, unternahmen sie Gemeinschaftsfahrten, veranstalteten Gruppenzusammenkünfte, sangen mit Klampfen-Begleitung »provokative« bündische Lieder und zeigten ostentativ, daß sie mit der

Hitler-Jugend nichts zu tun haben wollten. Vom SD, der Gestapo, der Polizei und den NS-Funktionären und -Dienststellen als sittlich verwahrlost bezeichnet, gaben sie sich wenig Mühe, diese Einstufung Lügen zu strafen. Besondere Abzeichen (zum Beispiel Edelweiß oder Anker), auffällig lange Haare und einheitliche Kleidung (verschiedentlich blaue oder rotkarierte Hemden, weiße Kniestrümpfe oder Schaftstiefel) in den einzelnen Gruppen galten als ihre »Statussymbole«. Prügeleien mit der Hitler-Jugend, Überfälle auf HJ-Institutionen und Eigentumsdelikte – vor allem im Schutze der Verdunkelung und bei feindlichen Luftangriffen –, aber auch provozierende Gemeinsamkeiten mit Fremdarbeitern, Kriegsgefangenen und Personen, die nicht gerade das Wohlwollen des Regimes genossen, ließen sie als »staatsfeindliche Elemente« erscheinen. Im Dezember 1942 löste die Geheime Staatspolizei in Düsseldorf, Duisburg, Essen und Wuppertal 28 Gruppen mit über 800 organisierten Jugendlichen auf, von denen rund 130 verhaftet wurden.[23] Gefängnis- und Zuchthausstrafen waren die Folgen, mit denen sich Cliquen-Mitglieder konfrontiert sahen, sobald sie in das Räderwerk der Polizei, Justiz oder der Gestapo gerieten. Das Münchener Sondergericht beispielsweise verfügte im Mai 1940 sogar, daß ein Jugendlicher nach der Strafverbüßung in das Jugend-KZ Moringen einzuliefern sei.[24]

Noch weiter ging das Sondergericht Nürnberg, das im April 1944 zwei Jugendliche zum Tode verurteilte.

Das NS-Regime sah seine Existenz durch jugendliche Aktivitäten und Lebensformen gefährdet, die im ganzen Reichsgebiet außerhalb der Hitler-Jugend und des BDM vereinzelt organisiert zutage traten und negativ in die Gesellschaft hineinstrahlten. Unverhältnismäßig hohe Strafen und Strafandrohungen sollten daher die rebellierenden – und teilweise schon ähnlich wie die drei Jahrzehnte späteren »Rokker« auftretenden – Jugendlichen daran hindern, ideologisch gegen den Stachel zu löcken und Gesetzesverletzungen womöglich für Bekundungen eines zwar ungezügelten, aber doch verständlichen jugendlichen Übermuts zu halten. Daß die NS-Justiz in diesem Zusammenhang allerdings keineswegs prinzipiell und immer über den Rahmen der Verhältnismäßigkeit hinausging, beweisen Entscheidungen von Gerichten der Bundesrepublik Deutschland, die ablehnten, vor 1945 wegen »krimineller Vergehen« zum Tode verurteilte und hingerichtete »Cliquen«-Mitglieder nachträglich grundsätzlich zu rehabilitieren und als nachweisliche Opfer politischer Justiz zu deklarieren.

IV.
Dem Ende entgegen

»Der harte und verlustreiche Kampf der letzten zweieinhalb Jahre gegen den Bolschewismus hat die Masse unserer militärischen Kräfte und Anstrengungen aufs äußerste beansprucht ... Die Gefahr im Osten ist geblieben, aber eine größere im Westen zeichnet sich ab: die angelsächsische Landung ... Gelingt hier dem Feind ein Einbruch ... in breiter Front, so sind die Folgen in kurzer Zeit unabsehbar.«

Adolf Hitler am 3. November 1943

Von Stalingrad bis Tunis

Das Jahr 1943 läutete Hitler am 1. Januar mit der Behauptung ein, daß das Schicksal ihn zwinge, seinen üblichen Neujahrsaufruf »zum vierten Male« im »Kriege an das deutsche Volk« zu richten, dem der Krieg, »wie so oft in der deutschen Geschichte, von den habgierigen alten Feinden aufgezwungen worden« sei.[1] Obwohl er aus den Stimmungsberichten wußte, daß die Bevölkerung seit Anfang November 1942 immer häufiger die angstvolle Befürchtung äußerte, Stalingrad werde sicherlich verlorengehen und nicht nur weitere Opfer fordern, sondern im Falle seines Verlustes auch strategische und möglicherweise sogar kriegsentscheidende Folgen nach sich ziehen, unterließ er es, der allgemein geäußerten Forderung nachzukommen und öffentlich zu erklären, was in und um Stalingrad vorging und wie es um die von Friedrich Paulus geführte 6. deutsche Armee tatsächlich bestellt war. Die Stalingrad-Berichte der Propaganda-Kompanien, die in Illustrierten veröffentlicht wurden, sah jedermann als das an, was sie sein sollten: geschickt gestaltete Propagandaversionen, die später jedes Ende rechtfertigen ließen. Wie Heinz Linge 37 Jahre später protokollierte, hatte sich Hitler die seit Anfang November 1942 vorliegenden Stimmungsberichte noch einmal von Linge vorlegen lassen, der sich infolge seiner Dienststellung, Mentalität und

Charakterstruktur nicht sonderlich dafür interessierte, was in ihnen stand. Hitler schwankte nach der Lektüre zwischen Selbstbeschuldigung und Verärgerung. Zuerst erklärte er, daß er allein für Stalingrad verantwortlich sei,[2] was sich mit den Tatsachen deckte. Mit diesem Eingeständnis allerdings könne er, so rechtfertigte er sein Schweigen, nicht »vor das Volk treten«, solange er »nicht wirklich gravierende« positive Mitteilungen zu machen in der Lage sei. Dann aber, nach einigen Minuten »bedrückend stillen Brütens«, habe er sich hämisch über bestimmte Passagen in den Stimmungsberichten geäußert und beispielsweise (dem Sinne nach) erklärt: Wenn sich die Bayern über die schlechter werdende Qualität des Bieres aufregen, während Millionen an der Front unbeschreibliche Entbehrungen auf sich nähmen und ihre Köpfe für die Zukunft des deutschen Volkes hinhielten, wäre unwichtig, was derzeit bemängelt und von notorischen Schwarzsehern hochgespielt würde. Besonders ärgerte ihn, wie Linge berichtete, daß in den SD-Berichten zuweilen von »unkontrollierbaren Gerüchtebildungen« die Rede gewesen sei.[3]

Der bis dahin schwärzeste Tag Hitlers fiel mit dem 10. Jahrestag seiner Machtübernahme zusammen. Die Kapitulation der eigenen Streitkräfte in Stalingrad war das Menetekel, das er besser als jeder andere zu deuten wußte. Hatte er im engsten Kreis doch schon am 12. Dezember 1942 erklärt, daß die – nach dem russischen Durchbruch vom 19. November 1943 bei der 3. und 4. rumänischen Armee – seit dem 22. November 1942 von den Russen eingeschlossene Stadt Stalingrad nicht mehr zu nehmen sein würde, wenn sie erst einmal verlorengegangen wäre.[4] Was Wunder, daß er darauf verzichtete, seine kraß schwarz-weiß malende Proklamation[5] zur 10. Wiederkehr der Machtübernahme persönlich vorzutragen. Goebbels mußte dies im Berliner Sportpalast erledigen. Angesichts der rund 124000 in Stalingrad Gefallenen, 34000 Verwundeten, dem am 31. Januar von Hitler noch schnell zum Generalfeldmarschall beförderten Paulus, 24 deutschen, zwei rumänischen Generalen, Hunderten von Stabsoffizieren und (nach russischen Angaben) 91000 in Gefangenschaft geratenen Soldaten,[6] die vergeblich auf Entsatz gewartet hatten,[7] hatte der Reichspropagandaminister keinen leichten Stand. Die Verleihung des Ehrenzeichens der Partei an zwei Dutzend »Auserwählte«, unter ihnen der Reichsjustizminister Georg Thierack, Alfred Jodl, Hermann Reinecke, Rudolf Schmundt, Eduard Dietl und Ferdinand Schörner, wirkte wie eine Farce in einer Zeit, in der nach SD-Berichten selbst in München, der »Hauptstadt der Bewegung«, kaum noch jemand das normale Parteiabzeichen trug.[8] Daß Hitler die Verleihungsanweisung denn auch weder datiert noch unterschrieben hatte,[9] wußten nicht einmal die Geehrten.

Vier Tage nach der Führer-Proklamation zum 10. Jahrestag der Machtergreifung erfuhr alle Welt durch eine deutsche Sondermeldung: »Der Kampf in Stalingrad ist zu Ende. Ihrem Fahneneide bis zum letzten Atemzuge getreu ist die 6. Armee unter der vorbildlichen Führung des Generalfeldmarschalls Paulus der Übermacht des Feindes und der Ungunst der Verhältnisse erlegen. Ihr Schicksal wird von einer Flakdivision der deutschen Luftwaffe, zwei rumänischen Divisionen und einem kroatischen Regiment geteilt, die in treuer Waffenbrüderschaft mit den Kameraden des deutschen Heeres ihre Pflicht bis zum Äußersten getan haben. Noch ist es nicht an der Zeit, den Verlauf der Operationen zu schildern, die zu dieser Entwicklung geführt haben. Eines aber kann heute schon gesagt werden: Das Opfer der 6. Armee war nicht umsonst. Als Bollwerk der historischen europäischen Mission hat sie viele Wochen hindurch dem Ansturm von sechs sowjetischen Armeen getrotzt.[10] Vom Feinde völlig eingeschlossen, hielt sie in weiteren Wochen schwersten Ringens und härtester Entbehrung starke Kräfte des Gegners gebunden. Sie gab dadurch der deutschen Führung Zeit und Möglichkeit zu Gegenmaßnahmen, von deren Durchführung das Schicksal der gesamten Ostfront abhing. Vor diese Aufgabe gestellt, hat die 6. Armee schließlich auch durchgehalten, als mit der Dauer der Einschließung und dem Fortgang der Operationen die Luftwaffe, trotz äußerster Anstrengungen und schwerster Verluste außerstande war, eine ausreichende Luftversorgung sicherzustellen und die Möglichkeit eines Entsatzes mehr und mehr und schließlich ganz dahinschwand. Die zweimal vom Gegner verlangte Übergabe fand stolze Ablehnung. Unter der Hakenkreuzfahne, die auf der höchsten Ruine von Stalingrad weithin sichtbar gehißt wurde, vollzog sich der letzte Kampf. Generale, Offiziere, Unteroffiziere und Mannschaften fochten Schulter an Schulter bis zur letzten Patrone. Sie starben, damit Deutschland lebe. Ihr Vorbild wird sich auswirken bis in die fernsten Zeiten, aller unwahren bolschewistischen Propaganda zum Trotz. Die Divisionen der 6. Armee aber sind bereits im neuen Entstehen begriffen.«[11]

Der Anfang vom Ende,[12] das Hitlers vorausgegangene öffentliche Erklärungen[13] drastisch Lügen strafte,[14] hatte sich spektakulär abgezeichnet. »Tiefe Erschütterung«, im ganzen Volk, registrierten SD-Berichte, in denen ausdrücklich hervorgehoben wurde, daß die am

30. Januar gehaltenen Reden und selbst die von Goebbels vorgetragene Führer-Proklamation »in den Hintergrund gedrängt« worden seien, seit endlich jedermann erfahren habe, was in Stalingrad tatsächlich geschehen sei und welche Opfer der Kampf um die Stadt, die Stalins Namen trug, gefordert habe. Jetzt zählten andere Argumente. Jetzt wurde besorgt gefragt, wie »hoch die eigenen Blutopfer« gewesen seien,[15] wurde infolge der vorausgegangenen NS-Propaganda unmißverständlich vorausgesetzt, daß die russische Gefangenschaft »schlimmer als der Tod«[16] sein müßte, und ebenso prononciert ausgedrückt, daß die deutsche Führung die Zeichen der Zeit offenbar nicht rechtzeitig erkannt habe. »Die Volksgenossen können es nicht fassen«, hieß es beispielsweise in einem SD-Bericht vom 4. Februar 1943, »daß ein Entsatz Stalingrads nicht möglich gewesen ist.«[17] Die Bevölkerung warf der militärischen Führung vor, der 6. Armee in Stalingrad verboten zu haben, den Umschließungsring der Russen zu durchbrechen und sich vor der Vernichtung zu retten.

Ganz anders argumentierte Hitler im Kreise seines Stabes. Da ging es vor allem darum, wie die Katastrophe der Öffentlichkeit »verkauft« werden sollte. Und da wurde lang und breit darüber diskutiert, wie es möglich gewesen sei, daß sich Paulus und sein Stab den Russen ergeben hätten. Einige Auszüge aus dem seit September 1942 geführten »Kriegstagebuch des Oberkommandos der Wehrmacht/Wehrmachtführungsstab« sind beredter als lange Kommentare. Das stenographische Protokoll vom 1. Februar 1933 verzeichnet:

»Der Führer: ... Die haben sich da absolut formgerecht übergeben. Denn im anderen Falle stellt man sich zusammen, bildet einen Igel und schießt mit der letzten Patrone sich selbst tot. Wenn man sich vorstellt, daß eine Frau den Stolz hat, daß sie, weil sie nur ein paar beleidigende Worte hört, hinausgeht, sich einsperrt und sich sofort totschießt, dann habe ich vor einem Soldaten keine Achtung, der davor zurückschreckt, sondern lieber in Gefangenschaft geht ...

Zeitzler:[18] Ich kann es auch nicht fassen. Ich bin immer noch der Meinung, daß es vielleicht nicht stimmt, daß er vielleicht ganz schwer verwundet daliegt.

Der Führer: Nein, es stimmt. Die kommen sofort nach Moskau und kommen zu der GPU, und sie werden Befehle herausfetzen, daß der nördliche Kessel sich auch übergeben soll. Der Schmidt[19] wird alles unterschreiben. Wer nicht den Mut hat, in solcher Stunde den

Weg anzutreten, den jeder Mensch einmal antreten muß, hat auch nicht die Kraft, dem zu widerstehen. Der kommt in die Seelenmarter hinein. Bei uns ist zuviel der Intellekt gezüchtet worden und zu wenig die Charakterfestigkeit...

Zeitzler: Man kann sich die Art eigentlich gar nicht erklären.

Der Führer: Sagen Sie das nicht... Im Deutschen Reich haben im Frieden jährlich 18000–20000 Menschen den Freitod gewählt, ohne irgendwie in einer solchen Lage zu sein. Hier kann ein Mann sehen, wie 45000–60000 seiner Soldaten sterben und mit Tapferkeit bis zum letzten sich verteidigen – kann er sich da den Bolschewiken ergeben...

Zeitzler: Das ist so etwas, daß man es eigentlich gar nicht fassen kann.

Der Führer: Aber der erste Zweifel wurde bei mir schon vorher wach. Das war der Moment, wo es hieß, er (Friedrich Paulus, der Verf.) fragt an, was er tun soll. Wie kann er da überhaupt anfragen. Die Pistole – das ist doch eine Leichtigkeit. Was gehört schon für eine Feigheit dazu, vor dem auch noch zurückzuschrecken! Ha! Lieber sich lebendig begraben lassen! Und zwar in einer solchen Lage, wo er doch genau weiß, daß sein Tod die Voraussetzung für das Halten des nächsten Kessels ist. Denn wenn er ein solches Beispiel gibt, darf man nicht erwarten, daß die Männer weiter kämpfen.

Zeitzler: Da gibt es keine Ausrede. Dann muß er sich vorher totschießen, wenn die Nerven zu versagen drohen.

Der Führer: Wenn die Nerven versagen, bleibt sowieso nichts anderes übrig, als zu sagen: ich konnte es nicht mehr, und sich totzuschießen. Da kann man auch sagen: der Mann hat sich totzuschießen, so wie sich früher die Feldherrn in das Schwert stürzten, wenn sie sahen, daß die Sache verloren war. Das ist eine Selbstverständlichkeit. Selbst ein Varus hat dem Sklaven befohlen: töte mich jetzt!

Zeitzler: Ich denke immer noch, daß sie es vielleicht getan haben und daß die Russen nur behaupten, sie haben sich alle in Gefangenschaft begeben.

Der Führer: Nein!... Wie ich es heute nacht hörte, habe ich gleich den Puttkamer[20] feststellen lassen, ob die Geschichte schon draußen ist. Wäre es im Rundfunk noch nicht bekanntgewesen, hätte ich es sofort gestoppt. Mir tut das darum so weh, weil das Heldentum von so vielen Soldaten von einem einzigen charakterlosen Schwächling (gemeint ist Generalfeldmarschall Paulus, der Verf.) ausgelöscht wird – und das wird der Mann jetzt tun. Sie müssen sich vorstellen, er kommt nach Moskau hinein, und stellen Sie sich den ›Rattenkäfig‹ vor! Da unterschreibt er alles. Er wird Geständnisse machen, Aufrufe machen. Sie werden sehen: sie werden jetzt den Weg zur Charakterlosigkeit bis nach unten gehen, bis in die tiefste Niederung. Da kann man auch sagen: Da zieht eine böse Tat fortzeugend immer neues Böses nach sich ... man muß tapfere, kühne Leute nehmen, die auch ihr Leben einzusetzen bereit sind, wie jeder Soldat sein Leben einsetzt. Was heißt das ›Leben‹ ... der einzelne muß ja sterben. Was über den einzelnen Leben bleibt, ist ja das Volk. Aber wie einer davor Angst haben kann, vor dieser Sekunde, mit der er sich aus der Trübsal befreien kann, wenn ihn nicht die Pflicht in diesem Elendstal zurückhält ... Paulus melden sie auch als gefangen. Ich will gegliedert haben: gefangen und vermißt. Wenn sie einbrechen und ohne Kampf es nehmen, weiß man, sie sind gefangen. Die anderen müßte man als vermißt melden ... Ich weiß nicht, wie man in dem Fall Paulus verfahren soll ... Der rumänische General Lascar ist mit seinen Leuten gefallen. Es freut mich, daß ich ihm das Eichenlaub gegeben habe. Wie so etwas passieren kann! Als ich heute nacht um ½ 3 Uhr das erfuhr ... habe ich gleich den Puttkamer kommen lassen, um festzustellen, ob die Rundfunkmeldung schon heraus sei. Denn die Russen meldeten: Marschall Paulus mit seinem ganzen Stab gefangen. Der ganze Stab hat sich ergeben ...

Zeitzler: Was ich schon vorausahnte! Ich dachte sie würden mit dem toten Paulus Schindluder treiben ... Und nun ist es noch schlimmer.

Der Führer: Er wird in kürzester Zeit im Rundfunk sprechen, das werden Sie sehen. Der Seydlitz[21] und der Schmidt werden im Rundfunk sprechen. Sie sperren sie in den Rattenkeller ein, und zwei Tage darauf haben sie sie so mürbe, dann reden sie sofort ... man (müßte) ... sich auf den Standpunkt stellen, daß auch die Stäbe bis zum letzten gekämpft haben und daß sie nur, wenn sie verletzt und überwältigt worden sind, der Übermacht erlegen und in Gefangenschaft geraten sind.

Zeitzler: Das hat auch sicher die Masse der Stäbe gemacht.

Der Führer: Man muß überhaupt sagen, das war überhaupt keine Kapitulation, sondern eine Überwältigung.

Zeitzler: Man kann noch hineinschreiben: Der Russe wird es anders darstellen – daß man das vorher schon von uns aus in die Weltpresse hineinbringt.

Der Führer: Daß sie seit Monaten keine Verpflegung hatten und daß es daher den Russen gelungen ist, manche von ihnen zu überwältigen.

Zeitzler: Ich glaube auch, diese Tendenz ist die richtigere ... Bezüglich der russischen Meldung prüfen wir gerade auch nach, ob hier nicht irgendwelche Fehler darin sind. Denn ein einziger Fehler – ein General, der überhaupt nicht da sein konnte – würde beweisen, daß das Ganze nach einer Liste gemacht ist, die sie irgendwo erbeutet haben, – was sie veröffentlicht haben.

Der Führer: Sie melden, daß die den Paulus gefangen haben, ebenso den Schmidt und den Seydlitz ... Ich will Ihnen einmal etwas sagen: Ich verstehe nicht einen Menschen wie Paulus, daß er nicht lieber in den Tod geht ... Sie werden sehen: Es dauert keine 8 Tage, dann sprechen Seydlitz und Schmidt und auch Paulus im Rundfunk.

Jodl: Davon bin ich fest überzeugt.

Der Führer: Sie kommen jetzt in die Ljubljanka hinein, und dort werden sie von Ratten gefressen. Wie kann man so feige sein? Ich verstehe das nicht.

Jodl: Ich habe immer noch Zweifel.

Der Führer: Ich leider nicht. Wissen Sie – ich glaube auch nicht mehr an die Verwundung, die der Paulus erlitten haben soll.[22] Das scheint auch nicht zu stimmen ... Mir persönlich tut am meisten weh, daß ich das noch getan habe, ihn zum Feldmarschall zu befördern. Ich wollte ihm die letzte Freude geben. Das ist der letzte Feldmarschall gewesen, den ich in diesem Kriege mache. Man darf erst den Tag nach dem Abend loben ... So viele Menschen müssen sterben, und dann geht ein solcher Mann her und besudelt in letzter Minute noch den Heroismus von so vielen anderen. Er konnte sich von aller Trübsal erlösen und in ... die nationale Unsterblichkeit eingehen, und er geht lieber nach Moskau. Das ist schon etwas Tolles.

Jodl: Aus diesem Grunde habe ich immer noch Zweifel ...

Jeschonnek:[23] Ich halte es doch für möglich, daß die Russen das ganz bewußt gemeldet haben. Sie arbeiten ja so raffiniert.

Der Führer: Sie werden in 8 Tagen im Rundfunk reden.

Jeschonnek: Das kriegen die Russen auch fertig, einen anderen reden zu lassen.

Der Führer: Nein, sie sprechen persönlich im Rundfunk. Das werden Sie gleich hören. Sie sprechen alle persönlich im Rundfunk! Sie werden die Leute im Kessel zuerst auffordern, sich zu ergeben, und werden die gemeinsten Sachen gegen die deutsche Wehrmacht sagen. Sie müssen sich klar sein: sie kommen nach Moskau in die

Ljubljanka und werden da ›behandelt‹. Wenn ein Mensch nicht den Mut hat, in solcher Stunde ...«

Den Schock, den der Verlust von Stalingrad und der Stalingrad-Armee bei der Bevölkerung ausgelöst hatte, überwanden weder das Regime noch das Volk ganz. Bei jedem Rückschlag tauchte Stalingrad als Menetekel und warnendes Zeichen dafür auf, daß Hitler seinen Zenit überschritten hatte. Hoffnungslosigkeit und Niedergeschlagenheit kennzeichneten bis Frühjahr die Haltung der Bevölkerung. Noch Wochen nach der Kapitulation der 6. Armee wurden überall im Reich Apotheker und Ärzte verstohlen gefragt, wie man sich gegebenenfalls am besten das Leben nehmen könne, wenn die Bolschewisten kämen. Die ländliche Bevölkerung, vor allem die Bäuerinnen, suchte plötzlich Schutz vor den östlichen Fremdarbeitern, die sich schlagartig renitent und selbstbewußt zu zeigen begannen.[24] Angehörige der Stalingrad-Kämpfer lebten in Sorge und Ungewißheit über das Schicksal der Soldaten. Die Propaganda trug ihre Früchte. Deutliche Vorwürfe gegen die politische und militärische Führung des Reiches wurden relativ offen ausgesprochen, ohne daß das Regime im allerersten Schock nach Stalingrad in der für seinen brachialen Stil typischen Weise vorging. In einem Lazarett in Erfurt beispielsweise kam es in den ersten Februar-Tagen zu Auseinandersetzungen zwischen verwundeten Angehörigen der Wehrmacht und der SS, die – gemessen an den dabei zum Ausdruck gebrachten Urteilen über das Regime und dessen Führung – zuvor mit Sicherheit von einem Kriegsgericht mit harten Strafen geahndet worden wären. In Erfurt geschah zu der Zeit nichts dergleichen. Die Gestapo erschien und wiegelte ab. Jetzt, »in der Stunde der Prüfung«, so argumentierten ihre Vertreter, könnten doch Wehrmacht und die SS sich nicht gegenseitig zerfleischen wollen. Kein Name wurde registriert, kein Protokoll verfaßt, keine Unterschrift gefordert.[25]

Zivilisten, Einzelpersonen und Gruppen, die mit dem Fall Stalingrads gegen das NS-Regime argumentierten, sahen sich jedoch bald der Verfolgung und raschen Bestrafung ausgesetzt. Noch im Februar fielen der Gestapo an der Münchener Universität die Geschwister Hans und Sophie Scholl als Verteiler von Flugblättern in die Hände, in denen Hitler für den Tod von 330000 Stalingrad-Kämpfern verantwortlich gemacht wurde. Am 22. Februar standen sie vor dem Henker. In Mannheimer Großbetrieben endeten Gestapo-Untersuchungen mit 19 Todesurteilen.

Nachdem Goebbels am 18. Februar 1943 nach einer aufwendig

vorbereiteten Pressekampagne im Berliner Sportpalast seine berüchtigte und viel zitierte Rede über die Notwendigkeit des totalen Krieges gehalten und die Zuhörer aufgefordert hatte, ihm augenblicklich und akklamatorisch zu antworten, ob sie »den totalen Krieg« wollten,[26] registrierten die getarnten Meinungsforscher überall unwillige und verächtliche Antworten. In Berlin seien nicht »freie Vertreter des Volkes«, sondern ausgewählte Exponenten »eines Kommandos« als Alibi für die nun folgenden Entscheidungen und Maßnahmen des Regimes »vorgeführt« worden, lautete der Tenor der Kritik.

Selbst diejenigen, die – trotz aller Drohungen und möglichen Folgen – ausländische Sender hörten, registrierten nach der Katastrophe in Stalingrad kaum Ereignisse, die seitens der westlichen Alliierten Geschichte machen sollten. So hatten beispielsweise vom 14. bis 26. Januar Roosevelt und Churchill in Casablanca im Rahmen einer persönlichen Konferenz beschlossen, auf allen Kriegsschauplätzen der Welt zu prüfen, wie der Krieg zu Lande, zu Wasser und in der Luft intensiver geführt und unter Heranziehung aller nur möglichen Hilfsmittel unterstützt werden könnte. Durch die erfolgreichen Landungen der alliierten Truppen in Nordwestafrika Anfang November 1942, den Sieg Montgomerys über Rommel bei El Alamein, die sich anbahnende Katastrophe in Stalingrad, die schwere Niederlage der Japaner in der Juni-Seeschlacht bei Midway und die erfolgreiche Landung amerikanischer Truppen auf Guadalcanar, der Hauptinsel der Salomonengruppe, im August 1942 zur Festsetzung der weiteren strategischen Ziele ermuntert und erfolgversprechend legitimiert, waren die Angloamerikaner übereingekommen, 1944 in Frankreich zu landen und infolge einer Initiative des US-Präsidenten seitens der Achsenmächte Deutschland–Italien–Japan nur eine bedingungslose Kapitulation (unconditional surrender) zu akzeptieren. Die Sowjetunion, seit Juli 1941 von den USA als ein der Unterstützung bedürftiger Partner anerkannt und seitdem auf der Basis des englisch-amerikanisch-sowjetischen Protokolls vom 1. Oktober 1941 und dem Leih- und Pachtgesetz vom 6. November 1942 mit einer Milliarde Dollar finanziell und materiell enorm unterstützt, sollte zusätzlich auch noch durch die Fesselung des gemeinsamen Feindes an ausgewählten Punkten militärisch entlastet werden.

Die Träume von weltweiten militärischen Eroberungen waren auf deutscher Seite ausgeträumt. Selbst die Hoffnung, bemerkenswerte begrenzte Erfolge erringen zu können, erschien den weitaus meisten Deutschen jetzt irreal. Ein Arrangement mit den Westmächten, vor allem mit England, wie es Hitler immer noch vorschwebte, blieb spätestens seit Casablanca eine Fata Morgana. Mit Stalin wollte Hitler sich nicht mehr an einen Tisch setzen, was nach der Niederlage von Stalingrad allerdings zweifellos auch nicht einfach gewesen wäre. Die Chimäre vom deutschen »Endsieg«, nunmehr aufwendig an die Stelle einer großen Außenpolitik mit akzeptablen Lösungen gesetzt, glich seitdem einem Trugbild, das die Bevölkerung wie eine Ikone gläubig vor sich hertragen sollte.

In dieser Situation, in der sich das Kriegsglück so offensichtlich von den Achsenmächten abgewandt hatte, hofften sehr viele Deutsche, daß der zwischen dem späten Frühjahr und dem Hochsommer 1942 von der deutschen Presse außerordentlich aufwendig behandelte Partner Japan[27] nun trotz des russisch-japanischen Abkommens militärisch gegen die Sowjetunion vorgehen würde; aber diese Hoffnung trog ebenso wie die im August 1942 umlaufenden Gerüchte über – tatsächliche – russische Versuche, sich mit Deutschland auszusöhnen, sich wieder mit dem Reich zu verbünden und mit ihm zusammen gegen die Westalliierten zu kämpfen,[28] getrogen hatten. Zwar hatte Hitler den japanischen Botschafter Hiroshi Oshima am 21. Januar 1943 nachdrücklich aufgefordert, die japanische Führung zu einem Angriff auf die Sowjetunion zu bewegen;[29] aber seit Anfang Januar stand in Tokio, wo keinerlei Ambitionen herrschten, sich zu einem Satelliten der Achse machen zu lassen, eindeutig fest, daß Japan »unter keinen Umständen im Osten angreifen«[30] würde.

Stalingrad war verloren. Die Russen blieben auf der Seite der Westalliierten, und die Japaner weigerten sich, als Soldaten Schulter an Schulter neben den Deutschen gegen die Russen zu fechten. Am 7. und 8. November 1942 waren unter Eisenhowers Führung (im Schutze der britischen Marine und der Luftflotte 2) 500 Schiffe mit amerikanischen und britischen Truppen an verschiedenen Stellen in Marokko und Algerien gelandet. Die deutsche Führung, sowohl von diesem Angriffstermin als auch von der Angriffsrichtung überrascht, hatte in großer Hast deutsche und italienische Verbände nach Tunesien übergesetzt, das sich noch in der Hand der mit Deutschland zusammenarbeitenden Vichy-Regierung befand.[31]

In Nordafrika war es zu einem Zweifrontenkrieg gekommen. Die seit dem 23. Oktober 1942 von der britischen 8. Armee unter Montgomery berannte und von Rommel verteidigte El-Alamein-Stellung in Ägypten war zusammengebrochen und Rommel an die Westgrenze der Cyrenaika zurückgewichen. Schrittweise mußte ganz Libyen aufgegeben werden. Am 9. März wurde Rommel durch Generaloberst Hans-Jürgen von Arnim ersetzt. Am 7. Mai gingen Tunis und Biserta verloren. 252000 deutsche und italienische Soldaten gerieten in Gefangenschaft.

Am 13. Mai, dreieinhalb Monate nach der Kapitulation der deutschen Stalingrad-Verteidiger und ihrer Verbündeten erfuhr die Öffentlichkeit: »Der Heldenkampf der deutschen und italienischen Afrikaverbände hat heute sein ehrenvolles Ende gefunden. Die letzten in der Umgebung von Tunis fechtenden Widerstandsgruppen, seit Tagen ohne Wasser und Verpflegung,[32] mußten nach Verschuß ihrer gesamten Munition den Kampf einstellen. Sie sind schließlich dem Mangel an Nachschub erlegen, nicht dem Ansturm des Feindes, der die Überlegenheit unserer Waffen auch auf diesem Kriegsschauplatz oft genug hat anerkennen müssen. Die Afrikakämpfer Deutschlands und Italiens haben trotzdem die ihnen gestellte Aufgabe in vollem Umfang erfüllt. Durch ihren Widerstand, der dem Feind in monatelangem, erbittertem Ringen jeden Fußbreit Boden streitig machte, fesselten sie in Nordafrika stärkste Kräfte des Gegners und brachten ihm schwerste Menschen- und Materialverluste bei. Die damit erreichte Entlastung an anderen Fronten und die gewonnene Zeit kamen der Führung der Achsenmächte in höchstem Maße zugute.«[33]

Hitler, der jetzt befahl, daß alle Reden, die der Rundfunk von nun an verbreitete, ihm zuvor persönlich vorzulegen seien, verbot die weitere Verbreitung dieses Textes. Die Katastrophe von Stalingrad wirkte immer noch wie ein akutes Trauma.

Wie die Stalingrad-Armee aus bornierten Prestigegründen nicht hatte gerettet werden dürfen, so waren auch die – infolge der Überlegenheit der 5. Panzer-Armee des Rommel-Nachfolgers Arnim im »Brückenkopf Tunis« und der Position der deutschen Seestreitkräfte als einigermaßen begründet anzusehenden – Chancen zum Abtransport der deutschen und italienischen Truppen nicht genutzt worden, eine Viertelmillion Soldaten über See zurückzuziehen. Rund 500000 erfahrene Frontkämpfer, auf die nicht nur seit 1943 kaum verzichtet werden konnte, mußten auf höchsten Befehl zwischen Ende Januar und Mitte Mai 1943 in Gefangenschaft gehen. An die Stelle klug vorausschauender strategischer, taktischer und operativer Maßnahmen waren salbungsvolle »Nachrufe« getreten. Daß die Stellungen in Nordafrika auf die Dauer nicht würden gehalten werden können, hatte – der überraschend aus der Wüste Syrte nach Ostpreußen ins

Führer-Hauptquartier geflogene Feldmarschall – Erwin Rommel dem Oberkommando der Wehrmacht zu Hitlers Verärgerung schon am 29. November 1942 in der »Wolfsschanze« vorgetragen.[34]

Eine Woche vor der Kapitulation waren, vor allem in deutschen Bergbaugebieten, Reime kolportiert worden, die angesichts der massierten feindlichen Bombenangriffe auf Städte und Dörfer Goebbels und die Berliner treffen sollten. »Lieber Tommy«, so lautete einer von ihnen, »fliege weiter, wir sind Bergarbeiter, fliege weiter nach Berlin, die haben alle ›ja‹ geschrien«,[35] womit die unmittelbaren Reaktionen auf Goebbels' Rede über die Notwendigkeit des totalen Krieges gemeint waren. Das Hauptinteresse der Bevölkerung konzentrierte sich nun primär auf den alliierten Bombenkrieg mit den für sie – neben den Mängeln bei der Versorgung mit Lebensmitteln und bestimmten Industrieerzeugnissen – am unmittelbarsten spürbaren Folgen des Krieges.

Besorgt berichteten V-Männer des SD, daß sich deutsche Soldaten »über den Abschluß der Kämpfe in Afrika riesig gefreut hätten und daß die in Gefangenschaft geratenen deutschen Soldaten den Engländern geradezu um den Hals gefallen seien«.[36] Briefe deutscher Gefangener aus Kanada informierten ihre Angehörigen und Freunde in der Heimat, daß es ihnen »außerordentlich gut« ginge und daß »sie großartig verpflegt« würden,[37] was nicht ohne Resonanz blieb. Und noch etwas anderes zeigte sich angesichts der Mißerfolge. Die Bevölkerung forderte eine offene, klare und schnörkellose Sprache bei Berichterstattungen über die Lage an den Fronten.

Den ungewöhnlich harten Winter 1941 hatte die Bevölkerung noch als Ausnahme und Jahrhundertereignis hingenommen und die danach von Frühjahr bis Herbst 1942 wiederum erfolgreich operierenden deutschen Truppen in Rußland und Nordafrika als Garantie für den deutschen Endsieg aufgefaßt, obwohl Hitler, was sie nicht wußte, schon im November 1941 nur noch einen »Verhandlungsfrieden« für möglich hielt. Im Sommer 1942, als die deutschen Armeen im Osten im Kaukasus standen und im Süden Ägypten erreicht hatten, waren in allen Bevölkerungsschichten noch einmal Siegeshoffnungen aufgeflackert. Daß Hitlers Deutschland den Kampf bereits verloren hatte, konnten die Zeitgenossen zu der Zeit noch nicht in der Weise erkennen, wie es heute möglich ist. Seit der deutsche Angriff im Osten versandet, der britische Durchbruch am 5. November 1942 bei El Alamein in Nordafrika gelungen und Rommels »Afrika-Korps« zum Rückzug gezwungen worden war, befanden sich die Alliierten in der Offensive. Im Osten war die Rote Armee am 19. November zur Gegenoffensive auf Stalingrad angetreten. Das Reich und seine Führung sahen sich von nun an auf die Defensive beschränkt. Entsprechend reagierte das Volk, dessen Äußerungen trotz aller Propaganda, Verschleierungen und Stilisierungen negativer Zäsuren durch das Regime nicht selten den Ereignissen vorauseilten. Der propagandistische Ausweg Hitlers, der zunehmend zum Sklaven seiner Lehren, Maßnahmen und Prophezeiungen wurde und sich nunmehr zum Verteidiger der »Festung Europa« gegen den Bolschewismus und gegen die westlichen Plutokratien hochstilisierte, leitete die »Ära« des Untergangs auch propagandistisch ein, was im Ausland zwangsläufig früher und konsequenter als im Reich erkannt wurde.

Innenpolitisch hatte sich die Entwicklung zur Wende eigentlich schon am 26. April 1942 mit dem formalen und von Hitler befohlenen Beschluß des Reichstages angebahnt, der angesichts der erwarteten und notwendigen schnellen Erfolge an den Fronten dem Führer allein zu entscheiden »erlaubte«, was immer er für angemessen und richtig hielt.[38] »Es kann keinem Zweifel unterliegen«, so hieß es da, »daß der Führer in der gegenwärtigen Zeit des Krieges, in der das deutsche Volk in einem Kampf um Sein oder Nichtsein steht, das von ihm in Anspruch genommene Recht besitzen muß, alles zu tun, was zur Erringung des Sieges dient oder dazu beiträgt. Der Führer muß daher – ohne an bestehende Rechtsvorschriften gebunden zu sein – in seiner Eigenschaft als Führer der Nation, als oberster Befehlshaber der Wehrmacht, als Regierungschef und oberster Inhaber der vollziehenden Gewalt, als oberster Gerichtsherr und als Führer der Partei jederzeit in der Lage sein, nötigenfalls jeden Deutschen – sei er einfacher Soldat oder Offizier, niedriger oder hoher Beamter oder Richter, leitender oder dienender Funktionär der Partei, Arbeiter oder Angestellter – mit allen ihm geeignet erscheinenden Mitteln zur Erfüllung seiner Pflichten anzuhalten und bei Verletzung dieser Pflichten nach gewissenhafter Prüfung ohne Rücksicht auf sogenannte wohlerworbene Rechte mit der ihm gebührenden Sühne zu belegen, ihn im besonderen ohne Einleitung vorgeschriebener Verfahren aus seinem Amte, aus seinem Rang und seiner Stellung zu entfernen.«[39]

Vorausgegangen war eine Rede Hitlers vor dem – zum letzten Male zusammengetretenen – Reichstag in der Berliner Krolloper. Hitler hatte »von der Nation« das Recht gefordert, fortan allein und ohne Rücksicht auf Gesetz, Justiz und traditionelle Gewohnheiten entscheiden, Richter ihrer Ämter entheben und von sich aus neue Normen setzen zu können.[40] Die Bevölkerung begrüßte diesen Akt zwar ganz allgemein; aber sie fragte auch, was denn dahinterstecke und wieso der Führer »vor aller Welt« Mängel und Schwächen des Regimes und der Einstellung bestimmter politischer Funktionsträger und Inhaber staatlicher Ämter offenbare.[41] Die unteren Schichten der Bevölkerung, vor allem die Arbeiter und die »Volksgenossen«, die außer ihrer Arbeitskraft nichts in die Waagschale werfen konnten, wenn es darum ging, etwas »ergattern« oder Vorteile anderer Art erzielen zu können, frohlockten – und sagten dies auch. Sie hofften auf ein rasches Ende »jeder Korruption und Pflichtvergessenheit«[42] in den staatlichen Behörden, NS-Instanzen und -Institutionen, mit denen sie es zu tun hatten. Mit Genugtuung wurde registriert, daß der Führer über alles informiert sei und sich trotz der großen Belastungen, denen er sich ausgesetzt sehe, persönlich für die Beseitigung der kriegsbedingten Mißstände einsetze. Daß der Führer die Justiz und die Drückeberger unter den Partei-Leuten und Beamten, die ihre Positionen bis dahin vor dem persönlichen Einsatz an der Front bewahrt hatten, künftig bei Mißgriffen nicht zu schonen gedachte, fand ganz allgemein besonderen Beifall.

Der instinktsichere Propagandist Hitler erntete mit dieser Pervertierung des Ermächtigungsgesetzes nicht Kritik, sondern Beifall. Diejenigen, die bis dahin bittend vor politischen und staatlichen Behörden und Instanzen erschienen waren, um bestimmte Rechte und Ansprüche durchzusetzen, schöpften Hoffnung. »Jetzt braucht endlich auch kein Arbeiter mehr einen verängstigt verschämten Diener zu machen, wenn er vor einer Behörde erscheint. Von nun an kann er – ›auf das Wort des Führers bauend‹ – fordern«, erklärte beispielsweise ein hoher Funktionär der HJ-Gebietsführung des Gaues »Ostland« (Ostpreußen) in Königsberg im Mai 1942.[43]

Mussolinis Sturz und das Ende des Faschismus in Italien

Am 25. Juli 1943, sechs Tage nachdem Hitler sich mit Mussolini in Feltre bei Belluno in Oberitalien getroffen hatte,[1] wurde die Welt von der Mitteilung überrascht, daß der Duce gestürzt worden sei. Die Nachricht wirkte vor allem in Deutschland wie ein Schock. Auf

Straßen und Plätzen, in Gaststätten und Restaurants, an den Arbeitsstätten und in Geschäften, diskutierte die Bevölkerung das Ereignis, das sie augenblicklich als Ende des Faschismus in Italien verstand.[2] Obwohl Wilhelm Höttl, Walter Schellenbergs Geheimdienst-Mann und Vertrauter, seinem obersten Chef, dem Heydrich-Nachfolger Kaltenbrunner, am 24. Juli über einen illegalen römischen Sender per Funk gemeldet hatte, daß am kommenden Tage der Große Rat der Faschisten tagen und Mussolini dabei möglicherweise »etwas passieren« werde, wurden auch Hitler und sein Stab von den Vorgängen überrascht,[3] was die Eintragungen im Kriegstagebuch des Wehrmachtsführungsstabes vom 25. Juli 1943 eindrucksvoll bezeugen. Der Text:

»Der Führer: Sie wissen schon über die Entwicklung in Italien Bescheid? Keitel: Ich habe nur die letzten Worte eben gehört. Der Führer: Der Duce ist zurückgetreten. Es ist noch nicht authentisch. Badoglio hat die Regierung übernommen, der Duce ist zurückgetreten. Keitel: Von sich aus, mein Führer? Der Führer: Wahrscheinlich auf Wunsch des Königs, durch den Druck des Hofes. Ich habe gestern schon gesagt, wie der König eingestellt ist. Jodl: Badoglio hat die Regierung übernommen. Der Führer: Badoglio hat die Regierung übernommen, also unser grimmigster Feind. Wir müssen uns sofort klar werden, irgendein Verfahren finden, daß wir die Leute hier zurückbringen auf das Festland.[4] Jodl: Das Entscheidende ist die Frage, kämpfen sie oder kämpfen sie nicht! Der Führer: Die erklären, sie kämpfen, aber das ist Verrat! Da müssen wir uns klar sein: das ist nackter Verrat! Ich erwarte nur die Nachrichten, was der Duce sagt. Der Dings will jetzt mit dem Duce sprechen. Hoffentlich erwischt er ihn. Ich möchte, daß der Duce sofort herkommt, wenn er ihn erwischt, daß der Duce sofort herkommt nach Deutschland ... Wir müssen natürlich jetzt dieses Spiel so weiterführen, als ob wir glauben würden, daß sie weitermachen.«[5]

Daß die Deutschen über diesen Schock relativ rasch hinwegkamen, hatte seine Gründe. Die Italiener standen bei ihnen als Waffenbrüder trotz aller anders lautenden Propaganda-Versionen nicht gerade hoch im Kurs. Hitlers »private« Äußerung, daß allein die Pariser Polizei ausgereicht hätte, die ganze italienische Armee zu Paaren zu treiben,[6] deckte sich mit der Meinung des Volkes. Ein augenblicklich überall kolportierter Witz zeigt besonders bildhaft, wieso viele Deutsche die nun plötzlich eingetretene Situation begrüßten: »Mussolini: ›Führer, können Sie mir 7 Divisionen zur Unterstützung zur

Verfügung stellen?‹ Der Führer: ›Duce, erklären Sie uns lieber den Krieg, dann brauche ich nur auf eine Division zu verzichten!‹«

Vorausgegangen waren schwere und entscheidende militärische Niederlagen. Am 11. und 12. Juli hatten sich die italienischen Truppen auf den Inseln Pantelleria und Lampedusa kampflos ergeben, nachdem die Alliierten am 10. Juli unter General Sir Harold Alexander auf Sizilien – mit anfänglich 160000 Mann und 600 Panzern – gelandet waren. Syrakus und Augusta wurden ebenso aufgegeben. Nur die hier eingesetzten deutschen Divisionen leisteten den alliierten Angreifern Widerstand. Die kriegsmüden Italiener wollten nicht mehr. Unter dem Eindruck der geglückten alliierten Invasion brach das 20 Jahre existierende faschistische Regime am 25. Juli widerstandslos zusammen. Mussolini wurde auf Beschluß des Großen faschistischen Rates mit 19 gegen 7 Stimmen abgesetzt, verhaftet und durch den Marschall Badoglio ersetzt, der zwar erklärte, an Deutschlands Seite weiterkämpfen zu wollen; aber Hitler traute diesen Versicherungen – mit Recht – nicht.

Daß Mussolini, ganz offensichtlich froh, der Bürde der Verantwortung und Pflichten nunmehr ledig zu sein, sich sofort beeilt hatte, Badoglio sowohl für seine »Aufmerksamkeiten« seiner »Person gegenüber« als auch in »Anerkennung der gemeinsamen geleisteten Arbeiten in früheren Zeiten« seinen Dank auszusprechen und seine Mitarbeit in jeder nur möglichen Form anzubieten, wußte Hitler nicht. Und er erfuhr dies auch zeitlebens nicht mehr. Zwar erklärte der Duce seinem Nachfolger als Regierungschef, daß er »mit der getroffenen Entscheidung einverstanden« sei, »daß der Krieg mit den Verbündeten fortgesetzt werde«; aber die diesem Passus folgenden Formulierungen klingen (auch unter Berücksichtigung des Mussolinischen pathetischen Sprachstiles) so dekorhaft aufgesetzt und gekünstelt, daß an ihrer Wahrhaftigkeit gezweifelt werden muß.[7]

Badoglios Politik bewies bald, daß Hitler sich nicht getäuscht hatte. Schon am 3. September unterzeichneten Bevollmächtigte des neuen italienischen Regierungschefs in Cassibile auf Sizilien eine zunächst geheimgehaltene Waffenstillstandsvereinbarung, die sich – bis heute überwiegend falsch interpretiert – konsequent an Roosevelts Casablanca-Forderung nach bedingungsloser Kapitulation hielt, auch wenn die eine oder andere Formulierung gewisse Zugeständnisse ahnen lassen konnte.[8] Eine Empfehlung, sich den Badoglio-Italienern anzuschließen, gab es für die Deutschen nicht. Nachdem die Briten in Kalabrien und die Amerikaner am 9. September bei

Salerno gelandet und General Eisenhower den Waffenstillstand bekanntgegeben hatte, besetzten deutsche Truppen nach kurzem Kampf Rom, entwaffneten und entließen das italienische Militär in Südfrankreich, in Italien und auf dem Balkan. In Norditalien gingen die Offiziere, Unteroffiziere und Mannschaften, soweit sie sich nicht für Mussolini entschieden, in deutsche Gefangenschaft. Der italienische König Viktor Emanuel, der Kronprinz und Badoglio flohen ins Lager der Alliierten. Die italienische Flotte lief aus La Spezia aus und ergab sich in Malta den Briten. Am 13. Oktober 1943 erklärte die Regierung Badoglio dem Deutschen Reich offiziell den Krieg.

In Deutschland, wo die Bevölkerung – wie immer in Krisensituationen – wiederum hoffte, daß der Führer sprechen, die Lage erklären und Hoffnungen initiieren möge, ging nun auch noch ein Großteil der Wunschvorstellungen zu Bruch, die nach Stalingrad und Tunis noch gehegt worden waren. Seit Stalingrad, so argumentierten die Leute, sei alles »Schlag auf Schlag schiefgegangen«. Das Kriegsglück habe den Führer ganz offenbar verlassen, der Kriegsgott ihm die Gunst entzogen. Alle Opfer des Krieges, den Deutschland allein unter gar keinen Umständen mehr gewinnen könne, seien infolge des »italienischen Verrats« ganz offensichtlich umsonst gewesen, so daß es schließlich doch besser sei, den Krieg sofort zu beenden, als weitere nutzlose Opfer an der Front und in der Heimat zu bringen. Die Westalliierten, die in jeder Hinsicht vom Sturz Mussolinis profitierten, demoralisierten die deutsche Bevölkerung durch Bombenangriffe zusätzlich. 40000 Tote wurden vom 25. Juli bis zum 5. August 1943 allein in Hamburg gezählt.[9] »Die Volksgenossen vermissen reale Anhaltspunkte für den von ihnen geforderten Optimismus«,[10] beklagten SD-Mitarbeiter Mitte August 1943 und registrierten böse Auswüchse regimefeindlichen Verhaltens. Ein viel kolportierter Witz aus diesen Tagen: Ein Parteigenosse, der der NSDAP fünf neue Mitglieder zuführt, darf selbst austreten, wer ihr zehn neue Mitglieder bringt, bekommt sogar eine Bescheinigung, selbst niemals Mitglied gewesen zu sein.

Am 10. September 1943, kurz nachdem sich die italienische Garnison von Rom den deutschen Truppen ergeben hatte, setzte Hitler den vielen Spekulationen und Unsicherheiten ein Ende. Er sprach im Rundfunk und weckte nach SD-Berichten erneut das »Vertrauen des Volkes in seine eigene Kraft, das vorübergehend erschüttert war«.[11] »Meine deutschen Volksgenossen und -genossinnen«, begann Hitler seine Rede und fuhr in unverwechselbarer Weise fort: »Befreit von der schweren Last der seit langer Zeit auf uns drückenden Erwartung, sehe ich nunmehr den Augenblick gekommen, um wieder zum deutschen Volk sprechen zu können, ohne vor mir selbst oder der Öffentlichkeit zu Lügen Zuflucht nehmen zu müssen. Der eingetretene Zusammenbruch Italiens war längst vorauszusehen, nicht infolge des Fehlens geeigneter italienischer Möglichkeiten zu einer wirkungsvolleren Verteidigung oder des Ausbleibens der erforderlichen deutschen Hilfe, als vielmehr infolge des Versagens oder besser des Nichtwollens derjenigen Elemente, die nunmehr als Abschluß ihrer planmäßigen Sabotage die Kapitulation veranlaßten. Denn nur was diese Männer schon seit Jahren anstrebten, wurde jetzt vollzogen: Der Übergang der italienischen Staatsführung von dem mit Italien verbündeten Deutschen Reich zu den gemeinsamen Feinden.«[12]

Dann spielte er das römische Ereignis nicht nur herunter, sondern bezeichnete es sogar noch als einen Gewinn für die eigene Sache, wobei er die im Volk vorhandenen Tendenzen, Vorstellungen und Vorbehalte geschickt in seine Argumente einflocht. Wirkungsvoll sagte er: »Der Ausfall Italiens bedeutet militärisch nur wenig. Denn der Kampf in diesem Lande wurde seit Monaten in erster Linie durch deutsche Kräfte gestützt und getragen. Wir werden diesen Kampf nunmehr frei von allen belastenden Hemmungen fortsetzen. Der Versuch des internationalen Plutokratenkomplotts, den deutschen Widerstand wie in Italien zu zerreden, ist kindlich. Sie verwechseln das deutsche Volk in dem Fall mit einem anderen. Die Hoffnung, in ihm heute Verräter wie in Italien zu finden, fußt auf der vollkommenen Unkenntnis des Wesens des nationalsozialistischen Staates. Ihr Glaube, in Deutschland auch einen 25. Juli herbeiführen zu können, beruht auf dem grundlegenden Irrtum, in dem sie sich sowohl über meine persönliche Stellung befinden als auch über die Haltung meiner politischen Mitkämpfer, meiner Feldmarschalle, Admirale und Generale.«[13]

Und, von Goebbels zu dieser Rundfunkrede nun einmal gedrängt, baute er vor. »Es mögen uns nun«, sagte er, »taktische Notwendigkeiten zwingen, in diesem gewaltigen Schicksalskampf das eine oder andere Mal an einer Front etwas aufzugeben oder besonderen Bedrohungen auszuweichen, so wird aber niemals der stählerne Reif zerbrechen, der, durch die deutsche Heimat geschmiedet, durch das Heldentum und Blut unserer Soldaten gehalten, das Reich beschirmt.«[14] Sein Appell an die Nation: »Ich erwarte nun gerade in dieser Zeit, daß die Nation mit verbissenem Trotz auf sämtlichen Gebieten dieses gewaltigen Kampfes erst recht ihre Pflicht erfüllt. Sie hat jeden Grund, auf sich selbst zu vertrauen. Das Schicksal Italiens selbst aber mag für alle auch eine Lehre sein, um in Stunden der härtesten Bedrängnis und der bittersten Not niemals dem Gebot der nationalen Ehre zu entsagen, treu zu unseren Bundesgenossen zu stehen und gläubigen Herzens das zu erfüllen, was die Pflicht zu tun uns auferlegt. Dem Volke, das diese Prüfungen vor der Vorsehung besteht, wird am Ende der Allmächtige als Lohn den Lorbeerkranz des Sieges und damit den Preis des Lebens reichen. Dies muß und wird aber unter allen Umständen Deutschland sein.«[15]

Doch Mussolini, der langjährige Partner Hitlers, war zunächst verschollen. Nichts blieb seitens des Regimes unversucht, seinen Aufenthaltsort herauszufinden. So nahm Himmler selbst einen Teil der Hellseher, Pendeldeuter und Astrologen in Anspruch, die der im Mai 1943 in Prag einem Attentat zum Opfer gefallene Reinhard Heydrich nach dem England-Flug ihres Protektors Rudolf Heß kurzerhand in Konzentrationslager hatte stecken lassen, um sich ihrer »übersinnlichen« Fähigkeiten zu bedienen. Ein Carabinieri-Feldwebel, vom deutschen Geheimdienst mit 100 falschen Pfundnoten bestochen, nannte schließlich einen italienischen Oberleutnant, der für 1000 Pfund preisgab, daß der Duce auf eine Insel gebracht worden sei. Höttl und seine Kollegen fanden rasch heraus, daß es sich bei dieser Insel um Santa Maddalena handelte, von wo Mussolini bald in das Sporthotel Campo Imperatore auf dem Gran Sasso in den Abruzzen gebracht worden war. Am 12. September, zwei Tage nach Hitlers Rede, war er wieder frei, von Deutschen auf Befehl Hitlers befreit.

Wieder sah er sich dem Druck ausgesetzt, den Hitler auf ihn ausübte, der Verachtung und dem Haß sehr vieler Italiener preisgegeben und schließlich ganz als Marionette in des Führers Hand gegeben. Dabei hatte Badoglio ihm unmittelbar nach seiner Festnahme durch den italienischen General Ferone, den Mussolini aus Albanien persönlich kannte, mitteilen lassen, daß er (Badoglio) alles tun werde, was seiner Sicherheit diene, daß er selbst entscheiden könne, wo er sich aufhalten wolle, und daß alles, »was in bezug auf« die Person seiner Exzellenz, wie er den Duce nach wie vor anreden ließ, geschehen sei, »einzig in Ihrem persönlichen Interesse« läge.[16]

Skorzeny, ein SS-Offizier mit einem Gesicht wie ein Stacheldrahtverhau und einer Figur wie ein Grizzly-Bär, wurde von Hitler ausersehen, für die Propaganda die zentrale Rolle des Duce-Befreiers zu spielen.[17] Ihm verlieh er, nachdem er am 12. September mit Mussolini heil in Wien gelandet war, zum Ärger Ernst Kaltenbrunners das Ritterkreuz, obwohl er bis dahin nicht einmal das Eiserne Kreuz Erster Klasse gehabt hatte.

Die Reaktionen der deutschen Bevölkerung auf den Befreiungscoup waren zwiespältig. Zwar klang aus fast allen Äußerungen der Stolz heraus, den Duce aus den Händen seiner italienischen Bewacher im Handstreich befreit zu haben; aber es wurde auch mit Nachdruck bemängelt, daß Mussolini in den zwanzig Jahren seiner Herrschaft nicht in der Lage gewesen sei, eine Basis zu schaffen, die einen 25. Juli unmöglich gemacht hätte. Die erste Reaktion Hitlers, der möglichen ähnlichen Ereignissen in Deutschland vorbeugen wollte: die Angehörigen der ehemals herrschenden Fürstenhäuser mußten aus der Wehrmacht entlassen, alle ehemaligen Reichstagsabgeordneten ab sofort überwacht werden. In der Bevölkerung kursierende »Italiener-Witze« verrieten ungeschminkt, was die seit 1943 an gravierende Niederlagen und Rückschläge gewöhnten Deutschen von den Italienern hielten. Sie wurden nun generalisierend hämisch und offen als »Maroniverkäufer« und »Eseltreiber« charakterisiert und als Belastung seit Anbeginn bezeichnet. Man habe ursprünglich, so hieß es beispielsweise, mit einem deutschen Sieg in diesem Krieg gerechnet, der insgesamt zwei Jahre und 14 Tage dauern würde: zwei Jahre Krieg gegen die Alliierten und 14 Tage Kampf gegen die inzwischen (wie während des Ersten Weltkrieges auch) vom Reich abgefallenen Italiener. Wie die Tatsachen nun jedoch zeigten, sei dies ein Irrtum gewesen. Weniger als 4 Tage hätten ausgereicht, die Italiener endlich einmal ohne diplomatische Schnörkel Mores zu lehren. Aber auch Enttauschung, heller Zorn und Wut spiegelten sich in den Äußerungen wider, die der SD in jenen Tagen registrierte. Badoglio, »der Lump«,[18] müsse ebenso gehenkt werden wie König Viktor Emanuel, der nach Hitlers ironischen Bemerkungen im engsten Kreis auch körperlich so klein sei, daß man glauben könne, er knie.[19]

Trotz allem »läutete« der unverwechselbare Propagandist Hitler, der nahezu immer genau spürte, worauf »das Volk« hoffte, das Jahr 1944 noch einmal mit der Behauptung ein: »In diesem Kampf um Sein oder Nichtsein wird am Ende Deutschland siegen.«[20] Doch in Deutschland, wo inzwischen teilweise bereits Verhältnisse herrschten, die mit den nationalsozialistischen Auffassungen und Vorstellungen nur schwerlich noch übereinstimmten, dominierten Anfang

1944 ganz andere Probleme. An den Sieg – und an die Zukunft des Regimes – wollte da kaum noch jemand glauben. Die Bevölkerung leistete sich in mancher Hinsicht ungestraft »Delikte« und »Vergehen«, die bis dahin trotz aller Erfahrungen als nicht diskutabel gegolten hatten. Jetzt wurden von den aufmüpfigen und immer hellhöriger werdenden Menschen gravierende Lockerungen bisheriger Bestimmungen registriert, die sie nüchtern zu nutzen verstanden. SD-Meldungen über den überall im Reich festzustellenden Tausch- und Schleichhandel, der die offiziellen Zuteilungen teilweise drastisch ad absurdum führte, und über den zunehmend als selbstverständlich akzeptierten Tausch bestimmter gesetzlich rationalisierter Waren gegen Erzeugnisse der Industrie, der Landwirtschaft und des Handwerks beschäftigten die auf allen Ebenen strapazierte Führung. Rationierte Uniformstoffe italienischer Herkunft, nunmehr von jungen Offizieren der Thorner Infanterie-Schule nicht mehr für Uniformen vorgesehen, wurden von Schneidern auftragsgemäß zu Zivilanzügen und Mänteln verarbeitet.[21] In jeder nur möglichen Weise wurde gegen die Kriegswirtschaftsbedingungen verstoßen. Resignierend registrierten V-Männer des SD kurz vor dem 11. Jahrestage der Machtergreifung: »Weite Kreise, die vordem in diesen Dingen eine strenge Auffassung besaßen, vertreten heute den Standpunkt, es habe gar keinen Zweck, sich darüber Gedanken zu machen, ob diese oder jene Handlung den Gesetzen der Kriegsmoral entspreche, nachdem man täglich an Hunderten von Einzelbeispielen erleben könne, daß ›jeder zusehe, wo er bleibe‹. Die Parolen ›Wer eines hat, hat alles‹ oder ›Alles tauscht mit allem‹ werden heute in einem Ausmaß befolgt, daß häufig diejenigen als dumm angesehen werden, die es sich grundsätzlich versagen, von der Möglichkeit einer Aufbesserung des durch die Rationierung bestimmten Lebensstandards Gebrauch zu machen.«[22] Getauscht wurden unter »gewöhnlichen« Konsumenten beispielsweise »Raucherkarten gegen Brotmarken, unter Geschäftsleuten Fleischprodukte gegen Kleidungsstücke, unter Landwirten und Produzenten von Möbeln, Apparaten, Maschinen und anderen Industrieerzeugnissen Fleisch, Mehl, Kartoffeln, Gemüse und Obst nicht nur gegen Erzeugnisse, die die Bauern dringend benötigten, sondern auch gegen Produkte, die satten Friedens-Wohlstand dokumentierten. »Ein ostpreußischer Bauer«, so hieß es beispielsweise in einem SD-Bericht, »hatte sich im Laufe eines Jahres neu zugelegt: 1 Smoking, 1 eleganten Sommeranzug, 1 Straßenanzug, 2 Wintermäntel, 1 Sommermantel, ferner Oberhemden, Handschuhe, mehrere Hüte und einige Paar Schuhe.«[23] 1 Kilo Speck oder 500 Gramm Butter gegen ein Paket Pfeifentabak, ein Ei oder 5 Gramm Fett gegen eine Zigarette, eine Gans gegen drei Flaschen Kognak und 50 Gramm Fleisch gegen 10 Zigaretten galten als neue »Währungsgrundlagen«. Dienstleistungen wurden vielfach nicht mehr mit Geld, sondern mit Waren honoriert, die Seltenheitswert hatten. Tabak, Spirituosen und Nahrungsmittel verlangten offen immer mehr Handwerker, wenn sie rasch tätig werden und Schäden beispielsweise nach Bombenangriffen beseitigen sollten. Korruption bestimmte trotz der von Hitler am 26. April 1942 vor dem Reichstag angedrohten künftigen Strafen für Vergehen dieser Art immer mehr das Bild. Selbst in Bereichen, in denen Auswüchse solcher Art normalerweise als nicht vorstellbar erschienen, gehörten zunehmend Bestechung und Nötigung buchstäblich zur Tagesordnung. So meldeten Vertrauensmänner des SD beispielsweise, daß einem Volksschullehrer 1000 Zigaretten angeboten worden seien, wenn er (was selbstverständlich war) ein Kind einschulte.[24] Nüchtern stellte ein Mitarbeiter des SD am 20. Januar 1944 klar: »Daß der Schleichhandel jetzt blüht, ist allen klar, und daß dagegen von höchsten Stellen rein gar nichts unternommen wird, auch! Man kommt daher zu der Erkenntnis, daß der Schleichhandel von oben her geduldet werde. Der fast ungestört immer mehr anschwellende Schleichhandel läßt die Vermutung aufkommen, daß man heute schon ohne großes Risiko machen kann, was man will . . . Aus all diesen Erscheinungen ziehen die Volksgenossen daher vielfach die Folgerung, daß zwar Verbote bestehen, daß diese aber innerhalb gewisser Grenzen übertreten werden dürften. Die Lebensmittel- und Warenrationierung habe sich gut eingespielt und garantiere jedem das Notwendigste, aber eben auch nur dieses. Es werde von oben herab stillschweigend geduldet, daß man sich darüber hinaus für seinen persönlichen Bedarf etwas beschaffe.«[25]

Daß die Führung mit dem Schleichhandel prinzipiell einverstanden gewesen sei, trifft nicht zu. Landauf landab waren Sondergerichte mit Kriegswirtschaftsvergehen beschäftigt. Harte Strafen trafen gewöhnlich die sogenannten »Einlieferer« von Mangelwaren und »bewirtschafteten Waren« für den unerlaubten Tauschhandel, während die »Abnehmer« meist einigermaßen glimpflich davonkamen. Die Bevölkerung monierte, daß die Strafen »zu hart« seien, tat dies jedoch nicht auf direktem Wege. »Bezüglich der Verschärfung der Strafbestimmungen wird«, so hieß es in einem SD-Bericht,

2. **Staatsfeindliche Bestrebungen, staatsabträgliches Verhalten, Verstöße gegen die Kriegswirtschaftsbestimmungen.**

In Bergen, Ruhpolding und Eisenärzt (LKr. Traunstein) wurden mehrere Bibelforscher wegen Verbreitung illegaler Schriften und Hochverrats festgenommen.

In Selberting (Gde. Surberg, LKr. Traunstein) wurde der Bauer Florian G r e i s b e r g e r , der wegen Zuwiderhandlung gegen das Heimtückegesetz vom Sondergericht mit 1 Jahr 2 Monaten Gefängnis bestraft worden war und Strafunterbrechung hatte, festgenommen, weil er einem Hamsterer gegenüber erklärte, daß Deutschland in wenigen Wochen zusammenbrechen werde und daß dann den Parteigenossen die Köpfe vor die Füße gelegt würden.

Die verheirateten Bergmänner Johann Schachtner und Josef Henk in Hohenpeißenberg (LKr. Schongau) wurden wegen abfälliger Äußerungen gegen den Führer angezeigt.

In Söllhuben (LKr. Rosenheim) wurde ein Steuerberater aus München der Partei und Staat verunglimpfte, festgenommen.

In Bad Reichenhall hat die Kriminalpolizeiaußenstelle den Privatier Kurt Hedemann wegen eines Vergehens gegen das Heimtückegesetz festgenommen.

Ein Fabrikarbeiter aus Degerndorf (LKr. Rosenheim) erhielt wegen fortgesetzten Abhörens von Feindsendern 3 Jahre Zuchthaus.

In der Nacht vom 7. auf 8. September wurde der Pfosten einer Grenztafel zwischen den Landkreisen Aibling und Ebersberg mit Ölfarbe weiß-blau angestrichen. Die Täter, die offenbar zu Gunsten eines monarchistischen Bayern demonstrieren wollten, konnten noch nicht ermittelt werden.

In der Gemeinde Uffenhofen (LKr. Pfaffenhofen) wurde eine größere Zahl Schwarzschlachtungen aufgedeckt.

BayHStA
MA 106671

Auszug aus dem Monatsbericht des Regierungspräsidenten in München vom September 1943

»überwiegend die Meinung vertreten, daß die Urteile für Kriegsvergehen in der Mehrzahl der Fälle bereits eine Schärfe angenommen hätten, die nicht mehr gesteigert werden dürfe, wenn nicht durch die Gewöhnung an hohe Strafen der Strafzweck einer Erziehung der Volksgesamtheit vereitelt werden solle. In erster Linie sei die Lösung dieses Problems eine moralische und erzieherische Angelegenheit. Deswegen sei neben der unbedingten Durchsetzung des Prinzips der Gerechtigkeit auch in vorliegenden Fällen Vorbeugung das beste Schutzmittel.«[26]

Während der Tausch- und Schleichhandel in den ersten Kriegsjahren ganz allgemein als eine Art von Sabotage an der Volksversorgung aufgefaßt wurde, hatte sich dies im Laufe der Zeit vor allem infolge der vielen Engpässe in der Versorgung erheblich geändert. Was beispielsweise 1940 als strafwürdig empfunden wurde, erschien von 1943 bis 1945 in einem gänzlich anderen Licht. Im Laufe der Zeit hatte sich unter der Bevölkerung die Tendenz durchgesetzt, daß der Tausch für den persönlichen Gebrauch nicht als strafbar angesehen werden dürfe. Dazu paßte auch Hermann Görings öffentliche Feststellung vom 4. Oktober 1942, daß die Lage in Deutschland nicht so schlecht sei, daß einer den anderen kontrollieren und ihm in den Kochtopf gucken müsse. Wo der Geist willig, das Fleisch aber schwach gewesen sei, wollte er Großzügigkeit walten sehen. Nur Schieber und Wucherer, die durch den Tausch- und Schleichhandel Geld verdienten, sollte die ganze Härte des Gesetzes treffen. So arrangierten sich beide Seiten: die Führung und die Geführten.

Die Invasion

Entscheidend wirkten sich nach wie vor die Ereignisse an den Fronten aus. Am 22. Januar 1944 landeten die Westalliierten im Rücken der Deutschen in Italien bei Anzio und Nettuno. Zwar konnte Generaloberst von Mackensen mit seiner 14. Armee den Durchbruch der Amerikaner auf Rom verhindern, indem er die Invasionstruppen der 5. amerikanischen Armee durch eine rasch improvisierte Front abriegelte; aber dies war auch nur vier Monate hindurch möglich. Den durch Franzosen, eine US-Division, durch Polen, Brasilianer, Italiener, Partisanen und eine jüdische Brigade verstärkten Invasionstruppen gelang es Mitte Mai, aus dem Brückenkopf von Anzio zum Angriff anzutreten und die Deutschen zurückzudrängen, womit die am

4. Juni von den Alliierten besetzte und am 14. August von den Italienern zur »Offenen Stadt« erklärte italienische Hauptstadt dem Einfluß der Deutschen entzogen wurde. Am 6. Juni war den Briten mit 6400 Landungsfahrzeugen unter dem Schirm von 6 Schlachtschiffen, 23 Kreuzern und 104 Zerstörern, denen auf See von deutscher Seite nur 3 Zerstörer und 36 U-Boote hatten entgegengestellt werden können, die Landung an der Ornemündung in der Normandie (und den Amerikanern die Besetzung der Halbinsel Cotentin) gelungen, wobei eine bis dahin unvorstellbare Konzentration anglo-amerikanischer Luftstreitkräfte die Unternehmen unterstützte.

So abwartend besorgt die Bevölkerung die ersten Nachrichten über die Landung der Alliierten aufnahm, so hoffnungsvoll reagierte sie jedoch ganz allgemein, weil sie überzeugt war, daß nun die »Vergeltung« ausgelöst und sie nicht mehr dem Bombenterror ausgesetzt sein würde. »Die Nachricht vom Beginn der Invasion«, hieß es beispielsweise in einem SD-Bericht vom 8. Juni, »wurde teilweise mit großer Begeisterung aufgenommen. Sie kam für die vielen, die wegen des langen Ausbleibens schon nicht mehr daran geglaubt hatten, ganz überraschend. Die Stimmung hat sich mit einem Schlage gewandelt und ist hinsichtlich des Kommenden zwar ernst, aber sehr ruhig und zuversichtlich. Die Meldungen über den Verlauf der Kämpfe am Atlantik werden mit größter Spannung verfolgt.«[1] Entsprechend nahmen die außerhalb der Frontgebiete liegenden Truppen das Ereignis auf. Als beispielsweise die Lehroffiziere und Fahnenjunker der Thorner Infanterie-Schule am Morgen des 6. Juni erfuhren, daß die lange erwartete Invasion endlich begonnen habe, stellte ein Teil von ihnen augenblicklich den Antrag, in die NSDAP aufgenommen zu werden.[2]

Indes gelang es den 59 deutschen Divisionen, den insgesamt nur 165 Bombern und 185 Jagdflugzeugen, die sich 86 alliierten Divisionen, 3100 Bombern und 5000 Jagdflugzeugen gegenübersahen, zwangsläufig nicht, die feindlichen Invasionstruppen ins Meer zu werfen, was viele Deutsche, die über die Kräfteverhältnisse nicht informiert waren, sehr enttäuschte. Schon am 2. Juli registrierten SD-Stellen: »Bereits kurze Zeit nach Beginn der Invasion fand die Ungeduld, die das Ausbleiben eines kriegsentscheidenden Ereignisses hervorrief, ihren Ausdruck in dem Gerücht, die Kämpfe im Westen verliefen nicht nach unseren Wünschen. Die feindliche Luftüberlegenheit sei so groß, daß wir unsere Kräfte nicht schnell genug heranführen könnten. Von Paris ins Reich stehe nur noch eine intakte

Bahnstrecke zur Verfügung. In Paris beständen Ernährungsschwierigkeiten. In 7 Départements seien Aufstände ausgebrochen; die Franzosen seien Herren der Lage.«[3]

Die negativen Nachrichten, die aus Italien kamen, waren nicht dazu angetan, die Stimmung zu heben. Vom 17. bis 19. Juni räumten die Wehrmacht und die SS die Insel Elba, am 26. Juli Pisa und am 4. August Florenz.

Die Reaktionen der deutschen Bevölkerung, die seit den alliierten Vorbereitungen auf die Invasion erheblich unter verstärkten Luftangriffen nicht nur auf Industriestädte, sondern auch auf Eisenbahnanlagen und Verkehrsverbindungen anderer Art litt, vielfach bis zu 12 Stunden täglich arbeiten und daneben auch noch allerlei andere Aufgaben erfüllen mußte, verrieten zwar Besorgnis, wirkten jedoch einigermaßen gelassen, zumindest soweit es sich um Äußerungen über die Ereignisse ausschließlich in Italien handelte.

Anders verhielt sie sich dagegen hinsichtlich der Vorgänge an der französischen Invasionsfront und an der Ostfront. In Frankreich standen den deutschen Truppen, die bis Mitte Juli 100000 Mann verloren, Ende Juli insgesamt rund 3,05 Millionen Briten, Amerikaner und Franzosen gegenüber, die mit 30 Infanterie-Divisionen und 13 Panzer-Divisionen angriffen und sich den Grenzen des Reiches zusehends näherten.

Am 8. Januar hatte die Rote Armee Kirowograd, am 8. Februar Nikopol, am 12. Februar Rowno und Luck und am 22. Februar Kriwoj Rog genommen, womit die reichen Mangan- und Eisenerzgruben verlorengingen und die deutsche wehrwirtschaftliche Basis empfindlich eingeschränkt wurde. Dennoch sagten die Funktionsträger des Regimes die Wahrheit, wenn sie vor kritischen Zuhörern und Lesern[4] behaupteten, daß es trotz aller Rückschläge an den Fronten um die deutsche Rüstungsproduktion nie zuvor so gut wie derzeit bestellt gewesen sei. Im Mai 1940 beispielsweise, als die Wehrmacht zum Westfeldzug antrat, betrug der Anteil der Rüstungsindustrie an der gesamten Industrieproduktion weniger als 15%. 1941 waren es 19%, 1942 26%, 1943 38% und 1944 schließlich 50%.[5] Nach Speers Angaben[6] stieg der Index für Sprengstofferzeugung von 103 für 1941 auf 131 für 1942, auf 191 für 1943 und auf 226 für 1944, der Index für Munitionserzeugung einschließlich Bomben von 102 für 1941 auf 106 für 1942, auf 247 für 1943 und auf 306 für 1944. Bis Mai 1940 waren monatlich weniger als 40 Panzer hergestellt worden. Im Jahr 1944 waren es dagegen über 2000 in jedem Monat. Die deutsche Flugzeugproduktion, einschließlich der Zivilflugzeuge, Schulungsflugzeuge und Transporter, erreichte 1939 nicht einmal den Ausstoß von monatlich 1000 Maschinen, während 1944, nach langem Bombenkrieg mit starken Zerstörungen, im gleichen Zeitraum allein mehr als 4000 Jäger produziert wurden.

Doch die Kapazität, über die der Feind 1944 verfügte, entsprach ebenfalls nicht mehr dem Stand von 1940.

Durch die Invasion im Westen wurden der Wehrmacht an der Ostfront Truppen entzogen, was das Vordringen der von den USA mit Waffen und anderem Kriegsmaterial massiv unterstützten Roten Armee, die im Oktober 1943 rund 13,2 Millionen Mann umfaßte,[7] erheblich begünstigte. Hatten die V-Männer des SD am 20. April 1944, dem Führer-Geburtstag, registriert, daß die Beflaggung der Häuser, vor allem in ländlichen Gebieten, erstmalig »spärlich«, »mäßig« und sogar »mangelhaft« gewesen sei, so berichteten sie nun auch in zunehmendem Maße, daß »von Stimmung eigentlich kaum noch gesprochen«[8] werden könne. Der feindliche Luftterror und die so gut wie gar nicht mehr vorhandene eigene Abwehr durch die Luftwaffe verbitterten die Bevölkerung, die sich infolge ihres persönlichen Einsatzes längst total überfordert sah und die Lage an den Fronten so pessimistisch wie nie zuvor beurteilte.

Waren defaitistische Äußerungen der Bevölkerung während der ersten Kriegsjahre teilweise gar nicht oder aber lediglich nach dem Heimtückegesetz bestraft worden, das als höchstes Strafmaß fünf Jahre Gefängnis vorsah, so änderte sich dies 1943 radikal. Während sich 1940 im ersten Halbjahr beispielsweise 581 und im ersten Halbjahr 1941 815 Angeklagte vor dem Volksgerichtshof zu verantworten hatten – der bis zum 10. Dezember 1941 nur für die Aburteilung von Hoch- und Landesverrat zuständig war, seitdem auch Spionagefälle und seit dem 21. März 1942 sogar Zuwiderhandlungen gegen die Verordnungen zum Schutz der Rüstungswirtschaft ahndete –, waren es zwischen dem 1. Januar und dem 30. Juni 1943 3338 Angeklagte, von denen 1662 zum Tode verurteilt wurden.[9] Die Überschreitung des militärischen Kulminationspunktes und die Überdehnung der Kräfte des Reiches, die sich immer mehr überschneidenden Kompetenzen in den militärischen und zivilen Führungsinstanzen und die bedrückenden Ereignisse an den Fronten führten erstmals auch zur Kritik am Führer. Als Unruheherde meinte der SD die Familien und Einzelpersonen ausmachen zu können, die aus bombengeschädigten Gebieten stammten, alles – oder doch vieles – verloren hatten und durch defaitistische Redensarten nicht viel mehr einbüßen zu können glaubten. »Fleißige Kirchgänger«, ebenso zu den Sündenböcken gezählt wie ehemalige Sozialdemokraten, Kommunisten und Freimaurer, mußten ihre Zungen hüten. Am 23. August 1943, einen Monat nach dem Sturz Mussolinis, verurteilte der Volksgerichtshof beispielsweise einen Regierungsrat wegen Wehrkraftzersetzung zum Tode, weil er in der Straßenbahn in Rostock geäußert hatte, daß es in Deutschland ebenso wie in Italien kommen und der Führer zurücktreten müsse.[10] Am 4. Oktober erging es vier Angestellten eines Berliner Wohlfahrtsamtes ebenso, die in »Hetzschriften« das Treuebekenntnis zum Führer verächtlich gemacht hatten.[11] Andere Volksgerichte sahen über derartige Redensarten und »Taten« einfach hinweg oder bestraften die Angeklagten nur verhältnismäßig geringfügig. Selbst die Verbreitung ausgesprochener Greuelmärchen mit gefährlich zersetzendem Charakter[12] wurde vielerorts ungestraft geduldet. Dennoch: allein im ersten Halbjahr 1943 starben 1662 Menschen nach Gerichtsurteilen unter den Händen von Henkern.[13]

Die durch die Gesetzesinflation im NS-Regime und durch die damit zusammenhängende und immer mehr zunehmende Rechtsunsicherheit besonders eingeschüchterte Bevölkerung monierte im ganzen Reich die unterschiedlichen Urteile für zum Teil gleiche Vergehen, Delikte und Straftaten, wobei sie häufig mit Recht unterstellte, daß das Verhältnis der Richter zum Nationalsozialismus, zum Führer und dem NS-Regime uneinheitlich sei und in manchen Fällen ganz offenbar zu wünschen übrig lasse.[14] Die von Millionen Deutschen artikulierte Hoffnung, daß der Führer »Ordnung« und Abhilfe schaffen würde, trog.

NS-Reichsregierung ohne den Führer

Schon bis August 1939 hatte Hitler die Reichsregierung im eigentlichen Sinne teilweise nur dem Scheine nach geführt.[1] Seit dem Beginn des Krieges geschah dies grundsätzlich nicht mehr so, wie es gerade da unbedingt nötig gewesen wäre. Mit dem Beginn des Krieges und seinem Aufenthalt in den jeweiligen Führer-Hauptquartieren, was mit dem Rußlandkrieg zu einem nur selten unterbrochenen Dauerzustand wurde, hatte Hitler dann praktisch auch offiziell auf die persönliche Führung der Reichsregierung verzichtet. Durch die am

30. August 1939 verfügte Einsetzung eines »Ministerrats für die Reichsverteidigung«,[2] an dessen Spitze Göring als designierter Nachfolger Hitlers stand,[3] war eine Art Kriegskabinett geschaffen worden, das »kollegial« die Funktionen des auch räumlich von der Reichsregierung getrennten Führers übernehmen sollte. Doch weder Göring noch Frick oder sonst jemand (außer in Ansätzen Lammers, der Chef der Reichskanzlei) fungierten entsprechend. Zwar trat Göring bei Erlassen von Verordnungen des Ministerrats an die Stelle Hitlers,[4] doch die im Zusammenhang mit der Gesetzgebung nunmehr verstärkt agierenden Minister der Reichsregierung sahen sich seit Ende August 1939 noch weniger als zuvor in unausweichliche Pflicht genommen.

Göring, der »Gesetzesmacherei« überdrüssig, hatte Hitler schon ein Jahr nach dem Beginn des Rußlandkrieges bewogen, durch einen Führer-Erlaß bis auf weiteres alle »Gesetze und Verordnungen zurückstellen zu lassen, die mit der Reichsverteidigung in keinem unmittelbaren Zusammenhang stehen«.[5] Die nominellen Zuständigkeiten verwässerten immer mehr. Grenzen wurden immer unklarer, Verordnungen wurden erlassen, über deren Vorbereitung nicht immer alle Ministerien informiert waren, so daß zeitraubende Beschwerden mit Berufungen auf die Geschäftsordnung zur Tagesordnung gehörten. Die Schwäche bestimmter Ressortchefs ausnutzend, beließen die besonders bevollmächtigten Minister es jedoch dabei, bis Bormann in Aktion trat und Heinrich Lammers veranlaßte, durch einen Runderlaß vom 17. Februar 1942 energisch darauf hinzuweisen, daß die Geschäftsordnung einzuhalten und die Ressorts bei den Entwürfen von Verordnungen zu beteiligen seien.[6] Schon im November 1941 hatte die Reichskanzlei die Befürchtung ausgesprochen, daß das Kompetenzengerangel zwischen den einzelnen Ministerien nicht nur die Autorität einzelner Ressorts, sondern »auch die des Führers« gefährden könne. Da Kompetenzstreitereien und Konkurrenzgerangel auf der Etage der Reichsführung zur Tagesordnung gehörten und Hitler sich hier kaum engagierte, sahen sich auch Göring und Lammers bald überfordert. Beide gaben seit Ende 1941 dem Druck der Reichskommissare und Chefs der Zivilverwaltungen gegen die Rechtsetzungsbefugnisse des Ministerrats immer mehr nach und sondierten im Feld der Konkurrenten, wer jeweils als Bundesgenosse in Frage käme. Heinrich Lammers ging schließlich sogar soweit, sich von Fall zu Fall mit den Ministern zu arrangieren, bevor er Hitler vortrug, um was es jeweils gegangen sei. Daß er jedoch selbst auch dies gelegentlich unterließ und aus eigener Machtvollkommenheit entschied, brachte erst der Nürnberger Prozeß ans Licht. Hielten wichtige Funktionsträger aus Hitlers unmittelbarer Umgebung (oder er selbst auch) bestimmte Gesetze für nötig, nutzten sie die Führer-Verfassung und initiierten nicht nur Gesetze, sondern nötigten sie dem Reichskabinett auch auf, sofern dies möglich war. Gewöhnlich überließ Hitler, der wesentliche Neuordnungen meist schon akzeptierte, wenn auch nur die Richtung seinen Erwartungen entsprach, die Durchführungsverordnungen den Ministern und verzichtete im Laufe der Zeit immer mehr darauf, die ministerielle Gesetzgebungs- und Verordnungsinitiative zu steuern und zu kontrollieren. So wurden zuweilen Maßnahmen als Führer-Wille legalisiert, die in letzter Konsequenz gar nicht Hitlers Intentionen entsprachen, und Gesetze verkündet, obwohl sie nur bruchstückhaft fixiert und in den wesentlichen Punkten noch lange nicht verabschiedungsreif waren. Insgesamt wurden seit der Verabschiedung des Ermächtigungsgesetzes vom 24. März 1933 bis zum Ende des Regimes vom 8. Mai 1945 rund 8000 Gesetze, Verordnungen und Führer-Erlasse mit Gesetzeskraft im *Reichsgesetzblatt* verkündet. Mit der Dauer des Krieges nahmen Gesetzesverabschiedungen zwangsläufig ab. So wurden im Jahre 1944 beispielsweise nur zwei formelle Gesetze verabschiedet,[7] jedoch 206 Verordnungen mit Gesetzeskraft verkündet. Daß bei dieser Praxis auch linientreue Juristen, und von ihnen gab es seit 1933 viele, kapitulieren und improvisieren mußten, lag auf der Hand.

Wenn sich im Hochsommer 1943 auch da und dort zeigte, daß Verbissenheit und ein überall in Städten plakatiertes »Und jetzt erst recht«-Verhalten an die Stelle von Angst und Sorge getreten waren,[8] lastete über ganz Deutschland doch ein Trauma, das sich während der Luftangriffe allabendlich neu auflud. Immer stärker wurde die Sehnsucht nach Frieden. Immer mehr wünschte die Bevölkerung den politischen Fanatismus, die vom Regime krampfhaft aufrechterhaltene Siegeszuversicht und den besonders artikulierten Hochmut durch die offene Anerkennung der unverkennbaren Realität ersetzt zu sehen. Die Realität wurde von den Ereignissen an den Fronten bestimmt. Die Amerikaner waren bei Salerno gelandet. Zwar hatte die 10. deutsche Armee den Landekopf bis zum 15. September einzuengen vermocht, doch die von Süden vorrückenden Briten machten die deutsche Hoffnung zunichte, die Amerikaner in der »Falle« festhalten zu können. Schon Ende September fiel Foggia in feindliche

Hand. Neapel wurde am 30. September, Korsika am 5. Oktober von deutschen Truppen geräumt. Ende des Jahres hatten die Briten den Sangro überschritten. Im Osten war Charkow zum zweiten Male gefallen und auch Stalino von der Roten Armee wieder genommen worden, womit das ganze Donezbecken für die Deutschen ebenso verloren war wie kurz danach auch der Kuban-Brückenkopf. Schon am 3. Januar 1944 standen die Spitzen der russischen Truppen an der einstigen polnischen Ostgrenze.

Das Jahr, in dem Goebbels »das Volk« zum totalen Krieg aufgerufen hatte, war mit so schweren Rückschlägen und Niederlagen zu Ende gegangen, daß kaum noch jemand bereit war, an den von der Führung immer wieder stereotyp prophezeiten deutschen »Endsieg« zu glauben.

Von den Fronten hatten Soldaten – vor allem seit November 1943 – in Feldpostbriefen berichtet, wie schlecht es mit ihren Ausrüstungen, mit ihren Munitionsvorräten und Einheitsstärken bestellt war. Bataillone waren auf Kompaniestärken zusammengeschmolzen, Regimenter auf Bataillonsstärke. Unter den Soldaten ging die flapsige Redewendung um, daß manche Divisionen jetzt aus einer Feldküche verpflegt werden könnten.

In der Heimat konzentrierten sich die Blicke auf die »totale Kriegführung«, die von auffallend vielen »Volksgenossen« als total unzureichend – und teilweise sogar als bloßes Propaganda-Schlagwort angesehen wurde. »Wenn wir verlieren«, hieß es beispielsweise in einem SD-Bericht vom 13. Dezember 1943, »haben wir ganz allein die Schuld, denn wir kämpfen ja nur mit der linken Hand.«[9] In dieser Situation herrschte bei manchen der Wunsch vor, die Produktion der Rüstungsindustrie maximal zu steigern, alle wehrfähigen Männer an die Fronten zu bringen, die schwer arbeitende Heimat wirkungsvoll vor feindlichen Luftangriffen zu schützen und ihre Bevölkerung ausreichend mit Lebensmitteln und anderen Bedarfsgütern zu versorgen. Hitler hatte zwar schon am 22. November 1942 den von der Bevölkerung als »Heldenklau« bezeichneten General Unruh beauftragt, alle bei Behörden und Wehrmachtsdienststellen beschäftigten Männer auf ihre militärische Einsatzfähigkeit und »Entbehrbarkeit« im Rahmen der Personengruppen, die vom Dienst an den Fronten zurückgestellt worden seien, überprüfen zu lassen; aber das Netz der Kontrolle war nicht so dicht, daß tatsächlich auch jeder darin hängen blieb, der als entbehrlich bezeichnet werden konnte. »Der im Kriegseinsatz ... stehende Volksgenosse« stelle häufig fest, registrierte der SD, »daß gewisse Teile der Bevölkerung von den Totalisierungsmaßnahmen nicht erfaßt würden und daß es heute noch zahlreiche Einrichtungen gebe, deren Aufgabe auf nebensächlichen und kriegsunwichtigen Gebieten liegen würden. Diese Tatsachen seien nach Ansicht der Volksgenossen mit dafür ursächlich, daß wir an allen Fronten Rückschläge erleiden müßten. Im Vordergrund der kritischen Äußerungen stehen die Zurückstellungen (=UK-Stellungen) vom Frontdienst. Hier stellt sich der größte Teil der Volksgenossen auf den Standpunkt, daß es mit Ausnahme der Zurückstellung von ausgesprochenen Spezialisten keine UK-Stellungen geben dürfe. In Wirklichkeit sei aber zu beobachten, daß auf vielen Gebieten noch junge Kräfte in der Heimat arbeiteten, die eigentlich zur kämpfenden Truppe gehörten. Nach Meldungen aus zahlreichen Landbereichen würden sich aus den dort zurückgestellten Jungbauern ›ganze Bataillone‹ aufstellen lassen, die heute im Osten fehlten.«[10]

Vetternwirtschaft und Kumpanei in allen Bereichen wurde als gegeben unterstellt. Junge Bauern, so hieß es beispielsweise, verdankten ihren Ortsbauernführern, daß sie nicht an die Front müßten, bestimmte Beamte, Angestellte und NS-Funktionäre ihren Ämterpositionen in Behörden und Organisationen der NSDAP. Söhne, Inhaber oder Besitzer von Unternehmen, die Mangelwaren produzierten oder verkauften, konnten einigermaßen sicher sein, in den Kasernen bleiben zu können, solange sie Vorgesetzte, Kasinos und Kantinen beispielsweise mit Alkohol, Fleisch und Wurst zu beliefern vermochten. Daß in die Kritik der Bevölkerung viel persönliche Betroffenheit einfließen mußte, lag auf der Hand. Die Soldaten selbst dachten darüber jedoch zum Teil sehr viel anders. Nicht wenige von ihnen freuten sich über jeden, der nicht »in den Dreck« mußte, solange er sichtbaren Nutzen für Kameraden stiftete. In einer Insterburger Artillerie-Einheit beispielsweise boten rund ein Dutzend Soldaten an, anstelle eines ihrer Kameraden sofort freiwillig an die Front gehen zu wollen, der bis dahin das Offiziers-Kasino, die Kantine und eine Reihe von Vorgesetzten und Kameraden mit Alkohol aus seiner väterlichen Firma in Königsberg versorgt hatte.[11] Das Offiziers-Kasino einer Gumbinner Infanterie-Einheit »lebte« trotz aller auch für die Wehrmacht verbindlichen Rationalisierungsmaßnahmen immer noch einigermaßen friedensmäßig, da es einen Leutnant der Reserve gab, der an der Front wahrscheinlich kaum etwas getaugt hätte, in der Heimat als Kasernen-Offizier aber Fähigkeiten und Beziehungen auszuspielen verstand, die ihresgleichen hätten suchen können. Gebäck, Fleisch und Fisch, um hier nur diese Produkte zu nennen, standen dem Kasino dank seines Wirkens jederzeit in schier unbegrenzten Mengen zur Verfügung.[12] Kaum einer der Offiziere hätte die »Abkommandierung« dieses Kameraden zur Front als eine Maßnahme empfunden, die gerechtfertigt gewesen wäre.

Parallel mit den deutschen Mißerfolgen an den Fronten wurden Hoffnungsinseln besonderen Charakters durch systematisch und effektvoll gesteuerte »Geheimnisverrat«-Versionen in die Meinungsbildung der Bevölkerung hineinprojiziert. Je schlechter es an den Fronten stand, je mehr war von der Produktion von Vergeltungswaffen die Rede,[13] die dem Krieg doch noch die erhoffte Wende geben würden. So wurde beispielsweise ein von einem nach Frankreich emigrierten russischen Grafen zwischen den beiden Weltkriegen adoptierter Mitarbeiter des Geheimdienstchefs Wilhelm Canaris[14] beauftragt, in der internationalen Hautevolee, in der er sich bewegte, »unter dem Siegel der Verschwiegenheit« die Behauptung zu verbreiten, daß eine deutsche Atombombe unmittelbar vor dem Einsatz stünde.[15]

Wie die Bevölkerung seit Ende 1943 allerdings über die »Vergeltung« dachte, demonstrierten sarkastische Witze, die jedermann weitererzählte. So hieß es beispielsweise, daß die Vergeltung an dem Tage käme, an dem an allen Altersheimen Schilder mit der Aufschrift »Wegen Einberufung zur Wehrmacht geschlossen« hingen. Wie fern und illusorisch sie vielen inzwischen erschien, bezeugte auch ein »Besprechungsprotokoll von 1950 aus dem Führer-Hauptquartier«, in dem festgehalten worden sei, daß der Termin zur Auslösung der entscheidenden Vergeltungsmaßnahmen noch einmal habe vertagt werden müssen, da während der Lagebesprechung keine Einigkeit über die Frage erzielt werden konnte, ob »die beiden Flugzeuge« neben- oder hintereinander fliegen sollten. Hitler, der Weihnachten 1943 über diese und ähnliche Witze im ganz intimen Kreis durchaus noch lachen konnte, ärgerte sich zu der Zeit jedoch über einen »Volkswitz«, in dem davon die Rede war, daß die Amerikaner und Engländer nunmehr über Deutschland Heu »für die Esel« abwerfen würden, die immer noch an die Vergeltung und an den deutschen Endsieg glaubten.[16]

Die durch feindliche Bombenabwürfe und die fortwährenden Rückschläge an den Fronten deprimierte Bevölkerung klammerte sich an Parolen und Gerüchte, die einen akzeptablen Ausgang des Krieges verhießen. Die Wehrmachtsberichte im Rundfunk wurden von vielen Deutschen nicht mehr gehört, weil sie meinten, die negativen Meldungen nicht ertragen zu können. Sie steckten ihre Köpfe in den Sand und lasen an den darauffolgenden Tagen in den Zeitungen, was die Berichte des Oberkommandos der Wehrmacht bereits vorweggenommen hatten. Am 2. Juli fiel Sluzk, am 4. Juli Minsk, am 8. Juli Baronovice und am 9. Juli Wilna in russische Hand. Täglich wurden Hiobsbotschaften kommentiert. Am 23. Juni waren die Generale Karl Eglseer und Emil von Wickede und der im Volk sehr beliebte und populäre Generaloberst Eduard Dietl durch »tragische« Unfälle ums Leben gekommen,[1] was den Verdacht laut werden ließ, daß Sabotage im Spiele sei. Wo Hoffnungen keimten, wurden sie inbrünstig genährt – und durch nüchterne Tatsachen sogleich wieder zunichte gemacht.

Die Gerüchteküchen brodelten im ganzen Reich vor allem im Zusammenhang mit der sogenannten Vergeltungswaffe »V1« und den zu der Zeit nur in der Phantasie der Bevölkerung existierenden Wunderwaffen: Riesenpanzern, ferngesteuerten Flugzeugen, Geräten zur Ausschaltung des feindlichen Funkverkehrs und 1280 Stundenkilometer schnellen Messerschmitt-Flugzeugen.[2] Nichts erschien im Sommer 1944 zu absurd, um nicht geglaubt zu werden. So redeten sich Anfang Juli 1944 viele Deutsche ein, daß die deutsche militärische Führung den Feind absichtlich so weit nach Frankreich hineinließe, um ihn »mit Hilfe der neuen Waffen«[3] entscheidend schlagen zu können. Doch die negativen Rundfunk- und Pressemeldungen bestimmten die Stimmungslage und führten schließlich auch die kühnsten Optimisten und gleichgültigen Ignoranten immer wieder nicht nur dazu, die unabwendbaren und auf die Dauer nicht zu übersehenden Tatsachen zu registrieren und zu akzeptieren, sondern sie oft auch noch in gedachte Zusammenhänge zu stellen, die noch negativer als die Wirklichkeit waren. Als am 3. Juli beispielsweise Generalfeldmarschall Gerd von Rundstedt, der Oberbefehlshaber West, durch Generalfeldmarschall von Kluge ersetzt wurde, meinten viele, daß die Führung nicht mehr »Herr der Lage« sei und infolgedessen täte, was gegen jede militärische Erfahrung spräche: nämlich die

»Pferde im Fluß zu wechseln«.[4] Tatsächlich aber hatte Rundstedt seinen Posten aufgeben müssen, weil er nach Hitlers Auffassung nicht die Gewähr bot, den alliierten Invasionstruppen mit der nötigen Verbissenheit und Hartnäckigkeit zu widerstehen. »Bis jetzt«, hieß es im SD-Bericht vom 13. Juli als Volksmeinung, »sind Heerführer immer nur dann zurückgetreten, wenn die Sache sehr brenzlich stand und wenn man keinen Ausweg mehr wußte.«[5] Überhebliche Kommentare zur Herabsetzung der feindlichen militärischen Erfolge, wie sie am 4. Juli beispielsweise das Koblenzer *Nationalblatt* unter der Überschrift »Das klägliche Ergebnis von 4 Wochen Invasion« veröffentlichte, stießen in der breiten Öffentlichkeit längst auf Ablehnung.

In der »Normandie setzte der Feind seine Angriffe im Raum östlich und südöstlich Caen mit starken Panzer-, Artillerie- und Fliegerunterstützung während des ganzen Tages fort«, begann der Wehrmachtsbericht am 20. Juli und fuhr fort: »Nach erbitterten Kämpfen, die den ganzen Tag in St. Lô tobten, wurden die Trümmer der Stadt aufgegeben ... In Italien drang der Feind in erbitterten, für ihn besonders verlustreichen Kämpfen in den Südteil von Livorno ... ein ... In den Abendstunden wurden unsere Truppen auf Stellungen nördlich der Stadt zurückgenommen ... Westlich Ancona gelang es dem Feind ... auf dem Nordufer des Esino-Flusses mit schwächeren Kräften Fuß zu fassen ... An der Ostfront stehen unsere Divisionen im Raum östlich Lemberg in schweren Abwehrkämpfen ... Von Kowel her vordringende starke sowjetische Kräfte wurden am Bug zum Stehen gebracht ... Im Seengebiet nordwestlich und nördlich Wilna sowie zwischen Düna und Ostrow wurden ... einige Einbrüche abgeriegelt ... Nordamerikanische Bomberverbände führten von Westen und Süden Terrorangriffe gegen West-, Südwest- und Mitteldeutschland. Vor allem in den Wohnbezirken der Städte München, Koblenz, Schweinfurt und Saarbrücken entstanden Schäden ... Die Bevölkerung hatte Verluste.«[6]

Die Bevölkerung, an derartige Hiobsbotschaften längst gewöhnt, litt an diesem Donnerstag mehr unter der brütenden Hitze als unter dem Eindruck, den die Meldungen auf sie machten. Die Büros hatten bereits geschlossen, die meisten Geschäfte und Betriebe ebenfalls. Die ersten Arbeitsschichten in den Fabriken waren gerade beendet, als plötzlich der Großdeutsche Rundfunk um 18.30 Uhr seine Sendung unterbrach und bekanntgab, daß »auf den Führer heute ein Sprengstoffanschlag verübt«[7] worden sei, bei dem er »außer leichten Verbrennungen und Prellungen keine Verletzungen erlitten« habe. Er ginge wieder seiner Arbeit nach und habe den Duce, den er an diesem Tage zum letzten Male sah, »zu einer längeren Aussprache empfangen«.[8]

Diese Nachricht schlug wie ein Blitz aus heiterem Himmel ein. Ein Attentat auf den Führer? Unvorstellbar für alle, die nicht wußten, daß Hitler bereits rund 40 Attentaten entgangen war. Was an diesem Tage um 12.42 Uhr im Führer-Hauptquartier in Ostpreußen tatsächlich geschehen war, konnten zu der Zeit nur diejenigen wissen, die das Attentat unmittelbar miterlebt hatten. Am frühen Morgen des 20. Juli war der infolge einer im Afrikafeldzug erlittenen Verwundung nur noch über ein Auge und eine Hand mit drei Fingern verfügende Oberst Claus Graf Schenk von Stauffenberg von Berlin aus zu Hitlers Wolfsschanze in der Nähe von Rastenburg in Ostpreußen geflogen, wo er (zusammen mit seinem Adjutanten, dem Oberleutnant Werner von Haeften) gegen 10.15 Uhr gelandet war und als Chef des Stabes beim Befehlshaber des Ersatzheeres und Chef der Heeresrüstung (Generaloberst Fromm) dem Führer kurz vor 13 Uhr in der im Sondersperrkreis des Sperrkreises I liegenden sogenannten »Lagebaracke«, einem etwa zehn Meter langen und vier bis fünf Meter breiten Backsteinbau mit Betondecke und Backsteinmauer als Splitterschutz, »Vortrag« über den vom Heer dringend benötigten Ersatz für den sehr gefährdeten Mittelabschnitt der Ostfront halten sollte.

In Rastenburg gegen 10.15 Uhr gelandet und um 12 Uhr mit Generalfeldmarschall Wilhelm Keitel verabredet, hatte er eine kurze Pause dazu benutzt,[9] den Zeitzünder der aus Berlin mitgebrachten Bombe einzustellen, die Hitler und die wichtigsten Militärs in seiner unmittelbaren Umgebung töten sollte. Danach war er, die Aktentasche mit der ein Kilogramm schweren Bombe unter dem Armstumpf, mit Keitel zu dem von SS-Männern und Beamten des Geheimdienstes ganz besonders streng bewachten und vom OKW-Bunker rund 350 Meter entfernten Sondersperrkreis des Führer-Hauptquartiers gegangen, in dem sich die »Lagebaracke« und der Gästebunker befanden, in dem Hitler zu der Zeit wohnte.[10] In dieser mit einer Giebelseite an den Gästebunker angebauten »Lagebaracke«, die nur durch die Bunkerwand betreten werden konnte, referierte General Heusinger gerade über die Lage an der Ostfront, als Keitel und Stauffenberg gegen 12.35 Uhr – 5 Minuten nach Beginn der Lagebesprechung – erschienen. Stauffenberg stellte seine Tasche in die unmittelbare Nähe Hitlers unter den etwa 6 Meter langen und 1,5 Meter breiten massiven Eichentisch, auf dem Karten mit den Markierungen der augenblicklichen Frontverläufe lagen. Dann verließ er, weil er angeblich telefonieren wollte, den Raum. Um 12.42 Uhr – Hitler, der seit 1936 nicht mehr gut sehen konnte, beugte sich gerade über den Tisch, um bestimmte Einzelheiten auf einer Karte zu prüfen – explodierte die Bombe[11] in der Stauffenberg-Tasche, die von General Heusinger, weil sie ihn gestört hatte, kurz zuvor mit einem Fuß auf die Hitler abgewandte Seite des tragenden Tischsockels geschoben worden war. Stauffenberg, der nicht telefonierte, sondern inzwischen vor dem rund 80 Meter vom »Tatort« entfernten Nachrichtenbunker auf die Explosion wartete, sah die »Baracke« nach dem ohrenbetäubenden Knall wabbern. Sein spontaner Eindruck indes, daß nicht nur Hitler tot sein müsse, erwies sich als Irrtum. Kein einziger Teilnehmer der Lagebesprechung war sofort tot. Heinrich Berger, ein im Führer-Hauptquartier tätiger Reichstagsstenograph, der Hitler gegenüber gesessen hatte und durch die Bombenexplosion beide Beine verlor, starb ein paar Minuten nach dem Attentat. General Günther Korten, der Generalstabschef der Luftwaffe, dessen Beine ebenfalls zerschmettert worden waren, und Oberst Heinz Brandt, die einen erheblichen Teil der Sprengwirkungen abgefangen und Hitler »mit ihren Leibern« ungewollt gedeckt hatten, starben kurz danach. Generalleutnant Rudolf Schmundt, Hitlers Wehrmachtsadjutant, der ein Auge und ein Bein eingebüßt hatte, erlag seinen Verwundungen zwei Wochen später im Lazarett in Rastenburg. Alle anderen waren, wenn zum Teil auch schwer verletzt, mit dem Schrecken davongekommen. Hitler, von der starken Tischplatte abgeschirmt und von Brandt und Schmundt, die zwischen ihm und der Bombe standen, ebenfalls noch geschützt, kam mit Hautabschürfungen, Verbrennungen und Verstauchungen davon.

Noch bevor sich der Rauch und Qualm in der nahezu total zerstörten »Lagebaracke« verzogen und die 24 physisch unmittelbar betroffenen Zeugen des Attentats ihren Schock überwunden hatten, stand für Hitler fest, daß Stauffenberg der Attentäter gewesen sein müsse.[12] Daß Stauffenberg sich noch im Hauptquartier befand, wußten weder Hitler noch seine Umgebung.[13] Auf den Einfall, augenblicklich mit dem Flugplatz in Rastenburg zu telefonieren, das Stauffenberg-Flugzeug festzuhalten und den Oberst zu verhaften, kam Hitlers Umgebung erst, als es bereits zu spät war. Daß die Telefonleitungen auf Befehl des Mitverschwörers General Fellgiebel, des Chefs des Nachrichtendienstes im OKH, sofort total unterbrochen worden seien, trifft nicht zu.[14] Hitler und seinen wichtigsten Männern standen Leitungen durchgehend zur Verfügung, auch wenn der bis gegen 13 Uhr normale Telefonverkehr erst wieder ab 15.30 Uhr funktionierte. Durch einen forschen Trick war es Stauffenberg gelungen, den Posten am Ausgang des Lagers zu überrumpeln,[15] das Hauptquartier mit dem Auto zu verlassen, zum Flugplatz nach Rastenburg zu fahren und von dort aus wieder nach Berlin zu fliegen, wo er rund zweieinhalb Stunden später ankam, gegen 16.45 Uhr im Reichsministerium in der Bendlerstraße eintraf, den äußerst vorsichtig lavierenden und zum offenen Kampf gegen den lebenden Führer nicht bereiten Generaloberst Friedrich Fromm festnahm und den zwar auch unsicheren, aber zum Handeln dennoch bereiten Mitverschwörern Generalfeldmarschall Erwin von Witzleben,[16] Generaloberst Josef Beck, Generaloberst Erich Hoepner[17] und General Friedrich Olbricht beschwörend erklärte, daß Hitler mit absoluter Sicherheit tot sei.

Erst jetzt, mit mehr als dreistündiger Verspätung, gingen die gegen Hitler angetretenen Militärs daran, die von ihnen seit Ende 1941 vorbereiteten und von General Friedrich Olbricht und Oberst Merz von Quirnheim unterzeichneten *Walküre*-Befehle aus dem Panzerschrank Olbrichts zu holen und sie an die einzelnen Wehrkreiskommandos weiterzugeben. Die Fernschreiben-Aktion kam sogar erst gegen 18 Uhr in Gang, so daß die Befehle aus der Bendlerstraße bei den Wehrkreiskommandos teilweise erst eintrafen, als nicht nur die gesamte deutsche Öffentlichkeit, sondern auch das Ausland bereits von Goebbels wußte, daß Hitler das Attentat unverletzt überlebt habe. Die Verschwörer, unter denen sich Verwaltungsspezialisten, Strategen und Taktiker von hohem Rang befanden, hatten ihre Chance in einer Weise vertan, die den Historiker in mancher Hinsicht nachdenklich stimmen muß.

Schon kurz nach Mitternacht stand Claus Graf Schenk von Stauffenberg auf Befehl Fromms vor einem von einem Leutnant kommandierten Peloton von zehn Unteroffizieren, die ihn erschossen. Stauffenbergs verzweifelten Ruf »Es lebe unser heiliges Deutschland« hörte nur das Peloton. Generaloberst Beck, der nach Stauffenbergs Behauptung, daß Hitler tot sei, die Parole ausgegeben hatte, daß nun absolut unwichtig sei, ob Hitler noch lebe oder nicht mehr lebe, versuchte nach dem gescheiterten Attentat zweimal erfolglos, sich mit der Pistole zu erschießen. Der Feldwebel, der ihn dann schließlich auf Befehl Fromms erschoß, verhöhnte danach »den General, der nicht einmal fähig war, sich selbst zu erschießen«.[18]

Das Unternehmen *Walküre* war noch an dem Tage zusammengebrochen, an dem Stauffenberg es durch sein Bomben-Attentat ausgelöst hatte. Daß es keineswegs zwangsläufig scheitern mußte, kann als sicher gelten. Die Verschwörer, vor allem die Generale Thiele und Olbricht, verhielten sich unverantwortlich lange passiv und ließen die Zeit, in dem Augenblick das kostbarste Gut, wie Dilettanten verstreichen. Ab 18.30 Uhr, seit der Goebbels-Erklärung, daß der Führer lebe und bereits wieder seine Arbeit aufgenommen habe, begann die überlieferte Routine auf ihren seit Jahr und Tag eingefahrenen Schienen wieder die Geschicke zu bestimmen. Daß hie und da dennoch progammgemäße Erfolge registriert werden konnten, macht deutlich, wie anders die Aktion hätte verlaufen können. In Kassel beispielsweise wurden militärische Einheiten mobilisiert und Vorbereitungen zur Verhaftung der NS-Funktionäre getroffen, wie der Plan *Walküre* es vorsah.[19] In Hamburg waren der Gauleiter, der Höhere SS- und Polizeiführer und andere maßgebliche Funktionsträger der Partei ins Wehrkreiskommando »gebeten« und von den Militärs vorübergehend festgenommen worden. In Prag, Wien und Paris war ähnliches geschehen.[20] In Berlin, dem zentralen Sitz der Verschwörer, hatte das Wachbataillon zwar das Regierungsviertel abgeriegelt, einige Rundfunkanlagen besetzt und Goebbels vorübergehend seiner Freiheit beraubt. Dann aber war es dem Reichspropagandaminister gelungen, Major Otto Ernst Remer, den Kommandeur des Wachbataillons, davon zu überzeugen, daß der Führer lebe, weiterhin das Heft voll in der Hand habe und nur seine Befehle auszuführen seien. Um Mitternacht war der Aufstand überall zusammengebrochen. Als Stauffenberg im Innenhof des Reichskriegsministeriums erschossen wurde, saß Hitler wieder fest im Sattel. Was folgte, waren Verhaftungen, Verhöre, Folterungen, ein makabrer Prozeß und Hinrichtungen.

Hitler, das größte Hindernis bei der Realisierung des Unternehmens *Walküre,* war mit dem Leben davongekommen. 284 Tage später setzte er ihm selbst ein Ende. Sein Tagesbefehl vom 21. Juli an die »Soldaten des Heeres«, denen er wider besseres Wissen versicherte, daß »am Ende der Sieg trotz allem unser sein«[21] werde, scheiterte jedoch an der Wirklichkeit. Daß Hitler bis ans Ende seines Lebens wirklich an seinen Sieg geglaubt habe, wie oft behauptet wird, trifft nicht zu. Nicht erst seit Ende März 1945, seit er auf einen Hinweis des Generals Josef Kammhuber, daß der Krieg verloren sei, unwillig antwortete: »Daß weiß ich selbst«, wußte er, daß er sein Spiel verloren hatte. Er ahnte und wußte »früher als irgendein Mensch in der Welt ..., daß (und seit wann, der Verf.) der Krieg verloren war.«[22] Jodl schrieb im Nürnberger Gefängnis, daß der Führer an einen Sieg nicht mehr glaubte, als »die Katastrophe des Winters 1941/42 hereinbrach«.[23] Und Ende 1942 war er – nach Jodl – sicherer als zuvor, daß er den Krieg nicht als Sieger überleben würde. »Als dann gegen Ende des Jahres (1942) auch Rommel, vor den Toren Ägyptens geschlagen, auf Tripolis zurückfiel, als die Alliierten in Französisch-Nordafrika landeten (d.h. im November 1942), da ... (war) sich ... Hitler darüber klar, daß der Kriegsgott sich nun auch von Deutschland abgewandt und in das andere Lager begeben hatte.«[24]

Die über derartige Details nicht informierte Öffentlichkeit, die Hitler seit dem 30. Januar 1944 nicht mehr hatte reden hören, fragte sich besorgt, was denn nun noch zu erwarten und zu erhoffen sei. Die rasche Veröffentlichung von Ergebenheitsbekundungen und Lobpreisungen für die »wundersame« Errettung des Führers[25] wirkten wie eine Brücke in eine Zukunft mit vielerlei noch akzeptablen Eventualitäten. Pierre Laval, Tschang Tenghai, Vidkum Quisling, Josef Tiso, Milan Georg Nadisch und Emil Hacha hatten ihm unmittelbar nach dem Attentat ihre Glückwünsche für sein Überleben telegraphiert. Hiroitzito, der japanische Kaiser, erkundigte sich demonstrativ über die deutsche Botschaft, wie es dem Führer ginge.[26]

Als der Hals- Nasen- und Ohrenarzt Erwin Giesing, der Hitler seit dem Attentat behandeln mußte, seinen Patienten am 22. Juli 1944 zum ersten Male sah, erschrak er. Der Rücken des Mannes, den er von vielen Fotos her kannte, war unheilbar gebeugt, das Gesicht aschgrau. Schleppend bewegte er sich vorwärts. Hitler »machte ... auf mich den Eindruck eines ... verbrauchten und erschöpften Mannes«, berichtete er 1945, »der mit dem Rest seiner Kräfte haushalten muß ... Seine schlaffe Haltung, sein etwas eingefallener Brustkorb und seine oberflächliche Atmung« waren »Zeichen einer leichten asthenisch-leptosomen Beimischung, wobei ein gewisser Anteil auf seine körperlich-seelische Erschöpfung zurückzuführen« gewesen sein dürfte.[27] Hitler war körperlich verbraucht und hatte äußerlich mit den Fotos, die sein Leibfotograf Heinrich Hoffmann in ungezählten Exemplaren von ihm veröffentlichte, nichts mehr gemeinsam.

Die Glückwünsche aus Frankreich, Norwegen, Prag und Tokio

machten Schule. Überall im Reich taten die Funktionäre und Militärs es den ausländischen Staatsmännern gleich. Und noch bevor Hitler dem »Wunsch« Görings, Keitels und Dönitz' entsprach und am 25. Juli bekannt geben ließ, daß die Wehrmacht »aus Anlaß« der »Errettung« des Führers von nun an (wie die SS seit jeher) mit dem »Deutschen Gruß« zu grüßen habe, wurde dies in einigen Garnisonen in der Nähe der Wolfsschanze bereits seit dem 20. Juli praktiziert.[28] Mehr als je zuvor wetteiferten die Exponenten des Regimes um die Gunst des Führers, der nun in einem anderen Licht erschien. Jetzt war sichtbar geworden, daß er, den »die Vorsehung« wieder einmal beschützt hatte, seinen Kopf nicht schlafend in jedes arbeitenden Volksgenossen Schoß betten könnte, wie er sich einmal ausdrückte. Und jetzt war von ihm auch unmißverständlich ausgesprochen worden, daß seine Feinde »unter den *vons*« zu suchen seien,[29] die mit entsprechenden Folgen rechnen mußten. Himmler, nun auch noch Chef des Ersatzheeres, ging ans Werk.

Während Hitler die Attentäter und Verschwörer beschimpfte, schlimmster Verbrechen zieh, sie verhaften, verurteilen und hinrichten ließ, was der Großteil der Bevölkerung infolge der ihr zuteilgewordenen Informationen guthieß, äußerte er sich in kleinem Kreis total anders. ». . . man fragt mich heute viel darüber«, sagte er beispielsweise Anfang August zu General Karl-Heinrich Bodenschatz, »was ich denn zum Attentat sage, was ich vom politischen Mord halte«, und dann erklärte er: »Ich lehne ihn nicht hundertprozentig ab! Verstehen kann ich auch, daß es nötig ist, einen Staatsmann zu entfernen, wenn es die Lage einer Nation erfordert und ein Volk nach Beseitigung des Herrschers eine bessere Zukunft vor sich haben kann. Ich weiß, Stauffenberg, Goerdeler und Witzleben haben geglaubt, das deutsche Volk durch meinen Tod zu retten. Aber . . . diese Leute hatten überhaupt keinen festen Plan darüber, was sie nachher tun wollten. Sie hatten keine Ahnung, welche Armee ihren Putsch unterstützen, welches Wehrkreiskommando ihnen helfen würde! Selbst das Naheliegendste, eine Verbindung mit dem Feind, hatten sie nicht zuwege gebracht. Ja, ich habe sogar erfahren, daß die Gegner Verhandlungsangebote abgelehnt haben . . . Es wäre ein Krieg jeder gegen jeden geworden . . . Der Russe wäre der lachende Dritte gewesen . . . darin, allein darin, besteht in meinen Augen das Verbrechen der Attentäter.«[30]

Kurz nach diesem Gespräch las die Öffentlichkeit, daß der Führer auf Antrag des am 4. August zusammengetretenen Ehrenhofes zahlreiche Militärs aus der Wehrmacht ausgestoßen und zur Aburteilung an den Volksgerichtshof übergeben habe.[31]

Entgegen seiner festen Überzeugung, daß der Krieg längst verloren sei, redete er auch den Reichs- und Gauleitern, die ihn zur Huldigung in seinem Hauptquartier aufsuchten, nachdrücklich ein, daß »wir am Ende trotz allem« mit dem Feind »fertig« werden und »diesen Krieg ... siegreich bestehen«[32] würden. Die Reichs- und Gau-Propagandaleiter hatten dies über ihre unteren Propaganda-Institutionen so unter das Volk zu bringen, daß der 20. Juli mit seinen Folgen für die »Verräterclique« und für die bestärkte Siegeszuversicht des Führers »vielleicht die segensreichste (Tat) für die ganze deutsche Zukunft gewesen« sei.[33] Der Propagandist Adolf Hitler hatte sein Handwerk nicht verlernt, seine Überredungskunst trotz aller Fehlschläge nicht eingebüßt, seine Helfer und Helfershelfer nicht verloren.

Hitler, Bormann, Himmler und Goebbels, um hier nur sie zu nennen, mußten schon am 20. Juli unbedingt darauf bedacht sein, die Stimmung der Bevölkerung auszuloten und augenblicklich die Meinungsbildung richtungweisend zu steuern. Bormann wies denn auch schon am 20. Juli um 20.30 Uhr die Gauleiter telegrafisch an, äußerst vorsichtig zu sein, nur Befehlen des Führers »oder seiner Männer« Folge zu leisten, die Führung in ihren Gauen »fest in der Hand« zu behalten und sofort mit den zuständigen Polizeiführern in Verbindung zu treten. Fünf Minuten später erreichte sie die Anweisung Bormanns, alle Personen, die »mit dem reaktionären Verbrechergesindel Fromm-Hoeppner-Witzleben-Freiherr von Stauffenberg – im Komplott stehen, sofort festnehmen« zu lassen und alle Partei-Dienststellen über diese Maßnahmen zu unterrichten.[34] Weitere fünf Minuten später informierte er sie, daß der »Führer ... aller Voraussicht nach heute abend über Rundfunk zum deutschen Volk« sprechen werde.[35] Informationen über die »Stimmungs- und Meinungsbildung« der Bevölkerung erhielten sie bereits am nächsten Tage von den III-C-Abteilungen der Sonderabschnitte des Sicherheitsdienstes der SS.

Otto Telschow beispielsweise, der Gauleiter von Osthannover, erfuhr am 21. Juli vom Sonderabschnitt Braunschweig, worüber die Bevölkerung seines Gaues redete. Erste Gerüchte nach Bekanntwerden des Attentats, so meldete der SD, hätten sich um die Vermutung gedreht, daß der Führer tot sei. Nach den Formulierungen der ersten offiziellen Nachrichten habe sich dann die Vorstellung breit gemacht, daß nur ein Ausländer der Attentäter gewesen sein könne, auch wenn die Frage, wie dieser in die unmittelbare Nähe des Führers zu gelangen vermochte, keine plausible Antwort gefunden habe. Zweifel an den »leichten Verbrennungen und Prellungen«, die Hitler nach der offiziellen Version erlitten hatte,[36] machten die Runde und ließen alsbald folgende »schlimmere Nachrichten« ahnen. Die am 20. Juli nach Mitternacht vom Rundfunk übertragene kurze Rede Hitlers, die Ansprachen von Göring und Dönitz vom selben Tage und die Morgenzeitungen vom 21. Juli mit den ersten offiziellen Meldungen und dem Text der Ansprachen hatten zunächst ausgereicht, alle »Volksgenossen über die Vorfälle« zu orientieren.

»Eine ganz kleine Clique ehrgeiziger, gewissenloser und zugleich verbrecherischer, dummer Offiziere hat ein Komplott geschmiedet«, sagte Hitler am 20. Juli[37] mit betont beherrschter Stimme, »um mich zu beseitigen und zugleich mit mir den Stab praktisch der deutschen Wehrmachtführung auszurotten.«[38] Er erwähnte den »Fingerzeig der Vorsehung«, die ihn das Attentat überstehen und sein »Werk weiter fortführen« ließe, nannte Stauffenberg als den Attentäter, drohte das »Austreten dieser ganz kleinen Verräter- und Verschwörer-Clique« an und prophezeite, daß nun »endlich aber auch im Rükken der Heimat die Atmosphäre« geschaffen werde, die »die Kämpfer der Front« brauchten. »Diesmal«, so erklärte er, »wird nun so abgerechnet, wie wir das als Nationalsozialisten gewohnt sind.«[39]

Differenzierter teilte der SD mit, daß die Bevölkerung die lasche Durchsetzung des von Goebbels geforderten totalen Arbeitseinsatzes und des totalen Krieges verurteile, mehrheitlich die Auflösung des Braunschweigischen Staatsministeriums, die augenblickliche Schließung von Theatern, Musikschulen und des Gauheimatwerkes verlange und eine Einschränkung der Verwaltungsapparate und des Kulturlebens als notwendig voraussetze. Daß alle Zeitungen des Gaubereiches am 24. Juli nun als Hauptüberschrift die Formulierung »Das Volk verlangt den totalsten Krieg« bringen müßten, sei »ein typisches Beispiel der propagandistischen Fehlentwicklung«; denn jetzt sehe man sich gezwungen, »die neue Phase mit einer sprachlichen Steigerung zu bedenken«.[40] Daß schlechter Instinkt bei der Behandlung des Attentats die Volksmeinung negativ beeinflussen müsse, habe der Reichsorganisationsleiter Robert Ley soeben mit seiner Rede bewiesen, in der er den deutschen Adel insgesamt in Mißkredit gebracht hätte.

Mit großer Sorge, so registrierte der SD, beobachte die Bevölkerung die Entwicklung an der Ostfront, die sie in absehbarer Zeit an der Reichsgrenze zu sehen befürchte. Die »gewundenen Erklärungen« der Presse »über das Ausmaß der Rückschläge« beunruhigten das Volk, das nun ständig an die einstigen deutschen Behauptungen erinnert würde, daß die Russen »die gemachten Anstrengungen auf die Dauer nicht durchhalten« könnten. Plötzlich sei von der »umfassendsten Offensive des Krieges« die Rede, von »Millionenarmeen und bisher nicht gekannten Massen von Kriegsmaterial«. Wonach die Bevölkerung verlange, sei jetzt mehr denn je, zumal nun auch noch Bialystok, Brest-Litowsk, Lemberg und Kauen verlorengegangen seien, eine wahrheitsgemäße Orientierung! »Verniedlichungen« durch die Presse, die beispielsweise schriebe, daß die Weichsel »sehr anziehend auf den Feind« wirke und daß »die Bolschewisten« durch »die Art unserer Kampfführung erheblich beeindruckt« würden, seien deplaziert und widersprächen den Ereignissen.[41]

Was der Gauleiter von dem SS-Obersturmbannführer zu hören bekam, der diesen Bericht unterschrieben hatte, konnte nicht gerade als hoffnungsfroh bezeichnet werden. Daß die »Stimmung im ganzen noch nicht hoffnungslos oder gar verzweifelt« sei,[42] wie sich der SS-Führer ausdrückte, mochte Telschow als ein Menetekel ansehen, das nur noch Wunder abzuwenden vermöchten. Der SD signalisierte sie in Form der von Joseph Goebbels initiierten Volkshoffnung. Es konzentriere sich, so schrieb der Obersturmbannführer, auf den Einsatz neuer Waffen der »noch ausstehenden Vergeltungswaffen«.[43]

Aus dem Sonderabschnitt Lüneburg meldete der SS-Sicherheitsdienst zwei Tage später, daß das Attentat vom 20. Juli das noch weitere »Absinken« der schon sehr bedenklichen Stimmungslage gestoppt habe. »Das Interesse aller Volksgenossen war ein paar Tage«, so berichtete der für die Meldung verantwortliche SS-Sturmführer, »ausschließlich auf das Attentat und die damit zusammenhängenden Fragen gerichtet.«[44] Doch das durch die russische Offensive verursachte und durch die Ereignisse vom 20. Juli vorübergehend verdrängte Stimmungstief beherrschte schon am 22. Juli wieder das Bild. Besorgt berichtete der SS-Führer dem Leitabschnitt Hamburg, daß die »augenblickliche Stimmungslage ... ziemlich gedrückt (sei) und teilweise als fast beunruhigend bezeichnet« werden müsse. Zwar sehne die gesamte deutsche Bevölkerung das Ende des Krieges herbei, wünsche es jedoch nicht auf die Weise, wie Stauffenberg es habe herbeiführen wollen. Insgesamt registrierten die V-Männer des SD nach dem Attentat eine »wieder straffere Haltung« der Angehörigen

44588

Lüneburg, den 23. Juli 1944

Kl./T.

An den
SD-Leitabschnitt Hamburg
H a m b u r g

III C 4
Terminsache,
sofort vorlegen!

…over
…leitung
… 1944

P. | Pr. | O.

Betr.: Stimmungs- und Meinungsbildung.
Vorg.: Laufend.

Allgemeines:

Z.Zt. der Abfassung des vorigen Berichtes war die Stimmungslage etwas fester, weil es den Anschein haben konnte, was die meisten Volksgenossen erhofften, dass die sowjetische Offensive zum Stehen gekommen sei. Aber schon die gleich nach der Berichtsabfassung herauskommenden neuen Meldungen bestätigten diese Annahme nicht und die Stimmung wurde sehr erheblich gedrückt. Das Absinken hielt in Folge der militärischen Ereignisse weiter an, bis das Attentat auf den Führer bekanntgegeben wurde. Von diesem Augenblick an traten zunächst alle Erwägungen über die sonstigen politischen und militärischen Ereignisse völlig zurück. Das Interesse aller Volksgenossen war ein paar Tage lang ausschliesslich auf das Attentat und die damit zusammenhängenden Fragen gerichtet. Die darüber herrschende Empörung liess alles andere zurücktreten. Mit Freude und Genugtuung wurde immer wieder betont, welches Glück es sei, dass der Führer unverletzt geblieben war. Dadurch war ein erheblicher Stimmungsanstieg verursacht. Die Freude über das Misslingen des Anschlages überwog bei weitem die durch die militärischen Ereignisse an den Fronten hervorgerufene stimmungsmässige Depression. Aber bereits gestern war festzustellen, dass die militärischen Ereignisse den stimmungsmässigen Auftrieg wieder gänzlich verdrängen, so dass die augenblickliche Stimmungslage als ziemlich gedrückt und teilweise als fast beunruhigend bezeichnet wird.

Anschlag auf den Führer:

Dieser ist in einem Masse besprochen worden wie seit langem kein Ereignis. Wie bereits nach dort gegeben, wurde die ruchlose Tat

- 2 -

Auszug aus einem Stimmungsbericht des SD-Abschnitts Lüneburg vom 23. Juli 1944 der Wehrmacht in der Heimat und verwiesen auf die betonte Herausstellung der Einheit von »Partei und Wehrmacht« durch Funktionäre und Offiziere, doch als besonders negativ auch die als alarmierend bedrückt charakterisierte Stimmung[45] infolge der nicht abzufangenden russischen Offensive, eine im ganzen Volk verbreitete Besorgnis über die von den USA unterstützte Materialüberlegenheit der Roten Armee, die Ausweitung der Invasionsfront im Westen, eine Zunahme der anglo-amerikanischen Luftangriffe auf das Reichsgebiet, die allgemeine Geringschätzung der von der Propaganda anfänglich als besonders wirkungsvoll angekündigten Ein-Mann-Torpedos und die schlappe Haltung der zur Zeit im Reich zur Ausbildung befindlichen italienischen Soldaten, denen von deutscher Seite nur Verachtung entgegengebracht werde.[46]

Daß die führenden Funktionsträger mit derartigen Berichten nicht viel anfangen konnten, lag auf der Hand. Was allen Reichs- und Gau-Propagandaleitern am 22. Juli »streng vertraulich« zur »persönlichen Unterrichtung«, jedoch ausdrücklich nicht »zur Verwertung« zugeleitet worden war, bot nicht mehr. Im Gegenteil. Neben den hier bereits aus SD-Berichten unmittelbar angeführten Aspekten war davon die Rede, daß die im Reich in Lagern untergebrachten Ostarbeiter das Scheitern des Attentats bedauerten, was sich zu 90% auch mit der Einstellung der Holländer decke. Ein Pole habe, so sei von einem Agenten eines Lagers gemeldet worden, die Stimmung seiner Landsleute mit der Bemerkung artikuliert, es sei schade, daß »man den Lumpenhund (Hitler) nicht totgeschlagen habe«.[47] Überall stellten die SD-Agenten und Mittelsmänner in Lagern fest, daß Schadenfreude und die Hoffnung auf einen baldigen erfolgreichen Anschlag herrsche. »Dieses Mal«, so meldete ein SD-Spitzel als Äußerung eines Insassen eines Ostarbeiter-Lagers in Bremen, »hat Hitler noch Glück gehabt, aber er wird bei nächster Gelegenheit seine Strafe bekommen.«[48] Positive Äußerungen registrierten die SD-Mittelsmänner nur unter Flamen und erstaunlicherweise unter Franzosen.

Was den Propagandaleitern als Äußerungen französischer »Fremdarbeiter« mitgeteilt wurde, entsprach offenbar dem Tenor, den die Verfasser des Rundschreibens als richtungweisend für die Propaganda verstanden sehen wollten. Da war von Franzosen die Rede, die gemeint hätten, daß die preußisch erzogenen Generale sich auf die Dauer nichts »von einem kleinen Gefreiten« sagen lassen wollten, der durch »eine Art Demagogie an die Macht« gelangt sei, als »einfacher Arbeitergeist« die Militärs führe und tatsächlich die Sympathie des Volkes besitze.

Als gesprächsweise artikulierte Wünsche der deutschen Bevölkerung erschienen die Forderungen, sofort mit einer brutalen Kriegführung zu beginnen, die Feinde künftig nicht mehr als Soldaten zu behandeln, sie mit »Stumpf und Stiel« auszurotten, ohne Gnade gegen die Verräter in den eigenen Reihen vorzugehen, möglichst rasch wieder das Vertrauen in die deutsche Wehrmacht und ihre Waffen auch bei den im Reich beschäftigten Ausländern herzustellen und den Eindruck aus der Welt zu schaffen, daß zu den augenblicklichen militärischen Mißerfolgen in Ost und West nun auch noch schwerwiegende innerdeutsche Schwierigkeiten hinzugekommen seien.

Einheitliche Führungsrichtlinien und zentrale Propagandahilfen fehlten noch. Martin Bormanns Fernschreiben vom 24. Juli, das alle Reichsleiter, Gauleiter und Verbandsführer darüber informierte, wie die »Ereignisse des 20. 7. 1944 in der Öffentlichkeit« auf Wunsch des Führers zu behandeln seien, lieferte sie dann. Bei der Behandlung der Ereignisse, so wies Bormann an, dürfe sich niemand dazu hinreißen lassen, das Offizierskorps, die Generalität, den Adel oder Wehrmachtsteile in corpore anzugreifen oder zu beleidigen. Vielmehr müsse stets betont werden, daß es sich bei den Putsch-Teilnehmern nur um einen ganz bestimmten, verhältnismäßig kleinen »Offiziersklüngel« handelte, der die »einwandfreie Haltung des Heeres« und »der Gesamtwehrmacht« nicht habe in Frage stellen können. Gerade in Notzeiten, so schloß der Reichsleiter seine Anweisung, dürfte die vollziehende Gewalt niemals in den Händen der Wehrmacht oder einzelner Generale liegen. Immer hätten die – von ihm abhängigen – Gauleiter sie »in der Hand« zu halten.[49]

Bormanns Fernschreiben waren um 4 Uhr früh durchgegeben worden. Rund 16 Stunden später wurden die Reichs- und Gaupropagandaleiter streng vertraulich über die Reaktionen im Ausland informiert. Seitdem wußten sie, die Gauleiter, Stellvertretenden Gauleiter, Gauhauptamtsleiter, Gauamtsleiter und Kreisleiter, wie sie die Ereignisse des 20. Juli darzustellen hätten. Die Reichspropaganda-Ämter der Gaue wiesen die Richtung und lieferten »Punkte, die in der nächsten Zeit« den Reden »zugrunde gelegt werden« sollten. Doch erst seit dem 26. Juli, seit einer Goebbels-Rede, »wußte« die Öffentlichkeit, was tatsächlich geschehen war. Nun ging es den Funktionsträgern der Partei vor allem darum, die Hoffnungen und Wünsche der Bevölkerung zu erfüllen und die Soldaten an den Fronten mit der »Wahrheit« zu konfrontieren, damit »dort keine Rückschläge« entstünden.[50]

»Stimmungsberichte« von der Front gab es zu Abertausenden in Form von Feldpostbriefen, die die Soldaten mit ihren Angehörigen, Freunden und Bekannten wechselten. Da kaum einer der Briefschreiber zu jener Zeit daran gedacht haben dürfte, seine – nur für die jeweiligen Korrespondenzpartner bestimmten – Briefe irgendwann einmal veröffentlicht zu sehen, ist ihr Quellenwert eher noch höher zu veranschlagen, als beispielsweise die Berichte des SD.

Eingebungen des Augenblicks, persönliche Erlebnisberichte, Enttäuschungen und Wünsche, Hoffnungen, Erwartungen, Überzeugungen, Sehnsüchte und Problemanalysen sind festgehalten und offenbaren, was viele Korrespondenz-Partner ganz gewiß nicht einmal immer offen ausgesprochen und unmißverständlich formuliert hatten, solange sie zusammen gewesen waren. Da die Kriegsereignisse spätestens seit Ende 1941 dazu angetan waren, nicht mehr, wie am Beginn des Krieges, euphorische Stimmungen und Siegeshoffnungen, sondern vielmehr Kriegsmüdigkeit und Verdrossenheit zu erzeugen, wog um so mehr, was in den Briefen stand. Der Soldat, der an der Front stets mit dem Tod rechnen mußte, mochte sich und seine Angehörigen gelegentlich zwar selbst belügen, um durchhalten zu können und Zuversicht zu initiieren; aber ständig die Tatsachen verfälschen, das konnte er nicht. Die Angst vor Folgen von Briefkontrollen hat, wie die Meldungen der Feldpostprüfstellen bezeugen, kaum jemanden bewogen, seine Gedanken und Überzeugungen für sich zu behalten. Wie extrem verschieden die Äußerungen sein konnten und wie wenig sie genormt und auf eventuelle Kontrollen abgestimmt waren, zeigen zwei unzensierte und inhaltlich von den Millionen geprüfter und Tausenden nach dem Krieg zusammengetragener nicht kontrollierter Briefe kraß abweichende Schreiben, deren Verfasser (wie verschwindend wenige ihrer Kameraden) mit negativen Konsequenzen hätten rechnen müssen, wenn ihre Korrespondenz durch Feldpostprüfstellen gegangen wäre, ganz besonders drastisch. »Die Aufgabe, die uns bevorstand«, so schrieb ein Zoll-Betriebsassistent am 9. August 1942 von der Ostfront, »war mitunter sehr ernst zu nehmen. Doch das Allererste, was zu erfüllen war, war die Entfernung der Juden. Kameraden des SD leisteten wir Hilfe, um erst den Ort von der jüdischen Pest zu säubern. Diese Arbeit war auch bald getan, doch so leicht war sie nicht. Der Befehl für die Kameraden des SD war doch, diese Schweine auf immer zu vernichten, und dazu gehören Nerven, zumal es doch eine ganz schöne Anzahl war. Allein der Befehl wieder ließ alles leicht überwinden, ist doch auch diese Arbeit mit ein Beitrag zum großen Sieg.«[51] Ganz anders dachte dagegen ein Obergefreiter einer Divisions-Nachrichtenabteilung. »Es geht nun bald«, klagte er am 12. Juni 1943, »ins fünfte Kriegsjahr, und an ein Ende ist so bald nicht zu denken. In den Leuten wird allmählich eben ein Gleichgültigkeitsgefühl großgezogen. Bei der Besichtigung bei uns hat der Chef feststellen müssen, daß mehr als die Hälfte der Männer nicht wußte, wann der Führer im Reich die Macht übernommen hatte. Es kümmerte sich eben keiner mehr darum. Unter uns Kameraden darf man auch alles reden. Die Zeit des Fanatismus und der Nichtduldung anderer Ansichten ist vorbei, und allmählich beginnt man klarer und nüchterner zu denken. Wollen wir den Krieg gewinnen, dann müssen wir auch vernünftiger werden und dürfen nicht mehr so großsprecherisch und prahlerisch alle Welt abstoßen. Du hast ja selber auf dem Appell gemerkt, daß man heute schon anders spricht als vor drei Jahren. Es ist richtig, wir müssen den Krieg gewinnen, um nicht der Rache der Juden ausgeliefert zu werden, aber die Träume von einer Weltherrschaft sind dahin.«[52]

Im August 1944, im Monat nach dem Stauffenberg-Attentat auf Hitler, kontrollierte die Feldpostprüfstelle VIII beim Armee-Oberkommando 6 vom 17. Juli bis 19. August insgesamt 16946 Briefe.[53] Im Monat Juli waren es 26286 gewesen. Die Anzahl der »schweren Verstöße« hatte im August nicht nur nicht zugenommen, sondern war sogar erheblich zurückgegangen. Während im Juli 307 Briefe (1,16 Prozent) beanstandet worden waren, geschah dies im August nur in 71 Fällen (0,95 Prozent). Zur Weiterverfolgung leitete die Feldpostprüfstelle im Juli 103 Briefe weiter. Im August waren es 71.

Die von der Prüfstelle als »schwere Verstöße« bezeichneten Vergehen bezogen sich auf die Verletzung der Geheimhaltung, auf die Zersetzung der Wehrkraft und Disziplin und auf Spionage- und Sabotagetätigkeit. Im August hatten 97 Korrespondenzpartner gegen die Geheimhaltungsvorschriften verstoßen. Im Juli waren es 207 gewesen. Der Zersetzung der Wehrkraft wurden im August 11 bezichtigt, im Juli 5. Die Disziplin hatten im August 54 und im Juli 95 der Briefschreiber mißachtet, deren Post nach Auffassung der Prüfstelle den Tatbestand des schweren Verstoßes erfüllte. Der Spionage und Sabotage wurde sowohl im August als auch im Juli niemand bezichtigt.

Leichter Verstöße hatten sich von 16946 Absendern im August 1657 (9,71 Prozent), im Juli von 26286 geprüften Sendungen 2473 (9,37 Prozent) schuldig gemacht. Das Fazit der Prüfstelle: »Unter den schweren Verstößen haben zugenommen: Zersetzung um 5,16%, Disziplin um 2,40% abgenommen: Geheimhaltung um 7,56%. Unter den leichten Verstößen haben zugenommen: Angaben über Marschwege und Marschziele um 2,32%, Skizzen um 0,40%, abgenommen: Angaben über Standorte um 1,63%, Angaben über Waffengattung um 0,68%, Sonstiges um 0,22% ... Nur in ganz geringem Umfange gelangten auch Briefe von der Heimat nach der Front zur Prüfung. Das Ergebnis der chemisch geprüften Briefe war negativ. Einschließlich der 1657 leichten Verstöße sind in den geprüften Briefen 1726 Beanstandungen erfolgt, das sind 10,18%. Gegenüber dem Vormonat ist eine Abnahme um 0,39% zu verzeichnen. In der Gesamtzahl der leichten Verstöße sind unter ›Sonstiges‹ 385 Fälle festgehalten worden, bei denen es sich um allgemeine Bemerkungen oder Angaben über Päckchen- und Urlaubssperre, viel Dienst bei angeblich ungenügender Verpflegung, starke Verbreitung der Malaria und anderer Fieberkrankheiten, vermutete Verlegung der Einheiten handelte. Auch vielfach auftretende Zweifel über die entscheidende Wirkung der V-Waffen sind bei diesen leichten Verstößen festgestellt worden. Sämtliche Äußerungen wurden in den Briefen geschwärzt.«[54]

Die Prüfstelle gelangte zu der Erkenntnis, daß die »Stimmung in der Truppe ... gegenüber dem Vormonat nicht besser« geworden sei. Es wurden, so heißt es im Bericht vom 1. September 1944, »erheblich mehr Äußerungen erfaßt, die von Kriegsmüdigkeit, schlechter Kampfmoral und gesunkener Siegeszuversicht zeugen«.[55] Die »Zurücknahme« bestimmter Frontabschnitte beunruhigte die Soldaten ebenso wie die in der Heimat lebenden Zivilisten. An »Stimmen, die sich zuversichtlich über die Kriegslage äußerten«, bemerkte der Berichterstatter und Leiter der Dienststelle kommentarlos, »konnten nur wenige erfaßt werden«.[56] Das Attentat auf Hitler wurde – nach Angaben der Prüfstelle – von »sehr vielen« Briefschreibern erwähnt und »durchweg verurteilt«.[57]

Gegenteilige Äußerungen, von der Prüfstelle unter der Rubrik »Zersetzung« registriert, wurden auszugsweise zitiert und zur »Weiterverfolgung« und »Entscheidung« an das Armee-Oberkommando 6 weitergeleitet.[58] Da war in Briefen – auffälligerweise stammten sie nur von Mannschafts- und Unteroffiziersdienstgraden – vorsichtig versteckt und verklausuliert davon die Rede, daß der »Anfang«

vom Ende »schon da« gewesen sei und »leider nicht richtig geklappt« habe.[59]

Briefschreiber, die das Scheitern des Attentats bedauerten, begründeten ihre Einstellung gewöhnlich ausführlicher. So schrieb ein Gefreiter des Pionier-Bataillons 735 am 26. Juli 1944: »Die Generäle, die den Anschlag auf den Führer verübt hatten, wissen ganz genau, daß ein freiwilliger Regierungswechsel sehr nötig wäre, denn der Krieg ist für uns Deutsche aussichtslos. Darum wäre es für ganz Europa eine Erlösung, wenn die drei Herren Hitler, Göring und Goebbels gingen. Damit wäre dem Streit ein Ende gesetzt, denn die Menschen brauchen Frieden. Alles andere ist Lüge. Alle noch so große Strenge hilft nichts, einmal kommt es doch soweit, es kann nicht mehr lange dauern, da müssen sie das Feld räumen, ob sie wollen oder nicht. Bei einer heutigen Volksabstimmung würde er ja deutlich genug sehen, wer noch hinter ihm steht und wer noch weiterkämpfen und sterben will für so eine schon seit zwei Jahren ganz aussichtslose Sache.«[60]

Daß die von der Feldpostprüfstelle angeführten negativen Prüfungsergebnisse, soweit sie sich in nackten Zahlen ausdrücken, ein schwärzeres Bild vermitteln, als es tatsächlich vorhanden war, liegt an den Kriterien, die die Prüfstelle anzulegen hatte. Da wurden unter den insgesamt 54 Disziplinar-Verstößen beispielsweise »10 Fälle, in denen insgesamt 318« Mark versandt worden waren, eine Mitteilung über »Tauschhandel«, der »Mißbrauch eines Fernsprechers« und ein Bericht »von hohen Gewinnen beim Kartenspiel«, bei Truppen im Stellungskrieg eine Selbstverständlichkeit, als Zersetzung der Disziplin verstanden. Wie die Feldpostbriefe Adolf Hitlers aus dem Ersten Weltkrieg bezeugen,[61] hätten sich seine Briefe in einigen Fällen mit Sicherheit unter der beanstandeten Post befunden, wenn sie hinsichtlich der Verletzung der Geheimhaltungsvorschriften nach den Kriterien von 1944 geprüft worden wären.[62]

Zehn als Zersetzung der Wehrkraft katalogisierte Verstöße im Rahmen von insgesamt 16946 geprüften Briefen zeigen verblüffend deutlich, daß die Truppe unmittelbar nach dem Stauffenberg-Attentat buchstäblich »wie ein Mann« hinter Hitler stand. Die Soldaten verurteilten, wie die Auswertung der Feldpost zeigt, das Attentat auf Hitler. Ihre Angehörigen in der Heimat, auch wenn sie nicht zuletzt infolge der alliierten Bombenangriffe und fortwährenden Dauer des Krieges anderer Meinung gewesen sein mochten, machten sich diese Auffassung zu eigen. Enttäuscht hatte beispielsweise der Botschafter

Ulrich von Hassell, einer der entschiedendsten Gegner Hitlers und Mitverschwörer von Stauffenberg und Goerdeler, schon am 26. November 1942 in seinem Tagebuch notiert: »Von der angeblichen Volksstimmung als solcher (Wut gegen Hitler) ist gar nichts zu hoffen. Wir sind die sonderbarste Mischung von Helden und Sklaven. Das letztere bezieht sich vor allem auf die Generäle, die es in geradezu fabelhafter Weise fertiggebracht haben, ihre Autorität vor allem Hitler gegenüber auf Null zu reduzieren.«[63] Und am 20. April 1943 hatte er geschrieben: »Je länger der Krieg dauert, desto geringer wird meine Meinung von den Generälen. Sie haben ... wenig Zivilcourage ... keinerlei innere ... Selbständigkeit und Widerstandskraft (und) ... sind ... Hitler völlig ... ausgeliefert.«[64]

Von den Frontsoldaten gingen im August 1944, nicht nur soweit es sich um das »Fußvolk« handelte, keine für jedermann sichtbaren Anstöße aus, den Krieg zu beenden, wie die Männer um Stauffenberg, Merz von Quirnheim und Carl-Friedrich Goerdeler es beabsichtigt hatten. Der unverhältnismäßig kleine und in mancher Hinsicht alles andere als homogene Kreis der im Gefolge des 20. Juli 1944 hingerichteten, ermordeten oder auch nur verhafteten militärischen und zivilen Verschwörer[65] wirkte sich vor dem Attentat weder unter den Soldaten noch unter deren Angehörigen als registrierbaren Multiplikator aus.

Alle Darstellungen, die gegenteilige Positionen verfechten, gehen von Wunschvorstellungen und Behauptungen aus, die einer sachkundigen Prüfung durch den Historiker nicht standhalten. Hitler, der stets detailliert über die Stimmung in der Wehrmacht und im Volk informiert wurde, hatte am Abend des 20. Juli 1944 sarkastisch von »einer ganz kleinen Clique ehrgeiziger, gewissenloser und zugleich verbrecherischer dummer Offiziere«[66] gesprochen, die versucht hätten, ihn und die übrige maßgebliche Führung des Reiches und der Wehrmacht gewaltsam aus dem Wege zu räumen. Das Volk hörte dies und glaubte es – von wenigen Ausnahmen abgesehen – ebenso wie die Soldaten an der Front. Von den rund 17000 Soldaten der unteren Offiziersränge und der Unteroffiziers- und Mannschaftsdienstgrade beispielsweise, deren meist familiär vertrauliche Mitteilungen an ihre Angehörigen insgeheim geprüft und statistisch ausgewertet wurden, waren im August 1944 nachweislich[67] bestenfalls nur drei persönlich gegen Hitler eingestellt: 0,017 Prozent.[68] Zwar sehnten die meisten Frontsoldaten und ihre Angehörigen das Ende des Krieges herbei; aber Hitler wurde erstaunlicherweise noch im Spätherbst 1944 weitestgehend von der harten Kritik ausgenommen. In ihren Briefen redeten die Soldaten von Gleichgültigkeit, Wut und Kriegsmüdigkeit, von Angst vor schlimmen Nachkriegsfolgen und Sorgen um die Zukunft ihrer Angehörigen. Hitler jedoch blieb ausgeklammert. Den Soldaten erschien er als einzige mögliche Garantie für einen wenigstens noch glimpflichen Ausgang des Krieges für Deutschland. Sein bis Ende 1941 schier unwahrscheinliches Glück als Politiker und Feldherr, das von der Propaganda geschaffene Führer-Bild und die Angst vor den Folgen einer deutschen Niederlage ließen die Soldaten angesichts der alliierten Forderungen nach einer bedingungslosen Kapitulation und den Drohungen, der Geschichte des Reiches ein für allemal ein Ende setzen zu wollen, auf Hitler vertrauen. »Obwohl die Kriegsmüdigkeit zugenommen hat, und der Wunsch nach einem baldigen Kriegsende heute fast in jedem Briefe ausgesprochen wird«, hieß es im Bericht der Feldpostprüfstelle bei der Heeresgruppe Nord-Ukraine vom 1. September 1944, »ist die Kampfmoral immer noch ersichtlich gut. Die Truppe weiß, daß sie im Falle einer Niederlage kaum die Heimat wiedersehen würde und so gibt lieber jeder sein Letztes hin, um den Krieg zu einem siegreichen Abschluß zu bringen.«

Die vehemente nationalsozialistische Propaganda, zunehmend von massiven Drohungen durchsetzt, produzierte bei all denen, die anders dachten, so etwas wie Isolationsangst. In den Feldpostbriefen allerdings kam dies nicht zum Ausdruck. Die Urteile der Soldaten über die Verschwörer des »20. Juli« konnte Hitler als »vox populi – vox Dei« auffassen, auch wenn er, ähnlich wie Bethmann-Hollweg, einer seiner Vorgänger als Reichskanzler, des »Volkes Stimme« nicht als »Gottes Stimme«, sondern nur als »Rindvieh«-Äußerung wertete. Die NS-Propaganda und die überwältigend breite und ohne Zwang eingestandene Übereinstimmung mit ihr, ließen das Stauffenberg-Attentat mühelos als einen »verbrecherischen Anschlag sektiererischer Querköpfe« erscheinen, die sich außerhalb der »Volksgemeinschaft« gestellt hatten.

Da die Namensträger der rund 180 bis 200 als Hauptbeteiligte erschossenen, gehenkten, enthaupteten oder durch Selbstmord aus dem Leben geschiedenen Verschwörer der Sippenhaft verfielen und nach dem 20. Juli inhaftiert wurden, gab es niemanden, der es gefahrlos auf sich hätte nehmen können, die aufwendig verbreiteten Unterstellungen, Verleumdungen und Schmähungen mit den Tatsachen zu konfrontieren. Bis zum Ende des Krieges galt für die deutsche Bevölkerung weithin, was bis dahin von deutscher Seite offiziell über die Männer des Widerstandes verbreitet worden war.

Daß ihre Position rechtlich umstritten war, wußten sie seit Anbeginn; aber dies hatte sie nicht von dem Versuch abhalten können, das Regime, das ein ganzes Volk in unsägliche Verbrechen verstrickte und das Gewissen der Menschen vergewaltigte, von der zentralen Figur zu befreien, die alles trug. Daß gegen Hitler seit 1933 fast vier Dutzend Anschläge verübt worden waren, erfuhr die Bevölkerung nicht, und ihr wurde auch nur in Form von Meldungen über geglückte Verhaftungen von »Verbrechern«, »Landes- und Hochverrätern« mitgeteilt, daß es da und dort einen von bestimmten zivilen Gruppen oder Militärs organisierten Widerstand gegeben habe.[69] Die zahlreichen Verhaftungen[70] nach dem 20. Juli stimmten viele Deutsche zwar nachdenklich; aber nur wenige hatten konkrete Vorstellungen von den Zusammenhängen.

Aufgebot der letzten Reserven

Fünf Tage nach dem Stauffenberg-Attentat formulierte die »Europäische beratende Kommission« in London die Bedingungen für die »bedingungslose Kapitulation Deutschlands«: Anerkennung der vollständigen Niederlage der bewaffneten Streitkräfte zu Lande, zu Wasser und in der Luft. Einstellung der Feindseligkeiten von deutscher Seite, Ablieferung sämtlicher Waffen und der gesamten Munition, Sprengstoffe und Minen usw. an die Alliierten, Akzeptierung der Kriegsgefangenschaft nach Maßgaben der Alliierten, Rückkehr sämtlicher deutscher Flugzeuge und Schiffe ins besetzte Reich, Bereitstellung von Arbeitskräften, Auslieferung der in deutschem Gewahrsam befindlichen Kriegsgefangenen der Mitgliedsstaaten der Vereinten Nationen, Versorgung aller inhaftierter Angehöriger der Vereinten Nationen, Verbot der Zerstörung von Waffen und Anlagen und der Versenkung von Schiffen und Einstellung der Sendetätigkeit des Rundfunks und aller anderen Nachrichtenvermittlung.

Fünf Tage danach nahmen die Westalliierten Avranches am südlichen Ausgang der Normandie, womit sie sich den Zugang zum übrigen Frankreich erkämpft hatten. Hitlers Versuch, durch einen (am 6. August begonnenen) massierten Panzerangriff die Alliierten an einer Operation im freien Raum zu hindern, brach nach Anfangserfolgen bei Mortain unter den Bombenteppichen der Angloamerikaner zusammen. Hitler, seit dem 20. Juli noch starrsinniger und mißtrauischer als zuvor, gab Feldmarschall Günter von Kluge die Schuld und bezichtigte ihn, den Gegenangriff absichtlich nicht zum Erfolg geführt zu haben.[1]

Hitler wußte, daß er die endgültige Niederlage mit vernünftigen Argumenten nicht mehr abstreiten konnte, wich jedoch Einzelgesprächen mit seinen führenden Militärs aus und war nach wie vor nicht bereit, sich für einen Frieden zu entscheiden oder abzudanken. Er band das Schicksal des Reiches und Volkes an sein seit Jahren nur noch armseliges Leben, über das er am 31. August 1944 selbst sagte, daß das Attentat vom 20. Juli, wenn es gelungen wäre, ihn von Sorgen, Krankheit und schlaflosen Nächten befreit hätte.[2] Seine Gedanken waren auf seine letzten Tage fixiert; aber er hoffte noch ein paar Monate leben zu können. Die Chromerzvorräte reichten sogar noch für das ganze Jahr 1945 aus. Und so lange konnte notfalls gekämpft werden. Rommel und Rundstedt, denen es am 17. Juni 1944 schließlich noch gelungen war, mit ihm zusammenzutreffen, hatte er auf die erwartete Wirkung der V 1 und V 2 vertröstet.[3] Seine Argumente klangen logisch, gingen aber dennoch an der Realität vorbei. So sagte er am 31. August 1944, drei Wochen nach dem Scheitern des Gegenangriffes auf Avranches, in der Wolfsschanze: Für »eine politische Entscheidung ist das noch nicht reif. Daß ich auch in der Lage bin, politische Erfolge zu erzielen, habe ich ... in meinem Leben genügend bewiesen. Daß ich eine solche Gelegenheit nicht vorübergehen lassen werde, brauche ich niemand zu erklären. Aber im Moment schwerer militärischer Niederlagen auf einen günstigen politischen Moment zu hoffen, um irgend etwas zu machen, ist natürlich kindlich und naiv. Solche Momente können sich ergeben, wenn man Erfolge hat ... Es werden Momente kommen, in denen die Spannungen der Verbündeten so groß werden, daß dann trotzdem der Bruch eintritt. Koalitionen sind in der Weltgeschichte noch immer einmal zugrunde gegangen, nur muß man den Augenblick abwarten, und wenn es noch so schwer geht. Meine Aufgabe ist es, besonders seit dem Jahre 1941, unter allen Umständen nicht die Nerven zu verlieren, sondern wenn irgendwo ein Zusammenbruch ist, immer wieder Auswege und Hilfsmittel zu finden, um die Geschichte irgendwie zu reparieren.«[4]

Trotz aller Wachsamkeit und Kontrollen regten sich politisch und weltanschaulich Andersdenkende. Hakenkreuze wurden abgerissen, Hakenkreuz-Denkmäler in die Luft gesprengt,[5] Zettel mit »Hetzparolen« an Hauswände geklebt und passiver Widerstand geleistet. »Die Stimmung in der Bevölkerung ist zum Teil gedrückt und verzagend und zum Teil sehr gereizt. Es gibt noch viele Personen, die den Ernst der Zeit nicht erfassen (und) überall passiven Widerstand leisten«, meldete in Übereinstimmung mit zahlreichen SD-Berichten und anderen Informationen über die Stimmung der Bevölkerung beispielsweise der Gendarmerie-Posten der im Kreis Garmisch-Partenkirchen gelegenen Ortschaft Ettal.[6] Überall wurde abwartende Haltung registriert.

Der im September 1944 von Roosevelt und Churchill in Quebec paraphierte Plan des amerikanischen Finanzministers Henry Morgenthau, Deutschland nach der Niederwerfung total zu entwaffnen, zu einem Agrarland ohne Industrie umzuwandeln, durch Gebietsabtretungen an Polen, Rußland und Frankreich zu verkleinern und den Rest in zwei autonome und von einander unabhängige Staaten aufzuteilen, zu denen als weiterer Rumpfteil das Ruhrgebiet als internationale Zone kommen sollte, unterstützte die deutsche Durchhalte-Propaganda in dieser Situation. Die nationalsozialistischen Prophezeiungen, daß es mit Deutschland ein für allemal vorbei sei, wenn der Krieg verlorenginge, wurde nun von außen bestätigt. Die von NS-Funktionären rasch in den Meinungsbildungsprozeß hineinprojizierte Behauptung, daß nach den Plänen Morgenthaus auch ein Großteil der deutschen männlichen Bevölkerung sterilisiert werden sollte, stachelte die Widerstandsbereitschaft noch einmal ganz besonders an. Offiziere der Wehrmacht, die bis dahin auf einen Verhandlungsfrieden gehofft und teilweise sogar einen »Frieden um jeden Preis« akzeptiert hatten, schworen sich nun, »bis zum letzten Atemzug zu kämpfen«.[7]

Kaum weniger schockte die Deutschen in dieser Situation, daß die tapferen Finnen, ihre liebsten Verbündeten in diesem Krieg, am 19. September 1944 in Moskau nach dem Verlust von Petrosavodsk in Ostkarelien, den Niederlagen der deutschen Hauptarmeen und dem Abfall Rumäniens vom Bündnis die diplomatischen Beziehungen zum Reich abbrachen und einen separaten Waffenstillstand mit der Sowjetunion unterzeichneten. Hitlers Reaktion vom 25. September war bezeichnend. »Nach fünfjährigem schwerstem Kampf«, so erklärte er in einem Erlaß, »steht infolge des Versagens aller unserer europäischen Verbündeten der Feind an einigen Fronten in der Nähe oder an den deutschen Grenzen. Er strengt seine Kräfte an, um unser Reich zu zerschlagen, das deutsche Volk und seine soziale Ordnung zu vernichten. Sein letztes Ziel ist die Ausrottung des deutschen Menschen. Wie im Herbst 1939 stehen wir nun wieder ganz allein an der Front ... In wenigen Jahren war es uns damals gelungen, durch den ersten Großeinsatz unserer deutschen Volkskraft die wichtigsten militärischen Probleme zu lösen, den Bestand des Reiches und damit Europas für Jahre hindurch zu sichern. Während nun der Gegner glaubt, zum letzten Schlag ausholen zu können, sind wir entschlossen, den zweiten Großeinsatz unseres Volkes zu vollziehen. Es muß und wird uns gelingen, wie in den Jahren 1939 bis 1941 ausschließlich auf unsere eigene Kraft bauend, nicht nur den Vernichtungswillen des Feindes zu brechen, sondern ihn wieder zurückzuwerfen und so lange vom Reich abzuhalten, bis ein die Zukunft Deutschlands ... und damit Europa sichernder Friede gewährleistet ist. Dem uns bekannten totalen Vernichtungswillen unserer jüdisch-internationalen Feinde setzen wir den totalen Einsatz aller deutschen Menschen entgegen. Zur Verstärkung der aktiven Kräfte unserer Wehrmacht und insbesondere zur Führung eines unerbittlichen Kampfes überall dort, wo der Feind den deutschen Boden betreten will, rufe ich daher alle waffenfähigen deutschen Männer zum Kampfeinsatz auf. Ich befehle: 1. Es ist in den Gauen des Großdeutschen Reiches aus allen waffenfähigen Männern im Alter von 16 bis 60 Jahren der deutsche Volkssturm zu bilden. Er wird den Heimatboden mit allen Waffen und Mitteln verteidigen, soweit sie dafür geeignet erscheinen. 2. Die Aufstellung und Führung des deutschen Volkssturmes übernehmen in ihren Gauen die Gauleiter. Sie bedienen sich dabei vor allem der fähigsten Organisatoren und Führer der bewährten Einrichtungen der Partei, SA, SS, des NSKK und der HJ. 3. Ich ernenne den Stabschef der SA ... zum Inspekteur für die Schießausbildung und den Korpsführer des NSKK ... zum Inspekteur für die motortechnische Ausbildung des Volkssturms. 4. Die Angehörigen des deutschen Volkssturms sind während ihres Einsatzes Soldaten im Sinne des Wehrgesetzes. 5. Die Zugehörigkeit der Angehörigen des Volkssturms zu außerberuflichen Organisationen bleibt unberührt. Der Dienst im deutschen Volkssturm geht aber jedem Dienst in anderen Organisationen vor. 6. Der Reichsführer SS ist als Befehlshaber des Ersatzheeres verantwortlich für die militärische Organisation, die Ausbildung, Bewaffnung und Ausrüstung des deutschen Volkssturms. 7. Der Kampfeinsatz des deutschen Volkssturms erfolgt nach meinen Weisungen durch den Reichsführer SS als Befehlshaber des Ersatzheeres. Die militärischen Ausführungsbestimmungen erläßt als Befehlshaber des Ersatzheeres Reichsführer SS Himmler, die politischen und organisatorischen in meinem Auftrage Reichsleiter Bormann. 9. Die Nationalsozialistische Partei erfüllt vor dem deutschen Volke ihre höchste Ehrenpflicht, indem sie in erster Linie ihre Organisationen als Hauptträger dieses Kampfes einsetzt.«[8]

Die letzten Reserven wurden nun mobil gemacht, was in der Bevölkerung überall Unwillen und Gereiztheit erzeugte, obwohl sie zuvor vielfach bemängelt hatte, daß der »totale Krieg« offenbar nur ein Propaganda-Slogan sei. »Über die Einführung des Volkssturmes ist«, so hieß es beispielsweise in einem Monatsbericht einer bayerischen Gendarmerie-Station, »sehr wenig Begeisterung vorhanden. Von fast allen Volkssturmmännern kann man hören: ›Wir wollen nicht mehr kämpfen, wir wollen lieber Frieden haben, mit uns kann der Krieg nicht mehr gewonnen werden. Die ganze Woche sollen wir arbeiten und am Sonntag sollen wir beim Volkssturm antreten und exerzieren.‹ Die Bevölkerung ist im allgemeinen sehr gereizt, und jede geringfügige Veranlassung führt zu Streitigkeiten.«[9] Überall bestimmte Pessimismus die »Stimmungslage«, überall war die Bevölkerung bedrückt, überall zeigte sie, daß sie nur noch mitmachte, weil sie keine andere Wahl hatte. War im Hochsommer zuvor noch der ironisch-sarkastische Witz umgegangen, daß es bald mehr Butter gebe, weil die Führer-Bilder entrahmt werden würden, ließ sich die Stimmung der Bevölkerung jetzt nicht mehr als so harmlos und so leicht kontrollier- und dirigierbar bezeichnen. Verwundete Fronturlauber trugen ihr Teil dazu bei.

Am 19. September zogen die Russen in Sofia ein, ohne auf Widerstand zu stoßen. Am 25. Oktober unterzeichneten die Bulgaren, die sich bis September 1944 zwar im Kriegszustand mit Großbritannien und den USA befanden, gegenüber der UdSSR jedoch die Neutralität aufrechterhalten hatten, einen Waffenstillstand mit den Sowjets. Damit hatten für Deutschland auch die Ägäischen Inseln, die bis dahin als Sicherheitsgarantie für die Neutralität der Türkei gegolten hatten, ihren strategischen Wert verloren. Am 12. Oktober verließen die letzten deutschen Truppen den noch gehaltenen Hafen von Athen, das am selben Tage zur »Freien Stadt« erklärt wurde. Am 2. November, zwei Tage nach der Räumung Salonikis, war Griechenland frei von Deutschen, die sich bis zum 1. Mai 1945 als Besatzungen nur noch auf Rhodos, Westkreta, Milos und ein paar kleineren Inseln halten konnten. Die Räumung Albaniens und Serbiens folgte auf dem Fuß. Noch vor Jahresende stand die Rote Armee in den Vorstädten von Budapest.[10] Siebenbürgen war schon Ende Oktober in ihrer Hand. General de Gaulle zog am 25. August in Paris ein, das der deutsche General von Choltitz auf eigene Faust aufgegeben und damit vor der Zerstörung gerettet hatte. Zehn Tage zuvor waren die Westalliierten an der Riviera gelandet. Noch im selben Monat fielen Grenoble, Toulon und Marseille. 79000 Mann gingen an der Biskaya-Front in Gefangenschaft. Hitlers Versuch, in Frankreich eine neue Front aufbauen und die vordringenden Amerikaner durch einen Flanken-Angriff mindestens stoppen zu können, scheiterte an der überwältigenden materiellen Überlegenheit und Motorisierung der US-Streitkräfte, die infolge eben dieses entscheidenden Vorteils schnell vorankamen. Seit Anfang September war – nach dem Verlust von Brüssel, Antwerpen und Lüttich – für die Alliierten auch der Weg nach Belgien frei, nachdem sie die Seine bereits am 30. August überschritten hatten. Zwar endete die am 17. September unter dem Decknamen »Market Gowden« gestartete alliierte Luftlandung bei Arnheim und Nimwegen nördlich des Rheins in Holland mit einem Debakel für die Angreifer; aber ein von ihnen gehaltener, vom Landeplatz Nimwegen zur alliierten Front reichender schmaler Paß konnte von deutscher Seite nicht durchbrochen werden, was sich bald als empfindlicher Nachteil erwies. Seit der zweiten Novemberhälfte beherrschten die Briten die Scheldemündung, womit Deutschland den Hafen von Antwerpen an die Alliierten verloren hatte, die bereits seit September an der Grenze des Reiches standen und am 21. Oktober Aachen besetzten.

Wie die Soldaten auf all diese Niederlagen reagierten, bezeugen ihre Feldpostbriefe, die sie zu der Zeit mit ihren Angehörigen wechselten. Da war beispielsweise offen davon die Rede, daß nach den militärischen Mißerfolgen und Niederlagen der letzten Zeit der Krieg nicht mehr gewonnen werden könne, zumal Waffen wie die V 1 sicherlich nicht geeignet seien, rasche Entscheidungen herbeizuführen. Wenn »die Regierung« weiterkämpfe, ohne noch »etwas Besonderes« in der Hinterhand zu haben, würde sie, was nicht angenommen wurde, unverantwortlich handeln. Der schnelle Vormarsch der Alliierten in Frankreich erschien gelegentlich nicht als Folge der eigenen Unfähigkeit, ihn aufzuhalten, sondern als Beweis dafür, daß die Engländer und Amerikaner unter Zeitdruck stünden und fürchteten, daß die Zeit für Deutschland arbeitete.[11] Aber es gab auch andere Töne. Und sie stammten vornehmlich von Mannschaftsdienstgraden, die »die Schnauze voll« hatten und sich beklagten, »doch nur für blöd« gehalten zu werden. »Ich höre ... Wehrmachtsbericht ... Was ich da in den letzten Tagen hörte, ist ... beschissen«, so schrieb beispielsweise ein Gefreiter am 9. September und fuhr fort: »Der Zeiger nähert sich bedenklich auf fünf Minuten vor zwölf. Man tröstet uns, daß neue Waffen in der Fertigung seien, die das Kriegsglück wieder für uns wenden sollen. An das Wunder dieser neuen Waffen wollen wir glauben, oder man hat uns wissentlich (90 Millionen Volk) belogen und betrogen. Diese Waffen dürfen nicht mehr lange auf sich warten lassen, sonst ist es zu spät.«[12]

Während die Bevölkerung und die Soldaten das Ende des Krieges herbeisehnten und Hitler trotz des Wegfalls der finnischen Front im nördlichen Bereich der Ostfront nach wie vor – und im Gegensatz zu den Vorschlägen des Chefs des Generalstabes[13] – auf seinem Befehl zum »Halten um jeden Preis« beharrte, um eben dieses Ende so lange als nur irgend möglich hinauszuzögern, drehten Himmlers Gedanken sich bereits um den Beginn des nächsten Krieges. So ordnete er am 10. Oktober 1944 an, daß bei einer Mobilmachung nach dem Kriege alle Behörden sofort die Städte zu verlassen und in Kasernen Unterkunft zu suchen hätten.[14]

Am 12. November 1944 rund sechs Wochen nach der Rede, in der Hitler die inzwischen abgefallenen Verbündeten für die Mißerfolge an den Fronten verantwortlich gemacht hatte, ließ er im Münchener Zirkusgebäude am Marsfeld anstelle der von ihm alljährlich am 9. November zum Andenken an den Putsch vom 8./9. November 1923 gehaltenen Reden eine Proklamation verlesen. Daß er den schlechten Redner Heinrich Himmler ausgewählt hatte, seine Rede vorzutragen, sollte als besonderes Zeichen der Zeit gesehen werden. Nicht Reden, sondern Taten sollten das Bild bestimmen.[15] Schon am 15. Juli, fünf Tage vor dem Stauffenberg-Attentat, war Himmler von Hitler bevollmächtigt worden, auch im Rahmen der Grenadier-Division des Heeres (29. Welle) »alle Befugnisse in Fragen der Erziehung, nationalsozialistischen Führung, des Disziplinarstrafrechts und der Gerichtsbarkeit«[16] wahrzunehmen.[17] Das wurde verstanden, das eine vom Volk, das andere von der Wehrmacht.

Von beiden kaum verstanden wurde dagegen, daß Heinrich Himmler Anfang November 1944 auf Bestreben seines Konkurrenten Martin Bormann[18] als Truppenführer an die Ruhr geschickt, am 24. Januar 1945 von Hitler zum Oberbefehlshaber des Heeresgruppen-Kommandos Weichsel ernannt wurde. Daß er in dieser Position scheitern mußte, lag auf der Hand. Im März war er mit seinem Latein denn auch restlos am Ende und beklagte sich bei Werner Best, den militärischen Auftrag nur bekommen zu haben, um scheitern zu sollen.[19] Hätte das Volk auch nur eine Ahnung von den Querelen gehabt, die sich auf der obersten Etage der Führung abspielten, wäre es in dieser Situation sicherlich nicht weiter so folgsam mitgegangen. Schon die Kriterien, die bei Himmlers Ernennung zum Oberkommandierenden der Heeresgruppe Weichsel die entscheidende Rolle spielten, hätten einem schlechten Bühnenstück entnommen sein können. Die auf Antrag Guderians geschaffene neue Position, mit deren Hilfe die Sturzflut aus dem Osten aufgehalten und der Verlust Ostpreußens verhindert werden sollten, war dem erfahrenen Generalfeldmarschall Maximilian Freiherr von Weichs zugedacht gewesen, was Hitler akzeptieren wollte. Als Generaloberst Jodl ihm jedoch erklärte, daß Weichs tief religiös eingestellt sei, entschied er sich verärgert für Himmler,[20] für den unbrauchbarsten Mann auf diesem Platz. Im März 1945 sah es jedermann, auch wenn kaum jemand wagte, dies offen auszusprechen. Ein Bericht der Schutzpolizei-Dienstabteilung Kolbermoor vom 25. März sprach stellvertretend für viele. »Die Zeit der Rückschläge«, hieß es da, »dauert nun ... schon zu lange an, und das Ansteigen der Not mäßigt die Begeisterung und Zuversicht. So sehr jeder erkennt, daß es unbedingt notwendig wäre, daß Deutschland den Krieg gewinnt, so sehr kann man aus vielen Gesprächen erkennen, daß der Glauben an den Sieg nicht mehr zu groß ist. Vielfach ist es die Furcht vor der Partei und der Polizei, die die Volksgenossen abhält, ihre Anschauungen und Einstellungen offen zur Kenntnis zu geben. Gespräche über neue Waffen, die zum Einsatz kommen sollten, hört man ganz selten noch, und die großen Erwartungen haben sich gewissermaßen in Enttäuschungen gewandelt.«[21]

Die Gründe, die Hitler im Januar 1945 bewogen hatten, sich von Himmler öffentlich vertreten zu lassen, lagen anderswo. In einem Nebensatz offenbarte er sie. »Völker verlangen«, sagte er, »in solchen Zeiten andere Führer als krank und morbide gewordene alte Geschlechter.«[22] Seinen physischen Zustand, sein vergreistes Aussehen und den durch Nervenleiden und eine ganze Reihe anderer Erkrankungen inzwischen gravierend veränderten Habitus wollte er ganz offensichtlich nicht mit dem Reich identifiziert sehen. So ging er kurz danach auch nicht auf das über die deutsche Botschaft in Spanien herangetragene Angebot der amerikanischen Journalisten

A. L. Bredford und Ralph Forte von *United Press* ein, sich für ein Interview zur Verfügung zu stellen, obwohl ihm eine sensationelle Wirkung gerade in dieser Situation sicher gewesen wäre. Die *United-Press*-Vertreter, die Anfang November auch Franco interviewt hatten und ganz offensichtlich seriös und zuverlässig waren, blieben erfolglos, obwohl ihre »Bedingungen« von Hitler leicht zu erfüllen gewesen wären: Sie boten an, sich in jedem ihnen genannten Ort im deutschen Hoheits- und Einflußgebiet einzufinden und nicht mehr als 12 Fragen zu stellen, deren Text sie vorweg schon mitgeteilt hatten. Hitler sollte eine Situationsschilderung aus seiner Sicht geben, die Welt- und Kriegslage beurteilen, sich über die »Kriegsmoral an der inneren Front in Deutschland« äußern und einige pointierte Fragen im Zusammenhang mit der von ihm ständig heraufbeschworenen »kommunistischen Weltgefahr« beantworten.[23] Alles war auf ihn, der in Interviews nahezu ausnahmslos eine überzeugende Figur zu machen wußte, buchstäblich zugeschnitten; aber er zog vor, am 12. November über Himmler an die Weltöffentlichkeit zu treten, die abgefallenen Verbündeten und die Männer des 20. Juli für die Rückschläge verantwortlich zu machen und seinen unerschütterlichen Willen zu bekunden, den Krieg zuletzt so zu gewinnen, wie er einst den schweren Kampf im Innern gegen alle politischen Gegner auch gewonnen habe. »Die Zeiten der Rückschläge«, mußte Himmler zitieren, »werden uns niemals beugen und daher das Charakterbild des heutigen deutschen Volkes vor der Nachwelt nur im guten Sinne bestätigen. Ich glaube deshalb mit unbeirrbarer Zuversicht, daß durch unsere Arbeit und durch unser Opfer dann eines Tages jener Augenblick kommen wird, an dem endgültig der Erfolg unsere Mühen krönt.«[24]

Hitler, der mehr als jeder Staatsmann zuvor (und nachher) durch Reden und Interviews führte, hatte schon vor dem Krieg persönliche Verhandlungen mit Staatsmännern, Politikern und Diplomaten[25] keineswegs immer dazu benutzt, Vorteile für das Reich herauszuschlagen.[26] Immer und prinzipiell hatte er auf die Politik der vollendeten Tatsachen gebaut und meist nur unter Zugzwang verbindliche Festlegungen und Entscheidungen formuliert.[27] Seine Erklärung vom 31. August 1944,[28] daß nur militärische Erfolge politische Erfolge nach sich ziehen könnten, entsprach denn auch nicht zuletzt dieser Führungs- und Verhaltensweise.

Ein letzter Sieg und Verlust der letzten Hoffnungen

Was in diplomatischen Kreisen in Madrid und Lissabon bereits vor Mitte November 1944 als Tatsache »gehandelt« wurde, nämlich eine unmittelbar bevorstehende deutsche Offensive im Westen, deren Beginn nur noch von zuverlässigen Voraussagen über länger währende Nebel- und Schlechtwetterperioden abhinge,[1] auf die der deutsche Angriff infolge der alliierten Luftüberlegenheit angewiesen war, überraschte im Dezember nicht nur die Alliierten.

Die am 16. Dezember um 5.30 Uhr mit 41 Verbänden, 171 Bombern, 1492 Jägern und 91 Schlachtflugzeugen begonnene Operation *Herbstnebel*, die über den vom Feind schwach besetzten Abschnitt der nördlichen Eifel hinaus große Anfangserfolge in Richtung Bastogne und Maas erzielte, irritierte die Alliierten, die einen solchen Schlag von deutscher Seite nicht mehr für möglich – und die Warnungen aus Madrid und Lissabon wohl nur für reine Flüsterpropaganda – gehalten hatten. In den deutschen Kasinos wurde noch einmal Sekt kredenzt. Aus den Lazaretten meldeten sich verwundete Offiziere, Unteroffiziere und Mannschaften zum sofortigen Fronteinsatz. Viele von ihnen wollten dabei sein, wenn der Feind sein »zweites Dünkirchen« erlebte.[2] Doch dazu kam es nicht. Zwar hatten Vorausabteilungen der Armee Manteuffel bei Dinant fast die Maas erreicht; aber dem sehr erfahrenen britischen Feldmarschall Bernard Law Montgomery, der das Kommando über den von US-Streitkräften nun verteidigten und sehr gefährdeten Abschnitt übernahm, war es relativ rasch gelungen, den deutschen Angriff abzufangen. Zwar wurde am 22. Dezember La Roche erreicht; aber Bastogne, der vom Feind gehaltene wichtige Straßenkreuzungspunkt vor dem Südabschnitt, fiel nicht mehr in deutsche Hand. Am 26. Dezember kämpften die Amerikaner, die infolge des besser gewordenen Wetters wieder ihre absolute Luftherrschaft errichten konnten, ihn wieder frei.

Hitler, der Führer, auf den das Volk noch einmal hoffnungsvoll blickte, auch wenn in der Zivilbevölkerung nirgendwo Begeisterung für die Erfolge in Frankreich registriert werden konnte, hätte sich nun amerikanischen Presse-Vertretern für ein Interview zur Verfügung stellen können. Als sein früherer Hals-, Nasen- und Ohrenarzt von Eicken ihn am 30. Dezember nach einer Pause von vier Wochen während der Ardennen-Offensive im Führerhauptquartier Adlerhorst besuchte,[3] war er überrascht. Hitler wirkte gekräftigt und habituell anscheinend zuversichtlich. Er sprach trotz seiner Stimmbandmuskelschwäche[4] wieder normal. Die raschen, wenn auch nur sehr kurzlebigen Erfolge an der Westfront hatten ihn noch einmal aufgerichtet. Aber beides, sowohl die Operation *Herbstnebel* als auch der Zustand Hitlers, glichen einem Strohfeuer, das faszinierend und knisternd auflodert, aber rasch wieder still in sich zusammensinkt.

Hitler irritierte die Stimmung der Bevölkerung, die zwar registrierte, daß der Feind seine Kräfte als Folge der deutschen Offensive umgruppieren und die von ihm eingeleiteten Angriffe abbrechen mußte, aber nicht mehr von Siegeshoffnungen sprach.[5] Da auch der am 31. Dezember gegen die Nordfront des Elsaß unter dem Decknamen *Nordwind* eingeleitete deutsche Angriff bereits vor Mitte Januar 1945 steckenblieb, sah die Bevölkerung ihren Pessimismus als berechtigt an. Die letzten deutschen Reserven waren verbraucht, das kurzfristig wiederhergestellte Gleichgewicht im Westen verspielt. Am 14. Januar 1945 gestanden Hitler und der Wehrmachtsführungsstab ein, daß die Initiative in den Angriffsräumen wieder an den Gegner übergegangen sei.[6]

Die Gedanken der Bevölkerung kreisten indes um Probleme, die sie unmittelbarer als die Ardennen-Offensive betrafen: um den Einsatz des Volkssturms, der nach Hitlers Weisung Nr. 71 von Anfang 1945 in Truppenteile des Feldheeres einzugliedern war;[7] um wenigstens einigermaßen erfolgreich eingesetzt werden zu können; um die verheerend wirkenden feindlichen Luftangriffe und die damit verbundenen ständigen Alarme; um die immer noch ausbleibende Vergeltungswaffe, die den Krieg entscheiden solle; um Berichte der inzwischen nicht mehr »so ganz heimlich« abgehörten Feindsender, die andere Informationen als der Großdeutsche Rundfunk verbreiteten; um die – jedenfalls im Westen und Süden des Reiches – immer feindseliger werdende Haltung ausländischer Arbeiter und um die rapide zunehmende Betroffenheit, die überall von den Flüchtlingen, vor allem aus dem Osten, ausging, deren Berichte »zersetzend« wirkten. Schon im Januar 1945 erschien die Ardennen-Offensive dem größten Teil der Bevölkerung nur noch als eine Episode, die keines weiteren Wortes mehr würdig war. Für viele hatte sie gar nicht stattgefunden.[8] Andere sahen in ihrem Mißerfolg eine Bestätigung dafür, daß das Regime – nun für jedermann sichtbar – endgültig am Ende sei.

Hitler, der den Militärs seit dem 20. Juli noch mehr mißtraute als zuvor, befahl am 28. Januar 1945: »Die Oberbefehlshaber, Kommandierenden Generale und Divisions-Kommandeure, die Chefs der Generalstäbe und jeder einzelne Generalstabsoffizier oder in Führungsstäben eingesetzte Offizier sind mir dafür verantwortlich, daß jede an mich unmittelbar oder auf dem Dienstweg erstattete Meldung die ungeschminkte Wahrheit enthält. Ich werde künftig jeden Versuch einer Verschleierung, sei sie absichtlich oder fahrlässig oder durch Unachtsamkeit entstanden, drakonisch bestrafen.«[9] Sieben Tage vorher hatte er befohlen: »Glaubt ein Truppenführer, der auf sich selbst gestellt ist, den Kampf aufgeben zu müssen, so hat er erst seine Offiziere, dann Unteroffiziere, danach die Mannschaften zu befragen, ob einer von ihnen den Auftrag erfüllen und den Kampf fortführen will. Ist dies der Fall, übergibt er diesem – ohne Rücksicht auf den Dienstgrad – die Befehlsgewalt und tritt selbst mit ein. Der neue Führer übernimmt das Kommando mit allen Rechten und Pflichten.«[10] Was sollte danach eigentlich noch kommen?

Dabei hatte Hitler am 1. Januar 1945 in seinem letzten Neujahrsaufruf an das deutsche Volk erklärt: »Die Zeit hat von mir mehr als Reden gefordert. Die Ereignisse der hinter uns liegenden zwölf Monate, besonders aber der Vorgang des 20. Juli, haben mich gezwungen, meine ganze Aufmerksamkeit und Arbeitskraft der einzigen Aufgabe zu widmen, für die ich seit vielen Jahren lebe: dem Schicksalskampf meines Volkes. Denn wenn auch die Gegner schon früher jedes Jahr unseren Zusammenbruch prophezeit haben, dann setzten sie doch auf das Jahr 1944 besondere Hoffnungen. Noch niemals schien ihnen der Sieg so nahe zu sein als in den Augusttagen des vergangenen Jahres, als eine Katastrophe förmlich der anderen folgte. Wenn es nun trotzdem gelungen ist, das Schicksal wieder, wie so oft, zu wenden, dann fällt neben dem Opfer, Ringen und Arbeiten aller meiner Volksgenossen in der Heimat und an der Front auch meiner eigenen Arbeit und meinem eigenen Einsatz ein Anteil an diesen Verdiensten zu ... Wem die Vorsehung so schwere Prüfungen auferlegt, den hat sie zu Höchstem berufen! Es ist daher meine einzige Sorge, mich abzumühen, um das deutsche Volk durch diese Zeit der Not hindurchzuführen und ihm damit das Tor in jene Zukunft zu öffnen, an die wir alle glauben, für die wir kämpfen und arbeiten. Ich kann diesen Appell nicht schließen, ohne dem Herrgott zu danken für die Hilfe, die er Führung und Volk hat immer wieder finden lassen, sowie für die Kraft, die er uns gegeben hat, stärker zu sein als Not und Gefahr. Wenn ich ihm dabei auch danke für meine eigene

Rettung, dann nur, weil ich glücklich bin, mein Leben damit weiter in den Dienst meines Volkes stellen zu können. In dieser Stunde will ich daher als Sprecher Großdeutschlands gegenüber dem Allmächtigen das feierliche Gelöbnis ablegen, daß wir treu und unerschütterlich unsere Pflicht auch im neuen Jahr erfüllen werden, des felsenfesten Glaubens, daß die Stunde kommt, in der sich der Sieg endgültig dem zuneigen wird, der seiner am würdigsten ist: dem Großdeutschen Reiche!«[11]

Im Vorfeld des Endes

Klagen, Angst und Hoffnungslosigkeit beherrschten die Stimmung der Bevölkerung. Die Presse- und Rundfunkberichte über die Greueltaten der Roten Armee in den von ihr eroberten deutschen Ostgebieten, der angloamerikanische Bombenangriff vom 13. zum 14. Februar 1945 auf Dresden, der 60000 bis 200000 Zivilisten das Leben kostete,[1] die Zerstörung von Würzburg, Hildesheim, Paderborn, Münster und Potsdam, das waren die »Themen«, die die Bevölkerung primär bewegten. Die in den Jahren zuvor, vor allem jeweils im Winter und Frühjahr, geradezu unentwegten Klagen über Versorgungsmängel im »Ernährungsbereich« waren jetzt in den Hintergrund getreten. Nun, so zeigte die Stimmung der Bevölkerung, ging es ihr zu allererst nur noch um das nackte Überleben.

Hitlers Aufruf vom 15. April 1945 an die Soldaten der Ostfront, denen er erklärte »Wer euch Befehle zum Rückzug gibt, ohne daß ihr ihn genau kennt, ist sofort festzunehmen und nötigenfalls augenblicklich umzulegen, ganz gleich welchen Rang er besitzt«,[2] drückte spät aus, was jedermann längst klar war: Die totale Niederlage war nicht mehr abzuwenden. Das Ende des Regimes stand vor der Tür. Anfang März hatten die Amerikaner, die am 23. Februar an der Ruhr zum Großangriff angetreten waren, Mönchen-Gladbach, Neuss, Venlo, Trier und Köln genommen. Was Hitler zu zornigen Verwünschungen verleitete[3] und die in Gefangenschaft geratenen Angehörigen der Wehrmacht irritierte, verblüffte oder gar entsetzte, war dies: Die Bevölkerung begrüßte die Truppen der West-Alliierten als Befreier. Während sie den eigenen Soldaten teilweise zusätzliche Lebensmittel und andere Gefälligkeiten und Hilfen vorenthalten hatte, bereitete sie den Amerikanern »volle Tische«. Kuchen und Wein, Schlafstätten und anderes wurden ihnen unaufgefordert angetragen.[4] Und noch ehe besonders aktive, regional tätige NS-Funktionäre ermittelt und festgesetzt werden konnten, hatte die Bevölkerung sie zum Teil bereits gelyncht.

Das »Volk und diesen Staat und seine führenden Männer«, die nach Hitlers Formulierung im Neujahrsaufruf vom 1. Januar 1945 »unerschütterlich ... in ihrem Willen und unbeirrbar in ihrer fanatischen Entschlossenheit« seien, »den Krieg unter allen Umständen durchzukämpfen«,[5] gab es nicht mehr. So berichtete der Gendarmerie-Posten von Schellenberg im Kreis Berchtesgaden am 24. März 1945: Es »wurde vor dem Kriegerdenkmal in Markt-Schellenberg eine Gedenkfeier abgehalten, zu der die hier stationierte Einheit der Wehrmacht, der Volkssturm sowie Hitlerjugend aufmarschiert waren. Als der Führer der Wehrmachtseinheit am Schlusse seiner zu der Feier gehaltenen Rede ein ›Sieg-Heil‹ auf den Führer ausbrachte, wurde es weder von der angetretenen Wehrmacht, dem Volkssturm, noch von der als Zuschauer erschienenen Zivilbevölkerung erwidert. Dieses Schweigen der Masse wirkte geradezu drückend und spiegelt wohl am besten die tatsächliche Einstellung des Volkes.«[6] Und im Monatsbericht des Regierungspräsidenten von Oberbayern vom 7. April 1945 hieß es: »Durch militärische Ereignisse der letzten Woche im Westen und Osten Schockwirkung bei gesamter Bevölkerung hervorgerufen, wie sie seit Kriegsbeginn noch nicht zu verzeichnen war. Stimmung im allgemeinen am Nullpunkt. Glaube an Sieg der deutschen Waffen stark geschwunden; selbst Volksgenossen, die seither vom Endsieg überzeugt waren, seit dem überraschend schnellen Vorstoß des Feindes im Westen ohne Hoffnung auf ein siegreiches Ende. Mit vollständiger Besetzung des deutschen Reichsgebietes durch die Feindmächte wird gerechnet. Gegenüber Kriegsgeschehen bei vielen Volksgenossen gleichgültiges Verhalten zu beobachten.«[7] Spontane Widerstandshandlungen verrieten vielerorts, daß die Geführten der Führung endgültig aus den Händen zu gleiten begannen. In einem Eifel-Dorf stürmte die Bevölkerung das nicht angemessen bewachte Verpflegungsmagazin der Wehrmacht und schleppte nach Hause, was erreichbar war: Fleisch, Wurst, Konserven, Butter und Schlachtfette.[8] In Salm und Manderscheid in der Eifel gingen Bauern mit Heugabeln gegen Angehörige der Wehrmacht vor, die schließlich zur Waffe greifen mußten.[9] In Bourheim bei Jülich, das bereits im Oktober 1944 von amerikanischen Einheiten zunächst genommen, dann jedoch von der Wehrmacht wieder freigekämpft worden war, hatte es schon vorher ähnliche Szenen gegeben.[10] Standrechtliche Hinrichtungen von Zivilisten durch Angehörige der Wehrmacht und vor allem der SS waren hie und da Folgen offenen Widerstandes.[11]

Den Soldaten an der Ostfront, die sich Mitte April bereits westlich der Oder und am 20. April sogar schon im Vorgelände von Berlin befanden, hatte Hitler am 15. April in einer auszugsweise bereits zitierten Proklamation erklärt: »Wer in diesem Augenblick seine Pflicht nicht erfüllt, handelt als Verräter an unserem Volk. Das Regiment oder die Division, die ihre Stellungen verlassen, benehmen sich so schimpflich, daß sie sich vor Frauen und Kindern, die in unseren Städten dem Bombenterror standhalten, werden schämen müssen. Achtet vor allem auf die verräterischen wenigen Offiziere und Soldaten, die, um ihr erbärmliches Leben zu sichern, im russischen Solde, vielleicht sogar in deutschen Uniformen, gegen uns kämpfen werden.«[12]

Er, der buchstäblich jedermann im Handumdrehen wie einen Handschuh umzukehren vermochte, redete sich und seiner Umgebung nun mehr als zuvor ein, daß es darauf ankäme, die Waffen nicht »fünf Minuten vor zwölf« aus der Hand zu legen, wie es im November 1918 der Fall gewesen sei. Bezeichnend ist, was er General Wolfgang Thomale, dem Chef der Generalinspektion der Panzertruppen, in seinem Hauptquartier Adlerhorst in der Nacht vom 29. zum 30. Dezember 1944 erklärte. »Noch einmal so lange«, sagte er, »wie der Krieg gedauert hat, dauert er nicht mehr. Das ist ganz sicher. Das kann kein Mensch aushalten, wir nicht, die anderen auch nicht. Es ist nur die Frage, wer es länger aushält. Derjenige muß es länger aushalten, bei dem alles auf dem Spiel steht. Bei uns steht alles auf dem Spiel. Wenn der andere eines Tages sagt: Jetzt haben wir's satt, passiert ihm nichts. Wenn Amerika sagt: Aus, Schluß, wir haben keine Jungens mehr für Europa, passiert nichts; New York bleibt New York, Chicago bleibt Chicago, Detroit bleibt Detroit, San Franzisko bleibt San Franzisko. Es ändert sich gar nichts. Wenn wir heute sagen würden: wir haben es satt – wir hören auf – dann hört Deutschland auf zu existieren.«[13]

Das Finale

Wo der Feind noch nicht war, wurde er von der Bevölkerung erwartet, die nun unter allen Umständen und mit allen Mitteln zu bekommen versuchte, was sie brauchte. In Wäldern wurde ohne Erlaubnis Wild erlegt und Holz geschlagen, in Fischteichen geräubert. Die Bauern sahen sich von Bittstellern belagert, die Lebensmittel gegen Schmuck und Antiquitäten eintauschen wollten. In München raffte Hauptmann Rupprecht Gerngroß, im Zivilberuf Rechtsanwalt, in der Nacht vom 27. zum 28. April Männer der von ihm geführten Dolmetscher-Kompanie, Teile der Grenadier-Ersatzbataillone 19 und 61, Arbeiter der Firma Steinheil und andere Münchener Bürger zusammen, besetzte unter Anwendung von Waffengewalt den Münchener Rundfunksender Freimann und ließ Aufrufe an die Bevölkerung verlesen, der voreilig mitgeteilt wurde, daß der Gauleiter und Reichsverteidigungskommissar Paul Giesler, den er vergeblich in seine Gewalt zu bringen versucht hatte, tot und bereits auf dem Münchener Waldfriedhof beerdigt worden sei, daß sich marokkanische Regimenter als Befreier auf dem Anmarsch nach München befänden und namhafte hohe Offiziere hinter dieser Aktion gegen das Hitler-Regime stünden.[1] Doch noch ehe sich die Münchener auf die »neue Regierung« und auf die neuen Verhältnisse einzustellen vermochten, hörten sie ihren Gauleiter über den Rundfunk sprechen.[2] 17 Stunden nach dem Beginn des unter dem Decknamen *Fasanenjagd* gestarteten Putsches herrschten offiziell zwar wieder die alten Verhältnisse; aber jedermann wußte, daß deren Stunden gezählt waren. In Italien schlossen die Befehlshaber der Südfront, General Heinrich von Vietinghoff und der SS-Obergruppenführer Karl Wolff,[3] zur selben Zeit im alliierten Hauptquartier in Caserta bei Neapel ohne Wissen Hitlers einen Waffenstillstand mit den Alliierten und akzeptierten die »bedingungslose Kapitulation«.

Im Vorgelände von Berlin, der Reichshauptstadt, in der Hitler inzwischen in einem Bunker unter der Erde hauste, bereiteten sich indes 2,5 Millionen Soldaten der Roten Armee mit 41 600 Geschützen, 6250 Panzern und 7560 Flugzeugen auf ihren letzten Angriff vor, der sie allerdings nicht mehr sehr viel Opfer kostete; denn nur 44 630 deutsche Soldaten, 42 531 Männer des Volkssturms und 3532 nur zur Hälfte mit Gewehren bewaffnete Hitlerjungen und andere Hilfstruppen standen ihnen gegenüber.[4] Doch der Führer, der sich eine Woche zuvor entschieden hatte, in Berlin zu sterben, spekulierte auf Spannungen innerhalb der Alliierten[5] und hoffte auf militärische Folgen zugunsten des faktisch längst nicht mehr existierenden Reiches, operierte am grünen Tisch mit Armeen, sorgte sich um die Ölproduktion in der Ostmark, befahl nebensächliche Einzelheiten und beschäftigte sich mit strategischen Überlegungen, die angesichts der Lage von Insassen einer Irrenanstalt formuliert worden sein konnten.[6]

Am 30. April gegen 15.30 Uhr erschoß er sich, auf dem Sofa neben seiner ihm eben in aller Form standesamtlich angetrauten Frau Eva Hitler sitzend, die Gift genommen hatte. Seine letzten Getreuen trugen die Leichen hinauf, betteten sie neben dem Notausgang des Bunkers in einen Granattrichter, begossen sie mit Benzin und zündeten sie an, wie Hitler es ihnen befohlen hatte.[7] Zum letzten Mal erhoben die Zeugen der »Einäscherung«, Bormann, Goebbels, Otto Günsche, Linge, Wilhelm Burgdorf und Hitlers Fahrer Erich Kempka, ihre Rechte zum Hitler-Gruß.

Am 29. April hatte Hitler in seinem seiner Sekretärin noch rasch diktierten politischen Testament bestimmt: »Um dem deutschen Volk eine aus ehrenhaften Männern zusammengesetzte Regierung zu geben, die die Verpflichtung erfüllt, den Krieg mit allen Mitteln weiter fortzusetzen, ernenne ich als Führer der Nation folgende Mitglieder des neuen Kabinetts: Reichspräsident: Dönitz, Reichskanzler: Goebbels, Parteiminister: Bormann, Außenminister: Seyß-Inquart, Innenminister: Gauleiter Giesler, Kriegsminister: Dönitz, Oberbefehlshaber des Heeres: Schörner, Oberbefehlshaber der Kriegsmarine: Dönitz, Oberbefehlshaber der Luftwaffe: Greim, Reichsführer SS und Chef der deutschen Polizei: Gauleiter Hanke, Wirtschaft: Funk, Landwirtschaft: Backe, Justiz: Thierack, Kultus: Dr. Scheel, Propaganda: Dr. Naumann, Finanzen: Schwerin-Krosigk, Arbeit: Dr. Hupfauer, Rüstung: Saur, Leiter der Deutschen Arbeitsfront und Mitglied des Reichskabinetts: Reichsminister Dr. Ley.«[8] Göring, bei Kriegsbeginn von Hitler zum Nachfolger des Führers ernannt,[9] war ebenso aus der Partei ausgestoßen worden wie Heinrich Himmler, der hinter Hitlers Rücken Verhandlungen mit dem Feind angebahnt hatte.

31 Stunden nach Hitlers Selbstmord, am 1. Mai 1945, erfuhr die Öffentlichkeit um 22.26 Uhr auf Anweisung von Großadmiral Karl Dönitz über den deutschen Rundfunk: »Aus dem Führerhauptquartier wird gemeldet, daß unser Führer Adolf Hitler heute nachmittag in seinem Befehlsstand in der Reichskanzlei, bis zum letzten Atemzug gegen den Bolschewismus kämpfend, für Deutschland gefallen ist. Am 30. April hat der Führer Großadmiral Dönitz zu seinem Nachfolger ernannt.«[10] Dann erklärte der am 29. April von Hitler per Testament[11] verfassungswidrig zum Reichspräsidenten[12] und

Obersten Befehlshaber der Wehrmacht ernannte Dönitz in einer Proklamation an die Wehrmacht unter anderem: »Der Führer ist gefallen. Getreu seiner großen Idee, die Völker Europas vor dem Bolschewismus zu bewahren, hat er sein Leben eingesetzt und den Heldentod gefunden. Mit ihm ist einer der größten Helden deutscher Geschichte dahingegangen ... Der Führer hat mich zu seinem Nachfolger als Oberster Befehlshaber der Wehrmacht und Staatsoberhaupt bestimmt. Ich übernehme den Oberbefehl über alle Teile der deutschen Wehrmacht mit dem Willen, den Kampf gegen die Bolschewisten so lange fortzusetzen, bis die kämpfenden Truppen und bis die Hunderttausende von Familien des deutschen Ostraums vor der Versklavung und der Vernichtung gerettet sind. Gegen Engländer und Amerikaner muß ich den Kampf so weit und so lange fortsetzen, wie sie mich in der Durchführung des Kampfes gegen die Bolschewisten hindern. Die Lage fordert ... weiteren bedingungslosen Einsatz. Nur durch vorbehaltlose Ausführung meiner Befehle werden Chaos und Untergang vermieden. Ein Feigling und Verräter ist, wer sich gerade jetzt seiner Pflicht entzieht und damit deutschen Frauen und Kindern Tod oder Versklavung bringt. Der dem Führer ... geleistete Treueeid gilt nunmehr für jeden einzelnen ... mir als dem vom Führer eingesetzten Nachfolger. Deutsche Soldaten, tut eure Pflicht. Es gilt das Leben unseres Volkes.«[13]

Mit Hitler war das NS-Regime untergegangen. Dönitz, von seiner Ernennung überrascht,[14] stellte eine Regierung nach seinen Vorstellungen zusammen,[15] löste die NSDAP und ihre Organisationen auf, führte bei der Wehrmacht wieder den militärischen Gruß ein und erklärte am Abend des 30. April als Devise für sein Handeln: »Schluß machen, Heldenkampf ist genug gekämpft, Volkssubstanz erhalten, keine unnötigen Blutopfer mehr. Um Menschen – Soldaten und Zivilpersonen – vor dem Bolschewismus zu retten, Fortsetzung des Kampfes gegen Osten, besonders mit Rücksicht auf die Flüchtlinge in Mecklenburg, die Armee Wenck in Brandenburg und die Armeegruppe Schörner im Protektorat; weiterkämpfen an der Elbe bei Lauenburg, um das Loch zwischen Lübeck und Lauenburg offenzuhalten.«[16] Er schickte den Generaladmiral Hans von Friedeburg zu Montgomery in die Nähe von Lüneburg, um ihm die Kapitulation der im nordwestdeutschen Raum, in Holland und Dänemark stehenden deutschen Truppen anzubieten. Montgomery, der diese Teilkapitulation am 4. Mai zwar akzeptierte, von Friedeburg jedoch an Eisenhower nach Reims verwies, war froh, das Leben weiterer britischer Soldaten schonen zu können. Am 6. Mai erfuhr Dönitz von einem Mitglied der Friedeburgschen Delegation, daß von den Siegern nur eine bedingungslose Kapitulation aller deutschen Streitkräfte vor England, den USA und der UdSSR akzeptiert werde, womit der Plan von Dönitz zunichte gemacht war. Am 7. Mai wurde die bedingungslose Kapitulation von Generaloberst Jodl und Friedeburg vor dem US-General Eisenhower in Reims und am 8. und 9. Mai von Generalfeldmarschall Keitel, Friedeburg und Generaloberst Hans Jürgen Stumpf vor dem russischen Marschall Georgij Schukow in Berlin-Karlshorst unterschrieben. Nun war auch der Krieg zu Ende, der 7 375 800 Deutschen und Österreichern[17] und weiteren rund 40 Millionen Menschen aus aller Welt das Leben gekostet hatte. Das von den Alliierten herausgegebene *Nachrichtenblatt für die deutsche Bevölkerung*[18] verbreitete am 9. Mai 1945 den Text der bedingungslosen deutschen Kapitulation, was zu dem Zeitpunkt nur noch eine formale Bedeutung haben konnte.

Am 1. Februar 1933 hatte Hitler in seiner ersten Proklamation als Reichskanzler erklärt: »Die Parteien des Marxismus und seiner Mitläufer haben vierzehn Jahre lang Zeit gehabt, ihr Können zu beweisen. Das Ergebnis ist ein Trümmerfeld.«[19] Was er zwölf Jahre später hinterließ, war mit den Maßstäben, die er bei seinem Amtsantritt angelegt hatte, in keiner Hinsicht mehr meßbar. Mit leeren Händen, mit Flüchen und Verwünschungen aus aller Welt überhäuft, mit beispielloser Schande pauschal belastet und mit Vorwürfen konfrontiert, wie es zuvor noch kein Volk der Neuzeit hat erleben und hinnehmen müssen, standen die Deutschen im Mai 1945 gebrochen und geneigten Hauptes da. Nach den zwölf Jahren wog nur wenig, daß Hitler dem deutschen Volk zuletzt noch vorwarf, nicht verbissen genug gekämpft zu haben und seiner nicht würdig gewesen zu sein. 1936 hatte er prophezeit, daß er der Größte sein werde, wenn er »durchkomme«, der am meisten gehaßte und verfluchte Mensch der Geschichte jedoch, wenn er scheitere.[20] Er ist gescheitert. Wer seines Regimes Denkmal sucht, mag um sich blicken.

Anhang

Zeittafel

30. 1. 1933: Berufung Adolf Hitlers zum Reichskanzler durch den Reichspräsidenten Paul von Hindenburg.

16. 2. 1933: Bitte Hitlers um Entlassung aus dem Braunschweigischen Staatsdienst, wo er im Februar 1932 Regierungsrat und damit deutscher Staatsbürger geworden war.

5. 3. 1933: Reichstagswahl, NSDAP: 43,9% der abgegebenen gültigen Stimmen und 162 von 422 Mandaten.

17. 3. 1933: Gründung der »SS-Leibstandarte Adolf Hitler«.

21. 3. 1933: »Tag von Potsdam« mit Hindenburg in der Garnisonskirche.

24. 3. 1933: »Gesetz zur Behebung der Not von Volk und Reich« (Ermächtigungsgesetz).

1. 4. 1933: Auslösung des Boykotts jüdischer Geschäfte.

7. 4. 1933: Beginn der Gleichschaltung der Länder durch Gesetz.

30. 4. 1933: Einsetzung von Reichsstatthaltern.

14. 7. 1933: Gesetz zur Neubildung von politischen Parteien.

20. 7. 1933: Zur Gewinnung der Katholiken Abschluß des Reichskonkordats mit dem Heiligen Stuhl.

31. 8.–3. 9. 1933: Fünfter Reichsparteitag der NSDAP in Nürnberg.

19. 10. 1933: Austritt des Deutschen Reiches aus dem Völkerbund.

12. 11. 1933: Reichstagswahl, verbunden mit der Frage, ob die zum Austritt aus dem Völkerbund führende Politik bejaht werde. 92% der abgegebenen Stimmen billigen Hitlers Politik. Der Reichstag ist fortan nur noch Dekoration.

14./15. 6. 1934: In Venedig erstes Zusammentreffen mit dem Duce Benito Mussolini.

30. 6. 1934: »Röhm-Putsch«. Erschießung Ernst Röhms und zahlreicher seiner Anhänger (und anderer politischer Gegner Hitlers) mit Hilfe der Gestapo. Ausschaltung der SA zugunsten der Reichswehr Neuorganisation der SA.

20. 7. 1934: Die SS wird selbständige Organisation im Rahmen der NSDAP.

2. 8. 1934: Tod Hindenburgs und Vereinigung der Ämter des Reichspräsidenten und des Reichskanzlers. Titel Hitlers: »Führer und Reichskanzler«. Vereidigung der Wehrmacht auf den »Führer und Reichskanzler Adolf Hitler«, der damit de jure Oberster Befehlshaber der Wehrmacht wird.

19. 8. 1934: Volksbefragung zum Gesetz »Über das Oberhaupt des Deutschen Reiches« (»Führer und Reichskanzler Adolf Hitler«): 90% (99% Wahlbeteiligung) der Wähler entscheiden sich für Hitler.

4.–10. 9. 1934: Sechster Reichsparteitag der NSDAP in Nürnberg.
31. 1. 1935: 91% aller Wahlberechtigten stimmen für die Rückkehr des Saargebietes zum Deutschen Reich.
16. 3. 1935: Gesetz »für den Aufbau der Wehrmacht«. Wiedereinführung der Allgemeinen Wehrpflicht (Regelung des Wehrdienstes durch Gesetz vom 21. 5. 1935). Blomberg wird öffentlich zum »Reichskriegsminister und Oberbefehlshaber der Wehrmacht« ernannt.
18. 6. 1935: Flottenabkommen zwischen Großbritannien und dem Reich.
9.–16. 9. 1935: Siebter Reichsparteitag der NSDAP in Nürnberg. »Gesetz zum Schutz des deutschen Blutes und der deutschen Ehre« (sogenannte »Nürnberger Gesetze«) vom 15. 9. 1935. Verbot der Eheschließung mit Juden. Fortan »arische« Abstammung Vorbedingung für öffentliche Anstellungen. »Reichsflaggengesetz«, »Reichsbürgergesetz« und »Blutschutzgesetz«.
7. 3. 1936: Kündigung des Locarno-Vertrages und Besetzung der entmilitarisierten Zone des Rheinlandes. Wiederherstellung der vollen militärischen Souveränität.
1.–16. 8. 1936: XI. Olympische Sommerspiele in Berlin.
8.–14. 9. 1936: Achter Reichsparteitag der NSDAP in Nürnberg mit betont antibolschewistischer Tendenz. Verkündung des Vierjahresplanes.
24. 8. 1936: Einführung der zweijährigen Wehrdienstzeit.
5. 10. 1936: Achse »Rom–Berlin«. Antikominternpakt zwischen dem Reich und Japan.
30. 1. 1937: Verlängerung des Ermächtigungsgesetzes auf vier Jahre.
6.–13. 9. 1937: Neunter Reichsparteitag der NSDAP in Nürnberg.
5. 11. 1937: Erläuterung der außenpolitischen und militärischen Absichten (Hoßbach-Protokoll). Formulierung des politischen Testaments.
4. 2. 1938: Entlassung des Reichskriegsministers von Blomberg und des Oberbefehlshabers des Heeres, Generaloberst von Fritsch. Übernahme des Oberbefehls über das Heer durch Generaloberst von Brauchitsch. Bildung eines Oberkommandos der Wehrmacht mit Wilhelm Keitel als Chef. Ersetzung des Reichsaußenministers von Neurath durch Joachim von Ribbentrop und Förderung des Parteieinflusses auf das Auswärtige Amt.
12. 3. 1938: Einmarsch deutscher Truppen in Österreich.
13. 3. 1938: Anschluß Österreichs an das Deutsche Reich.
2. 5. 1938: Hitler formuliert seinen privaten Nachlaß.
3.–9. 5. 1938: Zusammenkunft mit Mussolini in Rom.
September 1938: Negative Beeinflussung der böhmisch-mährischen Krise.
16. 9. 1938: Besprechung mit Chamberlain in Berchtesgaden.
22.–24. 9. 1938: Besprechung mit Chamberlain in Godesberg.
26. 9. 1938: Rede im Berliner Sportpalast. Forderung nach Abtretung des Sudetenlands an das Reich. »Letzte« Revisionsforderung.
28. 9. 1938: Annahme des durch England initiierten Vermittlungsvor-

schlages Mussolinis, der die Lösung der Differenzen im Rahmen einer Viererkonferenz in München vorschlägt.

29. 9. 1938: Konferenz mit Mussolini, Daladier und Chamberlain in München (Münchener Abkommen).

1. 10. 1938: Beginn des Einmarsches deutscher Truppen in sudetendeutsche Gebiete.

9. 11. 1938: »Reichskristallnacht«. Organisierte Pogrome gegen Juden (Zerstörung jüdischer Wohnungen, Geschäfte, Synagogen usw.) nach der Ermordung des deutschen Botschaftsangehörigen Ernst vom Rath in Paris durch einen Juden namens Herschel Grünspan.

15. 3. 1939: Einmarsch deutscher Truppen in die Rest-Tschechei (nach der Unterzeichnung des Vertrages über die Schaffung des Reichsprotektorats Böhmen und Mähren durch den tschechoslowakischen Staatspräsidenten Hacha und den Außenminister Chwalkowski). Entwaffnung der tschechischen Armee.

16. 3. 1939: »Erlaß über das Protektorat Böhmen und Mähren«. Eingliederung von Böhmen und Mähren in das Deutsche Reich.

23. 3. 1939: Einmarsch der deutschen Wehrmacht ins Memelgebiet.

26. 3. 1939: Polen lehnt den deutschen Vorschlag (vom 24. 10. 1938 und 21. 3. 1939) ab, Danzig an das Reich zurückzugeben, eine exterritoriale Auto- und Eisenbahn durch den Korridor zu gewähren und eine langfristige Garantie der deutsch-polnischen Grenzen zu akzeptieren.

22. 5. 1939: Militärbündnis zwischen dem Reich und Italien: »Stahlpakt«.

Juli 1939: Wirtschaftsverhandlungen mit der Sowjetunion.

23. 8. 1939: Nichtangriffspakt mit der Sowjetunion mit geheimem Zusatzprotokoll über Polen und die Baltischen Länder.

25. 8. 1939: Der erste Angriffsbefehl auf Polen wird von Hitler gestoppt.

31. 8. 1939: Erneuter Angriffsbefehl.

1. 9. 1939: Deutscher Angriff auf Polen.

3. 9. 1939: Großbritannien, Australien, Indien, Neuseeland und Frankreich erklären dem Deutschen Reich den Krieg.

17. 9. 1939: Einmarsch der Roten Armee in Ostpolen.

27. 9. 1939: Hitler erklärt, den Krieg im Westen als Angriff führen zu wollen.

28. 9. 1939: Deutsch-sowjetischer Grenz- und Freundschaftsvertrag.

6. 10. 1939: Friedensangebot Hitlers (im Rahmen einer Reichstagsrede) an die Westmächte. Kriegserklärung der Südafrikanischen Union (und am 10. 10. 1939 Kanadas) an das Reich.

12. 10. 1939: England lehnt Hitlers Friedensangebot ab.

26. 10. 1939: Die deutsche Militärverwaltung wird in Polen durch die Errichtung des Generalgouvernements Polen ersetzt, Ostpolen in die UdSSR eingegliedert.

7. 11. 1939: Die Souveräne Belgiens und der Niederlande versuchen zwischen den kriegführenden Mächten zu vermitteln. England und

Frankreich lehnen am 12. 11. 1939 entsprechende Verhandlungen ab. Hitler betrachtet die »Angelegenheit« damit zunächst als erledigt.

8. 11. 1939: Rede vor alten Kämpfern im »Bürgerbräukeller« in München. Mißglücktes Attentat des Einzelgängers Georg Elser: 8 Tote und 63 Verletzte.

30. 11. 1939: Beginn des russisch-finnischen Winterkrieges, der am 12. 3. 1940 endet.

12. 12. 1939: Erste deutsche Erwägungen, Norwegen zu besetzen.

16. 1. 1940: Die Alliierten beginnen mit Vorbereitungen für eine militärische Aktion in Skandinavien.

7. 4. 1940: Die Alliierten schiffen ein Expeditionskorps nach Norwegen ein.

9. 4. 1940: Beginn des deutschen Feldzuges gegen Dänemark und Norwegen.

10. 5. 1940: Angriff auf die Niederlande, Luxemburg, Belgien und Frankreich.

15. 5. 1940: Kapitulation der niederländischen Streitkräfte.

28. 5. 1940: Kapitulation der belgischen Streitkräfte.

10. 6. 1940: Kapitulation der letzten norwegischen Streitkräfte. Kriegserklärung Italiens an England und Frankreich.

22. 6. 1940: Deutscher Waffenstillstand mit Frankreich.

19. 7. 1940: Friedensrede Hitlers im Reichstag.

Am 22. 7. 1940 von England zurückgewiesen.

31. 7. 1940: Hitler befiehlt, den Angriff auf Rußland vorzubereiten.

13. 8. 1940: Beginn der »Luftschlacht« gegen England.

27. 9. 1940: Dreimächte-Pakt Deutschland–Italien–Japan.

28. 10. 1940: Italiens Angriff gegen Griechenland.

12./13. 11. 1940: Molotow in Berlin.

9. 12. 1940: Schwere Niederlage der Italiener in Nordafrika und Rückzug auf Tripolis.

18. 12. 1940: Hitlers Weisung (Nr. 21) »Fall Barbarossa«. Die Wehrmacht »muß darauf vorbereitet sein, auch vor Beendigung des Krieges gegen England Sowjetrußland in einem schnellen Feldzug niederzuwerfen.«

6. 4. 1941: Beginn des Balkan-Feldzuges. Deutscher Angriff auf Jugoslawien und Griechenland.

13. 4. 1941: Japanisch-sowjetisches Freundschafts- und Nichtangriffsabkommen.

17. 4. 1941: Kapitulation der jugoslawischen Streitkräfte.

10. 5. 1941: Rudolf Heß fliegt nach England.

20. 5. 1941: Beginn der deutschen Angriffe auf Kreta.

22. 6. 1941: Deutscher Angriff auf die Sowjetunion.

25. 8. 1941: Britische und sowjetische Truppen besetzen den Iran.

24. 9. 1941: Ende der deutschen Erfolge in der Schlacht um Kiew.

2. 10. 1941: Wiederaufnahme der deutschen Offensive gegen Moskau.

18. 11. 1941: Beginn der englischen Offensive in Nordafrika.

Dezember-Beginn 1941: Beginn der russischen Gegenoffensive.

7. 12. 1941: Japanischer Angriff auf die amerikanische Flotte bei Pearl Harbor.

8. 12. 1941: Kriegszustand mit China (Tschungking-Regierung) und Frankreich (de Gaulle-Regierung). Die USA erklären Japan (am 8. 12. 1941) den Krieg.

11. 12. 1941: Deutsche Kriegserklärung an die Vereinigten Staaten von Nordamerika und damit: Zweiter Weltkrieg. Kriegszustand mit Kuba, mit der Dominikanischen Republik, Guatemala und Nikaragua.

12. 12. 1941: Kriegszustand mit Haiti, Honduras und El Salvador.

16. 12. 1941: Kriegszustand mit der Tschechoslowakei (tschechoslowakische Exilregierung).

19. 12. 1941: Entlassung des Generalfeldmarschalls von Brauchitsch. Hitler seitdem Oberbefehlshaber des Heeres.

13. 1. 1942: Kriegszustand mit Panama.

15. 1. 1942: Kriegszustand mit Luxemburg (Exilregierung).

20. 1. 1942: Wannsee-Konferenz über die »Endlösung der Judenfrage«.

21. 1. 1942: Rommel stößt erneut erfolgreich in Nordafrika vor.

28. 5. 1942: Kriegszustand mit Mexiko.

7. 6.–4. 7. 1942: Besetzung der gesamten Krim und Niederwerfung der als »uneinnehmbar« geltenden Festung Sewastopol.

20./21. 6. 1942: Eroberung von Tobruk – und Einbruch in Ägypten.

28. 6. 1942: Beginn der 20. deutschen Sommer-Offensive im Osten.

28. 8. 1942: Kriegszustand mit Brasilien.

August/September 1942: Die deutsche Wehrmacht kämpft sich an Stalingrad heran und dringt in den Kaukasus ein.

9. 10. 1942: Kriegszustand mit Abessinien.

23. 10. 1942: Beginn der deutschen Offensive bei El Alamein.

7./8. 11. 1942: Landung alliierter Streitkräfte in Nordafrika. Rommel-Rückzug von El Alamein.

18. 11. 1942: Schlacht um Stalingrad. Russische Gegenoffensive bei Stalingrad, die zur Einschließung Stalingrads und der deutschen 6. Armee führte.

19. 8. 1942: Ein britisch-kanadisches Landeunternehmen bei Dieppe wird abgewiesen.

14.–25. 1. 1943: Auf der Konferenz von Casablanca (Churchill, Roosevelt) wird beschlossen, nur die bedingungslose Kapitulation der Achsenmächte zu akzeptieren.

31. 1./1. 2. 1943: Kapitulation der deutschen und mit ihnen verbündeten Truppen in Stalingrad.

2. 2. 1943: Kriegszustand mit dem Irak und mit Bolivien (7. 4.).

13. 5. 1943: Kapitulation der Reste der deutschen Heeresgruppe in Nordafrika (Tunis).

5. 7. 1943: Beginn der letzten deutschen Offensive im Osten *(Zitade)*, am 15. 7. 1943 erfolglos abgebrochen.

9./10. 7. 1943: Landung der Alliierten auf Sizilien.

24./25. 7. 1943: Sturz und Gefangennahme Mussolinis.
8. 9. 1943: Kapitulation Italiens.
9. 9. 1943: Kriegszustand mit dem Iran.
12. 9. 1943: Befreiung Mussolinis.
13. 10. 1943: Italien (Badoglio-Regierung) erklärt dem Reich den Krieg.
22. 1. 1944: Landung der Alliierten bei Anzio-Nettuno im Rücken der deutschen Front.
19. 3. 1944: Besetzung Ungarns durch deutsche Truppen.
4. 6. 1944: Rom wird geräumt.
6. 6. 1944: Alliierte Invasion in Frankreich.
20. 7. 1944: Stauffenberg-Attentat auf Hitler.
31. 7. 1944: Durchbruch der Alliierten bei Avranches.
15. 8. 1944: Landung der Allierten an der französischen Mittelmeerküste.
25. 8. 1944: Rumänien erklärt Deutschland den Krieg. Einzug der Alliierten in Paris.
8. 9. 1944: Kriegserklärung Bulgariens an das Reich.
25. 9. 1944: Organisierung des Deutschen Volkssturms.
16. 12. 1944: Beginn der Ardennenoffensive.
31. 12. 1944: Kriegszustand mit Ungarn.
30. 1. 1945: Letzte Rundfunkrede Hitlers. Kriegszustand mit Ekuador (2. 2.).
4.–12. 2. 1945: Konferenz von Jalta.
8. 2. 1945: Kriegszustand mit Paraguay, Peru (12. 2.), Chile (14. 2.), Uruguay (15. 2.), Venezuela (16. 2.), mit der Türkei (23. 2.), mit Ägypten (24. 2.), Syrien (26. 2.), dem Libanon (27. 2.), mit Saudi-Arabien (1. 3.), Finnland (3. 3.) und Argentinien (27. 3.).
1. 4. 1945: Einschließung des Ruhrgebiets beendet.
12. 4. 1945: Tod Roosevelts.
14. 4. 1945: Wien in russischer Hand.
21. 4. 1945: Auflösung der deutschen Front in Italien.
25. 4. 1945: Zusammentreffen amerikanischer und sowjetischer Truppen bei Torgau an der Elbe.
30. 4. 1945: Selbstmord Hitlers im Bunker der Reichskanzlei.
7./8. 5. 1945: Deutsche bedingungslose Kapitulation auf Weisung der neugebildeten Regierung Dönitz.

Quellen- und Literaturnachweise

Einleitung

1 *DNB*-Text vom 1. 9. 1939. Tatsächlich wurde jedoch bereits seit 4.45 Uhr geschossen.
2 Vgl. *DNB*-Text vom 1. 9. 1939.
3 *Vierteljahrshefte für Zeitgeschichte*, 6/1958, H. 2, S. 175 ff. Vgl. auch S. 182 f. und Maser, Werner: *Adolf Hitler. Das Ende der Führer-Legende.* Düsseldorf 1980, S. 241.
4 Vgl. Mann, Thomas: *Tagebücher 1937–1939.* Hrsg. Peter de Mendelsohn. Frankfurt/M. 1980. Zit. nach Reich-Ranicki, Marcel: »Leiden und Größe Thomas Manns«, *FAZ* vom 13. 6. 1981.
5 *Der Stürmer* war infolge einer Entscheidung Hitlers kein Parteiorgan, so daß Angelegenheiten, die ihn betrafen, nicht in den Entscheidungsbereich der Reichsleitung der NSDAP, sondern des Reichsministeriums für Volksaufklärung und Propaganda fielen.
6 *Der Stürmer*, 16. Jg. Nr. 28, Juli 1938. Zit. nach *IMT*, Bd. XLI, S. 542, Microed. Nürnberger Prozeß, D 70.
7 So erklärte beispielsweise Hilger van Scherpenberg, Oberregierungsrat im Bayerischen Wirtschaftsministerium und guter Bekannter von Hjalmar Schacht, am 14. 2. 1946 an Eides Statt, daß Schacht, der über detaillierte Einblicke in Wirtschafts- und Rüstungsfragen verfügte, erst »etwa Anfang 1938 den Eindruck gewonnen hatte, daß Hitler möglicherweise auf Krieg zusteuere.« *IMT*, Bd. XL, S. 285. Microed. Nürnberger Prozeß, D 69.
8 *Der Krieg in amtlichen Depeschen 1914/1915.* Dessau 1915, S. 17 f.
9 *DNB*-Text vom 1. 9. 1939.
10 Bayerisches Hauptstaatsarchiv, München, MA 106691.
11 Ebenda.
12 Ebenda.
13 Die *NSZ-Rheinfront* hatte 3 Jahre zuvor (6. 6. 1936) schon in einem Leitartikel behauptet: »Deutschland hat seit über drei Jahren keinen Streik mehr erlebt.«
14 Bayerisches Hauptstaatsarchiv, München, MA 106671.
15 *DNB*-Text vom 3. 9. 1939.

I. »Die Erneuerung eines tausendjährigen Zustandes«

Die Machtübernahme

1 Die *NSZ-Rheinfront* war die mit Abstand größte Tageszeitung der Pfalz; vgl. *NSZ* vom 5. 4. 1933. NS-Ankündigungen und dgl. durften auf Bürckels Weisung nur in der *NSZ* erscheinen.
2 Vgl. *NSZ* vom 1. 2. 1933.

3 Verordnung des Reichspräsidenten vom 1. 2. 1933. Unterschriften: Hindenburg als Reichspräsident, Hitler als Reichskanzler und Wilhelm Frick als Reichsminister des Inneren.
4 Vgl. *NSZ* vom 3. 2. 1933.
5 Ebenda.
6 *NSZ* vom 6. 2. 1933. Am 6. 2. 1933 verfügte der Reichspräsident, auf den Artikel 48 (Absatz 1) der Reichsverfassung gestützt, die Auflösung des preußischen Landtages mit der Begründung: »Durch das Verhalten des Landes Preußen gegenüber dem Urteil des Staatsgerichtshofes für das Deutsche Volk vom 25. Oktober 1932 ist eine Verwirrung des Staatslebens eingetreten, die das Staatsleben gefährdet.« Zit. nach *NSZ* vom 7. 2. 1933.
7 *Vorwärts*-Morgenausgabe, Nr. 58 A 2950.
8 Zit. nach *NSZ* vom 4./5. 2. 1933.

Das Ende der bürgerlichen Freiheiten

1 Im *Vorwärts* vom 28. 2. 1933 als der holländische Maurer van der Lubbe bezeichnet.
2 *NSZ* vom 28. 2. 1933.
3 *Reichsgesetzblatt* I, S. 83.
4 Vgl. Kempner, Robert, M. W.: *Das Dritte Reich im Kreuzverhör.* Düsseldorf 1980, S. 15.
5 *Osnabrücker Volkszeitung* vom 9. 3. 1933.
6 Wahlergebnisse zusammengestellt und ausgewertet von Fritz Brickwedde (unveröffentlichtes Manuskript).
7 Die NSDAP hatte am 5. März 1933 bei einer Wahlbeteiligung von 89% der wahlberechtigten Bürger 288 von 648 Sitzen im Reichstag (43,9% aller Stimmen) bekommen. Zusammen mit der Kampffront Schwarz-Weiß-Rot (mit 53 Sitzen und 8% der Stimmen) erreichte sie 52% der abgegebenen gültigen Stimmen und verfügte damit über die absolute Mehrheit im Reichstag.
8 Vgl. *NSZ* vom 6. 3. 1933.
9 Ebenda.
10 Vgl. *Osnabrücker Volkszeitung* vom 11. 3. 1933.
11 Ebenda.
12 Ebenda, 10. 3. 1933.

Die Machtergreifung

1 Am 6. 2. 1933 erließ der Reichspräsident von Hindenburg die Verordnung zur Herstellung geordneter Regierungsverhältnisse in Preußen (*RGBl.* 1933 I, S. 43), was (unter Verletzung der Reichsverfassung, der preußischen Verfassung und des Urteils des Staatsgerichtshofes vom 25. 10. 1932) zur Folge hatte, daß der durch von Papens Staatsstreich vom 20. 7. 1932 aus seinem Amt vertriebene sozialdemokratische Ministerpräsident Otto Braun auch seine letzten Befugnisse verlor und an von Papen übertragen mußte.

2 Nach einem Urteil des Staatsgerichtshofes vom 15. 10. 1932 waren Reichskommissare (bis zum 10. 4. 1933 der Vizekanzler Franz von Papen) als Organe des Reiches von der Reichsgewalt abhängig und konnten ein Land des Reiches nicht im Reichsrat vertreten.

3 *Völkischer Beobachter* vom 6. 2. 1933.

4 Vgl. den Halbmonatsbericht des Regierungspräsidenten von Ober- und Mittelfranken vom 5. 3. 1933 in: *Bayern in der NS-Zeit. Soziale Lage und politisches Verhalten der Bevölkerung im Spiegel vertraulicher Berichte.* Hrsg. Martin Broszat, Elke Fröhlich, Falk Wiesemann. München und Wien 1977, S. 208. Die Sozialdemokraten polemisierten hämisch gegen kommunistische »falsche Parolen« (vgl. z. B.: *Vorwärts* vom 28. 2. 1933) und forderten ihre Anhänger auf, nicht mit den Kommunisten gemeinsame Sache zu machen.

5 Vgl. *Vorwärts* vom 28. 2. 1933.

6 Was am 30. 1. 1933 geschehen war, war keine Machtergreifung, sondern lediglich eine Machtübernahme gewesen.

7 Nachdem die bürgerlichen Vertreter des Senats dem Verlangen Fricks nachgekommen waren, die sozialdemokratische Zeitung *Hamburger Echo* zu verbieten, traten am 3. 3. 1933 die drei SPD-Senatoren zurück. Am 4. 3. 1933 folgte der erkrankte Senatspräsident Carl Petersen von der Staatspartei.

8 Vgl. *Dokumente zur Gleichschaltung des Landes Hamburg*. Hrsg. Henning Timpke. Frankfurt/M. 1964.

9 Vgl. Schwarzwälder, Herbert: *Die Machtergreifung der NSDAP in Bremen.* Bremen 1966.

10 Der 1877 geborene (12 Jahre älter als Hitler) und 1946 in Nürnberg gehenkte Jurist war von 1917 bis 1925 Regierungsassessor und Bezirksamtmann bei der Münchener Polizeidirektion gewesen und hatte in dieser Funktion stets nicht nur seine schützende und helfende Hand über Hitler und die NSDAP gehalten, sondern auch aktiv mitgeholfen, die Partei aufzubauen. Am 24. 4. 1924 wurde er (zusammen mit Hitler) zu 15 Monaten Festungshaft verurteilt. 1924 wurde er Reichstagsabgeordneter der Nationalsozialistischen Freiheitspartei, 1927 Reichstagsabgeordneter der NSDAP, 1930 Fraktionsführer der NSDAP im Reichstag und nationalsozialistischer Innenminister und Minister für Volksbildung in Thüringen, 1933 Reichsminister des Inneren.

11 Ab 13. 3. 1933 mußten (bis zur endgültigen Regelung der Reichsfarben) bei besonderen Anlässen neben schwarz-weiß-roten Fahnen zugleich stets auch Hakenkreuzfahnen auf Staatsgebäuden und öffentlichen Bauten gehißt werden. Dies verkündete Hitler am 12. 3. 1933 »im Auftrag des Herrn Reichspräsidenten«. Vgl. *Völkischer Beobachter* vom 13. 3. 1933.

12 In vielen Orten wurde SA zusammengezogen, die auf Rathäusern und Bezirksämtern Hakenkreuzfahnen aufzog, ohne zuvor die Behörden informiert zu haben. Anderswo besorgten dies NS-Betriebs-

gruppen, die NS-Fahnen auf Stadttheatern, Eisenbahngebäuden und Schlachthöfen usw. hißten.

13 Vgl. Maser: *Adolf Hitler. Das Ende der Führerlegende,* a. a. O., S. 166.

14 Aussagen des Prinzen Philipp von Hessen vom 6. 5. 1947 und 4. 3. 1948 im Verhör durch Robert M . W. Kempner während des Nürnberger Prozesses. Dok.: Archiv Robert M. W. Kempner.

15 *Reichsgesetzblatt* I, S. 153

16 Zit. nach *Vorwärts* vom 28. 2. 1933.

17 Die Nationalsozialisten nahmen, was viele Kritiker nicht verstehen konnten, nach den Wahlen im März 1933 in Kauf, sich durch die Auflösung z. B. des sozialdemokratischen Reichsbanners, der Eisernen Front und der Sozialistischen Arbeiterjugend und der weiteren Maßnahmen gegen die SPD und deren Nebenorganisationen und die Ausschaltung der Führer der Freien Gewerkschaften (im Mai 1933), die Gleichschaltung der Christlichen Gewerkschaften und die Übernahme der gewerkschaftlichen Einrichtungen durch die eben gegründete »Deutsche Arbeitsfront« Feinde zu schaffen, die nicht mehr so einfach zu kontrollieren waren. Die Gleichschaltung der Gewerkschaften war allerdings vielerorts nur nomineller Natur. Nationalsozialisten ließen die ehemaligen Gewerkschaftsfunktionäre einfach unter NS-Regie weiterarbeiten.

18 *Völkischer Beobachter* vom 10./11. 3. 1933.

19 Am 20. 4. 1934 ernannte Göring (am 30. 8. 1933 von Hindenburg zum General der Infanterie befördert) ihn zum Leiter der Geheimen Staatspolizei Preußen. Mit Erlaß vom 20. 7. 1934 wurde die SS wegen »ihrer großen Verdienste ... im Zusammenhang mit den Ereignissen des 30. Juni 1934 (Röhm-Affäre) ... zu einer selbständigen Organisation im Rahmen der NSDAP« erhoben, wobei der Reichsführer SS »dem Obersten SA-Führer direkt« unterstellt wurde. *Dokumente des Dritten Reiches* (Sammlung Rhese), hrsg. von Adolf Drexler, München 1939, S. 165.

20 Persönliche Mitteilung von Ernst Niekisch vom 10. 3. 1951.

21 Vgl. *Schwäbischer Merkur* vom 12. 3. 1933.

22 Akten der Reichskanzlei: Bundesarchiv Koblenz, R 43 II/1309.

23 Im Mai und Juni 1933 wurde je ein Reichsstatthalter für die Länder Baden, Hamburg, Hessen, Sachsen, Württemberg und Thüringen ernannt. Zu vier Reichsstatthalter-Bezirken zusammengefaßt wurden Lippe-Detmold und Lippe-Schaumburg, Bremen und Oldenburg, Braunschweig und Anhalt, Mecklenburg und Lübeck.

24 Welche Ausmaße die Neubesetzungen von Behördenstellen durch NSDAP-Mitglieder zuweilen erreichten, bezeugt ein Bericht des *Amtsblattes der Stadt Nürnberg* vom 27. 2. 1936 über die Personalpolitik der Stadt Nürnberg. Danach waren vom 30. 1. 1933 bis Ende Februar 1936 von Mitgliedern der NSDAP, der SA, SS, HJ, des BDM, der NS-Frauenschaft und des NS-Studentenbundes 786 Posten neu besetzt worden. Davon hatten am 30. 1. 1933 bereits 486 Personen

der NSDAP und den genannten Organisationen angehört, die übrigen 300 waren in der Zwischenzeit eingetreten.

25 Vgl. Bracher, Karl Dietrich: *Die deutsche Diktatur. Entstehung–Struktur–Folgen des Nationalsozialismus.* Köln und Berlin 1969, S. 379.

26 Neeße, Gottfried: »Die Nationalsozialistische Deutsche Arbeiterpartei. Geschichte, Aufbau, Stellung«. In: *Das Dritte Reich im Aufbau.* Berlin 1941, Bd. 5, S. 134. Neeße galt als angesehener Fachmann für die Geschichte der NSDAP, ihrer Gliederung und Organisationen.

27 Neeße, a. a. O., S. 138.

28 Neeße, a. a. O., S. 139. Die ein Amt ausübenden Führer der Partei, ihrer Gliederungen und der angeschlossenen Verbände wurden als Amtsträger bezeichnet. Die Funktionäre, die in der Reichsleitung, in Gauen, Kreisleitungen oder Ortsgruppen ein Parteiamt versahen, nannten sich politische Leiter. Standen sie an der Spitze bestimmter Gebiete (z. B. als Gauleiter oder Kreisleiter), galten sie als Hoheitsträger der NSDAP. Bezüglich der Rechtsstellung der Politischen Leiter, die nach 1933 zunächst »die Beamtenschaft mit nationalsozialistischem Geist ... erfüllen« sollten, stellte Neeße (a. a. O., S. 143) fest, daß sie »Träger einer Hoheit ... des Führers« und Vollstrecker seines Willens seien und gemäß ihrer hoheitlichen Stellung in der Partei auch im Staat rechtlich eingeordnet würden. Im Februar 1936 forderte Martin Bormann (US-Document-Center, Berlin), daß die »Reichsleiter der NSDAP ganz ohne Rücksicht darauf, ob sie ein Staatsamt bekleideten und welches Staatsamt sie bekleideten, ranglich den Reichsministern« gleichgestellt werden müßten. Entsprechend dieser Gleichsetzung sei die rangliche Einstufung der Gauleiter, der Hauptdienstleiter, Hauptamtsleiter und Amtsleiter der NSDAP ebenso vorzunehmen wie die entsprechende Einordnung der Politischen Leiter, der Obergruppenführer und Gruppenführer der SA und SS, des NSKK und der oberen HJ-Führer.

Das Ermächtigungsgesetz und die schwache Opposition

1 Die Abgeordneten Ritter von Lex (Bayerische Volkspartei), Wimpffendorfer (Staatspartei Baden Württemberg und Christlich-Sozialer Volksdienst) und Prälat Kaas (Zentrum) meldeten sich zu Wort und stimmten dem Ermächtigungsgesetz zu. Vier Wochen zuvor hatte Kaas in einer Großversammlung in Frankfurt am Main die politischen Auseinandersetzungen mit Hilfe von Stuhlbeinen und Revolvern, wie die SA sie zu praktizieren pflegte, noch als »Kulturschande« bezeichnet und ebenso offen gesagt, daß dem Zentrum »das Leben eines armen Kommunisten ... genau so wertvoll wie das Leben irgendeines anderen Deutschen« sei. Vgl. *Vorwärts* vom 28. 2. 1933.

2 Zit. nach Archiv der Sozialen Demokratie (FES).

3 Vgl. *Völkischer Beobachter* vom 24. 3. 1933.

4 *Reichsgesetzblatt* I, 1933, S. 141.

5 Ebenda, 1937, I, S. 105; 1939, I, S. 95; 1943, I, S. 295.
6 Das »Projekt« scheiterte, weil befürchtet wurde, daß Hitler die Lehrkanzel zu einer Propagandabühne der NSDAP herabwürdigte.
7 *Völkischer Beobachter* vom 24. 3. 1933.
8 Ebenda.
9 *Deutschland-Berichte der Sozialdemokratischen Partei Deutschlands (Sopade) 1934–1940.* Frankfurt/M. 1980, S. 10.
10 Bei den sogenannten Deutschland-Berichten handelt es sich um Briefe, Dokumente und Fotos, die seit Hitlers Machtübernahme durch ein über ganz Deutschland verteiltes Netz von illegalen sozialdemokratischen Agentenzentren gesammelt, durch Kuriere über die Grenzen geschafft und dort anfänglich an eine Prager, später dann an eine Pariser Zentrale weitergeleitet wurden. Herausgeber war Erich Rinner. Zu den Redakteuren gehörten Franz Bögler, Hans Dill, Richard Hansen, Waldemar von Knoeringen, Ernst Schumacher, Emil Stahl, Ernst Hamburger, Wilhelm Hoegner, Georg Fuchs, Franz Jung, Helmut Wickel.
11 *Sopade,* S. 11.
12 Vgl. dazu u. a. Maser: *Adolf Hitler. Das Ende der Führer-Legende,* a. a. O., S. 163 ff.
13 Vgl. S. 47.
14 Hoegner, Wilhelm: *Flucht vor Hitler. Erinnerungen an die Kapitulation der ersten deutschen Republik 1933.* München 1977, S. 126 f.
15 So hielten beispielsweise zahlreiche Bauern Anfang März 1933 die steigenden Holz- und Viehpreise fälschlich für Maßnahmen, die bereits von der Hitler-Regierung veranlaßt worden seien.
16 Vgl. Hoegner, a. a. O., S. 127 f.

Erstes beängstigendes Alarmsignal: Boykottmaßnahmen gegen die Juden im Reich

1 Vgl. *Gesetze des NS-Staates.* Zusammengestellt von Uwe Brodersen. Einleitung von Ingo von Münch. Bad Homburg-Berlin-Zürich 1968, S. 16: »1. Sicherung und Ausbau der Macht, 2. Wiederaufrüstung und Wirtschaft und 3. Expansion und Krieg.«
2 Vgl. S. 50 ff.
3 *NSZ* vom 1. 4. 1933.
4 Ebenda, vom 1./2. 4. 1933.
5 Ebenda, vom 3. 4. 1933.
6 Schon bald danach mußten katholische Jugendorganisationen sich offen drohen lassen. Vgl. z. B. *NSZ* vom 4. 6. 1933: »Sie werden wieder frech!«
7 Vgl. u. a. *NSZ* vom 15./16. 4. 1933.
8 Vgl. u. a. *NSZ* vom 19.4. 1933.
9 Vgl. *NSZ* vom 21. 4. 1933.
10 Ebenda.
11 In sehr vielen Fällen handelte es sich, bereits auf den ersten Blick er-

kennbar, um angebliche jüdische Vergehen und Verbrechen. Schon im Frühjahr meldeten einzelne Blätter »Selbstmorde« von Juden, die aus der »Schutzhaft« entlassen worden seien. Vgl. z.B. *NSZ* vom 17. 5. 1933.

Unter dem Titel »Was man so hört«, schrieb die *NSZ* am 10. 5. 1933: »Nun endlich haben wenigstens einige Juden eingesehen, daß das Dorado des Semitismus in Deutschland ein für allemal vernichtet ist ... Die Juden haben daraus die richtige Folgerung gezogen, daß sie das Deutsche Reich in Zukunft mit ihrer Art verschonen müssen. Hundertzehn Juden sind bereits auf der Reise nach Palästina, unter ihnen einer, der sich im Auftrag von fünfzig jüdischen Berliner Familien ins Gelobte Land begibt, um sich über Siedlungs- und Gründungsmöglichkeiten einer neuen Stadt zu unterrichten ... Wir hoffen, daß die Juden in Deutschland sich diesem Zug anschließen.«

12 Vgl. z.B. *NSZ* vom 10. 5. 1933.

13 Ebenda, 11. 5. 1933.

14 Ebenda, 23. 5. 1933.

15 Nach Angaben des Regierungspräsidenten von Niederbayern vom 30. 3. 1933 hatten mehrere Zeugen dies bekundet. Vgl. *Bayern in der NS-Zeit*, a. a. O., S. 432.

16 Staatsarchiv München, BA Weißenburg i. B. Abg. 55/28.

17 *Völkischer Beobachter* vom 3. 4. 1933 (Süddeutsche Ausgabe).

18 Ebenda.

19 Vgl. z.B. die Berichte über München, Passau, Nürnberg, Dinkelsbühl und Erlangen im *Völkischen Beobachter* (Süddeutsche Ausgabe) vom 3. 4. 1933.

20 Auf Weisung des »Zentralkomitees zur Abwehr der jüdischen Greuel- und Boykotthetze« vom 3. 4. 1933 wurde der Boykott am 3. 4. 1933 vorübergehend (zunächst bis zum 5. 4. 1933) aufgehoben.

21 *NSZ* vom 3. 4. 1933.

22 Ebenda.

23 Ebenda.

24 Bayerisches Hauptstaatsarchiv, München, MA 106 670.

25 Vgl. *Sopade*, Bd. 1934, S. 234.

26 Persönliche Erfahrungen des Autors.

27 So z.B. Adolf Hitler am 9. 11. 1938 (»Reichskristallnacht«).

28 Die »Reichsregierung hat mit Befriedigung davon Kenntnis genommen«, lautete die Presse-Erklärung am 5. 4. 1933, »daß der Abwehrboykott gegen die deutschfeindliche Hetze seine Wirkung im Ausland nicht verfehlt hat« (*NSZ* vom 5. 4. 1933). Nicht zufällig berichtete die *NSZ* am 5. 4. 1933 verärgert beispielsweise nur unter der einspaltigen Rubrik »Was man so hört«, daß es in Berlin trotz der strikten Ausschaltung jüdischer Juristen aus der »deutschen Rechtspflege« (ab 1. 4. 1933) einigen jüdischen Notaren gestattet worden sei, noch am 1. April für die Deutsche Bank und für die Diskontogesellschaft tätig zu sein. »Es wäre« den Direktoren der Banken »ein

Leichtes gewesen«, hieß es im knappen und unauffälligen Kommentar, »diesen Skandal zu verhindern«.

29 Auffällig zahlreiche Gerüchte über die angebliche geheime Absicht von Industriellen und führenden Angehörigen der Reichswehr, Hitler und sein System zu stürzen, machten seit Anbeginn der NS-Herrschaft hinter vorgehaltener Hand die Runde. Vgl. u.a. *Sopade,* Bd. 1934, S. 118 ff.

30 Vielen Juden hat bei der Beurteilung der Lage zweifellos ihr besonders intimes Verhältnis zur Geschichte im Wege gestanden. So erklärte ein in Insterburg in Ostpreußen ansässiger jüdischer Viehhändler meinem Vater, mit dem er geschäftlich zu tun hatte, beispielsweise im April 1933, daß er den Boykott zwar ernst nähme, ihn letztendlich jedoch für eine »Entgleisung der neuen Machthaber« hielte, die die »Auswüchse« ihrer »Revolution« zweifellos bald unter Kontrolle bekommen würden und schließlich, »wie es bei Revolutionen meistens der Fall gewesen« sei, wieder für normale Verhältnisse sorgen müßten.

31 Vgl. dazu auch *Sopade,* Bd. 1934, S. 99 ff. und S. 121 ff.

Erster »Feiertag der nationalen Arbeit«

1 *Reichsgesetzblatt* 1933, I, S. 191.

2 *Völkischer Beobachter* vom 11./12. 2. 1933.

3 Ebenda.

4 Persönliche Erlebnisse des Autors.

5 Das während des Krieges dennoch deportiert wurde.

6 1944 wurde einer seiner Söhne Offizier, was möglicherweise dazu beitrug, ihn fortan in Ruhe zu lassen, zumal der jüdische Metzger zu der Zeit auch längst »verschwunden« war.

7 SA-Sturmführer war der älteste Sohn eines sehr vermögenden und sehr angesehenen Sägewerkbesitzers.

8 *Völkischer Beobachter* vom 5. 5. 1933.

9 Zit. nach *Bayern in der NS-Zeit.* S. 494. Theissenort zählte 1933 675 Einwohner. Der dortige Kriegerverein war, wie die Leitung der Ortsgruppe am 5. 9. 1933 meldete, am 6. 8. 1933 und der Gesangverein am 7. 8. 1933 »gleichgeschaltet« worden.

Nicht überall Autoritätsgebundenheit

1 Vgl. hier S. 33 und 150 und Hoegner, a. a. O., S. 126.

2 Vgl. *Börsenblatt des Deutschen Buchhandels* vom 9. 4. 1980, S. 885.

3 1933: 772 Einwohner.

4 Zit. nach *Bayern in der NS-Zeit,* a. a. O., S. 495.

5 Ebenda, S. 496.

6 Die NSDAP zählte im Juni 1933 2 493 890 Mitglieder. Vgl. *Der Schulungsbrief,* 5. Jg. 1938, S. 315.

7 Zwischen 45 und 50% des Einkommens der Arbeiter mußten für Lebensmittel ausgegeben werden (in England waren es zu dieser Zeit

knapp 30%), was jedoch nicht automatisch auch den Rückgang des Lebensstandards bedeutete. Wird das Jahr 1932 mit 100 angesetzt, betrug der durchschnittliche Stundenlohn 1938 = 97, während die Lebenshaltungskosten 104 ausmachten. Die realen Wochenlöhne waren auf 121,4 brutto, mit Steuer- und Versicherungsabzügen und einer Anpassung an die Lebenshaltungskosten (bei einem Lebenshaltungsindex von 109) auf 114 gestiegen. Vgl. Schoenbaum, David: *Die braune Revolution.* dtv, München 1980, S. 138.

8 Befriedigt hatte die *NSZ* am 11. 6. 1933 festgestellt, daß in den letzten 4 Wochen 212 000 Arbeitslose Arbeit gefunden hätten, während im unmittelbar davor liegenden gleichen Zeitraum lediglich 80 000 Personen Arbeitsstellen vermittelt werden konnten.

Akademische und fürstliche Huldigungen

1 Savonarola initiierte 1497 in Florenz eine Bücherverbrennung, bei der auch Werke Boccaccios und Petrarcas den Flammen zum Opfer fielen.

2 Luthers Schriften wurden in Löwen, Köln und Mainz verbrannt.

3 Vgl. Maser, *Adolf Hitler. Das Ende der Führer-Legende*, S. 434 f., wo die Namen der Hochschullehrer aufgeführt sind.

4 *Völkischer Beobachter* vom 10./11. 4. 1932.

5 Allerdings gab es auch Hochschullehrer, die sich im Sommer 1933 (vgl. *NSZ* vom 17. 6. 1933) erfolglos weigerten, NS-Funktionäre vor Studenten in den Räumen der Universitäten sprechen zu lassen.

6 *Völkischer Beobachter* vom 29. 7. 1932.

7 Ebenda.

8 Ebenda.

9 *Völkischer Beobachter* vom 5. 11. 1932. Zu der Zeit sympathisierte die Mehrheit der deutschen Jugend an den Hochschulen bereits mit Hitler und dessen Bewegung. Vgl. dazu Faust, Anselm: *Der Nationalsozialistische Deutsche Studentenbund. Studenten und Nationalsozialisten in der Weimarer Republik*, 2 Bde., Düsseldorf 1973. Vgl. auch Kater, Michael H.: *Studentenschaft und Rechtsradikalismus in Deutschland 1918–1933. Eine sozialgeschichtliche Studie zur Bildungskrise in der Weimarer Republik*, Hamburg 1975.

10 *Völkischer Beobachter* vom 29. 7. 1932.

11 Ebenda, 13./14. 3. 1932.

12 *WTB*-Meldung vom 4. 4. 1932.

13 Union Deutsche Verlagsgesellschaft Stuttgart, Berlin und Leipzig. Die Publikation ging aus einem Vortrag (»Ist der Nationalsozialismus Deutschlands Rettung?«) hervor, den Heuss am 26. 2. 1931 in Tübingen gehalten hatte.

14 1924–1928 und ab September 1930.

15 Die Auflagenhöhen sind nicht feststellbar. Die 8. und letzte Auflage erschien Ende März 1932 als »durchgesehene und erweiterte Auflage«. Zwischen dem Vortrag im Februar 1931 und dem Erscheinen

der letzten Auflage hatte Heuss seine Auffassung über Hitler und die NSDAP nur sehr geringfügig geändert. An die Stelle anfänglich nachsichtiger, vorsichtiger oder ironischer Formulierungen waren gelegentlich verschärfende polemische Floskeln getreten. Vgl. dazu Jäckel, Eberhard (Hrsg.): *Theodor Heuss. Hitlers Weg.* Mit Kommentar von Jäckel 1968 in Stuttgart herausgegeben.

16 Vgl. Jäckel, a. a. O., S. XXVI f.

17 Bundesarchiv Koblenz, Nachlaß Dietrich/224.

18 Goebbels, Joseph: *Vom Kaiserhof zur Reichskanzlei,* Berlin 1934, S. 31.

19 Vgl. Jäckel, a. a. O., S. XXVI.

20 Ebenda, S. XXIV.

21 Heiden, Konrad: *Geschichte des Nationalsozialismus.* Hamburg 1932, und Niekisch, Ernst: *Hitler – Ein deutsches Verhängnis.* Berlin 1932.

22 Jäckel, a. a. O., S. 96.

23 Ebenda, S. 100.

24 Ebenda, S. 115. Vgl. auch ebenda, S. 129 ff.

25 Ebenda, S. 131. Später, Mitte der fünfziger Jahre, antwortete mir der Bundespräsident Heuss im Rahmen eines persönlichen Gespräches über Hitler und die Geschichte der NSDAP auf meine Frage, wie er sich 1931/32 so habe irren und von Hitler täuschen lassen können, nur halb scherzhaft, halb unwirsch-unwillig: »Jetzt ist's genug. Jetzt wollen wir mal wieder regieren.«

26 *NSZ* vom 12. 5. 1933.

27 Ebenda. Die Bücher der inkriminierten Autoren wurden in den Buchhandlungen jedoch nicht beschlagnahmt. Die Sortimenter erhielten lediglich die Anweisung, sie unter Verschluß zu halten.

28 *NSZ* vom 12. 5. 1953.

29 Ebenda.

30 Ebenda.

Deutsche Arbeitsfront, »Kraft durch Freude« und Festtage der NSDAP

1 Zit. nach *NSZ* vom 11. 5. 1933.

2 *NSZ* vom 11. 5. 1933.

3 Ebenda.

4 Im Sprachgebrauch der Nationalsozialisten war es »die . . . wirkliche Volks- und Leistungsgemeinschaft aller Deutschen«. Organisiert war sie in Blöcken, Zellen, Betrieben, Ortswaltungen, Kreiswaltungen, Gauwaltungen und in der Reichswaltung mit dem Zentralbüro. Den Führern von Betrieben mit gewöhnlich mindestens 20 Beschäftigten wurden »aus der Gefolgschaft« Vertrauensmänner zur Beratung an die Seite gestellt. Für größere Wirtschaftsgebiete wurden Treuhänder der Arbeit (der Dienstaufsicht des Reichsarbeitsministers unterstehende Reichsbeamte) eingesetzt.

5 Dazu gehörten die Ämter »Feierabend«, »Deutsches Volksbildungswerk«, das Sportamt, das Amt »Reisen, Wandern und Urlaub«, das

Amt »Schönheit der Arbeit« und das »Verbindungsamt zur Wehrmacht und Reichsarbeitsdienst«.

6 Ley, Robert: »Der Führer und der deutsche Arbeiter« in: *Adolf Hitler. Bilder aus dem Leben des Führers,* Hamburg 1936, S. 62 f.

7 Vgl. Hübbenet, Anatol v.: »Die NS-Gemeinschaft ›Kraft durch Freude‹« in: *Das Dritte Reich im Aufbau,* Berlin 1942, Bd. 6., S. 393.

8 *Sopade,* Bd. 1934, S. 525.

9 Vgl. z. B. *Sopade,* Bd. 1934, S. 523 ff.

10 Ebenda, S. 525.

11 Vgl. *Der Aufbau des Dritten Reiches,* Nr. 16, o. J., S. 10.

12 Vgl. Hübbenet, a. a. O., S. 393 und S. 387.

13 1933 eine Angelegenheit vor allem der »alten Kämpfer«, 1934 infolge der »geschlossenen« Vereidigung von mehr als einer Million Parteiführern so etwas wie ein monumentales Ereignis. Während des Krieges fanden im ganzen Reich am 24. 2. jeden Jahres Morgenfeiern statt.

14 1933 noch wie in der Weimarer Zeit am 5. Sonntag vor Ostern als »Volkstrauertag« begangen. 1934 wurde der Volkstrauertag zum »Heldengedenktag« mit positiven Aspekten umfunktioniert (»Ausdruck nationaler Stärke und nationalen Siegeswillens«) und seitdem stets am 16. März gefeiert. Bezeichnend für den Charakter des Heldengedenktages war nicht zuletzt, daß beispielsweise die Allgemeine Wehrpflicht 1935 an diesem Tage verkündet wurde.

15 Zu diesen Feiern gesellten sich zahlreiche weitere öffentliche Veranstaltungen, die den Alltag prägten. Zu ihnen gehörten der »Tag der nationalen Solidarität« (1. Dezember-Sonntag), an dem Prominente mit Sammelbüchsen auf Straßen und Plätzen erschienen und für das Winterhilfswerk (WHW) sammelten, die Opfersonntage (mit Eintopfessen), Gauparteitage, Betriebsappelle der Deutschen Arbeitsfront, Gedenkfeiern für Albert Leo Schlageter, für die Rückgliederung des Saarlandes und für den Anschluß Österreichs.

16 Zit. nach Domarus, Max: *Hitler. Reden und Proklamationen 1932–1945.* München 1965, 4. Bde., Bd. I/2, S. 641. Wie bereits von anderen Autoren zutreffend festgestellt, lehnte Hitler sich (der Reihe nach) an folgende Bibelstellen an: Lukas 3,4; Johannes 20,19–31 und 16. 16f; Lukas 7,22; Micha S. 1; Matthäus 2,6 und Johannes 14,3.

17 Zit. nach Maser, *Adolf Hitler. Das Ende der Führer-Legende,* S. 325.

»Großangriff auf die Arbeitslosigkeit«

1 Zit. nach *NSZ* vom 2. 6. 1933.

2 Vgl. z. B. *NSZ* vom 2. 6. 1933.

3 Ebenda.

4 Ebenda.

5 Ebenda. Ein Herrenanzug kostete im Juni 1933 zwischen 20 und 60 Mark, eine Sommerhose zwischen 6 und 28 Mark, ein Sport-

Sakko 16 bis 28 Mark, ein Regenmantel 8 bis 10 Mark, eine Wanderhose um 7 Mark, ein Oberhemd zwischen 3 und 5 Mark, ein Fahrrad ab 25 Mark.

Ehestandsdarlehen und die Rolle der Frau

1 Vgl. Müller, E.: »Der Aufbau des Dritten Reiches« in: *Schriften zu Deutschlands Erneuerung*, Nr. 116 a/b. Breslau o.J.

2 Vgl. *Statistisches Jahrbuch für das Deutsche Reich*, 58. Jg. 1939/40, S. 43 und 54.

3 Annonce der Kaiserslauterner Firma Bernhard in *NSZ* u.a. vom 3./4. 6. 1933.

4 Annonce der Ludwigshafener Firma Becker in *NSZ* vom 8. 6. 1933.

5 Annonce der Firma Viehversand Joseph Körner (Friedrichsdorf in Westfalen) in *NSZ* vom 21. 6. 1933.

6 Annonce der Firma Hermann Dietrich-Immobilien (Ludwigshafen/Rh.) in der *NSZ* vom 23. 6. 1933.

7 Vgl. Annoncen in *NSZ* vom 29. 6. 1933.

8 1932 hatten 597941 Paare geheiratet, 1933 waren es 718467, 1934 817629, 1935 730065, 1936 690070, 1937 702303, 1938 770225 und 1939 944246. Vgl. *Statistisches Jahrbuch für das Deutsche Reich*, Berlin 1940, S. 43.

9 Ebenda, S. 54.

10 Ebenda.

11 Vgl. ebenda. Zur gleichen Zeit ließen sich 530 von 3994 Humanmedizinern, Zahnärzten, Apothekern und Tierärzten Ehestandsdarlehen auszahlen.

12 *NSZ* vom 2. 6. 1933.

13 Die Behörden und Parteidienststellen bemühten sich mit rigorosen Mitteln, der Landflucht zu wehren. Anzeigen und Bestrafungen (oft Schutzhaft) waren an der Tagesordnung. Vgl. u.a. Staatsarchiv München, LRA 13092, 58708 und 6996.

14 Vgl. Bericht des Arbeitsamtes Schwandorf für Juli 1934 im Geheimen Staatsarchiv München (MA 106767).

15 Als große Hilfe empfanden die Bauern dagegen das durch eine Anordnung Görings vom Februar 1938 eingerichtete und ab Dezember 1938 wirksame obligatorische »Pflichtjahr« junger Mädchen auf dem Lande. 1938 waren es 80000, 1939 bereits 210000 Mädchen, die ihr »Pflichtjahr« bei Bauern absolvierten.

16 Eigener Bericht der Deutschen Arbeitsfront Kreisverwaltung Neumarkt/Oberpfalz für April 1936. Staatsarchiv Bamberg (M50/542).

17 Das Mutterkreuz (auch »Mütterehrenkreuz«) wurde erstmals am Muttertag 1939 verliehen. Später geschah dies am Muttertag, während des Erntedankfestes und zu Weihnachten. Mütter mit mindestens vier Kindern erhielten das Kreuz in Bronze. In Silber wurde es Müttern überreicht, die mehr als sechs und in Gold Müttern, die mehr als acht Kinder hatten.

18 Hitler in einem Interview, das er Madame Titayna von der französischen Zeitung *Paris-Soir* am 25. 1. 1936 gewährte. Zit. nach *Frankfurter Volksblatt* vom 26. 1. 1936.
19 Hitler am 26. 1. 1942. Vgl. Heim, Heinrich und Jochmann, Werner: *Adolf Hitler. Monologe im Führer-Hauptquartier 1941–1944*, Hamburg 1980, S. 235.
20 Ebenda (1. 3. 1942), S. 309 f.
21 Die traditionellen Frauenverbände waren von der Gleichschaltung ebenfalls nicht unberührt geblieben. In der NS-Frauenschaft und im NS-Frauenwerk unter der Führung von Gertrud Scholtz-Klink als NS-Frauenschaftsführerin zusammengefaßt, beschäftigten sich ihre (1939 rund 3,3 Millionen) Mitglieder vor allem mit dem Unterricht für werdende Mütter und deren Betreuung in Mütterheimen und Kindertagesstätten sowie mit der Beschaffung von Haushaltshilfen und Anleitungen zum »artgerechten« und sparsamen Kochen und Leben.

Zuschuß-»Unternehmen« Konzentrationslager

1 Seit dem Zusammentritt der Nationalversammlung (1919) bis Ende Juni 1933 seien rund 50 Millionen Mark Diäten an sozialdemokratische und kommunistische Abgeordnete zum Schaden des deutschen Volkes gezahlt worden (*NSZ* vom 27. 6. 1933).
2 Erstes vorläufiges Gesetz zur Gleichschaltung der Länder mit dem Reich vom 31. 3. 1933, Zweites vorläufiges Gesetz zur Gleichschaltung der Länder mit dem Reich vom 7. 4. 1933.
3 *NSZ* vom 24. 5. 1933.
4 Ebenda.
5 Deutschland wurde durch Reichsaußenminister Konstantin von Neurath vertreten.
6 Vgl. *NSZ* vom 10. 6. 1933.
7 Vgl. *NSZ* vom 9. 6. 1933.
8 Dok.: Bundesarchiv Koblenz NS 3/52. Als täglichen Aufwand veranschlagte er (außer für Unterbringung und für die Herrichtung der Räume) pro Schutzhäftling 1,50 Mark.
9 Dok.: Bundesarchiv Koblenz NS 3/52.
10 Ebenda.
11 Ebenda.
12 Pro SS-Mann (über 45 Jahre) als KZ-Bewacher wurden nach der Einberufung von 4000 SS-Männern im Zusammenhang mit »den Ereignissen im sudetendeutschen Gebiet« im September 1938 am 18. Oktober 1938 gegenüber dem Reichsfinanzministerium als Tageslöhnung 1 Mark und als Verpflegungssatz 1,34 Mark veranschlagt. Dok.: Bundesarchiv Koblenz NS 3/52.
13 Nationalarchiv Washington.
14 Vgl. z. B. Dok. im Bundesarchiv Koblenz, R 2 Zg. 1955 ff./24006.

Faustrecht und Vetternwirtschaft

1 Vgl. *Sopade*, Bd. 1934, S. 317.
2 Ebenda, S. 318.
3 Vgl. dazu auch Maser, *Adolf Hitler. Das Ende der Führer-Legende*, a. a. O., u. a. S. 338 ff.
4 Bischof Dibelius im Sommer 1963 im Gespräch mit dem Autor.
5 Vgl. *Sopade*, Bd. 1934, S. 11.
6 Ein Brandenburger Sozialdemokrat berichtete nach Prag: »Allgemeine Stimmung: Es muß mal anders werden. Aber keine nähere Vorstellung darüber, wann es anders werden könnte (meist rechnet man noch mit Jahren), wie es anders werden könnte und was danach kommen müßte. In vielen Kreisen ist noch die Auffassung, daß die Zeit weiter für uns arbeiten müßte und daß man im Augenblick nichts tun könne.« *Sopade*, Bd. 1934, S. 11.
7 Ebenda, S. 10.

Der Reichsarbeitsdienst: »Ehrendienst« und weltanschaulicher »Kampfplatz«

1 Zit. nach E. Müller, a. a. O., S. 7.
2 *NSZ* vom 18. 6. 1933.
3 Ebenda.
4 Ebenda.
5 *DNB-Bericht* vom 22. 2. 1935.
6 Mitte Mai 1933, als die Nationalsozialisten überall mit einer terroristisch aggressiven Durchsetzung ihrer weltanschaulichen Grundsätze begannen, wurde im einstigen Spandauer Lehrerseminar auch die Reichsführerschule des Arbeitsdienstes eröffnet, die die Arbeitsdienstführer auf ihre Aufgaben vorbereiten sollte.
7 Staatsarchiv München, LRA 76 887.
8 Zit. nach Domarus, a. a. O., S. 724. Unmittelbar zuvor hatte er (ebenda) gesagt: »Wenn wir uns einbilden, daß wir alle Menschen erzogen haben werden oder vielleicht erzogen hätten, dann kommen schon wieder andere nach, die erzogen werden müssen. Das ist wie beim Militär. Man hat einen Rekrutenjahrgang endlich ... so weit gebracht, daß er richtig stehen und gehen kann. Und dann ... kommt der nächste Jahrgang, und dann fängt es wieder an.«
9 *Junge Garde*, Zentralorgan KJVD, 3774, Bl. 4.
10 Salm, Fritz: *Im Schatten des Henkers*, Frankfurt/M. 1979, S. 104.
11 *Völkischer Beobachter* vom 7. 9. 1934.
12 Vgl. *Frankfurter Zeitung* vom 24. 6. 1934.
13 Vgl. Mertens, Adolf: *Schulungslager und Lagererziehung*, Dortmund und Breslau 1937, S. 3, 20, 32, 49 und 56 ff.
14 Vgl. Momsen, Max: *Leibeserziehung mit Einschluß des Geländesports*, Osterwieck und Berlin (2. Aufl.) 1937, S. 14, 19 f. und 23.
15 Ebenda.

Nicht pädagogisches Ethos, sondern weltanschauliche Hörigkeit

1 Hitler, Adolf: *Mein Kampf.* München 1925 ff. Zit. nach der Ausgabe von 1939. S. 451.

2 Erst durch diese Politik, so erklärte der SA-Standartenführer Gustav Schäfer 1936, Führer des Reichsverbandes der Deutschen Turn-, Sport- und Gymnastiklehrer, sei es möglich, auch die Sportlehrer von Lehrern zweiter Klasse endlich zu vollwertigen Gliedern der Gesellschaft zu machen. Vgl. Schäfer, Gustav, in: *Olympia 1936 und die Leibesübungen im nationalsozialistischen Staat.* Hrsg.: F. v. Mildner, Berlin 1936, S. 328 ff.

3 Nach den *Richtlinien für die Leibeserziehung in Jungenschulen* (Berlin 1937, S. 16) *aller Schulgattungen und für Mädchen* (Berlin 1941, S. 16) betrug der Anteil des Turnunterrichts fünf Stunden in der Woche.

4 Vgl. Schlüter, Walther (SA-Obersturmführer und Assistent und Abteilungsleiter am Institut für Leibeserziehung der Universität Berlin) in: *Leibesübungen und körperliche Erziehung* 1935, H. 24, S. 551.

5 Vgl. Malitz, Bruno (Sportjournalist und Sportreferent einer SA-Brigade): *Die Leibesübungen in der nationalsozialistischen Idee. Nationalsozialistische Bibliothek,* H. 46, 2. Aufl., München 1934, S. 6.

6 Vgl. Bernett, Hajo: *Nationalsozialistische Leibeserziehung,* Schorndorf 1966, S. 108.

7 Ebenda, S. 57.

8 Wetzel, Heinz (Referent des Reichssportführers, Generalreferent der Reichsakademie für Leibesübungen usw.): *Politische Leibeserziehung,* 2. erw. Aufl., Berlin 1938, S. 26 ff.

9 *Frankfurter Allgemeine Zeitung* vom 10. 10. 1981.

10 *Sonntag aktuell* (Stuttgart) 6. 6. 1982.

11 Ebenda.

12 14. 10. 1944. Erst danach sei bei ihm, so erinnerte Manfred Rommel sich, »ein grundsätzlicher Wandel« in der »Grundhaltung« eingetreten. »Zu diesem Zeitpunkt«, so Rommel, »entdeckte ich, daß ich in einem Unrechtsstaat lebte.«

13 Zitiert nach E. Müller, a. a. O., S. 29.

14 Vgl. *Sopade,* Bd. 1937, S. 853.

15 So hieß es z. B. im Monatsbericht des Bezirksamts Ebermannstadt vom 3. 3. 1936: »Es werden ... durch die Partei in verstärktem Maße Versammlungen abgehalten ... Einer besonderen Beliebtheit erfreuen sich die neu eingeführten Volksgemeinschaftsabende, bei deren Ausschmückung insbesondere die Lehrer sehr tatkräftig mitarbeiten.« Zit. nach *Bayern in der NS-Zeit,* a. a. O., S. 91.

16 Nach dem von Hitler aus taktischen Gründen mit der katholischen Kirche abgeschlossenen Reichskonkordat vom 20. 7. 1933 war der katholische Religionsunterricht in den Volksschulen, Berufsschulen, Mittelschulen und höheren Lehranstalten ordentliches Lehrfach, das nur von geeigneten katholischen Lehrern wahrgenommen werden sollte. Die Existenz und »Beibehaltung« katholischer Bekenntnis-

schulen war gewährleistet. Im Heft 5 der *Nationalsozialistischen Erziehung* (6. Jg., S. 54) dagegen hieß es: »Ein Fach bietet ... die Gefahr, der Erziehung zur Ehre geradezu entgegenzuwirken: der Religionsunterricht. Wie sollen wir unsere Kinder zur Aufrichtigkeit und Ehrlichkeit erziehen, wenn ihnen in der Religionsstunde jüdische Gauner ... als Vorbilder hingestellt ... werden?«

17 Vgl. Schlüter, Walther: »Der Kampfgedanke im Winterturnen der Oberstufe« in: *Leibesübungen und körperliche Erziehung* 1936, H. 7/8, S. 167.

18 Günther, Hans F. K., Professor für Sozialanthropologie in Jena und für Rassenkunde und Völkerbiologie in Berlin und Freiburg.

19 Günther in: *Der Diewart 1938,* Folge 17, S. 442 ff.

20 Rauscher, Otto, in: *Volk und Leibesübung 1942,* S. 114f. Zit. nach Bernett, *Nationalsozialistische Leibeserziehung,* a. a. O., S. 40.

Die Röhm-Affäre

1 Vgl. Maser, *Adolf Hitler. Das Ende der Führer-Legende,* a.a.O., S. 307 ff.

2 Seit November 1933, seit sich im Rahmen einer sogenannten Volksabstimmung nach amtlichen Angaben 95,1% gegen 4,9% der Wähler für die Politik der Reichsregierung ausgesprochen hatten (39,6 Millionen »Ja«-Stimmen, 2,1 Millionen »Nein«-Stimmen, 0,75% ungültige Stimmen), verfügte Hitler über eine rein nationalsozialistische Regierung. Er wußte, wem er dies verdankte, und er sprach es am 13. 11. 1933 auch aus, als er erklärte, daß dieses Verdienst »in erster Linie ... unserer Organisation, unserer Propaganda, der SA, SS« und dem Stahlhelm zukomme (*Völkischer Beobachter* vom 13. 11. 1933).

3 Zit. nach *NSZ* vom 14. 7. 1934.

4 Vgl. *Völkischer Beobachter* vom 8. 7. 1933.

5 Ebenda, 11. 7. 1933.

6 Hitler hatte in dieser Frage nicht gerade wenige alte Kämpfer gegen sich. So erklärte beispielsweise der pfälzische Gauleiter Bürckel in einer Rede vor pfälzischen Bauern: »Die Revolution darf nicht stehen bleiben. Ich mache mich jetzt zum Sprecher des Gaues Pfalz, und ich sage dies dem anwesenden Vertreter der Staatsregierung.« (*NSZ* vom 23. 6. 1933).

7 *Völkischer Beobachter* vom 11. 7. 1933.

8 Ebenda.

9 US-Document-Center, Berlin.

10 Ebenda.

11 Zit. nach Domarus, Bd. I/1, a. a. O., S. 398.

12 Persönliche Mitteilung von Frau Ernst (April 1981).

13 Zum Röhm-Putsch vgl. Höhne, Heinz: *Der Orden unter dem Totenkopf.* Gütersloh 1967, S. 90 ff.

14 Vgl. *Sopade,* Bd. 1934, S. 197.

15 Vgl. die handschriftlichen Aufzeichnungen Wilhelm Keitels vor allem vom 15. 11. 1945 und 25. 1. 1946 in der Nürnberger Haft. Kopien im Besitz des Autors.

16 Zit. nach Domarus, Bd. I/1, a. a. O., S. 405.

17 Vgl. Maser, *Adolf Hitler. Das Ende der Führer-Legende,* a. a. O., S. 307 ff.

18 Staatsarchiv München, LRA 76 887.

19 *DNB*-Meldung vom 18. 7. 1934.

20 *Völkischer Beobachter* vom 14. 7. 1934.

21 Ebenda.

22 So erklärte er beispielsweise in seiner Rede vom 13. 7. 1934: »Die SA ... hat ... unter Beweis gestellt, daß sie mein ist, genau so, wie ich es jederzeit unter Beweis stellen werde, daß ich meinen SA-Männern gehöre. In wenigen Wochen wird das braune Hemd wieder die deutschen Straßen beherrschen.« *Völkischer Beobachter* vom 14. 7. 1934.

23 In Mannheim fungierte der dort 1910 geborene Maschinenschlosser und Kommunist Heinz Hoffmann, der 1935/36 nach seiner Flucht aus Mannheim die Internationale Leninschule in Moskau besuchte und danach als Offizier am Spanischen Bürgerkrieg teilnahm (seit 1960 Verteidigungsminister der DDR und seit 1973 auch Mitglied des Politbüros der SED), als Bezirks-Leiter. Vgl. auch Hoffmann, Heinz: *Mannheim-Madrid-Moskau. Erlebtes aus drei Jahrzehnten.* (Ost-)Berlin 1981.

Die ländliche Bevölkerung

1 Mitte Juni berichtete die NS-Presse über vorübergehende Schutzmaßnahmen (»Vollstreckungsschutz«). »Zwangsversteigerungen landwirtschaftlicher, forstwirtschaftlicher und gärtnerischer Betriebe«, so hieß es beispielsweise in der *NSZ* vom 16. 6. 1933, dürfen »bis 31. Oktober 1933 nicht durchgeführt« werden, »Zwangsvollstreckungen wegen Geldforderungen in Gegenstände landwirtschaftlicher, forstwirtschaftlicher und gärtnerischer Betriebe (sind) unzulässig«.

2 Nicht selten mußten Gendarmerie-Posten die Belästigung jüdischer Händler auf Märkten und Amtsanmaßungen (z. B. »Schutzhaft«-Androhungen) melden.

3 Bayerisches Hauptstaatsarchiv, München, MA 106 672 ff.

4 *Vgl. Bayern in der NS-Zeit,* a. a. O., S. 494 ff. Dennoch klagten verschiedene Parteifunktionäre über die Zurückhaltung der Bauern. So hieß es im Tätigkeitsbericht der Ortsgruppe Erkersreuth (1933 = 919 Einwohner) vom April 1934 zum Beispiel: »Unter den Bauern gibt es noch wenige Nationalsozialisten. Sie sind wohl national, doch besitzen sie noch keine Spur von Sozialismus. Eine Aufklärung ist fast nicht möglich, da sie sich bei Veranstaltungen der NSDAP fast immer ausschließen. Sie halten sich natürlich nur an fehlerhafte Ein-

zelfälle und sehen nie die große Linie der Regierungsmaßnahmen zur Rettung des ganzen Volkes. Beispiel: Milchpreis und Abgabe.«

5 1930 gab es für 793000 Volksschulabgänger 290000 offene Stellen. 1931 standen 717000 Schulabgängern 160000 offene Stellen gegenüber. In Berlin waren Anfang 1933 63% aller männlichen Jugendlichen zwischen 14 und 25 Jahren arbeitslos. Vgl. Schönstedt, Walter: *Kämpfende Jugend*, Berlin 1932 (Neuaufl. 1971), S. 132.

6 1933 = 1092 Einwohner.

7 Zit. nach *Bayern in der NS-Zeit*, a. a. O., S. 496.

8 Ich war – zusammen mit meinem Vater – Gast des Gutsbesitzers und erlebte die Einzelheiten unmittelbar. Bevor Koch dem Arbeiter auf dem Kartoffelfeld »landesväterlich« die Hand reichte, begrüßte er mich, weil er vermutete, daß ich ein Sohn des (kinderlosen) Gutsbesitzers wäre.

9 *Völkischer Beobachter* vom 6. 9. 1934. Die Hitler-Rede wurde in der Nürnberger Kongreßhalle (Luitpoldhalle) während des 2. Reichsparteitages der NSDAP von Gauleiter Wagner verlesen.

10 1933 = 798 Einwohner.

11 Zit. nach *Bayern in der NS-Zeit*, a. a. O., S. 498.

12 Erkheim zählte 1933 1149 Einwohner.

13 *Bayern in der NS-Zeit*, a. a. O., S. 505.

14 Eichstätt zählte 1933 8068 Einwohner.

15 Staatsarchiv Bamberg, M 33/410.

16 Staatsarchiv Nürnberg, NSDAP vorl. Ordner 8.

17 Ebenda.

18 Ebenda.

19 Ebenda.

II. »Ein Volk, ein Reich, ein Führer«

Die Volksabstimmung nach Hindenburgs Tod

1 Text des Stimmzettels für die Reichstagswahl: »NSDAP (Hitler-Bewegung). Adolf Hitler, Rudolf Heß, Dr. Wilhelm Frick, Hermann Göring, Dr. Joseph Goebbels, Ernst Röhm, R. Walther Darré, Franz Seldte, Franz von Papen, Alfred Hugenberg«.

2 Text des Stimmzettels für die Volksabstimmung: »Billigst Du, deutscher Mann, und Du, deutsche Frau, diese Politik Deiner Reichsregierung, und bist Du bereit, sie als Ausdruck Deiner eigenen Auffassung und Deines eigenen Willens zu erklären und Dich feierlich zu ihr zu bekennen?
ja O nein O.«

3 *Reichsgesetzblatt* I, S. 758: »Entsprechend dem Wunsche des Führers und Reichskanzlers beschließt die Reichsregierung, am Sonntag, dem 19. August 1934, eine Volksabstimmung über das Reichsgesetz vom 1. August 1934 (*Reichsgesetzbl.* I, S. 747) herbeizuführen. ›Das

Amt des Reichspräsidenten wird mit dem des Reichskanzlers vereinigt. Infolgedessen gehen die bisherigen Befugnisse des Reichspräsidenten auf den Führer und Reichskanzler Adolf Hitler über. Er bestimmt seinen Stellvertreter‹ und beauftragt den Reichsminister des Innern mit der Durchführung dieses Beschlusses . . .« Letzter Satz des Stimmzettel-Textes: »Stimmst Du, deutscher Mann, und Du, deutsche Frau, der in diesem Gesetz getroffenen Regelung zu?
Ja O Nein O«

4 Am 19. 8. 1934 waren von 43438378 Stimmen 871056 ungültig, 42567322 gültig. 38279514 Wähler hatten mit »Ja«, 4287808 mit »nein« gestimmt.

5 Staatsarchiv Bamberg, M 33/410.

6 Wo dies dennoch geschah, wurden die Zeitungen beschlagnahmt und eingestampft.

7 Vgl. *Frankfurter Zeitung* vom 6. 9. 1934.

8 Gemeint waren: 798 »Nein«-Wähler, 110 ungültige Stimmen.

9 Zit. nach einer unveröffentlichten Untersuchung (Manuskript) von Fritz Brickwedde.

10 In der Gemeinde hatten sich 50% der abgegebenen gültigen Stimmen gegen Hitler entschieden. Aber auch in den ebenfalls zum Landkreis Osnabrück gehörenden Gemeinden Malbergen waren es 20,24%, in Oesede I 19,40%, in Ohrbeck 16,63%, in Holzhausen 19,11% und in Kloster Oesede I 16,45% gewesen.

11 Das Wahlergebnis im Landkreis Osnabrück lautete bei der »Volksabstimmung« insgesamt: Ja = 40956 (88,53%), nein = 4335 (9,37%), ungültig = 970 (2,10%).
Im Zusammenhang mit der Reichstagswahl waren es: NSDAP = 40747 (89,78%) ungültig = 4640 (10,22%).

12 Zit. nach einer unveröffentlichten Untersuchung von Fritz Brickwedde.

13 Staatsarchiv Neuburg, NSDAP.

14 *Sopade,* Bd. 1934, S. 293.

15 Ebenda.

16 Staatsarchiv Neuburg, NSDAP.

17 *Sopade,* Bd. 1934, S. 391.

18 Ebenda.

19 Ebenda, S. 392.

20 Ebenda, S. 395.

21 *Das politische Tagebuch Alfred Rosenbergs.* Hrsg. Hans-Günter Seraphim. dtv. München 1964, S. 53f.

22 *Sopade,* Bd. 1934, S. 365.

23 Ebenda S. 99.

24 Ebenda, S. 101.

Die Evangelische Kirche und der Führer

1 »Irgendwie ist... das Schiff der Kirche wieder flott geworden«, schrieb er z. B. im Januar 1938 aus der Untersuchungshaft, »die Masten sind gebrochen... aber der Herr Christus ist noch am Steuer, und das Schiff schwimmt.« Zit. nach *Kirche im Krieg. Der deutsche Protestantismus im Zweiten Weltkrieg.* München 1979, S. 85.

2 Zit. nach *Kirche im Krieg*, a. a. O., S. 78.

3 Ebenda, S. 79.

4 Ebenda. Hitler hatte am 15. 2. 1933 in einer (vom Rundfunk übertragenen) Rede in Stuttgart (*Völkischer Beobachter* vom 17. 2. 1933) propagandistisch richtungweisend erklärt: »Ich rede nicht vom Christentum, sondern ich bekenne, daß ich mich auch niemals verbinden werde mit solchen Parteien, die das Christentum zerstören wollen. Vierzehn Jahre sind sie mit dem Atheismus Arm in Arm gegangen. Dem Christentum ist niemals größerer Abbruch getan worden als in der Zeit, da diese christlichen Parteien mit den Gottesleugnern in einer Regierung saßen. Das ganze Kulturleben Deutschlands ist in dieser Zeit zerrüttet und verseucht worden.«

5 »Ein Mann, den Ungezählte als ihren Seelsorger ehren«, hieß es beispielsweise in einem Flugblatt, »den Männer, die sich um das Vaterland hochverdient gemacht haben, für ihre Sterbestunde als geistlichen Beistand begehren, dem selbst seine Gegner bezeugen, daß er sich tapfer und ehrlich für die Sache seines Herrn Christus eingesetzt hat, sitzt seit zwei Jahren gefangen. Er weiß nicht, wann ihm die Stunde der Befreiung schlagen wird. Jedermann fühlt, was solche Gefangenschaft bedeutet. Zahllose evangelische Christen beten täglich für ihn zu Gott. Sonntag für Sonntag wird in evangelischen Gottesdiensten fürbittend seiner gedacht. Überall empfindet man das Bedürfnis, für den Gefangenen das Einzige zu tun, was in Menschenhand steht: nämlich seiner Frau und seinen sieben Kindern Liebe und Hilfe zu erweisen, so daß er sich in seiner Einsamkeit nicht mit Sorgen um seine Familie zu quälen braucht. Gegen diesen Mann geht jetzt die Behörde vor... Sie trifft ihn da, wo sie ihn allein noch treffen kann: in der Sorge um Frau und Kinder. Die Familie muß aus dem Pfarrhaus heraus. Sie wird wirtschaftlich schwer geschädigt. Und den Vater treibt in seiner Einsamkeit der Gedanke um: was wird aus den Meinigen?« Zit. nach *Kirche im Krieg*, a. a. O., S. 83.

6 Auf Reichsebene wurde jüdischen Rechtsanwälten »erst« am 30. November 1938 untersagt, weiterhin zu praktizieren.

7 Zur Information über die NS-Maßnahmen gegen Juden, vgl. Werner Maser: *Adolf Hitler. Mein Kampf.* München 1981, S. 236ff.

8 Bei der »überragenden Bedeutung, welche den Rasseproblemen in Deutschland eingeräumt« worden seien, müßte den Vermietern nach Auffassung des Gerichts grundsätzlich zugemutet werden, »ohne Aufforderung darüber aufzuklären, ob in dem Hause, dessen Räume vermietet werden, Nichtarier Räume innehaben würden... Die Ein-

stellung zum Rassenproblem sei ... weit mehr als eine Angelegenheit des einzelnen Volksgenossen«. Kommentar des in Frankfurt am Main herausgegebenen *NS-Briefes*, 6. Jg., Dez. 1938, Folge 77, S. 417.
9 Ebenda.
10 Ebenda.
11 Neben Kerrl Hermann Esser und Emil von Strauß. Göring blieb Präsident des Reichstages.
12 Hitler meinte offensichtlich die Landesbischöfe Mahrarens (Hannover), Meiser (Bayern) und Wurm (Württemberg).
13 *Völkischer Beobachter* vom 1. 2. 1939.
14 Zit. des Briefes in: *Das politische Tagebuch Alfred Rosenbergs*, a. a. O., S. 180 ff.
15 In dieser Rede sprach Hitler auch die häufig zitierte »Prophezeiung« aus, daß »die jüdische Rasse in Europa« vernichtet werden würde, wenn es »dem internationalen Judentum in und außerhalb Europas gelingen sollte, die Völker noch einmal in einen Weltkrieg zu stürzen«. *Völkischer Beobachter* vom 1. 2. 1939.
16 *Das politische Tagebuch Alfred Rosenbergs*, a. a. O., S. 181.
17 Ebenda, S. 246.
18 Der Oberkirchenrat verwies dabei (1981) auf die Information des Instituts für Konjunkturforschung vom 26. 1. 1938 (Nr. 4), das den Anstieg der beschäftigten Arbeiter und Angestellten von 12,58 im Jahre 1932 auf 20,2 Millionen im Jahre 1937 auswies und den industriellen Produktionswert (brutto) »von 37,8 auf 75 bis 80 Milliarden« Mark bezifferte.
19 *Das politische Tagebuch Alfred Rosenbergs*, a. a. O., S. 43.
20 Vgl. Maser, *Nürnberg. Tribunal der Sieger.* S. 443 ff.
21 Vgl. *Das politische Tagebuch Alfred Rosenbergs*, a. a. O., S. 43.
22 Ebenda.
23 Ebenda.
24 Ebenda, u. a. S. 35.
25 *NSZ* vom 17. 5. 1933.
26 Ebenda.
27 Ebenda, 10. 5. 1933.
28 Ebenda.
29 Ebenda.
30 *Die Evangelische Kirche in Deutschland und die Judenfrage. Ausgewählte Dokumente aus den Jahren des Kirchenkampfes 1933–1945.* Genf 1945, S. 35 f.
31 Ebenda, S. 37.
32 *NSZ* vom 26. 6. 1933.
33 Ebenda, 27. 6. 1933.
34 Ebenda.
35 Murtorinne, Eino: *Erzbischof Eidem zum deutschen Kirchenkampf 1933–1934.* Helsinki 1968, S. 161 f. Eidem wandte sich an Ludwig

Müller (vgl. ebenda, u. a. S. 38 ff., S. 90 ff. und S. 99 f.) und suchte selbst Hitler auf (vgl. ebenda, u. a. S. 78), den er ebensowenig beeinflussen konnte wie den Reichsbischof.

36 Im Programm der NSDAP war mit keinem Wort davon die Rede, daß die Partei die Absicht hatte, ein »christliches Volk heranzuziehen«.

37 Landeskirchliches Archiv Nürnberg, Amt für Volksmission 9.

38 Seit 1935 wird der Bußtag im Herbst begangen.

39 Landeskirchenamt (L. K. A.) Nürnberg Dekanat Schwabach 207.

40 Die Benutzung von öffentlichen Badestränden und Badeanstalten wurde den Juden beispielsweise in Berlin-Wannsee, Fulda, Beuthen und Speyer schon am 22. 8. 1933 untersagt.

41 Murtorinne, a. a. O., S. 83.

42 Vgl. *Archiv für evangelisches Kirchenrecht* (1939), S. 117 f.

43 Ebenda, S. 118.

Die Presse und die Journalisten

1 Hitler in der Nacht vom 22. zum 23. 2. 1942. Zit. nach Heim, Jochmann, a. a. O., S. 294.

2 Vgl. Staatsarchiv Bamberg (M 30/174 und M 30/152–176).

3 Zit. nach Frei, Norbert: *Nationalsozialistische Eroberung der Provinzpresse.* Stuttgart 1980, S. 162.

4 *Reichsgesetzblatt* I, Abschnitt II: Druckschriften. Vgl. ebenda, S. 35.

5 So berichtete *Der Jungdeutsche* (Berlin) am 25. 2. 1933, daß am 22. 2. 1933 eine SA-Abteilung die Druckerei der Zeitung *Niederrheinisches Tageblatt* in Kempen im Rheinland besetzt und die zum Druck vorbereitete Zeitung (zusammen mit dem Polizeikommissar von Kempen) zensiert habe.

6 Am 5. 2. und am 15. 2. 1933.

7 Am 15. 2. 1933.

8 Am 17. 2. 1933.

9 Am 17. 2. 1933.

10 Am 21. 2. 1933.

11 Am 1. 3. 1933. Danach gleichgeschaltet.

12 Das *Coburger Tageblatt* zitierte diese Erklärung am 30. 3. 1933 als Meldung, so daß auch seine Leser über den peinlichen Kniefall der *Fränkischen Zeitung* informiert wurden.

13 US-Document-Center, Berlin.

14 Allen, William Sheridan: *Das haben wir nicht gewollt.* Gütersloh 1966. Der Fiktivität des Ortsnamens entsprechend verhält es sich mit den in diesem Zusammenhang zitierten Zeitungs-Titeln und Publikations-Titeln über die Stadt »Thalburg« (vgl. S. 306 ff.).

15 Ebenda, S. 158 f. Schon am 18. 2. 1933 war die Wochenausgabe des »Thalburger Echos« von der Polizei beschlagnahmt worden, weil das Blatt (Organ der Eisernen Front) Hitler lächerlich gemacht hatte.

16 Ebenda, S. 159.
17 Wie wenig die nationalsozialistische Presse 1933 als Spiegel der tatsächlichen Ereignisse gelten konnte, zeigt nicht zuletzt eine Feststellung C. M. Köhns, eines Vorstandsmitgliedes des Klubs der deutschen Presse, der am 17. 1. 1934 in einem Brief an den von ihm zu einer Klub-Zusammenkunft eingeladenen Hans Frank (dem 1946 in Nürnberg gehenkten späteren Generalgouverneur von Polen) schrieb: »Es versammeln sich«, teilte Köhn mit, »im Klub Journalisten, die nur ein Amt und keine Meinung mehr haben.« US-Dokument-Center Berlin. Für jedermann erkennbar galten Journalisten mit eigener Meinung spätestens zwei Jahre später (vgl. z. B. *NSZ* vom 23. 1. 1936) als unerwünschte »Berufsjournalisten im Sinne des verflossenen Systems«, die »je nach Bedarf ... rechts und links« schreiben könnten und im NS-Staat ein für allemal »unmöglich werden« sollten.
18 Vgl. *NSZ* vom 23. 1. 1936.
19 Ebenda.
20 Ebenda.
21 *Zeitungs-Verlag* vom 13. 2. 1937. Vgl. auch *Deutsche Presse* vom 30. 6. und 25. 8. 1934 und vom 8. 2. 1936 und 23. 1. 1937.
22 1945 waren es rund 10 Millionen Exemplare. Vgl. Maser: *Adolf Hitler. Mein Kampf*, a. a. O., S. 37.
23 Kartonierte Ausgabe: 2,85 Mark, Ganzleinen: 7,20 Mark.
24 Vgl. *NSZ* vom 1. 2. 1933.
25 Ebenda, 2. 2. 1933.
26 Ebenda, 21. 2. 1933.
27 Ebenda, 2. 2. 1933.
28 Ebenda, 7. 2. 1933.
29 »Jude ist«, hieß es in der *Ersten Verordnung zum Reichsbürgergesetz* vom 14. 11. 1935, »wer von mindestens drei der Rasse nach volljüdischen Großeltern abstammt ... Jüdischer Mischling ist, wer von einem oder zwei der Rasse nach volljüdischen Großeltern abstammt ... Als Jude gilt auch der von zwei volljüdischen abstammende staatsangehörige jüdische Mischling, a) der beim Erlaß des Gesetzes der jüdischen Religionsgemeinschaft angehört hat oder danach in sie aufgenommen wird, b) der beim Erlaß des Gesetzes mit einem Juden verheiratet war oder sich danach mit einem solchen verheiratet, c) der aus einer Ehe mit einem Juden ... stammt .., die nach dem Inkrafttreten des Gesetzes zum Schutze des deutschen Blutes und der deutschen Ehre vom 15. September geschlossen ist.«
30 *NSZ* vom 2. 2. 1933.
31 Vgl. z. B. *NSZ* vom 29. 4. 1933.
32 Ebenda.
33 In verschiedenen Orten klagten die lokalen NS-Funktionäre darüber, daß die NS-Zeitungen über bestimmte regionale Parteiveranstaltungen nicht berichteten, nur weil sie Geld brauchten und hoff-

ten, daß die Parteiorganisationen den Zeitungslesern daher über bezahlte Inserate mitteilen würden, um was es jeweils ginge.

34 *Reichsgesetzblatt* I, S. 713.

35 Ebenda.

Das Reichskulturkammergesetz

1 *Reichsgesetzblatt* 1933, Teil I, S. 659.

2 Vgl. Maser: *Adolf Hitler. Legende–Mythos–Wirklichkeit.* München 1971, S. 75 ff.

3 Ebenda, S. 283.

4 Pechstein wurde im September 1937 aus der Akademie der Künste ausgeschlossen.

5 Wulf, Joseph: *Die Bildenden Künste im Dritten Reich,* Gütersloh 1963, S. 342.

6 Dok. im Archiv der (West-)Berliner Akademie der Künste.

7 Alle Dienststellen der NSDAP verkauften Eintrittskarten (0,35 Mark; an der Kasse: 0,50 Mark). Gruppen mit mehr als 19 Personen erhielten von der deutschen Arbeitsfront und von der NS-Gemeinschaft Kraft durch Freude Karten für 0,25 Mark. »... kein Volksgenosse«, so hieß es am 19. 7. 1938 in der Düsseldorfer Zeitung *Der Mittag,* sollte »den Besuch dieser einzigartigen Schau, die der Führer selbst vor einem Jahr in München eröffnet hat, versäumen.

8 Zit. nach Wulf, *Die Bildenden Künste im Dritten Reich,* a. a. O., S. 326.

9 Scholz, Robert in: *Deutsche Kultur-Wacht,* 1933, H. 10, S. 5.

10 Vgl. *L'Illustration,* Paris vom 7. 2. 1942.

11 Wulf: *Die Bildenden Künste im Dritten Reich,* a. a. O., S. 32.

12 *Das Schwarze Korps* vom 19. 6. 1935, S. 12.

13 Am 16. 4. 1935 hatte Ernst Wiechert im Auditorium Maximum der Münchener Universität seine Zuhörer in einer Rede beschworen, sich nicht durch Glanz und Glück zum Schweigen bringen zu lassen, wenn das Gewissen zu reden befehle.

14 Die Frage, ob Ernst Wiechert damit auch auf die nächtlichen Gespräche über »Gott und die Welt« anspielen wollte, die Hitler auf dem Obersalzberg mit den Angehörigen seines engsten Kreises und mit Künstlern aller Richtungen gern zu führen pflegte, muß unbeantwortet bleiben.

15 *Deutsche Allgemeine Zeitung* vom 13. 4. 1937.

16 Alfred Mombert wurde 1940 in seiner Heidelberger Wohnung verhaftet und in das KZ Gurs in Südfrankreich geschafft. Auf Betreiben einiger Freunde (unter ihnen Hans Carossa) wurde er 1941 entlassen und in die Schweiz ausgewiesen, wo er 1942 starb.

17 1933 weigerte sich Ernst Jünger nachdrücklich und konsequent, der neu gegründeten *Akademie der Dichtung* anzugehören, in die er (neben Hermann Claudius, Gustav Frenssen, Enrica von Handel-Mazzetti, Rudolf Huch, Isolde Kurz, Heinrich Lersch, Johannes Schlaf und Joseph Magnus Wehner) berufen war und trat aus dem Tradi-

tionsverein »73« aus, der seine jüdischen Mitglieder ausgestoßen hatte. Dennoch wurde er (weit mehr noch als der Lyriker Stefan George, der 1933 in die Schweiz emigriert und noch im selben Jahre dort gestorben war) von den Nationalsozialisten mißbraucht.

18 Bezeichnend hieß es in der *Deutschen Kultur-Wacht* (H. 9/33, S. 15): »Der Jude kann nur jüdisch denken. Schreibt er deutsch, dann lügt er. Der Deutsche, der deutsch schreibt, aber undeutsch denkt, ist ein Verräter.«

19 Zit. nach *Sopade*, Bd. 1937, S. 1643.

20 *Völkischer Beobachter* vom 24. 3. 1933.

21 *BZ am Mittag* vom 11. 3. 1939.

22 *Film-Kurier* vom 5. 4. 1933.

23 Sie basierte auf einem Erlaß des Führers und Reichskanzlers vom 18. 3. 1938; vgl. *Reichsgesetzblatt* 1938, Bd. 1, S. 305.

24 Vgl. *Westdeutscher Beobachter* vom 2. 11. 1938 und *Frankfurter Zeitung* vom 5. 3. 1938.

25 Vgl. *Deutsche Filmakademie mit dem Arbeitsinstitut für Kulturfilmschaffen.* Babelsberg o. J., S. 19f.

26 Der Film *(Unser Führer)* war durch Szenen ergänzt, die Hitler u. a. am »Tag von Potsdam«, als Redner auf dem Reichsparteitag in Nürnberg und beim »ersten Spatenstich« zum Bau der Reichsautobahn zeigten.

27 *Deutsche Filmzeitung* vom 1. 3. 1936.

28 Krauss, der für den Film trotz der »2. Durchführungsbestimmungen über Kriegslöhne« vom 12. 10. 1939 50000 Mark erhielt, spielte außer Süß-Oppenheimer alle wichtigen Juden-Rollen. Als Statisten wurden Juden aus dem Warschauer Getto geholt. In diesem Film, der auf Lion Feuchtwangers gleichnamigem Buch basierte (eine andere Version war 1934 bereits in London in den Kinos gewesen), sollte die Ausbeutung des deutschen Volkes durch das Judentum exemplarisch an der Gestalt des 1692 geborenen und 1738 hingerichteten württembergischen Finanzrats Joseph Süß-Oppenheimer dargestellt werden.

29 Lagerberichte des Sicherheitsdienstes der SS (SD-Berichte) vom 28. 11. 1940, S. 125.

30 Zit. nach Wulf, Joseph: *Theater und Film im Dritten Reich.* Gütersloh 1964, S. 400.

31 Vgl. SD-Berichte vom 28. 11. 1940, S. 125.

Gemeindeverordnung und die »untersten Zellen des Staates«

1 Unterschieden wurde zwischen Reichsbürgern und Einwohnern, wobei als Reichsbürger nur diejenigen Deutschen galten, die das 25. Lebensjahr vollendet hatten, mindestens ein Jahr in der Gemeinde lebten und die bürgerlichen Ehrenrechte besaßen. Die Einwohner hatten das Recht, die öffentlichen Einrichtungen der Gemeinde zu benutzen – und die Pflicht, die Gemeindelasten zu tragen.

2 Hauptamtliche Bürgermeister und Beigeordnete wurden auf 12 Jahre berufen.
3 *Sopade*, Bd. 1935, S. 68.
4 Ebenda.
5 Ebenda, S. 72.
6 Vgl. Maser, *Hitler. Legende–Mythos–Wirklichkeit*, a. a. O., S. 652.

Sicherheitsdienst, Sondergerichte und Gestapo

1 Aufgehoben wurden damit ausdrücklich das Gesetz über die Errichtung eines Geheimen Staatspolizeiamts vom 26. April 1933 (*Gesetzessammlung*, S. 122), das Gesetz über die Geheime Staatspolizei vom 30. November 1933 (*Gesetzessammlung*, S. 413) und die §§ 1 bis 3 der Verordnung zur Durchführung des Gesetzes über die Geheime Staatspolizei vom 8. März 1934 (*Gesetzessammlung*, S. 143).
2 Der 1960 in Israel zum Tode verurteilte und hingerichtete Adolf Eichmann berichtete über seine »ersten vierzehn Tage beim SD« (Sicherheitsdienst) im Jahre 1934 u. a.: »In einem großen Saal des Palais (Prinz-Albrecht-Palais, der Verf.) wurden ... gewaltige Karteikartentröge aufgestellt ... Jede Karteikarte hatte ungefähr die Größe einer normalen Buchseite. Da gab es eine Freimaurerkartei, eine Kartei des Unabhängigen Ordens B'nai Brith (Söhne des Bundes) ... dann Karteikarten der sogenannten Geheimbünde und auch eine kleine Judenkartei ... Alles, was je staatspolizeilich, aktenmäßig oder persönlich in Erscheinung trat, wurde in der Kartei mit allem Charakteristischen erfaßt. Sie wurde nicht nur alphabetisch geordnet, ebenso erfaßten wir die Personalien aus Mitgliederverzeichnissen der oppositionellen Organisationen und hielten sie auf Karteikarten fest ... Die Karteikarten hatten internationalen Charakter; es waren schon mehrere Länder karteimäßig erfaßt. Die Kartei wuchs ständig, an langen Schreibtischen wurde z. B. an Hand von Mitgliederverzeichnissen gearbeitet, die von örtlichen Staatspolizei- und Staatspolizei-Leitstellen beschlagnahmt worden waren. Die Mitglieder der verschiedenen Organisationen oder die Abonnenten der verschiedenen Zeitschriften wurden in Karteikarten eingetragen, diese nicht nur nach Personen, sondern auch nach Organisationen angelegt.« Zit. nach Eichmann, Adolf: *Ich, Adolf Eichmann*, Leoni am Starnberger See 1980, S. 72 ff.
3 Vgl. *Preußische Gesetzessammlung 1936*, S. 22.
4 Gustloff war am 4. 2. 1936 in Davos von dem aus Jugoslawien stammenden jüdischen Medizinstudenten David Frankfurter in seiner Wohnung ermordet worden.
5 Vgl. *Preußische Gesetzessammlung 1936*, S. 22.
6 Eichmann a. a. O., S. 73.
7 Vgl. Maser: *Adolf Hitler. Das Ende der Führer-Legende*, a. a. O., S. 28 ff., 80 f., 289, 294, 315, 328 f. und 332 und Maser; *Nürnberg. Tribunal der Sieger*, a. a. O., S. 9, 56, 65, 76 f., 79 f., 82, 90, 124, 126, 145,

162, 188, 371, 410–413, 478, 480, 487, 491 f., 496, 500, 503–506, 602, 627, 645 und 653.

8 Streicher wurde seit jeher von zahlreichen »alten Kämpfern« geschnitten. Nach 1933 stellten sich ihm nicht wenige höhere Funktionäre und Beamte in den Weg. Im August 1934 ließ beispielsweise der stellvertretende Polizeipräsident von Breslau (vgl. *Beobachter am Main* vom 21. 8. 1934) die Nr. 32 des *Stürmer* beschlagnahmen, weil er unwahre Behauptungen verbreitete, die das Ansehen der Polizei herabsetzten. Schon seit 1938 erlebte der von ihm herausgegebene *Stürmer* einen spürbaren Rückgang. Entwicklung der Auflagenhöhe des *Stürmer:* April 1934 = 50000 Ex., Juni 1934 = 60000 Ex., August 1934 = 80000 Ex., 1935 = 200000 Ex., 1937 = 486000 Ex., 1938 = 473000 Ex., März 1944 = 398000 Ex., Oktober 1944 = 380000 Ex. Vgl. Wulf: *Presse und Funk im Dritten Reich,* Gütersloh 1964, S. 252.

9 Rund 10000 Akten von Verfahren, die von 1933 bis 1945 allein vor dem Sondergericht München stattfanden, überstanden den Zweiten Weltkrieg. Vgl. dazu: Hüttenberger, Peter in: *Bayern in der NS-Zeit.* a. a. O., S. 435 ff. Vgl. auch die folgende Anmerkung.

10 Verordnung der Reichsregierung über die Bildung von Sondergerichten vom 21. 3. 1933. *Reichsgesetzblatt* I, S. 136. Gegen Entscheidungen der Sondergerichte, die »zur Abwehr heimtückischer Angriffe gegen die Regierung der nationalen Erhebung« eingerichtet worden waren, gab es grundsätzlich keine Rechtsmittel. In welchem Ausmaße die »Schutzhaftmaßnahmen« vorgenommen wurden, bezeugen z. B. beiläufige Mitteilungen der *NSZ* vom 26. 6. 1933, in denen es hieß, daß allein in Schifferstadt und Neustadt in der Pfalz innerhalb eines Tages 13 Personen in Schutzhaft genommen wurden.

11 Das Gesetz gegen heimtückische Angriffe auf Staat und Partei und zum Schutz der Parteiuniformen vom 20. 12. 1934 löste die Heimtücke-Verordnung vom 21. 3. 1933 zwar ab, erweiterte sie inhaltlich jedoch und wurde maßgebliche Grundlage für die Sondergerichte. Vgl. dazu *Reichsgesetzblatt* I, S. 1269 und ebenda, S. 204, 276 und 387 mit der 1. (15. 2. 1935), 2. (22. 2. 1935) und 3. (6. 3. 1935) Durchführungsverordnung. Nach Kriegsbeginn kamen hinzu: die Verordnung über Maßnahmen auf dem Gebiet der Gerichtsverfassungen vom 1. 9. 1939 (*Reichsgesetzblatt* I, S. 1658), die Verordnung über außerordentliche Rundfunkmaßnahmen vom 1. 9. 1939 (ebenda, S. 1683), die Kriegswirtschaftsordnung vom 4. 9. 1939 (ebenda, S. 1609), die Verordnung gegen Volksschädlinge vom 5. 9. 1939 (ebenda, S. 1679), die Wehrkraftschutzordnung vom 25. 11. 1939 (ebenda, S. 2319) und die Verordnung gegen Gewaltverbrechen vom 5. 12. 1939 (ebenda, S. 2378).

12 Vgl. *Sopade,* Bd. 1936, S. 1034 ff.

13 Amtsgericht Bergedorf.

14 Schöffengericht Gera.

15 Schöffengericht Glochau.
16 Amtsgericht Goslar.
17 Oberlandesgericht Bremerhaven.
18 Vgl. *Sopade*, Bd. 1936, S. 1034 ff.
19 Ebenda, S. 1037.
20 Ebenda, S. 977.
21 Nach amtlichen Angaben, so hieß es in den *Sopade*-Berichten (August 1936), seien 17,8% der bis dahin wegen »Rassenschande« Verurteilten »deutschblütig«, 82,2% jüdischer Abstammung gewesen (vgl. Bd. 1936, 3. Jg., S. 988). In 7/8 aller Fälle haben (ebenda, S. 991) die »rassenschänderischen« Beziehungen nach Feststellungen des Reichsjustizministeriums bereits vor 1935 bestanden, vor dem Erlaß der Nürnberger Gesetze.
22 Die Strafe wurde ihnen »aufgrund der Amnestie« unter der Auflage erlassen, in den folgenden drei Jahren straffrei zu bleiben.
23 *NSZ* vom 2. 7. 1936.
24 *NSZ* vom 9. 7. 1936.
25 Urteil des Frankenthaler Sondergerichts.
26 *Reichsgesetzblatt* I, S. 341. Vgl. dort auch S. 369 und S. 405.
27 In den Bezirken jedes Oberlandesgerichts wurden (*Reichsgesetzblatt* I, S. 136) Sondergerichte mit besonderen Vollmachten als »Gerichte des Landes« gebildet, gegen deren Entscheidungen keine Rechtsmittel zulässig waren.
28 Wer »es unternimmt«, hieß es dort (*Reichsgesetzblatt* I, S. 162), »einen Richter oder einen Staatsanwalt oder einen ... Beamten oder einen Angehörigen der Wehrmacht oder der Sturmabteilungen (einschließlich des Stahlhelms) oder der Schutzstaffeln der NSDAP, einen Amtswalter der NSDAP ... aus politischen Beweggründen oder wegen ihrer amtlichen oder dienstlichen Tätigkeit zu töten, oder wer zu einer solchen Tötung auffordert«, wird mit »dem Tode ... oder mit Zuchthaus ... bestraft.«
29 Im § 3 (1) dieser Verordnung (*Reichsgesetzblatt* I, S. 135) hieß es u. a.: »Wer vorsätzlich eine unwahre oder gröblich entstellte Behauptung ... aufstellt oder verbreitet, die geeignet ist, das Wohl des Reiches oder eines Landes oder das Ansehen der Reichsregierung oder einer Landesregierung oder der hinter diesen Regierungen stehenden Parteien oder Verbände schwer zu schädigen, wird ... mit Gefängnis bestraft.«
30 *Reichsgesetzblatt* I, S. 769.
31 Ebenda.
32 Ebenda, S. 839.
33 Vgl. *NSZ* vom 25. 4. 1936.
34 Ebenda.
35 Ebenda.
36 *Berliner Lokalanzeiger* vom 10. 3. 1936. Zit. nach *IMT*, Bd. XLII, S. 301 f.

37 *IMT*, Bd. 42, S. 301 f.
38 Ebenda.
39 Ebenda, S. 299.
40 Anfänglich waren unter der Bevölkerung noch Stimmen laut geworden, die sich beklagten, daß die Angehörigen der Inhaftierten dem Staat zur Last fielen, so daß es doch besser sei, sie zu entlassen. Doch die zahlreichen Haftbeschwerden blieben erfolglos. Infolge der Weisungen der Sonderkommissare wurden sie (seit März 1933) ohne Rücksicht auf die persönlichen Verhältnisse der Häftlinge abgewiesen.
41 Vgl. *Berliner Illustrirte* vom 30. 4. 1933.
42 *Sopade*, Bd. 1936, 3. Jg., S. 1023.
43 Ob diese Angaben zuverlässig sind, ist nicht feststellbar.
44 Vgl. dazu auch Hillermeier, Heinz (Hrsg.): *Im Namen des Deutschen Volkes*, Darmstadt und Neuwied 1980.
45 Vgl. Maser/Poelchau: *Pfarrer am Schafott der Nazis.* Rastatt 1982, S. 45 ff.
46 Ebenda.

Die Leibesertüchtigung

1 *NSZ* vom 5. 6. 1936.
2 Ebenda.
3 Ebenda.
4 Ebenda, 15. 6. 1936.
5 Ebenda.
6 Ebenda, 22. 6. 1936. Hitlers Telegramm lautete dagegen staatsmännisch zurückhaltend: »Nehmen Sie für Ihren großartigen Erfolg meine herzlichsten Glückwünsche entgegen. Adolf Hitler.« *NSZ* vom 22. 6. 1936.
7 Ebenda, 26. 6. 1936.
8 Ebenda, 27. 6. 1936.
9 Ebenda.
10 Vgl. Bäumler, Alfred in: *Sport und Staat.* Hrsg.: Hoffmann und Breitmeyer, Berlin 1936, Bd. 1, 2. Aufl., S. 19, 21 und 31.
11 Vgl. Bernett, a. a. O., S. 56.
12 Vgl. Bäumler, a. a. O.
13 Vgl. z. B. *NSZ* vom 10. 3. 1936. Der einheitliche Presse-Kommentar zur Hitler-Äußerung: »Mit stolzer Freude wird das Führerkorps der SA diesen Befehl des Führers ausführen« (ebenda). Daß diesem »Startschuß« zwangsläufig entsprechende Konsequenzen folgen mußten, lag auf der Hand. Der Arbeitsdienst, die Hitler-Jugend (HJ), der Bund Deutscher Mädchen (BDM), das Deutsche Jungvolk (DJ) und andere Organisationen wetteiferten nun darum, besonders spektakuläre sportliche Leistungen vorzeigen zu können.
14 Vgl. Wetzel, a. a. O., S. 26 ff.
15 Ebenda.

16 Mester, Ludwig in: *Deutsche Schulerziehung. Jahrbuch des Deutschen Zentralinstituts für Erziehung und Unterricht* 1940. Hrsg. von Benze, Berlin 1940, S. 95.
17 Derselbe in: *Nationalsozialistische Monatshefte* 1934, H. 50, S. 398.
18 Derselbe in: *Sport und Staat*, a. a. O., Berlin 1937, Bd. 2, S. 97.

Erfolge im Ausland und Reaktionen im Inland

1 Vgl. *NSZ* vom 22. 2. 1936.
2 *NSZ* vom 29. 2. 1936. Zwei Tage zuvor war von der deutschen Presse der Text eines am 26. 1. 1936 im *Paris-Soir* publizierten Interviews veröffentlicht worden, das Hitler der französischen Journalistin Titayna gegeben hatte. Seine besonders herausgestellte Formulierung, daß die »menschliche Logik . . . gegen einen territorialen Krieg« sei, hätte zumindest in Frankreich kritische Stimmen wach werden lassen müssen, zumal Hitler gesagt hatte: »Jede territoriale Lösung hat ihre Schwächen . . . Aber unter dem Gesichtswinkel der Moral ist es unmöglich und unzulässig, ein Volk zu diskriminieren und es zu demütigen.« Zit. nach *NSZ* vom 27. 1. 1936.
3 Ebenda.
4 Vgl. Maser: *Der Sturm auf die Republik. Frühgeschichte der NSDAP.* Esslingen und München 1965, S. 367 ff. Zit. nach der Ausgabe: Stuttgart 1973.
5 *Münchner Neueste Nachrichten* vom 19. 1. 1923 und *Münchner Post* vom 20./21. 1. 1923.
6 Hitler, S. 769.
7 Ebenda, S. 767.
8 Ebenda.
9 Vgl. Maser, *Der Sturm auf die Republik*, S. 369.
10 Das kam auch im Prozeß gegen den sozialdemokratischen Abgeordneten Josef Strobl (vgl. Maser, *Der Sturm auf die Republik*, a. a. O., S. 399 f.) zur Sprache. Strobl wurde von Hitler vorgeworfen, behauptet zu haben, daß der Führer der NSDAP französische Devisen bekommen hätte. Strobl bestritt diesen Anklagepunkt, der von Hitler und seinem Rechtsanwalt Hans Frank nicht bewiesen werden konnte (schriftliche Mitteilung von Regierungsbaumeister Paul Strobl vom 23. November 1964 an den Autor); auch Privatklageregister Nr. 101/28 beim Amtsgericht Ingolstadt (schriftliche Mitteilung der Geschäftsstelle des Amtsgerichts Ingolstadt vom 31. August 1964). Die diesbezüglichen Akten wurden nach 1933 aus dem Gericht entfernt, ebenso die Akten und Unterlagen über entsprechende Prozesse in München (schriftliche Mitteilung der Geschäftsstelle des Amtsgericht Ingolstadt vom 31. August 1964 und der Staatsanwaltschaft beim Landgericht München I vom 18. August 1964).
11 Vgl. die letzte Anmerkung.
12 *Bayerische Staatszeitung* vom 6. 2. 1923.
13 Hitler, a. a. O., S. 619.

14 Vgl. Röhm, Ernst: *Die Geschichte eines Hochverräters,* München 1933, S. 196.
15 Ebenda.
16 Vgl. *Bayerischer Kurier* vom 24. 9. 1924 und *Völkischer Beobachter* vom 24. 9. 1924.
17 Gustav von Kahr wurde 1934 während der Röhm-Affäre auf eine ganz besonders widerwärtige Weise umgebracht.
18 Hitler, a. a. O., S. 771.
19 Ebenda.
20 *NSZ* vom 29. 1. 1936.
21 Der in Wien (zwischen Schuschnigg und Papen) abgeschlossene Vertrag regelte die Behandlung der österreichischen Staatsangehörigen im Reich und der Reichsdeutschen in Österreich, die gegenseitigen kulturellen Beziehungen und Fragen der Presse-Äußerungen, die Behandlung der Emigranten, die Hoheitsrechte und Nationalhymnen, die wirtschaftlichen Beziehungen, den Reiseverkehr und bestimmte Grundsätze der Außenpolitik.
22 In Spanien war am 18. 7. 1936 durch Offiziersputsche in Spanisch-Marokko und an anderen Orten unter der Armeeführung General Francisco Francos gegen die »Volksfront«-Regierung ein Bürgerkrieg ausgebrochen, den Franco zweifellos verloren hätte, wenn ihm nicht Deutschland und Italien augenblicklich zur Hilfe gekommen wären.
23 In dem als »Achse Berlin-Rom« bezeichneten Vertrag erkannte Deutschland die italienische Annexion Abessiniens an. Beide Vertragspartner erkannten die Regierung Franco an und beschlossen, in der spanischen Frage einheitlich vorzugehen. Der in Berlin abgeschlossene Antikominternpakt hatte die »Abwehr gegen die kommunistische Zersetzung« zum Inhalt und war für die Dauer von fünf Jahren vorgesehen. Am 25. 11. 1941 wurde er auf weitere fünf Jahre verlängert (*Reichsgesetzblatt* 1942, Teil II. S. 127). In einem geheimen Zusatzprotokoll wurde festgelegt, daß keiner der beiden Vertragspartner ohne Zustimmung des anderen Abkommen mit der Sowjetunion schließen dürfe, die dem Geiste des Paktes widersprächen. Ferner wurde beschlossen, bei unprovozierten Angriffen seitens der Sowjetunion auf Japan oder Deutschland nichts zu tun, was »die Lage der Union der Sozialistischen Sowjetrepubliken zu entlasten« in der Lage wäre.
24 Die Bauern wurden in verschiedenen Orten aufgefordert, sich handschriftlich zu verpflichten, der Milchablieferungspflicht nachzukommen. Nach behördlichen Berichten weigerten sich die meisten von ihnen, dies zu tun.
25 Die Allgemeine Wehrpflicht war bereits am 16. 3. 1935 eingeführt worden.
26 Staatsarchiv Bamberg, K 8/III/18 470–18475.
27 Ebenda.

28 Fotos z.B. über das Wohnungselend in der Sowjetunion, über Massenaufläufe hungernder und erbärmlich schlecht gekleideter Menschen vor Geschäften, über Plünderungen, Zerstörungen und Leichenschändungen sollten zeigen, was auf Deutschland zukäme, wenn der Bolschewismus nicht auf seine Grenzen beschränkt bliebe.

29 Gesammelt wurden Lumpen und Altpapier aller Art, Abfälle aus Kupfer, Bronze, Messing, Aluminium, Nickel, Blei, Zinn, Zink, Alteisen, Stahl. Auch Knochen, Felle, Häute, Flaschen (mit Ausnahme von Medizinflaschen), Tuben, Metallfolien und Flaschenkapseln gehörten zu den Materialien, die auch von Kindern zusammengetragen werden sollten.

30 Staatsarchiv Bamberg M 30/731. Vgl. auch ebenda M 30/545.

31 Heinrich Mann in seinem »Vorwort« zu: Humbert, Manuel (eigentlich: Karl Caro): *Hitlers »Mein Kampf«. Dichtung und Wahrheit.* Paris 1936.

32 Die 1933 auf dem Niveau der Weltwirtschaftskrise von 1932 »eingefrorenen« Löhne wurden von – um Arbeitskräfte bemühten – Unternehmern infolge der Verbote, die Löhne zu erhöhen, gelegentlich auf Umwegen über Sonderzuwendungen und dgl. heraufgesetzt.

33 Vgl. Bayerisches Hauptstaatsarchiv, München, MA 106 672 ff.

34 Bayerisches Hauptstaatsarchiv, München, MA 106677–106679.

Der »Anschluß« Österreichs

1 20. 5. 1933.

2 19. 6. 1934.

3 25. 7. 1934.

4 Vgl. Koerner, R. R.: *So haben sie es damals gemacht. Die Propagandavorbereitungen zum Österreichanschluß durch das Hitler-Regime 1933–1938.* Wien 1958, S. 63.

5 Vgl. Gehl, J.: *Austria, Germany, and the Anschluß 1931–1938,* London 1963, S. 153 ff. Vgl. auch Papen, Franz: *Der Wahrheit eine Gasse.* München 1952, S. 436 ff.

6 Nach dem Lausanner Protokoll vom 15. 7. 1932 hatte sich Österreich, wie bereits erwähnt, trotz heftiger nationaler Proteste im Lande verpflichtet, bis 1952 keine wirtschaftliche oder politische Union mit dem Deutschen Reich einzugehen. Um die Entfaltung der nationalsozialistischen Bewegung in Österreich zu blockieren, hatte der österreichische Bundeskanzler Engelbert Dollfuß einen Staatsstreich unternommen und eine berufsständische Verfassung eingeführt. Seit dem 7. 3. 1933 regierte er mit Hilfe des sogenannten Kriegswirtschaftlichen Ermächtigungsgesetzes vom 24. 7. 1917. Der Republikanische Schutzbund wurde aufgelöst, die Kommunistische Partei am 26. 5. 1933, die Nationalsozialistische Partei am 19. 6. 1933 verboten. Dollfuß rief die »Vaterländische Front« ins Leben und arrangierte sich mit Italien, was am 17. 3. 1934 schließlich zu den Römischen Protokollen und der Zusammenarbeit zwischen Österreich,

Italien und Ungarn führte, worauf es zu Straßenkämpfen zwischen dem Republikanischen Schutzbund und Organisationen und Instanzen der Regierung in Wien und anderen Städten und schließlich im Februar 1934 zum Verbot der Sozialisten und aller anderen Parteien (außer der Vaterländischen Front) kam. Während des nationalsozialistischen Putsches – mit Aufständen in der Steiermark und in Kärnten – wurde Dollfuß am 25. 7. 1934 ermordet, der Aufstand aber niedergeschlagen. Hitler sah von einer militärischen Aktion zugunsten der österreichischen Nationalsozialisten ab, weil Mussolini an der Brenner-Grenze italienische Truppen zusammenzog. Am 30. 7. folgte Kurt von Schuschnigg, bis dahin Unterrichtsminister, dem ermordeten Dollfuß als Bundeskanzler.

7 *Führerbotschaft an Volk und Welt,* Reichstagsrede vom 20. 2. 1938. München 1938.

8 *IMT,* Bd. XV, S. 391, Microedition D 25.

9 *Völkischer Beobachter* vom 16. 3. 1938.

10 General Bock (danach von Hitler zum Generaloberst befördert) unterstanden die in Österreich einmarschierenden reichsdeutschen Truppen: das VII. und VIII. Armeekorps, die 7., 10., 17. und 27. Division, Truppen der Heeresdienststelle 10, der 2. verstärkten Panzerdivision, Teile der Luftwaffe, des sogenannten Regiments General Göring und der SS-Leibstandarte Adolf Hitler.

11 *Neue Freie Presse* vom 29. 3. 1938.

12 Göring war am 12. 3. 1938 von Hitler beauftragt worden, Hitler zu vertreten. Vgl. *DNB-Text* vom 12. 3. 1938.

13 Vgl. *Völkischer Beobachter* vom 17. 3. 1938.

14 Ebenda.

15 Im Besitz des Autors.

16 Erlaß des Führers und Reichskanzlers über die Vereidigung der Beamten des Landes Österreich vom 15. 3. 1938, *Reichsgesetzblatt* I, S. 245. Durch die am 21. 5. 1938, elf Tage nach der Einführung der Nürnberger Rassengesetze von 1935, erlassene »Verordnung zur Neuordnung des österreichischen Berufsbeamtentums« wurden die jüdischen Beamten, die mit Juden verheirateten arischen Beamten und jüdischen »Mischlinge« in den Ruhestand versetzt. Zwar existierte mit Zustimmung von Rudolf Heß zunächst die Ausnahmeregelung, daß Beamte im Dienst verbleiben durften, wenn sie 1. mit »jüdischen Mischlingen« verheiratet waren, 2. am 1. 8. 1914 bereits Beamte gewesen waren oder wenn sie im Ersten Weltkrieg auf Seiten Österreich-Ungarns gekämpft hatten; aber Hitler ließ den letzten Punkt dieser Regelung durch persönliche mündliche Weisung umgehend annullieren (Schnellbrief des Reichsinnenministers vom 15. 6. 1938 mit beigefügter »Verordnung zur Änderung der Verordnung zur Neuordnung des österreichischen Berufsbeamtentums«. Bundesarchiv Koblenz, R 43 II/424). Das Reichsministerium des Inneren tilgte von sich aus den ganzen 2. Punkt und strich ihn ersatzlos. Hit-

ler stimmte zu (Vermerk von Heinrich Lammers vom 16. 6. 1938. Bundesarchiv Koblenz, R. 43 II/424).

17 Im Juni 1938 wurde für jüdische Studenten ein Numerus clausus von 2% festgesetzt.

18 Zit. nach *Sopade*, 1938, S. 749.

19 *Reichsgesetzblatt* I, S. 1146. Der § 2 lautete: »Außerehelicher Verkehr zwischen Juden und Staatsangehörigen deutschen und artverwandten Blutes ist verboten.« Ergänzend stellte der § 5 fest: »Der Mann, der dem Verbot des § 2 zuwiderhandelt, wird mit Gefängnis oder mit Zuchthaus bestraft.«

20 Zit. nach Staff, Ilse: *Justiz im Dritten Reich*, Frankfurt am Main 1978, S. 219.

Die »letzte territoriale Forderung«

1 Wilhelm Keitel, der damit Chef des Oberkommandos der Wehrmacht wurde, schrieb am 15. 11. 1945 in Nürnberg: »Das ... von General von Reichenau propagierte Schlagwort ›Die Wehrmacht wird entweder nationalsozialistisch oder sie wird nicht mehr sein‹, wurde nicht beachtet und geglaubt. Von Blomberg hielt sich dem Führer gegenüber auf Distanz, von Fritsch wachte eifersüchtig darüber, daß jeder politische Einfluß und jede Aufklärung vom Offizierskorps ferngehalten wurde. Nach seinem Willen sollte die unpolitische und neutrale Haltung des Offizierskorps den ruhenden Pol im ... Staat bilden. Daß Hitler eine neue Staatsidee, die weder Monarchie noch Republik war, verkörperte ... nahm (er) ... nicht zur Kenntnis. Die alte preußische Erziehung zu Gehorsam, Treue und Pflichtgefühl, wie sie die Generalität dieser Epoche als heiligstes Vermächtnis hütete und pflegte, hat sich durchgesetzt.« Handschriftliche Aufzeichnungen Wilhelm Keitels (im Besitz des Autors).

2 Zit. nach: *Führerbotschaft an Volk und Welt*, a. a. O.

3 So äußerte er (Wiedemann, Fritz: *Der Mann, der Feldherr werden wollte* Velbert und Kettwig 1964, S. 112): »Wenn ein deutscher Feldmarschall eine Hure heiratet, dann ist in der Welt alles möglich.«

4 Vgl. Maser: *Adolf Hitler. Das Ende der Führer-Legende*, a. a. O., S. 112.

5 Wiedemann, a. a. O., S. 113.

6 Zit. nach Höhne: *Der Orden unter dem Totenkopf*, S. 228.

7 Wiedemann, a. a. O., S. 115.

8 Ebenda, S. 115. Zu diesen Affären vgl. Maser: *Adolf Hitler. Das Ende der Führer-Legende*, a. a. O., S. 111 ff.

9 Am 30. 5. 1938 befahl Hitler dem Chef des Oberkommandos der Wehrmacht (Wilhelm Keitel), einen Angriff auf die Tschechoslowakei vorzubereiten und mit dem 1. 10. 1938 als Angriffstermin zu rechnen.

10 Bayerisches Hauptstaatsarchiv, München, MA, RW 19/41.

11 14 bis 16 Mark erhielten im Herbst 1934 beispielsweise verheiratete städtische Unterstützungsempfänger mit drei Kindern und soge-

nannte Notstandsarbeiter, die so weit von ihrem Wohnsitz entfernt arbeiten mußten, daß sie bei Tage nicht daheim essen konnten.

12 Alfred Jodl erklärte am 4. 6. 1936 vor dem *IMT* in Nürnberg, daß rund 70% der Fahrzeuge ausfielen, weil die Fahrer noch nicht ausreichend ausgebildet gewesen seien. Vgl. *IMT,* Bd. XV. (Microedition: D 25), S. 390.

13 Zit. nach Domarus, a. a. O., S. 904.

14 Hitler am 12. 9. 1938 auf dem Reichsparteitag in Nürnberg. Zit. bei Domarus, a. a. O., u. a. S. 904 f.

15 Vgl. Jodl-Aussage vor dem IMT in Nürnberg, *IMT,* Bd. XV, S. 390.

16 Vgl. *Tagblatt-Annaberger Wochenblatt* vom 14. 6. 1938.

17 Vgl. *IMT,* Bd. XV, S. 393. Microedition: D 25.

18 Zit. nach Domarus, a. a. O., S. 901.

19 *IMT,* Bd. XV, S. 393.

20 *Völkischer Beobachter* vom 1. 10. 1938.

21 Der »Münchener Vertrag«, hieß es z. B. im *Völkischen Beobachter* vom 1. 10. 1938, »der allein durch die Tat des Führers Europa vor den Schrecknissen des Krieges bewahrte ... wird als eine Wende der Zeitgeschichte in den Annalen der europäischen Völker eingehen.«

22 Vgl. *Völkischer Beobachter* vom 1. 10. 1938.

23 Die Marine-Strategen, die Hitlers programmatische Forderung nach Verwirklichung einer deutschen Weltmachtstellung als »Programm« sahen, gingen im Herbst 1938 davon aus, daß das Reich dafür genügenden Kolonialbesitz und gesicherte Seeverbindungen mit ebenso gesicherten Zugängen zum freien Ozean brauchte. Daß sich die Vorstellungen Hitlers, der Ende Januar 1939 die Schaffung einer großen Überseeflotte einleitete (Z-Plan der Marineführung), 1938 (Unterwerfung nicht nur der Sowjetunion, sondern ganz Europas und Schaffung von Ausgangsbasen in Übersee) grundsätzlich von den programmatischen Feststellungen unterschieden, die er in den zwanziger Jahren richtungweisend formuliert hatte, ist hierbei unerheblich.

24 *Völkischer Beobachter* vom 9. 8. 1938.

25 Ebenda, 5. 8. 1938.

26 Der Gedanke des Anschlusses des Sudetenlandes an das Reich entwickelte sich parallel mit dem Aufschwung im Dritten Reich. Der Turnlehrer Konrad Henlein gründete 1933 die Sudetendeutsche Heimatfront und 1935 die Sudetendeutsche Partei (SdP). Bis 1937 verfocht er als Ziel die Autonomie der Sudetendeutschen im tschechoslowakischen Staatsverband. Seitdem forderte er den Anschluß an das Reich und wurde zum wichtigen Vasallen Hitlers in der ČSR. 1938 stellte die SdP die größte Fraktion im Prager Parlament. 1938 von Hitler zum Gauleiter ernannt, nahm Henlein sich 1945 das Leben.

27 Außerordentlich aktiv wirkte die Nationalsozialistische Volkswohlfahrt (NSV) im Sudetenland vor dessen Anschluß an das Reich. Sie

finanzierte die Propagandatätigkeit der NS-Funktionäre, die sich bemühte, Kinder von außerhalb des Reiches lebenden Reichsdeutschen zu bewegen, zur kostenlosen Schul- und Berufsausbildung nach Deutschland zu gehen. Ein Teil von ihnen wurde auf dem »Reichsjugendhof« Hohenelse in Rheins-Berg bei Neurupin ausgebildet und einem harten militärischen Drill unterzogen.

28 Chamberlain, von dem Karl-May-Kenner Hitler im vertrauten Kreis häufig als »Häuptling Geierschnabel« tituliert, traf mit Hitler dreimal zu Unterredungen zusammen: am 15. 9. 1938 auf dem Obersalzberg, am 22. 9. 1938 in Bad Godesberg und während der Formulierung des Münchener Abkommens.

29 *Sopade*, Bd. 1938, S. 565.

30 Ebenda, S. 1664.

31 Ebenda, S. 1173.

32 Ebenda.

Die Wehrmacht und der Führer

1 Daß Ludwig Beck, der Generalstabschef des Heeres, am 18. 8. 1938 aus moralischem Protest gegen Hitlers aggressive Politik mit Kriegszielsetzung und infolge seiner Überzeugung zurückgetreten war, daß die Wehrmacht nicht in der Lage sei, die »tschechische Frage« erfolgreich zu lösen, zumal nach seiner Auffassung mit einem Krieg gegen die Westmächte gerechnet werden müßte, erfuhr die Öffentlichkeit nicht.

2 Handschriftliche Aufzeichnungen Wilhelm Keitels vom 25. 1. 1946.

3 Ebenda, 15. 11. 1945.

4 Ebenda, 25. 1. 1946.

5 Hitler erklärte am 13. 7. 1934 richtungweisend vor dem Reichstag, daß Röhm und General Schleicher die Zusammenfassung der Wehrmacht und aller nationalen Verbände unter Röhms Führung geplant gehabt hätten. Er habe, so sagte Hitler weiter, dem Reichspräsidenten mit seinem Eid versprochen, die Wehrmacht »als unpolitisches Instrument des Reiches zu bewahren«, und dies werde er auch tun. Vgl. *Völkischer Beobachter* vom 14. 7. 1934.

6 Handschriftliche Aufzeichnungen Wilhelm Keitels vom 15. 11. 1945.

7 Anmerkung Keitels: »Ich dachte: Gebt ihm 4 Jahre Zeit, wie er gefordert hat.«

8 Handschriftliche Aufzeichnungen Wilhelm Keitels vom 15. 11. 1945.

9 § 3/1 des am 21. 5. 1935 verkündeten deutschen Wehrgesetzes. *Reichsgesetzblatt* I, S. 609.

10 Text in Maschinenschrift.

Die »Reichskristallnacht«

1 Vgl. *IMT*, Bd. XXVIII, S. 500, Dok. 1816.

2 *Völkischer Beobachter* vom 10. 11. 1938.

3 Ebenda.

4 Ebenda.
5 Ebenda.
6 Ebenda.
7 Ebenda.
8 Ebenda.
9 Einige Beobachter äußerten unmittelbar nach dem Pogrom vom 9./10. 11. 1938 offen, daß das Regime seit der Verordnung über die Anmeldung des Vermögens der Juden vom 26. 4. 1938 nur auf einen Anlaß zum Losschlagen gegen die Juden gewartet habe. So hieß es beispielsweise in der *Berliner Börsenzeitung* vom 18. 11. 1938, daß das von Herschel Grünspan am 7. 11. 1938 auf Ernst Eduard vom Rath in Paris verübte Attentat lediglich »den vorzeitigen Start von Maßnahmen ausgelöst« habe.
10 *Völkischer Beobachter* vom 8. 11. 1938.
11 Goebbels war zu der Zeit in der Öffentlichkeit wenig hervorgetreten. Er sah sich isoliert und suchte nach einem persönlichen Anlaß für eine spektakuläre Aktion.
12 Wiedemann, S. 189.
13 Ebenda.
14 Staatsarchiv Ingolstadt, A XVI/142.
15 Staatsarchiv München, LRA 116 533.
16 Ebenda.
17 Ebenda.
18 Persönliche Mitteilung von Karl Wolff vom 9. 2. 1979.
19 Heydrich-Nachlaß. Kopie im Besitz des Autors. Vgl. auch *IMT*, Bd. XXXI, Dok. 3051-PS.
20 Noch während des Parteitages im September hatte Hitler dem Gauleiter Julius Streicher (angeblich) vorgehalten, daß es in Nürnberg immer noch Synagogen gebe. Vgl. Domarus, a. a. O., S. 971. Am 7. 9. 1938 meldete der Regierungspräsident von Ober- und Mittelfranken, daß Nürnberg »am 10. 8. 1938 einen denkwürdigen Tag« erlebt habe: »Julius Streicher gab das Zeichen zum Abbruch der Hauptsynagoge ... Zehntausende von Volksgenossen wohnten der geschichtlichen Stunde bei.« *Bayern in der NS-Zeit*, a. a. O., S. 469.
21 Ein makabres Kuriosum ereignete sich in Ketsch bei Heidelberg, wo die Synagoge und die jüdischen Geschäfte erst rund eine Woche nach dem offiziellen Pogrom zerstört wurden. Der Grund: Der besonders aktivistische Ortsgruppenleiter hatte sich bis dahin im Urlaub befunden. Den Terror holte er nach seiner Rückkehr nach.
22 Heydrich-Nachlaß.
23 Auch in seinem Telegramm vom 9. 11. 1938 an vom Raths Eltern ging Hitler mit keinem Wort auf den Juden als Attentäter ein. Sein Telegramm lautete: »Nehmen Sie zu dem schmerzlichen Verlust, der Sie durch den feigen Meuchelmord an Ihrem Sohn getroffen hat, meine aufrichtigste Teilnahme entgegen. Adolf Hitler.« *Völkischer Beobachter* vom 11. 10. 1938.

24 Vgl. *IMT*, Bd. XXVIII, S. 499, Dok. 1816 PS.
25 Ebenda und Heydrich-Nachlaß.

Prag und das Memelland

1 *Sopade*, Bd. 1939, S. 372.
2 Ebenda.
3 So hieß es in der *Frankfurter Zeitung* vom 1. 3. 1939 beispielsweise, daß in den Ruhrzechen 1939 durchschnittlich 3,96% der Gesamtbelegschaft krank gewesen seien. 1937 seien es 4,84% und im September 1938 6,39% gewesen. Von 100 fehlenden Arbeitern hätten im Jahre 1933 18,31% und im September 1938 schließlich sogar 44,74% Krankheitsgründe als Ursache für ihr Fernbleiben vom Arbeitsplatz angegeben. Nach Angaben der *National-Zeitung* (Essen) vom 3. 3. 1939 schrieben Betriebsärzte, die der »Krankfeierei« Einhalt gebieten wollten, bestimmte Verletzte nicht krank, sondern wiesen ihnen vorübergehende Arbeitsplätze mit leichteren Tätigkeiten an.
4 Nach Angaben der *Frankfurter Zeitung* vom 1. 3. 1939 bummelten 1933 von 100 Arbeitern 2,66%, im September 1939 15,39%.
5 *Sopade*, Bd. 1939, S. 340.
6 Die Kreise Memel, Heydekrug und Teile der Kreise Tilsit und Ragnit waren nach Teil III, Art. 99 des am 10. 1. 1920 in Paris ratifizierten Versailler Vertrages unter die Obhut der Alliierten gefallen und vom 8. 1. 1923 bis März 1939 von Litauen »verwaltet« worden. Die am 8. 5. 1924 zwischen Litauen, Großbritannien, Frankreich, Italien und Japan vereinbarte Konvention, die dem Memelgebiet eine gewisse Autonomie zugestand, erwies sich angesichts der überwiegend deutschen Bevölkerung als unbefriedigend. Die memelländischen Nationalsozialisten (mit ihrem Führer Dr. Ernst Neumann) hatten die Stimmung angeheizt und schon vor den Wahlen vom 12. 12. 1938 zum Memelländischen Landtag die litauische Souveränität unterhöhlt, die Vollzugsgewalt weitgehend in ihre Hände genommen und Litauen Anfang 1939 zu größeren Zugeständnissen gezwungen.
7 Vgl. *Reichsgesetzblatt* 1939, I, S. 559f. Das Memelland wurde dadurch, mit dem Reichsminister des Inneren als »Zentralstelle«, wieder Bestandteil des Deutschen Reiches und in die Provinz Ostpreußen eingegliedert. Memelländer, die am 30. 7. 1924 die deutsche Staatsbürgerschaft verloren hatten, erhielten sie automatisch wieder, wenn sie am 22. 3. 1939 ihren Wohnsitz im Memelland oder im Reich gehabt hatten. Überleitungskommissar wurde der Oberpräsident der Provinz Ostpreußen (Gauleiter Erich Koch), sein Stellvertreter der memelländische NS-Funktionär Ernst Neumann.
9 *DNB*-Text vom 23. 3. 1939.
9 Ebenda.
10 *Schwarzes Korps* vom 20. 4. 1939.
11 Mehr als je zuvor diskutierten die Deutschen in diesen Tagen die Frage, ob der Führer denn tatsächlich wisse, was alles in seinem Na-

men geschehe. Die Formel »wenn das der Führer wüßte« war landauf landab zu hören, wenn Mißstände kritisiert wurden.

12 Ein Auszug aus *Mein Kampf* erschien als Geburtstagsgeschenk des Gaues Hessen-Nassau »auf deutschem Kalbsleder in deutscher Schrift« gedruckt (so das *Frankfurter Volksblatt* vom 20. 4. 1939).

13 *Sopade*, Bd. 1939, S. 452. 1936 hatten selbst Redaktionen von NS-Zeitungen noch geklagt, zum 47. Geburtstag des Führers von Intellektuellen, erfolgreichen Dichtern und Schriftstellern, keine Beiträge bekommen zu haben. »Wir stellen mit Freude fest«, hieß es beispielsweise in der *NSZ* vom 20. 4., »das Volk spricht – aber die Intellektuellen schweigen ... man zieht sich zurück in den Geruch des verborgenen Großen.«

III. Das eigentliche Ziel: der Krieg

Das Regime im Krieg

1 Infolge des nach dem Ersten Weltkrieg zwischen den alliierten und assoziierten Mächten einerseits und dem Deutschen Reich andererseits geschlossenen Friedensvertrages, den die Deutsche Nationalversammlung am 23. 6. 1919 angenommen hatte, mußte Deutschland 70581 Quadratkilometer Land mit 6475000 Einwohnern abtreten. Worauf Hitler, der den Versailler Vertrag nach 1933 einseitig annullierte, sich in seiner Rede vom 1. September 1939 bezog, betraf vor allem die an Polen abgetretenen Teile Westpreußens und Posens und die Erklärung Danzigs zum Freistaat.
Um eine alliierte Front in Südosteuropa nach Möglichkeit auszuschließen und den in Vorbereitung befindlichen Rußlandkrieg strategisch flankieren zu können, wurden im Frühjahr 1941 die (schnell gewonnenen) Feldzüge gegen Jugoslawien und Griechenland improvisiert.

2 Hitler meinte damit, was er unmißverständlich sagte, u. a. seine propagandistischen (Pseudo-)Vorschläge im Zusammenhang mit Rüstungsbegrenzungen und mit Beschränkungen der Kriegführung ganz allgemein. Vgl. dazu den vollständigen Text seiner Rede bei Domarus, a. a. O., Bd. 1/3, S. 1313ff.

3 Diskussionsstoff lieferten vor allem die Berichte der deutschen Presse und des deutschen Rundfunks über polnische Gewalttaten gegenüber Deutschen, die in Polen lebten. So gab es in den letzten August-Tagen 1939 nach Angaben von Ploetz: *Auszug aus der Geschichte*. Würzburg 1968, S. 1354, über 7000 Tote und vermißte sogenannte Volksdeutsche. Zu polnischen Verbrechen (u. a. Ermordungen, Quälereien, Vergewaltigungen) an Deutschen vgl. u. a.: de Zayas, Alfred M.: *Die Wehrmacht-Untersuchungsstelle*, München 1981, S. 227ff.

4 *DNB*-Text vom 1. 9. 1939.

5 Dok. vom 25. 3. 1939. Nationalarchiv Washington.
6 Ebenda.
7 Ebenda.
8 Ebenda.
9 Ebenda.
10 Ebenda.
11 Ebenda.
12 Ebenda.
13 So zeichneten z. B. die Franzosen Bertrand de Jouvenel und Fernand de Brinon vom französischen Wirtschaftsblatt *L'Information* (während des Krieges aktivistischer Kollaborateur) noch nach dem Beginn des Krieges ein besonders positives Hitler-Bild. Der britische Oberstleutnant T. C. R. Moore, der als Konservativer im Unterhaus saß, ließ Hitler als einen Staatsmann erscheinen, der keinen Krieg wollte (vgl. Dok.: Bundesarchiv Koblenz, R 43 II/1431 28./29. 9. 1939 und Hitlers Brief vom 20. 10. 1933 an Moore). Lord Lothian, der einstige Privatsekreteär von Lloyd George verbreitete nach einem Besuch bei Hitler im Januar 1935 die werbewirksame Feststellung, daß Hitler ein »fabelhafter« Führer sei, der einen friedlichen Eindruck mache und die Wehrmacht nur verstärke, um das Reich möglichst wirkungsvoll gegen kommunistische Angriffe schützen zu können. Und auch Lord Allen of Hurtwood, der Anfang 1935 Hitler (am 25. 1. 1935), Goebbels und von Neurath besuchte, schrieb nach seiner Rückkehr aus Deutschland, daß die NS-Führer »leidenschaftlich den Frieden« wünschten, was glaubwürdig sei, da Hitler »ungeheuer« ehrlich wäre (vgl. politisches Archiv des Auswärtigen Amtes, Abt. III, Pol. 2, England, Bd. 13 – und die Londoner Meldung vom 28. 1. 1935 im Bundesarchiv Koblenz, R 43 II/1433).
14 Am 8. 2. 1933.
15 Wolffs Telegraphisches Büro am 25. 10. 1933. In dieser Rede forderte Hitler die allgemeine Abrüstung, ein deutsches 300000-Mann-Heer und die internationale Gleichberechtigung des Reiches als Grundlage für eine friedliche Politik der Zukunft.
16 Wollfs Telegraphisches Büro vom 25. 10. 1933.
17 Wie in *Mein Kampf*, so erklärte Hitler auch hier als Ziel seiner Politik: Sicherung und Vermehrung der in ihrem »Rassenkern fest geschlossenen« Volksmasse und »die Lösung der Raumnot« im »unmittelbaren Anschluß an das Reich in Europa« durch »Brechen von Widerstand und unter Risiko« über »den Weg der Gewalt«. Nationalarchiv Washington, EAP 105/43. Vgl. zu diesem (sogenannten Hoßbach-)Dokument auch Bußmann, Walter: »Zur Entstehung und Überlieferung der Hoßbach-Niederschrift« in: *Vierteljahrshefte für Zeitgeschichte* 16 (1968), S. 373–384.
18 Während Hitler die »Lösung der deutschen Lage« durch (bedingte) Autarkie auf dem Gebiet der Gewinnung von Rohprodukten aus Kohle, bei der Gewinnung von Eisen und Leichtmetall und bei der

Produktion von Ernährungsfetten und Faserstoffen für bestenfalls vorübergehend möglich hielt, sah er dies bei der Produktion von Kupfer und Zinn und bei der Lebensmittelversorgung als nicht gegeben an. Ebenda. Vgl. auch Maser: *Adolf Hitler. Das Ende der Führer-Legende,* a. a. O., S. 118 f.

19 Nationalarchiv Washington.

20 Vgl. ebenda. Vgl. auch Maser: *Adolf Hitler. Das Ende der Führer-Legende,* a. a. O., S. 121.

21 Telegramm Hitlers an Mussolini. Vgl. *Völkischer Beobachter* vom 29. 11. 1937.

22 Zu den differenzierten Überlegungen Hitlers in diesem Zusammenhang vgl. Maser: *Adolf Hitler. Das Ende der Führer-Legende,* a. a. O., S. 118 ff.

23 Zit. nach Dülffer, Jost, Thies, Jochen und Henke, Josef: *Hitlers Städte, Baupolitik im Dritten Reich,* Köln und Wien 1978, S. 289 ff.

24 *DNB*-Text vom 1. 9. 1939.

25 *DNB*-Text vom 1. 9. 1939.

26 Nationalarchiv Washington, EAP 105/41.

27 *DNB*-Text vom 1. 9. 1939.

28 Ebenda. Vgl. auch S. 1 im I. Kapt.

29 *DNB*-Text vom 1. 9. 1939.

30 *Sopade,* Bd. 1940, S. 12.

31 Ebenda.

32 Linge im persönlichen Gespräch mit dem Autor (1979). Ein Teil der Abgeordneten, die seit dem Ermächtigungsgesetz nicht mehr recht wußten, wozu sie Parlamentarier seien, war in den jeweiligen Wohnorten nicht rechtzeitig benachrichtigt worden. Einige befanden sich zudem im Urlaub.

33 *Völkischer Beobachter,* Münchener Ausgabe vom 1. 9. 1939.

34 Kempner, a. a. O., S. 152.

35 Ebenda, S. 117.

36 Generaloberst Jodl erklärte seiner Frau 1946 im Kriegsverbrechergefängnis, daß außer Göring kein Soldat (kein Oberbefehlshaber und kein Generalstabschef) rechtzeitig gewußt habe, ob es zu einem Angriff auf Polen oder nur zu Maßnahmen kommen würde, die Warschau an den Verhandlungstisch bringen sollten. Mit dem Beginn des Aufmarsches seien sich die führenden Militärs zwar über das operative Problem klar geworden; »das politische, das strategische, blieb ihnen ein verschleiertes Geheimnis«. Persönliche Mitteilung von Frau Luise Jodl (1971). Vgl. auch Schramm, Percy Ernst: *Hitler als militärischer Führer. Erkenntnisse und Erfahrungen aus dem Kriegstagebuch des Oberkommandos der Wehrmacht.* Frankfurt/M. 1962, S. 149.

37 Im Juli 1944 ließen Martin Bormann und Joseph Goebbels die von ihnen schließlich als »Sprachrohr des Defaitismus« bezeichneten Berichte einstellen. Zur Geschichte des SD, vgl. u. a. *IMT,* Bd. XX, S. 207–289, Bd. XLII, S. 433–472.

38 Interview vom 26. 12. 1980.
39 Interview vom 11. 12. 1980.
40 Interview vom 20. 11. 1980.
41 Persönliche Mitteilung von J. S., von 1933 bis in die sechziger Jahre Bürgermeister von Ahlbach, vom 30. 12. 1980.
42 Noch am 30. August 1939, zwei Tage vor Kriegsbeginn, war Thomas Mann überzeugt, daß Hitler »den Krieg nicht führen« wollte und nicht führen könnte. Vgl. Mann, Thomas: *Tagebücher 1937–1939*, a. a. O. Zit. nach Reich-Ranicki, Marcel: »Leiden und Größe Thomas Manns«, *FAZ* vom 13. 6. 1981.
43 Schriftliche Mitteilung von Robert M. W. Kempner vom 2. 12. 1980.
44 Sie wurden gleichzeitig in der Presse abgebildet.
45 Am 24. September 1939 gab es bereits (wieder für einen Monat) neue Lebensmittelkarten (gültig vom 25. 9. bis 22. 10. 1939) mit geänderten Zuteilungen. Vgl. *Völkischer Beobachter* vom 23. 9. 1939.
46 Zit. nach *Bayern in der NS-Zeit*, a. a. O., S. 133.
47 *Sopade*, Bd. 1940, S. 9ff.
48 *Sopade*, Bd. 1940, S. 13f.
49 Ebenda, S. 19.
50 So erblickte er beispielsweise im Interesse zahlreicher Deutscher für Kunst aus »überwiegend jüdischem Besitz« ein »Bekenntnis zum Unglauben an den deutschen Sieg«. Vgl. *Sopade*, Bd. 1940, S. 18f.
51 Vgl. Zeska, E. v.: »Deutschlands Heer ist gerüstet«, in: *NS-Briefe. Schulungsblätter der NSDAP im Rhein-Main-Gebiet*, Frankfurt/M. 1938, Dez. 1938, S. 399.
52 Ebenda, S. 408ff.
53 Ebenda, S. 409.

Erste Probleme der Kriegswirtschaft

1 *Reichsgesetzblatt* I, S. 1609.
2 Wegen der teilweise geradezu katastrophalen Folgen wurde durch einen Erlaß des Reichsarbeitsministers vom 24. 11. 1939 angeordnet, daß Dienstverpflichtungen künftig nur noch für Betriebe der Eisen- und Metallwirtschaft, der Chemischen Industrie und der Bauwirtschaft, soweit Unternehmen, die kriegswichtige Aufgaben zu erfüllen hätten, statthaft seien. Um dem größten Mangel an Arbeitskräften in der Wirtschaft abzuhelfen, wurde am 24. 2. 1942 angeordnet, daß aus den besetzten Ostgebieten erstmals 380000 Arbeitskräfte für Industriewirtschaft und 247000 für die Industrie erfaßt werden sollten. Am 21. 3. 1942 entstand das Amt des »Generalbevollmächtigtem für den Arbeitseinsatz« mit Fritz Sauckel als Generalbevollmächtigtem.
3 Bayerisches Hauptstaatsarchiv, München, MA 106 677–106 679.
4 *Reichsgesetzblatt* I, S. 1269.
5 Bericht zur innenpolitischen Lage vom 9. 10. 1939 an das Reichssicherheitshauptamt. Zit. nach: *Meldungen aus dem Reich. Auswahl aus*

den geheimen Lageberichten des Sicherheitsdienstes der SS 1939–1944. Hrsg. Heinz Boberach. Neuwied und Berlin 1965. Zit. nach dtv-Ausgabe von 1968.

6 Ebenda, S. 34.

7 Monatsbericht des Regierungspräsidenten von Niederbayern und der Oberpfalz vom 8. 11. 1939; vgl. *Bayern in der NS-Zeit,* a. a. O., S. 289.

8 Meldungen aus dem Reich, a. a. O., S. 35.

9 Hitlers geheime Denkschrift vom 9. 10. 1939. Nationalarchiv Washington.

Antisemitismus in den ersten Kriegsjahren

1 Diese Rechte erloschen mit dem Waffengesetz vom 18. 3. 1938. Vgl. *Reichsgesetzblatt* I, S. 265.

2 Vgl. z. B. *NS-Briefe,* a. a. O., (6. Jg., Folge 77), S. 408 ff.

3 Ebenda, S. 409.

4 Ebenda.

5 Vgl. Maser: *Adolf Hitler. Das Ende der Führer-Legende,* a. a. O., S. 197 ff.

6 Ebenda, S. 199 ff.

7 Der Kündigungsschutz für Juden (*Reichsgesetzblatt* I. S. 864 f.) wurde gesetzlich zwar »erst« am 30. 4. 1939 aufgehoben, aber wie nahezu auf allen Gebieten gesetzloser NS-Politik, so wurde auch hier überall längst praktiziert, was Gesetze immer erst nachträglich legalisierten. So hieß es (nach *Bayern in der NS-Zeit,* a. a. O., S. 479) z. B. im Monatsbericht des Regierungspräsidenten von Schwaben am 7. 3. 1939: »Genehmigt wurden von hier aus bisher rund 60 Veräußerungen jüdischer Firmen, 65 Veräußerungen jüdischer Anwesen und Grundstücke« und »5 Zwangsaufträge zur Veräußerung von Grundstücken«.

8 Vgl. Adam, Uwe Dietrich: *Judenpolitik im Dritten Reich.* Düsseldorf 1972, S. 245.

9 Fronturlauber berichteten darüber.

10 Am 20. 9. 1939 hatten Hitler, Himmler, Heydrich und Forster konferiert und dabei entschieden, daß die Juden im Laufe eines Jahres aus dem Reich nach Polen gebracht und dort (zunächst) in Gettos gesperrt werden sollten. Nahziel: Konzentrierung der in Polen lebenden Juden und Abschiebung aller Juden aus den eingegliederten Ostgebieten, Endziel: Bildung eines Judenreservats an der russischen Grenze. Die von Heydrich am 21. 9. 1939 befohlenen Maßnahmen schwächte Himmler ab und verfügte, daß die Maßnahmen vorerst nur vorbereitet und später realisiert werden sollten.

11 Vgl. Adam, a. a. O., S. 248.

12 Aufzeichnungen Keitels von 1946 in Nürnberg (Kopie im Besitz des Autors).

13 Vgl. Krausnick, Helmut: »Hitler und die Morde in Polen«, in: *Vier-*

teljahrshefte für Zeitgeschichte 11 (1963), S. 196ff. Vgl. auch Müller, Klaus Jürgen, ebenda, 18 (1970), S. 95 ff.

Euthanasie: »Beseitigung lebensunwerten Lebens«

1 Nach persönlichen Mitteilungen eines einstigen SD-Mannes (1980) sind es »ungefähr 240 Leute aus Hadamar und Umgebung« gewesen: Ärzte, Krankenschwestern, Lehrer, Anwälte, Journalisten, Geschäftsleute, Bauern und Handwerker.

2 Die in der Euthanasie-Anstalt beschäftigten Personen hatten eine Erklärung zu unterschreiben, in der sie sich verpflichteten, die Anstalt nur auf Befehl zu verlassen und niemandem Auskunft über ihre Tätigkeit zu geben. Andernfalls drohte die Todesstrafe.

3 Persönliche Mitteilung der Schwester des Kunstmalers (10. 6. 1980).

4 Persönliche Mitteilungen (1971–1982).

5 Bundesarchiv Koblenz. Schreiben des Generalstaatsanwalts von Stuttgart vom 12. 10. 1940 an den Reichsjustizminister, LXIVB 25, fol. 1–175.

6 Ebenda, vgl. u.a. das Vernehmungsprotokoll des Arztes Dr. Otto Schellmann vom 4. 7. 1946. LXIV B 26, S. 149.

7 Mehrfache persönliche Mitteilungen von Zeugen (1977–1982).

8 Um die Bevölkerung nicht unnötig zu beunruhigen, wurden die Transporte wechselweise in Limburg und Weilburg ausgeladen und mit Bussen nach Hadamar transportiert.

9 Persönliche Mitteilung von Maria Krämer (1980).

10 Vgl. die letzte Anmerkung.

11 Vgl. z.B. das Schreiben des Stuttgarter Generalstaatsanwalts vom 12. 10. 1940 an den Reichsjustizminister, Bundesarchiv Koblenz, LXIV B 25, fol. 1–175, ein Schreiben (»Geheime Reichssache, persönlich«) des Reichsjustizministers vom 4. 3. 1941 an den Chef der Reichskanzlei (Heinrich Lammers, ebenda, S. 47, und eine Erklärung des evangelischen Pastors Braune, des Leiters der Hoffnungstaler Anstalten und Präsidenten des Zentralausschusses Ost für die Innere Mission, ebenda. S. 134. Ferner: Schreiben des Bischofs der Württembergischen Landeskirche vom 19. 7. 1940 an den Reichsminister des Inneren (Wilhelm Frick).

12 Himmler in einem Brief an den NS-Richter und Schwiegervater Martin Bormanns (Walter Buch). Bundesarchiv Koblenz LXIV B 25, fol. 1–175, S. 41.

13 Zit. nach Liedtke, Rüdiger: *NS-Mordaktion an deutschen Soldaten* in Dokumentationsarchiv des deutschen Widerstandes, Frankfurt/M., AN 1540 (15. 8. 1974). Rüdiger Liedtke, einer meiner Schüler, erhielt von mir einschlägige Dokumente und recherchierte 1974 in meinem Auftrage in Hadamar. Vgl. dazu u.a. auch: *IMT,* Bd. IV, S. 517 (D: L–180), Bd. III, S. 624f. und Bd. VII, S. 195f. Microedition Zeitgeschichte, F. D 39.

14 Persönliche Berichte von Bürgern aus Hadamar und Umgebung.

»Wir sahen«, berichtete z. B. der Dehrner Landwirt Richard Geis am 12. 7. 1980, »wenn die zur Tarnung auffällig freundlich aufgemachten Busse kamen, und wir wußten, was passieren würde: Penetranter Schornsteinqualm über der Euthanasie-Anstalt. Manchmal zogen die Soldaten, die Uniformen trugen, die Vorhänge von den Fenstern weg, so daß wir ihnen zuwinken konnten. Danach spielten wir, heute erschreckt es mich, ›Gas‹«.

15 Auf die Weise sollte verhindert werden, daß die Bevölkerung die hohe Anzahl der »Verstorbenen« in so schneller Folge erführe.

16 Es gilt als sicher, daß mehr als 50000 Personen getötet wurden.

17 Bundesarchiv Koblenz, LXIV B 22, fol. 1–72, S. 11.

18 Hitler, a. a. O., S. 279.

19 Vgl. dazu Gruchmann, Lothar: »Euthanasie und Justiz im Dritten Reich«, *Vierteljahrshefte für Zeitgeschichte*, 3/1972, S. 237 ff.

20 Vgl. *Aufzeichnungen des Majors Gerhard Engel*, Stuttgart 1974, S. 56 f.

21 Bundesarchiv Koblenz, LXIV B 22, S. 34.

22 Ebenda.

23 Dok. hierzu u. a.: ein Schreiben des Generalstaatsanwalts in Stuttgart vom 12. 10. 1940 an den Reichsjustizminister, LXIV B 25, fol. 1–175, ein Schreiben (»Geheime Reichssache, persönlich«) des Reichsjustizministers vom 4. 3. 1941 an den Chef der Reichskanzlei, ebenda, S. 47, und einer Erklärung des evangelischen Pastors Braune, des Leiters der Hoffnungstaler Anstalten und Präsidenten des Zentralausschusses Ost für die Innere Mission, ebenda, S. 134.

24 Eidesstattliche Erklärung von Viktor Hermann Brack (12. 10. 1946), der 1941 als persönlicher Beauftragter Philipp Bouhlers die Euthanasie auf mündlichen Befehl hin stoppen ließ, Bundesarchiv Koblenz, LXIV B 22, fol. 1–72. Zwar ließ Hitler 1941, als der Krieg gegen Rußland und die Massenvernichtung der Juden begann, den – die Euthanasie propagierenden – Spielfilm *Ich klage an* als eine nachträgliche Rechtfertigung seines Euthanasiebefehls von 1939 aufführen, aber die »Gnadentötungen« wurden nur noch vereinzelt ausgeführt.

25 In diesem (als »künstlerisch besonders wertvoll und volksbildend« angepriesenen) Tobis-Film wurde das Schicksal einer unheilbar kranken Arzt-Frau behandelt, die von ihrem Mann Gift erbat und erhielt, um ihre qualvollen Schmerzen durch Selbstmord beenden zu können.

26 SD-Bericht, 15. 1. 1942, S. 192.

27 Ebenda, S. 193.

28 Ebenda, S. 195.

Trotz des raschen Sieges: Hoffnung auf einen baldigen Frieden

1 SD-Bericht, 15. 1. 1942, S. 38.

2 *DNB*-Text vom 10. 10. 1939.

3 Ebenda.

4 Ebenda, 13. 10. 1939.

5 Vgl. *Vierteljahrshefte für Zeitgeschichte* (1958), S. 390–443, bis S. 6411 ff.

6 Nach dem Gesetz zur Gewährleistung des Rechtsfriedens vom 5. 9. 1939 (Reichsgesetzblatt I, S. 1679) wurden Plünderung, Brandstiftung, gemeingefährliche Verbrechen und alle unter Ausnutzung des Kriegszustandes begangenen Straftaten mit dem Tod oder mit hohen Zuchthausstrafen geahndet.

7 Stellenweise flackerten nach dem Elser-Attentat vom 8. 11. 1939 kommunistische und sozialdemokratische Widerstandstätigkeiten auf, aber bemerkenswert waren sie in keinem Fall. Selbst die *Sopade*-Berichte erwähnten nicht einmal den Namen des Attentäters.

Ein Attentat auf den Führer

1 *DNB*-Text vom 9. 11. 1939.
2 Zit. nach *Bayern in der NS-Zeit*, a. a. O., S. 135.
3 *DNB*-Text vom 9. 11. 1939.
4 Persönliche Mitteilung von Heinz Linge (Januar 1980).
5 Persönliche Mitteilung von Heinz Linge (1978 und 1979).
6 Linge, Heinz: *Bis zum Untergang. Als Chef des persönlichen Dienstes bei Hitler.* München 1980, S. 32.
7 Persönliche Mitteilung von Heinz Linge (Januar 1980).
8 Himmler und Göring nahmen an der Veranstaltung nicht teil.
9 Vgl. dazu auch Hoch, Anton, Gruchmann, Lothar: *Georg Elsner: Der Attentäter aus dem Volke.* Frankfurt 1980.

Trotz »Blitzsieg« keine allgemeine Begeisterung für den Krieg

1 *Sopade*, 1940, S. 222.

2 Zu diesem Ergebnis gelangten einhellig alle diejenigen, die dem Volk auftragsgemäß »aufs Maul« schauten. Vgl. u. a. *Sopade*, Bd. 1940, *Bayern in der NS-Zeit*, a. a. O., und die SD-Berichte über diese Zeit.

3 Vgl. SD-Meldung vom 12. 1. 1940, S. 58.

4 Papst Pius XII. hatte die Sieger vor der Versuchung gewarnt, Gewalt zu üben und zu meinen, die Staaten stünden außerhalb der christlich artikulierten moralischen Normen.

5 In SD-Berichten war u. a. von schlechten Witzen innerhalb des Klerus die Rede, der das Ansehen der Reichsregierung und führender Funktionsträger der Partei zu erschüttern beabsichtigte, von Predigten, in denen der Krieg als Strafe Gottes dargestellt wurde und vom Abhören ausländischer Sender und der Verbreitung ihrer Nachrichten.

6 So lauteten die Schlagzeilen der deutschen Presse in den ersten 6 Wochen des Jahres 1940 zum Beispiel: »Katastrophale Folgen des Seekriegs – Der Schwund des englischen Schiffraums« (*Breslauer Neueste Nachrichten* vom 14. Januar 1940), »Ein Notgeständnis Winston Churchills – Er mußte nun doch zugeben, daß Deutschland die Nordsee beherrscht« (*Westdeutscher Beobachter* vom 16. Februar

1940), »Begrenzter Schiffsraum – Englands Abhängigkeit in Außenhandel und Schiffahrt« (*Frankfurter Zeitung* vom 15. Februar 1940) und »England hat keine Siegeschancen – Der britische Militärschriftsteller Lidell Hart über die hoffnungslose Kriegslage der Westmächte – An allen Fronten unterlegen« (*Stuttgarter NS-Kurier* vom 10. Februar 1940).

7 *Westdeutscher Beobachter* vom 16. 2. 1940.
8 *Hamburger Fremdenblatt* vom 22. 1. 1940.
9 Vgl. *Sopade*, Bd. 1940, S. 176.
10 Mitglieder dieser Familien waren als Soldaten in Polen gefallen.
11 Vgl. *Sopade*, Bd. 1940, S. 163.
12 Monatsbericht (30. 3. 1940) des Landrats des Bezirksamts Ebermannstadt. Vgl. *Bayern in der NS-Zeit*, a. a. O., S. 138.
13 Die Engländer begannen am 7. 4. 1940 damit, ihre Truppen einzuschiffen.
14 SD-Berichte, S. 75.
15 Vgl. SD-Bericht vom 14. 5. 1940, S. 80.
16 Am 10. 6. 1940 waren die Rückführungen abgeschlossen.
17 Die letzten Gefechte gegen die Engländer endeten am 8. 6. 1940. 2 Tage später kapitulierten die norwegischen Streitkräfte.
18 Vgl. SD-Berichte, 27. 5. 1940, S. 85.

Der Feldzug im Westen

1 *DNB*-Text vom 10. 5. 1940. Im Memorandum hieß es u. a.: »Deutschland hat die Integrität Belgiens und der Niederlande anerkannt und respektiert unter der selbstverständlichen Voraussetzung, daß diese beiden Länder im Falle eines Krieges zwischen Deutschland und England-Frankreich die strikteste Neutralität bewahren würden. Belgien und die Niederlande haben diese Bedingungen nicht erfüllt. Sie haben zwar bisher den äußeren Schein der Neutralität zu wahren versucht, in Wahrheit aber haben beide Länder völlig einseitig die Kriegsgegner Deutschlands begünstigt und ihren Absichten Vorschub geleistet.«
2 Nationalarchiv Washington.
3 Persönliche Mitteilung von Heinz Linge (Januar 1980).
4 Geschürt wurden diese Hoffnungen offenbar auch durch die Berichte über Ribbentrops Besuch bei Papst Pius XII. am 11. 3. 1940 und über die Europa-Reise des amerikanischen Unterstaatssekretärs Ramon Suner, der auch in Berlin konferierte. Rußland und Finnland hatten am 12. 3. 1940 in Moskau Frieden geschlossen.
5 So z. B. Aachen, Koblenz, Darmstadt, Neustadt a. d. Weinstraße, Boppard, Eisenheim und Breitenheim.
6 Die Briten kämpften in Frankreich nicht »um jeden Preis«. Der Befehlshaber des britischen Expeditionsheeres, Lord Gort, hatte sich bereits seit dem Einbruch der Deutschen in das Artois im Sinne Churchills (der primär die Britischen Inseln verteidigen und von da

aus den Krieg weiterführen wollte) mehr auf den Abtransport über das Meer als auf einen Gegenangriff (zusammen mit den Franzosen) konzentriert. Am 25. 5. begann der Rücktransport (Unternehmen »Operation Dynamo«) auf einem bunten Gemisch von 848 in hektischer Eile zusammengezogenen Schiffen aller Art (vom Bäderdampfer bis zur Barkasse) aus dem Raum von Dünkirchen, das am 4. 6. 1940 fiel und die Gefangennahme von rund 40000 Franzosen und den Verlust des gesamten Materials, das in deutsche Hände fiel, zur Folge hatte. Als Hitler, der die Panzerkräfte 2 Tage halten ließ, am 26. 5. wieder den Angriff frei gab, waren die Engländer bereits »gerettet«. In der Nacht vom 27. zum 28. 5. kapitulierte die belgische Armee. Der deutschen Luftflotte 2 (unter Albert Kesselring) gelang es nicht, den Abzug des Expeditionsheeres zu verhindern. 338226 Mann (unter ihnen 123000 Franzosen) der alliierten Truppen wurden bis zum 4. 6. 1940 abtransportiert, 272 meist kleinere Schiffe jedoch auch 9 Zerstörer sanken oder mußten aus anderen Gründen aufgeben.

7 Auf Heinz Linges Frage, wieso er denn »Halt« befohlen und die Briten habe entkommen lassen, antwortete Hitler, daß er auf Englands »Verständnis und Einsicht hoffte« und »die Vettern drüben« nicht unnötig habe reizen wollen. Jeder – dank seiner Haltung – gerettete Engländer würde sich künftig als »Multiplikator« erweisen und sich weigern, jemals wieder gegen die deutsche Wehrmacht in den Krieg zu ziehen. Persönliche Mitteilung von Heinz Linge (Oktober 1979). Hitlers Rechnung ging jedoch nicht auf. Die aus Dünkirchen und Umgebung geretteten britischen Soldaten bildeten als sogenannte »erfahrene Veteranen« den Grundstock für die britischen militärischen Unternehmungen von 1941 bis 1943 in Nordafrika, in Griechenland und bei den großen Invasionslandungen.

8 Persönliche Mitteilung von Heinz Linge (September 1979). Walter Warlimont (*Im Hauptquartier der Wehrmacht 1939–1945*. Frankfurt/M. und Bonn 1964, S. 116f.), der dem Gespräch zwischen Hitler und Göring ebenfalls beiwohnte, bestätigt Linges Angaben.

9 Vgl. z. B. SD-Berichte, 27. 6. 1940, S. 94ff.

10 27. 9. 1940. *Reichsgesetzblatt* II, S. 280.

11 Vgl. SD-Berichte, 30. 9. 1940, S. 111.

12 Hubatsch, Walter: *Hitlers Weisungen für die Kriegführung*. Frankfurt/M. 1962, S. 81.

13 Die deutsche Balkanpolitik, vor allem gegenüber Rumänien, wurde von den Russen nicht begrüßt. Am 23. 11. 1940 schloß sich Rumänien (wie zuvor schon Ungarn) dem Dreimächtepakt (Deutschland-Italien–Japan) an und stimmte der Entsendung einer deutschen »Lehrtruppe« in Stärke einer Panzerdivision zu.

14 Noch am selben Tage erließ Hitler, der überzeugt war, daß die Regierung Peter II. von den Briten und Russen unterstützt würde, die Weisung Nr. 25, in der es u.a. wie folgt hieß: »Der Militärputsch in

Jugoslawien hat die politische Lage auf dem Balkan geändert. Jugoslawien muß auch dann, wenn es zunächst Loyalitätserklärungen abgibt, als Feind betrachtet und daher so rasch als möglich zerschlagen werden.« Vgl. Hubatsch, a.a.O., S. 124. Am 6. 4. 1941 begann der deutsche Angriff auf Jugoslawien, das am 17. 4. 1941 in Bosnien kapitulierte.

15 Der Beitritt Jugoslawiens zum Dreimächtepakt wurde von der Bevölkerung als neuerlicher Erfolg der deutschen Diplomatie und »Niederlage der westlichen Demokraten« begrüßt. Vgl. SD-Bericht vom 27. 3. 1941, a.a.O., S. 133.

16 Vgl. u.a. den Bericht der SD-Außenstelle Würzburg vom 1. 4. 1941; zit. in: *Bayern in der NS-Zeit*, a.a.O., S. 621.

17 Vgl. Heim, Jochmann, S. 61.

18 Hubatsch, a.a.O., S. 96.

19 *DNB*-Text vom 1. 1. 1941.

20 SD-Meldung vom 3. 2. 1941, a.a.O., S. 133.

21 Monatsbericht des Regierungspräsidenten von Oberbayern vom 10. 3. 1941. Bayerisches Hauptstaatsarchiv, Abt. II, MA 106 670 f.

22 SD-Bericht vom 15. 5. 1941, S. 146.

23 *Völkischer Beobachter* vom 13. 5. 1941.

24 Ebenda, 14. 5. 1941.

25 Rudolf Heß war Hitlers Stellvertreter nur in dessen Funktion als Parteiführer.

26 *Völkischer Beobachter* vom 14. 5. 1941.

27 SD-Berichte, S. 145.

28 Linge in zahlreichen Gesprächen von 1977 bis 1980. Sofort mißtrauisch wurde Linge, als am Morgen des 11. 5. 1941 um 9.30 Uhr bei ihm Albert Bormann (Bruder Martin Bormanns und Chef der Privatkanzlei des Führers) und Heß' Adjutant Karl-Heinz Pintsch erschienen und ihn baten, Hitler zu melden, daß Heß mit dem Flugzeug Deutschland verlassen habe. Da Hitler Linge ausdrücklich befohlen hatte, ihn erst gegen Mittag zu wecken, war Linge verblüfft, Hitler um 9.30 Uhr plötzlich voll angekleidet und rasiert vor sich zu sehen. Hitlers Überraschung war nach Linges Überzeugung nur gespielt.

Der Rußlandkrieg

1 Vgl. SD-Bericht vom 23. 6. 1941, a.a.O., S. 151.

2 Ebenda.

3 Ebenda, S. 152.

4 Ebenda, S. 152f.

5 Ebenda, S. 152.

6 Bundesarchiv Koblenz-Militär-Archiv Freiburg, RW 2/v. 176, S. 113f.

7 Ebenda, PW 2/v. 152, S. 10, RW 2/v. 155, S. 301, 303 und 305.

8 Vgl. Böhme, Kurt: *Die deutschen Kriegsgefangenen in sowjetischer Hand.* München 1966, S. 49.

9 Vgl. Maser: *Adolf Hitler. Das Ende der Führer-Legende*, a.a.O., S. 38 ff.
10 Vgl. Maser: *Nürnberg. Tribunal der Sieger*, a.a.O., S. 293 ff.
11 Erst im Laufe der Zeit gelangten Einzelheiten infolge von Fronturlauber-Berichten in der Heimat an die Öffentlichkeit.
12 Maser: *Nürnberg. Tribunal der Sieger*, a.a.O., S. 296.
13 1941 wurden u.a. folgende Spielfilme gezeigt: *Frauen sind doch bessere Diplomaten* (Regie: Georg Jacoby), *Heimkehr* (Regie: Gustav Ucicky), *Ich klage an* (Regie: Wolfgang Liebeneiner), *Kampfgeschwader Lützow* (Regie: Hans Bertram), *Ohm Krüger* (Regie: Hans Steinhoff unter Mitarbeit von Herbert Maisch und Karl Anton), *Quax, der Bruchpilot* mit Heinz Rühmann als Hauptdarsteller (Regie: Kurt Hoffmann), *... reitet für Deutschland* mit Willy Birgel als Hauptfigur (Regie: Arthur Maria Rabenalt), *Sieg im Westen* (Regie: Svend Noldau, Fritz Brunscha) und *Stukas* (Regie: Karl Ritter).
14 SD-Bericht vom 19.-26. 7. 1941, S. 159.
15 *DNB*-Text vom 22. 6. 1941.
16 Ebenda.
17 Heim, Jochmann, a.a.O., S. 60 f.
18 Ebenda, S. 93.
19 Vgl. *Bayern in der NS-Zeit*, a.a.O., S. 149.
20 Ebenda.
21 Ebenda, S. 150.
22 Ebenda.
23 Ebenda.
24 *DNB*-Meldung vom 9. 10. 1941. Vgl. auch Murawski, Erich: *Der deutsche Wehrmachtsbericht 1939–1945*. Boppard a. Rh. 1962, S. 61.
25 Ebenda. Kurz zuvor hatte er (persönliche Mitteilung von Heinz Linge, Januar 1979) das eindrucksvolle und literarisch formulierte Tagebuch eines gefallenen und total demoralisierten russischen Offiziers gelesen, der sich bitter beklagte, Stalins Propaganda geglaubt und die Deutschen für einen leicht zu überrennenden Gegner gehalten zu haben.
26 1943 kam die deutsche Niederlage bei Stalingrad noch hinzu.
27 Hitler, a.a.O., S. 751.
28 Ebenda, S. 749.
29 *DNB*-Text vom 24. 8. 1939. Vgl. auch *Reichsgesetzblatt* 1939 II, S. 968 f.
30 Besonders bestürzt reagierten die ehemaligen KPD-Mitglieder – und Anhänger. Sie fühlten sich von Stalin verraten und den Nazis hoffnungslos ausgeliefert. Doch auch in politisch anders ausgerichteten Kreisen wurden »Zersetzungsreden« und Vergehen gegen das Heimtückegesetz registriert. Zahlreiche Anzeigen und Verhaftungen waren im ganzen Reich, vor allem in betont katholischen Gegenden, die Folge.
31 Zit. des Briefes bei Domarus, a.a.O., Bd. II/3, S. 1254 f.

32 Mit dem Sieger von Narvik meinte Hitler den von ihm ein Jahr zuvor mit dem Eichenlaub zum Ritterkreuz des Eisernen Kreuzes ausgezeichneten General Eduard Dietl.

33 *DNB*-Text vom 22. 6. 1941.

34 46 Infanterie-Divisionen mit einer Panzerdivision und einer Panzer-Brigade waren an der Westfront für den Fall belassen worden, daß England angriffe. Die Luftwaffe 2 kam an die Ostfront, die Luftflotte 3 blieb im Westen.

35 Der deutsche Marineattaché in Moskau meldete bereits am 24. 4. 1941: »Der britische Botschafter sagt den 22. Juni als den Tag des Kriegsausbruchs voraus.« Vgl. Hart Liddell: *Geschichte des Zweiten Weltkriegs.* Düsseldorf und Wien 1972, Bd. 1, S. 200.

36 Am 29. 6. 1941 meldete das OKW die Einnahme von Brest-Litowsk, den Vormarsch auf Lemberg und Minsk, die Vernichtung von 4107 russischen Flugzeugen und die Gefangennahme von mehr als 40000 Soldaten der Roten Armee.

37 SD-Meldung vom 26. 6. 1941, S. 154.

38 Ebenda, S. 156.

39 Vgl. Jacobsen, Hans-Adolf: *Der 2. Weltkrieg in Chronik und Dokumenten.* Darmstadt 1961, S. 252.

40 Lediglich die 4. deutsche Panzerarmee war in massive Abwehrkämpfe verwickelt worden. Anfang Oktober setzte die Heeresgruppe Mitte ihre Offensive wieder fort.

41 Winston Churchill, der einen raschen deutschen Sieg im Osten befürchtete, soll bereits am 25. 6. 1941 im Unterhaus gesagt haben: »In wenigen Monaten oder vielleicht früher schon können wir der schrecklichsten Invasion ausgesetzt sein, die die Welt jemals gesehen hat.« Zit. nach Warlimont, a. a. O., S. 194.

42 Im SD-Bericht vom 2. 2. 1942 war dann wieder verallgemeinernd davon die Rede, daß »sich ein Großteil des deutschen Volkes bereits mit dem Gedanken an eine längere Kriegsdauer vertraut« gemacht hätte und nicht mehr mit dem Ende des Krieges im Jahre 1942 rechnete.

43 SD-Berichte, S. 160.

44 Die Rote Armee hatte mit der Unterstützung von starken Ersatzkräften die 4. deutsche Panzerarmee bei Jelnja lediglich vorübergehend in Abwehrkämpfe verwickelt. Anfang Oktober befand die Heeresgruppe Mitte sich wieder in der Offensive.

45 Vgl. SD-Berichte, S. 161.

46 Vgl. Bundesarchiv Koblenz, R 58/195–213.

47 Die 2. Phase, in der (wie Hitler und Jodl es wollten) entweder starke schnelle Truppen Leningrad und Kronstadt besetzen und das Baltikum »völlig säubern«, oder aber (nach den Plänen des Heeres) Moskau als Zentrum des russischen Widerstandes) genommen werden sollten, war so etwas wie eine »Mittel«-Phase zwischen der 1. und der 3. Phase. Hitler wollte (seit dem 18. 8. 1941) im Süden die Krim

und das Donezgebiet besetzen und die russische Ölzufuhr aus dem Kaukasusraum abschnüren, im Norden Leningrad abriegeln, sich mit den Finnen vereinigen und noch vor Eintritt des Winters in einer konzentrierten Operation mit den inneren Flügeln der Heeresgruppen Süd und Mitte im Raum um Kiew vorstoßen. Die Heeresgruppe Bock, vom Oberkommando des Heeres als Mitte des Angriffs auf Moskau vorgesehen, wurde von Hitler angewiesen, solange in Abwehr zu verharren, bis die (nach seiner Auffassung) günstigsten Vorbedingungen zum Aufbruch gegen Moskau erfüllt waren. Vgl.: Warlimont, a. a. O., S. 196 ff. Die Angaben Warlimonts, der bis Herbst 1944 stellvertretender Chef des Wehrmachtsführungsstabes war, müssen jedoch (mit sachlich begründeten) Vorbehalten registriert werden. Die Kritik, die er in diesem Rechtfertigungsschrift an seinem 1946 in Nürnberg hingerichteten Chef Alfred Jodl (und an Hitler) übt, verrät nicht selten, daß er nachträglich »abrechnen« wollte. Viele seiner Behauptungen von 1964 halten der Konfrontation mit den inzwischen ausgewiesenen Tatsachen nicht stand.

48 Im März 1941 war auf Betreiben der Ruhrmontankonzerne (mit Flick und von Bohlen und Halbach als Präsidiumsmitgliedern) die Reichsvereinigung Kohle (RVK) entstanden, die als Zwangskartell Aufträge annahm und verteilte, die Produktion im Bergbau rationalisierte, die Beschaffung von Baumaterialien z. B. für Investitionsbauten dirigiert und den Einsatz von Arbeitskräften (besonders ausländischer Zwangsarbeiter und Kriegsgefangener) mitorganisierte. Ferner war die Kontinentale Öl AG gegründet worden, die (vom Staat finanziert) für 99 Jahre das Monopol-Recht zur Verarbeitung und zum Vertrieb des Erdöls aus Rußland erhielt. Die im August ins Leben gerufene »Berg- und Hüttenwerkgesellschaft m.b.H. Ost« (mit Flick, Poensgen, Krupp und Leiger im Verwaltungsrat) organisierte die Ausbeutung von Bergbau und Metallurgie in den besetzten Ostgebieten.

49 Nationalarchiv Washington und US-Document-Center, Berlin.

50 Ebenda.

51 *DNB*-Text vom 9. 10. 1941.

52 Vgl. S. 256.

53 Vgl. S. 245 f., 240 ff. und S. 253 f.

54 Vgl. die SD-Berichte vom 5. bis 8. 9. 1941, S. 163.

55 »Mit Genugtuung«, so hieß es beispielsweise in einem SD-Bericht vom 15. 12. 1941 (S. 183), »wurde vielfach zum Ausdruck gebracht, daß im Gegensatz zum (Ersten) Weltkrieg diesmal Deutschland die Initiative ergriffen und dadurch dem Ausland gegenüber überzeugend seine Stärke und unbedingte Siegesgewißheit unter Beweis gestellt habe.«

56 *DNB*-Text vom 11. 12. 1941. Über die eignen Verluste sagte er: »Vom 22. Juni bis 1. Dezember hat das deutsche Heer in diesem Heldenkampf verloren: 158773 Tote, 563082 Verwundete und 31191

Vermißte. Die Luftwaffe: 3231 Tote, 8453 Verwundete und 2028 Vermißte. Die Kriegsmarine: 310 Tote, 232 Verwundete und 115 Vermißte. Mithin die deutsche Wehrmacht zusammen 162314 Tote, 571767 Verwundete und 33334 Vermißte.«

57 Seit dem 27. 9. 1940 existierte der in Berlin abgeschlossene und von Teilen der deutschen Bevölkerung nach SD-Berichten (S. 111) als »vollkommene« Überraschung aufgenommene sogenannte »Dreimächtepakt« zwischen Deutschland, Italien und Japan (*Reichsgesetzblatt* II, S. 280), der die Vertragspartner dazu verpflichtete, an der Schaffung einer neuen Ordnung sowohl in Europa als auch im großasiatischen Raum mitzuwirken und den Partnern militärische Unterstützung zu gewähren, sobald einer von ihnen von einer Macht angegriffen würde, die weder im europäischen noch im chinesisch-japanischen Konflikt verwickelt wäre.

58 Telegramm des deutschen Geschäftsträgers Hans Thomsen in Washington vom 2. 11. 1941 (Deutsches Auswärtiges Amt, Berlin-Wilmersdorf, Nr. 3791).

59 Die Sowjetregierung und das diplomatische Korps verließen Moskau am 16. 10. 1941 und bezogen in Kubyschew an der Wolga Ausweichquartiere.

60 Vgl. Kriegstagebuch der 1. Seekriegsleitung, Teil A, 10. 11. 1941. Bundesarchiv/Militärarchiv, Freiburg Br. (Marineakten) und Telegramm des deutschen Botschafters in Tokio (General Eugen Ott) vom 30. 11. 1941 an das Auswärtige Amt (A. A., Nr. 2597).

61 Am 14. 7. 1941 forderte Roosevelt die Räumung Nordindochinas durch Japan und dessen Neutralisierung als Voraussetzung für normale japanisch-amerikanische Beziehungen. Großbritannien und die USA sperrten am 26. 7. 1941 die japanischen Guthaben in ihren Ländern und verhängten ein Treibstoffembargo für die Ausfuhr nach Japan. Japan betrachtete sich ab 7. 12. 1941 als im Kriegszustand mit den USA »befindend«.

62 Am 9. 9. 1941 teilten die Briten und die Russen Persien in Besatzungszonen auf: Norden: sowjetisch, Süden: britisch, Mitte: neutral.

63 SD-Bericht vom 19.–26. 7. 1941, S. 160.

64 Persönliche Mitteilungen von Heinz Linge (1977 und 1980).

65 Vgl. Ereignismeldung Nr. 15 vom 7. 7. 1941, Bundesarchiv R 58/214.

66 SD-Berichte, S. 159.

67 US-Document-Center Berlin.

68 Ebenda.

69 Anordnung vom 26. 3. 1943 – US-Document-Center, Berlin. Himmler-Brief vom 28. 7. 1942 an SS-Obergruppenführer Berger.

70 US-Document-Center, Berlin.

71 Himmler am 28. 7. 1942 in einem Brief (Nationalarchiv Washington und US-Document-Center, Berlin), an SS-Obergruppenführer Berger.

Der gelbe Stern

1 Zit. nach Domarus, a. a. O., Bd. II/4, S. 1748.
2 Nationalarchiv Waghington.
3 *Reichsgesetzblatt* I, S. 547.
4 Archiv Robert M. W. Kempner.
5 Zit. nach *Bayern in der NS-Zeit*, a. a. O., S. 483.
6 Ebenda, S. 484.
7 Ebenda.
8 Ebenda.
9 Ebenda, S. 485.
10 Ebenda, S. 484.
11 Aufzeichnungen des Gesandten a. D. von Sonnleithner, der sie dem Autor zur Verfügung stellte. Vgl. Maser: *Adolf Hitler. Das Ende der Führer-Legende*, a. a. O., S. 215. Alliierte Zeitungen hatten während des Ersten Weltkriegs behauptet, daß deutsche Soldaten Kindern die Hände abgehackt und die Köpfe der Kinder als Klöppel für Kirchenglocken verwendet hätten.
12 1915 in Wien geboren, 1937 Promotion zum Dr. phil. an der Wiener Universität, 1938 in die Dienste des SD eingetreten und nach Auseinandersetzungen mit Heydrich (von diesem) der Waffen-SS als einfacher SS-Mann zugeteilt. Nach Heydrichs Tod holte Schellenberg ihn in den Geheimdienst. Ende August verabschiedete Adolf Eichmann sich von ihm in Budapest und erklärte ihm bei der Gelegenheit, daß 4 Millionen Juden in den Vernichtungslagern und 2 Millionen »durch Einsatzkommandos und sonstiges« umgekommen seien. Anfang 1945 unterhielt (der SS-Obersturmbannführer) Höttl im Auftrage Kaltenbrunners geheime Kontakte zum OSS (Office of Strategic Service) in der Schweiz und versuchte mit den Amerikanern und Engländern günstige Bedingungen für die Beendigung der Feindseligkeiten auszuhandeln.
13 Wilhelm Höttl in einem unveröffentlichten Interview von März und Juni 1979. Interviewer: Gerd Heidemann. Text im Besitz des Autors.
14 Höttl-Interview.
15 Ebenda.
16 In Brandts Kube-»Sünden-Register« vom 26. 7. 1943 (Nationalarchiv Washington und US-Document-Center, Berlin) hieß es z. B. über den Kube-Günstling (Stadtkommissar von Minsk) Janetzke: Er ist »ein völlig haltloser, dem Alkohol verfallener Mensch. Seine Amtsführung ist erschreckend nachlässig und unsauber. Seine Frau, die ebenfalls dem Alkohol reichlich zuspricht, hat eine Lebensmittelhinterziehung schwerster Form begangen. Sie hat sich in eine Prügelei mit dem Fahrer des Stadtkommissars eingelassen. Bei einem ›Fest‹ öffnete sie in Gegenwart ihres Mannes einem betrunkenen Festteilnehmer die Kleider und schwärzte einige seiner Körperteile mit Schuhcreme.«
17 Ebenda.

18 Nationalarchiv Washington und US-Document-Center, Berlin. So monierte Kube am 15. 1. 1942 z.B. in einem (Brandt als Kopie zur Verfügung gestellten) Brief an den SS-Brigadeführer Zenner: »Heute meldet mir mein Fahrdienstleiter, daß der (SD) SS-Oberscharführer, der die Vernehmung wegen des Garagenbrandes leitete, sich folgende Entgleisung geleistet hätte. Er fragte die mir unterstellten Führer vor Zeugen, er hätte gehört, der Gauleiter (also Kube, der Verf.) habe sich bei dem Juden, der ihm den Maybach gerettet habe, bedankt. Er wünsche zu wissen, in welcher Form dieser Dank erfolgt sei.« Vorausgegangen war folgendes: Die Garage, in der sich Kubes Maybach-Auto im Wert von 20000 Mark befand, hatte Feuer gefangen. Von einem der in Kubes Umgebung beschäftigten Juden, die ihn mit »Chef« anredeten, war es in letzter Minute gerettet worden. In Kubes Brief an Zenner hieß es dazu: »Daß ich mich dafür als anständiger Mensch bedanke, ist eine Selbstverständlichkeit.«
19 Nationalarchiv Washington und US-Document-Center, Berlin.
20 Ebenda. Kube fiel am 22. 9. 1943 einem Attentat zum Opfer.
21 Ebenda.

Der Osten: Das Problem für Front und Heimat

1 *Völkischer Beobachter* vom 15. 3. 1942.
2 Ebenda.
3 Nach Angaben des Generaloberst Franz Halder erklärte Hitler: »Das bißchen Operationsführung kann jeder machen. Die Aufgabe des Ob. d. H. ist es, das Heer nationalsozialistisch zu erziehen. Ich kenne keinen General des Heeres, der diese Aufgabe in meinem Sinne erfüllen könnte. Darum habe ich mich entschlossen, den Oberbefehl über das Heer selbst zu übernehmen.« Zit. nach Warlimont, a. a. O., S. 227.
4 Vgl. Hubatsch, a. a. O., S. 171 f.
5 Vgl. SD-Berichte, S. 210.
6 Dok. (erstmals) zit. bei Jacobsen, a. a. O., S. 309–333.
7 SD-Berichte, S. 210.
8 Ebenda, S. 211.
9 Ebenda, S. 212.
10 Hitler-Äußerung gegenüber Heinz Linge. (Persönliche Mitteilung.)
11 Vgl. SD-Berichte, u. a. S. 209 f.
12 Ebenda.
13 Über Römers Schicksal (er wurde in Berlin hingerichtet) vgl. Maser/Poelchau, a. a. O., S. 101.
14 Vgl. *Bayern in der NS-Zeit,* a. a. O., S. 305.
15 Vgl. Hart, Liddell, a. a. O., S. 193.

Die »Endlösung« und die Alliierten

1 Innerhalb des letzten halben Jahres hatten SS-Hinrichtungskommandos rund 500000 Juden in Osteuropa erschossen.

2 Stalin hatte am 4. 12. 1942 erklärt, daß er die Sowjetunion im Moment nicht verlassen könnte.

3 In New Yorker Madison Square Garden sahen rund 40 000 Besucher Rabbiner aus Europa, denen es gelungen war, aus Gettos zu entfliehen.

4 Als der Jewish Congress beispielsweise 1936 unter dem Vorsitz von Nahum Goldmann einen internationalen Boykott gegen das Dritte Reich ankündigte, waren rund 80% der in den USA lebenden Juden dagegen, weil sie meinten, die deutsch-amerikanischen Beziehungen nicht stören zu dürfen.

5 Der Führer der Gruppe, ein Irrgun-Offizier namens Peter Bergson, war nach Ansicht Stephen Wises »schlimmer als Hitler«. Wise befürchtete, daß der Aktivismus der Gruppe (Anzeigen in Zeitungen, Aufklärungsveranstaltungen usw.) den Antisemitismus nur noch mehr anheizen könne.

6 Ein auf Morgenthaus Veranlassung Anfang 1944 entstandener Bericht »über das Einverständnis« der US-Regierung »mit dem Judenmord« wurde dem US-Präsidenten Roosevelt vorgelegt, der Anfang 1944 schließlich den Kriegsflüchtlingsrat zur Rettung europäischer Juden ins Leben rief. Doch nur 1000 Juden profitierten durch ihre Einreise in die USA davon, wo sie während des Krieges in einem ehemaligen Militärlager in Oswiego am Ontario-See festgehalten wurden.

7 Morgenthau erreichte danach, daß das State Departement die Erlaubnis zum Geldtransfer erteilte.

8 Vgl. dazu: »Auschwitz und die Alliierten«. NDR-Fernsehsendung vom 23. 5. 1982.

Gut klingende Berichte von den Fronten – Versorgungsschwierigkeiten in der Heimat

1 Vgl. Murawski, a. a. O., S. 137.

2 Am 10. 2. 1941 verfügte Hitler schließlich in einem geheimen Führerbefehl, daß ausschließlich das Oberkommando der Wehrmacht gegenüber allen zivilen Dienststellen und gegenüber der Öffentlichkeit für Fragen der Propaganda und militärischen Zensur zuständig sei.

3 SD-Bericht vom 2. 3. 1942, S. 209.

4 Ebenda, S. 211.

5 Ende April 1942 meldeten einzelne SD-Berichterstatter, daß das allgemeine Interesse »am militärischen Geschehen« offenbar wieder zunehme; aber im Juni bemängelten sie schon wieder: »Noch immer läßt ein großer Teil der Bevölkerung die der Größe der letzten Erfolgsmeldungen angemessene Aufgeschlossenheit vermissen. Wenn auch die verschiedenen Sondermeldungen unmittelbar nach ihrer Bekanntgabe eifrig besprochen wurden, so kann noch immer nicht von einer anhaltenden günstigen Beeinflussung der Stimmung der Bevölkerung gesprochen werden.« SD-Berichte, S. 236.

6 Vgl. Horbelt, Rainer und Spindler, Sonja: *Tante Linas Kriegskochbuch,* Frankfurt/M., Neuauflage im Eichborn Verlag 1982.

7 Ebenda. Dort auch alle Rezepte.

8 Bei den am 10. 5. 1940, beim Beginn des deutschen Angriffes auf die Niederlande, auf Belgien und Frankreich, über Freiburg im Breisgau ausgelösten Bomben, denen 13 Kinder zum Opfer fielen, handelte es sich nicht um von englischen oder französischen Flugzeugen abgeworfene Sprengkörper, wie die nationalsozialistische Propaganda behauptete, sondern um deutsche Bomben (vgl. Hoch, Anton, in: *Vierteljahrshefte für Zeitgeschichte,* 4/56, S. 115–144). Die Besatzungen dreier Maschinen des deutschen Geschwaders *Edelweiß* hatten sich geirrt und ihre Bomben nicht über dem französischen Flugplatz Dijon, sondern über Freiburg ausgeklinkt. Die »Luftschlacht über England« begann die deutsche Luftwaffe am 13. 8. 1940. Am 15./16. 8. setzte sie 1786 Maschinen ein. Nach englischen Angaben (Rundfunkansprache des britischen Luftfahrtministers Sir Archibald Sinclair vom 22. 8. 1940) wurden vom 8. bis 21. 8. 1940 709 deutsche Flugzeuge über England abgeschossen. Nach verläßlichen Informationen verlor die deutsche Luftwaffe im Kampf gegen die britische Luftwaffe bis 1945 insgesamt 4380 Maschinen infolge von Vernichtung oder Beschädigung. Vgl. Jacobsen, a. a. O., S. 27.

9 Im SD-Bericht vom 9. 7. 1942 hieß es u. a.: »Die verstärkte Angriffstätigkeit der britischen Luftwaffe auf deutsche Städte bei Tag und Nacht bildet in allen Teilen des Reiches neben der Versorgungslage und dem Kampfgeschehen im Osten eines der Hauptgesprächsthemen der Bevölkerung und hat deren Besorgnisse über eine weitere Zunahme der Einflüge britischer Bomber ins Reichsgebiet vertieft.«

10 SD-Berichte vom 9. 7. 1942, S. 238.

11 Ebenda, S. 242.

12 Ebenda, S. 243.

13 Ebenda, S. 240.

14 Ebenda, S. 243.

15 Als Ausgleich wurde die Margarine-Zuteilung von 46,88 auf 81,88 Gramm erhöht.

16 So taten im September/Oktober 1939 von 7500 Volksschullehrern in Württemberg nur noch 5200 ihren Dienst in den Schulen; von 850 Fachschullehrern waren es 620. Die Schulverwaltung von Danzig rief durch die Presse Personen zwischen 17 und 26 Jahren auf, sich bei Eignung (nach 6wöchtiger Kurzausbildung) für den Lehrberuf zur Verfügung zu stellen. Vgl. SD-Berichte vom 9. 10. 1939, S. 35.

17 Ebenda.

18 Ebenda.

19 Ebenda, S. 36.

20 *Reichsgesetzblatt* I, S. 499.

21 Bundesarchiv Koblenz, R 22/1177, Reichsjugendführung, Personal-

amt-Überwachung: *Cliquen- und Bandenbildung unter Jugendlichen*, September 1942.

22 Vgl. dazu auch Peukert, Detlev: *Die Edelweißpiraten.* Köln 1980.

23 Vgl. Anm. 21 in diesem Kapitel.

24 Staatsarchiv München, Staatsanwaltschaft 9518.

IV. Dem Ende entgegen

Von Stalingrad bis Tunis

1 *DNB*-Text vom 1. 1. 1943.

2 Vgl. dazu auch Manstein, Erich von: *Verlorene Siege.* Bonn 1958, S. 395 und S. 437f.

3 Persönliche Mitteilung von Heinz Linge (Februar 1980).

4 Hitler am 12. 12. 1942 während der »Mittagslage« in der Wolfsschanze. Vgl. Warlimont, a. a. O., S. 308.

5 Text der Rede: *DNB*-Text vom 30. 1. 1943.

6 Von ihnen überlebten nur rund 5000 Mann. 25000 Verwundete und 10000 Spezialisten hatte die Luftwaffe aus Stalingrad ausfliegen können.

7 Der Versuch Erich von Mansteins, Stalingrad zu entsetzen, schlug fehl, nicht zuletzt infolge der fehlenden deutschen Luftüberlegenheit im Raum von Stalingrad.

8 Vgl. SD-Bericht vom 25. 2. in: *Bayern in der NS-Zeit,* a. a. O., S. 634.

9 Die mit der Führer-Schreibmaschine geschriebene, 3 Seiten umfassende Anweisung, beginnt mit der Formel: »Ich verleihe aus Anlaß des 10. Jahrestages der Machtübernahme nachstehenden Personen das Ehrenzeichen der NSDAP.« Dann folgen die Namen der Auszuzeichnenden und am Schluß: Führerhauptquartier, den (folgt eine Lücke für Tag und Monat) 1943. Dokument im Besitz des Autors.

10 Nach sowjetischen Angaben waren es 15 Divisionen der Roten Armee.

11 *DNB*-Sondermeldung vom 3. 1. 1943. Die letzten deutschen Truppen kapitulierten formell am 2. 2. 1943.

12 Anglo-amerikanische Historiker bezeichnen vielfach nicht Stalingrad, sondern die am 6. 6. 1944 begonnene Invasion als den »Anfang vom Ende«.

13 Vgl. dazu S. 272.

14 So hatte er z. B. am 8. 11. 1942 in einer Rede erklärt: »Ich wollte zur Wolga kommen, und zwar an einer bestimmten Stelle, an einer bestimmten Stadt. Zufälligerweise trägt sie den Namen von Stalin selber ... Dort schneidet man ... 30 Millionen Tonnen Verkehr ab, darunter fast 9 Millionen Ölverkehr. Dort floß der ganze Weizen ... aus der Ukraine, des Kubangebietes, zusammen, um nach Norden transportiert zu werden. Dort ist Manganerz befördert worden; dort war ein gigantischer Umschlagplatz. Den wollte ich nehmen und ...

wir haben ihn nämlich.« Text der Rede: *Völkischer Beobachter* vom 10. 11. 1942.

15 Nach SD-Berichten von Anfang Februar 1943 ging die Bevölkerung von 60000 bis 300000 Toten aus. Vgl. auch SD-Berichte, S. 289.

16 Ebenda.

17 Ebenda, S. 290.

18 Generaloberst Kurt Zeitzler.

19 Generalleutnant Arthur Schmidt.

20 Konteradmiral Karl Jesco von Puttkammer, Adjutant der Kriegsmarine beim Führer.

21 General der Artillerie Walter von Seydlitz-Kurzbach.

22 Hitlers Vermutungen entsprachen den Tatsachen. Paulus, von Hitler gerade vom Generaloberst zum Generalfeldmarschall befördert, ergab sich (weder verwundet noch verletzt) im Keller des Stalingrader Warenhauses »Univermag 2« einem Unterleutnant der Roten Armee.

23 Generaloberst Hans Jeschonnek.

24 Problematisch war es vor allem dort, wo kaum noch deutsche Männer vorhanden waren. Die deutsche Bevölkerung hatte keine Waffen, mit denen sie sich gegebenenfalls hätte verteidigen können.

25 Persönliches Erlebnis des Autors.

26 Text der Rede bei Heiber, Helmut: *Goebbels-Reden.* Düsseldorf 1972, Bd. 2., S. 172–208.

27 Nach dem Kriegseintritt Japans im Dezember 1941 und seinen schnellen Erfolgen im ostasiatischen Raum interessierten sich die Deutschen besonders für die Japaner. Hitlers Franz Eher-Verlag publizierte in seinem wöchentlich erscheinenden *Illustrierten Beobachter* vom 28. 5. bis zum 25. 6. 1942 (Nr. 22–26) eine Serie über japanische Kultur, Ethik und (Kampf-)Moral. Da wurde hervorgehoben, daß ein Japaner in den Krieg ziehe, um den Heldentod zu sterben, daß japanische Piloten sich selbstverständlich mit ihren Bombenflugzeugen als Teil einer Bombe begriffen, daß Frauen ihren ins Feld ziehenden Männern einen ruhmvollen Tod wünschten. Die deutschen Leser nahmen die Schilderung der so heroischen fremden Welt jedoch mit Vorbehalten auf. Sie redeten über »Amokläuferei« und überlebte Normen, die nicht einfach auf europäische Verhältnisse aufgepfropft werden könnten. Vgl. SD-Berichte, 6. 8. 1942, S. 243 ff.

28 Vgl. SD-Bericht vom 17. 8. 1942, S. 249.

29 Vgl. Bernd, Martin: *Deutschland und Japan im 2. Weltkrieg.* Göttingen, Zürich und Frankfurt/M. 1969, S. 173.

30 Vgl. Kriegstagebuch der I. Seekriegsleitung, Heft A, 6. 1. 1943. Bundesarchiv/Militärarchiv Freiburg/Br.

31 Ab 11. 11. 1942 waren deutsche Truppen in den bis dahin nicht besetzten Teil Frankreichs eingerückt. Am 27. 12. 1942 nahmen sie den bis zu dem Zeitpunkt ebenfalls noch ausgesparten Hafen Toulon, in dem die französischen Kriegsschiffe von den eigenen Besatzungen zuvor versenkt worden waren.

32 *DNB*-Text vom 13./14. 5. 1943. Die Formulierung der Mitteilung stammte von Hitler. Persönliche Mitteilung von Heinz Linge (Januar 1980).

33 *DNB*-Text vom 13./14. 5. 1943. Vgl. dazu auch Warlimont, a. a. O., S. 324. Hitlers Reaktion gibt eine am 1. 12. 1942 ins Kriegstagebuch/Wehrmachtsführungsstab eingetragene, besonders bissige Bemerkung wider. »Der Führer«, so heißt es da, »sieht im Augenblick darin einen Vorteil, daß die Armee (Rommel) zur Zeit nicht genügend Treibstoff zum weiteren Ausweichen hat.«

34 Vgl. Warlimont, a. a. O., S. 324.

35 Vgl. SD-Bericht vom 6. 5. 1942, S. 320.

36 Bericht der SD-Außenstelle Bad Brückenau vom 4. 6. 1943. Zit. nach *Bayern in der NS-Zeit*, a. a. O., S. 642.

37 Ebenda.

38 Die Bevölkerung wartete (vgl. SD-Bericht vom 26. 4. 1942, S. 231) auf die deutsche Frühjahrsoffensive. Am 5. 4. 1942 hatte Hitler mit der Weisung 41 bestimmt, daß Leningrad genommen, die Land-Verbindung zu den Finnen hergestellt und auf dem Südflügel der Durchbruch in den Kaukasus-Raum erzwungen werden solle. Hubatsch, a. a. O., S. 213 ff.

39 *Reichsgesetzblatt* I, S. 247.

40 Text der Rede: *DNB*-Text vom 26. 4. 1942.

41 Vgl. SD-Bericht vom 27. 4. 1942, S. 233 f.

42 Ebenda.

43 Der HJ-Funktionär erklärte dies dem Autor, der bis 1940 in seinen Ferien in der Gebietsführung der HJ gearbeitet und alle Führungskräfte persönlich kennengelernt hatte.

Mussolinis Sturz und das Ende des Faschismus in Italien

1 Die Öffentlichkeit erfuhr lediglich, daß der Führer sich mit Mussolini in einer Stadt in Oberitalien getroffen habe. Mussolini berichtete in seinem Tagebuch, daß Hitler ihm bei der Unterredung versichert habe, London werde im August 1943 »innerhalb einer Woche vom Erdboden wegrasiert« sein. Authentische Abschrift im Besitz des Autors.

2 Am 27. 7. 1943 ordnete die neue italienische Regierung die Auflösung der faschistischen Partei an.

3 Höttl in einem Interview (1979) von Gerd Heidemann.

4 Hitler meinte Sizilien.

5 Zit. nach Warlimont, a. a. O., S. 358 ff.

6 Persönliche Mitteilung von Heinz Linge (Januar 1980).

7 Kopie des Dokuments im Besitz des Autors. Mussolinis Tagebuch enthält Eintragungen, die deutlich bezeugen, daß er nicht mehr wollte – und auch nicht mehr konnte. So z. B. »Wenn ein Mann mit seinem System zusammenbricht, ist der Sturz endgültig, besonders, wenn der Mann über 60 Jahre alt ist.« Und: »Ich wäre wirklich einfäl-

tig, wenn ich mich über die Kundgebungen der Menge wundern würde ... die Masse (ist) zu allen Zeiten bereit gewesen, die Götter von gestern zu zertrümmern – auch wenn sie es morgen bereuen sollte. Aber so wird es in meinem Fall nicht sein ... Mein Stern (ist) für immer untergegangen.«

8 Im Waffenstillstand zwischen Italien und den Alliierten vom 3. 9. 1943 wurde u.a. vereinbart: 1: augenblickliche Einstellung aller feindseligen italienischen Handlungen, 2: Italien unterläßt alle Handlungen, die Deutschland nützen könnten, 3: Sofortige Entlassung aller Internierten und Kriegsgefangenen der Mitglieder der Vereinten Nationen, 4: sofortige Übergabe der italienischen Flotte und Luftwaffe an die Alliierten, 5: die italienische Handelsflotte hat dem alliierten Oberbefehl zur Verfügung zu stehen, sobald sich dies als notwendig erweist, 6: Korsika und alle italienischen Territorien haben den Alliierten als Operationsbasen zur Verfügung zu stehen, 7: alle italienischen Flugplätze sind (unter dem Schutz der italienischen Wehrmacht) den Alliierten frei zur Verfügung zu stellen, 8: (entsprach im Prinzip Punkt 1). 9: die italienische Regierung setzt gegebenenfalls alle ihr zur Verfügung stehenden Streitkräfte ein, um die Bestimmungen des Waffenstillstands sicherzustellen, 10 und 11: der Oberbefehlshaber der Alliierten entscheidet, was immer er für angemessen hält.

9 Vgl. *Dokumente deutscher Kriegsschäden*, 1. Beiheft, 1960, S. 368 f., Erlebnisberichte S. 51–140.

10 SD-Berichte, S. 344.

11 SD-Bericht vom 13. 9. 1943, S. 348.

12 *DNB*-Text vom 10. 9. 1943.

13 Ebenda.

14 Ebenda.

15 Ebenda.

16 Badoglio-Brief im Besitz von Gerd Heidemann.

17 Beteiligte der Fallschirmjäger-Befreiungsaktion bezeichneten Skorzenys Mitwirkung eher als hinderlich.

18 SD-Berichte, S. 351.

19 Persönliche Mitteilung von Heinz Linge (Jan. 1980). Hitler (1,75 m groß) hatte den knapp 1,90 m großen Linge vor einer Begegnung mit dem italienischen Monarchen gewarnt, »ja nicht womöglich zu lachen«, wenn er erstmals »dem kleinen König« gegenüberstünde. Er stünde auf seinen Füßen, auch wenn es aussähe, als würde er knien. Daß aber, so hatte Hitler seinen damaligen Chef-Diener belehrt und gewarnt, hieße ganz und gar nicht, daß ein Kopf, der auf höheren Schultern säße, besser funktioniere als einer, der »niedriger getragen« würde. Napoleon I., auch nur ungefähr so klein wie Viktor Emanuel, habe einem General, der ihn um eine Haupteslänge überragte, unzweideutig erklärt, daß er »dieses Vorzuges rasch verlustig« ginge, wenn er seine Befehle nicht korrekt ausführte.

20 Tagesbefehl vom 1. 1. 1944. *DNB*-Text vom 2. 1. 1944.
21 Persönliche Erlebnisse des Autors.
22 SD-Bericht vom 20. 1. 1944, S. 390.
23 Ebenda, S. 391.
24 Ebenda.
25 Ebenda, S. 393.
26 Ebenda, S. 394.

Die Invasion

1 SD-Berichte, S. 425.
2 Persönliche Erlebnisse des Autors.
3 SD-Berichte, S. 431.
4 In SD-Berichten (vgl. z.B. *Bayern in der NS-Zeit*, a.a.O., S. 660f.) wurde der Propaganda vorgeworfen, falsch und verlogen zu agitieren, da doch jedermann sehen könne, daß die feindliche Luftwaffe die deutsche Rüstungsindustrie zerstöre.
5 Vgl. Kehrl, Hans: »Kriegswirtschaft und Rüstungsindustrie, in: *Bilanz des Zweiten Weltkrieges.* Oldenburg 1953, S. 272.
6 Speer, Albert: *Erinnerungen.* Frankfurt/Main und Berlin 1969, S. 560. Dazu auch Galbraith, John Kenneth: *Leben in entscheidender Zeit.* München 1982. Der später berühmte amerikanische Wirtschaftswissenschaftler leitete 1934 eine amerikanische Kommission, deren Aufgabe es war, die Folgen des alliierten Bombenkrieges auf die deutsche und japanische Kriegsgüterproduktion zu untersuchen. Im Verlauf dieser Untersuchung verhörte Galbraith auch u.a. Albert Speer.
7 Die deutsche Truppenstärke betrug im Osten im Mai 1943 rund 9,5 Millionen und im September 1944 ungefähr 9,1 Millionen Mann.
8 So z.B. in einem Bericht der SD-Außenstelle Friedberg (im Gau Schwaben) vom 16. 4. 1944.
9 Vgl. Bundesarchiv Koblenz R 22/302 fol. 155 und *Trials of War Criminals before the Nuremberg Military Tribunals*, 3. 1951, S. 237. Jahresbericht Freislers für 1943.
10 Vgl. SD-Berichte, S. 376.
11 Ebenda, S. 377.
12 Aus bombengefährdeten Städten (wie z.B. aus Hamburg) evakuierte Personen verbreiteten nicht selten Gerüchte über das Maß der Zerstörung in ihren Heimatorten, das mit den Tatsachen nicht übereinstimmte. Landauf, landab war in dieser Zeit in SD-Berichten davon die Rede, daß die Bevölkerung eine »wohl bald« kommende Militärdiktatur erhoffte, an deren Spitze Göring stehen würde. Bayerische Landarbeiter und Bauern hofften auf eine Wiederkehr der Wittelsbacher, viele Österreicher auf eine Restauration des Hauses Habsburg.
13 Vgl. auch Maser/Poelchau, a.a.O., S. 45ff.
14 Im August 1942 war Otto Georg Thierack Reichsjustizminister ge-

worden, von dem Hitler hoffte, daß er das Richterkorps im NS-Sinne weltanschaulich einheitlich so ausrichten würde, wie es ihm vorschwebte.

NS-Reichsregierung ohne den Führer

1 Zu diesem Komplex vgl. Maser: *Adolf Hitler. Das Ende der Führer-Legende*, a. a. O., S. 183 ff.
2 *Reichsgesetzblatt* I, S. 1539.
3 Dem Ministerrat gehörten ferner an: Rick als Generalbevollmächtigter für die Reichsverwaltung, Funk als Generalbevollmächtigter für die Wirtschaft, Keitel als Chef des OKW, (bis zu seinem Flug nach England) Heß als Stellvertreter Hitlers als Führer der NSDAP und Lammers als Chef der Reichskanzlei.
4 Die gewöhnlich auf dem »Umlaufwege« zwischen den Ressorts vorbereiteten Verordnungen wurden meist von den jeweiligen Generalbevollmächtigten und von Lammers gegengezeichnet. Ferner gab es zur Verfahrensabkürzung ein sogenanntes »Dreierkollegium«.
5 Führer-Erlaß vom 5. 6. 1940. Bundesarchiv Koblenz, R II/694 a.
6 Ebenda.
7 Das Gesetz zur Änderung der Vorschriften gegen Landesverrat vom 20. 9. 1944 und das Gesetz zur Änderung und Ergänzung des Wehrgesetzes vom 24. 9. 1944.
8 So hieß es beispielsweise im Bericht der SD-Außenstelle Bad Kissingen vom 29. 8. 1943, daß 80 bis 90% der nach einem verheerenden Bombenangriff auf Schweinfurt zunächst kopflos und panisch-ängstlich reagierenden Bevölkerung Schweinfurts bald zum verbissenen Durchhalten umgeschwenkt seien.
9 SD-Berichte, S. 381.
10 Ebenda, S. 382.
11 Persönliche Erlebnisse des Autors.
12 Vgl. die letzte Anmerkung.
13 Vgl. das Kapitel »Juli 1944«.
14 Zu Canaris vgl. Höhne, Heinz: *Canaris. Patriot im Zwielicht.* München 1976.
15 Persönliche Mitteilungen des Grafen (1974 und 1975) an den Autor.
16 Persönliche Mitteilungen von Heinz Linge (Januar 1980).

Juli 1944

1 *DNB*-Text vom 7. 7. 1944 und DNB-Text (für Dietl) vom 1. 7. 1944
2 Das erste Jagd-Geschwader mit Strahltriebwerken und einer Geschwindigkeit von 895 Stundenkilometern wurde im November 1944 eingesetzt.
3 SD-Berichte, 2. 7. 1944, S. 431 f.
4 Ebenda, S. 441.
5 Ebenda, S. 440 f.
6 Zit. nach Murawski, a. a. O., S. 200 ff.

7 *DNB*-Text vom 20. 7. 1944. Zu Hitlers Verletzungen vgl. die Anm. 36, S. 565 f.

8 *DNB*-Text vom 20. 7. 1944.

9 Stauffenberg, der seinen Adjutanten und Mitverschwörer von Haeften suchte, erklärte dem Adjutanten Keitels (Major John von Freyend), daß er sich vor dem Vortrag beim Führer noch »frisch machen« und ein neues Hemd anziehen wolle.

10 Seit Februar 1944 wurden die wichtigsten Bunker mit einem mehrere Meter starken Beton-Stahlmantel versehen. Die Arbeiten an Hitlers Bunker mit der Nordoststrecke des Sperrkreises I waren am 20. Juli noch nicht abgeschlossen. Daher wohnte er zu der Zeit in dem bereits fertigen Gästebunker.

11 Stauffenberg hatte ein Kilogramm Sprengstoff (Hexogen mit Dinitrotoluol) verwendet. Ein weiteres Kilogramm, das er zwar mitgenommen, aber nicht benutzt hatte, warf sein Adjutant von Haeften aus dem fahrenden Auto, als Stauffenberg und er wieder zum Flugplatz fuhren, wo der Mitverschwörer (General) Wagner für ihn eine startbereite »He 111« mit laufenden Motoren zur Verfügung hielt. Wäre der gesamte Sprengstoff in der Baracke verwendet worden, hätte die Explosion mit Sicherheit niemand überlebt.

12 Vgl. Linge, a. a. O., S. 226.

13 Ebenda.

14 Fellgiebel, der sich nach der Explosion der Bombe zuerst persönlich davon überzeugte, ob Hitler überlebt hatte (und ihm unmittelbar gratulierte), rief in der Berliner Bendlerstraße an und erklärte der Sekretärin des Mitverschwörers Generalleutnant Thiele, die am Apparat war: »Es ist etwas Furchtbares geschehen. Der Führer lebt.« Daß die verklauselierte Mitteilung, die den nüchternen Tatsachen entsprach, in Berlin, wo die Verschwörer auf das Mißlingen des Anschlages nicht vorbereitet waren, lähmend wirken mußte, wurde Fellgiebel wohl erst klar, als er sich bereits in Haft befand.

15 Vgl. Linge, a. a. O., S. 227.

16 Witzleben war schon seit zwei Jahren nicht mehr im Dienst, so daß sein Name bei der Truppe nur noch sehr wenig wog.

17 Hoepner, Anfang 1942 »in Unehren« aus der Wehrmacht ausgestoßen, weil er beim Stopp des deutschen Vormarsches in Rußland vorsorglich rückwärtige Verteidigungsstellungen hatte ausbauen lassen, verfügte bei den Heimat- und Fronttruppen (infolge seiner Degradierung) über gar keinen Kredit. Daß Witzleben ihn unmittelbar nach dem Stauffenberg-Attentat zum Befehlshaber des Ersatzheeres und Oberbefehlshaber im Heimatkriegsgebiet ernannte, wurde von der Hitler ergebenen Truppe mit Kopfschütteln aufgenommen. Selbst Hoepners (nach dem 20. Juli) vorübergehend inhaftierter Sohn, zu der Zeit unmittelbarer militärischer Vorgesetzter des Autors, reagierte äußerst betroffen.

18 Persönliche Äußerung des Fahrers von Stauffenberg im Rahmen ei-

nes vom Autor arrangierten internen Gespräches in Berlin, an dem u. a. auch der Schriftsteller Peter Weiss und einige Verleger teilnahmen.

19 Der seit Ende 1941 vorbereitete *Walküre*-Plan sah vor: 1. die gewaltsame Beseitigung Hitlers; denn solange er lebte, hätte die Wehrmacht nichts unternommen, was er nicht billigte, 2. Übertragung der vollziehenden Gewalt auf den Befehlshaber des Ersatzheeres, der sie an die kommandierenden Generale und Wehrkreisbefehlshaber deligieren sollte. 3. Besetzung des Post-Wehrmacht-Nachrichtennetzes und der Rundfunkstationen durch Militär, 4. Verhaftung aller Gauleiter, Reichsstatthalter, Minister, höherer SS- und Polizeiführer, Gestapoleiter und Leiter von SS-Dienststellen, 5. Besetzung der Konzentrationslager, 6. Schließung der Dienststellen der NSDAP und ihrer Gliederungen.

20 Der Pariser Militärbefehlshaber Carl Heinrich von Stülpnagel, ein Freund des Verschwörers und Hitler-Feindes Ludwig Beck, hatte sofort alle SS-Führer festsetzen lassen. Einige von ihnen sahen unmittelbar danach sogar schon der Hinrichtung entgegen. Wie entscheidend Hitler (als lebender Führer) war, zeigte sich hier, wo der Boden am intensivsten vorbereitet worden war, geradezu exemplarisch. Generalfeldmarschall von Kluge, der in die Pläne der Verschwörer eingeweiht war und mit ihnen sympathisierte, entzog ihnen seine Hilfe (und sandte ein Ergebenheitstelegramm an Hitler), nachdem er erfahren hatte, daß Hitler lebe. »Ja, wenn das Schwein tot wäre«, schrie er Stülpnagel entgegen; aber »das Schwein« lebte – und von Kluge blieb passiv. Als dann auch noch klar war, daß die Marine und der populäre SS-General Sepp Dietrich mit einem SS-Panzerkorps Paris angreifen würde, brach auch hier die Aktion zusammen.

21 *DNB*-Text vom 23. 7. 1944. Der Tagesbefehl erging (wie die Rundfunkrede Hitlers) in der Nacht vom 20. zum 21. Juli 1944.

22 Schramm, a. a. O., S. 85.

23 Ebenda, S. 67.

24 Ebenda, S. 68.

25 Vgl. *DNB*-Text vom 24. 7. 1944 mit Hitlers allgemeiner Danksagung für die ihm »aus allen Kreisen des deutschen Volkes« zugegangenen Wünsche und Treuekundgebungen. Generalfeldmarschall Keitel beispielsweise, dem bis dahin nichts daran gelegen hatte, Mitglied der NSDAP zu werden, bat am 14. 8. 1944 »plötzlich« um die Aufnahme in die NSDAP (US-Document-Center, Berlin) und antwortete handschriftlich auf die Fragebogen-Frage »Besondere Bemerkungen«: »Der Führer hat mir das Goldene Ehrenzeichen der NSDAP im März 1939 persönlich verliehen.«

26 *DNB*-Text vom 22. 7. 1944.

27 Schriftlicher Bericht von Erwin Giesing vom 11. 11. 1945 vor einer US-Kommission. Dok. im Besitz des Autors.

28 In Gumbinnen beispielsweise wurde der »Deutsche Gruß« bei der

Wehrmacht bereits am 20. Juli kurz nach der Goebbels-Erklärung als verbindlich eingeführt.

29 Hitler zu den im Hauptquartier nach dem Attentat vorübergehend festgesetzten Bauarbeitern. Persönliche Mitteilung von Heinz Linge. Vgl. auch Domarus, a. a. O., Bd. II/4, S. 2127.

30 General Bodenschatz in einem Interview mit der Nürnberger Zeitung *Der Hausfreund für Stadt und Land* (Nr. 26) vom 26. 6. 1954.

31 Vgl. *DNB*-Text vom 5. 8. 1944.

32 Ebenda.

33 Ebenda.

34 Nationalarchiv Washington.

35 Ebenda.

36 Tatsächlich mußten von Hitlers Leibarzt Morell über 100 Holzsplitter allein aus den Beinen entfernt werden. Das Gesicht wies Schnittwunden auf. An der Stirn hatte er eine Schramme, am rechten Ellenbogen und an der linken Hand Blutergüsse. Seine rechte Hand war verstaucht, das Haar am Hinterkopf versengt, das Trommelfell beider Ohren verletzt. Vgl. Maser: *Adolf Hitler. Legende–Mythos–Wirklichkeit.* München 1971, a. a. O., S. 326 ff.

37 Hitlers Ansprache wurde erst kurz nach Mitternacht vom Rundfunksender Königsberg aus über alle anderen Sender verbreitet, so daß sie nur ein relativ kleiner Teil der Bevölkerung hörte.

38 *DNB*-Text vom 21. 7. 1944.

39 Ebenda.

40 Nationalarchiv Washington.

41 Ebenda.

42 Ebenda.

43 Ebenda.

44 Ebenda.

45 Nur »ganz vereinzelt«, so hieß es in diesem Bericht, seien »sehr positive« Einstellungen anzutreffen.

46 Nationalarchiv Washington.

47 Ebenda.

48 Ebenda.

49 Ebenda.

50 Ebenda.

51 Zeitgeschichtliches Briefarchiv Reinhold Sterz.

52 Ebenda.

53 Kontrolliert und ausgewertet wurden von den während des Krieges monatlich durchschnittlich 350 Millionen geschriebenen Briefen (250 Millionen an die Front, 100 Millionen von der Front) allmonatlich gewöhnlich zwischen 15 000 und 50 000 Briefe.

54 Feldpostprüfbericht (Nr. 93/44 geh.) der Feldpostprüfstelle VIII bei A.O.K. 6 vom 1. 9. 1944. Bundesarchiv/Militärarchiv Freiburg.

55 Ebenda.

56 Ebenda.

57 Ebenda.
58 Die Prüfstelle (ebenda) nannte 10 Fälle.
59 Ebenda.
60 Zeitgeschichtliches Briefarchiv Reinhold Sterz.
61 Vgl. Maser: *Hitlers Briefe und Notizen. Sein Weltbild in handschriftlichen Dokumenten.* Düsseldorf 1973, S. 51 ff.
62 Ebenda.
63 Zit. nach *20. Juli 1944.* Heft 108 der Bundeszentrale für politische Bildung, Bonn, S. 47.
64 Ebenda, S. 48.
65 Die Angaben über die Anzahl der Männer und Frauen, die im Zusammenhang mit dem 20. Juli 1944 verhaftet wurden und ihr Leben verloren, differieren auch in den Fachpublikationen so erheblich, daß hier darauf verzichtet wird, Zahlen zu nennen. Es werden Zahlen zwischen 159 und 7000 genannt. Vgl. dazu auch die Angaben in: *20. Juli 1944.* a. a. O., S. 182. Die 55 Verschwörer, die der Wehrmacht – vom Leutnant bis zum Generalfeldmarschall – angehörten, wurden zwischen dem 4. 8. und 14. 9. 1944 auf Vorschlag eines eigens zusammengetretenen Ehrenhofes des Heeres aus der Wehrmacht ausgestoßen, um sie von dem Volksgerichtshof als Zivilisten aburteilen lassen zu können. Amtliche Liste: Mikrofilm 20. 7. 1944 im Institut für Zeitgeschichte. Vgl. auch Anm. 69.
66 *DNB*-Text vom 21. 7. 1944.
67 Vgl. Bericht (Nr. 93/44 geh.) der Feldpostprüfstelle VIII bei A.O.K. 6 vom 1. 9. 1944. Auch der Tätigkeitsbericht der Feldpoststelle bei der Heeresgruppe Nordukraine für das Oberkommando der Heeresgruppe Südukraine vom 1. 9. 1944, Tgb.-Nr. 103/44 geh.) erwähnt unter 14612 geprüften Briefen von August 1944 nur 3 Briefschreiber, denen »Wehrkraft-Zersetzung« vorgeworfen wurde. Allerdings wird in diesem Bericht festgestellt: »Zum Teil geben die Briefschreiber auch offen zu, daß sie gern etwas schreiben möchten, es aber nicht dürfen, oder lieber unterlassen«. Dok.: Bundesarchiv/Militärarchiv. Freiburg.
68 Vgl. den Bericht der Feldpostprüfstelle bei der Heeresgruppe Nordukraine vom 1. 9. 1944, S. 7., Bundesarchiv/Militärarchiv. Freiburg.
69 Vgl. Maser/Poelchau, a. a. O. Im März 1935 wurden 700 Pfarrer der »Bekennenden Kirche« verhaftet. 1936 kamen 11687 und 1937 8058 sogenannte »Linksoppositionelle« in Gefängnisse und Konzentrationslager, die bei Kriegsbeginn rund 30000 Insassen zählten. Rund eine Million Deutsche hatten die Konzentrationslager bis dahin als Häftlinge kennengelernt. 1941 wurden 11405 »Linksoppositionelle« von April bis Juni 1944 im Rahmen einer vom Reichsjustizminister initiierten Aktion 176670 (darunter 20748 Deutsche) Personen aus politischen Gründen verhaftet.
70 Viele Verhaftungen waren Folgen lediglich spontaner negativer Äußerungen über das mißlungene Stauffenberg-Attentat.

1 Vgl. Warlimont, a. a. O., S. 480. Kluge beging am 18. 8. 1944 Selbstmord.

2 Vgl. Schramm, a. a. O., S. 71.

3 Ebenda, S. 93.

4 Ebenda. Vgl. auch Warlimont, a. a. O., S. 483.

5 Vgl. den Monatsbericht der Gendarmerie-Station Au vom 11. 9. 1944 in *Bayern in der NS-Zeit*, a. a. O., S. 674.

6 Ebenda.

7 Persönliche Erlebnisse des Autors.

8 *Reichsgesetzblatt*, 1944, I, S. 253 f. Vgl. auch *Völkischer Beobachter* vom 25. 9. 1944.

9 Zit. aus dem Monatsbericht der Gendarmerie-Station Feldkirchen vom 24. 11. 1944. Vgl. auch *Bayern in der NS-Zeit*, a. a. O., S. 675.

10 Die öffentliche Bitte des von Hitler sehr geschätzten und gesprächsweise als tapferen »Bullen« und Habsburger-Hasser (vgl. Heim, Jochmann, a. a. O., S. 371) bezeichneten Reichsverwesers Nikolaus Horthy um einen Waffenstillstand mit der UdSSR (am 15. 10. 1944) mußte auf Hitlers Veranlassung zurückgenommen werden. Horthy wurde am 16. 10. 1944 nach Deutschland gebracht.

11 Zeitgeschichtliches Briefarchiv Reinhold Sterz.

12 Bundesarchiv/Militärarchiv, H 34/1.

13 Vgl. Warlimont, a. a. O., S. 503. Offenbar wußte der Chef des Generalstabes immer noch nichts über die Maßnahmen des Hauptamtes der SS, das finnische Freiwilligenverbände organisierte, mit den finnischen Verhältnissen gut vertraute SS-Offiziere zu ihnen abkommandierte, finnische Devisen vor dem Zugriff der finnischen Staatspolizei sicherstellte, weitere Summen nach Helsinki überwies, finnische Flüchtlinge zur SS-Gebirgsjäger-Division Nord schleuste und ihre Angehörigen durch das Rasse- und Siedlungs-Hauptamt betreute und zwei fahrbare Rundfunksender für Informations- und Propagandazwecke installierte. Dok. vom 23. 9. 1944 (D-Tgb.-Nr. 485/44) Nationalarchiv Washington.

14 Nationalarchiv Washington.

15 Einleitend hatte Hitler formuliert: heute »sehe ich meine Aufgabe ... weniger im Halten von Reden als vielmehr in der Vorbereitung und Durchführung jener Maßnahmen, die zum endgültigen siegreichen Durchschlagen dieses Kampfes notwendig sind.« *DNB*-Text vom 12. 11. 1944.

16 Geheime Kommandosache vom 15. 7. 1944. Nationalarchiv Washington.

17 Am 21. 8. 1944 verbat er sich in einem Fernschreiben an Keitel energisch, daß die Oberbefehlshaber der Heeresgruppen im Osten gerichtsherrliche Befugnisse auch über Angehörige der SS und Polizei und der ihm von Hitler unterstellten Einheiten der Wehrmacht ausüben sollten. Nationalarchiv Washington.

18 Seiner Frau schrieb Bormann am 3. 11. 1944: »Auf mein Verlangen geht Onkel Heinrich am 3. November an die Ruhr.« Vgl. Lang, Jochen v.: *Der Sekretär. Martin Bormann. Der Mann , der Hitler beherrschte.* Stuttgart 1977, S. 300.
19 Aufzeichnungen von Dr. Werner Best vom 18. 9. 1949. Kopie im Besitz des Autors. Bormann hatte seiner Frau schon am 20. 2. 1945 schadenfroh geschrieben: »Onkel Heinrichs Angriff hat nicht geklappt.« Zit. nach Lang, a. a. O., S. 302.
20 Persönliche Mitteilung von Heinz Linge (Dezember 1979). Vgl. dazu auch Warlimont, a. a. O., S. 533.
21 Persönliche Erlebnisse des Autors.
22 *DNB*-Text vom 12. 11. 1944.
23 Tagebuch der deutschen Botschaft in Spanien (im Besitz des Autors).
24 *DNB*-Text vom 12. 11. 1944.
25 Vgl. Hillgruber, Andreas: *Staatsmänner und Diplomaten bei Hitler. Vertrauliche Aufzeichnungen über Unterredungen mit Vertretern des Auslandes,* Bd. 1, 1939–1941 (Frankfurt/M. 1967), Bd. 2. 1942–1944 (ebenda 1970).
26 Vgl. Maser: *Adolf Hitler. Das Ende der Führer-Legende,* a. a. O., S. 218 ff.
27 Ebenda.
28 Vgl. Heiber, *Hitlers Lagebesprechungen.* Stuttgart 1962, S. 610 ff.

Ein letzter Sieg und Verlust der letzten Hoffnungen

1 Vgl. Anm. 23 im vorherigen Kapitel.
2 Persönliche Erlebnisse des Autors.
3 Das Hauptquartier Wolfsschanze hatte Hitler am 20. 11. 1944 verlassen.
4 Bericht von Hitlers Hals-Nasen-Ohrenarzt Erwin Giesing vom 12. 6. 1945, S. 13. Im Besitz des Autors.
5 Persönliche Mitteilung von Heinz Linge (Januar 1980).
6 Vgl. Warlimont, a. a. O., S. 524.
7 Hubatsch, a. a. O., S. 346.
8 Selbst in Feldpostbriefen spielte sie keine Rolle, wobei allerdings maßgeblich gewesen sein mag, daß die Operation *Herbstnebel* und *Nordwind* insgesamt nur rund einen Monat gedauert hatten.
9 Hubatsch, a. a. O., S. 345.
10 Ebenda, S. 344. Am 8. März 1945 wurde schließlich auch noch Angehörigen der Soldaten Sippenhaft angedroht, die von nun an unverwundet in Gefangenschaft gerieten oder »nachweisbar« vor ihrer Gefangennahme nicht bis »zum Äußersten gekämpft« hatten. Fernschreiben des OKW vom 8. 3. 1945. Geheim, Chef des OKW (WFSt/Org. Nr. 898/45 V V 5/3.
11 *DNB*-Text vom 1. 1. 1945. Nur noch einmal, am 30. 1. 1945, zum zwölften Jahrestag der Machtübernahme, hörte die Öffentlichkeit seine Stimme im Rundfunk. Während er im Jahr zuvor mit Prokla-

mationen relativ zurückhaltend gewesen war, tat er nun jedoch, als gäbe es alles das nicht, was jedermann in Deutschland ängstigte. Selbst die 1944 ausgefallene Proklamation zum Gründungstag der NSDAP (24. 2. 1920) fehlte 1945 nicht. Am 15. 4. 1945, 15 Tage vor seinem Selbstmord, proklamierte er noch: »Berlin bleibt deutsch, Wien wird wieder deutsch, und Europa wird niemals russisch« (*DNB*-Text vom 16. 4. 1945).

Im Vorfeld des Endes

1 Die genauen Zahlen konnten nicht ermittelt werden.
2 Zit. nach Warlimont, a. a. O., S. 528.
3 Persönliche Mitteilungen von Heinz Linge (Januar 1980).
4 Persönliche Erlebnisse des Autors.
5 *DNB*-Text vom 1. 1. 1945.
6 Zit. nach *Bayern in der NS-Zeit*, a. a. O., S. 684.
7 Ebenda, S. 685.
8 Persönliche Erlebnisse des Autors.
9 Vgl. Anm. 8.
10 Vgl. Anm. 8.
11 Vgl. dazu auch *Bayern in der NS-Zeit*, a. a. O., S. 686.
12 *DNB*-Text vom 16. 4. 1945.
13 Zit. nach Warlimont, a. a. O., S. 528.

Das Finale

1 Vgl. *Völkischer Beobachter* vom 29. 4. 1945.
2 Ebenda.
3 Wolff, ursprünglich Himmles Verbindungs-Offizier zum Führer, von Hitler zuletzt noch zum Generaloberst befördert, hatte bereits nach dem Stauffenberg-Attentat (über die Schweiz) heimlich Beziehungen zu Allen W. Dulles, dem Leiter des amerikanischen Geheimdienstes (O.S.S.) in Zentral-Europa, aufgenommen und mit dessen maßgeblichen Mitarbeitern in der Schweiz über eine rechtzeitige Kapitulation der deutschen Italien-Armee verhandelt. Zahlreiche persönliche Auskünfte erhielt der Autor von Karl Wolff. Vgl. dazu auch Maser: *Adolf Hitler. Das Ende der Führer-Legende*, a. a. O., S. 89 ff. und: Dulles, Allen, – Gaevernitz, Gero von: *Unternehmen ›Sunrise‹*. Düsseldorf und Wien 1967.
4 Vgl. Maser: *Adolf Hitler. Legende–Mythos–Wirklichkeit*, a. a. O., S. 479.
5 Am 31. 8. 1944 hatte er derartige Spekulationen noch als töricht bezeichnet.
6 Vgl. Maser, *Adolf Hitler. Legende–Mythos–Wirklichkeit*, a. a. O., S. 479.
7 Ebenda, S. 522 ff. und Linge (der Hitler hinauftrug und verbrannte), a. a. O., S. 286 ff.
8 Vollständiger Text in Maser: *Hitlers Briefe und Notizen*, a. a. O. S. 356 ff.

9 Hitler hatte am 1. 9. 1939 in seiner Reichstagsrede (*DNB*-Text vom 1. 9. 1939) u. a. erklärt: »Sollte mir in diesem Kampf etwas zustoßen, dann ist mein erster Nachfolger Parteigenosse Göring. Sollte Parteigenosse Göring etwas zustoßen, ist sein Nachfolger Parteigenosse Heß. Sie würden diesem dann als Führer genauso zu blinder Treue und Gehorsam verpflichtet sein wie mir! Für den Fall, daß auch Parteigenosse Heß etwas zustoßen sollte, werde ich durch Gesetz nunmehr den Senat berufen, der dann den Würdigsten, d. h. den Tapfersten aus seiner Mitte wählen soll.«

10 *DNB*-Text vom 1. 5. 1945.

11 Repro. in Maser: *Hitlers Briefe und Notizen*, a. a. O., S. 356 ff.

12 Nach Art. 41 der Reichsverfassung war der Reichspräsident durch Volksabstimmung zu wählen. Bis zur Wahl wäre nach Gesetz vom 17. 12. 1932 (*Reichsgesetzblatt* 1932, I, S. 547) der Reichsgerichtspräsident Stellvertreter des Reichspräsidenten gewesen.

13 Zit. nach Moos, Herbert v.: *Das große Weltgeschehen*, Bd. 1–6. Bern 1940–1945, Bd. 6, S. 313.

14 Persönliche Mitteilungen von Karl Dönitz (1976 und 1977). Hitlers Testament lernte Dönitz erst in der Gefangenschaft kennen (persönliche Mitteilung). Am 30. 4. 1945 um 20.35 Uhr (die in der Literatur genannte Zeit 18.35 Uhr ist falsch) erfuhr Dönitz von seinem Adjutanten Lüdde-Neurath, daß er (durch telegrafische Mitteilung aus Berlin) anstelle Görings zum Nachfolger Hitlers als Staatsoberhaupt ernannt worden (persönliche Mitteilung von Nüdde-Neurath, Juli 1982) und eine schriftliche Vollmacht an ihn unterwegs sei. Am nächsten Tag (11.45 Uhr) folgte die 2. Information: »Testament in Kraft«. Aber erst einem Funkspruch, der bei Dönitz am späten Nachmittag des 1. Mai einging, entnahm er, daß ein Hitler-Testament mit konkreten personellen Anweisungen existieren müsse. Zu der Zeit hatte er jedoch bereits (auch personelle) Entscheidungen getroffen, die sich nicht mit Hitlers Weisungen deckten.

15 Gesamtleitung des Kabinetts, des Außenministeriums und des Finanzministeriums (statt Goebbels und Seyß-Inquart): Johann Ludwig Graf Schwerin von Krosigk, Reichsminister des Inneren und Reichskultusminister (statt Giesler und Gustav Adolf Scheel): Dr. Julius Stuckart. Reichswirtschafts- und Produktionsminister: Albert Speer; Reichsminister für Landwirtschaft und Forsten: Herbert Backe; Reichsarbeits- und Sozialminister: Dr. Franz Seldte; Reichsverkehrsminister und Reichspostminister: Dr. Julius Dorpmüller. Dönitz enthob Heinrich Himmler (ohne Kenntnis des Hitler-Testaments) am 6. 5. 1945 aller Ämter, nachdem er erfahren hatte, was in den Konzentrationslagern geschehen war (persönliche Mitteilung von Karl Dönitz vom 5. 4. 1967 und Dönitz: *Zehn Jahre und zwanzig Tage.* Frankfurt/M. und Bonn 1964, S. 461.
Über diese den Mai über noch funktionierende Regierung vgl. Galbraith, a. a. O., S. 209 ff.

16 Persönliche Mitteilung von Karl Dönitz (5. 2. 1967) und Dönitz, a. a. O., S. 436.
17 Nach Feststellungen der Deutschen Dienststelle (WAST) für die Benachrichtigung der nächsten Angehörigen von Gefallenen der ehemaligen Wehrmacht (Arbeitsbericht 1977/1978).
18 Nr. 18 vom 9. 5. 1945.
19 *Die Reden Hitlers als Kanzler,* München 1934. Vgl. auch: *Völkischer Beobachter* vom 4./5. 2. 1933.
20 Unmittelbar vor seinem Selbstmord sagte er zu seinem Flugkapitän Hans Baur, der ihn mehr als ein Dutzend Jahre hindurch geflogen hatte (Baur, Hans: *Ich flog Mächtige der Erde.* Kempten 1956, S. 275): »Ich weiß, morgen schon werden mich Millionen verfluchen – Das Schicksal wollte es nicht anders.«

Register

A
Adelung, Bernhard 23
Albrecht, Alwin-Broder 244
Alexander, Sir Harold 305
Alexander III., Papst 146
Allen, William Sheridan 132
Amann, Max 28, 129
Antonescu, Ion 254
Aram, Kurt 52
Arnim, Hans-Jürgen von 300
Auernheimer, Raoul 177
Axmann, Arthur 90

B
Bachmeister, Ernst 145
Backe, Herbert 359
Badoglio, Pietro 304 ff.
Baer, Max 93
Barlach, Ernst 139 f.
Bauer, Andreas 131
Bauer, Prof. 165
Bäumler, Alfred 163
Beck, Josef 327
Beck, Ludwig 193
Beckmann, Max 140
Below, Nicolaus von 244
Benesch, Eduard 189, 194
Benn, Gottfried 142
Bergengruen, Werner 51
Berger, Heinrich 326
Best, Werner 22, 197 f., 350
Bethmann-Hollweg, Theobald von 342
Beumelburg, Werner 138
Binding, Rudolf 142
Bismarck, Herbert von 24
Bismarck, Otto von 56, 146
Blomberg, Werner von 180 ff., 192, 206
Blum, Léon 234
Blunck, Hans Friedrich 142
Bock, Fedor von 175
Bodelschwingh, Friedrich von 124
Bodenschatz, Karl-Heinrich 205, 244, 331
Böhme, Herbert 142
Bonnet, Georges 239
Bormann, Martin 28, 199, 228, 248 f., 270 f., 318, 332, 336, 349, 359
Bosel, Siegfried 177
Böttcher, Max 145
Bouchard, Henry 140
Bouhler, Philipp 28, 227 f.
Brandt, Heinz 326
Brandt, Karl Dr. 227, 270 ff.
Brauchitsch, Walther von 175, 180, 205, 208, 244, 273
Brecht, Bert 51, 144 f.
Bredford, A. L. 351
Bredow, Ferdinand von 100
Brückner, Helmut 25, 162
Brüning, Heinrich 113
Buch, Walter 28, 228
Bürckel, Josef 42, 175
Burgdorf, Wilhelm 359

C
Campinchi, César 239
Carossa, Hans 143
Chamberlain, Neville 182, 186 f., 189, 230
Choltitz, von 348
Churchill, Winston 194, 230, 242, 256, 266, 281, 298, 345
Conti, Leonardo 228

D
Daladier, Édouard 189
Darré, R. Walter 28, 106
Dettmer 78
Dibelius, Otto 79, 125
Dietl, Eduard 291, 323

Dietrich, Otto Dr. 28, 58, 129, 253
Dix, Otto 139
Döblin, Alfred 51, 144
Dollfuß, Engelbert 173
Dönitz, Karl 331, 333, 359 ff.
Donnersmark 241

E
Ebert, Friedrich 58, 74
Eden, Sir Anthony 194
Eglseer, Karl 323
Ehrlich, Jacob 177
Eichmann, Adolf 152, 194, 269
Eidem, Erling 125
Einstein, Albert 144
Eisenhower, Dwight D. 299, 306, 360 f.
Elser, Johann Georg 233 ff.
Engel, Gerhard 244
Engelhardt 21
Epp, Franz Ritter von 28, 98
Ernst, Karl 99
Euringer, Richard 52

F
Fabricius 11
Fallada, Hans 142
Fechter, Paul 143
Ferone 308
Feuchtwanger, Lion 145
Fiehler, Karl 29
Forster, Albert 223
Forte, Ralph 351
Franco, Francisco 168, 170, 351
Frank, Hans Dr. 29, 259
Frank, Leonhard 144
Frick, Wilhelm Dr. 17, 21 f., 25 f., 28 f., 199, 201, 318
Friedeburg, Hans von 360 f.
Friedmann, Desider 177
Friedrich I., dt. Kaiser 146
Friedrich II., dt. Kaiser 146
Friedrich der Große, König von Preußen 25, 141
Fritsch, Werner Frhr. von 180 ff., 192, 206 f.
Fromm, Friedrich 325 f., 332
Fulda, Ludwig 144
Funk, Walter 162, 199, 359

G
Galen, Clemens August Graf von 228
Gaulle, Charles de 348
Gerngroß, Rupprecht 358
Giesing, Erwin 329
Giesler, Paul 358 f.
Glück 261
Goebbels, Joseph Dr. 29, 44, 55, 123, 129, 145 f., 162, 173, 178, 193, 195 ff., 222, 238, 270, 283, 291, 297, 301, 307, 320, 327 f., 332 ff., 340, 359
Goerdeler, Carl-Friedrich 331, 341
Göring, Hermann 16, 22, 24 f., 38 f., 64, 73, 99, 101, 154, 176, 180 f., 187, 193, 197, 199, 201, 205 f., 208 ff., 244 f., 270, 313, 318, 331, 333, 340, 359
Graff, Siegmund 145
Gregor VII., Papst 146
Greim, Robert Ritter von 359
Grimm, Hans 52
Grimm, Willy 29
Groener, Wilhelm 192
Gruhn, Erna 181 f.
Grünbaum, Fritz 177
Grünspan, Herschel 194 f.
Guderian, Heinz 273, 350
Günsche, Otto 359
Günther, Hans F. K. 92
Gürtner, Franz 199
Gustloff, Wilhelm 152

H
Hacha, Emil 329
Haeften, Werner von 325
Halder, Franz 205, 244, 256

Hamilton, Lord 249
Hanke, Karl 359
Harriman, Averell 265
Hassell, Ulrich von 341
Heiden, Konrad 55 f., 144
Hein, Julius 131
Heine, Heinrich 51
Heinrich I., dt. Kaiser 146
Heinrich IV., dt. Kaiser 146
Herzl, Theodor 37
Herzog, Rudolf 52
Heß, Rudolf 28, 53, 78, 151, 247 ff., 276, 308
Hesse, Hermann 51
Heusinger, Adolf 325 f.
Heuss, Theodor 54 ff.
Heydrich, Reinhard 24, 75, 152, 181, 197 ff., 223 f., 269, 304, 308
Hierl, Konstantin 81, 83
Himmler, Heinrich 24, 29, 76 f., 98, 127, 152, 175, 197 ff., 201, 213, 226, 228, 233 f., 259, 261, 266 ff., 277, 308, 331 f., 349, 351, 359
Hindenburg, Oskar von 58
Hindenburg, Paul von 11, 13, 17, 26, 35 ff., 58, 114, 116, 154, 192
Hinrichs, August 145
Hiroitzito 329
Hitler, Adolf 7 ff., 20, 24 ff., 35, 37, 42 ff., 66 ff., 78 ff., 89, 91, 94 ff., 106, 108, 111 ff., 121 ff., 142 f., 146 f., 153, 155 f., 164 ff., 178 ff., 200 ff., 222 ff., 242, 245 ff., 265 ff., 278, 281 f., 290 ff., 305, 308 ff., 317 ff., 335, 338 ff., 353 ff.
Hitler, Alois 176
Hitler, Clara 176
Hitler, Eva 359
Hoegner, Wilhelm 34, 49, 115
Hoepner, Erich 327, 332
Hofer, Karl 140
Hoffmann, Heinrich 329
Hoffmann, Heinz 83
Holzer 196
Hoßbach 206
Höttl, Wilhelm 269, 304, 308
Hugenberg, Alfred 13, 35, 39
Hupfauer, Theodor 359
Huth, Jochen 145

I

Innitzer, Theodor Kardinal 175 f.
Innozenz II., Papst 146

J

Jacobs, Otto 231
Jeschonnek, Hans 244, 296
Jodl, Alfred 175, 182, 258, 291, 296, 304, 329, 350, 361
Johst, Hanns 52, 145
Jouvenel, Bertrand de 164, 167
Jünger, Ernst 142, 144
Jünger, Friedrich Georg 142, 144

K

Kahr, Gustav von 167
Kaiser, Georg 144 f.
Kaltenbrunner, Ernst 269 f., 304, 309
Kammhuber, Josef 329
Karl der Große 141
Kästner, Erich 51
Katzenberger, Israel 179
Kaufmann, Karl 131
Keitel, Wilhelm 173 f., 182, 191 ff., 205, 207 f., 224, 255, 278, 283, 304, 325, 331, 361
Kellermann, Bernhard 144
Kempka, Erich 359
Kempner, Robert M. W. 211, 214
Kerrl, Hans 120 f.
Kirchner, Ernst Ludwig 139
Klee, Paul 140
Klöckner 241
Kluge, Günter von 323, 344
Knilling, Eugen von 165
Koch, Erich 25, 107, 270
Koeppen, Annemarie 143
Kokoschka, Oskar 139

Kolbenheyer, Erwin Guido 141
Kollwitz, Käthe 140
König, Eberhard 52
Königbauer 165
Korn, Karl 139
Korten, Günther 326
Krämer, Maria 226
Kraus, Heinz 218
Krauss, Werner 147
Krauß, General 175
Krüger, Fritz 259
Krupp 240
Kube, Wilhelm 25, 270 ff.
Kuhlmann, Carl 147
Kurzer 78

L
Laemmermann, Karl 107
Lammers, Hans-Heinrich 201, 318
Landauer, Gebr. 32
Langenbeck, Kurt 145
Langendorff 225
Lascar 295
Lasker-Schüler, Else 51
Lassalle, Ferdinand 56
Latacz 231
Laval, Pierre 329
Leber, Julius 30
Lee, Arnold 8
Lehner, Max 196
Lenard, Philipp 52, 144
Lersch, Heinrich 143
Leuschner, Wilhelm 23
Ley, Robert Dr. 58 f., 170, 333, 359
Liebeneiner, Wolfgang 228
Liebermann, Max 139
Linge, Heinz 210, 233, 249, 290, 359
Lippe-Biesterfeld, Prinz Bernhard von 244
Lohberger, Carl 177
Lohse, Hinrich 25
Londonderry, Lord 164
Lorenz, Heinz 129
Louis, Joe 162
Löwey, Otto 177
Lubbe, van der 16, 233
Lüning, Prof. 32
Luther, Martin 51, 123
Lutze, Viktor 25, 29

M
Mackensen, Hans von 313
Mann, Heinrich 51, 144 f., 170
Mann, Klaus 144
Mann, Thomas 8, 51, 144 f., 170, 214
Mannerheim, Carl-Gustav Frhr. von 254
Manteuffel, Hasso Frhr. von 352
Marian, Ferdinand 147
Mayer, Pater Rupert 165
Meißner, Otto 58
Mertens, Adolf 85
Merz von Quirnheim 327, 341
Messerschmidt, Willy 248
Mester, Ludwig 163
Meyer 272
Miegel, Agnes 143
Mies van der Rohe, Ludwig 139
Milch, Erhard 175, 205, 244
Moeller van den Bruck, Arthur 36
Möller, Eberhard 145
Molotow, Wjatscheslaw M. 246, 249
Mombert, Alfred 144
Montgomery, Bernard Law 298, 352, 360
Morel, Edmund Dene 167
Morgenthau, Henry 345
Müller, Ludwig 123 f.
Müller-Scheldt, Wilhelm 146
Murr, Wilhelm 78
Musil, Robert 144
Mussolini, Benito 170, 173, 187, 206, 254, 303 ff., 317

N
Nadisch, Milan Georg 329
Napoleon I. 215
Naumann, Dr. 359
Neeße, Gottfried 27

Neurath, Konstantin Freiherr von 13, 180, 206
Niekisch, Ernst 24, 55 f.
Niemöller, Martin 117 ff., 126 f., 234
Nolde, Emil 139 f.
Norkus, Herbert 87
Nuvolari 162

O
Olbricht, Friedrich 327 f.
Ondra, Anny 162
Oshima, Hiroshi 299
Otto I., dt. Kaiser 146
Owens, Jesse 161

P
Pacelli s. Pius XII., Papst
Pannwitz, Rudolf 144
Papen, Franz von 11, 13, 26, 35, 39, 54, 173
Paulsen, Rudolf 52
Paulus, Friedrich 290, 293 ff.
Pechstein, Max 138
Peter II., König von Jugoslawien 246
Philipp von Hessen, Prinz 22, 211
Pittinger, Dr. 165, 167
Pius XII., Papst 38 f., 280 f.
Plievier, Theodor 51
Popitz, Johannes 26
Portland 280
Puttkamer, Karl Jesco von 294 f.

Q
Quisling, Vidkum 329

R
Raczynski, Graf 281
Raeder, Erich 192, 201, 205, 206, 208, 244
Rath, Ernst Eduard vom 195, 197 f., 222
Rauscher, Otto 93
Reichart 161
Reinecke, Hermann 291
Remarque, Erich Maria 51
Remer, Otto Ernst 328
Rhode 79
Ribbentrop, Joachim von 173, 180, 201, 246
Richelieu 240
Richter, Alfred 21
Rillmann, Eugen 154
Rohlfs, Christian 139
Röhm, Ernst 24, 75, 93 ff., 112, 158
Römer, Beppo 276
Rommel, Erwin 89, 285, 298 ff., 329, 344
Rommel, Manfred 88
Roosevelt, Franklin D. 106, 262, 266, 281 f., 298, 305, 345
Rosenmeyer, Bernd 162
Rosenberg, Alfred 29 f., 116, 121 f., 270, 272, 287
Roth, Joseph 144 f.
Rothschild, Baron 127
Ruder, Willi 120
Ruff, Heinrich 226
Rundstedt, Gerd von 323 f., 344
Rust, Bernhard 144 ff., 162

S
Salomon, Ernst von 141
Salten, Felix 177
Samprecht 79
Saur, Karl Otto 359
Savonarola 51
Schacht, Hjalmar 8, 168, 182
Scheel, Gustav Adolf 359
Schellenberg, Walter 269, 304
Schickele, René 144
Schiffmann, Gebr. 177
Schill, Ferdinand von 141
Schirach, Baldur von 29, 90
Schleicher, Kurt von 100
Schlemmer, Oskar 139
Schmeling, Max 93, 162
Schmidt, Arthur 293, 295 f.

Schmidt-Pauli, Edgar 52
Schmitt, Carl 26
Schmundt, Rudolf 244, 291, 326
Schneemann, Wilhelm 92
Schniewindt 244
Schnitzler, Arthur 51
Schnitzler, Julius 177
Scholl, Hans 297
Scholl, Sophie 297
Scholtz-Klink, Gertrud 213
Schörner, Ferdinand 291, 359 f.
Schröder, Walter 21
Schukow, Georgij 361
Schuschnigg, Kurt von 173 ff., 194, 234
Schwarz, Franz Xaver 29
Schwede, Franz 25
Schwerin von Krosigk, Graf 13, 199, 359
Seidel, Ina 143
Selchow, Bogislaw von 52
Seldte, Franz 13
Severing, Carl 30
Seydlitz-Kurzbach, Walter von 295 f.
Seyß-Inquart, Arthur 174, 176, 359
Shaw, Bernard 145, 230
Simon, Sir John 238
Skorzeny, Otto 308
Speer, Albert 270
Sprenger, Jakob 195
Stalin, Josef 214, 222, 246, 249, 265, 276, 281 f., 299
Stark, Johannes 52
Stauffenberg, Claus Graf Schenk von 325 ff., 340 ff., 349
Stein, Heinrich Friedrich Karl Reichsfreiherr vom 141
Steinecke 78
Störtebeker, Klaus 145
Stössl, Ludwig 177
Strasser, Gregor 106
Strauß, Siegmund 177
Streicher, Julius 8, 36 ff., 42 f., 152 f., 269
Stumpf, Hans-Jürgen 361
Suner, Ramon 245

T
Tabeau, Jerzy 279
Telschow, Otto 332, 334
Thiele 328
Thierack, Georg 291, 359
Thomale, Wolfgang 357
Thorak 138
Thyssen, Fritz 53 f.
Timoschenko 253
Tiso, Josef 329
Tschang Tenghai 329
Tucholsky, Kurt 51, 144

U
Ulrich, Curt von 25
Unruh, Fritz von 144, 320

V
Vesper, Will 52
Vietinghoff, Heinrich von 358
Viktor, Emanuel II. 211, 306, 309
Viktoria von England 211
Vogel 78

W
Wacher 78
Wagner, Adolf 252
Wagner, Reichsärzteführer 227
Wagner-Forst 79
Warlimont, Walter 244
Weichs, Maximilian Freiherr von 350
Weizsäcker, Ernst Frhr. von 187
Wellershoff, Dieter 88
Wels, Otto 30 f.
Wenck, Walter 360
Wenig, Richard 167
Wenz, Fritz 21

Werfel, Franz 144
Wessel, Horst 87, 221
Wetzel, Heinz 88
Wickede, Emil von 323
Widukind 141
Wiechert, Ernst 141, 143
Wiedemann, Fritz 182
Wilde, Oscar 145
Wilhelm II., dt. Kaiser 9
Wilhelm von Preußen, Hohenzollern-Kronprinz 54, 211
Winterfeld, Friedrich von 25
Wise, Stephen Rabbi 282
Witzleben, Erwin von 327, 331 f.
Wolff, Karl 197 f., 358
Wolfskehl, Karl 144
Wolzogen, Ernst von 52
Wolzogen, Hans von 52

Y

Yorck 141

Z

Zeitzler, Kurt 293 ff.
Zeska, von 218
Zuckmayer, Carl 144 f.
Zweig, Arnold 51, 144
Zweig, Stefan 51, 144